*Françoise Chandernago[...]
(Essonne), dans une fa[...]
Mariée, elle a trois fils[...]
Curie à Sceaux (Hauts-[...] [...]s :
maîtrise de droit, diplôm[...] [...] politiques. A
vingt et un ans, elle entre [...]tionale d'Administration
(ENA), d'où elle sort deu[...] ans plus tard « major » de sa
promotion (dans cette école ouverte aux femmes depuis 1945
mais peu « féminisée », c'est la première fois qu'une femme
obtient cette place au concours).*
*En 1969, Françoise Chandernagor entre au Conseil d'Etat;
après quatre ans d'affectation à la section du Contentieux en
qualité de rapporteur, elle est nommée au ministère de l'Equipement et du Logement comme chef du service des Affaires
économiques, qui assure la tutelle du secteur industriel du
Bâtiment et des Travaux publics. Elle remplit cette fonction
pendant cinq ans. Nommée maître des requêtes au Conseil
d'Etat, elle y reprend en 1978 des tâches juridictionnelles. En
congé de la fonction publique, elle exercera, parallèlement à
son travail de romancière, diverses responsabilités dans le
secteur du mécénat culturel et occupera notamment le poste
de vice-président de la Fondation de France. En 1990, elle
réintègre le Conseil d'Etat.*
En 1981, Françoise Chandernagor a publié L'Allée du Roi,
*Mémoires imaginaires de Madame de Maintenon, seconde
épouse de Louis XIV. Ce livre, traduit dans une dizaine de
langues, a reçu le Prix des Ambassadeurs et le Prix des
Lectrices de « Elle ».*
En 1988, elle publie La Sans Pareille, *premier volume de la
trilogie contemporaine « Leçons de ténèbres », puis* L'Archange
de Vienne *(1989), et* L'Enfant aux loups *(1990), dernier volume
de cette trilogie (Prix Chateaubriand 1990).*

A quel âge les jeux sont-ils faits?
Lorsqu'elle arrive en Autriche pour une grande conférence
internationale, Christine Valbray vient d'avoir trente ans. Ses
débuts, qui nous ont été contés dans *La Sans Pareille*, ont eu
des couleurs diverses – années dorées de Rome, années vertes
de Senlis, années grises de Sainte-Solène –, mais ils sont restés
marqués par une extrême indépendance. Goût de connaître
plus que de posséder, curiosité, désinvolture, cynisme léger et

(Suite au verso.)

timidité bien compensée : rien jusqu'alors, dans la vie que menait Christine, ne la distinguait nettement des façons de sa génération.

A partir de Vienne, le ton change. Le champ des possibles s'est refermé. Tous les biographes connaissent ce moment d'une existence où l'on sent que l'avenir n'hésite plus, ce moment où s'achève une liberté, où commence un destin...

Au fronton d'une des églises de la capitale autrichienne, un ange terrasse un démon; mais ici le diable vaincu, l'archange déchu, a été doté d'une aile blanche et d'une aile noire, comme si le sculpteur entendait signifier que le dédoublement est la marque de Satan. C'est en effet dans un monde de trahisons et de faux-semblants que Christine nous entraîne maintenant, de Vienne à Paris, à la suite de « l'Archange », le brillant ministre auquel elle a lié son sort : les politiques changent d'étiquettes, les nations renversent leurs alliances, tandis que, dans l'ombre, s'agitent affairistes et agents secrets; l'amour même semble la doublure de passions plus anciennes, et la brillante ascension de Christine revêt de plus en plus, dans le secret, le caractère d'une descente aux enfers.

Dans un univers dépourvu de sens et d'origine, un siècle privé de points de repère, l'héroïne et sa biographe découvrent qu'aucun de nous n'est plus unique pour personne, que nul, désormais, ne peut se croire « sans pareil »...

Paru dans Le Livre de Poche :

FRANÇOISE CHANDERNAGOR

LEÇONS DE TÉNÈBRES II

L'Archange
de Vienne

ROMAN

ÉDITIONS DE FALLOIS

Vienne

En sortant des cours sombres de la Hofburg je trouvai la Michaelerplatz inondée de soleil. Détournant la tête pour ne pas voir en pleine lumière l'immeuble, aussi froid qu'une théorie, qu'y avait déposé l'architecte Loos, je portai les yeux vers le clocher rose et le large fronton de l'église Saint-Michel. Mais si elle était moins cérébrale, moins raisonnée que le cube à colonnes du jeune « fonctionnaliste », la vieille église n'était guère plus harmonieuse.

La laideur de Vienne m'accablait. J'étais déçue de ne pas y retrouver cette grâce délicate que Christine m'avait vantée : trop de Caisses d'Epargne tarabiscotées, d'hôtels des Postes surchargés et de gares provinciales au long des rues impériales; et les efforts tardifs d'un Adolf Loos ou d'un Otto Wagner, qui, comme tant d'architectes de leur siècle, n'eurent de talents que littéraires, n'avaient rien arrangé...

Au-dessus du portail de l'église, saint Michel terrassait un dragon. C'est, sous tous les cieux du monde, l'occupation à laquelle il se livre le plus volontiers; mais de ces empoignades farouches sur fond d'apocalypse ou de mythologie, à Vienne j'étais lasse aussi. Dans mon dos, les quatre Hercule massifs et barbus qui encadraient les portes du palais continuaient d'assommer (alternativement à coups de pierre et de

7

massue) leurs adversaires agenouillés, et partout, à tous les coins de rues, sur toutes les façades, dans l'ornementation baroque comme dans celle de la Ringstrasse, on écrasait, on violait, on étranglait. Des cyclopes musclés écartelaient des vierges pantelantes, Jupiter broyait les Titans, des anges exterminateurs foulaient des serpents, Milon déracinait, Samson brisait, et toutes espèces de colosses membrus égorgeaient toutes sortes d'animaux carnassiers. Sitôt qu'on cessait, pour un instant, d'aplatir et d'étouffer, c'était pour soutenir – péniblement, et à grand renfort de grimaces et d'ahans – ce monde tellement ébranlé par ces luttes de géants qu'il en demeurait chancelant : une surabondance d'atlantes volait au secours des balcons et des entablements, et, quand la tâche était dévolue à des cariatides au cou gracile et aux épaules étroites, elles y employaient les deux mains pour plus de sûreté... Ce culte de la force brutale, célébré sur toutes les places pour rassurer un peuple qui sentait son empire filer sous ses pieds, son socle vaciller, et ses autels trembler, finissait par me donner la nausée.

J'allais donc passer outre à l'archange assassin lorsque, de son épée brandie, mon regard descendit jusqu'au tronc du dragon qu'il piétinait. Je m'aperçus alors que je m'étais trompée, que ce n'était pas un dragon mais un démon, à corps et visage humains, que le serviteur de Dieu s'apprêtait à tronçonner : de loin ses ailes, vastes et membraneuses comme celles d'une chauve-souris, m'avaient abusée. En m'approchant pour regarder ce vaincu sous le nez, je vis que les membranes attachées à ses bras – dont l'une m'était apparue éclairée par les rayons du soleil, tandis que l'autre semblait encore plongée dans l'obscurité – n'étaient ni de la même couleur ni de la même matière : le sculpteur avait donné à son diable abattu une aile de pierre blanche et une de marbre noir. Comme pour signifier que le dédoublement est la marque de Satan, la figure à deux faces le visage du démon, le duel sa seule conjugaison...

A ce compte, Vienne pourrait aisément prétendre au titre de chef-lieu des royaumes infernaux. Dans cette ville qui érigea le « dualisme » en principe politique et la « double monarchie » en système de gouvernement, où l'aigle des Habsbourg porte deux têtes sur son cou pour penser deux fois sa stratégie de duplicité, rien qui n'aille par paire ou par moitié : sur la place Saint-Charles les colonnes trajanes se dédoublent comme se dédoublent les obélisques de Schönbrunn, les bulbes en cuivre des églises ou les palais du Belvédère; autour des fontaines, des bêtes de pierre s'accouplent en transgressant les règles de l'espèce pour produire ces hybrides mal appariés, lion-aigle ou serpent-taureau, ces cortèges de frères siamois et d'hermaphrodites hébétés qui semblent sortis d'un enfer où Belzébuth se plairait à réunir au hasard des corps divisés. A l'abri de ce bestiaire dépareillé et de ces monuments qui bégaient, prospèrent l'agent double et le « troisième homme », mêmes produits de la fusion des contraires, du croisement des ombres et du mariage des trahisons – pions bicolores pour double jeu et partie truquée...

Que Vienne soit devenue depuis la dernière guerre la métropole du renseignement, le nœud de toutes les intrigues et le nid de tous les espions, qui pourrait le nier? Il suffit pour s'en convaincre d'ouvrir les journaux du soir : il ne se passe guère de mois qu'on n'arrête à Londres, à Oslo ou à Bruxelles un fonctionnaire éminent ou un militaire brillant, qui nourrissait pour l'opéra une passion si vive qu'elle l'amenait régulièrement dans la capitale autrichienne avec chaque fois, sous son bras, quelque dossier qu'il oubliait dans la loge d'un théâtre ou l'arrière-salle d'un salon de thé.

On prétendait, dans les romans, que ces rencontres entre « honorables correspondants » se passaient souvent dans des églises, lieux ténébreux à souhait et, d'habitude, peu fréquentés. La veille, sur la place de l'ancienne université, alors qu'assise seule dans l'église des Jésuites j'admirais, au soir tombant, la coupole en trompe l'œil d'Andrea Pozzo, n'avais-je pas vu entrer, l'un après l'autre, à une minute d'intervalle, deux hommes d'âge moyen en pardessus et chapeau, l'allure grise, les traits indistincts, tenant le même modèle d'attaché-case à la main? Bien qu'à part moi le sanctuaire fût désert, ils s'étaient installés sur des bancs voisins, dans le recoin le moins éclairé. Je jetai un coup d'œil furtif par-dessus mon épaule : ils avaient l'air de vieux jumeaux, un peu usés, fripés, passés. Ils échangèrent quelques mots à voix basse et, quelques secondes plus tard, après un hâtif signe de croix, sortirent ensemble, comme si ma présence inopinée les avait gênés. Jésuites? Indicateurs? Agents secrets? Homosexuels? Drogués? Sous leur apparence bourgeoise ils avaient l'air de ne pas trop savoir eux-mêmes à quel démon se vouer...

Attirée par la dissemblance des deux ailes du fronton de Saint-Michel, je poussai la porte de cette église dans l'espérance confuse d'y retrouver mes Dupont-Dupond. Je tombai sur une messe basse qui me surprit davantage : bien qu'on fût un soir de semaine banal – sans sacrement cérémoniel ni fête carillonnée –, l'église était pleine. Cependant, quand le prêtre eut prononcé la bénédiction finale, que les fidèles se retournèrent pour s'en aller et que je vis leurs visages, je me trouvai raffermie dans les convictions acquises à Senlis, Sainte-Solène et Paris; l'assistance avait largement passé la soixantaine, et d'ici quelques années l'expression de sa piété ne dérangerait plus le touriste pressé..

Deux grands vieillards fermaient la marche, tous deux appuyés sur des cannes, tous deux boiteux. Ils allaient du même pas lent et oscillant, mais – avec ce souci de la symétrie que l'architecture viennoise a poussé jusqu'aux extrêmes – l'un boitait à droite, l'autre à gauche. Au point qu'en regardant ces lourdes machines qui claudiquaient sur toute la largeur de l'allée, clopin d'un côté, clopant de l'autre, je ne savais plus si je voyais deux infirmes, ou le même dont un miroir m'aurait renvoyé l'image inversée. Contemplant ce tableau des misères de l'âge, si curieusement harmonieux et balancé, j'en venais à me demander s'il était possible qu'en additionnant ainsi les déséquilibres on retrouvât, au bout du compte, une manière de stabilité, si toutes les torsions, les disparates et les monstruosités accumulées pourraient produire, à notre insu, une forme de beauté. Mais sans doute faut-il, pour répondre à ce genre de question, avoir vécu à Vienne plus longtemps que je ne l'ai fait...

Lorsque les deux infirmes eurent réussi à gagner le portail et que toute l'assistance se fut égaillée, je pus enfin entreprendre le tour du saint lieu. Saint-Michel, aussi bien que Saint-Pierre, Saint-Charles, ou n'importe quelle chapelle viennoise de quartier, est, au contraire des églises françaises, un édifice bien tenu : sur tous les autels des fleurs fraîches, des nappes brodées, des bougies allumées; les saints ont la mine rubiconde, la lippe pâtissière, le surplis fraîchement repassé; et les prêtres, lorsqu'ils s'en vont, tirent soigneusement sur les vases sacrés – comme un épicier sur son étalage – des grilles d'acier. Rien n'est abandonné, rien ne semble ruiné.

On sait s'y prendre dans la capitale de l'Empire pour conserver la tradition et rendre aux divinités défuntes le culte qu'exigent les convenances : n'a-t-on pas placé dans les principaux cimetières, aux endroits les plus courus, de pompeux cénotaphes, dédiés aux célébrités du passé – « tombes d'honneur » de Mozart, de Schubert ou de Brahms? Et quoiqu'il n'y ait rien, ni chair ni os ni cercueil, sous ces marbres somptueux, et que ces tombeaux, soigneusement polis et régulièrement nettoyés, soient aussi vides qu'ils l'ont toujours été, des âmes pieuses viennent chaque jour y déposer des fleurs, des offrandes, des billets.

Peut-être les ostensoirs neufs et les ciboires dorés, les cierges sculptés et les chasubles brochées qu'on s'étonne de trouver dans les vitrines de la vieille ville – dans un temps où, partout en Europe, ils sont dédaignés – ne sont-ils rien, eux aussi, que les instruments d'un culte sans objet, tels ces urnes de fonte et bouquets de céramique qu'on propose aux clients de passage dans l'enclos des cénotaphes du Cimetière Central... Vienne, tombe d'honneur du christianisme : là où je m'obstine à chercher les restes d'un corps, les Viennois se contentent d'allumer fidèlement les lanternes d'un chemin qui ne mène plus à rien.

La ville, avec ses églises-musées, ses offices aseptisés et son clergé propret, a déjà l'air d'un mausolée. A moins que, capitale de la double appartenance et de l'allégeance éclatée, éternellement divisée contre elle-même, elle ne tente, en ramenant ainsi sans cesse son aile blanche sous nos yeux, de nous faire oublier la membrane noire qui pousse dans son dos...

« Le monde est malheureux parce qu'il ne sait pas où il va et parce qu'il devine que, s'il le savait, ce serait pour découvrir qu'il va à la catastrophe... »

« Eh bien », fit mon père en arrêtant la bande du nouvel appareil dont il venait de doter l'ambassade – un magnétoscope, c'était le premier que je voyais –, « il n'est pas gai, notre jeune président. Il a tort, d'ailleurs : son électorat ne l'a pas élu pour désespérer Neuilly... Enfin, je suis bien content tout de même de l'avoir vu parler. Tu comprends », ajouta-t-il en pianotant sur son instrument, « j'en avais assez de n'avoir les nouvelles de France que par les journaux. Grâce à cet engin – japonais, malheureusement – je me fais envoyer de Paris l'enregistrement de toutes les grandes conférences de presse, des discours, des débats importants... Dans notre métier il faut pouvoir se tenir au courant, et surtout – retiens bien ce que je te dis! – pouvoir juger les hommes "de visu". D'où l'immense intérêt des conférences au sommet... C'est une question d'ailleurs dont il faudra que nous reparlions, maintenant que te voilà en situation d'influer sur notre politique étrangère. J'ai là-dessus quelques idées... »

Il rangea soigneusement sur ses étagères la vidéo du président, étiquetée et datée. Je ne lui demandai pas qui se chargeait de copier pour lui ces émissions d'information qu'il absorbait chaque soir à heure régulière comme une potion prescrite par le médecin du Quai d'Orsay. Sur la provenance des cassettes j'avais moi aussi « quelques idées » : quand il passait à Paris pour une réunion ou un congrès et que, n'ayant pas le temps de venir m'embrasser, il ne pouvait pas non plus me communiquer le numéro de téléphone de l'hôtel où il descendrait – « si tu crois, ma petite fille, que j'ai eu le temps de retenir une chambre! J'irai dans le premier hôtel venu, voilà! Là où on voudra bien de moi. De toute façon, tu me connais, je ne tiens pas à mes aises... » –, je savais qu'il allait, dans les quartiers Ouest, rendre à l'une ou l'autre de ses belles Madames « personnellement-dévouées » la visite qui la paierait de toutes ses bontés présentes et passées...

Alexandre – quatre ans – déboula dans le salon son ours sous le bras et, freinant brutalement devant le magnétoscope de son grand-père, se jeta sur les touches rouges et noires avant que j'aie pu le rattraper. L'Ambassadeur hurla : « Mais on ne peut donc pas le tenir, cet enfant-là! Ce n'est pas Alexandre qu'il fallait l'appeler, c'est Attila! Oh, non! Mais regarde! Ça y est, il m'a faussé mon clavier! Allez, vire-moi ça de là! » Et il repoussa violemment le « ça », qui tomba sur son derrière et se mit à pleurer.

Mon père n'aimait pas les enfants. Plus exactement, il n'y était pas habitué. Et si j'avais nourri l'espoir de voir s'éveiller chez le grand-père les qualités de tendresse qui faisaient défaut au père, depuis trois jours j'avais cessé de m'illusionner. Pour ne pas laisser des rires incongrus troubler le recueillement nécessaire aux réflexions de l'Ambassadeur, pour éviter qu'une petite main malhabile ne déplaçât un livre ou un bibelot sur ses meubles, empêcher qu'une goutte de sirop sur la nappe ou un verre renversé ne lui fît faire la grimace, enfin ne pas le « déranger », je passais mes journées à traîner dehors avec Alexandre dans des rues mouillées, des parcs brumeux, des allées jaunies.

On était en octobre; mes deux semaines de vacances (les premières depuis que Charles m'avait nommée à la tête de son cabinet), j'avais décidé de les passer à Vienne, chez mon père qu'une récente prise d'otages dans notre ambassade de La Haye, revendiquée par la même star du terrorisme international qui avait longtemps menacé notre poste viennois, venait enfin de rendre à la liberté. Monsieur Valbray, ravi d'avoir vu la foudre tomber sur une autre tête plénipotentiaire que la sienne, était, m'avait-on dit au Quai, d'humeur guillerette, badine et bavarde – autant, du moins, qu'il pouvait l'être... J'avais cru pouvoir profiter de ce tête-à-tête privilégié, sans conjoints, sans poseurs de bombes et sans médecins, pour parler avec lui, explorer son passé, découvrir sa vraie personnalité; j'en savais si peu à son sujet que je rêvais encore de lui poser des questions naïves comme au jeu du portrait : « Quels sont ta fleur, ta couleur, ton musicien préférés? » Surtout je voulais le convaincre de ne pas poursuivre avec la petite Martineau une liaison médiocre qui tôt ou tard le desservirait et peut-être, en lui laissant entendre que je le comprenais, à mon tour lui ouvrir mon cœur et lui confier le secret d'un amour qu'il avait sûrement deviné...

Frédéric avait tout gâché. Huit jours avant mon départ, il m'avait appelée en catastrophe pour me dire que la nourrice d'Alexandre était malade et qu'il était obligé d'accompagner son conseil général en Californie : les conseils généraux des régions viticoles avaient, depuis quelques années, pris l'habitude d'effectuer ainsi, aux frais des contribuables, de fructueux voyages d'études à Marrakech ou Las Vegas pour y découvrir les secrets de la vinification, tandis que les conseils des pays bovins allaient étudier en famille l'élevage du zébu à Bangkok et Singapour... Bref, il fallait que je me charge de l'enfant. « Du reste, avait ajouté mon mari mi-figue mi-raisin, ce sera pour toi une excellente occasion de faire sa connaissance... »

L'occasion était manquée : Alexandre ne s'intéressait pas à moi.

Les trois quarts du temps il pleurnichait en réclamant son papa ou en protestant sur le boulevard circulaire, coupé des vents gris et âpres venus des marges de l'Europe, qu'il faisait trop froid ici. Quant à moi, c'était J.V que j'avais espéré rencontrer avant qu'il n'eût, une fois de plus, achevé de dresser entre nous la barrière d'une Malise, d'une Nieves ou d'une Evelyne, et cet enfant geignard, accroché à mes basques, me privait de ma dernière chance. Car si je savais déjà qu'une autre femme allait occuper bientôt toute la vie et les pensées de mon père, je savais, non moins sûrement, que j'avais moi-même trouvé en Charles de Fervacques un moyen meilleur de me torturer, un amour plus menacé, une sollicitude plus fragile, une tendresse plus cruelle, et je voyais venir le moment où, investie par mes angoisses nouvelles, je cesserais d'être touchée par l'indifférence ordinaire de Jean Valbray. Cette perspective, où j'aurais pu reconnaître la juste vengeance des froideurs de mon père, ne me réjouissait pas; je sentais avec effroi que mon insensibilité future ne me déchirerait pas moins que son détachement passé. Je m'étais trop attachée à cette souffrance, si ancienne qu'elle faisait partie de mon être; j'avais grandi avec, comme un lierre s'enroule autour d'un tronc; en m'ôtant ma douleur on m'ôterait mon soutien.

Et j'avais envie de pleurer chaque fois que je resongeais au petit mot charmant que « l'Ambassadeur » m'avait écrit pour m'attirer chez lui – les premières lignes reçues depuis longtemps qui n'eussent pas trait exclusivement aux prochaines élections au Nationalrat, à l'état de santé du chancelier Kreisky, ou à la bonne tenue du schilling sur les marchés des changes : « Je rêve d'une escapade à Salzbourg où l'on donne en ce moment un merveilleux "Don Juan", et je rêve de t'y avoir seule avec moi. Il me semble que nous devrions une fois, dans ces vies si remplies qui sont les nôtres » (même lorsqu'il jouait les séducteurs, mon père n'évitait pas absolument le style pontifiant du Quai), « prendre le temps de nous connaître vraiment, de nous parler, de nous comprendre. J'ai, depuis trente ans, pas mal de choses à te raconter... Je t'espère, je t'attends. Jean. »

Mais il n'y aurait pas de Salzbourg puisqu'il y avait Alexandre... Marchant interminablement parmi les animaux du zoo ou les baraques foraines du Prater, j'essayais de me consoler d'avoir manqué « Don Juan » en me disant que le retour d'affection de Monsieur Valbray n'était peut-être pas désintéressé : ma nouvelle situation professionnelle avait pu l'inciter à ce rapprochement sentimental dont il y aurait pour lui quelque bénéfice à tirer... En ce cas, il se donnait une peine superflue : dans la limite de l'influence dont je commençais à jouir au Quai d'Orsay, je lui aurais accordé, de toute façon, tout ce qu'il m'aurait demandé.

Tristes, maussades et frigorifiés, nous tournions silencieusement, mon fils et moi, entre ces montagnes de béton armé, ces massifs de pierre étrangère, ces avenues désertes d'une ville inconnue où nous n'avions même pas de vrai toit. Parfois, je prenais dans la mienne sa petite main glacée et, l'espace d'une seconde, j'avais l'impression, en serrant ses doigts, de guider les pas maladroits d'un petit frère tardif que mes parents m'auraient abandonné... A y bien regarder en effet, malgré sa chevelure cendrée où, comme dans un « Must » de Cartier, l'or s'alliait au gris de l'acier, Alexandre était moins Maleville que Valbray : de mon frère il avait les grands yeux verts un peu cernés, de mon père la bouche sévère et le sourcil réprobateur, et, sur le bout de son nez, tout un semis de taches de rousseur – « mes petits points de douceur », disait-il en se savonnant dans son bain – qui indiquait son hérédité aussi clairement qu'une marque de fabrique la provenance d'une poupée.

Quand, revenu le soir à l'ambassade auprès de son ours en peluche et de son « chichoir » – un vieux mouchoir de soie que Frédéric avait pris la détestable habitude de lui donner pour s'endormir –, ce gros baigneur daignait enfin sourire ou même, si je le chatouillais, s'esclaffer, je ne le trouvais pas trop raté; au moins était-il beau, et d'une beauté empruntée à ceux que j'aimais.

Ce ne fut qu'après quelques jours qu'en le regardant de près je m'avisai d'une autre parenté, plus étonnante celle-là. Je ne sais pas ce qui m'alerta d'abord; peut-être cette espèce de quant-à-soi qui le poussait à prendre ses distances avec ce qu'il adorait – repoussant dédaigneusement sa glace au chocolat du bout de la cuillère, avant de l'engloutir en trois bouchées –, ou cet air d'insolence et d'ironie blessée lorsque je me penchais pour l'embrasser et que, sans ciller, il me disait : « Moi, j'aime quand papa me fait des bisous, c'est dommage que tu sais pas faire le bisou papou »; il y avait aussi cette façon – qui suscitait à chaque fois la colère de son grand-père – de se caler au fond du canapé Louis XVI, les deux pieds sur les coussins, les genoux relevés et le menton sur les genoux, pour suivre attentivement des programmes de télévision émis dans une langue qu'il ne comprenait pas, ou encore la lumière pâle qui tomba de ses yeux comme une larme, un soir qu'il me regardait enfiler pour dîner une longue robe de voile bleu : « Je la connais, cette robe-là. C'est une robe de fée... » Mais ce fut en le retrouvant un matin debout en pyjama sur un balcon de l'ambassade, les deux mains accrochées à la rambarde de fer comme à un guidon et le regard fixé droit sur les nuages, avec une expression d'extase sur son visage, que la ressemblance, seulement soupçonnée jusque-là, me frappa d'effroi : « Quand je serai grand », me souffla-t-il à l'oreille comme je l'arrachais à sa contemplation pour lui passer une robe de chambre, « je serai conducteur de balcons... De ces balcons-là. Dis, tu crois que je peux y arriver? Mais il faudrait que je peux habiter dans ta maison avec Bon-Papa. Il faudrait, d'abord, que je me marie avec toi... »

Je ne crois pas à la métempsycose ni à la réincarnation; j'abandonne ces fariboles aux Alain Chaton – il venait justement, m'avait appris Laurence, d'entrer dans une communauté Krishna –, comme j'abandonne aux curés les dieux et diables de tout poil. Cependant, j'ai entendu dire qu'un enfant prend parfois dans le corps de sa mère les traits d'un homme qu'elle a aimé, même si cet homme n'a eu aucune part à la conception du bébé; et je ne peux m'empêcher de penser que ce qui est vrai des vieux amants oubliés l'est peut-être aussi des petits garçons morts dont le souvenir ne nous a pas quittés...

Je pris mon fils dans mes bras et le serrai contre

moi : « Alexandre, je t'en prie, il ne faut pas chercher à conduire des balcons quand on est si petit. Ni balcons, ni métros... Les balcons, quelquefois, emmènent les enfants si haut dans le ciel qu'ils s'y perdent, et les métros les enfoncent si profond dans la terre que ceux qui les aimaient ne les revoient jamais. Jamais... »

Les jours suivants, j'épiai malgré moi les signes qui me confirmeraient dans l'idée de cette étrange filiation; et, avec un trouble bonheur, je les trouvai. De nos promenades dans Vienne je rentrai bientôt rajeunie de vingt années; gaiement nous traversions la Schwarzenbergplatz, la main dans la main, mangeant les mêmes gaufres qui saupoudraient de sucre nos manteaux, suçant les mêmes sucettes à la framboise et tirant, aux tramways qui voulaient nous écraser, la même langue rougie de colorants interdits. Puis, un jour que dans un grand magasin j'avais passé un long moment à admirer les déguisements-tout-faits, je m'aperçus que j'avais égaré « mon petit frère » au rayon des jouets; il me fallut plus d'une heure de recherches, et plusieurs annonces en français dans les haut-parleurs de l'établissement, pour le retrouver enfin, sanglotant et effaré, blotti sous un comptoir, trois étages plus bas. Comment il avait pu prendre les escalators sans trébucher ni s'y coincer les doigts ou le pied, j'aimais mieux ne pas me le demander... Mais je compris que je devenais dangereuse pour cet enfant qui avait le tort de ne pas me sortir de moi-même. Au contraire il m'y ramenait sans cesse, et quand j'y étais revenue, qu'il m'avait bien immergée dans mon passé, que Frédéric Lacroix me semblait ressuscité, il n'y avait évidemment plus de place pour Alexandre Maleville à mes côtés : j'étais bien trop petite pour me charger d'un bébé... Comme me l'avait dit autrefois mon gynécologue que l'étroitesse de mes hanches désespérait, je n'étais pas « bâtie pour la maternité ».

Quand je repense aujourd'hui à la tentative que, faute de pouvoir toucher mon père, je fis sincèrement cette année-là pour comprendre et aimer mon fils, je m'aperçois aussi qu'à mesure qu'Alexandre s'enhardissait et osait se confier à moi par bribes et morceaux, me racontant sa vie à Montpellier, ses premières journées d'écolier, son cartable neuf et sa collection de plumiers, ses petites autos, ses dîners de crêpes, son anniversaire, ses dimanches au cirque, ses « goûters d'enfants », enfin tout ce que Frédéric faisait pour lui et avec lui, il éveillait en moi une violente jalousie. Non pas que j'aie jamais – ni en ce temps-là ni depuis – été jalouse de l'affection qu'il portait à mon mari, même s'il lui était apparemment (mais fort légitimement, compte tenu des circonstances) plus attaché qu'à moi. Je n'étais jalouse en vérité que du bonheur d'Alexandre, de son enfance trop choyée et de l'amour qu'il recevait. Chaque fois qu'il m'avait parlé des câlins de son papa et des jeux qu'ils partageaient, j'avais envie de lui faire du mal, de le punir, de le gifler, ou, à tout le moins, de le réexpédier sans délai dans sa préfecture d'origine.

Il faut dire, à ma décharge, que beaucoup de choses chez Alexandre pouvaient agacer : il avait un côté « gosse de riches » – « j'aime pas ça », « j'en veux plus », ou « je sais pas si tu l'as payé assez cher, mon jouet, Papa dit que, si c'est pas cher, souvent c'est pas de la qualité... » – qui contribuait peut-être à le rapprocher de mon prince défunt de l'impasse de la Gare, mais ne pouvait que paraître insupportable à une petite fille que la pauvreté avait contrainte de porter à longueur d'année, sous les quolibets des « grandes » à la récré, des robes usées par d'autres et mal rafistolées.

D'ailleurs, j'étais fâchée que mon fils ne fût pas aussi immatériel que l'enfant auquel il ressemblait :

je me fatiguais de moucher, torcher, rincer, bouchonner et alimenter ce revenant imparfait. Je l'aurais préféré fantôme tout à fait...

Enfin, par crainte de lui nuire ou par lassitude de sa compagnie, je le couchai bientôt de plus en plus tôt.

L'avant-dernier soir de notre séjour autrichien, Olga m'accompagna avec lui dans la petite chambre d'enfants que le précédent ambassadeur avait fait aménager sous les combles. Elle était de passage à Vienne où elle venait d'organiser une exposition de tableaux au bénéfice du « Programme d'Action pour l'Europe » et d'inspecter, du même coup, l'antenne autrichienne de son association.

Cette antenne, elle me la présentait comme la tête de pont de ses opérations politiques en direction de l'Europe de l'Est; profitant en effet des facilités accordées aux porteurs de passeports autrichiens, lesquels – survivance juridique de la double monarchie, ou conséquence de la finlandisation de l'Autriche? – pouvaient entrer en Hongrie sans visa, de mystérieux émissaires viennois, chargés de porter aux dissidents la bonne parole capitaliste et la menue monnaie qui lui donne son autorité, se glissaient régulièrement sous « le rideau de fer » sans formalités. Ce fut, du reste, en parlant avec Olga de ces problèmes de visas et de contrôles douaniers que je découvris la véritable nationalité de « la Cubaine » : elle aussi était autrichienne, ayant adopté en 1947 la nationalité de son mari et ne l'ayant pas lâchée depuis.

Elle avait, en outre, gardé dans la capitale des Habsbourg quelques relations précieuses, et ces amis, peintres, musiciens ou hommes d'affaires, qui partageaient ses idées, l'aidaient maintenant à développer la vie officielle de son association pour mieux lui permettre d'en camoufler les glissements secrets. A l'inverse de ce que devaient faire, après la publication de « l'Archipel du Goulag » et l'avènement des « nouveaux philosophes », des mouvements comme le « Conseil des Intellectuels pour l'Europe des Libertés » ou les divers comités pour la défense des Droits de l'Homme qu'on vit se multiplier, le PAPE, en ce temps-là, tenait encore à conserver sa couverture culturelle et son allure anodine : il distribuait des médailles, patronnait des rencontres folkloriques, finançait à Paris l'enregistrement de « l'intégrale » des symphonies staliniennes de Chostakovitch et à Prague l'édification d'un monument à la mémoire de Mozart. La personnalité – réellement insignifiante et très officiellement érudite – de son président aidait d'ailleurs beaucoup l'association à garder cette apparence rassurante de mécénat apolitique et distingué. Depuis la dissolution de l'ORTF, Bertrand Fortier de Leussac, qui était passé de la direction de France-Culture à la présidence de la première chaîne de télévision, avait en effet considérablement élargi son audience et sa notoriété personnelles. Sur les écrans on ne voyait que lui : « Il est partout, disait Olga, avec les chats au grenier et les souris dans les trous! » Il remplaçait les speakerines pour présenter les films à la mode, arbitrait les grands face à face politiques et les tables rondes des lendemains d'élections, assistait – au premier plan – à la messe retransmise le dimanche matin, présidait aux nouvelles émissions littéraires et interviewait lui-même le président de la République. Toujours chantant les louanges de l'interlocuteur du moment, il traversait la grille des programmes l'hosanna à la bouche et se faisait reluire en astiquant les autres.

Cet autolustrage lui réussissait : il avait toujours eu l'air d'un légume, mais – alors qu'à l'époque où, critique littéraire, il passait ses journées dans l'atmosphère enfumée des salles de rédaction et les sous-sols obscurs des bars du VIIe arrondissement, il avait encore, mince et verdâtre, l'aspect peu engageant du concombre ou du navet – sa récente prospérité télévisuelle l'avait, comme une bonne fée, transformé en chou pommé : rond, rouge, luisant et printanier, il s'épanouissait à vue d'œil; je le trouvais à croquer. « Ne vous y trompez pas pourtant, m'assura Olga, dans l'intérieur de son âme, il est trrès tourmenté. Oui, il a réussi dans son nouveau métier, mais, comme on disait chez nous, " le Seigneur est un vrai père, et quand il ne donne pas un abcès, il donne un ulcère " : c'est sa vie amoureuse maintenant qui lui donne du souci! Il a recommencé sa liaison avec sa secrétaire... » Elle m'expliqua qu'à la honte d'avoir, lui, le successeur de Maritain et de Francis Jammes, renoué avec la luxure s'ajoutaient maintenant les tortures que sa vieille maîtresse, consciente de ne plus pouvoir être épousée, lui infligeait quotidiennement pour se venger : « Oÿ, elle est furrieuse! Alors, pour la calmer et compenser le sacrifice qu'elle lui a fait de sa jeunesse, il lui laisse prendre de plus en plus d'autorité sur ses affaires, ses collaborateurs, ses livres, son bureau... »

Non seulement, en effet, la brave dame ne supportait plus d'être dirigée mais elle corrigeait elle-même, à sa manière, tous les textes que le grand poète lui remettait : il expiait ses péchés par des fautes d'accords et des virgules mal placées. « Voilà : Bertrand fait une carrière magnifique et, par ses âneries, cette grrosse pouffiasse, cette tête-épaisse, va l'empêcher d'être Secrétaire Perpétuel de l'Académie! L'enfer, n'est-ce pas? » Elle croisa comiquement ses yeux vairons, et je compris qu'elle n'estimait pas plus Fortier que je ne l'aimais moi-même.

« Bon. Assez parlé du poète. Parlons plutôt de ce petit garçon mignon... », coupa-t-elle en lançant brusquement son ours à Alexandre qui, du fond de son lit, la dévorait des yeux, fasciné par sa volubilité, son accent, son maquillage de clown et ses trop grands mouvements de manches et de bracelets. « Etes-vous contente de cet enfant-là? Est-il sage au moins, ce schatzele? » Elle s'approcha de lui, se pencha en riant, et, glissant la main dans son col entre peau et pyjama, commença de le caresser comme un petit chat. Alexandre sourit. « Dites-moi tout, Christine : êtes-vous contente de ce petit chausson aux pommes? De ce mini-strudel, de ce hot dog de poche, ce roulé à la viande dans son sandwich de couvertures? Ah, petit roulé, mein kleine blintzeh, je vais te manger, miam-miam-miam! » Elle faisait mine de lui grignoter le cou, le barbouillait de rouge à lèvres en l'embrassant, et Alexandre riait aux éclats. « Sent-il bon le pain chaud le matin quand vous le tirez du lit? Sent-il bon, comme si la nuit l'avait cuit? » Occupée à chercher sous les meubles l'indispensable « chichoir » que mon fils avait encore égaré, je ne crus pas que ce babillage appelait une réponse précise. Mais elle insista : « Allez, dites-moi : quelle odeur a ce petit gâteau lorsqu'il sort du four? »

A quatre pattes sous l'armoire, je marmonnai que je ne savais pas, je n'avais pas remarqué... Il y eut un silence. « Vous n'avez pas remarqué? Vraiment? » La voix avait quelque chose de cinglant, mais, coincée sous l'armoire, je n'y pris pas garde. Le silence se réinstalla, vaguement menaçant. « Encore le hot dog, Madame, fais encore le hot dog s'il te plaît », réclamait Alexandre.

« Vous n'avez pas remarqué, reprit enfin la secrétaire générale du " Programme pour l'Europe ", eh bien, tant mieux. Tant mieux... » Le charme semblait rompu : elle embrassa distraitement mon fils, puis, récupérant le verre de whisky qu'elle avait posé sur la table de nuit, elle entreprit de redescendre l'escalier pour rejoindre mon père qui nous attendait dans la salle à manger.

Je la rattrapai avant le tournant du premier étage. « Mon chichoir, j'ai pas mon chichoir », pleurnichait Alexandre, abandonné sous les toits.

« Je ne suis pas idiote tout de même, Olga. Je vois bien que vous désapprouvez les femmes qui ne connaissent pas l'odeur de leur enfant. C'est votre droit. Mais si vous pensez comme ça, pourquoi conclure ensuite que c'est "tant mieux"? "Tant mieux" pour qui? "Tant mieux" pour quoi? »

Elle me fixa du même regard sauvage que je lui avais vu en Mai 68, et je crus qu'elle allait me jeter son whisky à la figure. Au lieu de cela, elle pinça les lèvres, s'appuya contre la rampe de l'escalier, et but lentement en me dévisageant. L'alcool l'apaisait. Son visage, que la colère marquait de plis amers aux coins de la bouche et d'un V violet entre les sourcils, reprenait graduellement sa sérénité et, sous les fards, ce poli de vieille geisha qui m'avait souvent frappée. Son verre terminé, elle trouva même la force de me sourire : « J'ai dit "tant mieux", ma chèrre, parce que j'avais l'intention de vous faire découvrir après le dîner le Casino de Vienne, qui est charrmant... Seulement, j'aurais eu scrupule, figurez-vous, à faire une fois de plus partager mon vice à une jeune mère responsable. Imaginez qu'à cause de moi vous ruiniez un enfant que vous aimez, hein? Enfin, mettons, si vous voulez, que c'est mon côté "bon diable"...

– En somme, vous êtes contente d'avoir trouvé chez le pécheur moins de cœur que chez le tentateur?

– Exactement. »

Elle posa sa main sur mon épaule et se laissa guider comme une vieille femme jusqu'au bas de l'escalier. Elle commençait, en effet, à n'être plus très jeune. C'était à sa couleur de cheveux que je m'en apercevais le mieux. Elle devenait de plus en plus brune, une de ces brunes dont les autres femmes se disent au premier coup d'œil : « Elle doit être entièrement blanche », car seuls les cheveux tout à fait décolorés laissent la teinture prendre aussi vite, aussi complètement, et une coiffure d'un noir de jais révèle l'âge des coquettes fatiguées aussi sûrement que si elles portaient en sautoir leur carte d'identité; le mensonge d'Olga disait sa vérité. Sa chevelure la trahissait, comme commençait à la trahir sa démarche, de plus en plus appliquée et tâtonnante. Il est vrai qu'à cette heure de la journée les boissons qu'elle avait absorbées brouillaient toujours un peu la précision de sa vision...

— Pour conclure, ma petite Christine, reprit-elle en me tapotant affectueusement la joue au moment où nous atteignions le palier, je vous préfère comme vous êtes... C'est pourquoi j'ai dit « tant mieux » : je hais les imbéciles qui me donnent du remords! D'ailleurs, entre nous, bubeleh, vous étiez hideuse enceinte...

Je poussai la porte du petit salon où le maître d'hôtel nous attendait avec son plateau de cocktails. « Maman, je veux mon chichoir! J'ai peur, je veux mon papa... Papa! Papa! » hurlait Alexandre dans la cage d'escalier.

— Alexandre a un père, n'est-ce pas? murmura Olga. Et vous, vous avez une très grande carrière à faire...

« Le monde est malheureux parce qu'il ne sait pas où il va... »

Profitant de ce que nous dînions en un petit comité dans les appartements privés, mon père avait fait placer la télévision au bout de la table, entre la soupière et le compotier (« tu vois bien, m'aurait dit Philippe, qu'il n'a rien d'un prince, ton J.V. : Son Excellence dîne devant " sa télé " comme un ouvrier! ») et, pour la seconde fois, il m'infligeait le discours de Giscard dont il souhaitait parler avec Olga.

Il n'avait pas connu Mademoiselle Dimenchstein à l'époque où il avait épousé Anne : la troublante vendeuse de Schiaparelli était alors, depuis plusieurs mois déjà, sortie de la vie de la jeune Chérailles; mais, depuis qu'il était à Vienne, il avait eu plusieurs occasions de rencontrer Madame Kirchner chez des relations communes et, n'ignorant rien de ce qu'elle avait été pour Anne avant leur mariage ni du rôle qu'elle jouait maintenant à Senlis, il avait été heureux de pouvoir satisfaire une ancienne curiosité.

La faconde d'Olga, sa solidité d'esprit et sa façon de le traiter d'emblée comme un vieil ami l'avaient conquis. Ni les tenues voyantes de la milliardaire, ni ses sympathies avouées pour « Baby Doc » à Haïti et Pinochet au Chili, ni même ses écarts de comportement – baccara, Chivas, jeune peinture et filles en fleur – ne l'avaient rebuté, lui qui affectait pourtant de n'aimer que la discrétion, la démocratie et la normalité. Peut-être, s'il désapprouvait l'alcoolisme et l'homosexualité chez un diplomate, les considérait-il chez une femme du monde avec l'indulgence amusée d'un amateur de jupons qu'émoustille l'excentricité? Curieusement aussi, le fait qu'Olga et lui eussent aimé la même femme semblait les rapprocher : ils parlaient souvent d'Anne ensemble, et sur un même ton affectueux et protecteur, dont je trouvais qu'il se teintait parfois, à leur insu, d'un mépris déplacé; ils commentaient ses qualités et ses défauts comme deux propriétaires de chiens d'une même race, que leur passion pour la bête n'égare pas au point d'éclipser leur commune appartenance à une espèce supérieure...

« ... malheureux parce qu'il ne sait pas où il va,

poursuivait Giscard, et parce qu'il devine que, s'il le savait »...

– Je me demande, bougonna Olga, ce que ce jeune homme bien élevé connaît du malheur!

Mon père nous fit signe de nous taire : le maître d'hôtel venait d'entrer avec le plateau de fromages, et la circonspection de rigueur dans le métier diplomatique impose de ne jamais parler des grands de ce monde devant les domestiques, sauf à utiliser l'anglais. Encore cette précaution n'offrait-elle plus depuis quelques années une protection suffisante : avec la démocratisation de l'enseignement il arrive que certains valets d'ambassade aient de la langue de Shakespeare certaines notions, d'autant plus dangereuses qu'elles demeurent approximatives...

Tandis que nous nous servions sans un mot, je regardais le valet à la dérobée : que pouvait-il penser des silences soudains qui suivaient chacune de ses entrées? C'était avec ses yeux que je voyais nos visages brusquement vidés d'expression, nos lèvres serrées, nos sourires hâtivement ravalés, nos gestes pressés, et le sourcil de mon père que l'impatience fronçait; et je me sentais aussi gênée du mépris suspicieux que nous témoignions à ce serviteur zélé que du ressentiment qu'il aurait été fondé à en éprouver. Au comble du malaise, il m'arrivait parfois d'essayer de meubler ces silences humiliants par des phrases qui pourraient faire illusion sans changer le sujet de la conversation – à laquelle, sitôt le domestique sorti, je savais bien que nous reviendrions. Je risquais d'anodins « il fait froid ce soir, est-ce que le chauffage marche bien? » ou des apostrophes semi-extasiées : « Oh, mais je n'avais jamais remarqué combien ces petites assiettes étaient jolies! » L'Ambassadeur, qui n'était pas dupe de ces efforts maladroits et que mes pudeurs agaçaient, haussait les épaules sans se donner la peine de me répondre. « Au moins, pensais-je, le maître d'hôtel verra que je suis de son côté, et que c'est mon père qui m'oblige à m'asseoir à la table des maîtres et à y rester... »

Pour mieux me faire pardonner ma trahison de classe, j'en revenais, depuis la mort de mon grand-père, à certains comportements d'adolescente qui avaient autrefois surpris les femmes de chambre du Farnèse : je faisais mon lit moi-même; et – de même qu'à Rome je descendais au sous-sol saluer ce cuisinier que les diplomates successifs ignoraient aussi soigneusement que les passagers d'un paquebot les cales et le soutier – à Vienne je faisais, chaque jour, l'effort de monter jusqu'au troisième pour visiter les fourneaux et les marmitons qu'un précédent ambassadeur avait relégués près des greniers par horreur des odeurs. Puis, craignant brusquement d'en avoir trop fait, sentant d'ailleurs à la froideur des employés qu'on me suspectait de vouloir séduire le personnel ou de chercher à contrôler la propreté des casseroles, comprenant enfin qu'à vouloir tout ménager je me déconsidérais des deux côtés, j'imitais les manières insouciantes d'un Fervacques : je lâchais mes vêtements en tas sur la moquette au hasard de mes déshabillages (« laissez, Christine, Souraya ramassera »), j'éparpillais les cendres de mes cigarettes sur le parquet sans me donner la peine de dénicher un cendrier (« aucune importance, Ahmed balaiera »), et j'ôtais mon maquillage avec les serviettes blanches de la salle de bains (« Carmen détachera »)...

Ce soir-là, ayant timidement lancé qu' « il y avait longtemps que je n'avais mangé une sole aussi délicieuse », j'implorai Olga du regard; j'espérais, par tout ce qu'elle avait été, qu'elle me viendrait en aide. Mais Olga avait définitivement choisi son camp; le silence, plus lourd d'avoir failli être levé, retomba comme un couvercle sur la salle à manger.

– Malheur, bonheur, reprit enfin Madame Kirchner quand le maître d'hôtel eut rejoint l'office, je ne sais pas jusqu'où ces distinctions de Giscard s'imposent. Le monde est peut-être très content de ne pas savoir où il va... Et qui sait si la catastrophe finale ne le mettra pas en joie? Toutes ces choses se mêlent tellement quelquefois...

Mon père opina poliment du turban. Oriental jusqu'au bout des ongles depuis qu'il se trouvait à Vienne, il l'était presque jusqu'au couvre-chef et portait déjà d'amples robes de « Mamamouchi » qu'il n'hésitait pas à exhiber devant Olga. Reçue en intime dans son intimité (« pour ne rien te cacher, ma petite fille », m'avait-il avoué dans un sursaut d'honnêteté, « je préfère recevoir Madame Kirchner en privé; je la trouve, certes, d'excellente compagnie, mais je crois que, hors du milieu artistique parisien, elle ne serait guère montrable : elle marque mal », et cette demi-vulgarité – surprenante dans la bouche d'un diplomate – m'avait rappelé, pour le cas où je l'aurais oublié, qu'Evelyne Martineau était entrée dans sa vie...), Olga avait droit, en effet, au « négligé » de Son Excellence.

Elle s'en disait ravie. Les robes de chambre de l'Ambassadeur l'étonnaient d'ailleurs d'autant moins qu'elle savait à quoi rapporter ses tenues excentriques d'envoyé du Grand Roi auprès de la Sublime Porte : J.V. se mettait au diapason de sa maison. On racontait dans Vienne que l'hôtel de l'ambassade de France, construit dans les années 1900, était né d'un quiproquo administratif : le Service des Immeubles, débordé par l'ampleur de ses programmes de construction du moment, avait interverti les plans des ambassades de Vienne et d'Istanbul et ne s'était avisé de l'erreur qu'au moment de la réception des travaux...

Cette histoire, qui ne faisait pas trop d'honneur au sérieux du Quai d'Orsay, pouvait bien être une invention des Autrichiens, déconcertés par le style

« Art nouveau » du bâtiment : trop habitués à la rigueur des frontons néo-classiques et à la fantaisie préprogrammée des « sourcils » baroques pour n'être pas choqués par les rondeurs et les sinuosités délirantes de la Résidence française, ils avaient pris les volutes des corniches pour la fumée des narguilés, les ondulations des avant-corps pour des frémissements de danse du ventre, les arabesques pour des turqueries, et les galbes exagérés des balcons pour des « culs de dames damascènes »... Quant à moi, je trouvais que ce palais, typique de son temps, évoquait moins une mosquée qu'un grand magasin : avec ses trois étages de fenêtres arrondies, sa grande marquise, et les fresques dorées de sa façade où des dames bien en chair se faisaient des grâces au milieu des tentures et des fruits, on aurait dit une réclame pour « le Bon Marché »...

J.V., pourtant, comme tous les Viennois, faisait semblant de croire que les fenêtres de sa chambre s'ouvraient sur « la Corne d'Or » et qu'une felouque l'attendait en bas du perron.

Si l'ambassade de France à Vienne était une imposture, il s'attachait à lui rendre la vérité de sa destination en épousant ses mensonges; au point que le visiteur, perdant peu à peu tout sens de l'orientation, ne savait plus, à la fin, s'il avait affaire à un Turc à Vienne, un Autrichien chez les califes, ou un Français à double accréditation... Offrant à ses invités, avec un sourire entendu, des pistaches grillées et des pignons salés, affectant de jouer, comme un vieux marchand du bazar, avec les chapelets d'ambre et de turquoises qu'un ministre libanais lui avait donnés, décorant malicieusement couloirs et salles de bains de photographies de Sainte-Sophie et de gravures de minarets, il portait, dans son particulier, des babouches et des cafetans brochés, écoutait Oum Khalsoum et relisait « les Mille et Une Nuits »... Vienne se disposait alors, il est vrai, à accueillir, pour la seconde fois en trois mois, la conférence des ministres de l'OPEP, et Monsieur Valbray – qui était tout sauf insensé – profitait de la configuration particulière de son ambassade, de la légende qui s'y attachait et du style de vie que prétendument elle lui imposait, pour obtenir, avant ses concurrents, de précieuses informations sur le prix du baril... « Ne nous dissimulons pas, Christine, que le problème arabe va dominer toute la politique occidentale dans les années à venir. Faisons dès à présent quelques concessions d'apparence qui nous vaudront, à terme, des avantages solides... »

Fabriquer de vrais traités avec de fausses promesses, fonder de sincères amitiés sur de trompeuses visions et donner de la réalité aux illusions, tel était en effet le métier qu'on l'avait, depuis trente ans, chargé d'exercer. L'incertitude qu'il entretenait maintenant sur la nature du lieu qu'il habitait, et, du même coup, sur les limites géographiques de la mission qu'on lui avait assignée, lui permettait de porter cet art à son sommet, tout en signifiant habilement à la jeune représentante de son ministre que de telles qualités seraient mieux employées dans un poste moins étroit que le poste viennois...

– Bonheur, malheur, poursuivit Olga songeuse, je crains que ce ne soit pas par le raisonnement qu'on puisse découvrir de quelle façon ils sont liés, même quand on est aussi malin que Valéry Giscard d'Estaing... Moi, le bonheur, ce n'est qu'en février 45 que j'ai compris ce que c'était... L'armée allemande refluait en désordre. Les SS évacuaient Auschwitz en wagons découverts. La neige tombait. La moitié des survivants sont morts pendant le transport. C'était le 13 ou le 14 février...

Je remarquai que, comme chaque fois qu'elle était émue, Olga avait perdu tout accent; lorsque, comme en Mai 68 ou trois ans plus tard à Sainte-Solène, elle évoquait la guerre et les camps, ses roulements de

« r » slavo-hispaniques disparaissaient instantanément; le chagrin la rendait à son naturel, et – à l'inverse de ce qu'on constate chez la plupart des étrangers – ce naturel, curieusement, ne comportait pas le moindre défaut de prononciation. Une fois de plus, l'idée m'effleura qu'en accompagnant d'habitude son discours de violentes vibrations du palais elle nous jouait une comédie... Mais elle poursuivit sans me laisser le temps de m'arrêter sur cette pensée :

– Brusquement le train s'est immobilisé sur une hauteur. Et du wagon, sous la neige, j'ai assisté au bombardement de Dresde. La ville entière, les palais, la gare, les parcs, la rivière, tout brûlait. C'était... c'était magnifique. Le ballet des avions, l'éclat des explosions, le jaillissement des flammes, et la fumée qui montait comme un encens... C'est peut-être difficile à dire aujourd'hui... mais voir une ville allemande brûler, voir qu'on la rayait de la carte, pour un déporté c'était un spectacle merveilleux... Merveilleux comme le visage extasié de Charmeret. Vous vous souvenez de Jacques Charmeret? Un des chefs du réseau « Lorraine », qu'ils avaient déporté trois mois plus tôt... Il était assis contre moi dans le wagon, les épaules, les cheveux couverts de neige, mais sous la glace son visage rayonnait : il riait, riait aux éclats. Il avait beau trembler de fièvre et de froid, Charmeret, il avait beau savoir qu'il allait mourir du typhus, Charmeret, il riait... Toute cette horreur en bas, c'était ce que nous pouvions voir de plus beau... Moi aussi, j'en pleurais de bonheur... Je ne savais pas qu'il y aurait deux cent mille morts sous les décombres, mais, à bien regarder le brasier, j'aurais pu m'en douter... C'est pourtant à ce moment-là, à ce moment seulement, qu'en contemplant d'en haut le malheur des autres j'ai senti que je pourrais... que je pourrais revivre.

Un soupir qui semblait monter du fond de son

âme souleva sa poitrine, comme l'inspiration désespérée d'un asphyxié, l'ultime halètement d'un noyé;
mais elle ne bougeait pas, gardant les yeux fixés sur
le « milieu de table » en vieil argent, qu'elle ne voyait
pas. « Pour revivre, conclut-elle d'une voix sans
timbre, il ne me fallait pas moins de deux cent mille
brûlés vifs... » Elle poussa un autre soupir, plus bref,
secoua sa frange noire et, s'ébrouant comme au
sortir d'un rêve : « Vous voyez bien, dit-elle, que
mon bonheur n'a pas de prix! » Puis, le regard
toujours absent : « Excusez-moi, je n'aurais pas dû
vous parler de ça... » Elle s'efforçait de nouveau à la
gaieté : « Nous avons tous nos petits ennuis... Et si
chacun apportait son paquet de misères au marché,
après un tour de foire tout le monde remporterait le
sien! »

Gêné du tour qu'avait pris la conversation, le
« grand Mamamouchi », qui tournait sa petite
cuillère dans son assiette à dessert, ne parvint pas à
se reprendre aussi rapidement. « Oui, dit-il enfin,
Dresde... Moi aussi, je me souviens de ce jour-là...
Christine est née le lendemain, je crois... »

Je regardai le fond de mon assiette, incapable de
terminer ma crème au chocolat. Les yeux d'Olga
lâchèrent le surtout d'argent et se posèrent sur moi :
« Eh bien, me demanda-t-elle vivement, viendrez-
vous au casino ce soir avec moi? Demandez donc à
votre père si ce n'est pas un bâtiment rrravissant! Du
pur XVIIIe... Il serait dommage que vous ne le voyiez
pas... »

En sortant de table, l'Ambassadeur me prit à
part :

— Méfie-toi tout de même. Olga est une femme
d'esprit, mais c'est aussi une très grosse joueuse à ce
qu'on dit. Ne te laisse pas entraîner.

Je le rassurai : « Penses-tu! Je ne joue jamais.
Vingt francs à la roulette, pour faire semblant. Ce

qui m'amuse, moi, dans ces endroits-là, c'est d'étudier la tête des gens... »

La mienne, par exemple, dans le grand miroir des toilettes du Casino de Vienne... Il était quatre heures du matin; j'avais perdu deux cent mille francs – le prix, dans ces années-là, du petit appartement « 3 pces. 70 m². tt cft, avec vue » que je ne possédais pas... Les deux cent mille francs non plus d'ailleurs, je ne les avais pas; mais le directeur du casino, prévenu en ma faveur par la manière dont Olga – adulée ici comme dans toutes les salles de jeux, de Sainte-Solène à Macao – m'avait présentée à lui (« la fille de notre charmant ambassadeur de France, je veux la convaincre qu'il n'y a rien de plus délicieux au monde qu'un croupier viennois... Aidez-moi! »), avait accepté mes chèques sans faire aucune difficulté. Il ne me restait plus qu'à les provisionner...

Je mouillai mon mouchoir au lavabo, m'en tamponnai les tempes; j'étais pâle, mais moins pâle sans doute que trois heures plus tôt quand, à la suite d'une série de mises sur le douze aussi colossales qu'étrangement obstinées, je m'étais retrouvée à « moins cinq cent mille ». En fait, depuis une heure, j'étais en train de me « refaire »; encore deux heures, et, pour peu que je ne sois plus qu'à « moins cent mille », j'aurais même l'impression d'avoir gagné...

Néanmoins, je restais troublée. Certes, j'étais habituée depuis longtemps à ce que l'émotion de la perte passât de loin la joie du gain – et sans doute faut-il chercher dans cette fadeur de la victoire ce qui pousse les joueurs à remettre indéfiniment leurs profits sur le tapis... Je n'en étais plus, en outre, à éprouver pour la première fois l'angoisse du chèque à propos duquel, faussement assuré, on sollicite de la direction un « petit délai » – « j'ai un problème momentané de trésorerie, mais j'attends une rentrée le 30 du mois » – ni la satisfaction de n'être, en cet instant, jugée que sur ma mine : n'avais-je pas compris depuis des lustres, en regardant Olga, qu'être « arrivée », ce n'était pas habiter un hôtel particulier dans les beaux quartiers (comme l'imaginait Caro) ni diriger « en second » le cabinet des Affaires étrangères (comme le supposait mon père), mais pouvoir faire un banco sans « l'éclairer »?

Ces premiers bonheurs étaient déjà loin derrière moi et, depuis deux ans, la vanité n'avait plus de part au plaisir que les casinos me donnaient. Ce que je commençais à découvrir en revanche, ce que j'expérimentais cette nuit-là, c'était la fascination de l'abîme, la spirale vertigineuse des chiffres. Debout dans les lavabos du casino, je contemplais avec étonnement cette femme aux cheveux mouillés de sueur, au maquillage fondu, à la bouche sèche, cette fille sans fortune qui pouvait faire des « différences » de cinq cent mille francs, avec un traitement de sept mille francs par mois... Jusque-là, je me pensais capable de contenir à peu près mes pertes; je traînais bien toujours quelques dettes ici et là, mais rien d'irrémédiable. Ce soir, soit difficulté à convertir les francs en schillings quand j'avais déjà tant de peine à convertir les jetons en francs, soit contagion de l'exemple – des Saigonnais (généraux prévaricateurs ou commerçants magouilleurs, pressés de tout perdre avant qu'Hô Chi Minh ne le leur prenne) menaient un jeu d'enfer à toutes les tables –, j'aurais véritablement joué ma chemise.

Dans ma mémoire je retrouve, en effet, le souvenir d'une rage qui s'exaltait à mesure que la soirée avançait. Olga, qui m'avait souvent regardée « ponter », prétendait que je ne jouais pas comme une Française, mais comme une Slave ou une Italienne : « Jamais les chances simples ni les colonnes. Au mieux les carrés, ce qui, vous me l'accorderez, ne représente pas une division des risques très poussée!

A ce degré, ma chèrre enfant, c'est moins de la roulette que de la roulette russe! Au fond, vous n'êtes pas une vraie joueuse! »

J'avais vu jouer les Italiens dans les casinos de la Riviera – ces grosses femmes en robes de nylon fané qui viennent s'asseoir aux tables avec leurs cabas comme entre deux marchés, ces garçons en jeans et cols roulés, aux ongles noirs de mécanos, au menton mal rasé, qui jettent farouchement sur un seul numéro du tableau tout leur salaire du mois, ces petits vieux qui, sans détourner les yeux, perdent d'un coup leur pension ou « l'argent des commissions » – et je savais parfaitement ce qu'Olga voulait dire. Cependant, à l'inverse de ces malheureux qui ne savent rien des travaux de Bernoulli, je n'avais pas l'excuse, en plaçant mes mises sur un seul « plein » comme je le faisais, d'ignorer quel monstre j'affrontais avec cette légèreté : « En supposant qu'à une des tables de roulette de notre chère Olga il passe cinq cents coups par jour, m'avait expliqué Philippe un jour que nous dînions à Senlis, sais-tu combien il faudrait qu'elle attende pour voir sortir une série de quarante rouges? Plus de trois millions d'années! C'est inouï, n'est-ce pas? » Mais contrairement à ce que supposent les énarques et à ce qu'établissent les mathématiciens, le hasard n'a rien à voir avec la probabilité : comme les vieilles Italiennes, je jouais soir après soir contre trois millions d'années, et il m'arrivait de gagner... Après quoi, décontenancée derrière mes piles de bakélite, désolée peut-être de n'avoir rien trouvé qui pût me résister, je m'interrogeais anxieusement sur l'intérêt de ce succès; pour un peu, j'aurais questionné mes voisins, comme ce grand seigneur du XVIIe siècle qui demandait à ses piqueurs : « Dites-moi, ai-je bien du plaisir à cette heure? » Pour savoir si j'en avais, je rejouais... Rechutes qui ne m'avaient pas empêchée, jusqu'à présent, de considérer que je n'étais pas joueuse.

D'abord parce que, tels ces alcooliques qui ne boivent pas de vin à table, je me flattais de dédaigner certains jeux – les cartes en particulier, les bridges d'Etampes m'ayant dégoûtée du « chemin de fer » et du poker – et si, quelquefois, pour me remettre d'une série trop contraire à la roulette, je m'asseyais aux tables de baccara, j'y restais d'une prudence exemplaire : personne, en tout cas, ne peut se vanter de m'y avoir vue « tirer à cinq », ce qui est tout dire... Ensuite, je n'étais ni superstitieuse ni systémière; quand j'entendais Olga vanter les mérites d'une montante, la « piquemouche » ou « l'américaine », ou que je la voyais noter fébrilement « gagnantes » et « perdantes », tracer des courbes d'écart, multiplier le tout par dix et diviser par 3,1416, je la considérais avec la supériorité étonnée qu'ont sur les malheureux qui cherchent un ordre aux choses ceux qui s'accommodent du désordre... Enfin, je ne pensais pas que passer une nuit de temps en temps dans un casino fût une tare dangereuse, ni même une grande singularité dans un monde où, à sa façon, tout le monde jouait : mon père, quand dans ses notes au Quai d'Orsay il se livrait à d'infinis calculs de probabilité politique; Philippe, chaque fois qu'il brûlait un feu rouge; et Charles, en empilant des millions de jetons sur une falaise minée...

En songeant à Charles, justement, je sentis ma gorge se nouer : il y avait dix jours que j'étais là, et dix jours qu'il ne m'avait pas téléphoné. Tout le Cabinet m'avait appelée – « Madame Maleville, qu'est-ce qu'on fait jeudi pour le sommet franco-africain? », « Tristani réclame son ordre de mission pour Rawalpindi : je signe? », « Finalement, on convoque les Finances à la réunion sur le contentieux de la SCREG en Arabie, ou on leur fait un enfant dans le dos? » Tout le monde m'avait téléphoné, du directeur en titre au dernier des attachés, et Durosier trois fois plus que les autres; mais Charles ne m'avait pas appelée.

Peut-être taquinais-je le cylindre comme, petite fille, je courais autrefois sur les bordures de trottoirs en veillant à ne pas poser le pied sur les joints de peur de rater la prochaine composition d'histoire ou de latin? Peut-être m'étais-je persuadée, sans me l'avouer, que lorsque le douze sortirait Charles me téléphonerait? Si je ne retournais pas au feu tout de suite et ne rattrapais pas ces enfantillages sur-le-champ, j'aurais payé deux cent mille francs pour l'ombre d'une communication!

D'un geste décidé, je relevai en chignon mes cheveux mouillés, me repoudrai le nez, vaporisai un nuage de parfum sur ma robe : j'allais me « refaire », je me « referais » – s'il y avait une justice dans ce monde, je n'achèterais pas au prix d'un appartement la courtoisie téléphonique d'un de mes amants! Après tout, je n'avais que vingt-neuf ans...

D'ailleurs, pouvais-je faire autrement? Cette fois, Olga ne m'aiderait pas. Deux cent mille francs, c'était beaucoup pour elle en ce moment. Elle avait des ennuis financiers avec sa galerie de Paris. Du reste, je ne savais pas de quelles complaisances elle m'aurait fait payer une nouvelle rallonge, elle qui se croyait déjà autorisée, par l'importance de ses créances, à des familiarités qui, depuis que je connaissais Charles, m'obligeaient, sitôt que nous nous trouvions seules dans la même pièce, à me placer de telle sorte qu'il y eût toujours entre nous une table ou un fauteuil... Je ne pensais pas non plus pouvoir, décemment, obtenir un prêt d'un mari que j'avais si régulièrement trompé et qui, chaque fois que je le rencontrais, me persécutait de reproches et de questions angoissées sur l'étendue de mon amitié pour mon ministre. Mon père? Pour la première fois, je m'interrogeai sur ce que l'Ambassadeur faisait de son argent; certes, il n'avait pas de fortune personnelle et, en tant que commis de l'Etat, ne gagnait pas des mille et des cents, mais comme il n'avait jamais eu de charges de famille on pouvait tout de même se demander où passaient ses économies : peut-être avait-il, lui aussi, un vice caché? Quant à Philippe, qui n'avait rien à me refuser, il manquait pour l'heure cruellement de liquidités : « La Ménagère » avait pris de plein fouet le choc pétrolier – « si nous fabriquions de l'électroménager haut de gamme, assurait Anne, nos prix auraient une plus grande flexibilité, mais, par la faute de Berton, nous nous trouvons maintenant en compétition avec la camelote " made in Singapour ". Que le prix de l'énergie grimpe encore et nous serons frits! En tout cas, je n'imagine pas que les gens paieront un moulin à café cinquante francs de plus pour qu'il soit français! »

Restait Charles. Mais Charles, comme tous les gens riches, n'était pas habitué à payer. Il était accoutumé au contraire à ce qu'on lui fît crédit. Aussi n'avait-il jamais d'argent sur lui; et comme on ne saurait user d'une carte American Express pour régler sa consommation au café, le péage d'une autoroute, un paquet de cigarettes, ou le pourboire de l'ouvreuse, c'était toujours moi qui, lorsque nous étions ensemble, finissais par l'entretenir. Au bout du compte, mon milliardaire me revenait plus cher qu'un gigolo – et je ne doutais pas qu'une demande d'argent l'aurait fait fuir : les riches craignent toujours qu'on ne s'en prenne à leur magot; ils sont tellement entraînés à débusquer l'intérêt sous le compliment et la vénalité derrière le sentiment qu'ils ont de la peine à s'imaginer qu'on puisse les aimer pour eux-mêmes. Charles m'aurait peut-être signé un chèque si je le lui avais demandé, et peut-être même m'eût-il d'abord su gré de lui donner l'occasion de se prendre pour son grand-père Variaguine, le prince-ministre de Nicolas II, lorsque avant la révolution d'Octobre il couvrait de diamants Emilienne d'Alençon ou la Belle Otéro. Mais cette illusion n'aurait pas duré : l'hérédité Pinsart reprenant le dessus, il m'aurait rayée de ses « petits papiers »... D'ailleurs était-il bien certain qu'il m'aurait aidée? Nous ne nous étions pas quittés en excellents termes lorsque j'étais partie pour Vienne.

Quelques jours auparavant, il avait refusé mon invitation, timide, à passer la soirée en tête-à-tête chez moi :

— Je suis désolé, ce soir je ne peux pas... Je serai à l'Opéra. Une représentation exceptionnelle au bénéfice de la Fondation « Handicap et Réinsertion »... Ça va être d'un ennui!

— Ah... c'est « Cosi fan Tutte » que vous verrez?

— Oui, je crois... Enfin, je tâcherai de filer avant la fin... Si toutefois Elisabeth ne m'oblige pas à rester...

Le lendemain matin, tandis que son chauffeur nous conduisait à l'inauguration d'une exposition France-Iran ou France-URSS (les « amitiés internationales » ont toujours l'air guerrier d'une finale du Mundial), je demandai à Charles — pour meubler une conversation aussi anodine que la présence d'oreilles mercenaires l'exigeait — si Gundula Janowitz avait été aussi bonne que le soir de la première. « Mais oui », fit-il l'air absorbé, comme si je le distrayais sans nécessité de plus profondes pensées. « Bien entendu, Mademoiselle Janowitz est toujours excellente », et il se replongea dans son dossier.

Ce fut le soir, en lisant « le Monde », que je m'aperçus que la représentation de la veille avait dû être annulée en raison d'une grève sauvage des éclairagistes. J'eus le tort de le prendre mal : ce n'était pas le chagrin d'avoir été trompée ni la jalousie qui m'animaient — encore que j'eusse bien aimé savoir quelle beauté de rencontre cette « excellente » Gundula cachait —, mais c'était la colère d'avoir été abusée avec tant de maladresse et de négligence que j'en venais, a posteriori, à regarder les mensonges bien ficelés comme des preuves de respect. J'avais dupé trop de monde moi-même depuis dix ans pour qu'on pût s'imaginer me berner à si peu de frais, et j'aurais bien voulu qu'à défaut de me croire de la délicatesse Charles me crût au moins de l'esprit...

Nous avions un petit déjeuner de travail avec un ministre anglais, une de ces négociations mal réveillées autour d'un jus d'orange et d'œufs brouillés, obligatoires depuis que notre dernier président de la République avait révélé qu'il les aimait.

— Dites-moi, Monsieur le Ministre, murmurai-je pendant que l'Anglais échangeait des amabilités et des croissants avec le ministre des Finances, avant-hier vous n'avez pas été trop gêné par l'obscurité pour admirer le profil de Gundula Janowitz?

Sa petite cuillère s'immobilisa en plein vol.

« Oui, expliquai-je, suave, les éclairagistes ont fait grève. Il paraît que la représentation pour la Fondation des handicapés a été annulée, mais, rassurez-vous, elle est reportée à mardi : il serait dommage que vous en soyez privé! Attention, votre confiture coule sur la nappe!

— Bon, dit-il en reposant la cuillère d'un geste sec, je n'étais pas à l'Opéra. Et après? Je ne te demande pas un compte précis de tes journées...

— Ce serait inutile : depuis que je vous connais, il n'y a rien d'autre dans mes journées...

— Ah, ah, ah! » (il imita tant bien que mal le rire sardonique d'un contradicteur de fin de banquet), « ah, vous osez me dire ça, vous! » L'indignation, les œufs brouillés, et une intervention opportune du ministre anglais le dispensèrent d'avoir à s'expliquer davantage.

Les jours suivants, qui précédaient mon départ, Charles me battit froid : manifestement il ne me pardonnait pas le mal qu'il m'avait fait. C'était un sentiment que je pouvais comprendre pour l'avoir souvent éprouvé.

Mélancolique et songeuse dans les lavabos de marbre et d'or du Casino de Vienne, je ne me voyais donc aucune espérance de dédommagement. Dans ces conditions, retourner au jeu ne présentait pas d'inconvénient : quand la perte est incommensurable, il devient indifférent de l'aggraver...

Jetant un dernier coup d'œil à mon image dans le miroir, je me convainquis d'ailleurs qu'une fois de plus je parviendrais à redresser la situation, que la chance allait tourner. Non que le joueur soit par nature un optimiste, mais il espère toujours que la prochaine mise – rien qu'une, une encore – va lui apporter la fortune et, avec la fortune, le repos. Encore une fois, encore cette fois, il gagnera. Après quoi, comblé, il saura s'arrêter pour jouir en paix des bienfaits des dieux...

En rentrant dans la grande salle la tête haute et l'air vainqueur, je fus de nouveau frappée par l'opulence des lieux; j'aimais le luxe un peu tapageur des casinos – les velours, les dorures, les cristaux; c'était un peu comme si j'avais fini par entrer au « Majestic » de Sainte-Solène, par passer de l'autre côté des pivoines et du groom galonné, par être invitée au « Mambo »...

Olga était assise à une table de chemin de fer; comme je passais près d'elle pour retourner à la roulette, elle me fit signe de m'arrêter. Docile, je pris un fauteuil et m'installai « en créneau », ou, comme elle disait dans son jargon, « en kiebitz ». Certains soirs, quand le sort lui était contraire, elle aimait bien me sentir ainsi derrière elle. Convaincue que je pouvais lui porter bonheur, elle m'appelait son « joker »; mais si ma présence ne suffisait pas à entamer l'adversité, je devais me tenir prête à m'éloigner au premier signe qu'elle me ferait.

La bouche serrée, les narines pincées, elle perdait, et je voyais se contracter les muscles de son bras maigre quand elle écrasait ses cigarettes dans le cendrier, seul geste de dépit qu'elle se permît. Elle n'avait pas plus de chance que moi en ce moment : les dernières expositions montées dans sa galerie n'avaient pas été des réussites. Elle avait bien tenté de se tourner vers le mécénat privé, le « sponsoring » comme on disait; pendant un mois son « show-room » avait abrité soixante dessins et peintures de jeunes peintres sur le thème unique du moustique : le mécène était une grande marque d'insecticide... « Mais je ne peux pas continuer dans cette voie, je ne peux pas, disait-elle en secouant farouchement sa crinière brune, l'art mercantile me dégoûte! » Heureusement, l'exposition qu'elle était venue organiser à Vienne au bénéfice du PAPE de Fortier avait rencontré un excellent accueil, tant du public que des critiques. Le héros en était une fois de plus son ex-protégé vénézuélien, Alfonso Vasquez, dont la renommée avait largement franchi les bornes de sa nation d'adoption. Au terme d'une évolution intérieure dont la rigueur frappait, il venait, après avoir successivement éliminé la forme et la couleur, de supprimer la toile : son exposition de Vienne était une « exposition d'odeurs »...

Bien qu'incapable d'imaginer à quoi avait pu ressembler ce vernissage, et trop respectueuse de l'art établi pour oser demander à Madame Kirchner si les amateurs avaient payé le parfum des œuvres qu'ils achetaient en bruit de monnaie ou en vrais billets, j'étais contente pour Olga de la consolation qu'elle puisait dans ce succès. Depuis qu'Alfonso avait cessé d'attendre d'elle le gîte et le couvert et qu'elle-même avait jugé superflu, étant donné l'âge qu'elle atteignait, l'alibi qu'il lui fournissait, leur ancienne liaison avait tourné à l'adoption mutuelle : Olga aimait Vasquez d'un amour artistico-maternel dévorant, genre George Sand-Chopin, et Vasquez, récemment marié et père d'une petite fille, usait et abusait d'Olga comme d'une grand-mère gâteau. J'en éprouvais parfois un peu d'envie : aussi bienveillante et secourable qu'elle pût occasionnellement se montrer envers moi, Olga ne m'avait jamais autant accordé qu'à Vasquez; elle réservait le lait maternel et les tendresses asexuées au sexe opposé, et gardait pour le sien les violences et les inégalités de la passion. On ne trouvait rien dans ses rapports avec les femmes – sauf, peut-être, dans sa longue liaison avec Anne – qui rappelât la constance un peu tiède de l'amitié; mais de ces irrégularités je me consolais en songeant que, du temps où mon crédit auprès d'elle était à son sommet, j'avais su tirer quelques profits de son inclination à l'excès. Du reste, depuis que j'aimais Charles, j'étais moins encline à jouer les allumeuses avec un sexe ou avec l'autre, à moins qu'il ne se plût à me l'ordonner... En tout cas, si Madame Kirchner n'éprouvait plus le désir de me prendre entre ses bras, je m'en consolais d'autant mieux que, ces derniers mois, je n'avais pas grande envie qu'elle vînt « me bavarder » de trop près.

L'heure avançait. Déjà la plupart des tables étaient fermées; il me restait encore un petit paquet de jetons et deux cent mille francs à « remonter » : je me levai. D'une main impérative Olga brisa mon élan. Ce fut alors que je m'aperçus qu'elle avait recommencé à gagner. Egarée dans mes pensées, je ne l'avais pas remarqué. Soumise et compréhensive, je me rassis.

Trente minutes plus tard, elle avait empilé autour de son cendrier autant de bakélite jaune et bleue que j'en avais moi-même perdu au début de la nuit : j'avais l'impression d'avoir assisté en direct à une transfusion de compte à compte...

Derrière les fenêtres cintrées du joli bâtiment rose et vert qui abritait le casino, la nuit s'éclaircissait. Quand Olga, son sac à main et ses poches de tailleur bourrées de rondelles de plastique, accepta enfin de lever le siège, on fermait la dernière table de roulette. Les tables drapées de housses blanches avaient l'air de linceuls.

Moi non plus, je ne devais pas sembler très gaie. « Pardon, Christine, me dit Olga en s'en avisant, je vous ai empêchée de jouer... Mais je ne pouvais pas me passer de vous aujourd'hui! » ajouta-t-elle gaiement. « Tenez, fit-elle en glissant dans ma main une poignée de jetons, voilà pour les chewing-gums de votre petit " bonditt "... Je lui demanderai de faire oublier à sa maman la manière cavalière dont j'ai détourné sa chance sur moi... » Il y en avait pour quinze mille francs que je changeai à la caisse. Plus que cent quatre-vingt-cinq mille francs « à remonter »... Mon chèque ne serait présenté que la semaine suivante. D'ici là...

Sur le seuil de la Kärntnerstrasse, l'aube se levait. Ces petits matins bleutés qu'on contemple, hébété, depuis la porte d'une maison qu'on n'habite pas, ces petits déjeuners au champagne qu'on prend en robe du soir froissée, ces retours rapides, silencieux, un peu honteux, à l'heure du laitier, il n'y avait qu'avec Olga et Charles que je les connaissais. Frissonnant sous la cape de vison blanc qu'Olga, émue par mon décolleté, avait jetée sur mes épaules pour me réchauffer, je songeai, malgré moi, que ces matins moites qui empestent le tabac refroidi, ces aubes aux mains sales et aux cheveux collés qui gardent sur elles toutes les odeurs de la nuit, n'avaient rien de bien riant, rien de neuf du moins, rien qui évoquât un commencement plutôt qu'une fin; en voyant se lever ces jours crépusculaires et frileux, je ne parvenais jamais à me persuader que pour d'autres « cela s'appelle l'aurore »...

Mon père prenait son petit déjeuner, seul dans la salle à manger. Il posa son journal et me considéra par-dessus ses lunettes : « A cette heure-ci, on ne sait plus très bien, ma chère enfant, si l'on doit te féliciter d'être aussi matinale ou te sermonner pour avoir traîné toute la nuit... Tu devrais te regarder : tu as les yeux comme des valises... A propos, notre commun ministre t'a appelée hier soir. Il avait l'air embêté que tu ne sois pas là. Je lui ai dit que tu dînais avec des amis, mais que tu n'allais pas tarder à rentrer... Il a rappelé à une heure du matin. Apparemment, c'est un homme qui travaille tard... » – regard appuyé – « j'ai dû lui avouer que tu n'étais toujours pas là... Cette fois, il avait l'air furieux... Franchement je ne suis pas sûr que ces débauches nocturnes avec Olga puissent servir ta carrière. Tu vois ce que je veux dire? Tu as très bien réussi jusqu'ici, ma petite fille, exceptionnellement même. D'une manière si rapide en tout cas qu'elle peut sembler choquante à des diplomates de métier. Alors, veille à te le faire pardonner et à ne pas tout gâcher par des caprices d'enfant gâtée... D'autant qu'en entrant aux Affaires étrangères tu es venue chasser sur mes terres, et que les fautes que tu commettras, nous serons deux à les payer! »

Mais je ne l'écoutais plus, toute à la joie de constater que, finalement, le « douze » avait marché, la chance avait tourné... Je rappelai Charles, m'enhardissant jusqu'à lui reprocher son silence :

« Avec tous les ennuis que j'ai eus à Sainte-Solène cette semaine! Comment, vous n'avez pas su? Tout un pan de la Dieu-Garde s'est effondré! Il y a eu deux morts. Ça, ce n'est pas le plus grave, mais j'ai dû faire évacuer trois maisons de retraite... Non, " Bois-Hardi " n'a rien. Ce n'est pas encore pour cette fois... Non, non, d'après ce qu'on m'affirme, il ne devrait pas y avoir de nouvel effondrement avant quelques années. Mais, tôt ou tard, c'est sûr, tout y passera. Oh, tant pis, que voulez-vous, nous lâcherons la pointe, les palais, et les postes avancés! Comme disait en 17 mon aïeul Variaguine, " pourvu que nous sauvions quelques meubles ", n'est-ce pas?... »

Comme je lui faisais humblement remarquer qu'il ne fallait tout de même pas huit jours pour évacuer trois maisons de retraite : « Ah! vous en parlez à votre aise, vous, depuis vos night-clubs viennois! Mais mes petits vieux ne marchent pas vite... Et puis, comme un malheur n'arrive jamais seul, j'ai un tas d'autres ennuis sur la côte : tenez, vous vous souvenez du maire de Trévennec? Non, pas celui d'Armezer qui est un vieil ami... Celui de Trévennec : un ancien chrétien-progressiste reconverti dans le centrisme. Vous savez, le style grande-conscience-souffrante, "ça m'interpelle au niveau de mon vécu "... Vous l'avez sûrement rencontré dans les banquets... Oui, Dandinet, c'est son nom, Hubert Dandinet. Dandinet père et fils. Notaires en gros, depuis trois générations. Eh bien, figurez-vous que, depuis quelque temps, ce salopard fricote avec les socialistes! Il est au mieux avec le nouveau secrétaire de la Fédération, Jean Hoédic, un petit nervi qui a été imposé par Paris... Ah oui, vous connaissez Hoédic aussi? C'est vrai, j'oubliais qu'en 71 c'est votre mari qui l'a empêché de... Bref, j'avais décidé de donner à mon Dandinet un avertissement sans frais. Comme je contrôle à peu près la moitié de son conseil et que jusque-là mes gens l'avaient soutenu, j'ai voulu obliger cette vieille canaille à imaginer ce qui se passerait si je le lâchais : le prochain compte administratif qu'il soumettrait à ses conseillers ne serait approuvé qu'à une voix de majorité; le vieux renard sentirait passer le vent du boulet et j'y gagnerais un ou deux ans de tranquillité... Mais voilà qu'un des propres adjoints du vieux, un type de la même tendance que lui, un zozo que personne n'aurait cru capable de contester les orientations de son maire, a pris sous son bonnet de voter contre son patron. Sans avoir été sollicité par nous, hein, ni avoir averti qui que ce soit! Sur un coup de tête, comme ça, pour une histoire de corne-cul, une affaire de grille d'égout qui refluait devant son pavillon... A cause de cet imbécile, voilà tout mon plan qui bascule d'un coup! Dandinet est mis en minorité, le compte administratif rejeté, et le conseil municipal dissous. Je me retrouve avec des Municipales sur les bras! Et dans les pires conditions, vous vous en doutez : Dandinet, vexé, ne veut pas se représenter. J'ai même peur que, son désir de revanche venant à l'appui de ses sympathies, il ne soutienne la liste du PS. Ajoutez que, de mon côté, je n'ai aucun candidat valable à opposer au sieur Hoédic... Bien sûr, j'ai quinze jours pour me retourner. Seulement, c'est une affaire très délicate, que mon suppléant est incapable de mener. Vous savez ce que c'est : on prend comme suppléants les plus insignifiants du département – ils ne vous font pas d'ombre et ils vous rendent le siège à la première sommation, mais dans l'intervalle ils sont inutilisables. Tout juste si on peut leur faire présider les cérémonies du 11 Novembre et ouvrir le bal du 14 Juillet... J'ai besoin de vous, Christine. Il faut que vous preniez le copilotage de l'élection de Trévennec... Oh, et puis vous ne savez pas tout : avec la visite de Trudeau, j'ai les Québécois sur les bras qui gueulent comme des putois! Oui... Oui, je n'ignore pas que vous êtes au mieux avec leur Délégué général. C'est pourquoi j'attends que vous m'arrangiez ça... Mais il faut rentrer tout de suite, mon bel enfant. Par le premier avion, oui... D'ailleurs, je n'aime pas que vous traîniez comme ça toute la nuit... »

« Je comprends, dit mon père. Et pour ne rien te cacher, ma petite fille, je me sens rassuré : un directeur adjoint du cabinet qui prend quinze jours de vacances prouve qu'il n'est pas indispensable à son ministre. L'impression peut être extrêmement fâcheuse sur les services... Pourtant », reprit-il avec ce demi-sourire complice dont il éclairait parfois les austères remontrances qu'il croyait sur le tard devoir prodiguer à ses enfants légitime et légitimé, « pourtant nous savons parfaitement, toi et moi, à quel point tu es indispensable à Charles de Fervacques... Arrange-toi pour le rester, mon petit cœur, et, poursuivit-il sentencieusement, rappelle-toi le proverbe : qui va à la chasse... »

« Valmy » avait été, autrefois, un homme à paradoxes. Partisan des républicains espagnols quand tous ses camarades travaillaient encore pour la Cagoule et les Camelots du Roi, résistant de la première heure dans une famille de collaborateurs, contempteur des mondanités dans une vie professionnelle vouée aux divertissements de salon, libertin dans un milieu conventionnel, communisant en 1938 et réactionnaire en Mai 68, il avait toujours eu le courage de ses décalages et n'hésitait pas plus à citer Marx ou Engels à un président du CNPF qu'à faire l'éloge de Brasillach à ses anciens amis des FTP... Cependant, imperceptiblement, il changeait; là où le jeune Valmy aurait joué à l'original et proféré une insolence à la Nimier, depuis cinq ou six ans le Valbray, grand officier de la Légion d'honneur, nous sortait ses proverbes : des « pierre qui roule n'amasse pas mousse » et des « bonne renommée vaut mieux que ceinture dorée », comme s'il en pleuvait! Philippe et moi avions beaucoup de peine à prendre ce déluge au sérieux. Cependant l'Ambassadeur, qui restait assez fin pour percevoir l'incrédulité de ses enfants, affectait de s'être rallié à la sagesse des Nations sur des bases résolument anticonformistes : à l'en croire, il était resté plus fidèle à son idéal d'originalité en remplaçant ses audacieux sophismes par des dictons usés qu'en s'accrochant obstinément aux opinions controversées de ses jeunes années. « Je suis bien conscient, disait-il lorsque nous nous moquions de lui, qu'il faut un grand courage aujourd'hui pour défendre nos vieux adages, mais, plus tard, vous verrez vous-mêmes que le plus sot des préjugés contient davantage de vérité que le paradoxe le mieux balancé... »

Il referma d'un geste décidé son ample robe de chambre de « Grand Turc » : « Je vais te faire retenir une place dans l'avion de ce soir, ma petite Lucrèce. Une des femmes de chambre prendra ton Alexandre jusqu'à lundi, et je le réexpédierai à Perpignan en " mineur non accompagné ". Air France et Air Inter se chargent très bien de ce genre de paquets... Quant à toi, ne regrette pas d'écourter tes vacances : Vienne est lugubre en octobre. Tandis qu'en hiver au moins nous avons les bals de l'Opéra... Tiens, si tu viens en février, je m'arrangerai pour te faire voir ça. Et puis, au printemps, il y aura ma grande fête! Tu sais que ton frère m'a donné un tas d'idées? Je crois que ce sera très réussi... »

Mon père avait décidé de donner, aux beaux jours, une soirée fastueuse où il convierait le Tout-Vienne diplomatique : il entendait ainsi célébrer la « libération » de son ambassade. Le groupe terroriste, qui, depuis deux ou trois années, menaçait à intervalles réguliers la Schwarzenbergplatz, s'était, comme j'ai dit, rabattu sur un poste français moins bien gardé : un salmigondis de kamikazes japonais, de réfugiés palestiniens, et d'étudiants allemands fanatiques d'Ulrike Meinhof, avait envahi l'ambassade de France à La Haye et retenu plusieurs jours en otages une dizaine de diplomates, dont l'ambassadeur lui-même, pour faire libérer deux ou trois criminels de leurs amis, condamnés à Paris. Lorsque, à la suite de longues tractations avec le gouvernement français, les terroristes avaient obtenu satisfaction et relâché leurs prisonniers, leur chef, un jeune Munichois tout à fait correct, avait eu la charmante attention de me prévenir que mon père ne serait plus menacé, « du moins par nous... D'ailleurs, il y a tant d'ambassades plus accessibles que celle de Vienne! »

« En ce cas puis-je vous demander, m'étais-je enhardie, pourquoi vous l'aviez choisie? »

Au bout du fil, le révolutionnaire avait pouffé : « Eh bien, mademoiselle, pour tout vous avouer, parce que j'avais à l'époque une petite amie viennoise. Alors, c'était assez commode, vous en conviendrez... Mais tranquillisez-vous : elle et moi, nous avons rompu! »

Mon père était resté quelques jours partagé entre la « vive indignation » et le « lâche soulagement » – pour s'en tenir au langage des chancelleries. Certes, il se réjouissait de ne plus devoir vivre terré la nuit dans son deux-pièces blindé, mais il s'alarmait de voir naître une société où le dernier des va-nu-pieds pourrait, avec une grenade dégoupillée, contraindre un diplomate chevronné à faire ses besoins dans une corbeille à papiers.

– Rends-toi compte : nos otages n'ont pas dormi pendant plusieurs jours d'affilée, ils n'ont même pas pu changer de linge. A peine si on les a nourris... A quel retour de la barbarie sommes-nous en train d'assister? Heureusement que Caylus a sauvé l'honneur du Quai!

Lors d'un transfert des otages, notre ambassadeur à La Haye, Monsieur de Caylus, avait, en effet, refusé de paraître devant les photographes avec les mains en l'air et une mitraillette dans les reins; il aimait mieux mourir que survivre au prix d'une humiliation qui atteindrait la France à travers sa personne. Ce courage protocolaire avait beaucoup impressionné les jeunes extrémistes allemands et leurs alliés nippons, un peu comme, dit-on, les bourreaux de 93 se trouvaient intimidés parfois par la bonne grâce dédaigneuse des condamnés – courtois jusqu'à l'ultime seconde – qu'ils menaient à l'échafaud. Cette bravoure frivole, qui puise sa force dans la parfaite connaissance des usages d'une classe autant que dans l'énergie propre à chaque individu, demeure en effet trop incompréhensible aux sauvages de toute espèce pour ne pas forcer leur estime. Aussi l'ambassadeur otage, qui se faisait encore – malgré le démenti des faits – une « certaine idée de la France », avait-il pu passer d'une prison à l'autre le front haut et les bras baissés, marchant d'un pas tranquille à vingt mètres devant un commando médusé, réduit à jouer les utilités...

– Vois-tu, Christine, poursuivait mon père, la diplomatie, c'était d'abord un code de bonne conduite. Cette règle du jeu, il avait fallu plusieurs siècles à l'Europe pour l'élaborer, et il a suffi de quelques années à des petits cinglés venus des quatre coins de la planète pour la foutre en l'air! De jeunes inconscients qui, comme toi, ma pauvre enfant, ne voient dans l'attitude de Caylus que bravade et panache mondain... Comme si la forme ne commandait pas toujours le fond! Comme si ce n'était pas à force de politesses sans conviction que nos nations avaient fini par respecter une demi-douzaine de commandements moraux élémentaires! Au bout du compte, il n'y a pas une vertu – pas même le courage – qui ne soit d'abord la façade, le projet d'une vertu... La forme est la chair de l'action, et c'est pour l'avoir rejetée comme une écorce superflue que vos civilisations périront!

A la fin pourtant, ces tragiques méditations avaient laissé la place au « lâche soulagement » : mon père avait résolu de fêter sa délivrance par un grand bal. « Le dernier gala des Ambassades, disait-il en plaisantant, le bal de clôture, la fin de la saison... »

Lui qui n'avait jamais été un mondain était pris d'une frénésie de réceptions ; il courait les cocktails des ambassades étrangères, affectait l'air du connaisseur pour juger de la richesse d'un buffet ou de l'originalité d'un décor, critiquait les robes des dames, les bouquets du traiteur, la tenue du vestiaire, et ne parlait plus que de garden-parties, de dîners aux chandelles, de concerts privés, de redoutes et d'opéras.

Plus que le légitime appétit de mouvements d'un homme dont la menace terroriste avait longtemps réduit la liberté de déplacement, je croyais discerner, dans cette soudaine fringale, l'emprise croissante de la petite Martineau. Mon père n'avait jamais été influencé que par ses femmes et ses maisons : prince de la Renaissance à Rome et grand vizir à Vienne, il laissait ses compagnes successives colorer sa pensée comme ses palais de fonction orientaient ses façons. Combien de fois, lorsqu'il vivait avec Marie-Neige, m'étais-je sentie irritée de lui entendre citer les mystiques espagnols, lui qui ne croyait ni à Dieu ni à Diable ? Il n'avait pas de mots trop durs alors pour reprocher aux Français de ne pas rendre à Jean de la Croix ou Thérèse d'Avila la place qui leur revenait dans l'histoire de la pensée...

Mais aujourd'hui, les saints poètes semblaient aussi complètement sortis de sa mémoire que sa troisième épouse était sortie de sa vie.

Il arrivait toutefois que ces engouements étrangers à sa véritable nature aient plus durablement marqué sa culture : d'Anne, par exemple, il avait gardé une compétence en matière de roses, de serres et de jardins d'hiver, qui étonnait toujours ses invitées ; à ma tante Arlette il était sans doute redevable de sa connaissance de la pensée léniniste, savoir dont l'étendue tranchait sur le sommaire « les soviets, plus l'électricité » à quoi se bornait la science kremlinologique de la plupart de nos diplomates; ma mère elle-même, dont le passage éclair dans sa vie ne pouvait guère avoir laissé de traces profondes, lui avait légué une passion pour le cinéma américain dont il semblait qu'il n'ignorât rien, pas même les liaisons cachées de Jean Harlow et les vices secrets de Gary Cooper... Quant à Evelyne Martineau, si elle avait échoué à convertir mon « Excellence » au culte des OVNI et de la télépathie, elle semblait marquer des points sur le terrain des fêtes et des événements de la vie mondaine viennoise.

Avec son petit air ambitieusement paumé, ses jupettes à carreaux roses, ses corselets bavarois à fleurettes, ses manches ballon, ses barrettes de petite fille et son grand panier d'osier – d'où je m'attendais toujours à lui voir sortir une galette ou un pot de beurre, bien qu'elle n'en tirât ordinairement que le dernier numéro de « Jacinthe » ou des « Célébrités » –, jamais personne d'aussi modeste extraction n'eut plus d'appétit pour les mondanités; aussi, faute de pouvoir être admise dans la société des grands de ce monde comme elle l'aurait souhaité, absorbait-elle avec gourmandise tous les comptes rendus, reportages et cancans qui s'y rapportaient. C'était elle sans doute qui faisait lire à mon père cette revue de langue allemande que j'avais trouvée ouverte à son chevet, et où l'on voyait photographiés les châteaux délabrés de la bonne société, les restes de la famille von Bismarck, les colliers de perles des Thurn und Taxis, et les « rallyes » des jeunes bourgeoises à marier. A la fin du magazine, ces jeunes personnes à vendre, moulées dans des robes de soie ou d'organza prêtées par de grands couturiers, posaient debout auprès d'un secrétaire rococo, assises au coin d'une haute cheminée de pierre sous un plafond à caissons, ou la fesse soutenue par une table juponnée, couverte de timbales en argent et de trophées gagnés dans des concours de jumping. Auprès de ces photographies en couleurs sur papier glacé figurait le nom de la demoiselle — Maria-Angelica Zu Dickelsbühl ou Ostianna von Grafensdorf — et un bref curriculum, dont la transposition parisienne aurait donné quelque chose comme « Armelle de Mijoret : discrète et fragile comme une porcelaine de Saxe, Armelle, élève au Collège des Oiseaux, passe ses week-ends dans la grande propriété familiale où elle partage les joies de ses nombreux cousins. Ce qu'elle préfère à tout? Les longues journées de chasse à courre dans les bois environnants, sur le cheval qui lui a été offert par son père pour l'anniversaire de ses seize ans... » A côté de la vitrine, ne manquait que le prix de la fille.

Bien qu'extrêmement vulgaire d'inspiration, cette littérature avait, certes, un peu meilleur ton que les « Point de Vue » de Malise, trop exclusivement voués aux fantaisies amoureuses de Soraya ou des jeunes Grimaldi. A ce détail près, l'étroite parenté d'esprit et de goûts entre ma mère et la nouvelle maîtresse de l'Ambassadeur ne faisait aucun doute. Mais, comme j'étais bien décidée à ce qu'Evelyne ne réussît pas là où Lise avait échoué, et que je savais pertinemment que mon heure viendrait, je laissais mon père se livrer, quelques mois encore, au plaisir nouveau pour lui de l'exploration généalogique des grandes familles, me bornant seulement à lui demander avec un brin d'ironie pourquoi, marié successivement à une Chérailles et une Villosa de Vega, il avait attendu de mettre une dactylo dans son lit pour feuilleter fiévreusement l'annuaire de la noblesse...

En vérité, bien plus que par les magazines qu'il lisait et les fêtes dont il m'entretenait, plus même que par cette avalanche de proverbes — où la « pensée-Martineau » devait également avoir sa part de responsabilité —, j'étais troublée par le goût récent que l'Ambassadeur affichait pour les porcelaines chinoises : ni le Constantinople de pacotille dont s'était inspiré l'architecte de la résidence, ni la malheureuse Evelyne, ne pouvaient être pour quelque chose dans cette nouvelle passion que je ne savais à qui attribuer.

Ainsi m'était-il déjà arrivé, parlant avec mon père à bâtons rompus, de me trouver soudain – alors que je me croyais en pays connu – plongée dans un courant étranger, qui traversait les propos de Monsieur Valbray comme certains courants marins coupent l'océan en bordure des plages : le temps de percevoir autour du corps leur chaleur ou leur fraîcheur insolites, et déjà la nage nous a entraînés trop loin pour que nous puissions espérer retrouver ce flux mystérieux, si menu et changeant qu'il se perd instantanément sous les nappes de la mer ordinaire. L'espace d'un séjour ou d'une saison, j'avais ainsi senti passer, sous la conversation habituelle de mon père, une prédilection subite pour Boris Godounov, une sollicitude exagérée pour les bébés phoques, ou un curieux intérêt pour le patinage artistique, mais de ces rivières souterraines je n'avais jamais pu remonter le cours assez loin pour trouver la source, de ces remous je n'avais jamais su l'origine... J'étais sûre cependant que je n'avais pas rêvé et qu'un être, au large, était passé dans sa vie, un être assez essentiel pour que le sillage qu'il avait tracé dans l'esprit de Jean Valbray pût m'atteindre à mon tour et me remuer.

« Vois-tu », reprit Monsieur Valbray, pressé de justifier son bal à mes yeux de directeur de cabinet, « il devient urgent que je reçoive le personnel diplomatique étranger que, pour des raisons de sécurité, nous avons dû depuis deux ans tenir à l'écart de l'ambassade. J'ajoute que je ne serai pas fâché d'en profiter pour fêter ta récente nomination et la stabilisation de ma situation... En attendant ma prochaine promotion, n'est-ce pas? » fit-il avec un clin d'œil. « Vous avez bien quelques mutations en préparation pour les mois qui viennent?

— Peut-être... Je ne sais pas. On dit que Londres et Alger pourraient changer de titulaires. A ce propos, dis-moi...

— Dimoua, dimoua, dimouacoua? » plaisanta-t-il en reprenant une scie qui nous avait amusés dix ans plus tôt, à l'époque où, ne me sentant pas le cœur de l'appeler « Papa », je n'osais pas encore lui donner directement du « J.V. ».

« Dis-moi, J.V. : quand tu as eu des ennuis à Rome juste avant 68... » Il fronça le sourcil. « Oui, tu sais, repris-je bravement, ces articles de " la Lettre " et de " la Vérité "... de quoi s'agissait-il exactement? Parce que, tu comprends, si je veux te faire avancer, il faut au moins que je sache quoi répondre à tes détracteurs éventuels... »

Je me demande encore où j'avais trouvé le courage de lui poser la question, et d'insister.

— Oh là là! fit-il enfin, en drapant posément sur son genou les plis brochés de sa robe de chambre de sultan en rupture de harem. C'est toute une histoire, ça!... En vérité, si je ne t'en ai jamais parlé, c'était à cause de Nieves... Mais maintenant...

Et il me raconta une aventure qui me reporta douze ans en arrière, à l'époque des thés hebdomadaires de Maria-Nieves et des impertinences de Béa. Au centre de l'intrigue se tenait la belle Lydia Pellegrini di Siena, fille du Grand-Maître de l'« Ordre militaire et hospitalier de Saint-Thomas d'Acre ». Cet ordre, dont Neige m'avait parfois parlé, n'avait — contrairement à ce qu'elle croyait — rien à voir avec l'Ordre de Malte authentique : c'était, comme mon père me l'apprit, l'un de ces ordres bidon qui fleurissent sur les ruines de la chevalerie européenne, escroqueries destinées aux épiciers de l'Iowa et aux vachers de Laramie qui rêvent de racines aristocratiques et de décorations exotiques.

Le prétendu prince « Pellegrini di Siena », père de Lydia, qui laissait entendre – dans les cocktails des ambassades de troisième rang qu'il fréquentait – qu'il possédait une grosse fortune personnelle, vivait en fait des droits de chancellerie (de mille à sept mille dollars, selon la tête du client) qu'il extorquait à des naïfs trop flattés de se voir décerner un titre d'« écuyer » ou de « commandeur » dans le prétendu Ordre souverain. Toute sa famille – qui n'était évidemment pas plus « di Siena » que Fortier n'était de Leussac – travaillait avec lui dans le « Saint-Thomas d'Acre » : au fond d'un petit atelier, la « princesse-douairière » fabriquait les capes et les insignes métalliques qu'on revendrait avec profit aux nouveaux chevaliers; le fils, promu « chef du protocole », organisait (dans des églises prêtées par des curés de paroisse aussi ingénus que les cow-boys du Wisconsin) des messes dites par un « exarque du Saint-Synode Turc Orthodoxe, Maître Général de l'Ordre du Silence », lequel n'était autre qu'un demi-frère du « prince »; la fille, enfin, travaillait comme le père dans les relations publiques de l'entreprise et tâchait d'épingler dans les réceptions mondaines quelques nouveaux candidats à l'anoblissement, auxquels elle ne manquerait pas de proposer, outre l'adoubement initial, des recherches généalogiques approfondies « qui occasionneraient, bien entendu, quelques frais »...

Tous ces détails, mon père les tenait de son attaché culturel, Thierry Pasty, notre futur Saint-Véran, qui, ayant vu Lydia conviée de loin en loin au thé de Maria-Nieves, avait mis son chef de poste en garde. « Mais, me dit mon père, Pellegrini était un vieux renard. Il se gardait de l'illégalité. Ce n'est pas lui qui aurait vendu, comme tant d'autres, de faux passeports diplomatiques ou distribué des doctorats honoris causa auprès de l'université du Zimbabwe! Bon, il avait bien fait quêter une fois pour une léproserie qui n'avait jamais guéri, à ma connaissance, que ses propres finances, mais il avait vite compris que c'était un jeu dangereux, et il n'abusait plus de la collecte charitable. Bref : il flirtait avec la loi, mais il ne la violait pas. Comme notre situation, hum, assez particulière somme toute, faisait qu'à Rome Nieves ne pouvait pas avoir de vraies relations, je n'ai pas cru devoir la détromper sur les origines réelles de son amie Pellegrini... J'ai donc laissé la belle Lydia continuer de fréquenter le Farnèse, au grand dam du jeune Pasty! A l'époque d'ailleurs, j'avais tendance à attribuer les remontrances qu'il m'en faisait à son trop vif attachement pour moi. Souviens-toi que ton frère prétendait déjà, à ce moment-là, que Pasty aimait les hommes et que, curieusement, il m'aimait, moi! Entre nous soit dit, je le croyais plutôt amoureux de toi... En tout cas, ce garçon avait perçu avant tout le monde que Lydia ne me... enfin que, Ordre de Malte ou pas, elle ne me dégoûtait pas... »

Il sourit, étendit, rêveur, ses longues jambes devant son fauteuil, et reposa sur moi une prunelle caressante que je ne lui avais plus vue depuis des années – précisément depuis le temps où il m'achetait des robes dans la Via Borgognona et m'emmenait dîner aux chandelles sur la Piazza Navona. Le séducteur libertin qu'il avait été, l'admirateur passionné de Vailland et Laclos qu'il était resté, s'efforçait brusquement de rendre à son grand peignoir de Mamamouchi l'allure désinvolte d'un saut-de-lit...

– Je ne te cacherai pas, ma chère enfant, reprit-il, que je ne suis pas de bois! Et cette Pellegrini, tout aventurière qu'elle ait été, avait des jambes... Que veux-tu! Et des... eh bien oui, disons-le, des seins... Enfin, elle pouvait tromper sur tout, sauf sur cette marchandise-là!

Je passe sur les anecdotes assorties au peignoir qu'il me livra ce soir-là... Il avait été l'amant de Lydia, à l'insu de Maria-Nieves; mais cette passade n'avait pas duré six mois – la belle, qu'on aurait cru mieux défendue contre ces sortes d'entreprises, s'étant alors éprise d'un prince bulgare de fantaisie qui l'avait lancée dans la galanterie... J'interrompis l'Ambassadeur :

– Attends un peu, lui dis-je en me rappelant brusquement certain « courant de pensée » étranger, dont je m'étais parfois sentie inopinément baignée en bavardant avec lui dans ce temps-là. Oui, avant de poursuivre, dis-moi : est-ce que ce n'était pas une fanatique de l'art moderne, ta Lydia, de la tapisserie en particulier?

Je me souvenais en effet d'une année où mon père, que je croyais arrêté comme tous les Français à « la Dame à la Licorne » ou à cette « Suite d'Esther » qui ornait la chambre de Philippe, s'était brutalement découvert une passion pour l'Aubusson contemporain et avait exigé du ministère – au nom du « rayonnement culturel de la France de De Gaulle » – qu'on suspendît dans son ambassade quelques-uns de nos plus beaux Gromaire, des Prassinos, des Dom Robert, des Tourlière...

– En effet, me répondit-il, surpris. Je ne sais trop comment les Pellegrini avaient pu connaître ces milieux-là, mais Lydia était une grande amie de Jean Lurçat. J'ignorais qu'elle t'en avait parlé...

Un moment plus tôt, l'évocation des jambes de la demoiselle m'avait laissée presque indifférente (même si louer les jambes d'une autre devant moi, si peu assurée de la fermeté des miennes, me semblait d'ordinaire très impertinent), mais la confirmation de l'influence que la médiocre « Signorina di Siena » avait exercée sur son esprit – et, partant, sur le mien puisque, cette année-là, à mon retour d'Italie, je m'étais plongée dans les catalogues d'exposition de

« La Demeure » et de l'Ecole des Arts Décoratifs d'Aubusson – me serra le cœur...

Du coup, je ne demandai pas à mon père si l'adresse du médecin des suburbi – et la chemise de soie rose –, c'était Lydia aussi : j'en étais certaine.

Le hasard, heureusement, nous avait bientôt vengées, Nieves et moi, de cette infidélité. Les ennuis de Monsieur Valbray avaient commencé lorsque, trois ans après, la police italienne avait arrêté le signor Pellegrini, non pour ses escroqueries à la chevalerie, mais pour complicité dans une affaire de corruption de fonctionnaires, qui avait mis en fureur tous ceux qu'il avait omis d'« arroser ». Bien introduit auprès des Vétérans de l'Arkansas et du Lion's Club du Texas, le grand dignitaire de Saint-Thomas d'Acre avait en effet réussi, par je ne sais quel prodige, à persuader la Compagnie Douglas que, à l'occasion du prochain renouvellement du matériel d'Alitalia, il serait mieux à même que qui que ce soit de « bakchicher » les francs-maçons influents de l'administration et du gouvernement. Bien qu'il eût gardé une partie de la commission pour lui, il avait rempli sa tâche à la perfection puisque Douglas, coiffant sur le poteau la super-caravelle française et le moyen-courrier britannique, emporta le marché. Mais un nouveau ministre de l'Air – qu'on avait, telle une mauvaise fée, oublié d'inviter à ce généreux banquet alors qu'il n'était encore que vice-ministre suppléant – feignit de découvrir l'affaire au moment de sa prise de fonctions; on arrêta les concussionnaires. Chemin faisant, on s'aperçut que le signor Pellegrini et sa fille avaient leurs entrées dans d'autres ambassades que celle des Etats-Unis : ne trouva-t-on pas, dans les dossiers saisis au siège de l'Ordre, du papier à en-tête de l'ambassade de France et, dans l'agenda de Lydia, l'indication de divers rendez-vous avec Son Excellence en personne? Soupçonné par les Italiens d'avoir eu recours aux services du « Prince de Sienne » dans de précédentes affaires de concussion qui avaient vu la victoire des intérêts français, mon père se vit, en revanche, suspecté par son gouvernement d'avoir agi la main dans la main – ou la main dans la poche – avec les Américains et trahi à leur profit le secret des soumissions de nos entreprises nationales. « Persona non grata » pour le gouvernement auprès duquel on l'avait accrédité, il n'était même plus en odeur de sainteté auprès de l'accréditeur... C'était cher payer quelques parties de jambes en l'air, ces jambes fussent-elles les mieux galbées de la province romaine!

Par bonheur pour J.V. il y avait eu ensuite, du côté français, Mai 68, et, du côté italien, une reprise d'activités de la Maffia, l'affaire d'« Antelope Cobbler », celle de Lockheed et quelques non moindres, qui, un scandale chassant le précédent, lui redonnèrent rétrospectivement un petit vernis d'innocence...

J'aurais dû me sentir soulagée par ces révélations qui me délivraient d'un sentiment, parfaitement injustifié, de culpabilité. Mais je me sentais surtout désorientée, comme on l'est au réveil dans une chambre nouvelle : cette histoire de Saint-Thomas d'Acre avait complètement dérangé l'ancienne disposition de mes idées. « C'est drôle, dis-je enfin à mon père, à l'époque je m'étais bêtement imaginé que tes difficultés venaient de mon histoire d'avortement, qu'on avait arrêté le médecin ou l'infirmière d'Ostie... Bref, que par mes imprudences de gamine je t'avais attiré des ennuis. »

L'allure enjouée et libertine de Valmy-Valmont fit instantanément place à son sévère sourcil de « père Fouettard »; il haussa les épaules : « Ttt, ttt... C'était te donner beaucoup d'importance, ma petite fille, tu ne crois pas? »

J'en convins, et compris, dans l'instant, pourquoi, au récit qu'il m'avait fait, j'avais éprouvé une impression de frustration plus vive que tous les apaisements qu'il m'apportait.

Je rentrai à Paris par l'avion du soir. Olga m'accompagna. Tout le temps du trajet jusqu'à l'aéroport, elle m'étourdit de ses bavardages. Elle était plus gaie que moi. Sans doute aussi n'avait-elle pas à porter à son débit cent quatre-vingt-cinq mille francs et une Lydia Pellegrini... Seule l'espérance de retrouver Charles dans trois heures, de me jeter dans ses bras et dans ses rêves, d'entrer dans ses fantasmes pour oublier les miens, me rendait un peu d'appétit pour la vie.

C'était comme si, en me pliant à des désirs qui m'étaient étrangers, je me quittais moi-même pour me glisser dans la peau de celui qui m'aimait.

J'avais depuis longtemps cessé de regretter que Charles fût un amant aussi déconcertant : de l'amour normal, on sait tout à vingt ans. Quant au changement de partenaires, dont j'avais beaucoup usé avant de le rencontrer, il avait déjà, à l'époque où je fis la connaissance de « l'Archange », cessé de m'apporter le dépaysement escompté; tôt ou tard, ces corps nouveaux retrouvaient les mêmes gestes stéréotypés, les mêmes attitudes convenues; d'ailleurs, quand mes partenaires changeaient, je ne changeais pas, moi – lasse toujours que ma personne me fût rendue sans qu'on l'eût vraiment dérobée...

Les derniers temps, quand il m'arrivait tout de même de prendre plaisir à ces ébats si connus que je croyais chaque fois feuilleter l'un de ces répertoires soixante-huitards à la mode – « les Trente-deux positions danoises » ou « les Cent un secrets de la femme thaïlandaise » –, c'était cette sorte de plaisir désabusé et sans conséquences, qui se prend quasi à votre insu, volupté d'habitude, jouissance distraite, qu'on accepte, puis qu'on jette avant d'y avoir songé, comme la cigarette à demi consumée... Même à l'époque où je n'avais pas encore consenti à accompagner Charles dans certaines de ses fantaisies, où j'espérais qu'il ne me contraindrait pas à de nouvelles complaisances, il me semblait qu'il y avait trop d'innocence dans l'amour ordinaire – fût-il adultère ou homosexuel – pour qu'il y entrât beaucoup d'âme. La perversion seule, parce qu'elle ajoute du spirituel au physique, qu'elle ouvre nos sexes à l'Esprit, pouvait introduire un peu de cœur dans toute cette gymnastique...

Maintenant que je ne désirais plus qu'un seul homme, je le voulais tout entier : corps et âme, rêves et poings liés. Et j'étais résolue à aller aussi loin qu'il faudrait pour le trouver, à accepter tous les détournements que cette quête m'imposerait, à explorer l'une après l'autre toutes les failles par où son âme se révélerait... « Fille soumise » bien au-delà de ce qu'aurait pu imaginer le vieil historien de Senlis, j'étais certaine, du reste, que cette soumission, en poussant Charles à s'avouer davantage, finirait par l'enchaîner; ses débauches, à mesure qu'il s'y abandonnerait, me le livreraient. Et lorsqu'il m'appartiendrait, que je connaîtrais tous les recoins de son cœur aussi bien que je connaissais sa chair, je pourrais m'installer en lui, et, m'y blottissant, m'oublier...

Comme je le lui avais si maladroitement confessé un soir, depuis l'instant où je l'avais rencontré je ne rêvais plus que d'être lui; et c'était en me dépouillant de toute volonté que j'y parviendrais. Ces étranges cérémonies dans lesquelles, au cours des premiers mois de notre liaison, il avait cherché à m'entraîner avaient-elles d'ailleurs d'autre objet que d'aider leurs participants à procéder à l'échange de leurs âmes, comme les enfants qui s'aiment pratiquent l'échange de leur sang? Je savais que c'était lui que Charles forçait en me forçant, lui, chasseur et chassé, qui se cherchait en me trouvant, de même que j'espérais bien qu'un jour viendrait où je ne me verrais plus que par ses yeux, et où, transfigurée par ce regard étranger, je parviendrais enfin, au moment de me quitter, à me réconcilier avec « Christine Valbray »...

Chacun de nous aspirait ainsi à devenir le miroir de l'autre, son double, son envers, sa moitié et son contraire, son néant et son tout, chacun de nous désirait se perdre dans le gouffre que l'autre aurait creusé.

Rêve de l'unité, de la fusion.

Devant « le Baiser » de Klimt au musée du Belvédère, à quelques pas de cette ambassade de France encore habitée du souvenir de Christine et de Jean Valbray, je repensais aux confidences qu'elle m'avait faites.

Pourquoi ne pas admettre, comme elle le disait, que ce qu'elle avait cherché dans la faute, dans la perversion, la trahison, c'était d'abord ce creuset d'or où se fondrait le corps des amants, cette abdication réciproque, cet ultime agenouillement? Au musée du Belvédère, sous les yeux du touriste étonné, les mains violentes de l'homme du « Baiser » se remettent à bouger : elles aspirent, inspirent, élèvent le corps de la femme, tordu, fondu, lové, corps sans colonne vertébrale et sans poids, qui ne tient plus que par ces mains étrangères qui emprisonnent son visage et l'attirent vers une bouche d'ombre que nous ne voyons pas.

Rêve d'étreinte, ruisselant de soleil aux rives de l'abîme, espérance d'un embrassement qui serait un embrasement, d'un abaissement qui serait une ascension.

Devant ce couple suspendu au bord de la chute dans

la lumière brûlante d'un jour d'été, comment ne pas penser aux amours de Christine Valbray? La femme du « Baiser » a les mêmes cheveux rouges, boucles dénouées des Raïpunz et des Mélisande, qui descendent jusqu'au bas des tours, au fond des puits; et l'homme, dissimulé sous sa chape d'or et de nuit, l'homme sans visage et sans corps, ne laisse deviner que ce que Christine voyait chez celui qu'elle aimait : la nuque large, et ces longues mains de bronze qu'à Sainte-Solène elle désirait respirer, ces mains qu'elle contemplait, fascinée, lorsque Charles caressait la flamme des bougies la première nuit.

Jusqu'à l'attitude des deux amants, l'inégalité de leurs forces, la disproportion de leurs passions, qui, chez Klimt, me rappelaient la liaison de Charles et de Christine. Homme-arbre, dressé, qui couvre, protège, enveloppe; femme-roseau, agenouillée, pliée, qui s'affaisse et s'efface : cette génuflexion extasiée devant une idole de brocart et d'or, n'était-ce pas celle de la Sans Pareille dans le salon cramoisi de « Bois-Hardi »?

Pourtant, quand on y regardait de plus près, l'équilibre des forces semblait peu à peu s'inverser.

C'étaient d'abord, sur le portrait, les paupières baissées de l'amante qui éveillaient l'attention : cette femme, en apparence offerte, cette femme liquide, dissoute, traversée, demeurait donc assez maîtresse d'elle-même pour refuser son regard à l'amant qui la berçait? Yeux clos sur un secret dérobé, elle livrait sa chair, mais retenait son âme au bord des cils.

Sa chair même, jusqu'à quel point d'ailleurs l'avait-elle abandonnée? Elle qui, au commencement, paraissait avoir abdiqué tout orgueil, toute volonté, ressemblait maintenant – accrochée à son amant et courbant vers son corps, de toute la puissance de son bras léger, la nuque carrée de l'homme, pressant sa main fine sur les doigts masculins, noueux, épais – à ces noyés qu'on croit secourir et qui vous entraînent, à ces lianes qu'on pense soulever et qui vous ligotent. Non, cette femme qui l'enlaçait, l'amant ne la tirait pas vers le haut : penché sur l'eau claire de son visage renversé, il se laissait engloutir, happer.

Derrière eux le précipice qu'ils côtoyaient s'assombrissait; le gouffre s'élargissait; la femme avait déjà les deux pieds dans le vide. Comment ne s'en apercevaient-ils pas? Elle ne tenait plus au sol que par cette génuflexion qui l'inclinait devant lui; qu'elle eût le moindre mouvement de recul, qu'elle tentât seulement de se redresser, et ils basculeraient ensemble dans l'abîme; et, en tombant, parce qu'ils n'avaient pas le même poids, la même vitesse, leurs corps liés se dénoueraient : en bas, un et un – écrasés, disloqués –, un et un feraient deux.

Rêve impossible de l'union entre l'homme et la femme, du pont jeté entre les deux rives de la Leitha.

Tendances centrifuges, peur de l'explosion de l'empire, morcellement des esprits, Cisleithanie-Transleithanie : autour du « Baiser », par-delà les fleurs de sang qui tapissaient les prés et les chairs corolles qui s'épanouissaient, c'était tout le vieux royaume austro-hongrois écartelé, tendu, usé, qu'on devinait, la dissolution des âmes, la division des esprits, et le désir d'abolir le monde avant d'en être anéanti. C'était l'émiettement des passés, le renversement des alliances, la félonie, qu'on pressentait. « Things fall apart, the center doesn't hold » – tout était leurre, tout se dérobait, et d'abord le sol, qui ne tenait plus sous les pieds... Entre Christine et Charles le fossé que les fleurs voilaient était aussi profond que celui qui se creuse sous les amants du « Baiser » ou la fracture qui sépare les royaumes Habsbourg, et pourtant moins vertigineux déjà que l'abîme ouvert entre Christine et Christine, le « no man's land » où ses mensonges l'égaraient, cette friche désertée qu'aucun homme ne pourrait peupler, cet empire double, disjoint, désa-

grégé, qu'aucune volonté bientôt ne chercherait plus à gouverner.

« Il est charmant, ce petit nounours, me dit Olga en me ramenant brusquement sur terre. Vous pourriez l'acheter pour Alexandre. » L'aéroport de Vienne sentait le parfum détaxé et le whisky hors douane. Olga faisait provision des deux; je la suivais machinalement de boutique en boutique, sans sortir de mes pensées. « Hein? qu'en dites-vous, Christine? Il n'est pas trrès cher, ce panda...

— En tout cas, trop cher pour moi, fis-je sombrement sans regarder l'étiquette.

— Ah... vous avez beaucoup perdu hier? »

J'essayai de plaisanter : « Oh non, pas beaucoup. Seulement cent quatre-vingt-cinq mille francs. Une bagatelle! Votre ami directeur m'accorde d'ailleurs une semaine de délai... Si je ne trouve rien de mieux, je pourrai toujours me vendre aux enchères... M'achèterez-vous, Olga?

— Malheureusement non, mon pauvre petit. Vous n'êtes plus du tout dans mes prix... Mais vous m'aviez laissé entendre, ou j'avais cru comprendre... Enfin, Fervacques...?

— Oh, Fervacques est plus généreux de sa personne que de ses deniers!

— Je suis désolée... D'autant plus désolée, ma chérrie, que... je n'avais pas encore osé vous en parler, mais mon commissaire aux comptes me réclame depuis quelques semaines le règlement des quatre derniers billets que vous avez signés à l'ordre de ma galerie. Vous connaissez mes difficultés... Oh, bien sûr, je possède encore un immeuble à Caracas et quelques hectares au Paraguay qui me couvriraient largement des pertes de la rue de Seine. Mais le temps de les réaliser...! Quant aux liquidités, je les avais placées chez Lipsky – spécialité d'arbitrages sur l'or et les monnaies, censés me rapporter bon an mal an du quinze pour cent; et comme il s'agissait d'opérations en capital, ce rendement n'était pas imposé : je jugeais mon placement trrrès avisé... Malheureusement, ce délicieux banquier – qu'il marche sur les mains autant d'années qu'il a marché sur les pieds, et, le reste de sa vie, qu'il se traîne sur le derrière! –, ce voyou s'est envolé avec mon capital et celui de mes amis... Mais ce n'est pas le pire : le pire, c'est le fisc, qui, constatant que le filou n'avait jamais réalisé les plus-values en capital dont il nous créditait sur le papier, a décidé d'assimiler à un revenu ces quinze pour cent dont, bien entendu, nous n'avons rien touché. Or qui dit " revenu ", ma chèrre enfant, dit "impôt", et me voilà, ayant tout perdu, sommée de régler des taxes sur du vent! Précisément parce que c'est du vent! Oÿ, vos percepteurs français sont encore moins honnêtes que vos croupiers! Dans ces circonstances, vous comprendrez, honey, que les billets que vous m'avez signés... Bien sûr, il n'y en a que pour une cinquantaine de mille... Mais je ne sais pas si j'arriverai à persuader mon comptable, qui me croit aux abois, que notre petite créance doit passer après celle du Casino de Vienne...

– Non... N'essayez pas. Je me débrouillerai. De toute façon quand j'aurai les huissiers aux trousses ou que je serai condamnée pour un chèque en bois, il faudra bien que quelqu'un paye à ma place pour éviter le scandale : les Maleville peut-être, ou mon père... Mon père après tout », repris-je avec une petite moue d'amertume à laquelle jusque-là Olga n'était jamais restée insensible, « mon père, s'il m'avait élevée depuis ma naissance jusqu'à ma majorité, ça lui aurait bien coûté ce prix-là, n'est-ce pas?

Olga ébaucha, pour me consoler, l'un de ces gestes tendres qui lui étaient familiers – me prendre par les épaules, ou me serrer la taille –, mais elle s'arrêta à mi-chemin : il était vrai, décidément, que je n'étais plus dans ses moyens...

J'étais étonnée, en y réfléchissant, que – Lipsky ou pas – elle fût réellement venue à bout de dévorer la fortune de Kirchner, dont mon père, renseigné à Vienne par d'anciens amis de l'industriel autrichien, m'avait confirmé qu'elle était considérable : « D'autant plus considérable, sans doute, qu'elle a été très mal acquise. Ce Kirchner était un drôle d'oiseau, qui, à ce qu'on raconte ici, avait passablement flirté avec les nazis avant d'aller se faire briller chez Batista! J'ai même entendu dire qu'au lendemain de la guerre il aurait aidé certains anciens dignitaires SS à passer en Amérique du Sud, et que quelques-unes des boîtes qu'il a montées à Cuba travaillaient avec l'argent de ces messieurs... Mais, bien sûr, rien n'est prouvé. Et puis les Autrichiens n'aiment pas ces vieilles histoires, ils préfèrent oublier. Eux qui ont inventé le nazisme ont réussi à persuader le monde entier qu'ils en avaient été les premières victimes... Un cas exemplaire de dédoublement de la personnalité! Une nation somnambule! Ne la réveillons pas... Ce qui est curieux, tout de même, c'est qu'Olga, après ce qu'elle avait vécu, ait épousé un homme comme ce Kirchner-là. Il est vrai qu'elle est tellement réactionnaire! Mais lui? Epouser une juive, sacrée reconversion!... Le remords, peut-être? »

Neuf fois sur dix, quand une idée m'entre dans la tête, il faut qu'elle en ressorte : « Dites-moi, Olga, demandai-je en marchant vers la porte d'embarquement, je sais bien que je saute un peu du coq à l'âne, mais... vous aimiez vraiment Hans Kirchner? »

Olga me regarda profondément en me tendant le petit panda qu'elle venait d'acheter elle-même pour Alexandre : « Tenez, vous l'enverrez de ma part à votre gentil hot dog... Kirchner? Vous vous intéressez à Kirchner maintenant? Non, je n'aimais pas vraiment Kirchner... Et vous, Christine, aimiez-vous Monsieur Maleville? » Elle sourit. « Alors, vous voyez... Les hasards de la vie!

— Vous n'êtes pas du tout le genre de femme qu'on imagine guidée par le hasard!

— C'est ce qui vous trompe, ma chérie : le pull-over d'Auschwitz, c'était un hasard... Hasard malheureux... Plus tard, Hans Kirchner : un hasard trrès heureux... Puis, mes retrouvailles avec Anne. Un hasard encore... C'est comme au jeu. Quand on a beaucoup perdu, le sort vous doit quelques compensations : Dieu attend longtemps, mais il paye avec intérêts. Dicton yiddish... D'ailleurs, je serai tout à fait honnête avec vous : si Kirchner n'avait pas été si vieux, je ne l'aurais pas épousé!

— Et lui? Lui, est-ce qu'il...

— Est-ce qu'il m'aimait? » Elle éclata d'un rire sonore, qui fit retourner sur nous quelques-uns des passagers; elle avait pris tout à l'heure, au bar, un verre qui n'était pas le premier de sa journée... « Kirchner? M'aimer? Mais c'était déjà bien assez qu'il m'épouse! Il est vrai que, là, il n'avait pas le choix... »

Et le V violet de la colère reparut aussitôt sur son front, sans que je puisse deviner, cette fois, après qui elle en avait. Après elle, peut-être? Elle me parut penser, en tout cas, que dans ce cri du cœur elle en avait trop dit sur un passé dont elle n'aimait pas parler, car ensuite elle ne répondit plus à aucune de mes questions et, dès qu'elle le put, revint sur le triste sujet de mes dettes pour couper court à toute nouvelle interrogation. J'eus beau lui assurer que j'avais bien le temps de penser à mes soucis d'argent puisque j'avais encore huit jours devant moi, elle me remontra sévèrement que je ne pouvais pas laisser ébruiter ces imprudences financières qui risquaient de nuire à ma carrière. Ma « carrière » : elle avait souvent ce mot-là à la bouche et s'en préoccupait plus que moi... Mais, comme l'amour de Charles méritait autant de soins qu'une promotion professionnelle, et que ce qui entraverait la seconde pouvait ruiner le premier, j'acceptai d'entrer dans ses raisons :

« Je ne suis plus acheteuse, m'expliqua-t-elle dans l'avion, ni de tableaux, ni de beaux originaux... Mais je peux encore faire une excellente entremetteuse... Oh, soyez tranquille, je n'ai que des choses convenables à vous proposer. C'est pour le PAPE que je m'entremets... Enfin, pas celui de Rome, évidemment! Le mien... » Cette parenthèse-là était tout Olga, et, à son effort pour paraître divertissante et inoffensive, je devinai aussitôt que nous allions passer aux choses sérieuses. « Voici mon plan, poursuivit-elle. Je me propose de vous avancer aujourd'hui les deux cent mille francs que j'ai gagnés hier en votre compagnie. Je ferais mieux de les replacer dans ma galerie, c'est vrai... Mais ça peut attendre six mois : puisque c'est de l'argent imprévu, n'est-ce pas, et que mon comptable ne le saura pas... Donc, vous payez le Casino de Vienne, et vous me signez un nouveau billet. En échange, bien sûr, vous me remboursez tout de suite les anciens. Et vous me les remboursez avec l'argent que le " Programme pour l'Europe " va généreusement vous donner pour le minuscule, minuscule service que vous lui rendrez... »

Elle m'apprit que, quoiqu'elle assurât toujours le Secrétariat Général de l'association, elle avait maintenant cessé de pourvoir à son financement : « Heureusement que quelques gouvernements d'Amérique du Sud – ne me demandez pas lesquels, ma chérie : c'est un secret! » fit-elle en croisant comiquement les yeux –, « oui, heureusement que ces gouvernements amis ont fini par prendre le relais! Tout cela grâce à mon cher Arroyo... Et puis, nous touchons quelques subventions d'Etats africains que la progression communiste commence à sensibiliser...

— Je parie, fis-je en riant, que c'est le Gabon... Allez, vous pouvez bien me le dire : c'est le Gabon? Avec l'augmentation des royalties pétrolières, nos bons amis de Libreville ne savent plus quoi faire de leur fric. Alors autant entretenir le PAPE qu'une danseuse! D'ailleurs, l'un n'empêche pas l'autre!

— Ne me faites pas dire ce que je n'ai pas dit, protesta Olga en souriant finement, je n'ai nommé personne, moi, et je ne veux pas qu'on me reproche un jour mes indiscrétions! Je suis une tombe, vous savez!

— Oh, je sais! Vous me l'avez bien prouvé à Sainte-Solène, il y a quelques années, en me mettant sous les yeux les rapports de vos chargés de mission... »

Elle me pinça le bras en enfant fâchée et nous nous esclaffâmes de concert. De fil en aiguille enfin, Olga, qui m'en disait toujours plus long qu'il ne convenait, « ne me cacha pas » que la situation financière du PAPE, au contraire de la mienne, était plus florissante que jamais. La chose était d'autant plus heureuse, ajouta-t-elle, que, les activités de l'association se développant, il devenait de plus en plus difficile de faire intégralement reposer sur le bénévolat l'accomplissement des nombreuses tâches matérielles — voyages, recherches, documentation — qu'exigeaient à la fois le soutien aux dissidents et la couverture officielle du mouvement. « Même ces " missi dominici ", dont j'ai eu l'imprudence de vous montrer la production, aujourd'hui, ma chèrre Christine, nous les payons... Après tout, ils prennent de gros risques pour la liberté, et toute peine mérite, comment dites-vous en frrançais... une compensation? »

Ma peine à moi — qui me vaudrait une « compen-

sation » de cinquante mille francs pour commencer –
consisterait à compléter sur certains points la documentation, encore trop lacunaire, de l'association :

« Nous avons besoin des curriculum vitæ détaillés
de quelques-uns des diplomates français en poste
dans les pays de l'Est.

– Vous trouverez tout dans le Who's Who...

– Ne vous moquez pas de moi, preciosa, ne vous
moquez pas! Qu'est-ce qu'il y a dans le Who's Who :
rubbish! Non, j'ai dit : " détaillés ". Nous voudrions
connaître leurs sympathies politiques, même très
vaguement, savoir si nous pouvons les approcher ou,
au moins, compter sur leur appui en cas de pépin...
Ne croyez pas que ce soit si évident : votre administration française est tellement infiltrée! Je ne pré-
tends pas que tous vos agents diplomatiques soient
des agents doubles, non, mais... Et puis, j'aimerais
que vous me peigniez le caractère de ces messieurs,
leurs goûts. Oh, rassurez-vous, je ne vous demande
aucun renseignement qui puisse les compromettre...
Mais vous me diriez, par exemple, je ne sais pas,
moi : qu'un tel collectionne les papillons, que tel
autre a une passion pour le "kigl" , que l'épouse de
celui-là est apparentée à des maréchaux d'Empire, ou
que le fils de celui-ci étudie le japonais, oui, vous me
diriez ces choses, eh bien, vous me faciliteriez beaucoup le choix de ces petits cadeaux qui... euh...
entretiennent l'amitié, ou la provoquent, n'est-ce
pas? Il suffit parfois de si peu – d'une betterave pour
sauver le bortsch! Et, croyez-moi, nos pauvrres
musiciens d'Europe orientale, nos poètes brimés, nos
peintres opprimés, qui souffrent une interminable
agonie pour les valeurs du monde libre, oui, tous ces
pauvrres dissidents ont grand besoin de notre amitié », conclut Olga sur un ton si vigoureux qu'il
sentait le reproche. Pour me vendre ses protégés, elle
procédait à l'intimidation, un peu comme ces jeunes
gens louches qui, avant de vous délester des « cent

balles » d'usage, vous demandent agressivement si vous n'avez « rien contre les étudiants ». Etais-je contre « les pauvres artistes dissidents »? Non, sûrement; dans ces conditions il ne me restait plus qu'à leur faire l'aumône d'une dizaine de fiches « détaillées » sur nos ambassadeurs et nos premiers conseillers... Il est vrai qu'ensuite c'était Olga qui paierait.

M'ayant bien persuadée de l'abondance de la manne que le PAPE la chargeait de distribuer, elle me laissa, dans un second temps, entrevoir qu'il ne tiendrait qu'à moi de poursuivre cette collaboration assez longtemps pour la rembourser non seulement de tout ce qu'elle m'avait avancé à titre personnel, mais aussi de tout ce qu'à l'avenir elle pourrait me prêter encore pour mes menus plaisirs : « S'il y a pour acheter le poisson, il y a pour le poivre, non? D'ailleurs, je suis sûre, me dit-elle, que dans votre position – avec la liberté de mouvements et le passeport diplomatique dont vous disposez – vous pourriez très aisément remplir pour notre compte certaines missions à l'étranger. Des choses très simples, mais pour lesquelles vous seriez largement défrayée. Enfin, vous verrez plus tard... Pourvu qu'on ait la santé, on peut toujours se pendre après! » Et elle fit mine de se passer la corde au cou, tira la langue, et éclata de rire. « Alors, c'est entendu? Vous me donnez les premières fiches la semaine prochaine, et vous prenez immédiatement les cinquante mille francs....

– Les cinquante mille des Gabonais...

– Non, non, je n'ai rien dit, Christine! Rien dit! Quant au solde, si à l'échéance de votre nouveau billet vous n'avez rien trouvé de mieux, faites encore deux ou trois broutilles pour notre président Fortier... »

Rien n'était plus simple pour moi, ni plus anodin en effet, que de jeter sur le papier, le soir même, ces quelques portraits de diplomates que le PAPE était disposé à payer si cher. Le prix auquel on évaluait ma collaboration ne me parut même pas exagéré : j'étais habituée à signer à longueur d'année, pour le compte de l'administration, de mirifiques contrats d'études au terme desquels des bureaux sans qualification empochaient des sommes rondelettes en échange de dix ou douze pages d'élucubrations qui iraient dormir au fond d'un tiroir. L'Etat français, qui paye si mal ses collaborateurs réguliers et méprise ses « légitimes », traite en effet ses partenaires d'occasion avec toute la coûteuse révérence due aux « call-girls »... Je me dis que l'association de Fortier, émanation d'Etats qui émanaient du nôtre, ne me proposait en somme qu'un contrat d'étude parmi d'autres et m'appliquait la grille tarifaire en usage dans ces professions.

A l'instant d'accepter la proposition d'Olga, un dernier scrupule m'arrêta pourtant : « Je serais très heureuse, bien sûr, d'aider l'action du PAPE en Europe, et je ne pense pas que Fervacques lui-même, s'il en était informé, me désapprouverait, mais... Pour tout vous dire, Olga, je crains un peu que ces portraits, vous ne soyez un jour tentée de les montrer à tel ou tel de vos financiers... Et là, même si mes fiches ne contiennent rien de très indiscret, ce serait embêtant. Le Gabon, par exemple... Et puis le Chili de Pinochet, franchement... Je sais que je vais vous choquer, mais j'avais plutôt de la sympathie pour Allende...

— Ni le Gabon, ni aucun gouvernement d'Amérique du Sud ne verront vos fiches.

— Donnez-m'en votre parole.

— Je vous le jure, Christine. Sur ce que j'ai de plus cher : la mémoire de Samuel... »

Comme je voulais absolument nous éviter de repartir sur Dresde et les camps à un moment où je cherchais à trouver des sujets de consolation, je fis semblant de tourner ce serment solennel en plaisanterie :

— Croix de bois, croix de fer, si vous mentez, vous irez en Enfer!

— En Enfer? dit Olga en levant un sourcil pointu au-dessus de son regard en désordre, mais j'y suis déjà...

Et elle se replongea sauvagement dans le double whisky que l'hôtesse lui avait servi.

Il n'y avait qu'à Senlis qu'Olga s'efforçât de boire un peu moins. Le regard inquiet d'Anne suffisait pour lui faire rajouter une copieuse rasade de Perrier dans son Bourbon ou reposer – avec un sourire contrit qui donnait à sa figure l'air émouvant d'une enfant coupable – le verre dont elle venait de s'emparer.

Le couple que formaient Anne et Olga restait en effet, en dépit des années, curieusement soudé; mais plus le temps passait, plus ce touchant « ménage » m'intriguait. Il me semblait que la tendresse réelle qui unissait par ailleurs Anne et Moreau-Bailly – si proches par l'allure, la sensibilité, les milieux sociaux – aurait dû diminuer la force du lien qui subsistait entre les deux femmes, de même que la négligence dédaigneuse qu'Olga affichait à l'égard des opinions philosophiques de son amie, l'irritation qu'elle dissimulait mal devant les naïvetés politiques d'Anne et ses préjugés de classe, devaient, en bonne logique, amoindrir un sentiment naturellement peu compatible avec le mépris.

Comme je ne croyais pas qu'il subsistât entre ces deux femmes une réelle attirance physique, je me demandais quelle sorte d'amour les attachait encore, un amour dont, pourtant, je constatais toujours les effets : sollicitude respective – Anne protégeant la santé d'Olga, et Olga se laissant protéger pour assurer la tranquillité d'esprit de son amie –, et quête mutuelle d'un pardon dont je voyais mal quelle offense il devait réparer. Chacune, en effet, avait l'air de vouloir effacer une faute commise à l'égard de l'autre; et si je devinais à peu près quelles fautes Madame de Chérailles pouvait se reprocher envers Olga – son consentement à la rupture autrefois imposée par ses parents et son mariage avec mon père –, je ne parvenais pas à trouver quelle trahison Olga avait pu commettre à l'encontre d'Anne.

Dans une circonstance où Madame Kirchner s'était montrée dévouée à son amie jusqu'à l'obséquiosité, je ne pus m'empêcher de faire part de mon étonnement à la mère de Philippe : « Olga n'en fait-elle pas un peu trop? Ce n'est plus de l'amitié, ça, c'est de la contrition! On jurerait qu'elle a quelque chose à se faire pardonner : je parie qu'elle vous a joué un ou deux sales tours dans le passé... »

Anne releva, au-dessus du buisson de roses qu'elle taillait, un visage indigné : « Oh non, répliqua-t-elle vivement, en aucun temps Olga n'a déçu l'amitié que je lui porte... Il est vrai que, parfois, on la dirait coupable de je ne sais quel péché, et qu'elle ne sait plus quoi inventer pour se racheter... Mais ce n'est pas seulement avec moi qu'elle est comme ça : c'est avec le monde entier!... Tous les survivants des camps traînent, paraît-il, un sentiment de culpabilité dans ce genre-là...

– C'est absurde, voyons! Elle n'est pas coupable, puisqu'elle était victime!

– Oh, les vivants ont toujours les plus grands torts à l'égard des morts... D'ailleurs, je ne suis pas sûre qu'il s'agisse, comme le soutiennent les psychiatres, d'une culpabilité imaginaire. Car enfin, ces rescapés des camps, qu'ont-ils été obligés de faire pour survivre? Ou plutôt ce ne sont pas les choses qu'ils ont faites, mais celles qu'ils n'ont pas faites qui les obsèdent : ils ne pouvaient pas donner leur pain à celui qui mourait de faim, donner leur chemise à celui qui mourait de froid, prendre la place de cet enfant qu'un SS frappait... Finalement, je me demande s'il n'est pas plus facile d'avoir une fois dans sa vie commis un crime que d'avoir dû, jour après jour, accepter l'inacceptable.

— Est-ce Olga qui vous a dit ça?

— Non, elle ne parle jamais du passé. A cause de mon père et de nos usines qui, euh, enfin... Mais, la pauvre, je sais bien que c'est pour ça qu'elle boit : pour oublier tous les Samuel assassinés qu'elle s'imagine avoir tués... »

Comme l'amour ne rend jamais aussi perspicace que l'indifférence, Anne se trompait plus que moi; mais à moitié seulement, puisque, quelque faute qu'Olga ait eu dès ce temps-là à se reprocher à l'égard de sa trop bienveillante amie, il est vrai qu'elle souffrait.

« Souvenez-vous d'ailleurs, ma petite Christine », ajouta Madame de Chérailles en manière de conclusion comme nous disposions des fleurs coupées dans l'un des vases qu'on gardait au fond de « la pièce à bouquets » (cet entresol de trente mètres carrés qui, avec ses bacs, ses éviers, ses armoires, tous exclusivement adaptés à la mise en gerbes, ou en pots, des fleurs et des feuillages, m'avait toujours paru le sommet du vrai luxe), « souvenez-vous que votre père, si malcommode qu'il puisse vous sembler, était prêt à mourir pour éviter à ma chère Olga et aux siens cette horreur que tant d'autres ont cautionnée... Pour ma part, en tout cas, je ne l'ai pas oublié », fit-elle en rosissant légèrement comme chaque fois qu'elle s'apprêtait à avouer un sentiment trop vif; et je me demandai, un court instant, si elle n'était pas, malgré son divorce, restée amoureuse de l'Ambassadeur...

Puis, brusquement, secouant la tristesse importune

des souvenirs qui la submergeait, elle laissa là ses bouquets et décida de conduire les invités de son « Rendez-vous » à la fête foraine de Crépy-en-Valois.

C'était moi qui, huit ou neuf ans plus tôt, à l'époque où je faisais mes débuts à Senlis, avais eu l'idée saugrenue d'entraîner certains amis d'Anne sur les « montagnes russes » des foires de la région, comme il m'arrivait déjà de les emmener au bal populaire du 14 Juillet. La mère de mon frère avait accueilli l'introduction de ces plaisirs forains dans le programme de ses week-ends avec autant d'enthousiasme que mes « dix de der » à la Pagnol et mes initiatives « républicaines ». Bientôt, c'était elle qui avait poussé son « fond de sauce » et ses « vol-au-vent » vers ces amusements démocratiques, et l'on voyait, certains samedis, des professeurs de philosophie renversés cul par-dessus tête dans le tambour du « Palais du Rire », des présidents de la SNCF s'enfoncer avec de petits cris d'effroi dans le tunnel du « Train-Fantôme », et des jeunes filles fraîches émoulues du Bal des débutantes profiter des effets de la force centrifuge de la « Chenille » ou du « Tagada » pour se précipiter contre des blousons ouvriers... Tout ce beau monde s'applaudissait, riait aux éclats, s'interpellait, hurlait de terreur feinte, braillait « Nini Peau-de-chien », dégustait des cornets de frites avec des gloussements d'extase, et rentrait « au château » les bras chargés de poupées roses à volants et d'ours en peluche géants gagnés aux loteries ambulantes. Au commencement, je m'étais amusée de bon cœur avec eux, heureuse de croire qu'on pouvait changer de milieu sans changer de plaisirs...

Mais bientôt j'avais compris que le bonheur que nous prenions, les invités d'Anne et moi, à ces expéditions dans les banlieues n'était pas de même nature; le mien était tout simple, le leur distancié; ils

« s'encanaillaient ». Les poupées de celluloïd aux crinolines de nylon mauve qu'ils rapportaient des foires, ils les disaient « délicieusement kitsch », « absolument saint-sulpiciennes », « merveilleusement baroques », « géniales, quoi! », quand ma grand-mère ou Carole les trouvaient sincèrement belles, et les alignaient avec soin sur les étagères du cosy... L'amusement que les habitués des « Rendez-vous » prenaient aux manèges et aux feux d'artifice avait quelque chose de frelaté, comme une rengaine de Bruant ou une chanson de Renaud : c'était toujours l'excitation, voyeuse et convenue, des bourgeois débarquant rue de Lappe... A la fin, le plaisir de ces gens me dégoûta du mien.

Avec le temps j'en vins même à préférer leurs propres fêtes, si compassées, à ces kermesses que je leur avais mal appris à aimer. Sans doute leurs divertissements ordinaires n'étaient-ils guère variés : des dîners, toujours des dîners, quand les amis de mes grands-parents avaient eu à leur disposition une gamme si étendue de réjouissances – batteuses, bals, banquets, passages du « tour », pique-niques, manifs, défilés, dimanches à Orly, Sainte-Catherine, 11 Novembre, 1er Mai, et toutes ces noces bon enfant où les oncles poussent la romance, où les cousins jettent sur la table le saucisson qui miaule, où l'on vend aux enchères américaines la jarretière de la mariée, et où l'on valse des nuits entières au son de l'accordéon avec les enfants dans les bras entre une « danse du tapis » et une « danse du balai »... Non, les distractions des « beautiful people » n'offraient pas tant de variété; mais, au moins, lorsqu'ils dînaient, ne mangeaient-ils pas au « second degré »...

Peut-être d'ailleurs était-ce moi, maintenant, qui portais sur leurs réceptions le regard étranger et condescendant que je leur reprochais de réserver aux fêtes populaires? En tout cas, je prenais plus d'agrément à leurs garden-parties et à leurs soupers si je pouvais les voir d'un peu loin, d'un peu haut, de derrière une fenêtre par exemple, sans y participer tout à fait. J'aimais ces instants où, comme à Senlis, je pouvais m'isoler et regarder à travers une vitre les tables de dentelle disposées en bas dans la roseraie, la flamme tremblante des photophores reflétée dans le cristal des verres à pied, les perles des fontaines, les robes des dîneuses, leurs soyeux décolletés, et le ballet des extras blancs tournant autour des smokings noirs. Ce qu'étaient ces gens, ce qu'ils disaient, m'intéressait moins que l'illusion de beauté qu'ils créaient à distance et dont j'aimais, avant tout, la fragilité.

Reste d'esprit marxiste en effet, ou sursaut de lucidité, je croyais que, dans un monde où trois milliards d'hommes meurent de faim, les soirées d'apparat à Versailles, l'Opéra bleu de Gabriel, les plumets rouges des gardes républicains, les diadèmes et les « pièces à bouquets » étaient condamnés. En me persuadant de la précarité du bonheur que je prenais à les contempler et de l'urgence qu'il y avait à en jouir, j'oubliais seulement que j'étais plus éphémère encore que cette société...

Vertige esthétique ou réflexe de classe, je pris en tout cas prétexte ce samedi-là du travail que j'avais à terminer avant le « Sommet des Neuf » pour me dispenser d'aller chercher l'ivresse de l'exotisme dans les autos tamponneuses de Crépy, comme Anne me le proposait.

Les rares fois où je pouvais encore quitter Paris le vendredi soir, j'emportais toujours un gros paquet de dossiers. Ma seule joie était d'y trouver, piqués ici ou là, au hasard d'une note ou d'un projet de loi, quelques mots que Charles avait griffonnés. Rien de confidentiel – des « il faudrait m'organiser une réunion avec le directeur des Affaires économiques », ou « demander d'urgence l'avis de la direction d'Amérique » – mais c'était son écriture, les mêmes caractères, le même stylo, avec lesquels il m'écrivait parfois de courts billets, tendres ou libertins, qu'il signait « Capricorne », pseudonyme où le moins fin des limiers aurait pu aisément retrouver l'initiale de son prénom et l'indication de son signe astrologique.

Sur ce dernier sujet, en effet, Charles de Fervacques n'était guère plus raisonnable qu'Evelyne Martineau et, s'il ne lisait pas son horoscope tous les jours, il professait un profond respect pour la caractérologie que quelques mages prétendaient tirer des « thèmes astraux » de leur clientèle : avec eux, il croyait les Lions superbes et généreux, les Gémeaux doubles et les Vierges timides. J'avais vite compris quel parti je pourrais tirer de cette superstition; et, à l'époque où Cognard sévissait encore à son cabinet, je n'avais rien négligé pour persuader mon ministre que son « imbécile-personnellement-dévoué » était « ascendant Scorpion » et par là même, « comme toute la science des astrologues nous le prouvait », infiniment dangereux, perfide et venimeux... Cette affirmation doublement fausse (l'idiot était Taureau) fit plus, j'en suis sûre, pour son élimination que son incompétence patente et son ivrognerie prouvée...

– C'est curieux, tout de même! ne pus-je m'empêcher de faire remarquer à Charles un jour que j'avais envie de lui avouer la supercherie. Curieux, oui, qu'un mécréant dans votre genre s'entiche d'astrologie!

– Ah, je sais. J'ai longtemps été comme vous : très sceptique. Jusqu'au jour où un grand astrologue m'a révélé que j'avais le même thème astral que Liszt...

Cette révélation, faite sur le ton du plus grand sérieux, me laissa d'abord sans voix; puis je me convainquis qu'il y avait mis lui-même une pincée d'ironie : « Voyez-vous cela! dis-je en riant, et vous composez de la musique aussi? »

Mais son expression de dévot fâché me fit voir aussitôt qu'il ne trouvait pas dans cette surprenante parenté astrologique matière à plaisanterie. Les grands de ce monde sont insatiables; à celui-là il ne suffisait pas de se réclamer du riche Persigny et des opulents Mellon, du duc de Morny, des marquis de Duras et d'une douzaine de « grands boyards » redoutés d'Ivan le Terrible et de Boris Godounov : il fallait encore qu'il eût Franz Liszt dans sa « Maison »...

Alors qu'assise sous les palmiers de la serre je corrigeais rêveusement les dernières notes de synthèse destinées à la présidence de la République, la femme de chambre de Madame de Chérailles vint m'annoncer qu'un policier demandait à me rencontrer – requête qu'elle me communiqua d'ailleurs en des termes si approximatifs qu'ils me rappelèrent aussitôt les explications de ma grand-mère :

– De quelle sorte de policier s'agit-il, Fatima?

– Un monsieur des généraux... A ce qu'il dit!

– Des généraux? Comment ça, des généraux? Ça ne veut rien dire... Ah, est-ce que ce ne serait pas des « Renseignements Généraux » que vous voudriez parler?

– Je ne sais pas, moi. « Généraux » : c'est tout ce qu'il m'a dit... C'est peut-être un militaire?

Je me trouvai brusquement ramenée quatre ou cinq ans en arrière, à l'époque où Frédéric avait perdu son portefeuille. Qu'avais-je bien pu égarer à mon tour? Quelle imprudence avais-je commise, quelle preuve de bonne volonté avais-je oublié de donner?

Je fis machinalement le point sur mes adhésions : rien à craindre de ce côté-là; je n'avais plus que la carte de l'UDR, prise aussitôt que Charles l'avait exigé.

Mes dettes ? Grâce au PAPE, le Casino de Vienne avait été payé rubis sur l'ongle ; et une analyse plus fouillée des « sympathies » du personnel diplomatique en poste à Prague et Varsovie, ainsi que la photocopie de deux ou trois rapports anodins de la Sous-Direction d'Europe Orientale sur l'accueil des dissidents en France, allaient me permettre de racheter à Olga ma dernière reconnaissance de dette. J'en étais si contente que je n'excluais pas de poursuivre pendant quelque temps encore cette modeste – mais fructueuse – collaboration à la défense de l'Occident ; je souhaitais, en effet, trouver au plus vite de quoi régler le pas-de-porte de l'appartement que Philippe m'avait déniché à proximité de la Villa Scheffer et qui, en m'éloignant de Caro, me mettrait à l'abri d'un éventuel écho de presse ou de ragots malveillants.

Au fait, c'était peut-être justement cette cohabitation prolongée avec Mademoiselle Massin qui me valait aujourd'hui la visite des RG ? Carole donnait beaucoup dans les émirs arabes depuis quelques mois et, si ses nouvelles relations lui avaient fourni l'occasion d'élargir la clientèle désireuse de faire appel à ses talents de décoratrice, on ne devait pas ignorer à la « Mondaine » que, derrière cette respectable façade, elle gardait toujours des intérêts dans l'« Agence Cléopâtre » – laquelle, en vertu du principe de concentration verticale cher aux grands trusts, venait d'investir dans une affaire de « peep-show » à Barbès : « Il faut servir tous les publics, Mistouflette. Ce serait imprudent de se cantonner dans le luxe... »

L'homme qui m'attendait au salon – la cinquantaine, petite moustache grise, fines lunettes – ressemblait comme un frère aux jumeaux qui l'avaient précédé dans notre appartement de Montparnasse. Il me tendit sa carte tricolore, posa devant lui un bloc de papier et un stylo à bille, vérifia méticuleusement (et, me sembla-t-il, avec un rien d'affectation) les diverses composantes de mon identité – « Madame Christine Maleville, née Valbray, le... à... » –, après quoi il me confessa d'un air gêné qu'il était chargé d'une enquête sur moi. J'opposai à cette information un visage impénétrable, aussi inexpressif que celui que j'affichais à la roulette au moment où le « bouleur » lançait le cylindre.

– Remarquez, poursuivit-il en se détendant un peu, il y a bien deux ans qu'on aurait dû faire cette enquête! Normalement, chaque fois que quelqu'un est nommé à un poste important dans un cabinet, on doit enquêter : les RG pour les conseillers du tout-venant, et la DST pour ceux qu'on habilite au « Confidentiel-Défense »...

Je me sentis un peu soulagée à la pensée que je n'étais pas particulièrement visée.

« Seulement, il faut que je vous dise, Madame Maleville : jusqu'à aujourd'hui, ces enquêtes, eh bien, on ne les faisait jamais. » Coup d'œil rapide vers la porte pour vérifier que personne ne risquait de surprendre cette confidence compromettante. « Parce qu'on n'a pas de crédits de déplacement... Ecoutez, puisqu'en somme avec votre mari sous-préfet et la place que vous occupez, vous êtes " du bâtiment ", je ne vais rien vous cacher : pour une enquête dans ce genre-là, on commence par se renseigner auprès de la concierge et des voisins. Bon, ça encore, c'est de la routine, du boulot de proximité qui ne coûte rien... Mais, après, l'affaire se gâte : imaginez qu'on est censé voir tous les anciens employeurs, prendre des renseignements sur la famille, les amis!... Enfin, c'est bien simple : notre formulaire fait vingt pages! Et, l'ennui, voyez-vous, c'est que, neuf fois sur dix, cette partie du travail nous oblige à nous déplacer... »

Suivit une longue explication sur les rapports délicats entre les RG de Paris et les RG de province, et les restrictions budgétaires que le ministre des Finances avait imposées au ministre de l'Intérieur – explication que j'encourageai d'un doigt de porto pour stimuler ce policier zélé qui ne demandait qu'à « se mettre à table » :

« Donc, comme on n'avait plus de crédits de mission, nos chefs avaient décidé que ces enquêtes systématiques sur les énarques, les chargés de mission et le reste, on ne les ferait plus. Seulement voilà qu'il y a eu l'histoire de l'Allemand! Là où vous êtes placée, vous n'êtes sûrement pas sans savoir », il baissa la voix et lança de nouveau vers la porte-fenêtre un regard inquiet, « vous n'êtes pas sans savoir que les Allemands viennent d'arrêter un espion russe qui avait réussi à devenir le bras droit du chancelier Brandt... Incroyable, mais vrai! Günter Guillaume, oui, c'est ça... Si bien qu'on a reçu des nouvelles instructions – il paraît que ce serait les types de la DST qui les auraient fait passer. Evidemment, ça ne leur coûte pas cher à eux! Puisque, de toute façon, du moment que la Défense n'est pas concernée, ce ne sont pas leurs inspecteurs qui vont aller enquêter, ni eux qui en seront de leur poche! Les trois quarts de ces enquêtes-là, elles sont pour nous, pardi! Enfin... »

J'interrompis ces tristes considérations sur la décadence de la Puissance Publique :

« Mais dites-moi, Inspecteur : pourquoi a-t-on chargé les RG de l'Oise de cette enquête sur moi? Il me semble qu'il aurait été plus simple que les RG de Paris...

— Ah, mais c'est que j'appartiens justement aux RG de Paris! s'exclama-t-il, hilare. Pour tout vous dire, Madame Maleville, je suis le mari de Madame Rondelle! » Et, ravi, il guetta, le sourire aux lèvres, l'effet que la divulgation de ce mystère allait produire sur moi. C'était manifestement « la scène de la reconnaissance » et j'aurais dû lui tomber dans les bras. Mais, à ma grande confusion, je ne voyais pas du tout qui était « Madame Rondelle ».

« C'est Monsieur Philippe que j'aurais été bien content de revoir par exemple! Il a dû vous dire que je l'ai connu tout petit... Il n'est pas là? »

Ce « Monsieur Philippe » sentait nettement la domesticité; il donna tout à coup au policier que j'avais devant moi l'épaisseur débonnaire du garde-chasse dévoué que toute grande famille noble aurait compté dans son personnel au XIXe siècle... Faute, toutefois, que les Chérailles eussent encore leurs chasses, j'en fus réduite à chercher du côté de « Madame Rondelle » l'explication de cette familiarité : une ancienne femme de chambre peut-être? une lingère? la couturière?

« Votre femme, dis-je en n'avançant qu'à petits pas dans l'espoir qu'il me doublerait, c'est bien la dame qui...

— Oui, c'est elle! s'écria-t-il, joyeux, la cuisinière de la Villa Scheffer! Enfin, pas la cuisinière ordinaire bien sûr, elle vient seulement pour les extras, quand il y a du monde », précisa-t-il avec une moue pincée, comme s'il y allait de la dignité de la police que « Madame Rondelle » ne fût employée qu'à la vacation dans les grandes maisons... « Avouez que c'est drôle que ce soit moi, justement, qu'on ait chargé d'enquêter! Quand elle l'a su, ma femme m'a dit qu'un week-end comme celui-là vous étiez sûrement à Senlis... Voilà! Bon, maintenant, il faut m'aider à le remplir, ce dossier... »

Certes, il me l'avoua, il n'était pas d'usage qu'on fît établir le rapport d'enquête directement par l'intéressé, mais quand on connaissait depuis si longtemps la famille... Et puisque, d'un autre côté, il n'avait pas de frais de mission, pas vrai?

« On va mettre tout ce qui pourrait vous aider au point de vue carrière... Madame Rondelle vous trouve si aimable, pas fière du tout. Il paraît que vous avez toujours un petit mot gentil pour les cuisines. » Un second porto vint lui prouver que sa femme avait dit vrai; nous trinquâmes fort civilement. « A votre santé, Madame Maleville! Alors, qu'est-ce qu'on peut mettre là-dedans? »

Nous y mîmes ma famille – l'Ambassadeur Jean Valbray et Maria-Nieves Villosa de Vega (je jugeai préférable de ne pas mentionner les Brassard dont les engagements politiques auraient pu me gêner; du reste, pour le Quai d'Orsay qui adore la noblesse, Nieves faisait mieux dans le tableau). Nous y mîmes aussi les Chérailles, mes succès scolaires – bac à seize ans, et seconde place au concours d'agrégation –, puis mon passage chez Antonelli, et la liste des publications administratives à succès que j'avais créées.

« Opinions politiques? me demanda Monsieur Rondelle. Excusez-moi, je suis obligé : il y a une rubrique, il faut que je la remplisse...

– Eh bien, fis-je en prenant ostensiblement l'air gêné, je dois vous avouer que j'ai la carte de l'UDR...

– Oh, mais c'est formidable, ça! triompha l'homme des RG. C'est très bon pour vous! Figurez-vous que j'ai eu peur un moment, en voyant votre figure embarrassée – dans notre métier, rien ne nous échappe, forcément! –, j'ai eu peur que vous ayez fait des bêtises en 68, que vous ayez adhéré à un de ces groupuscules qui... Oh, c'est arrivé à beaucoup de jeunes gens de votre âge, allez! Même si maintenant ils essayent de se ranger... Et nous, quand on tombe là-dessus chez un jeune qui voudrait avancer, eh bien, on est très embêtés... Par contre, il y a des groupements qui... Tiens, le Service d'Action Civique – le SAC, comme on dit –, vous n'auriez pas quelqu'un de votre famille qui en aurait fait partie, par hasard? Ah, dommage, ça! Dommage... Alors, nous disons : U-D-R », fit-il en tirant la langue sur son pensum. A mesure qu'il écrivait, hésitant sur une date ou un lieu, je voyais se dessiner en creux une autre notice biographique, moins édifiante : on y trouvait ma tante Brassard, « l'héroïne rouge », mon entrée aux Jeunesses Communistes, mon adhésion au PSU, ma participation aux Barricades et ma longue cohabitation avec Solange Drouet, la terroriste de « l'Orée du Bois »; on y croisait mes amants des gares, les croupiers des casinos, des prêteurs sur gages, quelques huissiers, et une « room-mate » prostituée... Avec une biographie comme celle-là, je n'aurais évidemment pas passé vingt-quatre heures de plus dans un cabinet! Non sans une certaine fierté, je me dis que j'étais heureusement parvenue à charger ma vie d'assez d'événements, d'incidents, d'intrigues et de liens variés pour pouvoir construire, quand il le fallait, deux personnages opposés, aussi vraisemblables à leur manière et complets l'un que l'autre. Peut-être étais-je « ascendant Gémeaux » sans m'en douter?

– Alors il croit à l'astrologie, votre ministre?

Assis face à la plus haute fenêtre de la bibliothèque, le vieux Chérailles plaçait sa main valide en visière au-dessus de ses yeux pour mieux distinguer mon visage dans le contre-jour; mais il avait beau plisser les paupières, je savais qu'il ne me voyait pas. Depuis quelques mois, il perdait la vue : la cataracte venait de s'ajouter à la liste déjà longue de ses infirmités, comme si une divinité avait résolu de le priver l'un après l'autre de tous ses sens, de tous ses membres, pour le jeter aux rives de la mort aussi démuni qu'un embryon.

Mais, alors que dans le temps où il lui restait encore quelque vigueur il s'était amusé, pour ennuyer son entourage, à feindre des infirmités qui ne l'avaient pas encore frappé – telle la surdité –, maintenant que les années s'acharnaient à parfaire son impotence, il niait farouchement chaque nouveau handicap qui l'atteignait. Lorsque sa fille – à mots couverts, pour ne pas froisser sa susceptibilité – tentait, par exemple, de lui faire entendre qu'il venait de prendre le concierge pour le jardinier ou le notaire pour le médecin, il maugréait qu'il avait entretenu le malentendu « exprès » : pour bien montrer qu'il n'ignorait pas que le concierge couchait avec la femme du jardinier, ou que la conversation du notaire était plus purgative qu'un laxatif... Et Anne, qui avait déploré pendant cinquante ans l'incivilité de son père, était heureuse d'y trouver aujourd'hui matière à se rassurer sur son état de santé; elle acceptait avec reconnaissance les puérilités qu'il avançait pour justifier ses quiproquos répétés. Philippe, lui-même, ne cherchait qu'à se dissimuler la gravité de la situation : « Il est vrai que, depuis la mort de Bonne-Maman, il baisse terriblement, me disait-il de son grand-père, mais je n'exclus pas non plus qu'il joue la comédie pour nous apitoyer. Parce que, le matin, il fait mine de ne plus reconnaître les gens; après quoi, il lit toute l'après-midi! Avoue que c'est étrange! »

Depuis qu'il était aveugle, Raoul de Chérailles s'entêtait en effet à prolonger ses stations dans la bibliothèque; tel ce meunier d'Alphonse Daudet qui affectait, pour sauver la face, de faire tourner chaque jour les ailes d'un moulin qui n'avait plus rien à moudre, il se rendait tous les jours, de deux à six, dans cette pièce qui lui avait servi de bureau pendant soixante ans : « J'ai du travail, disait-il, il faut que je lise, que je trie. » Et il était vrai que s'il avait perdu, avec la vue, le pouvoir de jouir des livres, il avait gardé la force de les détruire. Faisant circuler vivement au long des rayons le nouveau fauteuil électrique que le personnel de « La Ménagère » lui avait offert à l'occasion de son quatre-vingt-huitième anniversaire, il se livrait à sa fureur libricide, avec une violence et une ponctualité de nature à rassurer sa famille sur la vigueur de son esprit et l'acuité de sa vision.

Malheureusement, je savais mieux qu'Anne et Philippe à quoi m'en tenir : un jour que mon vieux complice me demandait de lui lire quelques pages de « Comme le temps passe » (de ce Brasillach dont je le soupçonnais d'avoir su mieux goûter les erreurs politiques que les qualités littéraires), j'avais été surprise de ne trouver, sur le rayon indiqué, qu'un gros Mauriac, quasi complet. « Mais non! avait grommelé Monsieur de Chérailles, la grenouille de bénitier, il y a longtemps que je l'ai désentripaillée! Zigouillée, la limace de Malagar! Regardez devant vous : là, à gauche... Vous ne voyez donc pas clair? Bra-si-llach... Faut-il que je vous l'épelle? » Finalement, je découvris son Brasillach à l'opposé de l'endroit où il me le faisait chercher, et constatai avec surprise que la reliure était vide : plus une seule des « sept couleurs », plus une seconde du « temps passé »... Quand je rapprochai cette épave du Mauriac épargné, je m'aperçus que leurs reliures étaient identiques, au nom de l'auteur près. Je compris alors que le vieux Raoul ne procédait plus qu'à tâtons aux relectures dont il se vantait, et que – trompé dans sa nuit par les « bonnets », tel l'Ogre du Petit Poucet – il assassinait ses enfants, pensant massacrer ses ennemis...

« Donc, votre ministre croit à l'astrologie... C'est bien, ça! Si ça se sait, ça lui fera gagner des voix... Le citoyen aime se retrouver dans ses élus : il les veut aussi cons que lui! Il paraît que c'est la démocratie! Oui, bonne idée, l'astrologie. D'un excellent rapport électoral... Je suis sûr d'ailleurs que votre Fervacques y a pensé, c'est un finaud, n'allez pas vous y tromper... Tenez, ma nouvelle infirmière, si elle savait qu'il lit l'horoscope, elle voterait pour lui! Elle me bassine à longueur de temps avec ses décans, ses lunes et ses " maisons ". Moi, les maisons, il n'y avait que celles qu'on a fermées qui m'intéressaient!... Je lui ai dit ça, l'autre jour, pour lui rabattre son caquet, mais elle n'a même pas compris : une vraie conne! Et si au moins cette abrutie avait la simplicité du pot de chambre... Mais non, ce serait trop beau! Une snob, ma pauvre amie, une snob! » (Anne, dont le vocabulaire devait moins à la fréquentation des corps de garde qu'à celle des Anglais de bon ton, confirmait sur le fond : « Cette " nurse " est une " name dropper " insupportable! Songez que, dès qu'elle est arrivée ici, elle m'a demandé si je connaissais les Onassis... Moi, les Onassis! », et elle écarquillait les yeux pour mieux marquer sa stupéfaction devant l'énormité de la supposition, sans qu'on sût bien, d'ailleurs, si ce qui l'étonnait le plus dans l'affaire était qu'Aristote acceptât de l'inviter sur son yacht, ou qu'elle pût s'abaisser à fréquenter ce Grec...) « Au point, reprit le bouillant invalide, que j'en viens à regretter cette andouille de Mauduit, c'est vous dire! »

Mademoiselle Mauduit, qu'Anne avait fini par considérer comme une belle-sœur de la main gauche, tant sa liaison cachée avec Hugues de Chérailles, le député, avait pris au fil des années un caractère public, avait brusquement donné son congé à la mort de la vieille comtesse de Chérailles, et personne n'avait pu éclaircir les raisons de ce départ précipité.

La facilité avec laquelle le député avait paru se consoler de cet abandon de poste laissait toutefois penser qu'il était lui-même à l'origine de la rupture. De l'avis des habitués de Senlis, Hugues, qui avait laissé pousser ses cheveux, rasé sa moustache, et modernisé sa garde-robe au point d'oser la chemise à raies – et même, dans certaines occasions, la chemise à fleurs –, avait dans sa vie « quelqu'un » dont

Mademoiselle Mauduit avait pris ombrage. Sa gaieté soudaine, ses cachotteries, ses fréquents séjours aux sports d'hiver, les flacons de parfum détaxés qu'il rapportait de ses missions parlementaires à l'étranger et offrait à sa sœur d'un air penaud sitôt qu'elle les avait aperçus dans ses armoires, tout semblait dessiner dans l'ombre une silhouette féminine qu'Anne cherchait vainement à nommer. François Moreau-Bailly, Olga et Philippe dataient le changement d'un voyage officiel qu'Hugues avait effectué en Chine Populaire avec une vingtaine de parlementaires; aussi avaient-ils baptisé la mystérieuse inconnue qu'on sentait rôder autour de l'Hôtel de Chérailles « la Dame de Shanghai »... Nul d'ailleurs, à part le vieux comte, ne prenait cette aventure au sérieux.

Raoul de Chérailles, au contraire, soit qu'il eût été fâché de devoir s'habituer à une nouvelle infirmière, soit qu'il connût son fils mieux que nous, ne décolérait pas : « Vous allez voir qu'Hugues va se marier. A cinquante-cinq ans! Pourquoi pas à quatre-vingts tant qu'il y est! Si ça se trouve, il fera même des enfants, ce couillon! Tout le portrait de sa mère... Le romantisme boche! Abject! Une petite poule lui récite " Werther ", et le voilà qui se prend pour le Prince de Hombourg! Il l'épousera, sa dame de Shanghai, je vous dis qu'il l'épousera! A tout prendre, il aurait mieux valu la mère Mauduit – celle-là, au moins, ce n'était pas une compliquée! Du moment qu'on lui foutait la main au panier et qu'on l'invitait de temps en temps à dîner, elle était contente! Ce n'est pas elle qui aurait fait de l'ombre à Philippe. Mais cette " Arlésienne "... Parce que enfin, hein, si ses intentions étaient pures, à cette demoiselle Courant d'Air, pourquoi est-ce qu'elle ne se montrerait pas? Pas naturel, ça... Et mon " godillot " qui ne se doute de rien! C'est ma faute aussi, je n'aurais pas dû mêler le sang des von Gleiwitz à celui des Chérailles! Il y avait déjà assez de fins de race dans la famille! D'ailleurs, pourquoi être allé chercher de l'autre côté du Rhin cet authentique sang de navet, hein? Pour se retrouver cousins de Ribbentrop, que les Alliés ont pendu! Et propriétaires d'actions de l'IG Farben, que les Alliés ont démantelée! La belle opération vraiment! Tiens, ma petite rouquine, si j'avais soixante ans de moins, c'est vous que j'épouserais! Au fait, à propos de baise – enfin, pas directement à propos de baise, mais vous voyez –, votre ministre, ce n'est pas qu'il me soit antipathique, au contraire vous pensez : puisqu'il vous plaît! Mais c'est un drôle de lascar, tout de même! »

Cet « à propos » saugrenu me prouvait que, si le grand-père de mon frère avait perdu la vue, il n'avait pas encore perdu l'esprit...

– Oui, un drôle de corps, franchement, votre Fervacques... Vous connaissez Max Lérichaud? Le président de l'Agence Nationale de l'Espace Aérien, cette boîte mi-publique mi-privée qui fait dans le contrat militaire oriental... Mais si, voyons! Le général Lérichaud, l'as de la RAF – ce qui ne nous a jamais empêchés d'être copains comme cochons, lui et moi! –, eh bien, Lérichaud m'a raconté qu'après la commande de nos missiles antichars par l'Irak, il était allé remercier votre patron... Pour une fois que le Quai d'Orsay avait bien travaillé! Bon, entrevue classique, salamalecs de part et d'autre, et voilà tout d'un coup que votre Fervacques lâche à mon Lérichaud qu'il était heureux, certes, en tant que ministre, que l'ANEA ait remporté le marché, mais qu'en somme, s'il s'était borné à faire son travail de ministre, ce marché, nous ne l'aurions pas eu. Parce qu'il s'était donné beaucoup de peine – beaucoup, vraiment – comme membre du gouvernement, mais ce n'était rien à côté de ce que, comme individu et à titre personnel, hum... Bref, Lérichaud n'est pas un enfant de chœur : quand on lui parle de la « peine personnelle » qu'on a prise, il songe que cette « peine mérite salaire » et il commence à calculer le tarif horaire et les charges sociales... Mais votre ministre lui a épargné ce petit travail d'évaluation, il a précisé lui-même ses exigences, avec un flegme de gentleman anglais : trois millions sur un compte à numéro, en Suisse...

J'eus un sursaut d'indignation :

– Concussionnaire, Fervacques? Mais, mon cher Monsieur, il est plus riche que vous, moi, et l'ANEA réunis! Les trois millions de votre ami Lérichaud, il s'en ferait des papillotes... Non, croyez-moi, on vous a trompé...

Raoul de Chérailles plissa les yeux pour essayer de distinguer mon visage :

– Etes-vous aussi sotte que la phrase que vous venez de prononcer? Ou forcez-vous votre talent?

Puis il laissa son buste retomber en arrière contre le dossier du fauteuil, comme vaincu par l'effort de divination que je l'obligeais à exercer. Sur l'accoudoir, sa main, qui me parut petite et amaigrie, avait la forme recroquevillée d'une patte d'oiseau; je remarquai pour la première fois qu'il avait tendance maintenant à garder tous ses doigts collés les uns aux autres en opposition au pouce, que ses phalanges avaient perdu toute mobilité, qu'enfin sa main valide venait à ressembler à la pince atrophiée qui pendait au bout de son autre bras, paralysé. Du reste, tout son corps – et non plus seulement la partie hémiplégique – flottait maintenant dans la veste et le pantalon; sa chair semblait tiède et légère, fragile comme une biscotte, dévorée d'une fièvre moite qui la consumait lentement en répandant une fade odeur de liniment...

« Bon-Papa n'en a peut-être plus pour très longtemps », convenait parfois Philippe avec un sourire amer; et devant ce corps si fragile, plié dans le fauteuil de nickel, ce visage jaunâtre dont la vieillesse remontait les pommettes et cernait les yeux, j'eus ce jour-là la sensation que mon frère disait vrai.

Cependant, « l'agonisant » poussa un profond soupir et reprit à voix basse, les yeux mi-clos : « Pas besoin d'argent, votre Fervacques, hein? Mais comment croyez-vous qu'on devienne milliardaire? Et comment croyez-vous qu'on le reste? » Il soupira de nouveau, comme s'il éprouvait de la lassitude à respirer. Puis, s'étant raclé la gorge, il rouvrit les yeux, et poursuivit à mots pressés, irrité comme un professeur qui craint de devoir quitter ses élèves avant d'avoir terminé le programme et s'efforce de mettre les bouchées doubles avant le 1er juillet : « Tous les riches sont d'anciens pauvres qui feraient n'importe quoi pour ne pas retomber dans leur premier état, et tous les puissants, d'anciens opprimés. Quant aux opprimés, bien sûr, tous des exploiteurs en puissance!... Oh, oui, je sais, ce n'est pas dans Marx; pourtant, c'est vrai... Je passe sur les menteurs qui ont leurs sincérités, les fidèles, leurs trahisons, et les génies, leur quart d'heure de connerie. Les hommes sont taillés à facettes, ma pauvre fille, et, tant qu'une face vous reste cachée... Or, il se trouve que, sauf le Bon Dieu – dont chacun, à part ce zozo de Fortier, sait qu'il n'a jamais existé –, personne ne peut se vanter de voir tous les côtés à la fois, le dessus et le dessous, l'envers et l'endroit... Surtout pas vous, hein, qui êtes miraude comme une chaufferette! Bon, allez », fit-il enfin avec un petit geste de la main pour marquer qu'il était temps que je remballe ma naïveté et que je le laisse reposer, « je suis fatigué de vous apprendre à regarder... »

En me baissant pour ramasser les dernières pages que l'aveugle venait d'arracher, et les jeter dans la grande corbeille qu'il avait pompeusement baptisée « le pilon de la postérité », je me dis qu'il se pouvait, après tout, que Lérichaud n'eût pas menti : Anne elle-même, si noble, si généreuse, n'était-elle pas toujours prête, malgré ses usines et ses actions, à monter des affaires à la limite de l'honnêteté pour gagner quelques millions?

N'avais-je pas été bien surprise, par exemple, de revoir à Senlis, trônant au milieu d'assemblées manifestement composées pour lui, Lionel Berton, le « Bifront » dont Anne, jusqu'à ces derniers mois, ne s'était pas privée de critiquer la gestion à la tête de « La Ménagère »? Mais, depuis que Lionel était devenu député et ministre, depuis surtout qu'il s'était lancé pour son propre compte dans des opérations aussi spectaculaires que fructueuses, Anne lui trouvait un regain d'esprit. Elle brûlait de s'associer à ses profits illicites et ses grenouillages sordides : « Berton est dans l'affaire », disait-elle, avec gourmandise, de telle opération de promotion immobilière ou tel projet de recherche pétrolière; et quand « l'Ambiface » lui avait permis d'entrer au capital d'une société de thermalisme qu'il montait, elle avait affiché le sourire vainqueur d'une gagnante du Loto!

J'avais mis longtemps à partager cet enthousiasme : plus encore que leur malhonnêteté, c'était le caractère irréaliste des projets de Berton qui me frappait. Passe encore pour les marinas de sa « Nouvelle Floride » (notre ministre de la Coopération n'oubliait jamais, en effet, qu'il était l'élu des Alpes-Maritimes), lesquelles marinas – même bâties sur le domaine public ou sans permis de construire – se vendaient très bien (on aplanissait ensuite les difficultés avec le ministre de l'Intérieur ou celui de l'Equipement, deux collègues). Mais le comble m'avait paru atteint lorsque le Biface avait résolu de transformer en station thermale l'un de ses chefs-lieux de canton, Ussan-la-Poterie, qui avait, selon lui, tout pour plaire aux curistes : une gare, deux hôtels de bonne catégorie, une petite place ombragée où l'on pourrait installer des terrasses de cafés, la mer et la montagne à proximité, enfin – avantage essentiel en un temps où le bronzage était devenu synonyme de bonne santé – le soleil toute l'année. Rien ne manquait, en somme, à cette future ville d'eaux que l'eau : pas le moindre ruisseau aux alentours, pas la plus petite source; quelques citernes que l'été asséchait, et une adduction municipale coûteuse qui amenait irrégulièrement sur les éviers l'eau, péniblement purifiée, d'une rigole située sur le territoire de la commune voisine.

Mais Berton n'était pas homme à se décourager pour si peu : il avait fini par dénicher, à vingt kilomètres de là, dans un village de la montagne, une source sulfureuse à demi tarie dont les archives départementales lui avaient appris qu'à la fin du XVIIIᵉ siècle la Faculté de Marseille recommandait les eaux aux femmes en mal d'enfants; elle n'avait plus été exploitée depuis une bonne centaine d'années et la friche avait reconquis l'ancien bassin et les maisons. Mais Berton fit procéder à quelques forages qui révélèrent la présence, à dix mètres sous la broussaille, d'une nappe saumâtre, assez puante pour suggérer des propriétés miraculeuses; il suffirait d'installer un réseau de canalisations pour transporter cette saumure jusqu'à la plaine d'Ussan, qu'on rebaptiserait, sans vergogne, « Ussan-les-Bains ». Car, bien entendu, il n'était pas question de la consommer sur place : le village ne comptait plus qu'une dizaine d'électeurs, il était mal desservi, et absolument dépourvu d'équipements de loisirs. Déjà Berton, aidé d'Anne, du notaire d'Ussan et de deux ou trois financiers de ses amis, avait acquis pour une bouchée de pain le terrain où l'on avait repéré la nappe, les landes et éboulis par où passeraient les canalisations, les plus belles maisons d'Ussan, et – au prix des terres agricoles – une dizaine d'hectares à la sortie de la ville, que le conseil municipal transformerait, d'un coup de baguette magique, en terrains à bâtir au profit de la nouvelle société, sobrement intitulée « Chaîne de la Santé ».

Comme fonctionnaire, j'avais d'abord exprimé des doutes sur la possibilité que la Sécurité Sociale autorisât le transport de l'eau salvatrice sur tant de kilomètres, et dans des tuyaux en plastique : le breuvage y perdrait ses vertus, à supposer qu'il en eût! « Et puis, avais-je représenté à Anne, ce serait la porte ouverte à tous les abus. Qu'arriverait-il si, demain, Clermont-Ferrand décidait de capter l'eau de Vichy pour développer son potentiel touristique? Votre ami Berton n'a plus le sens commun! Il est déformé par ses intrigues pétrolières au Nigéria et au Gabon... Il voit des pipelines partout! »

L'optimisme de Berton s'était pourtant révélé mieux fondé que mon scepticisme : la commission nationale compétente – que présidait un ami des Chérailles – n'avait pas fait d'objections de principe au captage... Restait, cependant, le problème de la valeur intrinsèque de l'eau. Je remontrai sévèrement au ministre de la Coopération que ce liquide malodorant n'était peut-être même pas potable, et que, du reste, à supposer qu'on pût la consommer sans danger, « l'eau d'Ussan » n'attirerait pas les foules : à une époque où les femmes venaient de conquérir le droit à la contraception et se battaient pour obtenir la dépénalisation de l'avortement, elles n'allaient sûrement pas se ruer sur une eau qui favorisait la fécondité...

— Soyez tranquille, me dit le ministre de la Coopération, nous faisons faire des analyses...

— Oh, si c'est le laboratoire du notaire d'Ussan, le « Nice-Labo », qui s'en est chargé, je ne doute pas qu'elles vous seront très favorables!

— Un laboratoire? Mais de quoi voulez-vous parler, Madame Maleville? Il n'y a aucun laboratoire dans le coup. Non, non, c'est d'analyses de marché qu'il est question... Nous avons chargé un bureau d'étude de déterminer le créneau le plus porteur – en gros, nous avons le choix entre les maladies ORL, les affections de la peau, les rhumatismes, et les problèmes circulatoires... Il y a trente ans, évidemment, le baby-boom et la fréquence des rhino-pharyngites chez les enfants m'auraient fait pencher pour l'ORL... Mais voyez aujourd'hui où en est La Bourboule! L'avenir est plutôt aux rhumatismes, à mon avis...

Je ne parvenais pas à imaginer qu'il fût aussi facile de drainer, vers des vacances sur ordonnance, l'argent des contribuables dans des canalisations plastifiées... Je m'ouvris à Olga de mes craintes et de mes réserves : « Je trouve qu'on voit un peu trop Berton à Senlis. Il est ministre, d'accord, mais ses tripotages ne sentent pas bon... Comme on l'aurait justement dit dans vos yeshiva d'Europe Centrale, " si sa parole était un pont, j'aurais peur de passer dessus! " En plus, il amène ici avec lui une kyrielle d'agents de change et de banquiers dont la conversation manque d'intérêt. Où est l'heureuse époque où l'on croisait René Clair et Emmanuel Berl dans la roseraie? J'ajoute que la LM risque de laisser des plumes dans ces combines... Vous devriez mettre Anne en garde.

– Je vois mal, me répondit Olga, au nom de quoi j'empêcherais Anne de recevoir chez elle qui lui plaît. Surtout quand elle me laisse tant de facilité pour y accueillir mes propres amis... »

Il était vrai que le retour d'Anne à la tête de l'entreprise familiale, puis la désertion progressive d'une partie des habitués, trop célèbres désormais et trop pris par leur propre carrière pour goûter régulièrement aux charmes humides du Valois, avaient désorganisé les « Rendez-vous » et changé leur caractère. On n'y trouvait plus ce subtil dosage d'opinions et d'origines qu'Anne et Olga avaient si bien su pratiquer, ni même ce mélange de mondanité et de familiarité, de recueillement et de divertissement, qui faisaient l'originalité de nos rencontres à l'ombre des forêts d'Hugues Capet. Non seulement, d'une fois sur l'autre, on ne retrouvait pas les mêmes visages rue de la Treille, mais il semblait que, chaque semaine, on eût donné à ces nouveaux venus un thème à traiter : sujet d'économie si c'était Anne et la LM qui avaient convié leurs relations du moment, ou de politique internationale si c'était Olga et son PAPE. Ces dames, que j'avais connues tout occupées d'art, de beauté et de gratuité, étaient devenues sérieuses en effet, et ce n'était pas la pincée de violonistes ou de poètes dont elles continuaient occasionnellement d'assaisonner leurs sauces qui pouvait tromper sur l'évolution profonde du système : les « Rendez-vous » tournaient aux séminaires façon Royaumont. Un jour, on les trouverait inscrits sur la liste des programmes que le Secrétariat d'Etat à la Formation Continue proposait aux jeunes cadres avides de recyclage... Que l'Hôtel fût toujours délicieusement suranné, la chère raffinée, et la maîtresse de maison distinguée, ne pouvait masquer l'essentiel : les « Rendez-vous de Senlis » n'étaient plus qu'un décor à transformations, une boîte à double fond – sous l'apparence du loisir, de l'élégance et de la décontraction, on y montait des opérations, on y prenait des décisions. Peut-être Anne, qui à la fin des années soixante avait manqué le « passage du témoin » entre les grands esprits de l'après-guerre (dont elle avait si bien réussi, au temps du conflit algérien, à attirer les épigones dans son salon) et les penseurs de la deuxième génération – les Lacan, les Barthes, les Foucault, par qui elle s'était toujours cru injustement snobée –, voulait-elle prendre un peu d'avance sur l'évolution intellectuelle du pays? Elle amorçait, avant tout le monde, le virage qui nous mènerait d'Althusser à Bernard Tapie.

Rue de la Treille, en tout cas, l'aimable dilettantisme des années d'opulence, l'amateurisme tous azimuts de la « société de consommation », n'avaient déjà plus cours : on se voulait « préparés ». A quoi? on n'en avait pas la moindre idée...

Ces « Rendez-vous » nouvelle manière m'ennuyaient, d'autant plus que les récents favoris des deux reines du lieu manquaient de piquant : quand il ne parlait pas d'argent, Berton n'était qu'un ex-ingénieur des Mines sinistre, tout juste capable, lorsqu'il voulait faire rire, d'un humour de péto-mane; et Juan Arroyo, qu'Olga poussait vers la présidence de son « Programme d'Action pour l'Europe » en remplacement de Bertrand Fortier qu'elle trouvait trop absorbé par ses multiples fonctions, ressemblait à un morceau de musique d'ambiance pour aéroports et supermarchés – on ouvrait le robinet, et rien ne coulait qui pût déranger...

Comme, cependant, la mode a toujours une longueur de retard sur l'événement et que nos médias traitent mieux le mort que le vivant, la presse ne parla jamais tant des « Rendez-vous de Senlis » que dans ces premières années du septennat de Giscard. On rappelait que, jeune, le Président y avait parfois participé, on soulignait l'influence prépondérante que Moreau-Bailly y exerçait, la présence régulière du ministre Berton, le rôle discret, mais capital, du député Chérailles. Même mon assiduité rue de la Treille fut interprétée, par les uns, comme l'engagement de la jeune génération post-gauchiste dans un effort d'analyse raisonnée (et raisonnable) de la société, et, par les autres, comme l'esquisse d'un rapprochement entre les « solidaristes » et les « gaullistes de gauche »... Enfin, on présentait Anne comme une éminence grise, et ses week-ends comme une espèce de salon politique – ce qu'ils n'avaient jamais été, même au temps de leur splendeur : chaque fois que le patronage de Moreau-Bailly avait semblé les tirer à gauche en effet, la considération marquée avec laquelle on y traitait Olga les avait renvoyés vers la droite. De ce prétendu « club de pensée » qui n'avait aucune nuance définie, on pouvait tout juste dire aujourd'hui – comme le faisait Catherine Darc dans ses articles – qu'il était « crypto-réformateur »...

J'avais achevé de ramasser les papiers du vieux Chérailles : des dizaines de chapitres, de préfaces, de notes, d'annexes et de prières d'insérer s'entassaient maintenant dans la corbeille à papiers.

Me croyant sortie, le patriarche s'était assoupi. Epuisé par l'effort qu'il avait dû produire pour éclairer, « une fois de plus », ma lanterne, il dormait, la bouche ouverte, anticipant sur le cadavre qu'il serait bientôt et auquel il semblait déjà vouloir accoutumer son corps par étapes... Sans bruit, j'allai glisser dans son tiroir à « antidotes » une photo de moi que Charles avait prise au Polaroïd. Je ne qualifierai pas ce cliché de « suggestif », car il n'y restait pas grand-chose à suggérer. Que je fusse nue n'avait d'ailleurs guère d'importance puisque Raoul de Chérailles ne verrait jamais clairement ce que la photographie montrait; mais il me l'avait réclamée avec tant d'insistance qu'il prendrait peut-être plaisir à la sentir sous ses doigts et à l'imaginer... Il me semblait qu'exaucer ce modeste vœu était bien le moins que je puisse faire pour un homme qui m'envoyait chaque semaine par son chauffeur tantôt une bouteille de vin, tantôt un pigeon plumé, tantôt un panier de fraises de son potager, et me traitait comme les châtelains d'autrefois leurs amours de village. Cette sollicitude un peu condescendante me touchait – assez pour que je me plaise à lui reconnaître, en retour, le droit de cuissage qu'il n'était plus en état d'exercer....

En me dirigeant vers la porte j'aperçus, posés sur le coin de son bureau en prévision d'une proche élimination, deux gros volumes in-octavo : les « Discours » du général De Gaulle. Dès lors que les

« Mémoires de Guerre » avaient terminé au panier, on ne pouvait assurément trouver aucune justification littéraire au fait que les « Discours » fussent encore en rayon. Mais le vieux Raoul avait raison : il lui restait beaucoup à trier...

Je considérai la bibliothèque autour de moi : des huit mille volumes d'origine, près du quart semblait garder, comme disait leur propriétaire, « quelque chose dans le pantalon » – une dizaine de feuillets, parfois un texte entier qui gonflait la reliure.

Sans doute était-il moins facile de se détacher que le comte de Chérailles ne le croyait. J'eus soudain le pressentiment qu'il n'y arriverait jamais seul. La tâche était immense, le temps pressait : il fallait l'aider... J'attrapai derrière une vitrine un Céline de même format, et même couverture toilée, que le De Gaulle condamné et le glissai doucement entre les deux volumes promis à l'extermination...

De méprise en malentendu, nous finirions bien, tous les deux, par ne rien laisser derrière nous.

Tout au long des tractations entre « les Neuf » au sujet des futures élections européennes, je traînai dans les salles de conférences de l'avenue Kléber et du Quai d'Orsay un vague sentiment d'amertume.

Je ne pouvais me dissimuler que cette tristesse était due aux révélations que m'avait assenées le comte de Chérailles à ma dernière visite : en me laissant entendre que mon ministre prélevait sa commission sur certaines des affaires que nous traitions, le grand-père de mon frère avait réussi à aigrir mes relations avec Charles, même si c'était pour d'autres raisons que celles qu'il escomptait. Car la première surprise passée, j'étais vite parvenue à me convaincre qu'il ne m'importait guère au fond que Fervacques fût un parangon d'honnêteté – sur la corruption de la bourgeoisie j'avais déjà ma religion faite du temps où je vendais « l'Huma » dans les rues d'Evreuil, et cette opinion n'avait pas changé, même si je n'avais pas cru devoir revenir à des engagements militants... La seule chose qui m'indignait vraiment dans cette histoire d'avions de chasse, c'était que Charles eût prélevé sa dîme sans songer à m'y associer.

On aurait eu tort, d'ailleurs, de croire ce dépit « intéressé ». De cette affaire je ne faisais qu'un test sentimental : il me semblait qu'un homme amoureux aurait remarqué que, sur le contrat irakien, je ne m'étais pas donné moins de mal que lui, même si c'était dans les coulisses; qu'en tout cas il aurait noté que, depuis quelque temps, je n'achetais plus de robes, ne portais plus de bijoux – ils étaient au « mont-de-piété » en attendant que le PAPE me permît de les en retirer – et qu'à tout le moins, en me supposant des ennuis d'argent, mon amant m'aurait prouvé qu'il me regardait. Non que je prétende n'avoir pas cultivé un petit penchant à la vénalité, mais si j'ai aimé parfois à « faire payer », c'était toujours pour me rassurer : recevoir des cadeaux, des chèques, me prouvait au moins que (au propre comme au figuré) on me « prisait », que je « comptais ». L'argent seul peut persuader les enfants qu'on n'a pas aimés qu'ils « valent » quelque chose... Mais, dans cette circonstance particulière, j'étais surtout fâchée qu'en ne me mêlant pas aux affaires douteuses qu'il faisait Charles me tînt à l'écart d'un de ses vices. J'étais prête à le suivre au fond des abîmes pourvu qu'il eût le désir de m'y entraîner – « je te jouerai tout ce que tu voudras, mais dis-moi d'abord que tu m'aimes... »

Or, non seulement il ne me le disait pas souvent, mais il ne me demandait même plus de jouer avec lui à tous les jeux qui l'amusaient. Mise à l'écart, je perdais ma puissance. L'esclave tire sa force des faiblesses de son maître : qu'on se cache de quelque chose devant lui et il n'est plus rien.

Cette constatation me jeta dans un profond chagrin, étrangement voisin de la jalousie que m'avait donnée, quelques semaines plus tôt, cette « soirée à l'Opéra » qui n'avait pas eu lieu au Palais Garnier... Depuis que je connaissais Fervacques, depuis que je me laissais aller à croire qu'il m'aimait, j'avais, comme le savetier, perdu l'insouciance et la légèreté de ceux qui ne possèdent rien : sans cesse ma richesse me semblait menacée.

Pour sortir enfin de l'inquiétude où m'avaient jetée les accusations de Lérichaud, il me fallut me persuader qu'un responsable politique qui pense en toute bonne foi qu'on vit bien avec deux mille francs par mois, un solidariste si peu solidaire du sort commun qu'on doit lui rappeler avant chaque conférence de presse le prix de la baguette de pain et du ticket de métro, était la dernière personne au monde qui pût considérer une femme, même très aimée, sous l'angle de son travail et de ses besoins financiers. D'ailleurs, quoi que prétendît Chérailles, cet homme, qui ne portait aucune attention aux questions matérielles, ne me semblait guère susceptible de songer à accroître une richesse dont il ignorait jusqu'au montant... Qu'Alban fût entré en contact avec l'ANEA, qu'il se fût, le cas échéant, prévalu de l'autorité de son frère pour faire prospérer leur fortune commune, je voulais bien l'envisager. Mais quant à Charles, s'il avait réellement présenté au général les exigences qu'on m'avait rapportées, ce ne pouvait être que pour éprouver le bonhomme et voir jusqu'où il accepterait d'aller : il adorait tenter et ne résistait pas plus au plaisir de pousser les autres dans le sens de leur pente qu'il ne se refusait la joie d'un bon mot... Pour ce qui était de ses risques personnels, en revanche, il ne les prenait que sur les routes et dans les lits. A la seule idée d'une « affaire » qui aurait pu l'éclabousser en tant qu'homme public, je l'avais vu trop souvent reculer pour l'imaginer traitant avec des intermédiaires suspects : ne m'avait-il pas dit un jour que, quand on avait serré la main de son collègue de la Coopération, on devrait courir se désinfecter de peur d'être contaminé? A moins qu'ironisant sur l'embonpoint croissant de notre Janus il ne se bornât à faire remarquer que certaines plantes prospèrent sur le fumier... Fidèle à sa réputation de fin diseur, il avait d'ailleurs lâché le mot dans deux ou trois dîners, et les relations n'étaient plus au beau fixe entre la Rue Oudinot et le Quai d'Orsay.

Il faut dire qu'elles n'étaient excellentes avec aucun des membres importants du gouvernement, et pas meilleures avec Matignon ou l'Elysée.

Fervacques haïssait le Premier ministre, qui le lui rendait bien. Il avait d'abord espéré qu'en faisant campagne contre Chaban-Delmas, Jacques Chirac se couperait de ses bases gaullistes, ou qu'à tout le moins l'UDR, bafouée dans ses convictions, secouée dans ses fidélités, se diviserait et qu'il pourrait récupérer le gros des brebis désemparées au sein d'un « gaullisme rénové », « un peu plus à gauche », précisait-il tel un professeur Tournesol égaré, agitant son pendule, « je veux dire : plus au centre, enfin au centre droit, à l'ouest, bref plus solidaire... »

Mais à mesure que les jours s'écoulaient, que les subventions, les prêts bonifiés et les Légions d'honneur pleuvaient de Matignon sur toutes les circonscriptions, Charles sentait faiblir le ressentiment de ses compagnons de parti. Tout allait se jouer, pensait-il, au moment de la désignation du nouveau secrétaire général du Mouvement : il n'osait croire, comme on commençait à le murmurer, que, si Sanguinetti démissionnait, Chirac aurait le front d'être lui-même candidat. A tout hasard, néanmoins, il poussait en avant Robert Boulin, se réservant, en cas de difficultés, de lui apporter l'appui de ses « légions » – ainsi nommait-il glorieusement les enveloppes pré-électorales que la « Fervacques and Spear » distribuait aux députés en difficulté...

Pour contrer le Premier ministre, cependant, l'appui discret de la Présidence n'aurait pas été de trop. Or, de ce côté-là, Charles n'était pas non plus très en cour. Valéry Giscard d'Estaing ne l'aimait guère : ou bien (comme le prétendait Fervacques) le Président souffrait impatiemment que son ministre des Affaires étrangères fût mieux né que lui, ou bien il voyait dans le fringant solidariste un rival possible et s'agaçait de sa condescendance et de son indocilité; quoi qu'il en fût, il était réel qu'il s'en défiait et ne le traitait pas toujours avec les égards dus à sa fonction. A deux reprises déjà, il avait utilisé son ami Poniatowski comme émissaire particulier auprès de gouvernements étrangers, au grand dam de Charles qui craignait de voir son propre crédit s'effondrer dans les capitales où le ministre de l'Intérieur serait passé. Songeant aux liens de parenté qui, par Morny et Talleyrand, l'unissaient à l'envoyé spécial de l'Elysée, il me confiait, amer, que « le petit cousin » abusait.

En décembre, au moment même où il devint clair que Chirac allait tenter une OPA sur le parti qu'il avait trahi six mois plus tôt, et où il apparut que Charles aurait, plus que jamais, besoin du soutien du Président pour le combattre, mon « Archange » ne put s'empêcher d'aller à l'encontre de son propre intérêt en passant des récriminations privées aux remontrances publiques : comme Michel Poniatowski venait de rendre compte au Conseil des ministres de la visite qu'il avait effectuée en Algérie, Fervacques, se tournant vers le président de la République, lui demanda d'une voix suave si, « pour que le ministre de l'Intérieur puisse négocier tout à loisir à l'étranger, il ne serait pas opportun que pendant ses voyages internationaux on charge le ministre des Affaires étrangères de s'occuper des préfets... »

« Vous savez ce que c'est que le Conseil des ministres : une grand-messe! me raconta-t-il le soir. Pas un mot plus haut que l'autre, pas une discussion, pas une délibération. On récite à tour de rôle sa litanie avec force génuflexions, tandis que les voisins font discrètement leur courrier ou repensent à leurs amours passées, exactement comme autrefois pendant les sermons... Alors, ma petite phrase dans tout ça, c'était à peu près le pétard dans le dos de l'évêque au moment de l'élévation! J'ai bien ri... Et, surtout, ne venez pas me dire que c'est comme ça qu'on scie le branche sur laquelle on est assis, conclut-il fataliste, je le sais. Mais plus je vais, plus je considère avec une indulgence amusée le sens rare de l'opportunité politique qui guide mes actions! »

Il faisait allusion à l'échec de ses manœuvres trévennecoises où, en dépit des efforts que j'avais déployés in extremis pour organiser ses partisans, Jean Hoédic venait d'être triomphalement élu à la mairie.

« Bon, ma droite recule, mon centre cède, ma gauche est enfoncée... », il eut un clin d'œil de malice : « C'est le moment rêvé – j'attaque! »

En vain tentai-je de lui représenter qu'il y avait, compte tenu de la nature même de l'attelage gouvernemental, beaucoup plus à gagner dans l'attentisme et le double jeu tel que je l'avais pratiqué moi-même depuis l'enfance : « Tantôt on flatte Matignon, tantôt on flagorne l'Elysée, lui expliquai-je éloquemment, un jour on verse sur les plaies l'huile que, le lendemain, on jettera sur le feu. On dénonce ici, on dénigre là, on sème le doute des deux côtés en protestant partout de sa fidélité. On proclame, on chuchote, on apaise, on exaspère. Puis on mêle le tout, on brasse, on secoue... et si de ce tohu-bohu d'intrigues on ne sort pas nécessairement vainqueur, du moins les autres en sortent-ils bien abîmés! »

Mais Charles, qui n'était jamais si plein d'allant que dans les situations désespérées, me dit qu'il laissait ces « combines à la petite semaine » aux démocrates-chrétiens, « ces sous-diacres miteux », aux pères Joseph et égéries de tout poil; car, pour lui, il était bien résolu à tenter une grande percée. « En politique, ajouta-t-il, on ne reste pas derrière ses lignes : on avance, ou on recule! »

En décembre, Chirac ayant emporté, sous l'œil imprudemment bienveillant de l'Elysée, le secrétariat général du plus grand parti de la majorité, Fervacques annonça, tout de go, qu'il formait son propre groupe parlementaire.

Non pas un parti – gaulliste il était, gaulliste il demeurait –, mais un groupe qui, à l'intérieur même des structures de l'UDR et selon des modalités qu'il conviendrait bien entendu de préciser d'un commun accord, exprimerait une sensibilité originale, une nuance particulière de pensée : « En somme, déclara-t-il aux journalistes venus l'interroger, ce que cherche le groupe solidariste au sein de la vaste nébuleuse gaullienne, c'est l'indépendance dans l'interdépendance, la liberté dans la fidélité. »

Cependant cette transformation de la vieille association « Progrès et Solidarité » en groupe parlementaire autonome n'avait rien de simple : on avait déjà vu un groupe représenter plusieurs partis, mais jamais encore un parti représenté par plusieurs groupes. L'idée même en semblait extravagante. L'opération fut néanmoins menée de main de maître et en un temps record.

J'avais d'abord douté que Charles pût rassembler autour de lui le minimum de trente députés requis par le règlement de l'Assemblée : certes, il avait réussi à débaucher d'emblée une vingtaine d'élus UDR que la manœuvre chiraquienne avait indignés et qui souhaitaient marquer leur mécontentement, tout en « manageant » leur avenir et en ménageant leurs arrières; à leur tête, Fabien d'Aulnay, le secrétaire d'Etat aux Anciens Combattants, qui était le meilleur ami de Fervacques – non pas seulement un « ami politique », car les amis de cette sorte, « l'Archange » les regardait à juste titre comme des ennemis virtuels, mais un ami vrai, entré tardivement dans la carrière, poussé par Charles, et sans autre désir que de lui plaire, le suivre, l'imiter. Mais il manquait tout de même encore dix noms au futur groupe pour que le compte fût bon.

En trois jours, Fervacques, se déployant sur tous les fronts, réussit à récupérer cinq des huit « non-inscrits » que comptait l'Assemblée. Ces « non-inscrits » formaient un ramassis hétéroclite de « Div. Mod. », d'anciens CNI, d'ex-poujadistes, à quoi s'ajoutaient deux PSU dissidents et un élu de Saint-Pierre-et-Miquelon. Mais, si différentes que fussent leurs origines et leurs inclinations, les cinq nouveaux affiliés avaient tous mordu au même hameçon : la « Fervacques and Spear », dont Charles usait avec un cynisme d'une grande efficacité. Tantôt c'était un poste de secrétaire de direction à la Banque Française d'Extrême-Orient qu'on offrait à la petite amie du parlementaire, tantôt un confortable appartement parisien qu'on mettait gracieusement à la disposition du nouvel élu, tantôt une voiture neuve avec chauffeur, tantôt, tout simplement, l'assurance d'être « récupéré » dans l'une des entreprises du groupe quand l'électeur ingrat aurait cessé de renouveler le mandat... J'admirai avec quelle constance Alban de Fervacques, qui vivait à Boston et qu'on ne voyait jamais, secondait dans la coulisse les efforts de son aîné, ne ménageant ni sa bourse ni ses relations pour lui assurer le succès.

Il ne restait plus que cinq députés à trouver; mais ceux-là, je ne voyais pas où l'on irait les chercher...

Charles prétendit les dénicher en vingt-quatre heures chez les radicaux indépendants, auxquels leur indépendance commençait à peser. Cependant, comme la rumeur du ralliement de l'un d'entre eux avait couru, leur Secrétariat opposa un démenti méprisant : en aucun cas, des radicaux ne participeraient à cette aventure qui ne pouvait, à l'évidence, attirer que des UDR dépités ou des non-inscrits esseulés... Fervacques, piqué, résolut aussitôt de les séduire d'un bloc, en la personne de leur chef.

— A lui, il faudra sûrement plus qu'un avantage en nature ou une petite prime cachée, dis-je sévèrement à mon ministre dont l'optimisme commençait à m'inquiéter. Ce n'est pas l'élu des concierges, ni le représentant des Kerguelen !... C'est tout de même un homme politique. Et puis il a dit clairement que personne de chez lui ne vous suivrait. Ça lui fait deux bonnes raisons pour ne pas vous écouter...

— Croyez-vous ? Ah, bien entendu, il voudra des responsabilités ! Je lui proposerai d'être mon téléphoniste...

Je crus à une boutade; mais quand je vis « l'homme politique » accepter avec effusion d'être désigné comme « parlementaire en mission » auprès du Quai d'Orsay – un bureau, deux secrétaires, et quatre ou cinq voyages tous frais payés –, je compris que Charles connaissait son monde mieux que moi. « Oui, m'expliqua-t-il plus tard, votre " grande conscience " m'a serré la main avec chaleur et tendrement remercié. Tout au plus m'a-t-il glissé, in fine, un timide " je vous avoue, mon cher ami, que j'espérais mieux "... Bah, si j'avais été président de la République, je lui aurais sans doute proposé de devenir notre " Monsieur Sécurité " ou mon " Délégué aux Espèces menacées ", enfin n'importe quoi ! Comme ministre, malheureusement, je ne peux offrir que des jobs de parlementaires en mission... Une chance que leur prestige soit presque équivalent ! »

L'ensemble de ce recrutement reçut, bien entendu, l'habillage convenable. On multiplia les déclarations de principe et les exposés des motifs dont, pendant quelques jours, toute la presse se fit l'écho — « " Mini-crise à l'UDR : les partants votent pour une France plus solidaire ", " La formation d'un nouveau groupe parlementaire : une critique implicite du Plan Social du gouvernement? ", " Fabien d'Aulnay, nouveau président national des solidaristes : Ce septennat doit être celui de la justice et du progrès ", " Avec le solidarisme, j'ai choisi la tradition dans la rénovation, déclare l'ancien président du mouvement des radicaux indépendants dans une lettre ouverte aux adhérents de son mouvement. " »

« Sa lettre ouverte, il aurait aussi bien pu la cacheter... Vu le nombre de ses adhérents, ça ne lui aurait pas coûté une fortune en timbres! » me dit Charles avec une grimace de mépris; mais au-dehors il se taisait.

Pendant que le petit monde parlementaire s'agitait, s'expliquait, révélait, répliquait et ferraillait, Fervacques en effet se tenait ostensiblement en retrait. Il avait mis d'Aulnay à la présidence de son association et confié le secrétariat général du groupe à un ex-UDR chevronné, tandis qu'il s'employait de son côté, aussi discrètement que possible, à négocier avec Matignon et l'Elysée son maintien au gouvernement et cet étrange système de poupées gigognes qui permettrait aux solidaristes de constituer un groupe parlementaire sans former un parti, et de se détacher de la maison mère de la rue de Lille au moment du vote des lois pour s'y rattacher à l'instant des élections...

Bien vite, il apparut que l'Elysée, enfin éclairé par le « cousin Ponia », regardait sans déplaisir cette petite épine solidariste fichée dans le flanc de l'éléphant gaulliste; le Président avait souhaité la victoire de son Premier ministre sur Chaban, Boulin, et les caciques du parti, mais il trouvait maintenant la mariée trop belle; jouant habilement de ses effarements rétrospectifs, Charles obtint que son mini-coup de force ne le fît pas rejeter du gouvernement.

Restait à convaincre Matignon que la fronde de « l'Archange » ne méritait pas, non plus, qu'on l'exclût de l'Union pour la Défense de la République, et qu'en somme cette grande fédération d'individus avait assez de souplesse pour pouvoir, le cas échéant, se muer en confédération de mouvements... Ce fut, semble-t-il, Alban qui se chargea de cette partie de la démonstration : on m'apprit que, débarqué d'Amérique, il avait été aperçu dans les bureaux de la Rue de Varenne. Les raisons qu'il y fit entendre, il m'était aisé de les imaginer : on a beau, lorsqu'on est au pouvoir, disposer d'une masse respectable de « fonds secrets », la finance internationale n'est jamais à dédaigner...

Quand je vis successivement la holding franco-américaine annoncer l'implantation à Tulle d'une grande unité de traitement des fibres de roche, la Rue de Lille se doter d'un équipement informatique acquis auprès d'une filiale luxembourgeoise de la Banque d'Extrême-Orient, et Charles prononcer à deux reprises un éloge remarqué des qualités du Premier ministre, j'y reconnus un premier acompte sur le prix à payer pour maintenir le nouveau groupe dans l'orbite gaulliste. Quant aux versements ultérieurs, ils passeraient, comme d'habitude, par le réseau des bureaux d'étude ou le canal très fréquenté des fausses factures...

« Mais pourquoi n'avoir pas rompu plus nettement avec l'UDR? demandai-je plus tard à Charles. Pourquoi avoir payé si cher cette cote mal taillée?

— Parce que ma vingtaine de transfuges avait besoin de positions de repli. Or, tant qu'à conserver un parapluie à mes courageuses troupes, j'aime mieux les voir s'abriter en cas de nécessité sous l'aile du grand Jacques – qui a déjà son bâton de maréchal! – que se jeter dans les bras de Giscard avec qui, un jour ou l'autre, il me faudra bien en découdre. » C'était reconnaître qu'il n'avait pas cessé de penser aux Présidentielles, et que la constitution du groupe solidariste n'était alors, à ses yeux, que le premier mouvement d'une stratégie à plus long terme.

La réussite de la phase initiale le rendait d'ailleurs euphorique; lorsque Fabien d'Aulnay lui remit les statuts du nouveau groupe, il me fit appeler, me les tendit, et me dit avec un grand rire d'enfant : « Mon verre est petit, mais je bois dans mon verre! » Il contemplait son groupe parlementaire avec le même regard émerveillé qu'une jeune épouse, longtemps contrainte de vivre chez ses beaux-parents, réserve à son premier studio : tout lui en semblait neuf, tout lui en semblait beau.

Bientôt, quoiqu'il s'évertuât à ne pas se démarquer trop vite de Matignon pour ne pas effrayer ses « poussins », chaque occasion lui fut bonne pour rappeler qu'il était un vassal moins soumis que les autres; ainsi, à un journaliste qui l'avait présenté aux auditeurs d'une célèbre émission de radio comme « l'un des barons du gaullisme », répliqua-t-il presque vertement que si Guichard, Chaban et Debré pouvaient être qualifiés de barons du gaullisme, lui en était le « duc de Bourgogne »! Une autre fois, je le trouvai irrité par un papier où les solidaristes étaient présentés comme un petit groupe-charnière, « dans le genre – précisait l'article – des libéraux anglais » : « Groupe-charnière! Est-ce qu'il sait, cet imbécile, qu'on n'a encore rien trouvé de mieux qu'une charnière pour ouvrir les portes? »

Mais ces accès d'humeur ne duraient guère. Ce qui m'avait le plus frappée, en effet, dans ces semaines de tractations et de grandes manœuvres, c'était qu'il eût mené son affaire de bout en bout avec un optimisme résolu, une bonne humeur contagieuse, une allégresse de mousquetaire gascon auquel on aurait enfin lâché bride : « S'ils m'enveloppent, je perce, et s'ils me percent, j'enveloppe », s'exclamait-il, rieur, en recourant une fois de plus à ce vocabulaire militaire, très « Maréchal Foch », qu'il affectionnait dès qu'il était en campagne.

Du militaire il semblait, du reste, qu'il n'empruntât pas seulement le vocabulaire, mais les mœurs : le feu du combat échauffait ses sentiments, le sabre lui donnait des idées...

Je dus un soir accepter de calmer cette fièvre, « à la hussarde », sur le canapé Louis XV de son bureau, sans qu'il eût pris le temps de fermer à clé la porte qui le séparait des secrétaires et des huissiers :

— Vous êtes fou! Et si Mademoiselle Deroche entrait?

— Eh bien, nous l'inviterions, non? Je la mettrais bien dans mon lit. Pas toi?

A l'Assemblée, il exigeait ma présence au banc des commissaires du gouvernement chaque fois qu'il devait passer la nuit à suivre les débats relatifs à son Département, et tout alors lui était prétexte à me passer des petits billets comiques ou coquins et à renverser la tête en arrière contre le banc des ministres pour pouvoir bavarder avec moi plus à l'aise. Quand Hugues de Chérailles, l'apostrophant à propos de l'affaire Claustre et des mésaventures tchadiennes du gouvernement, s'écriait, dans une ultime envolée lyrico-guerrière : « Le 13 octobre 1951, pendant la guerre de Corée, mon groupe de combat a lancé une dix-septième attaque en hurlant : " Banzaï! " Aujourd'hui, au nom du groupe UDR, je vous crie : " Banzaï! ", Monsieur le Ministre, " Banzaï! " », Charles, impassible, me passait un bout de papier sur lequel il avait simplement noté : « Y a-t-il un médecin dans la salle? » ou « Prévenez la famille... »

Mais c'était quand il coupait de déclarations d'amour, brutales ou saugrenues, les ennuyeuses dissertations des opposants de service que j'avais le plus de peine à garder mon sérieux et à me concentrer sur l'intervention en cours pour tenter de lui fournir les éléments de réponse qu'il attendait :

...« Comme vous le savez, Monsieur le Ministre », disait Renaud Kahn-Serval, intervenant au nom du groupe socialiste, « un dispositif particulier a été établi pour régir les contributions des nouveaux Etats membres au budget de la CEE pendant la période de transition... »

« J'aime ta peau », murmurait Fervacques appuyé au dossier de son banc, le visage tourné vers moi. « Curieux, tout de même, que tu n'aies aucune tache de rousseur sur le corps », poursuivait-il, en ne présentant plus que son profil à l'orateur. « Tu ne dois pas être une vraie rousse... Si? Alors, prouve-le-moi! Ici, oui. Relève ta jupe. C'est un ordre!... Non? Tu ne veux pas? Vous êtes bien désobéissante, ma petite Christine, décidément, et je me demande si je ne devrais pas vous rétrograder! »

... « Est-il admissible, Monsieur le Ministre, que la clé politique qui a été retenue pour ce partage des charges fasse la part si belle à nos voisins d'outre-Manche? On leur a vraiment déroulé le tapis rouge! Comment croyez-vous que nos agriculteurs apprécieront cette singulière générosité? »

... « J'aime ta peau. Juste à la naissance de ton cou... Aucun corps ne me rendra jamais aussi heureux que le tien, aucun... » J'avais envie de fermer les yeux et de me livrer tout entière à la caresse de cette voix, de cette bouche; mais, fixant sur Kahn-Serval le regard vague que lèvent sur leurs parents les petits enfants qui ont trop longtemps « joué au docteur » sous la table de la salle à manger, et m'efforçant de respirer plus profondément, je m'obligeais à préparer la réplique argumentée que Fervacques devrait présenter deux minutes après : « La clé ad hoc ne s'applique que dans une première phase », écrivais-je en rassemblant tant bien que mal mes idées, « par la suite, les contributions seront assises sur... » Sur quoi déjà? Les contributions étaient assises, et, moi, j'avais plutôt envie de me coucher...

... « Ne me regardez pas, Madame Maleville. Si je vous vois sourire, je vous violerai là. Sur la banquette, au pied de la tribune, sous les flashes des journalistes... Ta peau en haut de tes bas, tu ne sais pas comme ta peau est douce en haut de tes bas... Ton corps a été créé pour le mien de toute éternité, Christine Valbray... »

Je continuais d'aligner sagement sur le papier des mots abstraits : « ... sont assises sur des critères objectifs – versements des droits de douane et prélèvements agricoles, fraction des recettes de la TVA... », non pas tant par amour du travail bien fait que pour échapper au vertige qui me saisissait. Puisque je ne pouvais plus reprendre la peau, les lèvres, les cheveux dont il me dépouillait à mesure qu'il m'en parlait, que je ne pouvais rentrer en possession de ce corps qui lui appartenait, que mes infidélités même auraient renforcé ma dépendance dès lors qu'il les organisait, il fallait par n'importe quel moyen – fût-ce la récitation des tables de multiplication, ou la rédaction de ces notes d'hémicycle – conserver un coin d'esprit qui ne lui fût pas livré, inventer un autre « moi » qui lui demeurât étranger. Il était raisonnable de se dédoubler pour n'être pas détruit, raisonnable de garder au secret une Christine que Charles n'atteindrait jamais, raisonnable de rester multiple afin qu'à l'instant du massacre l'une au moins pût s'évader... En amour je n'étais pas prête à miser sur un numéro plein; mais j'ignorais combien de temps encore je pourrais diviser les risques en faisant mine de trouver de l'intérêt à ces « pourcentages de TVA perçus avec réfraction dégressive, pour aboutir à une égalisation des coefficients telle que... ».

D'un geste exaspéré, Charles s'emparait du papier, y jetait un coup d'œil distrait; déjà, il l'enfonçait négligemment dans sa poche et se levait pour monter à la tribune; mais, avant de quitter son banc, il se penchait une dernière fois vers moi comme pour solliciter de son cabinet une ultime précision chiffrée, la référence exacte d'un traité : « Si j'osais tout à l'heure vous parler d'éternité, mon cher directeur, me glissait-il à l'oreille, c'est bien évidemment parce que je sais que vous n'y croyez pas plus que moi... Dommage, en vérité : quels serments nous nous serions faits! », et de cette démarche souple, aérienne, qu'il partageait avec les Chérailles, les Balmondière, les Guéménée, les Worsley – tous ceux auxquels on a enseigné très tôt que, la terre n'étant pas digne de les porter, il convient de ne lui accorder qu'un intérêt distrait, un effleurement léger –, il grimpait avec élégance les marches du petit escalier rouge et commençait, dans un sourire plein de grâce : « Je suis heureux de pouvoir apaiser les inquiétudes de Monsieur Kahn-Serval, qui, je crois, n'a pas lu d'assez près le texte de l'accord auquel nous sommes parvenus : la clé ad hoc, qu'il nous a reprochée, ne s'applique en effet que dans une première phase, très brève, au terme de laquelle les contributions nationales seront assises sur... »

Souvent, dans ces journées où Fervacques avait à mener de front la discussion de son budget à l'Assemblée et les tractations que nécessitait l'insertion de son groupe dans la vie politique, négociant le jour et discourant la nuit, il était arrivé que, ayant achevé de me faire le récit de ses dernières péripéties, il murmurât comme pour lui-même, d'un ton presque las : « Et dire que je ne fais tout cela que pour vous étonner!... »

J'étais charmée de l'entendre, mais pas plus dupe qu'il ne convenait. Il y avait beau temps, à ma connaissance, qu'aucun chevalier ne courait plus pour sa dame... Etais-je bien d'ailleurs la « dame » de Charles de Fervacques? Tout au plus avais-je, dans ce moment précis où ses multiples activités ne lui laissaient guère le loisir d'« aller à l'Opéra », le mérite d'être – intra-muros – le divertissement le plus accessible : il lui suffisait de traverser l'antichambre pour me trouver...

Aujourd'hui, il me semble qu'en regardant davantage en moi-même j'aurais pu nuancer ce jugement désenchanté : n'avais-je pas accompli moi aussi, pour un autre et depuis mon enfance, des dizaines de ces prouesses désintéressées, de ces exploits détachés de leur apparent objet, dont je déniais à mon amant le droit de se targuer? A quelle fin étais-je donc montée dans le monde, dans la carrière, dans le succès, sinon pour être aimée? On me disait arriviste, mais c'étaient les cœurs, non les honneurs, que je visais : pour un regard, un mot tendre, un baiser – qui ne venaient jamais –, j'avais multiplié les diplômes, appris les bonnes manières, épousé un homme « présentable », et investi le Quai d'Orsay. Et lorsque, ensuite, je m'étais efforcée de devenir un conseiller modèle, un directeur appliqué, je n'y mettais pas d'autre ambition que de vouloir séduire toujours cet amour qui, sous tous ses visages, me fuyait, cette attention qui m'échappait, cette reconnaissance qu'on ne m'accordait qu'à moitié. Les titres, les promotions, les responsabilités, je les portais comme on porte des bijoux d'emprunt : pour paraître plus désirable à ceux que je désirais, et convaincre mes miroirs qu'à force de parures et de harnachements variés je pourrais me rendre digne d'être reflétée...

Et si, malgré ce constant souci de plaire aux

autres, j'avais mal compris ce que Fervacques voulait dire en m'assurant qu'il ne cherchait qu'à m'étonner, c'est que je n'avais pas encore assez mesuré à quel point, dans cette course effrénée à la possession des âmes, je m'étais moi-même aliénée. Je trouvais tout simple d'éprouver autant de bonheur à obéir qu'à commander, à m'abaisser qu'à m'élever, et, dans toutes ces années où il m'aurait été indifférent de balayer la cour ou de participer au gouvernement pourvu que Charles me l'eût demandé, je ne m'effrayais pas de l'étendue de ma soumission : si, parfois, repensant à ces années d'enfance où l'on espère, fille ou garçon, devenir Napoléon, j'avais un peu honte de moi, j'étais aussitôt ravie de porter cette nouvelle humiliation au crédit du maître que je m'étais choisi.

Ainsi, lorsque, peu après la constitution de son groupe, Fervacques me lança un jour à brûle-pourpoint : « J'ai pensé à vous, Christine, pour le Secrétariat... », c'est tout juste si je ne faillis pas lui donner mon accord. Surprise tout de même de devoir si vite changer de métier, vaguement humiliée qu'il eût jugé nécessaire de me « renvoyer à la base », je commençai par objecter, d'un air penaud, que je ne tapais « qu'avec deux doigts... »

Il me regarda interloqué : « Qu'est-ce que vous me chantez là ? Qui vous parle de taper quoi que ce soit ? » Et je compris brusquement que c'était du Secrétariat National du groupe qu'il me parlait...

Peu après, en effet, il me fit élire membre du Bureau de ce qu'il s'obstinait à appeler encore une « association » quand beaucoup parlaient déjà d'un « parti ». Je m'efforçai d'accepter cette flatteuse nomination avec la même impassibilité que j'aurais opposée à une dégradation, croyant mériter par l'annihilation de tout mon être l'amour de mon dieu et me remplir de lui à mesure que je me vidais de moi-même.

Car je ne voyais pas pour quelle autre raison que cet asservissement souriant, cette conformité parfaite au modèle qu'il semblait souhaiter, Fervacques aurait pu m'aimer. S'il est difficile de savoir pourquoi l'on aime, il est plus difficile encore de savoir pourquoi l'on est aimé : quand, grisée malgré moi par les paroles de passion que Charles me disait, je cherchais pour quelles raisons il pourrait éventuellement m'être attaché, je ne trouvais que cette obéissance de moniale et ma jeunesse. Je me répétais : « Il a quarante-cinq ans, et je n'en ai que trente... » Mais, jeune, je commençais déjà à l'être un peu moins; et je me demandais jusqu'où il faudrait un jour pousser l'anéantissement pour compenser la perte d'une beauté dont je faisais plus de cas maintenant que, à certains indices – un pli léger qui partait des ailes du nez, des cernes plus lents le matin à s'effacer, un cheveu blanc en bordure du front –, je pressentais sa fragilité.

C'est d'abord sur la peau que l'usure se lit : patine des marbres, érosion du béton, fissures des pierres. Et plus on les ravale et les maquille, plus vite leur vernis s'effrite : des cloques crèvent les crépis fraîchement refardés, et des rides lézardent les façades hâtivement replâtrées.

Puis, c'est au tour des arbres des squares et des boulevards – maigres platanes trop peignés, taillés, poudrés – de perdre dans le vent leur dernière chevelure de feuilles, comme si le bitume avait eu raison des capillaires, comme si la sève avait cessé d'arriver.

Alors, le cœur lui-même commence à s'engorger : les poumons s'encrassent, les artères s'obstruent; on a beau multiplier les dérivations, tenter d'audacieux pontages en aval des caillots, prescrire des régimes piétonniers, filtrer les entrées, le sang s'épaissit, la circulation ralentit. Aux extrémités mal irriguées apparaissent des proliférations gangreneuses, des excroissances cancéreuses qui se multiplient dans l'anarchie, parasitant peu à peu les flux vitaux. Les membres, exténués, s'allongent, les doigts, démesurés, n'en finissent plus de pousser, tandis que la tête s'amenuise, que le tronc s'étiole, que la volonté s'épuise. Le grand corps ridé, déplumé, hydropique, s'enfle, s'essouffle, s'étouffe, et meurt...

Les villes aussi vieillissent, et Vienne, immobile, pavée de souvenirs et de nostalgie, laisse les fiacres noirs se promener sur elle comme des mouches sur un cadavre.

Parfois, quand dans les rues de la capitale autrichienne je suivais les traces de Christine Valbray, je chargeais mes enfants fatigués dans l'un de ces cabriolets funèbres, attelé à deux chevaux, que dirigeait avec une prudence de croque-mort un vieux cocher à chapeau melon et nœud papillon. Nous allions, au pas lent des corbillards, de la place Saint-Etienne jusqu'au Ring, de la maison de Beethoven à la crypte des Capucins. Je regardais les monuments; mes enfants regardaient les chevaux : leurs oreilles qui bougent, leurs naseaux qui fument, leur poil qui luit – la vie enfin, qu'ils rencontraient si rarement dans cette ville pastiche, ville postiche où tous les habitants ont l'air de figurants.

Je n'aurais sans doute pas dû les amener : ils se souciaient comme d'une guigne de Christine Valbray, et, n'ayant rien à apporter dans cette triste « auberge espagnole » qu'est la Vienne moderne – ni mémoire du passé, ni rêverie sur l'avenir –, ils ne pouvaient rien y trouver.

Heureusement, il y avait la pâtisserie. Saturés de fiacres et de musées, nous finissions toujours par échouer dans un salon de thé, tiède et ouaté; les trois garçons se gavaient de chocolat crémeux, de chaussons aux pommes, de Sacher-Torte – « surtout, ne manquez pas la Sacher-Torte », nous avaient dit les initiés, comme on vous dirait : « A Paris, ne manquez pas le Louvre » ou « la Sainte-Chapelle »... A Vienne, ce qui se mange et ce qui se voit est interchangeable, en effet : les maisons ont des couleurs de sorbets et de bonbons acidulés, les églises lancent vers les cieux d'étonnantes superstructures de meringue et de crème fouettée, les statues elles-mêmes, trop grasses pour être belles, semblent destinées à l'alimentation. C'est le palais de Dame Tartine...

« Il n'y a que deux choses bien, ici » – la bouche pleine, l'aîné de mes fils, qui croyait avoir déjà beaucoup voyagé, venait de trancher – « deux choses super... Les gâteaux et les édredons. » Les couettes blanches qui nappaient nos lits comme une couche de chantilly avaient, il est vrai, autant d'épaisseur et de moelleux que les babas de la Karlsplatz. L'empire du pudding et du couvre-pied : tout un programme...

Etait-ce aussi au culte de l'édredon que nous devions ce « pavillon de la Sécession » aperçu à travers les vitres embuées du café, et qui faisait le gros dôme de l'autre côté de la place ? Paradoxe viennois : quand les jeunes artistes refusaient l'art officiel, quand ils faisaient « sécession », on leur construisait sur-le-champ, aux frais de l'Etat, une grande salle d'exposition, et l'empereur, suivi de son cortège de barbes blanches et de plastrons empesés, venait lui-même en grande pompe pour l'inauguration... La révolution, la dissidence, la marginalité, tout ici est récupéré, monumentalisé ; tout se perd dans le duvet, finit par être digéré, et les autochtones ne s'y sont pas trompés qui ont baptisé cette coupole provocatrice – si vite annexée – « le chou doré »...

Cette aptitude à intégrer sa propre négation, cette aimable tolérance, cette capacité illimitée d'absorption, sont-elles bien d'ailleurs l'indice d'un affaissement de la société – « le visage autrichien sourit parce qu'il n'a plus de muscles faciaux... » –, ou laissent-elles deviner une réserve de forces cachées, présager un redressement, au moins passager? Souplesse d'un corps encore jeune, ou ramollissement d'un organisme usé? Je ne saurais en décider. Pas plus que je ne veux choisir entre les deux versions (complémentaires? contradictoires?) du célèbre sigle de l'Empire : « Austriae Est Imperare Orbi Universo » – l'Autriche doit gouverner le monde –, et « Austria Erit In Orbe Ultima » – l'Autriche sera la dernière à survivre... Si la première interprétation est la bonne, il est clair que Charles Quint s'est trompé; mais si c'est la seconde?

Rien n'est plus nécessaire à un pays à double monarchie qu'une devise à double sens, à une nation bariolée, qu'un programme réversible, à un déclin complaisant, qu'une espérance ambiguë...

Comme directeur adjoint du Cabinet et membre du Bureau de l'association « Progrès et Solidarité », je me trouvai tout naturellement chargée des contacts entre le ministère et le groupe parlementaire que « cornaquait » Fabien d'Aulnay. Bientôt, sur les instances de Charles, je partageai exactement mon temps entre le travail du Quai d'Orsay et des activités plus politiques que ma longue habitude des partis me rendait aisées.

Ainsi, comme Fervacques espérait alors pouvoir rassembler autour de son mouvement divers groupuscules centristes, ou tout au moins débaucher encore ici et là quelques personnalités isolées, je fus amenée à entrer discrètement en relation avec les démocrates-socialistes d'Eric Hintermann et à transmettre au Centre Démocrate de Jean Lecanuet des propositions qui furent écoutées, à défaut d'être immédiatement entendues. Si je n'obtins pas toujours, en effet, les résultats que Charles escomptait, je fus partout reçue avec sympathie; considérée par l'ensemble du milieu politique comme le porte-parole de « l'Archange » et du timide d'Aulnay, je sentis croître pour ma personne morale un intérêt que ma personne physique n'éveillerait peut-être plus longtemps au même degré...

La presse spécialisée consacra à mes activités d'intermédiaire de nombreux échos – davantage, me sembla-t-il, que si les mêmes fonctions avaient été dévolues à un homme. Peut-être était-ce là ce que Fervacques avait espéré en me nommant au Bureau? Se donnant les apparences d'un féministe, il s'attirait en retour non seulement la reconnaissance des électrices, mais quantité d'articles où, ma jeunesse et ma féminité servant d'appât, c'était finalement du solidarisme qu'on parlait; ne m'avoua-t-il pas un jour, avec sa franchise coutumière, que « mes formes faisaient un admirable support à ses idées »?

Poussé par la réussite médiatique de l'expérience, chaque ministre, dans les mois qui suivirent, voulut sa « danseuse » : tous les cabinets s'adjoignirent une ou deux dames alibi, interchangeables, qui jouaient les utilités dans les voyages officiels et les inaugurations.

J'avais sur elles le privilège de l'antériorité; connue désormais de « ceux qui ne me connaissaient pas », j'atteignais – avec un amusement étonné – à une certaine célébrité. Quand, à l'Assemblée, je traversais d'un pas rapide la Salle des Pas-Perdus, j'entendais s'élever sur mon passage des rumeurs flatteuses, des murmures approbateurs.

« Vous ne connaissez pas Madame Maleville? L'égérie des solidaristes. Très influente... Elle a l'oreille de son ministre », dit un soir, derrière moi, un député de la majorité à Catherine Darc qui, depuis sa rupture avec Philippe, s'arrangeait toujours pour ne pas me saluer.

Mademoiselle Darc (dont la popularité allait croissant auprès des parlementaires depuis que, avec la deuxième chaîne de télévision et l'émission « Ces inconnus qui nous gouvernent », elle avait inventé de nous révéler l'homme public dans sa vie privée) n'allait pas laisser passer une si bonne occasion de décrier ma conduite, ni de montrer aux élus du peuple qu'elle savait, elle aussi, parler « en mec » : elle avait commencé sa carrière en un temps où la féminité était un handicap difficile à surmonter et elle continuait à en rajouter dans la vulgarité virile pour faire oublier qu'elle était femme et, qui pis est, bien née. Confirmant la réputation d'amateur de « toros » que lui faisaient quelques radicaux du Sud-Ouest : « Christine Maleville aurait l'oreille de son ministre? lâcha-t-elle au jeune député épaté. Dites plutôt les deux oreilles et la queue! », et elle éclata d'un rire assez sonore pour que tout ce qui se tenait ce jour-là sous les colonnes du Palais-Bourbon fût contraint de s'informer des causes de son hilarité...

Mon ministre m'avait confié la mission d'approcher quelques élus du PS que les échecs électoraux de leur parti, et l'éloignement dans lequel les tenait leur Direction nationale, pourraient rendre sensibles à nos chants de sirènes : parmi eux, Kahn-Serval.

La situation politique de Renaud était curieuse, en effet.

En tant que député, il était de plus en plus en vue : il était intervenu avec brio pour critiquer le plan anti-inflation du gouvernement et était monté plus d'une fois « au créneau » pour soutenir, au nom de son groupe, le projet de loi sur l'avortement. Aux défilés que Maud organisait dans les rues avec une demi-douzaine d'actrices célèbres pour défendre « la liberté des ventres », à ces interviews fracassantes (où, proclamant qu'elle avait avorté cinq fois, elle révélait courageusement qu'elle n'avait déjà plus vingt ans quand Monsieur Neuwirth avait autorisé la pilule), répondaient les effets de tribune de son mari, ses discours vibrants prononcés au nom des droits imprescriptibles de l'individu et sur la foi d'une poésie d'Aragon qui nous assurait que « la femme est l'avenir de l'homme » – le tout servi brûlant, âpre, grisant, comme toujours avec Renaud.

Mais si Kahn-Serval, avec son éloquence enflammée et ses yeux graves, était connu et aimé jusque dans les chaumières – et, comme tel, habilement utilisé par les chefs du PS sur les dossiers les plus difficiles et pour les interventions les plus périlleuses –, on savait maintenant qu'il était barré au sein de son propre parti. Certes, il siégeait encore au Comité directeur, mais on l'avait éliminé du Bureau et dépossédé de son rôle de porte-parole, où, acteur-né, servi par une conviction plus ardente qu'il n'est permis, il avait réussi à s'imposer d'une manière à porter ombrage à tous ses camarades.

Peu à peu, donc, ses prétendus amis le marginalisaient à la droite du parti, où l'on disait que son anti-mitterrandisme l'avait conduit. Comme il avait été autrefois l'un des premiers élus de la Convention des Institutions Républicaines et l'un des plus anciens piétons admis au pèlerinage de Solutré, cette soudaine hostilité au Premier Secrétaire me surprenait. Sans doute était-il vrai qu'en 68 il avait prétendu – un peu hâtivement – que Mitterrand était fini, mais je ne le croyais pas assez têtu pour s'acharner à le perdre aujourd'hui à seule fin de voir sa prédiction confirmée! Quant au qualificatif de « démo-bourgeois » que les partisans du CERES lui appliquaient à la veille de chaque Convention nationale, il allait à ce contempteur du compromis et de la facilité, ce Saint-Just coupant égaré dans une société flasque, ce cœur désespéré, aussi bien qu'un grelot de bouffon à un procureur... Il était simplement probable qu'il avait dû refuser d'entrer dans certaines intrigues de palais et qu'il le payait.

Je fus donc heureuse que Fervacques, au courant de ses difficultés, m'eût demandé de l'approcher, même si, ne le croyant pas aussi modéré que ses ennemis du moment l'en accusaient, je doutais qu'on pût sérieusement le rallier à la cause du « solidarisme ». Quant à savoir si cet improbable ralliement m'aurait souri, il me semble que j'étais partagée entre l'envie de travailler avec lui et la crainte de le voir changer : entre l'estimer de loin et le mépriser de près, mon cœur balançait...

Aussi abordai-je la négociation sans me trouver intéressée à son issue autrement que par le désir de plaire à Charles et l'espoir, limité, d'avoir avec Renaud deux ou trois tête-à-tête dont la politique nous fournirait le prétexte.

Je procédai néanmoins avec un maximum de diplomatie. Comme – à la suite de mon émigration à Trévennec, puis de mon entrée chez « Anto » – j'avais à peu près perdu RKS de vue sauf quand nous nous croisions dans les couloirs du Palais-Bourbon et les garden-parties du Sénat, je décidai de reprendre contact avec lui sur un plan amical d'abord, pour ne pas l'effaroucher. Maud m'en fournit l'occasion.

Renaud m'avait toujours adressé ponctuellement des invitations aux « premières » de sa femme. Absorbée par mon nouveau métier, je m'y faisais généralement excuser; mais quand je reçus un carton de la maison Gaumont pour la sortie du dernier film de Mademoiselle Avenel, je me rendis à la réception.

Le film était un long métrage tiré du roman de Giono, « le Hussard sur le Toit ». A cause du titre, je me plus à imaginer, tout au long de la projection, que Maud l'avait tourné pour manifester publiquement sa dévotion à Renaud, et j'en conçus un peu de jalousie. Elle était d'ailleurs admirable en Pauline de Théus : quoiqu'elle n'eût plus tout à fait l'âge du rôle, son jeu étrange, hanté, à la limite du faux, la parait d'une grâce irréelle; quand, touchée à son tour par la maladie, Pauline frôlait un instant la folie et s'abandonnait, glacée, aux caresses de la lune et du malheureux Angelo, toute la salle avait pour Maud les yeux de son « Hussard »...

Pendant le cocktail qui suivit la projection, je m'approchai de Renaud qui se tenait, comme d'habitude, un peu à l'écart des groupes, et loin de sa femme que la foule des flatteurs entourait. Faute de pouvoir aborder l'héroïne, je fis mes compliments à son mari : il les accueillit avec ce sourire creusé, à la fois amer et doux, très « Canada Dry », qui était son plus grand charme. Comme je m'extasiais sur le « jeu décalé » de Maud Avenel, qui avait gardé tout son mystère au personnage de Giono, il acquiesça : « Oui, oui... Je l'avais accompagnée sur le tournage. A chaque prise, je lui demandais de diviser 153,8 par 5,6. Et comme elle n'est pas très forte en calcul mental... »

Le propos me parut curieusement désenchanté chez un homme qui, huit ans plus tôt, célébrait la générosité de l'acteur, sa passion, son calvaire et sa résurrection. Cette impression fut bientôt confirmée par la réflexion dont il accompagna le verre que, jouant des coudes, il réussit à attraper pour moi au buffet : « Je suppose que Maud aurait tenu à vous offrir quelque chose à boire si ses admirateurs lui laissaient la possibilité d'apercevoir ses invités... Il est vrai que je suis toujours là pour faire le service... » Assis sur un banc, à l'extérieur du cercle enchanté qu'animaient Maud et le beau Delon, « carbonaro » de cinéma aussi charmant qu'il avait été, dix ans plus tôt pour Visconti, un garibaldiste convaincant, nous échangeâmes mélancoliquement quelques souvenirs du passé. J'avouai à mon « rabbin » que je le trouvais bien sombre pour un homme comblé : « Souvenez-vous », dit-il, les yeux fixés sur la pointe de son soulier de peur de dénoncer par son regard quelqu'un qu'il voulait encore protéger, « souvenez-vous de ce que vous me disiez à Senlis, autrefois, à propos de l'abbé Lambert ou du père Prioux : que certains prêtres nuisent aux religions... Expérience faite, le culte de l'art compte beaucoup plus de faux prêtres que le culte de Dieu. D'où mon actuel scepticisme... »

On entendit Maud rire aux éclats, d'un rire perlé de vedette comblée; Renaud releva les yeux et posa sur moi un regard bouleversant de chien perdu. Pourtant, leur mariage n'était pas celui – éternellement recommencé – d'Alceste et de Célimène. Maud n'avait rien d'une mondaine : elle faisait son métier et assurait le « service après-vente » avec le même professionnalisme que le travail de plateau; mais au fil des années la publicité l'avait gâtée.

Il s'était trouvé, en effet, que, malgré sa timidité originelle, elle avait de l'esprit, et de la variété la plus acide. Le mot lancé à la sortie de la première du « Hussard » par l'une de ses anciennes amies (« pas étonnant que cette peste survive au choléra! ») disait assez ce que pensaient d'elle ceux qui l'avaient fréquentée de près. Cet esprit, gonflé par les médias et tourné à la politique par son union avec Kahn-Serval, lui avait peu à peu fait perdre toute retenue. Il faut dire à sa décharge que la moindre de ses railleries rencontrait dix fois plus d'écho qu'un long discours de Renaud, et que ses victimes elles-mêmes en redemandaient : comme elle était plus populaire que ses martyrs, être « assassiné » par elle leur valait trois points de mieux dans les sondages... Ce que Maud n'aurait jamais pensé que son génie de comédienne pût l'autoriser à faire, elle crut que son intelligence le lui permettait.

Or, elle n'était pas intelligente : on peut même dire qu'il était difficile d'être aussi bête avec tant d'esprit. Sa culture s'arrêtait aux rôles qu'elle avait joués, son jugement politique – on le vit bien quand Renaud cessa de la contrôler – à des opinions naïves, aussi changeantes que l'air du temps, et qui n'avaient d'autre mérite que d'être découpées à l'emporte-pièce et portées par une diction parfaite; quant au sens commun, elle en avait toujours été aussi dépourvue que de capacités de synthèse et d'originalité de pensée. Son fameux « esprit » n'était qu'un esprit de détail, un art d'« épingler » mieux fait pour les « couturières » que pour les assemblées.

Par malheur, non seulement depuis quatre ou cinq ans on la regardait comme un oracle en politique, une grande figure du « féminisme militant », mais on en était venu, de fil en aiguille, à la consulter sur tout et n'importe quoi : pas un hebdo qui ne lui demandât son avis sur le développement de la drogue, la crise pétrolière, la « nouvelle cuisine », la « nouvelle droite » ou la « nouvelle philosophie ». Elle ne se récusait jamais et y allait bravement de ses confidences et de ses conseils; mais, plus elle se répandait ainsi à longueur de colonnes, se dilatait et se gonflait, plus Renaud se recroquevillait.

On avait affirmé, à l'époque de leur mariage, qu'il avait joué un habile « coup de publicité » en épousant une actrice connue au moment où son échec électoral risquait de le faire oublier. Mais si son image avait effectivement bénéficié, pendant un an ou deux, du talent et de l'élégance de Mademoiselle Avenel, c'était Maud qui avait finalement tiré le plus de profit de cette étrange association : on l'avait vue dans des réunions politiques, elle avait présidé des cérémonies, ouvert des expositions, patronné des collectes, visité Hanoi, signé des pétitions; et comme on n'aime rien tant que voir nos célébrités s'écarter de ce qui a fait leur renommée, que les chanteurs se doivent, pour nous séduire, d'écrire des livres et les écrivains de chanter, les hommes politiques de pratiquer la course à pied et les sprinters de réformer le Budget, que, de nos jours, enfin, la diversité des dons prime sur la spécialisation, le « touche-à-tout » sur le connaisseur, et la surface sur la profondeur, on n'avait pas tardé à créditer « la belle Avenel » d'une aptitude particulière à raisonner sur nos « problèmes de société ».

Cependant, je ne croyais pas que l'accablement de Renaud pût s'expliquer par une envie mesquine à l'égard du succès de sa femme : parce qu'il l'aimait encore et qu'il avait le sérieux intellectuel qui lui manquait, il était honteux de lui voir proférer des sottises, il tremblait que quelqu'un ne parvînt à la « moucher », et se faisait tout petit dans l'attente de la catastrophe...

Tout mari déçu, tout élu désappointé, tout idéaliste revenu de ses sommets pouvait faire une bonne recrue pour un mouvement aussi opportuniste que le solidarisme. Aussi, bien que je me fusse abstenue d'aborder le sujet politique dès la projection du Giono, quand un mois plus tard je reçus une invitation pour la générale de la nouvelle pièce que Maud jouait au théâtre de l'Athénée – « la Double Inconstance », mise en scène par l'inévitable Prioux –, je m'empressai d'accepter, enchantée d'y trouver l'occasion de pousser mon pion en coulisse.

D'ailleurs, je n'étais pas mécontente d'aller applaudir un classique. Ces derniers temps, j'étais beaucoup sortie avec Laurence; elle me traînait dans des salles crasseuses du Quartier latin pour voir des films militants avec l'espoir – très sympathique – de m'amender; à lui seul, le rembourrage des sièges était une pénitence, et l'odeur des pieds mal lavés me valait sûrement des paquets d'indulgences. Le sourire aux lèvres et les narines pincées, je passai bravement du jeune cinéma algérien au très prometteur cinéma cubain, constatant d'ailleurs que c'étaient, une fois encore, les Italiens, plus malins, qui raflaient la mise : après le western-spaghetti, ils nous exportaient des kilomètres de pizza-Mao à pâte idéologique élastique et colorants rouges garantis grand teint. J'étais sortie de l'« Enquête sur un citoyen au-dessus de tout soupçon » assez agacée, et de « l'Affaire Mattei » tout à fait effondrée. Moreau-Bailly disait le film efficace; il était simple, comme un catéchisme à l'usage des débutants; c'était véritablement « la vie de sainte Catherine Labouré » aux Editions de la Bonne Presse. En sortant, je me sentis un retour de passion pour les gens compliqués, les histoires tordues, les raisonnements à tiroirs, le doute, le trouble, l'incertain : Kahn-Serval, Fervacques, Proust et Marivaux. C'est donc avec un réel enthousiasme que je me précipitai à l'Athénée.

J'arrivai en retard; mais, en me glissant discrètement à mon rang, je crus que je n'avais rien manqué puisque le rideau n'était pas encore levé. En y regardant mieux, je vis toutefois avec surprise qu'il ne s'agissait pas d'un rideau ordinaire, mais d'une énorme grille de fer.

Je me demandais déjà quel objet précieux intégré au décor, quelle statue de prix, quel tableau rare, avaient pu conduire à transformer ainsi la scène en coffre-fort, lorsque, derrière ce grillage épais, je crus percevoir une rumeur, un brouhaha. Le public, plongé dans un silence religieux, prêtait l'oreille. Peu à peu, à force d'attention, je discernai à mon tour des voix, des bruits de pas, des chaises remuées, des bribes de phrases, des semblants de répliques : on aurait juré que, derrière la grille, des acteurs s'agitaient, bien que la salle ne saisît ni leurs mouvements ni leur texte.

Etonnée, mais prompte à me rassurer, je me dis

qu'il s'agissait sans doute d'une sorte de prologue – d'une utilité contestable –, mais qu'ensuite le Marivaux promis nous serait servi; j'attendis. Il me fallut un grand quart d'heure pour comprendre enfin que le rideau de fer qui séparait les comédiens des spectateurs resterait baissé, et que toute la pièce nous serait ainsi donnée en voix off et en ombres chinoises derrière un moucharabieh : Pierre Prioux venait de décider qu'il était temps de rendre au théâtre « la merveilleuse intériorité de la radio »...

Sur le coup, je me demandai si cette sublime « trouvaille » n'était pas une invention de Maud : il y avait quelque temps que je ne l'avais pas vue de très près (je comptais pour rien l'image que nous en donnait le cinéma), et, forcément, elle vieillissait; peut-être aurait-elle eu de la peine à jouer les Sylvie sans faire sourire le parterre? Comme les quadragénaires d'autrefois qui ne sortaient pas sans leur voilette, elle avait trouvé cet expédient pour nous laisser imaginer, en masquant ses traits, sa beauté perdue et imposer, dans le même mouvement, le port du voile à toutes ses compagnes – une manière comme une autre d'annuler les effets de l'âge.

Au premier entracte, n'y tenant plus, je courus vers sa loge dans l'espérance, médiocrement charitable, de pouvoir compter ses rides. Déception : sans doute avait-elle les traits plus marqués qu'au temps de nos premiers « Rendez-vous », mais, dès qu'elle était en représentation – et la représentation, pour elle, ne s'arrêtait pas à la scène –, elle retrouvait ce port gracieux et altier, noble et fragile, qui en faisait la Bérénice idéale et la « Reine Morte » rêvée... Je constatai aussi, un peu éberluée, qu'elle était vêtue de pied en cap en comtesse du XVIIIe, mauve fané, soieries et dentelles. C'était le côté « c'est bien plus beau lorsque c'est inutile » du père Prioux, son perfectionnisme à lui... Comme je le faisais ironiquement remarquer à Maud Avenel : « Non, non, me dit-elle. Même invisible au public, le costume est nécessaire aux acteurs. Quand j'ai mon costume, et que je me sens bien dedans, mon travail d'identification est aux trois quarts fait. Voyez par exemple ma tirade du premier acte : je n'arrivais pas à la sortir, le personnage m'échappait... Jusqu'au moment où j'ai compris que, pour la dire, il me fallait absolument un éventail. Et là, je dois avouer que Pierre a été adorable! Il m'a déniché à Carnavalet ce merveilleux joujou qui a appartenu à la Du Barry. De l'authentique! Maintenant – je pense que vous l'avez senti – je suis plus authentique moi aussi, ma scène passe. »

Je n'osai lui dire que le public, qui n'entendait pas plus la tirade qu'il ne voyait l'éventail, était trop occupé à compter les mouches au plafond pour juger de la qualité de son émotion. Comment d'ailleurs se fût-elle aperçue que personne ne la suivait, puisqu'à travers sa grille elle ne pouvait même pas distinguer le premier rang?

« Je ne vois pas les spectateurs », m'expliqua-t-elle avec un gentil sourire, qui me restitua pendant un court instant la Maud humble et timide que j'avais connue à Senlis, « mais les comédiens ne les voient jamais beaucoup, vous savez. Nous nous dirigeons au son. Le public écoute les acteurs, et les acteurs écoutent le public. Avec ou sans grille, je sais tout de la salle : le bonhomme qui se mouche au dixième rang, la dame qui rit au premier balcon, celui qui tousse parce qu'il s'énerve, l'autre qui bâille parce qu'il s'embête, la jeune fille qui commente la pièce à son fiancé, et cet enfant au fond, tendu, immobile, qui boit mes paroles. Celui-là, j'entends son silence. Et son silence couvre tous les bruits. Parce que c'est le silence de la passion. Il ne faut pas croire, voyez-vous, que tous les silences se ressemblent : le silence de l'attention, compact, massif, ce silence qui fait bloc, n'a rien à voir avec le silence de l'ennui, qui s'effiloche, qui s'éparpille, qui s'émiette, qui tire-bouchonne. Bon, je vous ennuie avec mes histoires... Vous seriez gentille, Christine, de me trouver Renaud, je ne sais pas où il se cache. Il n'aime pas venir dans ma loge les soirs de générale, il a horreur de tous ces bouquets, de tous ces gens... Prenez-le avec vous, distrayez-le... Je serais si contente que vous le revoyiez. Il n'a pas très bon moral, vous savez... Et puis dites-lui, dites-lui s'il vous plaît que, moi aussi, des soirs comme celui-ci, j'ai peur, et qu'il est le seul dont j'espère la vérité... » Et elle me serra longuement la main en vieille amie, tandis qu'un acteur dont je n'arrivais plus à retrouver le nom lui glissait un baiser dans le cou et complétait sa phrase en riant : « Oh, la vérité, oui... A condition qu'elle soit flatteuse, n'est-ce pas, mon chou? »

Je parvins péniblement à me frayer un chemin à contre-courant : on faisait queue à la porte de Mademoiselle Avenel. Emue par la simplicité avec laquelle elle m'avait parlé, j'étais toute prête à me dire que finalement elle n'était pas aussi superficielle que je m'en étais persuadée à force de la voir, du 1er Janvier à la Saint-Sylvestre, manifester devant deux rangs de photographes, tantôt pour la paix au Viêt-nam et tantôt contre le port du soutien-gorge; mais, en sortant du couloir qui menait à sa loge, je me heurtai à Berton qui eut tôt fait de changer mes idées sur la question.

Notre ministre de la Coopération – qui portait beau (si c'est le mot qui convient à une « gueule cassée ») : élégant fil-à-fil bleu clair, cravate Saint-Laurent, montre « millésimée » – fendait la foule avec la morgue d'un roi couronné, tout auréolé encore de sa victoire d'Ussan-les-Bains. Les commissions médicales venaient, en effet, de décider que l'eau captée guérirait les rhumatismes, et l'artériosclérose par-dessus le marché; le ministre de la Santé lui-même avait, en grande cérémonie, posé la première pierre de « l'établissement thermal le plus moderne de France ». Déjà on creusait les fondations du casino, on aménageait un mini-golf, et les réservations affluaient : toutes les polyarthrites de France, toutes les arthroses, courraient bientôt, sur leurs cannes et leurs béquilles, chauffer leurs vieux os au soleil d'Ussan. Anne de Chérailles n'avait-elle pas déjà fait promettre à son vieux père de renoncer à son bain de boue annuel à Abano pour tâter, comme l'y invitait la publicité insérée dans tous les journaux médicaux, de « l'eau de jouvence d'Ussan » ? La cure de rajeunissement étant remboursée par « la Sécu », on pouvait d'ailleurs compter que les milliardaires ne seraient pas seuls à en profiter...

Le ministre, dont Ussan était devenu le principal sujet de préoccupation, m'avoua qu'il n'assistait à cette « générale » que dans l'espoir de décider Mademoiselle Avenel à faire, dès la première saison, un bref séjour au « Château d'Ussan », l'hôtel cinq étoiles qu'il montait avec un financement franco-saoudien. « J'espère avoir aussi Mike Jagger, Gunther Sachs, Georges Coblentz, et Warhol, le peintre américain. Il nous faut quelques locomotives », m'expliqua-t-il.

— Vous avez raison, lui dis-je, la seule vue de « Maud au bain » est d'ailleurs de nature à rendre leur agilité aux vieillards les plus abîmés. Quant à Andy Warhol, bon... Quoique si « Andy à la douche » intéresse dix pour cent des garçons, on aurait tort d'en négliger l'impact sur la population !

Nous échangeâmes deux ou trois informations à propos de l'affaire Claustre, qui constituait alors pour nos deux départements un souci commun. Les positions de Berton et de Fervacques sur la question étaient radicalement opposées : désir de fermeté ou préjugé raciste, Charles ne souhaitait pas qu'on négociât la libération de l'otage avec ces « subus » – abréviation de « sub-humains » – qu'étaient à ses

140

yeux les rebelles tchadiens; Berton, plus obéissant aux instructions de l'Elysée, était disposé à céder à toutes les exigences qu'on lui présenterait pourvu que ces tractations ne détournassent qu'un minimum du précieux temps qu'Ussan devait capter en priorité. Prise entre deux feux, j'essayai, tant bien que mal, de mettre au point, face au terrorisme, une politique toute de composition et d'apparence, qui, je le constate, a largement fait école depuis : on temporise avec des airs de bravache, on cède avec panache, on capitule avec les honneurs de la guerre — en rendant les armes, mais en sauvant les bagages...

— A propos, fit Berton en jetant un regard circulaire autour de lui, comment se fait-il que votre ministre ne soit pas là?

— Oh, je doute que Marivaux l'intéresse beaucoup.

— Marivaux, peut-être. Mais Maud Avenel... Enfin, bon, vous savez ce qui se dit...

Je ne le savais pas, et j'en restai saisie. Se pouvait-il que Charles et Maud...? Mais ils ne se connaissaient même pas! Puis je me raisonnai : on ne prête qu'aux riches, et Berton s'était sans doute borné à supposer. A moins que, informé de notre liaison, il eût seulement cherché à m'inquiéter : la rancune qu'il me gardait depuis la campagne de Besançon, encore qu'assez discrète et accommodante, restait suffisamment sensible pour l'expliquer. Je me disposais donc, presque calmement, à regagner mon fauteuil en longeant dans le hall une série d'affiches qui illustraient les derniers succès de Maud au cinéma, quand, passant devant celle du « Hussard » (Maud en crinoline levant haut son chandelier dans la maison abandonnée), la foudre me frappa : six mois plus tôt, Charles avait un exemplaire de ce roman dans sa boîte à gants!

La grille de déchiffrement intellectuel mise au

point pour mon père ne me permettait pas d'en douter : si Charles lisait Giono, c'est qu'il couchait avec Maud.

J'eus aussitôt devant les yeux la vision de la main pâle de Maud posée sur l'épaule nue de Charles, de ses doigts sur sa nuque, de ses bracelets contre sa cuisse... Si obsédantes pourtant que fussent ces images – d'autant plus précises que j'avais vu cent fois Maud faire l'amour au cinéma, et que je savais tout de sa façon de tendre les lèvres, de rouler sa tête sur un oreiller et de serrer un corps dans ses bras –, elles me torturaient moins que l'idée, atroce, insupportable, que Charles avait pu admirer la femme de Renaud, avoir soif de sa compréhension, de sa complicité et du reflet qu'elle lui renverrait. L'union des chairs, à quelque sexe qu'elles appartiennent, leurs caresses puériles, leurs jeux, purs jusque dans l'abaissement, m'alarment moins que cette fusion des esprits, dont l'addition renforce le pouvoir intrinsèque de malfaisance ; car, quoi que j'aie dû, depuis ma jeunesse, voir ou faire, je trouve toujours à nos corps une innocence que, dans mes jours de vertu, je souhaiterais beaucoup à nos âmes... Aussi, de toutes les passades de Charles, ne craignais-je que celle où entrerait autre chose que la volupté – non seulement parce que cette liaison m'excluait, mais parce qu'il me semble impossible que deux êtres unis par l'esprit ne prennent pas plaisir à en faire souffrir un troisième pour alimenter leur complicité : comme il faut aux corps exaltés d'autres corps à consommer, il faut aux âmes en fusion d'autres âmes à dévorer...

Or comment douter que, au-delà du plaisir, Charles ait pu trouver en Maud cette alliée qu'il cherchait, celle qui, mieux que moi, convenait à un homme de sa trempe, en qui – parce qu'ils avaient l'un et l'autre l'habitude des tréteaux – il reconnaîtrait enfin son double, son alter ego ? Renaud, déjà, ne l'avait-il pas préférée à moi ? Tous les hommes que j'aimais me paraissaient soudain voués à découvrir en Maud Avenel la compagne idéale... Affolée, je tâchai de retrouver chez Charles – dans ses engouements des mois passés, ses caprices, ses fantaisies, ses discours même – d'autres traces de l'influence de l'actrice. Et je me souvins successivement d'un intérêt soudain pour les mises en scène de Bob Wilson (curiosité que j'avais sottement rapportée à l'éducation américaine de Fervacques), d'une prise de position énergique, quoique discrète, en faveur de l'avortement (que j'avais attribuée à la nécessité de plaire au Président) et d'une visite à la librairie « Des Femmes » (que je ne m'étais pas expliquée du tout). Quand enfin il me revint que Maud ne manquait jamais le départ des Vingt-Quatre Heures du Mans et qu'en outre elle était bretonne – née à quelques kilomètres d'Armezer, dans cette circonscription de Trévennec-Sainte-Solène que je ne connaîtrais jamais qu'en étrangère, en femme de sous-préfet, en pièce rapportée –, je me persuadai que les jeux étaient faits : Charles et elle avaient trop de choses à partager. Avec mes amants, mon mari, le PAPE, les casinos, Renaud, j'avais espéré pouvoir trahir Fervacques la première, le « doubler »; mais il m'avait prise de vitesse. Effondrée, je me dis qu'il fallait partir, quitter le combat, fuir avant d'avoir perdu la face, me retirer pavillon haut, puis me saborder loin d'eux...

En me heurtant à ma silhouette dans une glace, je m'aperçus que je n'étais pas revenue dans la salle; tandis que derrière le rideau de fer le deuxième acte de la comédie avait commencé, j'errais sans but dans les coursives du théâtre. La cravate de mon chemisier était dénouée, et des larmes que je n'avais pas senti couler salissaient mes joues.

A quoi me servait-il d'être plus jeune que Maud, plus belle qu'elle? Oubliant que, l'instant d'avant, je m'étais expliqué par l'accord de leurs âmes l'amour qu'elle lui inspirait, je m'étonnais maintenant que

Fervacques pût me tromper avec une quadragénaire, une femme que j'avais connue autrefois, aux petits déjeuners de Senlis, pâlichonne, démaquillée et mal ficelée dans un peignoir usé...

Comment lui, qui prêtait tant d'attention au décor de ses maisons, à la ligne de ses voitures, aux robes de ses maîtresses, pouvait-il me quitter au moment où, de l'avis général, j'étais plus élégante que je ne l'avais jamais été? Grâce à Carole, qui m'avait mise en relation avec une de ses amies, costumière à la télévision, j'avais en effet – malgré ma pénurie endémique de liquidités – réussi à me procurer, pour plaire à Charles, des vêtements de haute couture à moindres frais : les corsages, les jupes, achetés cinq mille francs chez Dior pour vêtir l'héroïne de tel ou tel film, une fois utilisés sur le tournage et portés à l'inventaire des vestiaires de la SFP, étaient remplacés par des chemisiers ou des jupettes Prisu sur lesquels la costumière, amie de Caro, recousait la marque réputée; ensuite, le vêtement authentique démarqué était « recédé » à des relations privilégiées pour la somme modique de quatre ou cinq cents francs. Quand Caro m'avait décrit la combine, j'avais songé à la complainte du brigand : « Je les vendis bon marché, ils ne m'avaient rien coûté... » Mais j'avais hésité avant d'entrer dans le système : la Société Française de Production était une entreprise publique et, comme telle, périodiquement contrôlée.

– Et la Cour des comptes? demandai-je à la costumière que Carole m'avait présentée.

– Peuh, la Cour des comptes! Vous vous figurez, vous, qu'un type de l'administration, qui ne sort pas de ses additions, sera capable de faire la différence entre une blouse de Saint-Laurent et un corsage des Galeries Lafayette? Allons donc! Il ne regarde que les factures et les inventaires. Et, de ce point de vue-là, tout colle. Mettons même que cet emmerdeur vienne sur place : qu'est-ce qu'il ferait, hein? Il regarderait la marque...

Dans le miroir du théâtre je contemplais mon pantalon Cardin (étiqueté Monoprix), ma jaquette Balmain (qui portait la marque des Nouvelles Galeries), et des larmes de désespoir me remontèrent aux yeux. J'étais avec mes parures comme un voyageur au long cours chargé de trésors, revenu pour trouver sa maison détruite et sa famille dévastée : Charles, si fantasque, si changeant, si peu rassurant, n'était donc pas seulement – comme je l'avais espéré – la passion d'un moment, mais déjà un lieu d'habitude, familier comme un quartier longtemps habité, une demeure, un foyer. Je ne supporterais pas d'en être exilée.

A l'instant où je prenais conscience de l'étendue de ma dépendance, j'entendis pourtant la voix de la raison me murmurer que, tôt ou tard, on se console de ces peines-là. Mais, comme à Vienne pour Jean Valbray, loin d'en être diminuée ma douleur se trouva augmentée de savoir que je guérirais : j'aurais voulu n'avoir jamais eu à souffrir, ou bien souffrir toujours. Me dire qu'un jour je n'éprouverais plus rien en pensant au chagrin que Charles me donnait, c'était m'avouer à moi-même que je n'avais été qu'un fantôme, une illusion. Mes pleurs, déjà, coulaient comme du sang; si personne ne m'entendait, j'allais m'évanouir au bord du chemin, disparaître à jamais. Je fermai les paupières...

La main qui essuya mon visage, cette main petite et potelée, timide et secourable, il me sembla que je la connaissais; je rouvris les yeux : c'était Thierry Saint-Véran, que l'ennui du spectacle venait de chasser de la salle.

« Eh bien, eh bien », me dit-il en me proposant son mouchoir et en détournant pudiquement les yeux, embarrassé comme le sont les hommes devant une femme en larmes qu'ils n'ont pas eux-mêmes fait pleurer, « eh bien, qu'est-ce qui vous arrive, ma petite Christine? »

Je reniflai bravement : « Oh, rien, rien. Je suis un peu fatiguée, je crois...

– Mais il faut prendre des vacances, voyons, reprit-il soulagé de se retrouver en terrain connu. On ne se met pas dans des états pareils pour la République. Vous n'êtes pas raisonnable. Vous allez me promettre de vous reposer... »

Je hochai la tête. Thierry, réconforté, s'appuya nonchalamment à une colonne pour faire admirer sa silhouette d'éphèbe : il avait enfin trouvé son style et, faisant désormais dans le Louis XV « revisité », justifiait, par ses chemises à jabot et ses vestes longues, serrées à la taille à la façon d'un justaucorps, le pseudonyme très XVIIIe qu'il s'était choisi; il refusait encore le catogan et la queue de cheval qu'osaient certains couturiers, mais tout son costume les réclamait.

« Figurez-vous », poursuivit-il avec ce doux sourire de Joconde qui, sous son masque de Lovelace et ses bouclettes à la Saint-Preux, révélait la fille qu'il était un peu, « figurez-vous que j'ai cru, en vous découvrant dans ce couloir, que c'était la mise en scène de Prioux qui vous avait jetée dans le désespoir. Entre nous, d'ailleurs, il y aurait de quoi! Cette grille est bête à pleurer! Je ne sais pas comment fait Maud pour chanter dans cette cage... Eppure si muove! Oui, pourtant, elle chante!

– C'est justement parce qu'elle n'y voit rien. Il paraît que le rossignol est meilleur quand on lui a crevé les yeux... »

Thierry me regarda, un peu surpris. Quand il eut repris ses esprits, il pensa qu'il valait mieux, à tout hasard, changer de conversation. Il me parla de la tournée de conférences qu'il venait d'achever – il était repassé par Trévennec, avait poussé jusqu'à Sainte-Solène... Je blêmis.

Inquiet, il amorça précipitamment un nouveau virage et se jeta dans le premier chemin de traverse qu'il trouva : l'esthétique révolutionnaire; c'était son cheval de bataille du moment. Après « la Vie de Giton », « Débris, bribes et riens », et son mini-pamphlet sur nos défunts maîtres à penser, il avait écrit – parallèlement au « grand roman » sur lequel il prétendait toujours travailler – un essai d'inspiration gauchiste, quoique très « design », sur l'Art. Il y exposait que « l'aristocratisation des masses est la mission de l'artiste » (je n'étais pas sûre que le premier souci de nos masses fût de « s'aristocratiser » par art interposé, mais Saint-Véran, généreux et démuni, ne pouvait donner au peuple que ce qu'il avait) : « Qu'a apporté Léonard de Vinci à l'humanité? » s'exclamait-il dans sa rage à se dépouiller du seul patrimoine qu'il possédait, « n'est-il pas plus important de transporter les gens dans des métros bien conçus, bien dessinés, de les vêtir avec goût, de leur proposer des meubles d'une beauté fonctionnelle, que de laisser, comme il y a cinq siècles, l'artiste produire en un seul exemplaire des œuvres élitaires? Par chance, le changement est amorcé : ne voit-on pas déjà qu'un intellectuel se définit davantage, aujourd'hui, par les chaises sur lesquelles il s'assied que par les livres qu'il écrit? Et qu'une brosse à dents n'est pas, tout bien considéré, un objet moins " culturel " qu'une Vierge de Raphaël ou une tragédie de Corneille? Nous voulons », concluait-il, péremptoirement dandy, « poser dans la vie du peuple de petits objets d'une grâce muette... »

Fortier de Leussac, tout à fait revenu de ses préventions contre Thierry depuis que celui-ci s'était résolu à épouser son siècle, avait salué ce « Contre-Léonard » avec autant d'enthousiasme que, deux ans plus tôt, « l'Anti-Œdipe », ou, plus justement, avec le même enthousiasme qu'il saluait en art tous les « contre », les « post », les « anti », les « para » – le

« pour » étant exclusivement réservé à la politique du gouvernement : « Longtemps, ce livre violent vous habitera après que vous l'aurez refermé », avait-il écrit dans « le Figaro »... Coblentz, que l'impossibilité où Saint-Véran se trouvait de sortir sa grande œuvre romanesque rassurait sur sa propre incapacité à produire un vrai roman, avait surenchéri dans « Politique-Hebdo » : « De ce "Contre-Léonard" on ne sort pas indemne », avait-il assuré gravement.

« Un roman homosexuel, des aphorismes mous sur la vanité de l'écriture, un petit ouvrage d'exégèse et un essai post-gauchiste sur la Contre-Culture : mon petit Thierry, je ne sais pas si vous êtes nobelisable, mais je vous sens mûr pour le Médicis », avait ironisé Olga, qui n'avait pas vu quel parti commercial on pouvait tirer de « l'art pauvre » préconisé par Saint-Véran. Plus malin qu'elle, l'un de ses concurrents, propriétaire d'une grande galerie parisienne, avait acheté une linogravure de Picasso et décidé de la tronçonner en cinq cents morceaux de vingt-cinq millimètres de côté vendus mille francs pièce, « afin, expliquait-il, de socialiser l'art et de donner aux gens ordinaires l'occasion d'acquérir une œuvre du plus grand artiste du siècle : aujourd'hui, l'art véritable doit être duplicateur et dupliqué »...

L'affaire faisait grand bruit : Saint-Véran me fit part de son indignation devant ce procédé, dans lequel il voyait un détournement manifeste de sa pensée – « j'avais parlé d'" art minimal ", pas de profit maximal ! » –; mais qu'on vendît l'artiste en gros ou au détail, je n'étais plus en état de m'en soucier, et devant mon sourire effondré, Thierry, une nouvelle fois, changea de cap. Il revint au théâtre :

– J'ai beaucoup regardé la salle pendant le premier acte – il faut dire qu'on n'a rien d'autre à regarder –, et je voudrais que vous m'expliquiez si c'est à cause de son titre (« la Double Inconstance », tout un programme!) que cette pièce a attiré le gratin de notre diplomatie...

— Comment cela?

— Eh bien oui : vous, Berton, le charmant Durosier... Vrai, il est charmant, ce garçon, il ressemble à un Titien, « le Jeune Homme au gant »... Par exemple, il ne faudrait pas qu'il me le jette, ce gant : je serais bien capable de le relever! Allez, souriez un peu, Christine! Je ne vous lâcherai pas avant que vous ne m'ayez souri... Ah puis, last but not least, il y a votre ministre, bien sûr...

— Fervacques? Il est dans la salle?

— Enfin, dans la salle, moi, je ne sais pas... Je sais seulement qu'à l'entracte il traînait dans les coulisses... Mais qu'est-ce qui se passe? Ça ne va pas? – Il m'entoura de son bras. – Si l'on ne peut plus vous parler de lui sans que... Vous l'aimez à ce point?

— Sans doute... Oh, fis-je en recommençant à sangloter, si ça se voit tant que ça, si vous le savez, c'est que tout le monde le sait, et que je suis ridicule...

— Non, murmura Thierry, ému. Rassurez-vous : seuls ceux qui nous aiment savent qui nous aimons...

Ce ne fut que devant un grand verre de gin au bar du théâtre que je parvins à sécher mes larmes et, recomposant mon visage, à afficher le calme menteur des grandes douleurs. Au deuxième « tonic », j'arrivai même à m'élever jusqu'à la philosophie : « Il y a des jours, fis-je sombrement en contemplant le fond de mon verre, où on se demande pourquoi on vit...

— Pourquoi vous vivez, vous? Mais parce que vous adorez ça, pardi! »

Saint-Véran, qui devait un compte rendu à « la Gazette des Arts », souhaitait retourner dans la salle; j'assistai donc, bon gré mal gré, au troisième acte, qui me parut aussi hermétique et grillagé que le premier. Du reste, je n'écoutais guère; je cherchais

Fervacques des yeux, rang après rang, loge après loge. Evidemment, je ne le trouvai pas; mais pour ce qu'on en voyait, il pouvait aussi bien être sur la scène et, à l'abri du moucharabieh, faire l'amour à Mademoiselle Avenel tandis qu'elle ânonnait ses répliques...

Quand le rideau se leva (car au moment où, sur les autres spectacles, il est d'usage de le faire tomber, Prioux avait cru intéressant de le lever) et que les acteurs eurent salué sous des applaudissements qui, en l'absence d'Anne occupée par ses investissements financiers, me parurent tout de même un peu hésitants, Saint-Véran, pressé probablement de rejoindre quelque « jeune homme au gant », chercha à se défiler : « Ça va mieux maintenant? Je peux vous laisser? »

Il était impatient de se sauver; aussi l'assurai-je que mon malaise était tout à fait passé.

— Ce qu'il vous faut surtout, insista-t-il, c'est une semaine de vacances. Dans une île, par exemple, sous un ciel tropical. Les Açores, les Canaries... Loin du Quai d'Orsay... Vous me le promettez?

Consoler Thierry de son propre égoïsme prenait toujours longtemps; car il ne se bornait pas à faire ce qui lui plaisait : il exigeait en prime d'en être absous. « Le Litvaque se repent d'abord et pèche ensuite », disait Olga en puisant dans son vieux fonds de sagesse yiddish... Dûment réconforté, assuré que j'allais maintenant « parfaitement bien », que je savais comment rentrer, que j'avais son numéro de téléphone et que je ne prendrais aucun comprimé avant d'en avoir amplement délibéré, Saint-Véran finit tout de même par me lâcher.

Le théâtre se vidait. Quelques groupes bavardaient encore dans les couloirs; je parcourus ces corridors avec une mine affairée, les sourcils froncés, comme si, pour partir, j'attendais, fâchée, une amie exagérément attardée, une sœur traînarde ou un mari lambin...

Je m'étais donné pour prétexte de m'assurer une dernière fois que Renaud n'était pas là; mais c'était une autre silhouette que je cherchais. Elle m'apparut enfin, dans l'encadrement d'un escalier :

– Madame Maleville! Quelle surprise!

– Toute la surprise est pour moi, croyez-le bien...

– Qu'est-ce que vous faites là, dites-moi? Vous m'attendiez?

S'étant assuré d'un coup d'œil circulaire qu'il n'y avait plus personne dans le hall, il me baisa tendrement le poignet.

– J'essayais de prendre contact avec Kahn-Serval sans l'effrayer, comme vous me l'aviez demandé. Maud Avenel aussi m'a demandé de m'occuper de lui... Vous êtes, tous les deux, pleins de sollicitude pour Renaud... Mais je ne l'ai pas rencontré. Je pense qu'il n'est pas venu. Il n'a jamais aimé l'odeur des fleurs coupées, et, les soirs de première, il y en a beaucoup dans la loge de Maud. Beaucoup trop. Tellement, même, que chez elle ça sent la vase, la boue, le marais... Ah, vous ne savez pas? Pourtant, je croyais... On m'avait dit que, ces temps-ci, vous vous intéressiez énormément au théâtre...

Il rit aux éclats et me prenant dans ses bras : « Rassurez-vous, me murmura-t-il à l'oreille, je crois que j'entends déjà la sonnerie de l'entracte!

– Excusez-moi, Monsieur le Ministre, mais je n'arrive pas à trouver ça drôle... »

Il me serra contre lui : « Tu ne vas pas être jalouse d'une Maud Avenel, tout de même? », et il m'embrassa; je lui rendis son baiser avec un désespoir passionné, espérant vaguement que Maud renoncerait à sortir par l'entrée des artistes et que, passant par le hall, elle tomberait sur ce joli tableau...

– Christine Maleville, vous me faites faire des

folies... Si l'on nous surprenait ainsi, hum? Faut-il que je vous aime!

– En fait de folies, je me demande surtout, repris-je en posant mon front contre son épaule, s'il est bien indiqué de faire porter les cornes à un homme que vous souhaitez rallier...

Il reprit ma bouche, sans doute pour me faire taire. « C'est vous que j'aime, petite sotte! »

Le moyen de ne pas croire un homme qui vous tient dans ses bras, qui parle avec vos lèvres, qui rit avec vos yeux?

« D'ailleurs, à propos de Maud, je vous ferai remarquer que je n'étais entré dans ce... ce monument... qu'en passant! Outre que la bâtisse est ouverte à tous les vents » (cette délicate façon de s'exprimer me rappela le « je me suis retrouvé sur la charcuterie » de Jean Valbray), « oui, outre cette circonstance atténuante, je sais, de source sûre, que Kahn-Serval se moque éperdument de la conduite de sa femme! Parce que – comme on aurait dit " dans le temps " – si le bénéfice n'est pas vacant, il n'est plus desservi... Du moins, par son légitime titulaire! »

Le légitime – et défaillant – propriétaire de Mademoiselle Avenel, que, par un juste esprit de revanche, j'aurais bien aimé pouvoir consoler des « vacances » de sa trop célèbre épouse, reprit peu à peu le chemin de mon cœur et de ma maison.

J'avais enfin un « chez-moi » en effet, et un « chez-moi-toute-seule ». J'en avais payé le pas-de-porte et les premiers mois de location avec les Accords d'Helsinki : le PAPE ayant eu besoin (pour savoir à quelle sauce on allait manger ses dissidents, et agir le cas échéant sur nos gouvernements) de connaître l'état des négociations entre l'URSS et les nations occidentales, je lui avais fait tenir, à intervalles réguliers, de petites notes de synthèse où je faisais le point sur les discussions et le degré de fermeté probable des plénipotentiaires français. Je ne puis prétendre d'ailleurs que, pressée de fournir tel ou tel renseignement que nous n'étions guère nombreux à connaître au Quai, je ne m'étais pas parfois demandé jusqu'où je pourrais aller sans prendre des risques sérieux. Mais, sitôt que j'essayais d'évaluer les dangers de l'entreprise, tout contribuait à me rassurer : sur le fond, je ne doutais pas qu'un gouvernement plus courageux que le nôtre aurait soutenu publiquement les tentatives d'émancipation à l'Est – tout au plus corrigeais-je sa lâcheté; et pour la forme, depuis qu'en 68 j'avais déménagé avec mon père les coffres du ministère, je savais les secrets d'Etat les mieux gardés destinés à finir aux poubelles comme des yaourts périmés – autant en nourrir, au passage, les « ventres affamés » qu'Olga protégeait... Quant à la possibilité que les RG ou la DST découvrent un jour mon manège, aussi longtemps que la surveillance des fonctionnaires serait confiée à des messieurs Rondelle on n'avait rien à redouter !

L'Acte Final signé, Olga m'avait chaleureusement remerciée au nom des Droits de l'Homme, et grassement rémunérée en vertu des privilèges de la femme; j'étouffai mes derniers scrupules dans l'aménagement d'un ravissant appartement où je pourrais recevoir Fervacques aussi souvent qu'il me plairait sans devoir mettre Caro sur le palier.

Ce trois-pièces élégant se trouvait dans le seizième arrondissement, la Suisse de Paris. Quand je voyais tous ces immeubles, cossus comme des coffres-forts, ces larges avenues ombragées, bordées de bijouterie, ces fontaines, ce lac, ces pelouses soigneusement ratissées, quand je respirais cet air des cimes et cet ennui discret, je me croyais à Genève, et je me demandais ce que j'y faisais... Mais l'appartement était clair, silencieux, et agréable.

Pour consoler Carole de notre séparation, j'avais

cru devoir lui laisser carte blanche pour la décoration de ce nouveau logement. Elle avait, dès cette époque-là, beaucoup développé ses activités d'« architecte d'intérieur » – elle trouvait ce titre plus noble qu'un banal « décoratrice », il lui semblait aussi mieux accordé à son nouveau prénom de « Marie-Anne » et au nom, assorti, qu'elle s'était choisi : Mauvière. « Marie-Anne Mauvière, architecte d'intérieur », indiquaient ses premières cartes de visite en grosses lettres moulées, que je l'avais aussitôt convaincue de changer pour de minces caractères gravés. Elle travaillait surtout pour des Orientaux (« quand ils n'ont pas d'argent, on dit des " Arabes ", m'avait-elle chapitrée, mais quand ils habitent avenue Foch, ce sont plutôt des " Orientaux "... »); ils lui faisaient installer de luxueux pied-à-terre autour des Champs-Elysées.

C'était une clientèle que l'Agence Cléopâtre – dont elle ne s'était pas résolue à lâcher la direction – lui donnait l'occasion de rencontrer, et qu'une communauté de goûts esthétiques lui permettait ensuite de garder. Comme les natifs du Golfe, Caro adorait en effet le doré, le massif, le satiné; elle n'était pas trop regardante sur les styles pourvu que les meubles soient lourds, galbés, contournés, tordus et resculptés, et que les tissus aient leur content de broderies, de franges et de pompons. Comme ses commanditaires ne lésinaient pas sur la richesse des matériaux – marbres du Brésil pour les salles de bains, laques ornées d'argent pour les portes et les corniches, damas filetés d'or pour les rideaux –, les appartements décorés par « Marie-Anne Mauvière » faisaient franchement copieux; leur visite m'écœurait, comme la vitrine de certaines pâtisseries. « Trop de chantilly, Carole, lui disais-je, trop de beurre, trop de chantilly... Il faut apprendre à meubler maigre.

– Et pourquoi faire, Bou Diou? Puisque mes clients ne se plaignent pas d'indigestion... »

A la démesure naturelle de son inspiration, elle avait soin d'ajouter de coûteuses fantaisies d'exécution qui inspiraient un profond respect à sa clientèle : je me souviens, par exemple, de cette table de salle à manger pour trente couverts, en marbre d'un seul tenant, qu'elle imposa au cousin d'un sultan, et pour laquelle il fallut successivement renforcer les planchers, scier le balcon, recourir à une grue élévatrice, et convoquer, au stade de la mise en place, quarante déménageurs musclés... Je l'avais prévenue toutefois que grues et bulldozers n'étaient – pas plus que les robinets en or et les bidets sur mesure – dans mes moyens, même si on signait toutes les semaines un accord sur les Droits de l'Homme à Helsinki...

« Ne t'inquiète pas, Mistouflette : je ferai ton appartement avec des "chutes". J'ai toujours du tissu ou de la moquette en rab... Et puis, quand il faut cent mètres de tentures, pourquoi ne pas en commander cent dix, hein? Qui est-ce qui irait compter ce que j'ai vraiment utilisé? »

Elle m'arrangea donc, avec ses « chutes », un nid d'amour à son goût, sans me ruiner. Le salon, en damas bleu et argent, était plus discret et raffiné que je ne m'y attendais; je n'y déplorai qu'une procession d'éléphants d'ivoire qu'elle avait dû chiper chez l'un de ses premiers clients africains, et un lustre de Murano un peu luxuriant pour moi; en revanche j'appréciai, comme il convenait, l'épaisseur de ma moquette « teinte à l'échantillon » et l'ampleur de mes rideaux. La chambre me laissa plus sceptique. L'immense miroir qui faisait face au lit me rappelait cet hôtel de passe d'Ostie où j'avais vécu quelques journées que j'aurais autant aimé ne pas devoir me rappeler chaque fois que je m'éveillerais. Quant au lit capitonné, que reflétait cette glace panoramique, il faisait au moins deux mètres de large, ce qui me parut trop; mais, en me souvenant que j'avais horreur des secrétaires miniatures, des dos-d'âne minuscules, des bonheurs-du-jour ridicules, et qu'il me fallait toujours de ces grands bureaux-plateaux sur lesquels on peut réellement travailler, je me dis que Caro, qui s'amusait autrefois à désigner son lit comme son « établi », savait sûrement mieux que moi quelles dimensions convenaient à un lit sérieux, rassis, solide, un lit « pour qu'y ait du boulot de fait »... Par égard pour son sens du professionnalisme, je m'abstins donc de critiquer le « paquebot » qu'elle m'imposait. En revanche le drapé style rideau de scène qui, au-dessus du dosseret, recouvrait le mur, les quatre colonnes dorées qui soutenaient un dais plissé, les tables de chevet dorées, et le couvre-pied en lamé, tout cela me parut chargé, et chargé comme le maquillage de certaines dames de la rue Saint-Denis... Je ne parvins pas à dissimuler un léger mouvement de répulsion.

— Alors, ça ne te plaît pas? me demanda Carole, déçue.

— Euh... Ça me semble un peu... un peu théâtral, non?

— Théâtral? Mais je t'ai pris un ottoman beige pour les rideaux et un damas ivoire pour les sièges! Qu'est-ce qu'on peut faire de moins voyant, dis-moi? Tu ne voudrais pas d'une chambre en high tech, quand même! Tu sais, le style « Pompidou-à-l'Elysée », les salons d'Agam, le genre « je remplace mes fauteuils Régence par des chaises-bistrot » ou « envoyez-moi les surplus de la sidérurgie pour que je m'en fasse des oreillers », c'était bon avant la crise du pétrole, tout ça! Mais on en revient! Tiens, regarde Giscard. Qu'est-ce qu'il fait, Giscard? Il relance le Louis XV! Et crois-moi, Mistoufflette, si la vie redevient vraiment dure, tout le monde voudra du mou! Sans compter qu'une chambre, il faut que ce soit moelleux, douillet, mon petit chou. Mais en même temps, comment t'expliquer? animé, spectaculaire, enfin tu vois ce que...

– O.K., Caro, j'admets que pour les chambres tu as du métier, O.K... Mais à chacun sa spécialité : la bibliothèque, c'est moi qui la concevrai, et tu exécuteras mes instructions. D'accord?

« Marie-Anne Mauvière » discuta d'autant moins le partage du travail que les rayonnages dont elle équipait parfois les salons de ses clients n'avaient jamais supporté autre chose que des vases en cristal, des coupes en argent, ou des collections de pierres exotiques. « Des livres, ils n'en ont pas beaucoup, c'est vrai. Mais je leur en achète toujours quatre ou cinq gros, illustrés. Des livres d'art, très chers, qu'ils posent sur leurs tables basses. Pour les visiteurs. Ça se fait, tu sais, comme de mettre des serviettes d'invités dans les toilettes... C'est " classe ", quoi! »

– Je trouve votre appartement confortable et charmant, me dit Renaud la première fois qu'il y vint, mais, curieusement, il ne vous ressemble pas. Il ressemble... je ne sais pas, moi, plutôt à une femme dans le genre de Maud...

– Ça ne m'étonne pas du tout, fis-je pincée. Maud et l'amie qui m'a aidée à le décorer font à peu près le même métier...

J'étais irritée que tout lui fût prétexte à me parler de sa femme quand, comme Charles me l'avait appris, leur ménage n'avait plus d'existence que sur le papier. D'ailleurs ils n'habitaient plus sous le même toit : depuis que Maud avait déménagé pour s'installer à Bougival, Renaud dormait à Paris sur le canapé de son petit bureau du Palais-Bourbon et rangeait ses chemises de rechange dans son cartonnier. Ce qui n'empêchait pas, pourtant, qu'en Franche-Comté il fût chargé, chaque week-end, de sortir de leur pension et d'héberger les deux fils de Maud, devenus de grands adolescents.

De cette contrainte il ne murmurait pas, apparemment satisfait que, ne l'ayant plus jugé assez bon comme amant, on eût bien voulu le garder comme

« correspondant »... Cette bonne volonté, triste et résignée, me dépassait : je concevais que dans certaines circonstances on pût passer l'éponge, mais pas la serpillière !

Et si j'admettais qu'il continuât d'aimer, à sa manière désabusée, « la belle Avenel », j'aurais voulu Renaud assez maître de ses mouvements– sinon de ses sentiments – pour saisir cette occasion de nous venger ensemble, et discrètement, de la « double inconstance » de nos élus respectifs... Mais il n'en était pas question : immobiles et pâles comme mes éléphants d'ivoire, nous restions de longues heures assis sur le canapé bleu, et – soit que la pureté de son cœur embarrassât mes avances, soit qu'il ne voulût pas entrer dans un jeu dont, ignorant peut-être mon amour pour Charles et la dernière aventure de son épouse « in partibus », il ne comprenait pas la raison – nous ne poussâmes jamais jusqu'au catafalque doré à dosseret-cœur et miroir incorporé que Carole avait posé à deux pas de là.

Fervacques, bien entendu, raisonnant sur le mari d'après ce qu'il savait de la femme, ne croyait pas à tant de vertu. Il ironisait sur la longueur de nos conversations politiques, et quand je protestais qu'il n'y avait entre Kahn-Serval et moi qu'une vieille amitié : « L'amitié entre un homme et une femme, on sait ce que c'est, m'assurait-il, goguenard, de l'amour vierge ou de l'amour veuf ! Et je n'ai même pas à me demander à laquelle de ces deux catégories appartient votre amitié pour Kahn : autour de vous, ma chère, on voit plus de veufs que de vierges ! »

Au fil des dîners en tête-à-tête que j'organisais pour lui, Renaud s'était cependant beaucoup dégelé politiquement, sinon sexuellement. Je le voyais sensible à mes arguments, même s'il les réfutait encore avec énergie ; et quand, à l'occasion d'un congrès du PS, le nouveau chantre du CERES, Jean Hoédic, maire de Trévennec, prétendit lui donner une leçon de socialisme et l'accusa publiquement de « prôner le retour à l'économie de marché » et d'« entretenir en sous-main des contacts avec des libéraux allemands mal dénazifiés », je sentis qu'il suffirait d'une amertume de plus pour faire tomber mon « Hussard » dans les bras de Fervacques et de ses alliés. Cette petite épreuve supplémentaire qu'il n'aurait pas supportée, il m'eût été facile de la provoquer en inspirant moi-même au « Canard Enchaîné » un écho dont Renaud n'aurait pu attribuer la malveillance qu'à ses amis : j'aurais, par exemple, informé le journal de nos rencontres régulières dont personne encore, dans le monde politique, n'avait eu vent, et suggéré qu'on craignait Place du Palais-Bourbon que l'amitié ne fût un pavillon commode pour couvrir des intrigues de contrebande; j'aurais pu ajouter que la Commission des Conflits – conseil de discipline que les socialistes infligent à leurs pensionnaires dissipés – pourrait bien se saisir prochainement du cas de ce collégien qui choisissait si imprudemment ses « amis »... Je voyais déjà l'article; la suite aussi : Renaud rompant sur-le-champ avec son parti, moins sous l'effet cumulé du désenchantement et des rancœurs idéologiques, que pour rester fidèle au culte qu'il vouait à l'amitié – « je ne fais pas passer la barrière des classes à travers mon cœur ». Exagérément chevaleresque, il aurait cru me défendre au moment où je l'aurais piégé...

Le succès d'une telle manœuvre était assuré. Malgré cela, je n'écrivis pas au « Canard Enchaîné » : pour ce qui était de « sauter le pas », je nourrissais à l'égard du « Hussard », dans les affaires de politique, les mêmes scrupules qu'il m'opposait dans les affaires de cœur. Et pas plus qu'il ne chercha jamais à transformer l'étrange amour-vierge qui nous liait, je ne pus me résoudre à attenter à son intégrité de puceau progressiste. A chacun ses pudeurs...

Peu après pourtant, parce qu'un de ses collègues parlementaires, frappé de nous rencontrer chez Lipp amicalement attablés, lui avait demandé, en ricanant, à quoi il était le plus sensible : à ma plastique ou à mes idées?, Renaud crut devoir réfuter, à sa manière, ces insinuations qui lui semblaient mettre en cause son honneur d'homme public ou mon honneur privé (il était assez « vieille France » pour me supposer un honneur privé, et le placer en cet endroit qui me semble précisément fait pour qu'on s'asseye dessus) : il s'afficha donc davantage avec moi pour prouver, me dit-il, qu'il n'y avait rien entre nous de répréhensible...

Aussi, quand, ayant investi les derniers dons du PAPE dans l'aménagement de mon appartement, je dus revendre précipitamment ma voiture pour liquider une petite dette de jeu, s'offrit-il fort galamment à me servir de chauffeur pendant quelques soirées. C'est ainsi qu'il fut amené – un peu surpris par ma démarche, mais trop respectueux du « droit à la différence » pour oser exprimer franchement sa désapprobation – à me conduire un soir chez une voyante à la mode. Il pensait que j'allais la consulter pour moi, et je ne lui avouai pas que, si je me rendais dans ce lieu mal famé, c'était à la demande de Charles : je craignais que cette information ne fît définitivement échouer le rapprochement politique auquel je continuais, à tout hasard, de travailler

Mal famé, d'ailleurs, l'endroit l'était moins que je ne l'avais redouté; j'avais confondu à tort les cartomanciennes de foire avec les pythonisses pour célébrités. Le « cabinet » était à Neuilly, dans une rue tranquille : l'immeuble en pierre de taille qui l'abritait dominait un vaste parc où le thuya bleuté alternait, de la manière la plus convenable, avec le rosier Meilland. Seule la mine patibulaire de quatre malabars qui croisaient dans l'ombre entre les genévriers, l'œil aux aguets et le bras gauche légèrement décollé du corps, m'aurait alarmée si Charles ne m'avait prévenue que les chefs de gouvernement – africains le plus souvent – qui rendaient visite à la dame se faisaient accompagner par leurs gardes du corps; on n'est jamais trop prudent...

– Bon, les Africains, passe. La sorcellerie est encore dans leurs mœurs... Mais vous, Monsieur le Ministre, qu'attendez-vous d'une illuminée dans ce genre-là?

– Oh, Madame Delmotte n'a rien d'une illuminée. On m'a même assuré qu'elle avait fait une psychanalyse avant d'exercer...

– Vous m'en direz tant! Je suppose, dans ce cas, que vous espérez d'elle une étude approfondie sur la personnalité complexe du président de la République? A moins que vous ne vouliez savoir si Jacques Chirac a liquidé son œdipe – information politique de la plus haute importance...

– Non. Mais disons seulement que j'aime bien qu'on m'apprenne de temps en temps ce qu'on peut prévoir pour moi. A la veille d'une grande décision, d'une élection, d'une course difficile... Une manière comme une autre de mettre toutes les chances de mon côté... Oh, bien sûr, je ne crois pas plus à ces prédictions que les généraux romains ne croyaient à celles des augures! En vérité, je me moquais même tout à fait de ces histoires jusqu'à ce que j'aie rencontré, dans un dîner chez ma cousine Rubempré, une devineresse américaine très connue. Elle m'a pris la main comme ça, pour s'amuser...

Je voyais très bien la scène: toutes les femmes adoraient prendre la main de Charles ou son bras, « pour s'amuser, comme ça », de même que, « par hasard », elles offraient toujours à la lumière leur meilleur profil, trouvaient urgent, dès qu'il était là, de redresser un tableau pour raffermir, dans le mouvement, une poitrine ramollie que la traction du bras levé remontait de quelques centimètres, ou laissaient – par une « inadvertance » qui ne m'échappait jamais – glisser leur bouche sur sa joue pour transformer un baiser amical et distrait en vrai baiser volé... Oui, depuis que j'aimais Fervacques, je connaissais toutes les manières qu'ont mes pareilles pour faire la roue devant « un homme à femmes », les voyantes ayant sur toutes les autres l'avantage de pouvoir s'abriter derrière la lecture des lignes de la main...

« Donc, elle m'a pris la main, elle l'a tenue longuement » – je n'en doutais pas! – « puis elle m'a dit un tas de choses très justes sur ma carrière, mon caractère... Mais enfin, des choses de ce genre n'auraient pas suffi à me troubler... Ce qui m'a ébranlé, c'est...

– Attendez! Laissez-moi deviner : quand elle vous a dit que vous étiez du même signe que Liszt, je parie?

– Ne vous moquez pas de moi, Christine. Je ne suis pas agrégé de l'Université, c'est entendu... Je ne suis qu'un modeste " héritier ", mais tout de même moins sot que vous ne croyez... Non, si vous voulez le savoir, je n'ai été convaincu par cette charmante personne que lorsqu'elle m'a assuré que je ne mourrais pas fou. »

Comme j'aurais pu faire à quatre-vingt-dix-neuf pour cent des passants la même prophétie avec la même probabilité de succès, et qu'au demeurant, pour peu qu'on connût ses activités, on pouvait annoncer à Fervacques – sans risque de se tromper – qu'il périrait dans un accident d'auto plutôt que dans un asile d'aliénés, je ne compris pas comment il pouvait voir dans cette banale prédiction une preuve de la pertinence des sciences occultes... Mais je gardai cet étonnement pour moi car il poursuivait déjà :

– Autrefois, c'était Cognard que j'envoyais chez

162

les pythonisses... Je n'aime pas trop m'y montrer moi-même. Les voyantes ont des voisins, et les voisins, pour n'être pas voyants, n'ont pas nécessairement leurs yeux dans leur poche!... Cela dit, si aller chez cette Madame Delmotte vous ennuie tellement, je trouverai quelqu'un d'autre pour le faire...

Certainement. Et comme je savais aussi, sans qu'il eût besoin de me le rappeler, que je ne régnais nulle part ailleurs aussi absolument que sur son univers professionnel – où je ne régnais, peut-être, que faute de concurrence, parce qu'il n'y avait pas d'autres femmes, ou alors au fond de ces bureaux sans lustre ni rideaux où aucun ministre ne descendrait jamais –, qu'enfin l'amour que Fervacques éprouvait pour moi n'était encore qu'une annexe de son ministère, je ne crus rien pouvoir refuser de l'héritage de Maurice Cognard...

Aussi me retrouvai-je un soir assise sur un canapé de cuir fauve – digne de la salle d'attente d'un médecin non conventionné –, et occupée à feuilleter les revues de luxe posées sur la table chinoise (« Vogue », « Maison Française », « Fortune ») ou admirer les meubles Louis XVI et les portraits de famille qui pendaient aux murs, en attendant que la pythie bourgeoise en eût fini avec l'Excellence africaine qui me précédait. Tout en considérant distraitement les reliures de la bibliothèque, je songeai que ce n'était pas seulement par une sorte de jalousie préventive que j'attendais ainsi mon tour chez une sibylle mondaine en me ridiculisant aux yeux de Renaud : c'était aussi par pitié.

Dans les jours qui avaient précédé mon expédition chez la dame Delmotte, Charles m'avait paru abattu en effet, inquiet. L'euphorie qui l'avait soulevé au moment de la création du groupe solidariste était brusquement retombée, sans que je puisse déterminer s'il s'agissait d'un caprice de « gosse de riches » qui casse ses jouets dès qu'il a cessé de les adorer, ou d'un dégoût de cynique, fâché de trouver les hommes aussi vils qu'il les espérait. En tout cas, il n'avait plus de mots assez durs pour qualifier les élus qui l'avaient suivi dans sa dernière aventure; même son ami Fabien d'Aulnay, dont le désintéressement personnel était au-dessus du soupçon, ne trouvait pas grâce à ses yeux : « C'est un ange, d'accord, mais c'est un con. Un brave type, oui, oui, mais un âne... Et puis il m'aime tant, que ça en devient gênant... Tenez, si je lui demandais de courir se noyer, il irait. Le con! » La bouche amère, le regard mauvais, Fervacques torturait mélancoliquement des trombones et des agrafes, déchirait soigneusement sans les lire les notes que je lui remettais, et avait recommencé à expédier sur le tapis ses cendriers de cristal en l'honneur des bizuts du cabinet. Ses yeux sombres erraient dans le vague, de longs silences coupaient des colères lasses, et il ne demandait même plus à soulever mes jupes pour voir si j'y étais...

Un jour où nous venions d'avoir un débat serré sur l'attitude qu'il convenait de prendre à propos du siège de Phnom Penh et de la chute probable du gouvernement Lon Nol, et où il m'avait agacée par ses manières de grand seigneur désabusé, jabot de dentelle et manchettes fin de siècle (« Bah, le Cambodge, ma pauvre enfant... C'est si loin! – Croyez-moi, Monsieur le Ministre, ça se rapproche! »), il me saisit brusquement la main au moment où j'allais m'éloigner, la serra entre ses doigts à la broyer, avec, sur son visage, une expression de souffrance que je ne lui avais plus vue depuis le soir où il m'avait confié qu'il luttait contre une ombre : « Vous avez de beaux yeux, murmura-t-il enfin d'une voix triste, presque atone, oui, de beaux yeux... Pourriez-vous m'aider à oublier mes problèmes pendant une nuit? Pendant une heure? »

Ces soixante minutes de répit, si humblement sollicitées, m'avaient bouleversée. C'était à cause d'elles sans doute – plus que par crainte de me voir jeter dans les pattes un nouveau Cognard – que je faisais maintenant antichambre dans le salon d'une spirite de banlieue : j'aurais tant aimé pouvoir ramener à Charles un oracle qui lui aurait assuré une heure d'espérance ou de soulagement...

La porte du cabinet s'ouvrit et la voyante parut – bien différente de ce que j'avais vu jusque-là au cinéma ou sur les marchés d'Evreuil : la trentaine dynamique et sculpturale, de longs cheveux blonds, un jean, et, pour éviter toute ambiguïté sur le niveau de ses revenus et de sa clientèle, un foulard Hermès négligemment noué autour du poignet. Cette poupée Barbie, parfumée et souriante, m'introduisit dans un petit bureau où je remarquai tout de suite une seconde porte, par laquelle elle avait dû évacuer mon prédécesseur africain : les entrants ne croisaient pas les sortants, et tout était organisé pour garantir au personnel politique qui constituait le gros de la clientèle un maximum de discrétion.

Sur un grand bureau Louis XV, absolument nu, était posé un jeu de tarots. La devineresse m'y fit tirer treize cartes.

La pièce, ouverte sur une longue terrasse où j'imaginais quelques nouveaux gorilles en train de patrouiller, était plongée dans la pénombre. Pour le surplus, elle ressemblait en tous points au cabinet de Freud à Vienne : un divan de velours rouge au fond, et, sur les murs, de sobres bibliothèques où les statuettes aztèques et les vases antiques alternaient avec les livres d'art et les encyclopédies.

J'avais expliqué à la jeune femme que je venais pour un autre et lui avais tendu un échantillon de l'écriture de Charles et une photo de lui, prise de dos – rien qui pût permettre de l'identifier, mais assez, d'après ce qu'il m'avait assuré, pour servir de support à des visions...

De ses longs doigts peints et bagués, la voyante

disposa précautionneusement mes treize cartes autour du morceau de lettre et de la photo, considéra le tout longuement, puis ramassa les cartes, les remêla, et les étala de nouveau, plusieurs fois de suite, tout en tentant maladroitement de me faire parler : « Ah, je crois que cet homme est un Lion... Il est Lion, n'est-ce pas ? » Mais, comme je n'étais pas étendue sur son divan, je ne me crus pas tenue de me confesser. Je restai muette comme une carpe : « Vous êtes Poisson, non ? »

A la fin, vaincue par mon silence, elle m'assura qu'elle ne voyait rien : « Rien pour cet homme, malheureusement. Je suis gênée par vous, vos interférences personnelles. Vous faites écran, vous comprenez... Je ne vois que vous... C'est curieux... Tirez encore une carte. Une seule. » La quatorzième carte que je sortis du jeu était la treizième du tarot : « la Mort ». Si rationaliste qu'on soit, cela vous a un petit côté solennel et gênant...

Je me rassurai de mon mieux en me récitant tout bas quelques vers de ce Nerval que Renaud prisait tant :

« La Treizième revient, c'est encore la première.
Et c'est toujours la seule, ou c'est le seul moment...
C'est la mort, ou la morte... O délice ! O tour-
[ment ! »

La culture, m'avait doctement expliqué mon « Hussard », c'est ce qui permettait à certains déportés de tenir dans les camps ; contre les SS, les chiens, le froid, la faim, ils brandissaient secrètement des petits bouts de poèmes... A ma mort de carton je tentai donc d'opposer ces armures de papier ; mais j'y trouvai si peu de réconfort que j'eus dès cet instant la conviction que, devant une mort en « vraie grandeur », aucun des poètes de Renaud ne ferait le poids...

« Comme c'est étrange, avait repris la voyante, vous avez deux visages : j'en vois un en pleine lumière, l'autre... Oh, c'est comme si vous suiviez un couloir très obscur... Un chat noir dans l'ombre, je ne vois que ses yeux... Non, non, attendez, c'est comme... comme si vous aviez deux passeports... »

Elle paraissait extrêmement troublée; je ris pour détendre l'atmosphère : « Ah, j'ai plusieurs noms, c'est vrai. Brassard, alias Valbray, alias Maleville... Je suis la championne des " alias "! Mais je n'ai qu'un passeport, je le jure! »

Un peu découragée, la blonde Barbie secoua ses longues boucles : « Revenez demain soir. Je voudrais tout de même réessayer pour cet homme... Mais il me faudrait des objets qui dégagent des ondes plus puissantes... Rapportez-moi une mèche de ses cheveux... Et une photo de face, que vous glisserez dans une enveloppe fermée. »

Vingt-quatre heures plus tard, de nouveau la pénombre, le divan rouge, les tarots, la longue main baguée qui caressait l'enveloppe épaisse : « Mais oui, je le vois mieux maintenant. Il est dans un cercle d'hommes. Oui, assis au milieu d'un cercle d'hommes sombres, sévères, devant... devant un lac ou un étang. Au loin, une sorte de... oui, un château... avec un toit d'ardoises. Et... oh comme c'est curieux! je vois aussi des chevaux, juste derrière lui, des chevaux attelés, une espèce de calèche... Et il me semble que... que vous y êtes... Oui, vous êtes assise à ses côtés, auprès de l'eau... Ça ne vous dit rien?

– Non... Je suis désolée. »

Ce fut en effet seulement quelques années plus tard, lorsque j'y fus moi-même admise, que je crus reconnaître ce « cercle d'hommes sévères », bizarrement installé au bord d'un lac devant des calèches attelées : c'était le Conseil des ministres, siégeant à l'Elysée devant la « Vue du château de Benrath » peinte par Dunouy et les figures romantiques de

Carle Vernet. Je ne trouvai d'ailleurs pas dans cette circonstance la preuve que la ravissante poupée, issue de l'union mystique d'Alan Kardec et de Sigmund Freud, avait « vu » quoi que ce fût : une professionnelle de sa qualité avait sûrement dans ses archives le Bottin administratif, l'annuaire des Cabinets, et le « trombinoscope » de l'Assemblée; comme, à l'instant où elle m'avait accusée d'avoir double visage et double passeport, j'avais sottement lâché mon nom, il avait dû lui être facile de remonter du directeur à son ministre; à l'aide d'une petite brochure sur l'Elysée, dans le genre de celles qu'on vend aux touristes, elle plantait le décor et son tour était joué!

« Oui, avait-elle repris, je vois cet homme assis au bord d'un lac, dans la lumière. Et... il y a une ombre, une ombre qui s'étend sur lui, une ombre qui l'engloutit. Qu'est-ce que c'est? La maladie? Non... Je vois des dossiers – ou un paquet de journaux, je ne sais pas... Oui, c'est un journal. Mais vous êtes sur ce journal! Vous êtes dans l'ombre... » Elle me jeta un regard effrayé, puis, serrant son front dans ses mains comme pour chasser la douleur que provoquait cette intense concentration : « Je vous demande pardon, mais j'ai l'impression que, de nouveau, vous interférez... Ce n'est pas votre faute : il émane de vous, de votre esprit, une vibration qui gêne la voyance... Je n'arrive jamais à capter vraiment la personne pour qui vous consultez... »

J'avais bien envie de lui dire que, moi non plus, je ne « captais » jamais cette « personne » tout à fait : Fervacques s'échappait toujours, et mes vibrations personnelles n'y étaient pas pour grand-chose!

Une dernière fois la sibylle reprit l'enveloppe fermée, elle la pressa contre son cœur – je crus sentir la douceur des cheveux de Charles sous le papier – et, après un long soupir, elle finit par murmurer qu'elle distinguait maintenant la silhouette de l'homme en haut d'une estrade, « un trône, peut-être? Et je vois aussi, il me semble... une sorte de cerceau doré, fermé. Un petit cerceau. Une couronne? Plutôt une couronne, oui. Cet homme est un homme politique, n'est-ce pas? C'est ce que je pensais. Seulement, je ne peux pas vous dire si cette couronne vient avant l'ombre, ou après. D'ailleurs, je ne sais jamais si ce que je vois appartient au passé ou à l'avenir... La seule chose dont je sois certaine, dit-elle en me rendant l'enveloppe avec un petit sourire désabusé, c'est que cette personne n'est pas encore, comment dire, au sommet de sa carrière... Mais ça, bien entendu, ce n'est pas de la voyance : c'est de la psychologie! Les chefs d'Etat – ceux qui ont vraiment le pouvoir, enfin tout le pouvoir qu'on peut avoir –, ceux-là ne m'interrogent jamais : ils auraient trop peur d'apprendre qu'ils le perdront! Ceux qui consultent, ce sont ceux qui pensent avoir encore quelque chose à gagner... »

Nous procédâmes à un échange d'enveloppes : elle me rendit la mienne, et dans celle que je lui tendis il y avait six cents francs – en billets évidemment, comme chez le médecin marron et l'avocat miteux. Je ne fis part à Charles que de la seconde moitié de la prédiction – le trône, la couronne – qui me semblait de nature à le réconforter. Je gardai pour moi « l'ombre »; je gardai aussi la mèche de cheveux, que je plaçai dans un médaillon ancien au bout d'une longue chaîne.

Toute la journée, sous mes robes, je sentais la chaleur de sa chevelure contre ma peau.

Quelques semaines plus tard, en juin, mon père donna à Vienne sa grande soirée.

Il avait convié toute sa famille – enfin, celle qu'il se reconnaissait : Frédéric avait fait le déplacement de Perpignan, et Philippe, sollicité de venir accompagné, avait, pour la circonstance, ressorti d'un placard une ex-« petite amie » un peu mitée. « Une Balmondière, m'avait-il expliqué, mais d'une branche annexe. A vrai dire, une branche cassée : le père était un peu escroc et, sur le tard, pour sauver l'honneur, il s'est pendu... N'importe : vu ce que sont devenus certains Broglie et quelques d'Orléans, cette petite fera largement l'affaire! Pour deux ou trois jours... »

« Ce garçon m'inquiète, me confiait l'Ambassadeur, il sort beaucoup, mais je ne lui vois jamais de fiancée. A son âge il y avait beau temps que j'étais marié... »

En vieillissant, le grand résistant s'était beaucoup rapproché de l'idéal pétainiste; il était très « Famille-Patrie », au moins pour autrui...

« Marié, oui, tu l'étais... Et plutôt deux fois qu'une, pas vrai?

— En tout cas, reprit-il en décachetant son courrier à grands coups de poignard afghan, j'avais fait mon devoir de citoyen et engendré trois enfants!

— Trois? Lesquels? Je croyais t'avoir entendu dire que Béatrice n'était pas de toi?

— Disons, si tu tiens aux précisions », poursuivit Son Excellence, d'autant plus pâle que la colère qu'il sentait monter était, à ses yeux, une faute grave chez un diplomate, « disons que j'avais à propos de Béatrice le même type de doutes que Frédéric serait en droit d'éprouver quant à la paternité d'Alexandre : des incertitudes rétrospectives, si tu vois ce que je veux dire... »

Et, porté par sa propre insolence au comble de l'agitation, il se frotta longuement les mains, ce qui, malgré l'habitude que j'avais de ce tic, me donnait chaque fois l'impression, irritante, qu'il était enchanté de la flèche qu'il venait de lancer. Du reste, cette manie, qui traduisait chez lui un profond désarroi moral, avait en général pour effet d'étendre le malaise à son interlocuteur : bien que son geste n'eût rien, en l'espèce, de l'exaspérant mouvement à plat des deux paumes glissant l'une contre l'autre à la manière des bielles d'une locomotive, qu'il fût plus rond et aussi enveloppant que si l'Ambassadeur se savonnait avec soin, ce savonnage à sec, loin d'apaiser par son apparente circularité, produisait un grésillement de papier froissé très énervant, que suivait, lorsqu'il relâchait enfin la pression convulsive qui maintenait ses mains emboîtées, un petit bruit de clapet plus provocant qu'un coup de pistolet.

Quand je l'entendais, je ne pouvais m'empêcher de « redémarrer » :

— Oui, oui, je vois parfaitement. Et je vois aussi que si ma vie privée peut donner à Frédéric des « incertitudes rétrospectives » comme tu dis, pour toi elle est riche de certitudes prospectives, n'est-ce pas? En tout cas, jusqu'à présent, tu ne t'en plaignais pas...

— Oserais-tu préciser ta pensée?

— Inutile, tu l'as très bien comprise.

— Ma petite fille, je ne suis pas un maquereau!

— Ça tombe bien, je ne suis pas une pute!

Après quoi, puisque nous n'avions pas progressé d'un pas sur le fond du débat (pourquoi m'avait-il abandonnée?) et que l'heure de dîner face au digne maître d'hôtel approchait, nous n'avions plus qu'à feindre de nous réconcilier en nous élevant de concert dans les hautes sphères de la pensée : que pensais-je du dernier Nobel de littérature? Avait-il eu le temps d'écouter le Xenakis que je lui avais envoyé?

Parfois, saisi d'une généreuse inspiration, J.V. tentait encore de sortir de cet enchaînement de reproches et d'algarades en jouant la tendresse : il me prenait par le cou, me dédiait des regards mouillés, m'enveloppait par les épaules, m'appelait « mon bébé », bref, me redonnait la grande scène de séduction de la Piazza Navona, à laquelle j'avais autrefois cédé. Mais je n'avais plus seize ans, et ses câlins ne lui réussissaient pas mieux, maintenant, que ses sévérités : par un réflexe dont je n'étais pas maîtresse – un mouvement du bras, un pas de côté –, je me dégageais.

« Nous nous ressemblons trop, toi et moi, disait-il alors en s'efforçant de sourire. Soupe au lait comme nous le sommes, nous ne devrions jamais passer plus de deux jours ensemble. » Aussi l'avions-nous rarement fait...

Pour réduire encore ces occasions de tête-à-tête qui me laissaient hargneuse et épuisée, je me lançai, sitôt à Vienne, dans un tourbillon d'activités. Abandonnant dès le premier soir mon père, mon frère et mon mari à la dégustation de la Sacher-Torte, je louai une voiture; une heure plus tard, j'étais en Hongrie.

Ce voyage éclair était une idée d'Olga; absurde à mon avis, mais les idées absurdes à vingt mille francs pièce ne doivent jamais être rejetées sans examen approfondi. Celui auquel je m'étais livrée, parallèlement à l'analyse raisonnée de mon compte bancaire, m'avait ébranlée.

« Bon, avais-je fini par dire à " la Veuve ", je consens à porter le saint viatique à votre musicien déprimé... Mais, à mon avis, vous me faites jouer à contre-emploi : des fiches de synthèse tant que vous voudrez, mais les missions derrière les lignes, je suis trop voyante pour ça...

– Au contraire. Avec votre passeport diplomatique, vous n'aurez aucun mal à obtenir un visa...

– Olga, ma petite Olga, je vous crois volontiers quand vous m'assurez que vous êtes " le meilleur nègre juif du faubourg Saint-Germain " » (Madame Kirchner consacrait alors ses week-ends senlisiens à la rédaction d'une biographie de Colette, qu'une fois de plus sa « Belle Inutile » signerait), « mais, en matière d'usages internationaux, laissez-moi vous dire que vous avez beaucoup à apprendre! Peut-être arriverais-je, si j'étais chargée d'une mission officielle en Hongrie, à glisser dans mon emploi du temps une visite discrète à votre dissident... Mais passer la frontière avec un passeport diplomatique et sans motif apparent, je vous jure que si je voulais attirer l'attention sur moi, je ne m'y prendrais pas autrement! »

J'étais d'autant plus surprise que, les citoyens autrichiens pouvant entrer en Hongrie sans visa, Olga aurait pu y expédier n'importe lequel de ses amis viennois; mais elle m'avait rétorqué qu'ils avaient beaucoup servi, qu'ils étaient tous repérés, et qu'en recruter de nouveaux lui prendrait du temps. Elle ajouta du poids à cet argument en doublant sa mise.

– Voilà un musicien bien coûteux, fis-je, rêveuse.

– Je l'ai connu en 44, dans un camp...

Craignant de me retrouver cernée de miradors et de chambres à gaz, je ne lui en demandai pas plus. D'ailleurs, j'avais envie d'accepter : coincée pour le séjour entre Frédéric et Philippe, je n'aurais pas la possibilité de fréquenter le casino de la Kärntner-strasse et le risque me manquerait. Depuis que Charles avait tenté de me dissimuler sa liaison avec Maud Avenel, j'avais besoin d'équilibrer les inquiétudes qu'il me causait par des angoisses plus fortes. Moins encore qu'auparavant je pouvais me passer d'Enghien, de Forges-les-Eaux, de Deauville ou de Sainte-Solène; sans cesse il me fallait augmenter les doses; mais, quand je posais sur le tapis vert une pile de jetons de plus en plus haute, j'avais enfin l'impression d'avoir vingt amants en même temps et de tromper Monsieur de Fervacques irrémédiable-ment... A ces émotions réconfortantes, que Frédéric avait toujours regardées d'un œil sévère et que Philippe préférait ignorer, la Hongrie serait un commode succédané.

Chaque fois que, dans le cadre de mes fonctions de cabinet, j'étais passée à l'Est en effet, j'avais éprouvé une espèce de pincement au cœur, de terreur sourde, que j'attribuais aux mises en garde répétées d'Olga et aux récits haletants des missionnaires du PAPE : j'imaginais des douaniers suspicieux, des policiers brutaux, des « guébistes » hargneux, le tout sur fond de parapluies bulgares, de barbelés sibériens et de loups des Carpates. J'avais beau, la plupart du temps, n'avoir trouvé de l'autre côté du « rideau de fer » que des officiels polis, des capitales hérissées comme partout de tours à bon marché, et des vendeuses mal élevées, j'espérais encore le pire des deux ou trois Etats que je ne connaissais pas : l'URSS, la Roumanie, la Hongrie...

Sur ce dernier point, je ne fus pas déçue : sitôt passée la frontière, je me rappelai l'insurrection de 56. Je n'y avais plus repensé depuis vingt ans, mais, brusquement, je revis les photos parues dans la presse d'alors – femmes ensanglantées, immeubles incendiés – et je me souvins des tanks russes qui avançaient, canons braqués, sur les enfants de Budapest, lesquels n'avaient d'autres armes pour lutter que les pavés qu'ils ramassaient sur la chaussée : petits cailloux pour trop petits Poucets... Je retrouvai dans mes souvenirs de petite fille l'appel pathétique de l'Union des Ecrivains, lancé deux minutes avant la chute de la radio comme l'ultime fusée d'un navire naufragé : « ... à l'intelligentsia du monde entier nous demandons aide et soutien. Il n'y a pas un instant à perdre. Sauvez les savants, les ouvriers, les paysans de Hongrie. Au secours, au secours, au secours! » De nouveau, j'entendis les exclamations indignées de mon grand-père, assis auprès du poste en acajou et bakélite noire – une prise de guerre allemande –, et les jurons étouffés de Giuseppe Zaffini et des amis du « Parti » qu'il avait amenés dans notre salle à manger. « Ah, merde! » maugréait le vieux Pertini. « On peut pas laisser faire ça », disait mon grand-père. « Coglioni, oh coglioni! » gémissait Giuseppe, tandis que la radio diffusait impitoyablement les dernières nouvelles des « événements » – « Une antenne médicale vient d'être installée dans les locaux du Conseil révolutionnaire de Csepel, de tous côtés on nous apporte des blessés, des ouvriers du combinat, nous manquons de lits, de sang, de médicaments... », « Ici Jean Weiler, qui vous parle de la place du Parlement : autour de moi les insurgés n'ont plus de munitions, plus d'armes... Et nous entendons le roulement des tanks... Les tanks approchent, ils arrivent, ils sont là! »

Tout en fonçant vers Budapest sur des routes sombres et mal goudronnées, je retrouvais, vingt ans après, l'expression bouleversée de mon grand-père – celle qu'il avait chaque fois qu'au catch « le méchant » gagnait – tandis que, frappant du poing sur la table, il s'exclamait : « Bon Dieu, les gars, c'est pas possible! Faut qu'on réagisse! »

J'étais sûre qu'il allait monter chercher le vieux Lüger et le Beretta que, depuis la fin de la Résistance, il cachait au grenier, que toute la France volerait avec lui au secours des insurgés et que je serais tuée au combat, comme ces petits garçons hongrois que Frédéric Lacroix m'avait montrés sur le journal du soir, allongés face contre terre avec une grande tache sombre sur leur chemise blanche... Depuis trois jours, en prévision de ce dénouement, je ramassais sur le chemin de l'école des pierres rondes ou pointues que je pourrais utiliser contre les tanks si Pépé voulait bien me fabriquer une fronde... « Mais cette gamine est marteau! » disait ma grand-mère en accrochant mon manteau à la patère du couloir, « v'là qu'elle collectionne les cailloux maintenant! Tu vois dans quel état que tu me mets tes poches avec tes inventions ? » Et elle jetait mes armes dans la poubelle d'un air dégoûté.

— Faut faire quelque chose, grommelait mon grand-père, le rouge aux joues.

— C'est vrai, ça, à la fin ! dit Jo Pertini. Moi aussi, j'en ai ma claque de rester là, planté, pendant qu'ils se font tirer comme des lapins ! Je te le dis, Giuseppe : maintenant, faut y aller !

Dans la radio les tanks russes grondaient toujours, mais, suspendue aux lèvres de Pertini, je ne les entendais plus.

« Pour les grandes causes, le tremblement de terre d'Orléansville ou la polio, poursuivait Pertini, nous, les ouvriers de chez Bourjois on n'a jamais eu froid aux yeux, on a toujours été les plus rapides, les plus généreux...

— Christine, y a ta soupe qui refroidit », coupa sèchement ma grand-mère en déposant devant les hommes une cafetière fumante, qu'elle fit glisser jusqu'au bout de la table d'un geste si brutal que Giuseppe en eut son chandail éclaboussé. Mémé n'aimait pas la politique, on le savait...

— Bon, alors, reprit Pertini un peu troublé par cette violente intervention des cuisines, tu vois, Giuseppe, si le syndicat est pas franchement contre... eh ben, je fonce ! Je joue le tout pour le tout : demain, je lance une grande collecte auprès des camarades pour faire envoyer aux ouvriers de là-bas les choses qui leur manquent dans leurs luttes. Un plein wagon. Des pansements. Du sparadrap, du coton, tout ce qu'il leur faut, quoi ! Carrément. Je te le dis, mon vieux : je prends le risque !

— Du coton hydrophile ? dit Giuseppe en époussetant soigneusement son chandail du plat de la main, oui... Vu mes responsabilités, tu comprends bien sûr que je peux pas m'associer à... Mais, entre nous, c'est bien ce que tu fais, Jo, c'est courageux... Est-ce que ça tache, le café?

— Peut-être que si on faisait en même temps une collecte dans les autres usines d'Evreuil, suggéra timidement mon grand-père, du coton, on pourrait leur en envoyer un deuxième wagon?

C'est à ce moment-là que je renversai mon potage sur mon tablier. « Ah, mais c'est pas vrai, ça! » hurla ma grand-mère, « c'est dit que, ces temps-ci, tu feras que des âneries! Mademoiselle rêvasse, Mademoiselle mange pas, Mademoiselle m'abîme ses habits, Mademoiselle se salit! J'en ai plein le dos, moi, plein le dos! J'ai pas assez de travail sans ça, peut-être? Allez, file au lit avant que je te flanque une calotte que t'auras pas volée! »

Je gagnai le vestibule sans discuter. Le matin, j'avais dessiné à la craie, avec Béa, sur le carrelage rouge, une grande « marelle-avion » que nos pas n'avaient pas effacée. Je cherchai dans les poches de son manteau un caillou que ma grand-mère y aurait oublié. J'y trouvai un petit galet rond et poli, couleur de rouille, et, le poussant du pied, je parcourus les huit cases qui menaient de « l'Enfer » au « Paradis ». Quand je fus au ciel de la marelle, je considérai les lignes de craie blanche sur le pavé rouge, minces et fragiles comme un bandeau d'ouate sur une mer de sang... Puis, brusquement, je relançai vers « l'Enfer » la pierre rousse qui ne me servirait jamais d'arme et, lentement, j'entrepris de redescendre tandis que, derrière la cloison, sifflaient les dernières balles hongroises...

Vingt ans plus tard, comme je pus le constater, le sang des places de Budapest, que ce fût avec ou sans le secours du coton français, avait séché. D'ailleurs, de mon côté, j'avais déjà presque tout oublié de l'insurrection lorsque, cinq ans après les événements, j'avais sollicité mon admission au sein de « l'Union des Jeunes Filles de France »; ou plutôt, si je me la rappelais, c'était seulement pour espérer que ces chars assez puissants pour pulvériser impunément des innocents pourraient abattre quelques coupables par-dessus le marché – des Dormanges, des Valbray...

« Encore ton côté " midinette ", ma chérie, m'aurait assuré Philippe si je le lui avais avoué. Tu aimes la force brutale, n'est-ce pas? Le muscle et la hache... » J'aimais la force brutale en effet, comme j'aimais le danger : plus ils m'effrayaient, plus je les recherchais. Ainsi, errant dans Budapest avec le petit plan qu'Olga m'avait tracé, me sentais-je partagée entre la honte de nos lâchetés passées et une panique plus actuelle, mais délicieuse, qui me faisait battre le cœur et me chauffait les joues. J'allais, comme si j'avais eu à mes trousses une nuée de démons et de sorciers, me retournant sans arrêt pour voir si je n'étais pas repérée, suivie, menacée. La nuit commençait à tomber, aussi épaisse et brune que les nuits de Serbie; tout, dès qu'on passait les Marches de l'Est – les gares, les magasins, les bancs publics, les uniformes, et même le goulasch national – avait cette même couleur chocolat, sinistre mélange d'épluchures et de sang caillé, de crotte et de drapeaux nazis, de capote militaire et de boue séchée.

Impressionnée, je faillis, à deux ou trois reprises, m'égarer dans les petites rues aux façades terreuses qui longent le Danube. Pourtant, l'appartement du dissident, situé près de ce palais du Parlement que mentionnait en 56 l'un des reporters affolés, était en principe facile à trouver... L'ayant enfin découvert, je me faufilai sans bruit dans l'escalier; cachant sous mon bras le cabas qui contenait l'objet de ma mission, je sonnai au troisième : deux coups brefs, puis deux longs, comme convenu.

L'homme qui m'ouvrit semblait en meilleure santé que je ne m'y attendais. J'avais compté lui remettre le paquet d'Olga sur le pas de la porte et filer sans m'attarder; mais, dans un français presque parfait, il insista pour me faire entrer : je savais que nos visites étaient supposées apporter, outre les devises attendues et les informations demandées, un peu de chaleur humaine et de réconfort moral; je n'osai donc pas refuser l'invitation du vieil intellectuel. Je le suivis, mon cabas à la main, mal rassurée, jusque dans un minuscule salon aux murs marron, dont la fenêtre, au fond, donnait sur le dôme de la basilique Saint-Etienne, qu'éclairaient ce soir-là de puissants projecteurs. Cette vue superbe illuminait la pièce, dont l'ameublement se réduisait à un petit canapé effondré, glissé sous la baie vitrée, et un grand miroir moderne, qui, placé en face, reflétait la cathédrale et doublait heureusement l'agrément du paysage. Je fis compliment au dissident de cette charmante disposition des lieux. Il me confia que cette basilique, avec ses deux tours et son fronton, lui rappelait l'église Saint-Sulpice à Paris. « Ah, Paris, la Frrrance, la liberté... » Il m'engagea à m'asseoir un instant sur le canapé, je parvins à éviter le verre qu'il voulait m'offrir, mais je ne pus couper à cinq ou six minutes de questions empressées sur le dernier spectacle parisien, la santé de Madame Kirchner, et le degré d'espoir qu'on pouvait raisonnablement fonder sur les accords d'Helsinki.

J'avais toujours sur les genoux le colis d'Olga que j'avais tiré du cabas et dont, tout à ses rêveries occidentales, il ne semblait pas pressé de vérifier le contenu. Je finis par le lui tendre d'autorité; il mit un certain temps à s'en emparer, comme si ce n'était pas de tuberculose mais de myopathie qu'il souffrait, ou comme s'il prenait la pose pour un portraitiste invisible : « Dissident opprimé recevant le courageux soutien de l'Occident... » Agacée, je le précipitai un peu, me levai, et me dirigeai fermement vers la porte. Dans le couloir, il me fit un long baisemain à l'ancienne, comme seuls les vieux Danubiens savent encore les faire, mais il ne me remit aucun des manuscrits dont Olga m'avait parlé. En un sens, j'aimais mieux cela : mon retour en Autriche s'en trouverait facilité, même si, un peu dépitée par la bonne mine de ce dissident et son peu d'empressement à ouvrir mon paquet, je craignais d'avoir fait tout ce chemin pour rien.

Sur la route du retour, je fus arrêtée et contrôlée par deux barrages successifs de miliciens, me félicitant chaque fois davantage que le « pauvre dissident » ne m'eût rien confié. Il était une heure du matin quand je regagnai ma chambre de Vienne, les mains moites, le ventre brûlant, la tête lourde, aussi grise, en somme, qu'après une nuit de casino et plusieurs coupes de champagne. Cette excitation un peu factice me rendit plus facile l'accomplissement du devoir conjugal, que Frédéric ne manquait jamais de m'imposer avec fougue lorsque, par hasard, nous partagions encore le même lit. Le sous-préfet à la barbe blonde, le grand homme d'Etampes et de Perpignan, se crut autorisé par mon apparente réceptivité à jouir de moi « en bon père de famille »... et même à prolonger l'exercice au-delà du raisonnable : « Ah, j'ai envie de jouir, hurlait-il entre deux ruades.

— Bon, répliquai-je calmement, et qu'est-ce qui t'en empêche ?

— Non, je ne veux pas, gémit-il, je ne veux pas. Je veux d'abord que tu te pâmes, que tu cries... »

S'il est vrai qu'une femme ne trouve jamais très intelligent l'homme qui l'aime, Frédéric devait m'aimer beaucoup car je le trouvai, cette nuit-là, particulièrement stupide. Il finit tout de même par s'endormir. Et je n'y gagnai pas grand-chose : il ronflait, reniflait, débordait couvertures et draps, se tournait à droite et à gauche pour occuper le plus d'espace possible... Enfin, j'avais l'impression de dormir avec un éléphant, quand mon sommeil est un magasin de porcelaine.

Pour la première fois, j'envisageai sérieusement le divorce, et, dès la deuxième nuit, je prétextai de mes insomnies pour faire chambre à part, à la grande satisfaction de Philippe qui était toujours ravi des méchants tours que je jouais à son beau-frère.

La jalousie de mon frère, si aimable et souriante qu'elle pût paraître, était en effet des plus vigilantes. Mais cette vigilance était souvent trompée, faute de savoir précisément sur quel objet tomber : Philippe regardant avec une égale inquiétude, et une même désapprobation, tous les hommes qui me tournaient autour, tous ceux auxquels je montrais quelque amitié, il m'était facile de détourner son attention sur des leurres qui l'éloigneraient du vrai gibier... Quelquefois je le plaisantais sur cet excès de sollicitude fraternelle : « Ma sœur, gardez-vous à droite! Ma sœur, gardez-vous à gauche! Avoue, mon petit cœur, que tu finis par regretter le temps où j'étais, comme tu le disais si joliment, " aussi bien cachetée qu'une bouteille d'Evian "... Dire que c'est toi, hein, qui m'as poussée sur cette pente où je n'ai plus cessé de rouler! »

Evidemment, je me gardais de lui avouer que, dans cette course, un homme m'avait arrêtée, et que je ne prenais plus d'intérêt aux autres que par rapport à lui – n'accédant à leurs désirs que pour réveiller ses appétits, exciter ses craintes, ou me rassurer sur mon aptitude à lui échapper... Non que Philippe ignorât que Fervacques était mon amant : dans les couloirs des ministères, la chose commençait à se dire. Mais la réputation de coureur de jupons du bel « Archange » était telle qu'on n'attachait pas plus d'importance à cet événement qu'à l'adjonction récente à son secrétariat de deux jeunes, et inefficaces, sténotypistes, que les fonctionnaires du Quai d'Orsay n'avaient pas tardé à surnommer « Amusette » et « Bagatelle »... Philippe, donc, se réjouissait plutôt de cette liaison ministérielle qu'il croyait superficielle, et juste assez durable pour rendre Frédéric ridicule; chaque fois que mon mari traversait le salon de l'ambassade où nous nous occupions tous trois à ranger les chaises dorées qui serviraient à la réception du soir, mon frère, l'air égrillard, se mettait à siffler entre ses dents « il est cocu, le chef de gare », et je devais, pour le faire taire, lui décocher de grands coups de coude ou des regards furibonds qui augmentaient son hilarité. Du reste, croyant me connaître à fond (il m'avait, depuis des années, affectueusement baptisée sa « petite traînée », sa « catin »), il pensait que je n'avais pas réservé à mon patron l'exclusivité de mes charmes et que Blaise peut-être, et certainement Durosier, en avaient profité. Si, par extraordinaire, Charles de Fervacques avait assez changé pour s'attacher à moi, j'aurais eu tôt fait, croyait-il, de lui apprendre à partager : depuis qu'il n'était plus mon confident, Philippe s'exagérait beaucoup mes possibilités, un peu comme ces exilés dont la mémoire amplifie les dimensions du pays natal.

Mais, en vérité, il ne craignait pour moi que ce que je craignais pour Charles : une « rencontre » où l'âme fût impliquée. Aussi, ces derniers temps, voyait-il d'un fort mauvais œil la reprise de mes relations avec Kahn-Serval, que j'avais eu grand soin de ne pas lui cacher.

— Mais enfin, qu'est-ce qu'il vient foutre ce soir à la réception de J.V.? dit-il en déplaçant violemment une rangée de chaises face à l'estrade où l'orchestre devait se placer.

— Il était chargé d'une mission auprès des socialistes autrichiens. Il est question que Mitterrand rencontre Kreisky... Il devait rentrer à Paris ce matin,

182

mais je lui ai demandé moi-même de prolonger un peu son séjour pour assister à la fête de J.V... Cela m'a semblé poli.

– Poli, peut-être... Mais tu aurais pu penser à J.V.! Quand on racontera à Paris que l'ambassade de Vienne fricote avec les socialistes, ça n'arrangera pas ses affaires!

Il avait l'œil mauvais et la mèche en bataille; cette mèche de petit garçon, que les coiffeurs s'évertuaient vainement à discipliner, m'avait toujours attendrie. Je m'approchai de lui en souriant, le pris par la taille et replaçai d'une main douce la boucle rebelle dans la chevelure bien lissée :

« Quant à la carrière de J.V., si c'est ce qui te soucie, leave it to me! » Je déposai un petit baiser pointu sur une lèvre boudeuse : « Pour te dire le fond de ma pensée, je crois que personne n'osera critiquer notre cher " Papa " tant que je serai placée comme je le suis... J'ai même l'intuition que son avancement dépendra exclusivement de sa bonne volonté à mon égard... Et de sa docilité à écarter certaines fréquentations! » ajoutai-je en posant les yeux sur la petite Martineau qui s'agitait à la tête d'une armée de valets pour préparer le buffet. Ses initiatives désordonnées, loin d'ailleurs de faire avancer les choses, désorganisaient sans cesse le travail du maître d'hôtel qui, au bord de la crise de nerfs, lançait à la cantonade des soupirs excédés, prenant les enfants de l'Ambassadeur à témoin de l'impossibilité où on le mettait d'accomplir son métier.

Evelyne Martineau, qui ne manquait pas d'assurance, n'avait cure de ces manifestations de mauvaise humeur et continuait, avec un aplomb imperturbable, de gourmander les extras et de bouleverser l'ordonnance des lieux. Elle venait justement de se faire apporter un escabeau et entreprenait, sous l'œil effaré du maître d'hôtel impuissant, de déplacer une grande peinture académique fin de siècle – « la

Musique recevant la Littérature » – que mon père avait fait accrocher la veille au fond de la salle des fêtes. Un électricien, qui mettait la dernière main au branchement d'un lustre 1900 récupéré dans la cave, avait suivi l'itinéraire de son escabeau et ne voyait pas maintenant sans inquiétude se prolonger le débat sur l'emplacement du tableau : « Là, le cadre est complètement de travers, Mademoiselle », disait le maître d'hôtel, enchanté de faire constater de visu les limites professionnelles de cette intrigante pressée de passer de l'office au salon. « Il me semble, voyez-vous, que la Musique penche un peu, jubilait-il. Ah, non, non, ce coup-ci, c'est la Littérature qui s'enfonce!... » Incapable d'atteindre à cette résignation ironique et glacée, l'homme à la salopette, auquel Evelyne, lancée dans son bricolage comme dans un combat, venait d'arracher ses dernières armes – pinces et tournevis –, s'accrochait aux montants de l'échelle en émettant de poignants gémissements : « Mais, Mademoiselle Martineau, si vous m'ôtez tous mes outils, comment je pourrai finir mon travail avant que vos invités arrivent, hein? Rendez-moi mon escabeau! Monsieur Franz », suppliait-il en se tournant vers le maître d'hôtel ravi de voir la tension monter, « dites-lui de me rendre mon escabeau!... Soyez raisonnable, Mademoiselle, allez, ou je serai obligé d'en causer directement à l'Ambassadeur... »

Son Excellence avait, en effet, officiellement donné pour motif à sa grande réception l'achèvement des travaux de réfection récemment entrepris dans la résidence sous sa direction; lui qui n'avait pas entretenu le seul toit qu'il eût possédé – celui d'Evreuil – s'occupait admirablement des maisons que la République lui confiait : à Rome il avait fait restaurer les Carrache et replacé dans la galerie une copie de « l'Hercule Farnèse »; à Vienne, il s'était efforcé, avec un vrai talent d'antiquaire, de rendre à son palais sa décoration modern style d'origine. Fouillant les greniers à la recherche des racines de sa maison, de son identité mutilée, il avait fini par retrouver, au milieu d'un désordre de vases de Sèvres, de torchères de plomb et de bronzes variés, tout un mobilier dessiné en 1907 par Selmersheim, deux ou trois portraits signés de Lévy-Dhürmer, et d'admirables poignées de fenêtres sculptées qui représentaient des femmes-lianes échevelées. Il avait fait réparer ses trouvailles, et réussi en même temps à persuader les services du Quai de décaper la montée de l'escalier d'honneur où, à sa grande joie, on avait retrouvé sous le ripolin le plafond à « putti » peint par Albert Besnard (un diplomate des années cinquante, peu sensible au style Art Nouveau, avait pris sous son bonnet de le dissimuler, en même temps que, aux luxurieuses crémones qui contraignaient la main à caresser un corps dénudé chaque fois qu'on voulait ouvrir un vantail, il substituait la tringlerie plus décente du BHV...). Quand meubles et sculptures eurent été nettoyés et remis en place, que le Salon des Archiducs eut retrouvé deux de ses Dewaintez d'origine récupérés au musée de Beauvais, et que, faute de pouvoir reconstituer sa rocaille d'origine, on eut doté la salle des fêtes de tentures tissées sur des cartons d'Eugène Grasset – l'inventeur de « la Jeune Fille au pissenlit » des Larousses illustrés –, mon père se persuada qu'il fallait aller plus loin : acceptant de remiser, pour quelques jours, ses « Vue du Bosphore » et ses « Sainte-Sophie » et de déposer ses babouches, il se fit prêter par le musée du Louvre quelques œuvres de ces peintres « pompiers » de la IIIᵉ République qu'on ne croyait pas encore, à cette époque, promis à l'apothéose de notre futur musée d'Orsay : dans ceux des salons que ses prédécesseurs avaient trop modernisés pour qu'on pût encore les restaurer, on avait donc suspendu des « Justice poursuivant le Crime » et des « Solon donnant ses lois à la république d'Athènes ». Une profusion de plantes vertes et quelques palmiers parachevaient l'illusion : on se serait cru ramené aux derniers beaux jours de l'empire des Habsbourg, à cette soirée de 1910 où la nouvelle résidence de France avait été inaugurée.

Et, une fois de plus, mon père faisait corps avec cet environnement; il nous donnait pour la circonstance une admirable composition d'ambassadeur à la Saint-Aulaire ou à la Paul Cambon : s'il avait pu dénicher un monocle, avec quelle superbe il l'aurait porté! Faute de pouvoir transformer sa 504 en « cab », il avait du moins décidé, pour aller jusqu'au bout du jeu, de recevoir le corps diplomatique sur le thème d'« Une soirée chez Monsieur de Norpois » : il y aurait un concert où l'on jouerait du Debussy et du Fauré, une « récitation dramatique » où une jeune pensionnaire du Français nous dirait de l'Anna de Noailles et de l'Henri de Régnier, un buffet où l'on grignoterait du cochon de lait en buvant du muscat et du sirop d'orgeat, puis un bal où les ambassadeurs en grande tenue se laisseraient aller à valser entre les palmiers sur des rythmes de Strauss...

A J.V. on pouvait sans doute pardonner cette mise en scène qui rappelait les canulars de normaliens auxquels il s'était exercé autour de sa vingtième année; mais je me demandais avec angoisse combien de fois, au cours de cette longue soirée « à thème », j'allais devoir subir l'éloge de notre « plus grand écrivain français » par des Hugues de Chérailles indigènes, des Florence Worsley autochtones, qui n'en auraient pas lu le premier mot, ou qui, plus exactement, n'en auraient lu que le premier mot – l'admiration sans bornes qu'ils professaient pour la première phrase de la « Recherche » les dispensant de parcourir le reste... Fervacques lui-même n'avait-il pas tenté un jour de me faire le coup? « Ah,

Proust, m'avait-il confié, le regard noyé. Sublime! " Longtemps je me suis couché de bonne heure "...

— Oui, oui, avais-je rétorqué, et vous vous êtes endormi tout de suite! » Il avait ri – jaune – , et n'y était plus revenu...

Perchée sur son escabeau, Evelyne Martineau, que je ne croyais pas même capable, malheureusement, de nous faire le numéro du « longtemps » qui lui assurerait un minimum d'avenir mondain, dévoilait, sous sa large jupe tyrolienne rose bonbon, la dentelle blanche d'un jupon d'enfant et des jambes à la « Pellegrini ».

— Que veux-tu, me dit Philippe que ce spectacle portait à l'indulgence, il faut que vieillesse se passe! Il va avoir soixante-deux ans... Avec tout ça, tu ne m'as toujours pas expliqué ce que Kahn-Serval vient faire chez nous ce soir? Ce n'est pas précisément un boute-en-train... Et si, d'un autre côté, tu comptais sur lui pour jouer Charles Swann, tu seras déçue! La mondanité n'est pas précisément « sa tasse de thé »! Mais j'y songe : tu espères peut-être encore le convertir au solidarisme, et tu penses qu'une valse de Strauss, dans cette perspective?...

— Non. Je n'ai plus la moindre chance de lui faire quitter le PS. Par la faute de Fervacques, d'ailleurs... Ne le répète pas, mais mon ministre est l'amant de Maud Avenel...

Si Philippe avait eu des doutes sur la nature du sentiment que j'éprouvais pour Charles, l'information, et la manière très décontractée dont elle était donnée, étaient de nature à le rassurer.

— Et puis, il y a quinze jours, « l'Archange » a joué à Renaud un tour pendable à l'Assemblée...

Je lui racontai comment RKS, intervenant après mon ministre sur l'aide multilatérale, avait contesté, au nom du groupe socialiste, les chiffres – « erronés » – qui venaient d'être donnés au Parlement. Après le discours du « Hussard », Fervacques avait repris la parole pour répliquer et assurer avec hauteur que Monsieur Kahn-Serval était « mal informé »... « On n'a pas toujours accès aux meilleures sources dans l'opposition », avait-il ajouté avec un de ces petits sourires retroussés et méprisants que j'avais réussi à lui faire abandonner dans les débats télévisés, mais qu'il reprenait volontiers dans l'hémicycle et les couloirs du Quai, « je puis, en tout cas, confirmer à l'Assemblée que les chiffres que j'ai cités, et que j'avais obtenus ce matin même des services compétents, sont les seuls exacts. » Vifs applaudissements sur les bancs de la majorité. Une heure après, Charles, que j'accompagnais, avait croisé Renaud dans la cour d'honneur du palais au moment où nous nous apprêtions à remonter en voiture. M'apercevant, le « Hussard » était venu vers nous et les deux adversaires s'étaient serré la main : « Je m'excuse, avait dit Renaud au ministre, je ne voulais pas vraiment vous mettre en difficulté... Mais, honnêtement, vos chiffres m'avaient étonné. J'avais les dernières données de l'INSEE, vous comprenez, et...

— Ne vous fatiguez pas, avait coupé Fervacques, vos chiffres étaient les bons. C'est moi qui me suis trompé. Dès que vous êtes monté à la tribune, j'ai compris ce qui s'était passé : j'avais confondu le pourcentage européen avec le pourcentage français! » Il en riait encore comme d'une bonne blague. « Seulement, mon cher Kahn, reprit-il en lui posant affectueusement la main sur l'épaule, vous ne pouviez tout de même pas espérer que je reconnaîtrais mon erreur publiquement? » Et la R 16 ministérielle avait démarré, laissant sur les marches du Palais-Bourbon un Kahn-Serval médusé.

« Je n'ai rien contre Fervacques, m'avait ensuite confié Renaud au cours d'un de nos petits dîners. Et même, vous connaissant comme je vous connais, loyale, compétente comme je vous sais, je suis sûr que si vous avez accepté de travailler pour lui, c'est qu'il est estimable... D'ailleurs, il se rapproche beaucoup de la gauche en ce moment. Il a fait de grands pas vers nos positions : oui, c'est certainement un homme sensible, généreux... Mais cette façon d'affirmer une contre-vérité les yeux dans les yeux... Enfin, franchement, on appellerait ça du cynisme si l'on ignorait à quelle sorte d'homme on a affaire! Non, pardonnez-moi, mais je crois que je ne pourrai jamais m'entendre avec lui... Il me fait froid dans le dos! »

« Sacré Fervacques! dit Philippe en posant doucement ses doigts sur les touches du piano, c'est tout lui, ça! » Il s'essayait à transposer les premières mesures de la « Berceuse » de Fauré, que l'orchestre interpréterait tout à l'heure. « Je parie que tu ne connais pas sa dernière... On raconte aux Finances que, quand le baron Empain est venu le voir le mois dernier pour la garantie du contrat argentin, il ne s'est pas dérangé pour l'accueillir. On a introduit le fringant jeune homme dans le bureau, Fervacques était debout dans un coin, en train de signer des papiers sur une table, et il n'a pas levé les yeux. Mais, comme il a quand même dû voir les pieds de son visiteur, il a fini par lâcher un : " Je vous en prie, prenez une chaise. " Empain, pour le moins surpris d'une réception aussi cavalière, est resté planté, et, voyant que l'autre continuait à signer ses papiers, il a toussoté, puis glissé : " Je suis le baron Empain... Empain-Schneider, je ne sais pas si vous connaissez... " " Ah mais si, a fait Fervacques sans relever le nez, dans ce cas prenez deux chaises... "

– La plaisanterie est excellente en effet, mais fausse : la Fervacques and Spear est associée à Schneider et Dassault pour la conclusion du marché du siècle – Mirages contre F 16... D'après " le Nouvel Economiste ", la Fervacques pourrait réussir à apporter au groupe le marché hollandais... En tout cas, ce n'est pas le moment pour " l'Archange " de se brouiller avec Empain. De notre côté, au Quai, nous faisons le maximum pour plaire aux "grenouilles" de La Haye : il se pourrait même que nous allions jusqu'à accepter de dépolluer le Rhin! Le contribuable paye, la Fervacques encaisse : tout est en ordre... »

Philippe, rêveur, reprit, en me dévisageant fixement, deux ou trois mesures de la « Berceuse », insistantes comme des questions sans réponse : « Oh oui, tu as raison, les bons mots... Tu sais que, depuis que tu es célèbre, on t'en prête des tas à toi aussi? Presque autant que des amoureux... Tiens, justement, une des histoires qu'on raconte, c'est qu'à ton oral d'agreg le président du jury t'a demandé quelle différence tu faisais entre un amant et un mari. Tu aurais répondu, superbe : " Monsieur, c'est le jour et la nuit ! "

— Comme c'est vraisemblable, une question pareille à un oral d'agreg!

— La question n'est pas vraisemblable peut-être, Poussinette, mais la réponse? »

Dans la laque brune du piano, je regardai mon visage délabré par l'insomnie : « Écoute... D'expérience, je sais que les choses ne sont pas aussi simples : on peut, malheureusement, avoir en même temps le jour, la nuit, et le mari... »

Mon frère, sans sourire, glissa un « Frère Jacques, dormez-vous? » entre les soupirs de Fauré.

— Bah, tu es toujours belle, même après huit heures d'insomnie... Mais le vrai « Jour », ma chérie, où est-il à cette heure?

— Quel « Jour », mon petit cœur? Il y en a trois cent soixante-cinq dans l'année...

— Là, tu surestimes un peu tes capacités, Poussinette! Non... le grand Jour, le « Jour de Gloire »... L'Archange, quoi!

— Il chasse au faucon, en Syrie.

— Avion du GLAM, ou jet particulier?

– Jet particulier. D'ailleurs, même quand nous partons en mission officielle, il préfère les avions de sa société aux Mystère 20... Mais à quoi ça rime, toutes ces questions ? Tu travailles pour « Minute » ou quoi ?

Tandis que sa main droite malmenait toujours la « Berceuse », la gauche esquissa un « Bon voyage, Monsieur Dumollet », puis conclut brusquement sur un « Marché Persan » si énergique et envahissant qu'il contraignit bientôt les dix doigts à se mettre à l'unisson.

– Si tu as déjà pris son jet personnel, sœurette, alors tu sais sûrement qu'il a dedans une cabine, enfin... spéciale. Mi-ré-si bémol... un salon de repos... disons, aménagé. Nous, aux Finances, on l'appelle son « baisojet » particulier... Do-do-do... On dit que l'hôtesse qui assure le service de bord est chaque fois différente... Ça, remarque, c'est parce qu'il n'a plus le temps de draguer. En fait de plaisir, les hommes d'Etat prennent ce qu'ils ont sous la main...

Il gardait les yeux fixés sur moi. Mais quatre ans de casino m'avaient appris l'impassibilité.

– Tu devrais jeter un coup d'œil sur ton clavier de temps en temps, Philippe : il me semble que tu t'emmêles les doigts...

Il referma le couvercle d'un geste sec et me prit dans ses bras : « Bon, alors le chef est en Syrie. Toi, tu es en Autriche... » Il appuya son front contre le mien et plongea son regard entre mes cils : « Et qui est-ce qui garde le cabinet, hein ? Un de tes protégés ? Durosier ?

– Non. Durosier étudie ses dossiers et il fait ses valises : au prochain Conseil des ministres, il sera nommé ambassadeur à Haïti.

– Mazette ! Il avance, le bonhomme ! Ce que c'est que d'être poussé par toi ! »

La jalousie de mon frère étant multidirectionnelle,

il m'aurait été facile de le laisser s'engager dans cette voie, mais j'aimais autant le fixer sur Kahn-Serval aussi longtemps que je le pourrais.

« Je ne pousse pas Durosier, Philippe, dis-je en m'écartant. Il vieillit, comme nous vieillissons tous, voilà. Il y en a bien déjà qui te voient en directeur du Budget...

— Ah, on dit ça? Où? A Matignon? » L'inspecteur des Finances reprenait le dessus, mais il fut aussitôt repoussé par le frère inquiet : « Bon sang, qu'est-ce que je fais là, moi, à te parler de Durosier et du Budget?... Tu as l'art de détourner la conversation, mon chat! Tu réussirais à me faire oublier que ce que je veux savoir, c'est la raison qui t'a poussée à nous imposer la présence de ton cher Renaud.

— Je veux seulement le distraire de ses ennuis de parti... Tu as vu quelle cabale ses "amis" ont montée contre lui à propos de sa déclaration sur Saigon?

— Oui, oui... D'ailleurs, entre nous, je me demande qui avait raison. François est convaincu que Renaud déconne : tu as dû voir son édito dans "la Presse"? En tout cas, ton petit copain scie sa carrière... Et pour rien! Le Viêt-nam, le Cambodge : qui lui avait demandé d'aller se mêler de ça?... » « Oh oh, la belle petite poulette! » glapit-il soudain en faisant mine de se jeter sur Evelyne Martineau qui passait à sa portée, un plateau de verres entre les mains, « miam, miam, je vais la croquer! » Il lui planta dans le cou un gros bisou mangeur et commença à fourrager dans le corsage, très décolleté, de sa robe tyrolienne pour voir s'il ne trouverait pas, par là, quelque chose à se mettre sous la dent... Elle, rosissante et flattée, se défendait mollement, convaincue sans doute que, pour « décrocher » le fils après le père, il lui suffirait de vouloir. Comment, du reste, n'aurait-elle pas été flattée de voir s'appesantir sur ses charmes un garçon que « People » et « les Célébrités » s'entêtaient, dans leur carnet mondain et leur « page des festivités », à présenter comme un « play-boy », un séducteur chevronné auquel peu de jeunes filles de la bonne société savaient résister? « Voyons, Philippe..., piaillait-elle. Oh, vous êtes fou! Vraiment... Arrêtez! Vous allez casser les verres... Philippe! »

Quand mon frère revint vers moi, la petite mèche dorée était retombée sur son front, mais je n'avais plus aucune envie de la remettre en place.

— Pourquoi fais-tu cette tête-là, Lucrèce Borgia? Je trousse les servantes de mon père : rien de plus banal! La petite adore être lutinée. Elle aime bien aussi quand je lui donne du « ma bichette », « ma petite caille »...

— Tu lui permets de t'appeler Philippe, maintenant?

— Et comment veux-tu qu'elle m'appelle? Valentin? Décidément, je ne te trouve pas très sociale, mon chou, pour une ancienne vendeuse de « l'Humanité »!... Bon, mais nous nous écartons de notre sujet : à ta place, ma petite Christine, Kahn-Serval, je le laisserais tomber. Je ne sais pas exactement où en sont vos relations, évidemment. Et je conviens qu'il est très touchant... Mais il se fourre toujours dans des histoires pas possibles! C'est un naïf incurable, une espèce de « Monsieur Smith au Sénat » : lui aussi, je parie qu'il connaît par cœur la Déclaration des Droits de l'Homme et vénère nos Jefferson locaux... Quand on sait, par parenthèse, quelle belle ordure était le Sieur Jefferson dans son particulier! Enfin bref, Kahn-Serval n'a rien à faire dans le monde de truqueurs et de maquignons où il est entré. Et ça finira très mal!... Crois-moi, mon poussin : largue-le! Et cours te pomponner : dans deux heures, l'Ambassadeur te fera jouer les hôtesses, et il n'aime que les museaux bien poudrés!

Sous les applaudissements nourris du public, l'orchestre venait de terminer le « Quatuor » de Debussy et abordait cette « Berceuse » de Fauré que Philippe m'avait chantonnée toute la journée. L'assistance l'écoutait dans un silence religieux et une demi-obscurité; l'estrade où officiaient les musiciens, et les spectateurs placés près de la porte de l'antichambre restée éclairée, se détachaient seuls sur le fond ombreux.

La petite fête de mon père rencontrait un franc succès : il ne restait plus une chaise de libre et les domestiques avaient dû rajouter en hâte, parmi les cannelures dorées, des sièges dépareillés tirés des chambres et des greniers.

Le violon avait attaqué la mélodie comme on entre dans une conversation déjà commencée : il n'entamait pas ses phrases, il les poursuivait. Sur le ton des confidences, il semblait renouer entre deux soupirs avec le badinage enjoué des douairières qui peuplent les contes de Villiers de l'Isle-Adam ou de Barbey d'Aurevilly et vous consolent autour d'un whist, dans un boudoir gris fumée, des douleurs de la vie par la promesse de l'expérience. Sous la douce chanson du violon se dessinaient des visages usés, enfouis dans des charlottes de dentelle et des cornettes en point d'Alençon, des mains tavelées qu'on cachait vivement au fond d'un manchon, et des sourires indulgents de vieilles femmes – ci-devant duchesses, ex-chanoinesses – qui avaient vu tomber les rois et mourir leurs enfants, mais revenir tant de saisons qu'elles savaient tout guérissable, même l'irrémédiable : « patience, ma fille, patience »...

J'avais grand besoin, ce soir, de leurs leçons de résignation : assise au cinquième rang, à proximité de l'antichambre, entre le ministre-conseiller du Maroc et le consul de Grande-Bretagne, je ne parvenais pas à retrouver mon calme – pour quelles raisons mon père m'avait-il écartée du rôle de maîtresse de maison qu'il me faisait jouer depuis tant d'années? Déjà, à Rome, du temps où Nieves devait rester cachée, je recevais seule à ses côtés; a fortiori, depuis son veuvage... Or, quand je m'étais postée près de lui dans l'entrée pour accueillir ses premiers invités, il m'avait renvoyée vers Frédéric d'un : « Oh, c'est inutile, ma chère enfant, je recevrai tout seul maintenant, comme un grand... » Ensuite, je n'avais même pas eu droit à la chaise au premier rang qu'on m'aurait réservée en d'autres lieux, eu égard à ma fonction au Cabinet : comme parente de l'Ambassadeur on m'avait reléguée sans façon dans le fond, avec le tout-venant diplomatique... Certes, je n'étais pas imbue de mes prérogatives à la manière d'une aristocrate du XVIIIe entêtée de son « droit au dais » ou au « tabouret »; mais je savais que, comme tous les gens des ambassades, mon père l'était et qu'un homme comme lui, lorsqu'il vous rétrogradait, révélait la volonté bien affirmée de vous infliger une blessure d'amour-propre. Fervacques lui-même, si peu enclin, en apparence, à respecter les convenances, était des plus pointilleux sitôt qu'il s'agissait de siéger sur une estrade ou de s'asseoir à une table; à chaque moment il savait où il devait être et s'y mettait : ne l'avais-je pas vu, un jour qu'il était reçu à dîner chez un Grand Maître de la franc-maçonnerie en même temps qu'un ancien Président du Conseil et que le Secrétaire Perpétuel de l'Académie, prendre d'autorité la place à droite de l'hôtesse qui, estimait-il, lui revenait? « Pardonnez-moi, Monsieur le Ministre », s'était empressé le maître de maison, gêné, qui remorquait le ténor radical et l'académicien auxquels les sièges d'honneur avaient été réservés, « pardonnez-moi, mais nous avions prévu pour vous une autre place...

— Aucune importance, avait répondu Fervacques, superbe, je m'accommoderai de celle-ci... »

Ce langage des préséances, qui était si naturel à

mon amant et à mon père, je le comprenais assez bien maintenant pour en percevoir toutes les intentions, toutes les nuances, et c'était moins mon orgueil, ce soir, que mon cœur qui souffrait du rang où l'on m'avait exilée.

Philippe, qui dans les dernières années de Rome s'était habitué à me voir officier dans les salons à la place de Marie-Neige « empêchée », me lançait, par-dessus la tête de l'ambassadrice d'Italie, des regards désolés. Il avait l'air de deviner, comme moi, d'où venait le coup : Evelyne Martineau avait dû exiger, puisqu'elle ne pouvait être « avouée », qu'au moins l'emploi de maîtresse de maison ne fût plus occupé; peut-être même avait-elle suggéré que cela me « rabattrait mon caquet »... En tout cas, le « comme un grand » de Son Excellence venait sûrement d'elle : « Je suis sûr que tu te débrouilleras comme un grand », avait-elle dû lui expliquer dans l'intimité. Entre les exigences de la plus médiocre de ses maîtresses et le plaisir de sa fille, mon père – une fois de plus – n'avait pas balancé...

J'apercevais de dos sa chevelure, maintenant grisonnante, et ses hautes épaules qui surplombaient de chaque côté deux monticules de chignons blonds – la femme du ministre des Affaires étrangères autrichien et l'épouse du doyen du corps diplomatique; j'imaginais avec une joie vengeresse la conversation assommante à laquelle ces deux éminentes personnes devaient l'obliger pendant les intermèdes, tandis que l'orchestre accordait ses violons, qu'on changeait les partitions, et que les catarrheux libéraient leurs quintes de toux. Les femmes de diplomates étaient en effet, selon J.V., si ennuyeuses et guindées qu'il prétendait s'acquitter de ses devoirs de convive en deux phrases – qu'il appliquait successivement à sa voisine de droite, préséance oblige, puis à sa voisine de gauche : « Madame, avez-vous des enfants? » demandait-il, aimable et conventionnel; si la dame

196

répondait « oui », « ah, disait-il alors avec un air d'extrême intérêt, et de qui? » Et si la dame répondait « non », « ah... et comment faites-vous? » Dans les deux cas, il assurait gagner à ce procédé une grande tranquillité; les dames, pincées, étaient obligées de retourner vers leurs autres voisins les « longtemps je me suis couché de bonne heure » qu'elles lui avaient préparés, leurs appréciations originales sur les derniers films projetés, et les fines considérations sur la mode parisienne qui faisaient le fond de leur conversation; J.V. pouvait enfin, affirmait-il, manger en paix.

Bien entendu, je n'avais jamais cru à ces forfanteries d'ambassadeur fatigué. Je me disais seulement qu'il était si las de l'affectation de culture de sa classe sociale qu'il pouvait trouver rafraîchissante la niaiserie sans prétention d'une Evelyne Martineau; làdessus encore, j'étais prête à le suivre, à l'approuver, pourvu qu'il voulût bien me donner un mot d'explication... Peut-être même serais-je allée jusqu'à m'accuser d'accorder personnellement trop d'importance aux choses de l'esprit et au respect des usages, d'être un peu pédante, précieuse, qui sait? Il m'avait fallu si longtemps pour conquérir et assimiler les connaissances exigées pour pénétrer dans ce monde-là que j'y restais attachée comme à ces « matières obligatoires » des examens de passage qui vous ont coûté trop de peine pour être oubliées... Mais rien, de toute façon mon père n'expliquait rien, ne quêtait aucune compréhension, aucune absolution : il ne me parlait jamais.

Sur l'estrade, le violon reprenait pour la deuxième fois la même longue phrase aux tournures délicates, un peu apprêtées, de vieille dame. Il exposait des scrupules de grand-mère, des délicatesses de « femme de l'ancienne Cour »; dans un langage suranné où passaient des langueurs de valse et des souvenirs de limonaire, il nous parlait de châteaux que nous n'avions pas connus, de chansons que nous n'avions pas chantées, de rêves que nous n'avions pas faits. Ce balancement cadencé, ces périodes répétées étaient si rassurants que, tels les radotages d'un vieillard cher, on craignait l'instant où ils cesseraient. La fin vint pourtant, et sans que rien l'eût annoncée : la mélodie s'arrêta comme elle avait commencé – au milieu d'une phrase. Les musiciens avaient déjà posé leurs archets que je croyais toujours entendre la musique qui se prolongeait en moi comme la vie d'un être trop brusquèment disparu, ou l'une de ces comptines que Clotilde Lacroix fredonnait lorsqu'elle participait aux championnats de marelle du lycée – et qui, plusieurs jours après son enterrement, m'obsédaient encore, alors que la petite fille s'obstinait par-delà sa mort à garder la tête du classement...

Pour ne pas troubler l'enthousiasme du consul britannique qui applaudissait à s'en écorcher les mains, je détournai pudiquement des yeux pleins de larmes vers le rectangle éclairé de l'antichambre. Adossée au chambranle, à contre-jour, une silhouette obscure accrocha ce regard mouillé; elle me fit un petit signe d'amitié : c'était Renaud qui venait d'arriver.

Malheureusement, il n'y avait plus une chaise où l'installer. Ravie d'avoir à lui céder la mienne et de pouvoir ainsi échapper à la relégation que l'Ambassadeur m'infligeait, je profitai des applaudissements pour me glisser hors de la salle. Mais Renaud ne voulut pas accepter mon siège : nous nous fîmes force politesses et, à la fin, renonçant à l'installer à ma place, je décidai, malgré ses protestations, de lui tenir compagnie dans l'antichambre jusqu'à l'achèvement du concert.

Il était plus pâle encore que d'habitude, les traits creusés; il fumait davantage aussi : « Vous êtes si

198

gentille, Christine, de m'avoir invité... Au fond, vous êtes la plus sincère amie que j'aie jamais eue!

– Votre mission auprès de Kreisky s'est-elle bien passée?

– Oui... Mais c'est probablement la dernière que j'effectue pour le compte du Parti.

– Expliquez-moi donc pourquoi vous vous êtes embarqué sur cette " galère " vietnamienne.

– Un enchaînement de circonstances... En mars, juste après son Marivaux, Maud m'avait demandé de venir sur un tournage à Taiwan; elle ne s'entendait pas avec le réalisateur, elle espérait que je mettrais du liant... En rentrant de Tai-Pei, j'ai décidé de faire escale à Huê... » Le nom évoquait l'une de ces images du chocolat Rozan que j'avais collectionnées vers l'âge de huit ans et sur laquelle on voyait – sous le titre « Jeunes Filles de Huê » – deux ravissantes à ombrelles et tuniques rouges brodées qui servaient de support à un cours de géographie sur nos colonies... Le monde avait changé si vite qu'à trente ans j'avais parfois l'impression d'avoir vécu dans deux siècles différents. « Remarquez, poursuivit Renaud, je ne peux pas prétendre que j'ignorais qu'il y avait un certain danger à s'arrêter au Viêt-nam à ce moment-là. Mais j'avais un ami médecin, Ian Tanzer, qui travaillait pour le compte de la Croix-Rouge, à une cinquantaine de kilomètres de Huê, à l'Hôpital de Thanh Phö, et il se trouve qu'il m'avait écrit quelques semaines plus tôt... J'ai logé dans les caves de l'hôpital avec lui : sa maison venait d'être bombardée, et il n'y avait plus un lit de libre dans les salles communes – trop de malades et de blessés... Les combats se rapprochaient, les équipes médicales travaillaient vingt-quatre heures sur vingt-quatre, j'ai rendu quelques petits services... Et quand j'ai voulu repartir, les troupes de Hanoi avaient tellement avancé qu'il était devenu impossible de gagner Da Nang : la prise de Thanh Phö n'était plus qu'une question d'heures... Je ne me suis pas affolé : vous savez quel combat nous avions mené, Maud et moi, pour la cause du Viêt-cong; mon copain médecin non plus n'était pas inquiet – c'est un ancien maoïste et il n'était pas fâché de pouvoir serrer la main de ses héros... On était sûr du reste que, dès que l'étau serait desserré, l'approvisionnement de la ville en nourriture et en médicaments se trouverait facilité, et le sort de nos malades, amélioré. Je ne prétendrai même pas que nous ayons été choqués, ni surpris, quand les nouvelles autorités nous ont priés d'évacuer l'hôpital : il s'agissait uniquement de réorganiser l'administration; le personnel médical étranger – Ian, un chirurgien belge, deux infirmières et moi – serait assigné à résidence pendant trente-six heures dans un hôtel réquisitionné et, passé ce délai, nous pourrions de nouveau circuler dans la ville jusqu'à ce qu'on nous rapatrie. Ian a seulement insisté auprès d'un des nouveaux chefs, un colosse à la mitraillette en bandoulière, sur la nécessité de ne pas interrompre les traitements en cours : " Est-ce que tu ne penses pas, camarade, qu'il vaudrait mieux que deux ou trois d'entre nous restent pour vous aider? Etes-vous certains de savoir faire fonctionner les appareils? " " Nous avons tout ce qu'il faut pour soigner ", a dit l'autre sur un ton qui n'admettait pas de réplique, et il nous a gentiment montré la sortie du bout de sa mitraillette. A ce moment-là, j'ai lu de la panique dans les yeux de certains alités; il y en a un qui s'est relevé pour me courir après, en me suppliant de rester : comme parmi nos blessés nous avions récupéré quelques débris de l'armée sud-vietnamienne en déroute, j'ai cru nécessaire d'intervenir pour ceux-là, les seuls pour lesquels je redoutais une tentative de " tri ". Je suis remonté en courant jusqu'au QG : " Pouvez-vous m'assurer que tous nos malades seront traités de la même façon? " Le type qui avait l'air de diriger s'était installé dans la petite guérite vitrée de la surveillante générale – il avait les deux bottes sur le bureau, d'où il avait viré tous les dossiers, et il n'avait pas l'air enchanté de me revoir : " Oui, oui... Traités tous pareils, tous pareils... " Il a crié un ordre en vietnamien et j'ai été entouré par une demi-douzaine de jeunes soldats qui m'ont fermement aidé à redescendre l'escalier... Quand, deux jours après, nous avons pu ressortir, nous sommes retournés à l'hôpital, où personne ne nous avait rappelés. Pour cause : il n'y avait plus de malades... La bâtisse était fermée, les salles désertes. Mais les matelas éventrés, les lits brisés, et la terre fraîchement remuée des jardins ne laissaient aucun doute sur la manière dont on avait " nettoyé " les lieux. Dans la plus parfaite égalité de traitement, évidemment... Le lendemain, nous avons appris que Da Nang était tombée; mais les responsables de l'armée victorieuse, en marche vers Saigon, étaient encore trop occupés à " réorganiser " les hôpitaux des villes libérées et canonner les civils en fuite pour songer à faire rapatrier une poignée d'étrangers égarés : nous sommes restés dans l'hôtel réquisitionné. Aux salves qui nous parvenaient du dehors nous devinions que la " grande lessive " continuait. Un jour, l'ancien comptable de l'hôpital a réussi à s'introduire dans notre asile par les arrière-cours; il traînait avec lui une petite fille dorée comme un brugnon – six, sept ans peut-être, l'âge qu'avaient les fils de Maud quand j'ai commencé à m'en occuper; l'homme, ex-fonctionnaire sudiste, se savait perdu, il m'a supplié d'emmener sa fille en Europe avec moi. Bien sûr, ce n'était pas possible... Alors, il m'a demandé de la conduire à trois kilomètres de la ville, chez sa sœur, une paysanne; avec un peu de chance personne n'irait l'y chercher... Nos mouvements à nous, Européens, semblaient un peu moins contrôlés que ceux des autochtones; comme si, dans la pagaille des premiers jours, la blancheur de la peau rendait invisible! Restait pourtant à faire franchir les cordons de police au pauvre petit " brugnon ", qui n'avait pas trop l'air français... J'ai tenté ma chance à la tombée de la nuit, avec mon coupe-file de député. Mais oui, vous avez raison, je suis d'une incorrigible naïveté! Arrivé dans les faubourgs, j'ai cru préférable pourtant de marcher derrière les haies pour éviter les barrages. D'autant que la route était dangereuse : il y circulait toutes sortes de convois et de camions, chargés de troupes rien moins qu'amènes... C'est au moment où nous nous faufilions à travers la clôture d'un jardin que la fusillade a éclaté : le tir était si violent qu'il m'a renversé, je suis resté quelques minutes à terre, assommé... Quand je me suis relevé, l'enfant était... Elle était... Les morts de la guerre, je dois vous le dire tout de suite, ne ressemblent pas aux morts de la paix, pas même à ces " blessés de la route " dont nous faisons régulièrement de si merveilleux carnages. En vérité, nous n'avons aucune idée, dans nos nations protégées, de l'admirable travail de transformation qu'accomplissent, sur les peaux jaunes ou noires, les armes modernes que nous vendons! En tout cas, il ne restait rien de cette enfant qui puisse rappeler qu'elle avait eu... qu'elle avait eu deux jambes, deux bras et un visage, comme tout le monde... Je ne me souviens pas... pas vraiment comment je suis retourné en ville... Je sais seulement qu'il m'a fallu deux jours pour comprendre que la mort de cette petite n'était pas le fait d'un de ces hasards de la guerre qu'on prétend inévitables : c'était moi qui l'avais tuée. J'avais mis ce soir-là un imperméable apporté de Paris, un loden vert, sans songer que l'uniforme d'une des armées était vert aussi. Le crépuscule, la haie, cette ombre verte qui courait... Pas besoin, n'est-ce pas, de s'interroger? »

Pendant que Renaud parlait, je l'avais conduit à la salle à manger du deuxième où l'on avait dressé le buffet : je pensais que nous y serions mieux pour bavarder, loin de la rumeur du concert et de cette antichambre où se croisaient sans cesse serveuses et extras, courant des vestiaires à la salle des fêtes et de la salle des fêtes au grand salon. Maintenant, pourtant, sous les stucs roses et or qui dégoulinaient du plafond, face à ces médaillons naïfs et désuets qui célébraient « les sports féminins » tels qu'on les concevait au début du siècle – canotage, patinage, bicyclette –, et devant ces pyramides de petits fours, ces montagnes de cochons de lait, je me demandais si j'avais bien choisi l'endroit le plus convenable à l'évocation des souvenirs de Renaud. Ce qu'il y avait de sûr, c'est que je n'avais plus envie de manger et que tant de sucreries, sur tant de sang, me donnaient la nausée... J'obligeai pourtant mon « Hussard » à accepter une coupe de champagne, qu'il vida d'un trait.

« Je suis rentré à Paris le 16 avril, la veille de la chute de Phnom Penh, reprit-il sitôt la dernière goutte avalée. En débarquant à Orly, le loden vert dans la valise, j'avais l'impression d'avoir rêvé... Je n'ai parlé à personne de ce que j'avais vu et vécu pendant ces cinq semaines : j'avais besoin de mettre de l'ordre dans mes idées... Et je peux vous assurer, Christine, que je n'aurais jamais fait la moindre allusion aux conditions dans lesquelles s'était effectuée la " libération " de certaines villes du Viêt-nam si, dans les jours suivants, je n'étais tombé sur la série d'articles de Dormanges dans " la Presse ", à propos de la victoire khmer rouge au Cambodge... »

Dormanges, alias « Mandrin », le grand leader socialiste d'Enghien, avait fait partie pendant quelques mois de la mission militaire française à Phnom Penh avant d'abandonner définitivement l'Armée et de devenir, pour le Cambodge et la Thaïlande, l'envoyé spécial de divers journaux français. Au moment de la reddition de Phnom Penh, il se trouvait à l'Hôtel Royal devant un dernier whisky et avait dû, comme tous les étrangers, chercher un refuge précipité dans les locaux de l'ambassade de France. De là, quoique toutes les communications nationales et internationales du pays fussent coupées, et qu'aucun des réfugiés de l'ambassade – strictement gardée par de jeunes « libérateurs » à la gâchette sensible – n'eût pu mettre le bout du nez dehors, il avait réussi, en utilisant le télex qui reliait encore le poste diplomatique au Quai d'Orsay, à adresser aux lecteurs français, inquiets des événements, des nouvelles détaillées et plutôt rassurantes tout compte fait. Certes, il avait été surpris, comme tout le monde, de la décision prise par les Khmers rouges de faire évacuer en quelques heures le million d'habitants de la capitale; mais il nous demandait de ne pas juger : « L'étonnement ne devrait pas nous conduire à amputer l'important capital de sympathie amassé, à juste titre, par les Khmers pendant cinq ans de lutte courageuse... » En tout cas, son respect des différences de mentalités l'incitait à nous proposer une explication qui replaçait le phénomène dans l'ordre naturel des causalités historiques : « De même que souvent, en Asie, la chute d'une dynastie a été accompagnée par l'abandon de sa capitale, de même les paysans khmers ont voulu détruire ce qu'ils considéraient comme un satellite de l'étranger, cette ville qui s'était bâtie avec leur sueur sans rien leur apporter en échange. » Sur les conditions mêmes de l'évacuation, que quelques Occidentaux « évadés » avaient eu tendance à décrire comme apocalyptique, Dormanges apportait aussi de quoi apaiser les premières inquiétudes, en ramenant ces témoignages alarmistes aux réflexes de classe qui les avaient probablement inspirés : « Bien entendu, les riches ne savaient pas quoi entasser dans leur voiture, mais pour les pauvres le choix était vite fait... Certains, réalisant qu'on ne pouvait traiter avec le nouveau régime comme avec l'ancien, ont parlé de choses épouvantables, de " massacres " : il ne s'agissait en fait que de quelques soldats tués... On est loin de ces milliers de cadavres pourrissant au soleil aux portes de la ville, et que nul, curieusement, n'a vus de ses propres yeux! » L'opinion publique occidentale qui, tel le duc de Guermantes pressé d'aller danser, minimise volontiers les nouvelles de décès avait accueilli avec reconnaissance ces analyses qui réduisaient la tragédie à de justes proportions. Personne alors – pas même notre cabinet – ne s'était avisé qu'il était pour le moins étonnant de voir un journaliste " verser d'emblée le fait de n'avoir rien vu au crédit de ceux qui l'avaient empêché de regarder... "

« Mais ce ne sont pas ces premiers articles qui m'ont fait sortir de mes gonds, m'assura Renaud. Sans doute, j'avais l'impression que Dormanges cultivait l'euphémisme, mais je ne connaissais pas le Cambodge ni les Khmers rouges. Et puis il y avait eu, en première page du " Monde ", cet encadré qui faisait état de " l'enthousiasme des populations libérées ". Pourquoi pas, après tout? C'est quand " Mandrin ", rentré à Paris, a publié, quelques jours après, deux nouveaux papiers sur " les mesures prises par M. Pol Pot ", que je me suis déchaîné. Il parlait de l'évacuation des hôpitaux, et ça, pour le coup, je connaissais! Tenez, voyez... » Il sortit de sa poche une petite coupure à moitié déchirée qu'il avait dû transporter depuis un mois d'un costume dans l'autre :

« Parmi les événements que certains ici n'ont pas compris, écrivait Dormanges, il y a eu l'évacuation totale des hôpitaux, qui abritaient, à la chute de la ville, vingt-cinq mille blessés et malades. Combien, se demande-t-on à Paris, de ceux qui sont partis ainsi sur un lit à roulettes ou un brancard sont morts en route? Sans doute... Mais combien aussi seraient morts de toute façon dans les conditions sanitaires effroyables qui caractérisaient, ces dernières semaines, les installations hospitalières cambodgiennes? »

« Là, mon sang n'a fait qu'un tour! gronda Renaud. Pourquoi ne pas demander aussi, tant qu'il y était, combien de vieillards, parmi ceux que les SS ont gazés, seraient morts " de toute façon " dans les années suivantes? Combien d'enfants, que les nazis ont " traités " dans leurs fours crématoires, auraient dépéri " de toute façon " dans ces ghettos roumains ou polonais peu conformes à nos normes d'hygiène? Et quand je pense qu'il allait jusqu'à appeler " éloignement passager " ce qui n'est rien d'autre qu'une déportation!... Non, je ne pouvais pas laisser passer les élucubrations pousse-au-crime de ce plumitif qui écrit " Monsieur " Pol Pot comme on disait, en 38, " Monsieur " Hitler! »

Lui que je n'avais jamais vu boire vida, rageur, deux autres coupes de champagne. A son tour, il s'y mettait... Je songeai à l'époque – l'orée des années soixante – où l'on avait baptisé notre génération « les enfants de Marx et du Coca-Cola » : pour le Coca-Cola, c'était déjà fini; quant à Marx, il me semblait mal parti...

« Sans doute, mon petit Renaud, mais vous n'y êtes pas allé de main morte, avouez! Dire ce que vous aviez vu au Viêt-nam, passe encore... Mais traiter, comme vous l'avez fait, l'un de vos camarades de parti, un type chez qui vous alliez dîner, d'" irresponsable ", de " faux cul " et de " Goebbels au petit pied "! Vous deviez vous attendre, tout de même, à ce qu'il réagisse... »

Il avait réagi, en effet, en première page du quotidien, s'interrogeant publiquement, « pour la forme », sur les raisons de la présence d'un député socialiste au côté des forces réactionnaires à Thanh Phö, et accusant, « sur le fond », Kahn-Serval de tout ignorer des mentalités est-asiatiques de même que de la pensée de Mao dont le nouveau pouvoir s'inspirait; incidemment, il disait sa surprise de voir l'ancien porte-parole du PS faire « objectivement » le jeu de la presse de droite qui s'était empressée, il est vrai, de donner un large écho à ses propos...

Cette défense de Dormanges, exprimée en termes modérés, avec plus de fiel que de violence, avait davantage impressionné que l'attaque trop véhémente de Renaud; d'autant que plusieurs « maîtres à penser » étaient venus se ranger dans le camp de « l'agressé » : Thierry Saint-Véran, interrogé par « le Monde » (depuis qu'il devenait célèbre, on l'interrogeait comme Maud sur n'importe quoi), s'était prudemment retranché, à propos du témoignage de Renaud, derrière le vieil adage « testis unus, testis nullus », tandis que Georges Coblentz, dans un grand envol d'écharpe blanche, s'écriait que « la solidarité avec les Vietnamiens ne se monnaye pas » et que Nicolas Zaffini obtenait d'un quotidien du matin deux colonnes pour faire part de sa satisfaction personnelle devant le « déplacement » des populations entassées à Phnom Penh; non qu'ayant, depuis sa candidature malheureuse, abandonné le trotskysme, il eût cru, comme tant d'autres, devoir faire un détour par le maoïsme, mais, devenu écologiste, il se sentait tenu d'applaudir le premier gouvernement qui eût l'audace de renvoyer les villes à la campagne... Enfin, la polémique engagée par Renaud avait été jugée, par les uns et les autres, du centre droit à l'extrême gauche, « inopportune » ou « prématurée » : « Il se peut que la libération de certaines villes du Cambodge et du Viêt-nam ait donné lieu à quelques excès », reconnaissait honnêtement Moreau-Bailly dans son éditorial de « la Presse », partagé qu'il était entre son ancienne amitié pour Renaud et sa nouvelle passion pour le petit Dormanges, « mais est-il bien opportun d'accabler, a priori, des gouvernements qui ont la tâche énorme de remettre sur pied des nations épuisées par des années de corruption et d'oppression? Nous, responsables occidentaux, ne devrions-nous pas nous rappeler quelle part de responsabilité nous avons dans cette situation avant de faire à nos victimes d'hier des procès d'intention? »

Cette hostilité quasi unanime à ce qu'on appelait « la prise de position de Kahn-Serval » avait eu des prolongements au sein de son propre parti : la Fédération du Doubs, où RKS ne gardait plus, depuis quelques mois, qu'une majorité réduite, avait voté une motion de défiance envers son premier secrétaire; et Dormanges, se dissimulant derrière les nombreuses « amitiés » dont il pouvait se prévaloir au Secrétariat national, réclamait, par Hoédic interposé, une « sanction exemplaire » contre ce député qui osait, sans en avoir référé au parti, rendre publiques des opinions aventurées et injurieuses à l'égard d'un « camarade ». On parlait, Place du Palais-Bourbon, d'une réunion probable de la Commission des Conflits et d'une possible exclusion du Comité directeur.

« Il me semble pourtant », me dit Renaud en caressant doucement le bosselage d'une des guirlandes de stuc qui encadraient la porte, « il me semble que je n'émettais pas une opinion : je donnais une information... »

L'orchestre, qui, en bas, s'était tu depuis quelques minutes pour laisser la place à la récitation de la demoiselle du « Français », reprit une longue inspiration de violon avant de faire entrer dans sa ronde une flûte imprévue, puis une voix qui mêlait ses volutes au timbre des instruments. Etonnée, car aucun chanteur ni flûtiste n'était prévu au programme, je prêtai l'oreille. Mais j'étais loin de la salle des fêtes, et Renaud continuait à me parler : je ne parvins à saisir que le mot « masque », puis « fantasque », et songeai aussitôt à un poème de Verlaine que François Moreau-Bailly, qui terminait une étude sur l'écrivain, nous avait chanté un soir à Senlis :

« Votre âme est un paysage choisi,
Que vont charmant masques et bergamasques... »

Mais pourquoi ce morceau n'avait-il pas été annoncé? Tout à coup, il me revint en mémoire que mon père m'avait parlé, la veille, avec un air de finesse, d'une « surprise » qu'il me destinait, pour me récompenser, avait-il dit, d'avoir « si bien travaillé ». Etait-il possible que...?

Renaud, dont ma distraction avait éveillé l'attention, identifiait maintenant le poème lui aussi :

« Tout en chantant sur le mode mineur
L'amour vainqueur et la vie opportune »

murmura-t-il en effleurant tendrement ma joue,

« Ils n'ont pas l'air de croire à leur bonheur... »

Se pouvait-il que mon père m'eût dédié cette chanson, et qu'il eût joint, à la délicatesse de l'attention, assez de pénétration pour me deviner « quasi triste sous mes déguisements fantasques »? L'élan de joie qui me traversa fut coupé net : je venais d'imaginer J.V. cherchant mon visage au fond de la salle pour y lire la reconnaissance, la complicité, et ne trouvant qu'une place vide.

Le chanteur devait être allemand : il prononçait mal le français. Dans cette confuse psalmodie seuls quelques vocables surnageaient... En étions-nous à la fin, ou au début? Il était peut-être encore temps de me précipiter dans l'escalier, de pousser la porte, de bousculer le vice-consul anglais et de reprendre ma place dans la salle bondée... Mais si je m'étais trompée? Si je dérangeais inutilement toute la rangée? Si, loin de répondre à l'espérance de Son Excellence, je semais la perturbation dans cette assistance recueillie et ne m'attirais, pour finir, qu'un regard furibond du maître de maison? J'hésitai. D'en bas me parvinrent encore « oiseau », « extase », « jet d'eau »... Puis la flûte disparut comme elle était venue et le violon mourut. Tant pis : l'Ambassadeur, qui savait tant de choses, apprendrait que les enfants qui n'ont pas de place réservée ont une terrible propension à s'évader...

Quand les applaudissements s'espacèrent et que les violons attaquèrent le Saint-Saëns prévu, je me fis servir, à mon tour, une grande rasade de champagne et grignotai un toast au caviar pour me réconforter.

« L'Hoédic qui se vante de vous " faire la peau ", mon petit Renaud, je le connais... Très bien, même. Je l'ai connu avant qu'il ne devienne maire de Trévennec. Du temps où il essayait de se faire élire à Armezer... J'ai été bien informée, à l'époque, de toutes ses fripouilleries, y compris de celles qu'il commettait à l'intérieur de votre Parti. Si vous le voulez, je peux vous fournir des armes contre lui...

— Non, je ne veux pas me laisser entraîner sur le terrain de mes adversaires : ils auraient gagné.

— De toute façon, ils ont gagné...

— Oh non, ils vont essayer de me virer... Mais je me battrai! Je ne me maintiendrai peut-être pas au Comité directeur, mais j'espère encore pouvoir reprendre en main ma Fédération...

— Pourquoi rester avec des gens qui ne veulent pas de vous? Venez chez les solidaristes : je vous y accueillerai comme un prince...

— Je vous ai déjà expliqué, Christine, que je ne peux pas. » Il eut pour moi ce sourire patient qu'on réserve aux enfants ignorants : « Un jour de colère, il y a bien des années, je vous ai lancé que la droite française était trop bête... Je n'étais pas tout à fait honnête à ce moment-là, parce que, pour ce qui est de la bêtise, la gauche lui dispute vaillamment la palme... Mais, ce qui reste vrai à mes yeux, c'est que la droite est d'une médiocrité morale insurpassable! Oh, certes, il y a des Hoëdic et des Dormanges chez nous comme il y a, en face, des Berton et des Fortier : on trouve des salauds partout. Et il nous arrive aussi, plus souvent qu'à notre tour, de nous tromper, c'est vrai... Seulement, une fois de temps en temps, en découvrant nos erreurs, nous socialistes, nous avons mauvaise conscience. Or, ce sentiment de culpabilité, sans lequel il ne saurait y avoir de progrès moral, quand avez-vous vu nos adversaires l'éprouver? La mauvaise conscience est une spécialité de gauche, ma petite Christine : il n'y a pas de " conscience douloureuse " à droite... Tenez, prenez le père Chérailles, par exemple : l'avez-vous entendu, une seule fois, regretter les positions qu'il avait prises pendant la guerre? Avez-vous jamais senti en lui quoi que ce soit qui vous donne à penser que, si une seconde vie lui était donnée, il ne commettrait pas les mêmes péchés? Non, n'est-ce pas? Voilà pourquoi, même si mes amis me rejetaient, je n'irais pas de l'autre côté... »

Il avait fort bien parlé; au point que, sans être persuadée par ses analyses, je me sentais gagner par l'émotion qu'il ressentait. Il s'échauffait toujours en parlant, c'était ce qui le rendait si convaincant. Dans ses campagnes électorales aussi, il tirait soir après soir des larmes aux citoyens en évoquant, avec des mots généreux, son attachement à son parti et la splendeur d'idéaux dont, dans l'intimité, il convenait qu'il était un peu revenu depuis... Mais ce soir, sans préjuger de sa sincérité, j'étais heureuse de lui avoir fourni l'occasion d'exalter ses racines en me faisant la leçon et de s'être donné, pour un instant, l'illusion d'appartenir à une vraie famille...

Il avait posé affectueusement son bras sur mes

épaules et allumé une cigarette, qu'il fumait en me regardant avec une reconnaissance si tendre et exagérée que j'en étais presque gênée.

« Vous n'avez que quarante ans, mon petit rabbin... S'ils vous excluent, qu'est-ce que vous ferez?

– Je ne sais pas... Mais j'ai confiance. » Il fit semblant de rire : « On ne m'a pas dit quel emploi on me réservait dans la comédie, mais je suis sûr d'y avoir un rôle... Vous vous souvenez de ce qu'écrivait Bernanos : "Nos vies ne sont rien par elles-mêmes que de pauvres mots détachés du texte, mais Dieu les fait rimer entre elles et en compose de majestueux poèmes..." Oh, ajouta-t-il avec un soupir souriant, je ne vous prétendrai pas que le "mot détaché du texte" n'en a pas parfois assez, je ne vous dirai pas qu'il ne lui prend pas envie, certains jours, de se transformer en "mot de la fin"! Mais, même si cela arrivait, si je... enfin, si j'étais "porté disparu", il faudrait le considérer comme une... comme une beauté supplémentaire nécessaire au projet, comme la rime qui vous manquait. Et non seulement je vous demanderais de ne pas pleurer, mais j'aimerais que, dans le secret du cœur, vous entonniez un hosanna. »

Après le dîner pris debout sous les tonnelles et les fleurs de stuc de la salle à manger, Jean Valbray avait ouvert le bal avec la femme du ministre autrichien; Frédéric, la barbe conquérante, était venu cérémonieusement m'inviter; Philippe dansait avec sa maîtresse alibi amenée de Paris. Aux yeux de tous, cette première valse était une « mesure pour rien ». Mais, quand je vis l'Ambassadeur offrir la seconde valse à Mademoiselle Martineau, moulée dans un fourreau noir décolleté qui me rappela celui de la Via Borgognona, je ne dus pas avoir l'air moins dépité que l'épouse du premier conseiller... Heureusement,

Philippe, ravi de s'être acquitté de sa corvée, glissait déjà vers moi en patinant gracieusement sur le parquet ciré, et, passant un bras sous ma taille, il m'entraînait. Les plafonds se mirent à tourner deux fois plus vite qu'avec le pauvre sous-préfet dont mon frère prétendait, non sans quelque vraisemblance, qu'il avait appris à danser par correspondance.

« Tu as passé les deux tiers du concert avec Kahn-Serval... Puis-je te demander dans quelle pièce?

— Mais dans ma chambre, bien sûr! Ecoute, Phil, ne sois pas stupide : il me racontait ses malheurs...

— Ah... Tiens, à propos de ton écorché, Maman m'a chargé de te demander si sa célèbre " moitié " avait été bonne dans " la Double Inconstance " de Prioux, l'hiver dernier...

— Tu as raison de préciser " de Prioux ", parce que ce n'était pas celle de Marivaux... Pour autant que j'aie pu saisir quelque chose du texte, notre abbé avait interverti des scènes, coupé des répliques, enfin bricolé Marivaux comme un vulgaire Meccano... Il me semble que, petit à petit, il s'enhardit : j'ai connu le temps où il se bornait à nous proposer ses " relectures ", maintenant il nous inflige ses " réécritures "! Remarque, puisque Blanchot avait déjà fait le coup de la " mise en pièces " à Molière, on ne voit pas ce qui aurait pu retenir Prioux de tailler dans Marivaux... Il n'empêche que la " belle Avenel " a tort d'engager sa réputation pour soutenir ce genre d'expérimentations! Cette fois-ci, à mon avis, elle y a laissé des plumes : les applaudissements m'ont paru maigres... De toute façon, on devrait pouvoir aller la voir au théâtre sans être obligé de subir son jésuite une fois sur deux : elle n'est pas mariée avec, tout de même!

— Mariée, non... Mais certaines femmes gardent une tendresse pour leurs vieilles liaisons.

— Prioux et Maud, une liaison? Tu veux rire, c'est un abbé!

— Bah, un abbé, un abbé... Il ne faut rien exagérer! D'ailleurs, il y a longtemps qu'aux allusions que nous faisions à la maison tu as dû comprendre de quelle manière il vit... Ne me dis pas le contraire!

— Oui... Mais à Senlis on m'avait expliqué... enfin, je croyais, oui, il me semble que, quand j'ai connu Prioux, il était en ménage, rue Mouffetard...

— Eh bien, justement : le ménage, rue Mouffetard, c'était Maud!

— Arrête, Philippe, j'ai la tête qui tourne!... Mais non, ce ne sont pas tes révélations, imbécile : c'est la valse... Ralentis, je t'en prie, ralentis, j'ai mal au cœur.

— Non, ma belle, " je veux d'abord que tu te pâmes, que tu cries, que tu me demandes grâce "...

— Oh... » Outrée de la citation, je fis mine de frapper sa poitrine à coups de poing : « Dégueulasse, espèce de dégueulasse! Tu écoutes aux portes, maintenant?

— Faute de mieux, ma douce. Faute de mieux... »

Et il resserra son étreinte. La valse s'accélérait. J'avais dû appuyer mon front contre son épaule, et, fermant les yeux pour ne plus voir le tournoiement des couples enlacés, je le laissais profiter de mon vertige pour déposer dans mes cheveux de petits baisers légers.

— Tu es vraiment le dernier des salauds... Mais, dis-moi, si Prioux était avec Maud rue Mouffetard, c'est à lui que Renaud l'a enlevée?

— Evidemment. Tout le monde le sait. Pourquoi donc crois-tu qu'il évite d'assister aux premières de sa femme chaque fois qu'elle joue du Prioux? Et pourquoi crois-tu qu'il se soit disputé chez nous avec Fortier?

– C'était à propos de Céline, si je me souviens bien...

– Oh, Céline, c'était le motif officiel! Et maintenant, le dessous des cartes : Fortier venait de faire un article où il affirmait que Maud n'était jamais si bonne que lorsqu'elle était dirigée par l'abbé, qu'il y avait entre le metteur en scène et son actrice favorite une connivence admirable, une compréhension réciproque, dont la perception était un bonheur pour le spectateur... Disons, à la décharge de ce pauvre Fortier, qu'on pouvait avoir de bonnes raisons de préférer Pierre à Renaud : Prioux est plus traitable que ton « Hussard »; il est né accommodant, le saint homme – avec autrui, mais d'abord avec lui-même. « Charité bien ordonnée... » C'est ce qui le rend si joyeux! Du reste, en dépit des apparences, je le trouve excellent missionnaire : tu n'as pas remarqué, toi qui sais l'Histoire, que les jésuites sont de merveilleux miroirs? Seulement, au lieu, comme les mystiques, de renvoyer bêtement en bas le reflet d'en haut, ils renvoient en haut le reflet d'en bas. Prioux sur la Rive Gauche, mon chou, c'est le père de Nobili aux Indes à la fin du Grand Siècle : il nous refait le coup des rites malabar...

Dès que je rouvrais les paupières, les corps aux formes confuses, aux couleurs mêlées, me cernaient comme des toupies folles; je ne pouvais, sans risquer de perdre l'équilibre, repérer le couple bâtard que formaient Frédéric et la petite Balmondière, ou le fourreau noir et son grand smoking assorti. Reposer les yeux sur un point fixe, il ne fallait pas non plus y songer sous peine d'emmêler ses pas et de trébucher; quant à s'immobiliser brusquement soi-même, c'était courir le danger de voir basculer le plancher, s'effondrer le plafond, et s'écrouler, comme un château de cartes, toute la société : une fois lancé, on n'avait d'autre solution que de ne pas s'arrêter; on devait compenser chaque déséquilibre par un déséquilibre contraire, rattraper l'instabilité par une instabilité plus marquée, et accélérer, accélérer sans cesse pour ne pas tomber.

— Dommage que, pour rester en tête-à-tête avec RKS, tu aies manqué le « Concerto en sol »! reprit Philippe qui, au milieu des totons lancés à une allure folle à travers le grand salon, me guidait avec autant d'autorité qu'il le faisait au Farnèse entre les portes du grenier lorsqu'il m'apprenait à valser.

— Dommage surtout, murmurai-je en m'agrippant de la main gauche au revers de son smoking, que j'aie manqué le « Clair de Lune » de Verlaine...

— Pourquoi? Au contraire, il valait mieux que tu ne sois pas là! Tu aurais été furieuse! Figure-toi que ce poème, Son Excellence avait demandé au chanteur de le dédier... « Carissimae dominae », a dit le type avant de commencer. Sans autre précision... Mais j'ai suivi son regard et il y avait Martineau au bout, la mine si réjouie qu'on n'avait pas besoin de se demander si quelqu'un s'était donné la peine de lui apprendre le latin! Franchement, prétendre que l'âme de cette petite Perrette, qui a toujours l'air de chercher son pot au lait, soit « un paysage choisi », on aura tout vu!... Attention, tu t'embrouilles les pieds, Christine, tu vas nous faire tomber!

— Quel couple magnifique vous formiez tout à l'heure avec Philippe, me dit Renaud, on ne peut s'empêcher d'être touché quand on voit un frère et une sœur si unis, si proches...

En dansant, il tenait ma main si légèrement dans la sienne et enlaçait ma taille avec tant de timidité que j'avais toujours l'impression de le diriger. Cependant, pour confirmer mon frère dans les motifs de jalousie qu'il se croyait en droit d'imaginer, j'affectais d'être entraînée malgré moi dans un mouvement plus rapide que je ne pouvais le supporter : je poussais des petits cris apeurés et enfouissais mon visage dans le creux de son épaule.

Ainsi aveuglée, je parvenais tout de même à ne pas heurter les autres danseurs et à mener mon cavalier où je le voulais. Par chance, en effet, il y avait dans les salons illuminés beaucoup moins de monde qu'une heure avant : les pays de l'Est s'étaient enfuis sitôt le concert fini; et les Etats du Tiers Monde, après s'être copieusement restaurés aux buffets du deuxième étage, avaient renoncé à se soumettre à des rythmes déjà démodés quand nos nations d'Occident tenaient encore chez eux le haut du pavé. Seule, l'Europe, grisée par ses souvenirs, valsait.

« Si vous saviez quel effet cela fait, quand on a passé tout le mois à ferrailler à propos de Phnom Penh et de Saigon, de danser en " black tie " sur un air de Strauss ou de Lehar... J'ai l'impression d'être la Veuve Joyeuse! » reprit Renaud avec un sourire tendre et désenchanté. « Vous avez de jolis cils, Christine, très longs... J'aime bien quand vous baissez les paupières comme ça, et qu'ensuite vous rouvrez brusquement les yeux : à cause de la vitesse et du tourbillon, vous levez sur moi un regard égaré absolument charmant. Et le plus troublant de l'affaire – ne m'en veuillez pas de ce que je vais dire – c'est moins peut-être ce gris noyé dans lequel vous nous invitez à plonger, que l'impossibilité de savoir si cette brume, ce flou révèlent un extrême abandon ou dissimulent d'obscurs mensonges... Bien entendu, je sais ce qu'il en est. Mais il me semble que, dans ces yeux ouverts qui ne voient rien, ces yeux qui ne disent rien, quelqu'un qui ne vous connaîtrait pas pourrait lire en même temps toutes les innocences et toutes les tromperies... Ah oui, décidément, vous m'intimidez! Fermez les yeux. » Et, joignant le geste à la parole, il posa sa main sur mes paupières et l'y laissa un long moment. Jamais, même dans la roseraie de Senlis au beau temps de nos escapades nocturnes, même dans nos petits dîners solidaristes sur le canapé bleu de mon nouvel appartement, il n'était allé aussi loin dans le badinage et les câlineries. A fortiori en présence de mon mari! Ce devait être le champagne, ou le vertige de la mesure à trois temps... Et, comme le soir où j'avais fait sa connaissance dans la galerie de la Belle Inutile et où, en riant, il avait posé un doigt sur mes lèvres, je sentis qu'il me suffirait d'un mouvement imperceptible, d'une pression de la main, d'un tressaillement des lèvres, pour le contraindre à m'embrasser. Souriant toujours, il m'avait enfin rendu la vue, mais suivait maintenant doucement du bout de son index l'arcade de mes sourcils, l'arête de mon nez; quand nous en serions à la bouche...

Il n'y a dans mon passé que deux choses que je regrette amèrement : les baisers que je n'ai pas donnés, les vengeances que je n'ai pas tirées. Au souvenir de ces trajectoires brutalement interrompues quand tout – désir, opportunité, facilité – m'incitait à poursuivre sur ma lancée, j'éprouve même, à la réflexion, plus de remords que de regrets; ne m'étant pas abstenue par vertu, en effet, c'est à la paresse que je suis forcée d'attribuer ma soi-disant sagesse, ma prétendue générosité : pas de quoi se vanter!

Fut-ce par cette même sorte de négligence qu'à Vienne, cette nuit-là, je renonçai à faire le signe qui m'aurait engagée? Peut-être devinais-je déjà que, quoi qu'il pût advenir entre Renaud et moi, lui-même n'y croirait pas? Peut-être avais-je jugé que Philippe, qui avait choisi de faire tapisserie pour mieux m'observer, en avait maintenant pour son argent et que je ne devais pas en rajouter? Ou peut-être fus-je empêchée d'aller plus loin par un regard sévère de mon père – « tiens-toi plus loin de tes cavaliers », m'avait-il recommandé le soir de mes dix-sept ans après avoir esquissé quelques pas de tango avec moi, « si tu mets, hum, ta jambe comme ça, et que tu, hum, te tiens comme tu viens de le faire dans mes bras, ils seront beaucoup trop contents, ma petite fille, beaucoup trop... »

En tout cas, lorsque, toujours ému, Renaud me confessa sur le ton du rêve éveillé : « Au fond, c'est vous que j'aurais dû épouser... », je replaçai gentiment sa main sur mon épaule et, plantant mon regard dans le sien : « Sûrement pas! lui dis-je, vous auriez eu trop peur d'être heureux! »

Ainsi renvoyé sans ménagement à sa propre pusillanimité, il s'éloigna de moi d'un demi-centimètre – distance suffisante pour rendre à nos confidences et nos mouvements leur caractère de plaisanteries. Sur un ton toujours enjoué, mais qui n'avait plus rien d'équivoque ni de caressant, il m'assura que pour le rendre aussi heureux que je me vantais de pouvoir le faire, il m'aurait fallu me corriger d'abord du seul défaut qu'il me connût, un défaut qui lui était insupportable : le jeu...

– Tout à l'heure, j'ai parlé avec Frédéric. Il m'a confié qu'hier soir vous aviez encore réussi à lui fausser compagnie pour courir au casino... Vous n'êtes pas raisonnable!

– Moi? Hier, au casino? Mais...

Je n'osai pousser plus loin mes dénégations, me rappelant à temps que je ne devais rien révéler de ma mission hongroise. Renaud entreprit alors de me faire la leçon : il était si simple de se faire interdire, il suffisait d'écrire au ministère de l'Intérieur et on se trouvait protégé contre soi-même pendant cinq ans... « Vous me feriez un tel plaisir, Christine, en faisant une démarche comme celle-là. Songez à votre enfant, à votre mari... Songez à moi qui me fais du souci... Une lettre, juste une lettre. C'est vite écrit, vite expédié, une lettre. Ne réfléchissez pas. Tenez, si vous le vouliez, nous pourrions l'écrire ensemble, cette demande d'interdiction. Ce soir même, si nous avions du papier... »

Cette façon de me presser était un peu ridicule, et je ne pense pas que Kahn-Serval ait sérieusement compté me persuader. Mais je sentais, cette nuit-là, à cause du « carissimae dominae » ou de la Hongrie, un impérieux besoin de faire n'importe quoi. Cédant à la fascination de l'irrémédiable et au désir de me comporter – comme aurait dit mon père – en « écervelée », je parvins seulement à choisir parmi toutes les sottises possibles celle qui donnerait le plus de plaisir à Renaud : pour le consoler des trahisons futures de sa Plouzoux, et de la manière sordide dont je lui faisais jouer les « chandeliers » afin de détourner sur lui les soupçons de mon frère, je décidai de me faire interdire de casino comme il le souhaitait. Je ne puis nier, au surplus, que son intervention maladroite dans ma vie privée m'émouvait : Philippe, Frédéric, mon père, Charles, tout le monde désapprouvait ma passion du jeu, mais personne ne m'avait jamais demandé d'y renoncer ni proposé, comme lui, de me tenir la main pour m'y aider...

– Du papier? En voilà, fis-je en attrapant un bloc qui traînait près d'un téléphone, dictez.

En deux minutes la lettre fut faite et signée; je la lui tendis : « En récompense, que me donnerez-vous? »

Pris de court, il se raccrocha à l'emblème de son parti : « Une rose... Je vous donnerai une rose. » Il me prenait pour une de ces jeunes filles de contes de fées qui dédaignent pierreries et palais parce que seule une fleur peut les contenter. « Oui, une rose, reprit-il, mais à laquelle j'ôterai un pétale pour vous faire souvenir de votre dernier péché, celui d'hier soir à la Kärntnerstrasse, et pour vous engager à renouveler votre demande dans cinq ans afin de récupérer le pétale manquant. » Il passa un bras autour de mes épaules et me sourit gentiment : « Vous êtes une femme merveilleuse, Christine... »

Tout en le regardant cacheter l'enveloppe destinée à la Rue des Saussaies, je me surpris à calculer que, si je ne pouvais plus jouer dans les casinos français, il me restait Vienne, Londres et Monte-Carlo, sans compter toutes les salles de jeux des capitales américaines et africaines où mes fonctions m'appelaient plusieurs fois l'an. Si « écervelée » que je parusse à Son Excellence, j'avais déjà les réflexes d'un vieux faiseur de traités : je ne signais jamais un engagement sans savoir comment l'éluder...

« Encore heureux qu'ils vont débarrasser le plancher pendant un quart d'heure », lança Evelyne Martineau à mon mari en voyant les musiciens du bal plier leurs instruments pour prendre un moment de repos, « ça manquait d'ambiance! Mais je vais m'en occuper... », et elle se précipita vers le coin du salon où elle avait caché un électrophone.

Aussitôt un roucoulement d'accordéon emplit le grand salon, bientôt accompagné par les piaulements d'un harmonica, les piaillements d'une clarinette, et les gloussements d'un chanteur de basse-cour.

Tandis qu'un à un les invités revenus vers les tables où l'on avait servi des rafraîchissements se retournaient, surpris par cette explosion de bruits fermiers, et que, ne sachant à quoi tendait cette fanfare, ils se consultaient anxieusement du regard, Evelyne Martineau, plus dynamique que jamais, hurla : « Tous en place pour la danse des canards .» Et avec la rapidité du rapace, elle se jeta sur un mouton de l'ambassade d'Australie qui la regardait de ses grands yeux bêlants, et, déposant sa proie au milieu de la pièce, contraignit le pauvre animal, interdit, à tourner un coup vers la droite, un coup vers la gauche, en se balançant lourdement.

« C'est la danse des canards – qui, en sortant de la mare – se secouent le bas des reins – et font coin-coin », caquetait le chanteur avec un enthousiasme tonitruant. « Coin-coin », reprenait Evelyne en écho. « Vous aussi, faut dire "coin-coin" », expliquait-elle à l'Australien en sautillant...

Mon père, qui discutait dans l'antichambre avec l'ambassadeur d'Espagne, s'était rapproché de la porte dès qu'avaient éclaté les premiers couacs du « marchand de volaille » et, debout sur le seuil, la lèvre supérieure pincée, il considérait le tableau avec perplexité.

Allait-il se précipiter sur le disque et mettre fin à ce spectacle surprenant? Après avoir esquissé le geste de se frotter les mains – ce qui était toujours chez lui le signe d'une grande émotion –, il prit au contraire un parti héroïque, digne de ce roi d'Angleterre qui but un jour son rince-doigts pour ne pas gêner le convive ignorant qui avait avalé l'eau du sien. Fonçant sur la jeune ambassadrice d'Italie, un peu moins interloquée peut-être que ses aînées, il l'entraîna sur le parquet : « Faites comme les petits canards – et pour que tout l' monde se marre – remuez du popotin – en f'sant coin-coin »; et tandis qu'Evelyne Martineau, déchaînée, battait des mains, claquait du bec, et se déhanchait à s'en décrocher le bassin, Son Excellence commença à se dandiner avec toute la majesté que la France est en droit d'exiger de ses palmipèdes en chef...

Le personnel mâle de l'ambassade ne pouvait plus, maintenant, faire autrement que de l'imiter : la mine contrite, le dos raide, les yeux baissés, le premier conseiller, le consul, et l'attaché culturel se dirigèrent vers les femmes des diplomates étrangers et les invitèrent à danser.

Il y eut bientôt, au centre du salon, une douzaine de couples en habits noirs et robes du soir qui suivaient à la lettre, comme des élèves appliqués, les instructions du chanteur que leur traduisait en gestes et contorsions variés la petite Martineau, enchantée : ils remuaient – vertueusement – du « popotin », marchaient les pieds en dehors, et, d'une voix éteinte, faisaient coin-coin... Je m'approchai de la pochette du disque pour constater qu'il s'agissait d'un chef-d'œuvre de l'art flamand contemporain qui, dans sa version originale – De Vogeltjesdans –, commençait alors à envahir les ondes germaniques; Evelyne avait réussi à s'en procurer une traduction wallonne, qui devait, quelques années plus tard, connaître en France un grand succès : l'Europe de l'esprit était bien partie!

De plus en plus excitée, la jeune Martineau avait précipité son Australien dans les bras d'une cane douairière à cabochons de rubis, et elle avait pris en otage l'ambassadeur des Etats-Unis qui, prudemment retranché derrière un fauteuil, semblait opter jusque-là pour la non-intervention. Le malheureux, contraint à son tour de tortiller des fesses et de courir accroupi en faisant mine de barboter, tentait encore de préserver ce qui lui restait de dignité en laissant son visage, sévère, ignorer ce que son corps faisait; mais Martineau l'abandonna à une blanche canette hollandaise qui sut venir à bout des dernières réserves américaines, tandis qu'elle-même courait sus au consul britannique qui tentait de s'esquiver.

Sans cesse en effet, le fourreau noir, battant des ailerons, faisait entrer dans la ronde de nouvelles nations : profitant de la défection de l'Europe de l'Est, heureusement retournée dans ses casernements, c'était maintenant tout l'Occident qui se balançait en rond, d'une jambe sur l'autre, en cancanant. Il soufflait sur l'ambassade un vent de folie digne des grandes révolutions et des basculements de civilisation : de vieilles dames couvertes de perles et de lamé, de nobles vieillards en smokings et vernis, les mains aux épaules et les coudes levés, les genoux ouverts et les jambes pliées, secouaient gravement leurs rémiges, avançaient le bréchet, et agitaient la queue comme de vulgaires « Barbarie ».

« Il suffit de fermer son bec – en mettant ses plumes au sec », assurait la chanson et, comme la plupart de ces honnêtes plénipotentiaires n'avaient rien fait d'autre de toute leur vie, ils trouvaient à la danse beaucoup plus de facilité qu'ils ne l'avaient escompté...

Quelques-uns, cependant, gardaient dans le mouvement quelque chose de contraint, dont on ne savait s'il fallait l'attribuer à leurs principes, à leurs vertèbres – que l'âge aurait soudées –, ou à leurs fonds de pantalons – trop étroits pour autoriser sans danger les reptations variées auxquelles Evelyne les obligeait. On vit des boutons arrachés, des ourlets déchirés, des fermetures Eclair forcées; et quoique tous continuassent avec beaucoup d'entrain à se « taper l'arrière-train », comme le leur recommandait la chanson, on sentait monter, ici et là, à mesure que la plaisanterie durait, des fureurs mal contenues. Certains danseurs, néanmoins, affichaient sur des visages sereins un sourire feint : ceux-là – les plus intellectuels – avaient déjà trouvé le moyen de battre des ailes au second degré...

J'étais restée près de la platine, curieuse de voir combien de fois la « quasi-triste sous ses déguisements fantasques » parviendrait, sans que mon père s'avisât de son manège, à remettre le bras du pick-up au commencement du disque dès qu'il approchait de sa fin : on en était à la troisième...

En relevant les yeux, je vis Philippe devant moi, pâle comme un mort : dix minutes plus tôt, il avait quitté une salle de bal très « Sissi impératrice » pour aller fumer une cigarette dans le jardin, et il revenait dans une cour de ferme. « Mais qu'est-ce qui se passe? Ils sont fous! » Ses sourcils trop clairs de roux, et ses cils invisibles, accentuaient son air écarquillé. Du regard je désignai la petite Martineau qui jouait toujours les « chefs d'orchestre » au premier rang : « Tu l'appelais " ta petite poulette ", si je me souviens bien... Eh bien, tu te trompais, mon cher : cette poulette était une canette!

— C'est épouvantable! s'exclama-t-il atterré, elle est ridicule!

— Oh, pas plus que les autres... Et ils se sont donné à eux-mêmes un si triste spectacle qu'ils n'oseront plus la critiquer! A partir du moment où sa " poulette " était lancée, J.V. a eu raison de penser qu'il était moins grave d'obliger ses hôtes à la suivre que de paraître reculer... Cher J.V. : la forme, les usages, les convenances!... Mais quel avenir pourraient avoir des nations si bien élevées qu'on peut les faire jouer à n'importe quel jeu contre leur gré? " Agenouillez-vous, c'est bien – et faites coin-coin "... Tiens, regarde l'ambassadeur d'Allemagne : est-ce qu'il n'est pas joli à voir quand il lisse ses petites plumes ou qu'il se cache la tête sous l'aile? On peut se le faire aux navets, aux olives, à l'orange : il n'y a que sur la manière de l'accommoder qu'on peut se trouver embarrassé! Où donc, dis-moi, ces gentlemen complaisants puiseraient-ils la force, s'ils étaient médecins, de s'opposer à l'ordre d'évacuation de leur hôpital, où trouveraient-ils assez d'imagination pour expédier à la liberté qu'on saigne autre chose qu'un tampon de coton? »

Etonné par la violence du ton (il y avait douze ans que, dès que j'introduisais un peu de passion dans mes discours, mon frère me priait de parler plus bas – « une jeune fille de bonne famille n'est pas une harengère, Poussinette... On ne doit pas l'entendre à deux mètres! Mets un peu de distance entre toi et tes opinions... »), Philippe leva un sourcil dubitatif : « Mais qu'est-ce que tu me chantes là? Que viennent faire là-dedans tes histoires d'ouate et de médicaments? Toi aussi, mon pauvre chou, le canard t'est monté à la tête!... Non, personnellement, la seule chose qui me choque là-dedans, c'est la vulgarité. Pour le reste, je ne vois aucun inconvénient à ce qu'on danse sur un volcan...

— Mais moi non plus! Le feu, le sang, la mort, quel joli décor! Le hic, c'est qu'il faut être à sa hauteur : sur fond d'éruption, la danse du cygne risque de sembler faible... Alors, la ronde des canards!

— Pardonnez-moi de vous interrompre », intervint Renaud que le masque de tristesse qu'il portait en tous lieux avait miraculeusement préservé des sollicitations de Mademoiselle Martineau, « mais qui est donc cette jeune femme en noir si... si boute-en-train?

— Une petite du service commercial, répliquai-je sèchement.

— Je l'observe depuis un moment, et j'aimerais avoir votre avis, Christine : regardez-la bien, et...

— Je l'ai assez vue!

— Ah? Est-ce que... Est-ce que vous ne trouvez pas pourtant que, lorsqu'elle se tient comme ça, de dos, elle ressemble à... »

A Maud Avenel! Comment ne m'en étais-je pas aperçue plus tôt? C'étaient, sur un semblable petit châssis – un mètre soixante, talons compris –, les mêmes épaules, un peu trop carrées, la même taille, si fine qu'elle semblait étranglée, et les mêmes hanches, larges mais résolument modernes, fermes et haut perchées. De face une silhouette de sablier, de profil une feuille de papier : la poitrine enfantine et les fesses minces. Femme en vis-à-vis, et garçon sur la tranche... Quant au visage, elles avaient toutes les deux les yeux bleus, étirés vers les tempes, le nez petit, le menton pointu : une frimousse de chat siamois... Comme s'il avait suivi ma pensée, Renaud reprit : « Evidemment, il faudrait lui couper les cheveux, les teindre en noir, et », ajouta-t-il en souriant avec attendrissement au souvenir des boucles de sa femme, « les ébouriffer un peu pour qu'on puisse la confondre avec Maud! Il y a encore la bouche... mais avec un bon maquillage »...

Tant qu'à inventorier les différences, il y avait aussi l'âge – près de vingt ans d'écart entre les deux ravissantes –, « mais avec un bon maquillage »...

– Pourquoi voulez-vous transformer Evelyne Martineau en Maud Avenel?

Il m'expliqua que Maud cherchait une doublure pour le film qu'elle allait tourner avec Mastroianni. Elle et lui avaient eu des mots quelques années plus tôt, et Maud n'avait consenti à rejouer avec l'Italien qu'à la condition, précisée par contrat, qu'elle serait doublée pour toutes les scènes d'intimité...

– Mais, mon cher Renaud, si sa doublure ne lui ressemble que de dos, est-ce que, pour les scènes de lit, son partenaire n'aura pas l'air enfin... trop exclusivement attaché au côté pile? Encore que ce soit, bien sûr, affaire de scénario...

Renaud rougit : « Oh, ce n'est pas vraiment un problème, m'expliqua-t-il en gardant les yeux baissés sur son alliance, ils filmeront le corps nu de la doublure, le visage de Mastroianni penché sur ce corps, puis ils couperont ces plans américains de gros plans du visage de Maud, filmé sur un autre plateau... Les techniciens viennent à bout de cas plus difficiles que celui-là! Beaucoup d'actrices sont systématiquement doublées pour une partie de leur corps – les seins ou les jambes –, et quand on fait un travelling de la pointe de leurs cheveux au bout de leur petit orteil, on glisse un plan de coupe au milieu... Le public n'y voit que du feu! Au cinéma, tout est faux...

– S'il n'y avait qu'au cinéma! Mais, dites-moi, c'est vous qui êtes chargé de lui trouver une doublure, à Maud? Elle pense que vous n'avez pas de quoi vous occuper avec Phnom Penh, Hoédic, Dormanges, et Saigon? Elle vous met à toutes les sauces, décidément : garde du corps, nounou, imprésario... Il n'y a que pour l'emploi de mari qu'on ne vous utilise plus à temps complet si j'ai bien compris? »

De nouveau, il rougit; puis, avec cette douceur violente que je lui connaissais déjà dans les grands moments, il appuya sur mon épaule une main tremblante, et je sentis, sous la caresse, le désir difficilement réprimé de m'enfoncer : « Puisqu'en somme vous me posez la question, Christine, dit-il en détachant ses mots, sachez que Maud est la seule femme que j'ai aimée... » Je l'avais bien cherché! « Et si vous avez pu me sentir parfois un peu... amer, reprit-il, persuadez-vous que même cette déception m'est chère... »

Je fis mine de prendre cette révélation à la plaisanterie : « Je comprends : c'est comme avec le Parti Socialiste. Vous êtes né fidèle. Il faut, pour vous aimer, passer par-dessus cette infirmité... Bon, pour en revenir à Evelyne Martineau, je serais vous, je tenterais ma chance sans tarder. Elle a en effet l'étoffe d'une doublure, cette petite... Et faire du cinéma, je suis sûre qu'elle adorera ça! Nous allons demander à Philippe de plaider votre cause... »

Kahn-Serval, ravi des perspectives que je lui ouvrais, fit miroiter, auprès de notre intermédiaire, toutes les garanties qu'il offrait : après le tournage italien, Evelyne pourrait, si elle le souhaitait, rester auprès de la comédienne, qui projetait de l'utiliser pour tromper les paparazzi qui la pourchassaient. « Quand on se promène avec une actrice connue, dit " le Hussard ", et qu'on voit bouger les feuilles d'un arbre, ce n'est jamais le vent : c'est un photographe! Mais, depuis que, l'an dernier, un reporter déguisé en infirmier a fait irruption dans la chambre d'un hôpital où Maud était soignée et qu'il lui a crié : " Tout le monde sait que t'as un cancer... Ça fait quoi, de savoir qu'on est foutue? ", tout en tirant le maximum de clichés – l'expression douloureuse, c'est ce qui se vend le mieux –, ma femme est décidée à se créer un double, quelqu'un qui lui ressemblerait et qu'elle enverrait en avant pour attirer la meute chaque fois qu'elle sort... Pourvu que la silhouette soit identique, les traits du visage importent peu : la doublure mettra des grosses lunettes noires, un chapeau, et le tour sera joué! Maud pense qu'à ce procédé elle gagnera quelques mois de liberté... »

Renaud avait parlé avec volubilité, comme pour s'étourdir lui-même; il venait sans doute de se rappeler qu'il avait dans sa poche la lettre que j'adressais au ministère de l'Intérieur, et il devait trouver, à juste titre, inconvenante la manière dont il avait défendu ses amours perdues devant une femme qui venait de lui sacrifier une passion... Par chance j'avais toujours su qu'il ne faut rien donner sans tricher, et, dans le domaine du sentiment, je pratiquais depuis ma première enfance la même « restriction mentale » que les casuistes du XVIIe appliquaient à l'expression des idées.

« En quelque sorte, notre amie Maud se cherche un masque », conclut Philippe, indifférent au dialogue de dupes qui se poursuivait sous les mots, « un masque vivant...

– Un masque pour la rue, et, si j'ai bien compris », ajoutai-je pour terminer sur une insolence que « le Hussard », vaincu par le remords, ne relèverait plus, « un corps pour l'écran. Après tout, ce n'est pas mal de pouvoir se faire greffer un corps de vingt ans... »

Comme je l'avais prévu, en raisonnant d'après ce que je savais de « Malise » au même âge, le « corps de vingt ans » ne demandait qu'à se montrer. A l'idée de s'exhiber devant les caméras, fût-ce sous le nom d'une autre, Evelyne Martineau exultait; elle se voyait déjà rejoignant au firmament des stars ses idoles de papier... Mon frère, jouant les maquignons, n'eut aucun mal à accorder les deux parties : il fut convenu que la petite demanderait à son administration un congé de trois ans, et que Maud lui assurerait pendant la même durée un salaire régulier, à charge pour Evelyne de livrer, sous quinzaine, ses jeunes rondeurs à Mastroianni. Comment, entre ce séducteur universel et un vieil ambassadeur, Martineau aurait-elle pu balancer? Et comment hésiter entre les Remington poussiéreuses du poste commercial et l'éclat aveuglant des sunlights?

Mon père, qui, maintenant que l'orchestre viennois avait recommencé à jouer, faisait l'aimable dans les bras d'une consulesse suisse sur un tourbillon d'Offenbach, ne savait pas encore qu'il était veuf pour la seconde fois...

— Tu es un peu garce tout de même, me dit Philippe quand le marché fut conclu. Je veux bien que, ce soir, notre « poulette » ait passé les bornes... N'empêche : tu n'as pas laissé à J.V. beaucoup de temps pour se retourner! Il ne sera peut-être pas ravi d'apprendre qu'elle quitte Vienne dès la semaine prochaine...

— Ne t'inquiète pas : j'ai de quoi le dédommager.

Puisque avec le proche départ de la jeune Martineau la route de Vienne allait se retrouver dégagée, je recommençai, en effet, à songer à l'avancement de Jean Valbray. Lui, de son côté, n'avait jamais cessé d'y penser : il n'avait pas eu le temps, ce soir, de m'inviter à danser, mais il avait trouvé celui de me glisser, à mesure qu'il les recueillait, les informations soutirées entre deux valses à ses collègues mieux renseignés. Grâce à lui, je savais que les deux partis chypriotes avaient signé tout à l'heure, à Schönbrunn, un accord pour la réouverture de l'aéroport de Nicosie; à propos de l'OPEP, il m'avait appris que selon son collègue, cheik Zayeb, « une source absolument sûre », la réunion se tiendrait à Vienne dans la seconde quinzaine de décembre; quant à la Conférence sur la Coopération internationale, il tenait du ministre autrichien que son pays n'exclurait pas – « attention, ma petite fille, il n'a pas dit : " envisagerait ", il a dit : " n'exclurait pas ", tu vois tout ce que ce conditionnel négatif suppose, en fait de préalables à lever! » –, son pays, donc, n'exclurait pas d'y participer...

Tel un chien de chasse bien dressé, il « rapportait » admirablement. C'était merveille de le voir prendre le vent et suivre la piste, souple et discret, toujours fondu dans le paysage; comme sa maison, il n'avait plus, dans ces moments-là, un seul angle vif : il allait, toutes ses arêtes abattues en pans coupés ou en surfaces courbes, ses saillies arrondies, et ses avant-corps rentrés, il allait, jusqu'à cet « envoyez! » final, qui sonnait comme le jappement vainqueur du chien d'arrêt.

Aussi nos rapports professionnels étaient-ils excellents. J'appréciais le laconisme de ses télégrammes, d'autant mieux que, sur le fond, mon point de vue s'éloignait rarement du sien. Il est vrai que c'était lui qui m'avait formée, nos conversations intimes ayant plus souvent porté – depuis mes seize ans – sur l'état du monde que sur l'avenir de la famille... J'étais donc décidée à faire quelque chose pour lui; mais la partie se jouerait en plusieurs coups, de préférence par la bande et en visant les coins. Il fallait, en effet, que cette promotion – qui, vu l'âge de mon père, serait la dernière – fût éclatante. Seul, par conséquent, Fervacques pouvait en prendre l'initiative; ce qui supposait qu'il eût eu l'occasion, extraordinaire, de relever les mérites, non moins exceptionnels, de son représentant.

Rien de plus favorable à cet égard que l'organisation d'une grande conférence; mais quelle sorte de conférence internationale pouvait-on tenir en Autriche? Vu la situation géographique du pays, une conférence Est-Ouest, évidemment... Quand on en était arrivé à ce point du raisonnement, on n'avait plus qu'à découvrir un sujet adapté : les droits de l'homme ayant déjà été traités, le péril nucléaire s'imposait. Je songeais, en particulier, à ce projet de congrès sur le désarmement que les chancelleries ressortaient périodiquement comme le serpent de mer : notre président de la République venait d'en réaccepter le principe lors de son voyage à Moscou, les Américains n'y étaient pas franchement hostiles, mais les Anglais continuaient à traîner les pieds... Pour que J.V. fût promu ambassadeur à Washington ou à Bonn, il fallait donc convaincre la Grande-Bretagne de désarmer, ou de faire semblant : on a vu, dans le passé, de plus petits effets amener à remuer de plus grandes causes... Ayant d'ailleurs assez la pratique des cabinets pour savoir que le sort des peuples ne se décide jamais que pour ces minces raisons d'opportunités, et que rien de remarquable ne se joue sur le théâtre du monde sans qu'un intérêt mineur commande en coulisse, je ne doutais pas de parvenir à mes fins : avec les meilleurs arguments de fond, j'allais mettre la diplomatie française à l'ouvrage. Il y aurait dans le camp occidental des grandes manœuvres, des promesses, et des sous-traités, puis – avec l'Est – de sordides discussions de marchands de tapis pour qu'un jour, enfin, s'ouvrît à Vienne une conférence internationale qui n'aurait d'autre objet que de faire monter Jean Valbray au rang où sa valeur aurait déjà dû le placer...

La fête finie, je songeais encore, cette nuit-là, à la manière de persuader mon ministre (qui se souciait du désarmement comme d'une guigne) de faire pression sur le gouvernement anglais, lorsque le maître d'hôtel, mal réveillé, vint frapper à la porte de ma chambre : « Monsieur de Kahn-Serval attend Madame dans la Cour d'Honneur... » Le malheureux valet, étourdi par la profusion de noblesse, vraie ou fausse, du Quai d'Orsay, mettait par prudence du « de » un peu partout. J'enfilai hâtivement mon spencer de soirée par-dessus ma chemise de nuit et, ainsi attifée, m'avançai sur le balcon qui surmonte la marquise de l'entrée pour voir ce que Renaud me voulait.

Il était en bas, marchant à grands pas, les mains derrière le dos; il avait dû passer les deux ou trois heures écoulées à discuter avec Evelyne Martineau, car il ne s'était pas changé; en smoking noir, dûment cravaté, il formait, avec mon déshabillé et ma chevelure ébouriffée, le même contraste saisissant qu'à Senlis dans nos jeunes années... Il m'aperçut, sourit, mit un genou en terre, et me tendit cérémonieusement la rose qu'il cachait, une rose rouge sombre, énorme, à peine éclose, qui tremblait au bout d'une longue tige courbée. Pour l'attraper, je dus m'accouder au balcon de pierre qui dessinait au-dessus de la porte d'entrée une espèce de fronton ondé; et fut-ce le mouvement flottant que l'architecte avait imprimé à cet avant-corps – tout semblait de guingois dans ce palais! – ou le résultat de deux nuits consécutives d'insomnie, j'eus l'impression, en me penchant, que le vide m'aspirait, que j'allais basculer; je me retins à la rambarde.

Dans la cour, Renaud, toujours aussi solennel, arrachait lentement l'un des pétales de la rose promise : « Pour la Kärntnerstrasse », rappela-t-il en secouant dans ma direction un index gentiment menaçant, et le pétale arraché tomba sur le pavé comme une goutte de sang.

« J'ai envoyé votre courrier, poursuivit Renaud, et maintenant je tiens mes promesses... » Mais la tige était trop courte, et, pressée par cette façade qui, derrière moi, se creusait ou se gonflait sans cesse comme pour éviter le rectiligne, le plat, le sûr, le stable, je sentais que je ne pourrais m'incliner davantage sans risquer de m'écraser en bas. Alors, le « Chevalier à la rose » entreprit, en riant de bon cœur, d'escalader l'un des piliers – ce fut, sans doute, la dernière fois que je l'entendis rire ainsi...

Au terme de cette trop longue parodie de « la scène du balcon », je pus enfin, vieille Juliette, saisir la fleur qu'on me tendait et fis mine de la respirer : comme toutes nos plantes de serre elle n'avait pas d'odeur, et je soupçonnai mon naïf Roméo de s'être laissé vendre l'une de ces roses congelées qui, magnifiques en boutons, meurent dans les vases avant de s'être ouvertes... La Cour d'Honneur dansait devant mes yeux, la terrasse tanguait sous mes pieds : finalement, dans cette scène charmante, tout était faux – la rose, le pétale, le balcon, mon plaisir et mes résolutions...

En refermant la porte-fenêtre, j'aperçus Philippe, à demi caché derrière un rideau.

– Te voilà bien matinal, petit frère!

Il devança mes remontrances par une explication embarrassée : « Justement je te cherchais parce que je... je réfléchissais à ce que tu m'as dit hier soir à propos de J.V.... Qu'est-ce qui te permet de penser que, si la conférence sur le désarmement a lieu, elle se tiendra à Vienne? Il me semble à moi que toutes les capitales d'Europe vont se disputer le privilège de l'héberger... »

La faiblesse du prétexte acheva de me mettre de mauvaise humeur : « Question brûlante, en effet, et qui ne pouvait attendre le déjeuner!... Ecoute, Phil, à chacun son métier : toi, l'équilibre du Budget, moi, la diplomatie... En tout cas, ce que je peux te dire, c'est que les Russes exigeront que la rencontre se fasse en terrain neutre – enfin, dans l'un de ces pays qu'ils acceptent de considérer comme neutres parce qu'ils ne le sont déjà plus : la Finlande ou l'Autriche... Puisque Helsinki, on sort d'en prendre, il ne reste que Vienne. C'est mathématique ! »

Mathématique, en effet... L'Österreich, « puissance de l'Est », est, depuis des siècles, le point de contact obligé entre deux mondes qui tantôt s'ignorent, et tantôt se combattent. Ici, passent la frontière, le limes, le rideau de fer : derrière cette muraille, au-delà du Danube, s'étendent à perte de vue, perte de mémoire, les plaines serves, la barbarie, l'empire du froid, du gris, le royaume des steppes infinies; Scythes, Huns, Avars, Turcs ou Russes, c'est par là que nous arrivent ceux qui viennent d'Orient sur de petits chevaux rouges, mangent de la viande crue, volent les montres, enlèvent les enfants, violent les femmes, et écrasent sous leurs bottes une liberté qui ne repousse jamais... Ici est la limite, la marche extrême de l'Occident, la ligne de fortification des Légions, le rempart de la chrétienté, le terminus du « monde libre » : à Vienne, tout le monde descend.

C'est à Vienne que meurt Marc Aurèle, sur Vienne que se brise Soliman, contre Vienne que se lance Kara Mustafa, pour Vienne que se battent, abandonnant leur roi, les Conti ou les Savoie... Dans cette ville lisière, chef-lieu d'un empire tronqué, que bornent de tous côtés barrières douanières et réseaux de barbelés, cette ville cul-de-sac où, au coin des rues, les panneaux continuent d'indiquer la direction des capitales – Prague, Zagreb, ou Budapest – qui, hier encore, formaient ses faubourgs et semblent aussi inaccessibles désormais que des avant-postes conquis et retournés par l'ennemi, dans cette ville promontoire, que viennent battre les vagues successives d'invasions comme on voit, au moment des équinoxes, déferler sur la pointe de la Dieu-Garde les flots déchaînés, on définit, une fois par siècle, l'avenir du continent : Traité de Vienne, Paix de Vienne, Congrès de Vienne, Conférence de Vienne... Jusqu'à cette ultime réunion « sur la sécurité en Europe », où trente-trois figurants ont abdiqué leur sort entre les mains de deux prima donna qui ont tous les titres à dominer leur destin, sauf précisément – signe des temps? – la qualité d'Européens...

A Vienne, bastion avancé d'une culture qui ne cesse de reculer, patrie du limitrophe et du frontalier, aussi changeante que ces laisses de mer prises dans la limite des marées et dont on ne sait plus, à les voir tantôt découvertes et tantôt noyées, si elles appartiennent à la terre ou aux océans, chacun peut, sans crainte de se réveiller, prolonger indéfiniment les rêves de puissance qu'il a faits. Christine avait raison : où, mieux que sur ce sol incertain des confins, dans cette cité condamnée à la neutralité, confronter deux mondes hostiles et déposer les armes pour parler?

Voici quarante ans en effet que l'Est et l'Ouest ont, d'un commun accord, décidé que l'Autriche n'était ni chair ni poisson, qu'elle ne se situait ni au Levant ni au Couchant mais au centre, comme le fléau de la balance, et qu'elle devait rester « bündnisfrei » (libre de tout lien) à jamais.

Cette « liberté » imposée a, bien sûr, quelque chose de singulier. Les Autrichiens ne s'y sont pas trompés : ils l'ont entendue comme les Finlandais, et lorsque, il y a quelques années, Helsinki a refusé de laisser tourner dans ses forêts les extérieurs d'un film consacré à un savant que Moscou n'avait pas en odeur de sainteté, Vienne s'est sagement « alignée ». La franchise dont jouit la ville est, par un curieux retour de choses, très proche de la liberté que les Habsbourg accordaient au duc de Reichstadt : celle d'un « pas-prisonnier-mais »...

Bündnisfrei... La mort seule, en vérité, libère de tout lien. Mais, par chance pour les Alliés, l'Autriche est morte depuis longtemps – nation exsangue au cou coupé – et Vienne, sa tête monstrueuse, sans tronc ni membres, demeure suspendue en l'air comme, sur les tableaux du Kunsthistorisches Museum, la tête d'Holopherne tranchée par Judith d'un coup d'épée. N'est-il pas étrange, d'ailleurs, qu'on trouve dans les musées autrichiens tant de ces « Judith et Holopherne », patiemment rassemblés par les souverains à une époque où leur empire n'était pas encore démembré? Même Klimt, dont ce n'est guère le style, s'est essayé au sujet... S'agissait-il alors, pour les uns et les autres, d'évoquer le souvenir des temps anciens où la ville, assiégée, privée d'arrière-pays, de cœur et de poumons, de sang et d'air, était, jusqu'à l'horreur, consciente de s'asphyxier? Ou s'abandonnaient-ils à quelque prémonition des siècles futurs? Peu importe : le passé a rattrapé le présent et l'à-venir est advenu; on se promène aujourd'hui dans les rues de Vienne aussi « librement » qu'à l'intérieur d'un crâne supplicié...

Disparus, Holopherne et Babylone, morte, l'Autriche... Aussi ne suis-je pas étonnée que ce qu'elle réussisse le mieux depuis une centaine d'années, ce soit les cimetières.

De la Schwarzenbergplatz, devant l'ambassade de France, part la ligne de tramway qui mène au Cimetière Central, Vienne des morts aussi peuplée, avec son million de « résidents », que la ville des vivants, dont elle semble au premier abord le fidèle prolongement. Comme la ville, le cimetière a ses avenues – grandes allées bitumées, exclusivement bordées, tel le Ring, des tombeaux de la bonne société, où des déesses, dévêtues à l'antique, contemplent mélancoliquement des sénateurs à moustache et col cassé –, ses usines – entreprises funéraires où l'on débite à la chaîne la pierre

237

tombale et l'urne marbrière –, ses ghettos – le quartier juif, le quartier protestant –, et, comme le défunt Empire, ses « nationalités » – cimetière tchèque, cimetière hongrois, auxquels l'Occupation a ajouté un « carré » anglais, avec ses gazons soigneusement peignés, un enclos russe, dont les stèles s'ornent d'étoiles rouges là où nous mettons nos croix, et un cimetière français : morts étrangers tous aussi « bündnisfrei » les uns que les autres, qui dorment en paix dans une terre non moins « libérée »...

A propos de ce cimetière français, on m'avait dit, je ne sais plus qui, que Nieves y était enterrée. J'ai cherché sa tombe en marchant le long des allées, sous la voûte des marronniers. Fatiguée du désordre urbanistique de la ville, de ses disparates et de ses parcimonies, j'étais heureuse de trouver chez les morts un plan d'ensemble, une unité, et – oserai-je le dire? – des perspectives...

Ainsi admirai-je – autour de la basilique à coupole verte – l'esplanade centrale, vaste comme la place de la Concorde, que fermaient quatre suites d'arcades entre lesquelles rayonnaient les principales avenues du jardin. Ici, les ifs et les buis taillés conduisaient à une arche imposante, posée au-dessus de l'allée comme l'Arc de Triomphe sur les Champs-Elysées; là, quatre mausolées rectangulaires, très « Bauhaus » et « Palais de Chaillot », rappelaient au passant les mérites de l'architecture Art Déco lorsqu'on l'agrémente de chrysanthèmes plutôt que de drapeaux. Plus loin encore, s'ouvrait la division des tombes d'honneur où, avec une fantaisie digne du Saint-Germain-des-Prés des bonnes années, des muses aux ailes de libellules couronnaient des poètes, et des nains porteurs de lanternes, droit sortis des Nibelungen, montaient la garde au pied de grottes de ciment où reposaient des enfants tendrement aimés. Partout enfin, des ronds-points fleuris et des carrefours en étoile, d'où montaient vers l'horizon de larges trouées qui laissaient au ciel toute la place qu'on lui devait : c'était sur cet empire-là que « le soleil ne se couchait jamais »...

Oui, je m'enthousiasmais pour cet habitat funèbre, si noble, gai, et majestueusement disposé; et, quand je le comparais à la ville des vivants où un pâté néo-gothique, triste, posé à côté d'un pâté néo-Renaissance, encombrant, ne reflète d'autre parti d'urbanisme que celui du colossal et de la rentabilité, je ne m'étonnais plus que Vienne eût été « la capitale du suicide » à la fin du siècle dernier : les artistes viennois étaient impatients de pouvoir goûter à la beauté...

Nulle part, cependant, dans cet Eden bien ordonné je ne trouvai une sépulture qui portât le nom de Marie-Neige Valbray. Tout au plus y rencontrai-je le souvenir de ce « Troisième Homme », faux mort, enterré sous un faux nom dans la neige du Cimetière Central aux premières pages du fameux roman...

Plus tard, Philippe m'apprit que Neige n'était pas dans le carré français : pour « dépanner » l'Ambassadeur, des amis autrichiens l'avait accueillie dans leur caveau de famille et elle y était restée. Que Nieves, l'intruse qui, depuis qu'elle avait rencontré Valbray, n'avait plus possédé en propre ni famille ni maison, l'éternelle « déplacée » que rejetaient également les filles de son mari et la bonne société, ait dû abriter sa dépouille sous un toit étranger me parut achever admirablement sa destinée...

« Si je voulais fleurir les tombes de ceux que j'ai aimés, j'aurais l'impression de jouer aux quatre coins, m'avait dit Christine en riant. Ma tante Arlette est à Belley, les Lacroix à Evreuil, mon grand-père à Creil, Nieves à Vienne, le vieux Chérailles à Senlis, mon père à Lyon, et ma grand-mère à Saint-Rambert! En somme, je n'ai pas plus de caveau de famille que je n'ai de maison du même nom... Situation qui ne manque pas d'avantages, reconnaissons-le : elle me dispense de ces visites protocolaires que mes compatriotes se croient tenus de rendre à leurs morts pour la Tous-

*saint! Ce jour-là, je peux aller au cinéma voir un film
rigolo, marcher dans les rues, boire un verre au café,
draguer un étranger, n'importe quoi... Je suis libre,
absolument libre... » Bündnisfrei en effet, et plus
morte peut-être que ceux qu'elle renonçait à enterrer...*

— A Vienne, il t'a fait l'amour?

Fervacques me tenait dans ses bras et plongeait
son regard dans le mien comme s'il était résolu à en
draguer le fond; j'ai horreur de cette façon de me
poser des questions. Je tournai légèrement la tête et
tentai, pour me dégager, le petit pas de côté que
j'infligeais ordinairement à J.V. et Frédéric lorsqu'ils
étaient en veine de tendresses, mais la réponse évasive dont, croyant gagner du temps, j'accompagnai
mon mouvement ne fit qu'aggraver mon cas :

— Il? Qui, « il »?

Charles explosa : « Comment ça, qui? Tu te fiches
de moi? Qui pourrait t'avoir baisée, en effet? Le
pilote du Boeing, le steward, le chauffeur de taxi, ou
le concierge de l'ambassade? Bien possible, d'ailleurs, qu'ils l'aient fait! Mais je m'en moque... Ton
présent, tu vois, je m'en fous maintenant! Il n'y a
rien d'intéressant dans ton présent! C'est ton passé
que je veux... Est-ce qu'il t'a fait l'amour, Christine?
Tu vas répondre, dis?

— C'est... C'est de mon mari que tu parles?

— Et de qui d'autre, à ton avis? »

Il me tenait de plus en plus serré et me secouait
pour faire tomber des aveux qui descendaient moins
vite que mes épingles à cheveux.

— Eh bien, à dire vrai... Ce n'était pas facile à
éviter...

Il me repoussa si violemment que je heurtai le coin du bureau, tandis que, faute de cendriers, il balayait d'un grand revers de manche tous les dossiers. Cette scène de jalousie, à propos d'un mari, me semblait bien un peu forcée, comme autrefois ses colères de cabinet, mais avec Charles on ne savait jamais : je l'avais vu si souvent nourrir sa violence de la comédie qu'il se donnait et, comme Renaud, en politique consommé, finir par éprouver les sentiments qu'il affectait, que je ne me sentais pas trop rassurée. Du reste, depuis quelque temps, il s'interrogeait fréquemment – et m'interrogeait – sur d'éventuelles infidélités qu'il n'aurait pas lui-même organisées, contrôlées; il revenait en arrière, me demandait si j'avais couché avec Antonelli, le premier des ministres que j'avais servis, voulait savoir quand et avec qui j'avais perdu ma virginité... Je le rassurais de mon mieux, convaincue que, sincèrement, il s'inquiétait; j'étais trop sotte pour deviner qu'il aurait bien voulu, au contraire, pouvoir s'alarmer... Ce qui est sûr, c'est qu'il faisait, en ce temps-là, de très louables efforts pour s'effrayer. Aussi fut-il assez satisfait, j'imagine, de pouvoir porter à mon passif la politique de prudente réserve que j'adoptai ce soir-là.

Après avoir longuement arpenté la pièce et rugi encore deux ou trois fois, il finit par s'asseoir sur le canapé, alluma une cigarette et fuma à longues bouffées, dans un silence crispé. Puis : « Fort bien, dit-il apparemment calmé, nous allons prendre des mesures... »

Et c'est ainsi qu'un mois plus tard, au début d'août, « Cousin Ponia » nomma Frédéric Maleville préfet de la Guyane. « Un bel avancement, commenta Charles sobrement. A quarante ans c'est un poste intéressant. »

Le jour de leur départ, j'accompagnai Frédéric et Alexandre à Roissy. Frédéric était partagé entre la joie d'une promotion que sa famille étampoise espérait depuis longtemps et le chagrin de mettre un océan entre lui et moi. Nourrissait-il encore des illusions sur la solidité de notre union? Sans oser me parler de notre mariage, il m'énuméra, au long des trottoirs roulants de l'aéroport, tous les sujets qu'il avait lieu d'appréhender à l'occasion de cette transplantation – l'insalubrité du climat pour Alexandre, la difficulté de recevoir sans femme à la maison, l'éloignement des centres de décision, et l'absence de toute vie culturelle dans la région... Je le plaisantai sur ses craintes : « N'exagérons rien : Cayenne, ce n'est pas le bagne, tout de même! Dans deux ou trois ans, tu obtiendras une préfecture métropolitaine et, dans cinq ou six ans, peut-être une préfecture de région... Et puis, pour un homme dynamique comme toi, il y a tant à faire là-bas! » Il m'écouta lui vanter l'intérêt d'un plan d'exploitation rationnelle de la forêt amazonienne et la qualité des scientifiques que la base de lancement de Kourou amènerait à sa table : « Sans compter que, grâce à la fusée Ariane, il ne se passe guère de septennat sans qu'on voie plusieurs fois le président de la République là-bas... » Au hochement de tête pénétré dont il salua cette éventualité, et à l'air d'humble satisfaction qui s'étendit à toute sa personne, je vis qu'il y avait déjà pensé; d'ailleurs, l'équipage de l'avion s'empressait maintenant autour de « Monsieur le Préfet » d'une manière à lui remettre du baume au cœur.

Au moment d'embarquer, il finit pourtant par lâcher sur un ton pleurnichard de petit garçon : « Et puis, j'en ai assez de ne plus pouvoir aller nulle part sans qu'on me demande des nouvelles de Fervacques! Je deviens ridicule à la fin! J'en ai assez, voilà! »

Je haussai les épaules comme une qui en sait long sur la force de la malignité publique et déposai sur ses lèvres un long baiser d'adieu, sans un mot de commentaire. Pouvais-je lui rappeler, en effet, ce proverbe italien qui me revenait à la mémoire : « Les cornes, c'est comme les dents : ça fait mal quand ça pousse, mais, après, on mange avec » ?

Les fêtes se suivent et ne se ressemblent pas : après le gala « fin de siècle » des ambassades, la réception que Charles donna en septembre au château de Fervacques, en l'honneur de la holding Spear et du groupe Dassault, me parut nettement plus en prise sur les réalités du moment.

Il s'agissait de fêter la vente à l'Allemagne et aux Pays-Bas de quelques dizaines d'avions de combat, « lot de consolation » obtenu à grand-peine par notre diplomatie, après que le F.16 américain, challenger du Mirage dans ce match, eut raflé l'essentiel des commandes européennes : « les Américains ont emporté le marché du siècle », m'avait confié Fervacques, désabusé, « et nous, le marché de l'année... Enfin, c'est mieux que rien ! » Par le biais des Usines Mérian – dont, sous l'impulsion d'Alban, elle venait d'acquérir la minorité de blocage – la Spear participait à la fabrication des pièces détachées du chasseur ; aussi avait-elle jugé bon de lancer, dans la foulée de sa maigre victoire, une offensive de charme en direction de deux ou trois Etats du Proche-Orient dont les achats, faciles à provoquer, seraient les bienvenus pour compléter le carnet de commandes passé du bout des lèvres par nos voisins. La réception, qui devait permettre de rassembler de manière informelle toutes les parties intéressées, était aussi, pour Charles, l'occasion de faire sa cour au grand Dassault et de se rapprocher du Premier ministre. On n'ignorait pas, en effet, dans les « milieux bien informés » que le jeune chef du gouvernement avait, tout enfant, sauté sur les genoux du vieil industriel, lequel couvrait le bambin de cadeaux et n'avait pas cessé de le « gâter » lorsque, grandi, il était devenu Secrétaire de l'UDR...

Le gratin des « décideurs » et la crème de la diplomatie seraient invités à Fervacques; c'est pourquoi Charles avait souhaité ma présence à la garden-party d'Alban.

Il avait demandé à son ami d'Aulnay de m'emmener. Lui-même arriverait un peu en retard : il devait d'abord assister à l'enterrement d'Alexis Léger, dont, tout Saint-John Perse et poète qu'il fût devenu, le Quai d'Orsay n'oubliait pas qu'il avait été l'un de ses plus brillants sujets. Avant de quitter Paris, j'avais écrit le discours de condoléances que le ministre prononcerait, le parsemant ici et là de jolies citations d'« Amers » et de « Vents » qui, à défaut de surprendre le défunt, permettraient à l'orateur d'enrichir sa culture au passage...

J'aimais ce travail de « ghost-writer », d'écrivain de l'ombre, de ministre fantôme, que Fervacques, en me chargeant de ses discours, m'abandonnait volontiers; j'essayais de me mettre dans sa peau, de retrouver ses formules, ses idées, tout en les nourrissant de références qu'il ignorait et de prolongements auxquels il n'avait pas songé. Je recréais de l'intérieur un Fervacques plus complexe, plus profond, plus sensible que le vrai. Empruntant ses mots, je me rapprochais de lui en le tirant vers moi; et, m'en laissant envahir à mesure que je me l'appropriais, j'inventais un être hybride, moitié Charles moitié Christine, qui ne pourrait plus ne pas m'aimer sans se manquer à lui-même et que je ne pourrais pas trahir sans m'assassiner. Quand enfin je voyais Fervacques livrer, avec un art consommé, le fond d'un cœur que je venais de lui prêter, lorsque je l'entendais prononcer les mots que j'avais choisis pour lui, j'oubliais que j'en étais l'auteur, et je tombais amoureuse de cette chair que j'avais animée, éprise à la folie de l'homme que j'avais engendré. Aussi, au fil des allocutions, des exposés et des réquisitoires que je lui composais, comprenais-je mieux quelle sorte de plaisir avait éprouvé Olga à se faire, année après année, toute fierté abdiquée, le « nègre » d'Anne de Chérailles : je lui enviais le bonheur d'avoir réussi à devenir le double de papier de celle qu'elle désirait, de s'être dissoute dans l'encrier, fondue dans l'âme aimée...

Tandis que Fabien d'Aulnay m'emmenait à travers les collines de Normandie vers ce château de Fervacques dont j'avais souvent rêvé, j'essayais de me représenter Charles, debout devant la tombe du poëte, laissant – à travers l'apologie qu'il faisait du style de Perse, « chantre de l'amour charnel » – deviner que lui aussi savait aimer, et, par-dessus les voiles de deuil et les couronnes de fleurs, me disant avec mes mots à moi, mes mots piégés, que j'étais celle qu'il adorait...

Mais d'Aulnay conduisait si mal que je n'arrivais pas à me concentrer : son admiration pour Fervacques, qui l'avait conduit à l'imiter en tout – y compris dans sa façon de parler, grave, lente, et curieusement accentuée sur les finales –, l'avait également incité à se passer de chauffeur aussi souvent qu'il le pouvait. Malheureusement, en rien – et surtout pas en conduite automobile – il n'arrivait à la cheville de son modèle ; et son passager malmené était contraint de supporter une alternance pénible d'accélérations et de freinages, entrecoupée de coups de volant brutaux.

Cette brillante démonstration de maladresse, il l'accompagnait d'un bavardage guère moins épuisant que sa tendance au survirage ; car d'Aulnay n'était pas un grand esprit : les milieux politiques l'avaient même surnommé « d'Aulnay le Con », par opposition à son frère Guillaume, dit « d'Aulnay le Crack ».

« D'Aulnay le Crack », remarquable physicien,

avait été l'un des derniers élèves de Joliot-Curie avant d'être nommé, au milieu des années soixante, Délégué à l'Energie Atomique. « D'Aulnay le Con » avait longtemps vécu de ses rentes dans le château familial du Perche, dont il avait dû, poussé par la dureté des temps, transformer le parc en mini-zoo et louer la chapelle à des « tour operators » japonais qui y organisaient des mariages laïcs pour employés de Sony en goguette à Paris : c'était Fabien qui, déguisé en Monsieur Loyal, prononçait le discours matrimonial, présentait les anneaux sur un plateau, et bordait les mariés sous le baldaquin rouge de la « chambre du roi », avant de servir, le lendemain, le petit déjeuner dans la porcelaine familiale et l'argenterie ancestrale des d'Aulnay. La générosité de ces natifs d'Osaka et de Kōbe, ravis de s'accoupler sous les yeux d'un authentique marquis français, dont la famille s'était illustrée dès le XIVe siècle dans la fredaine sexuelle et la liaison royale, avait toutefois permis à d'Aulnay, devenu maître d'hôtel dans sa propre maison, de faire réparer quelques hectares de toitures percées...

En 73, Fervacques, qui avait connu Fabien par sa belle-famille de Sévigné, l'avait brusquement sorti de cet assujettissement domestique pour en faire un député; cette promotion était déjà miraculeuse, et personne, pas même ses électeurs du Perche, n'espérait évidemment qu'on pût faire un ministre de ce châtelain un peu borné... D'ailleurs, quand, un an plus tard, Giscard, devenu Président, avait suggéré à son Premier ministre : « Donnez donc un petit ministère à d'Aulnay », c'était à Guillaume, le physicien, qu'il songeait; mais le trop jeune cabinet de Matignon, tout occupé à compter ses parlementaires dans la querelle Chaban-Faure, n'avait pensé qu'au député. Ce fut en voyant la liste des nouveaux ministres imprimée dans les journaux que le Président s'aperçut avec stupéfaction qu'il allait devoir accueillir dans son Conseil des ministres « d'Aulnay le Con »! Le Premier ministre, en vérité, n'était guère moins surpris que lui : il confessa le dérapage technique, l'erreur matérielle... D'un commun accord il fut arrêté que Fabien serait débarqué au premier remaniement, et Guillaume mis à sa place. Jusque-là, le Président s'efforcerait de supporter les interventions intempestives et les bavardages confus du nouveau ministre; car Fabien, grisé par sa brusque promotion, était maintenant tenté de donner son avis sur tout. Au Conseil, bien qu'il n'eût en charge qu'un très petit département, il intervenait sans cesse, lassant l'auditoire et énervant le chef de l'Etat qui, sitôt qu'il le voyait demander la parole, maugréait, l'œil mauvais : « Ah, j'aurais été bien étonné que les Anciens Combattants n'aient pas une opinion sur la question! »

Mais Fabien, qui ne vouait pas une moindre reconnaissance à Giscard d'Estaing, qui l'avait élevé au rang qu'il occupait, qu'à Fervacques, qui lui avait mis le pied à l'étrier, acceptait ces manifestations d'impatience avec une tendre gratitude : depuis deux ans, Cendrillon tirée de sa citrouille, il nageait dans le bonheur, et, se croyant aimé du Président, il l'adorait. Cette passion s'était trouvée encore augmentée lorsque, récemment, le Président avait adouci son attitude. Depuis la constitution du groupe solidariste et la nomination de d'Aulnay à sa présidence, Giscard se voyait en effet, contrairement à sa première intention, contraint de ménager « le Con » dont il ne pourrait plus désormais se débarrasser sans frais...

Fabien, à qui toutes ces subtilités échappaient, interprétait le ton plus amène qu'on prenait pour lui parler, et le sourire ineffable – bienveillant selon lui – qui errait sur la lèvre présidentielle chaque fois qu'il intervenait, comme le signe qu'il avait progressé dans son métier, et il se promettait de s'appliquer encore davantage pour mériter une protection que ses collègues auraient pu lui envier...

Avait-il tellement tort d'être optimiste? Après tout, la chance le servait. Devenu ministre sur une confusion de noms, il n'avait cessé, depuis lors, de bénéficier de l'enchaînement des causes et des effets : c'est parce qu'il était le seul solidariste qui fût ministre comme lui que Fervacques l'avait nommé chef de son parti, et c'est parce qu'il était chef du parti qu'il restait ministre...

Cette avalanche de promotions inespérées, loin cependant de le gonfler de vanité, l'avait rendu encore plus débonnaire et serviable qu'auparavant; et sa petite troupe parlementaire, qu'il traitait avec autant d'égards qu'un car de Japonais en visite, avait fini par répondre à ses prévenances exagérées par une réelle affection : « Notre Fabieng, il n'a pas inventé la poudre, m'avouait un de nos élus du Sud-Ouest, mais il est si brave, le pôvre! » Si bien que, malgré mon horreur des « personnellement-dévoués », je partageais à son sujet l'opinion de Charles : « d'Aulnay le Con » était, pour l'instant, le meilleur président que nous puissions placer à la tête du groupe.

De plus, Fabien m'aimait bien et, affectant d'ignorer qu'au sein du parti je faisais le travail à sa place, il acceptait sans ingratitude excessive de se laisser, disait-il, « un peu aider »... Il avait pour mon agrégation, comme pour les diplômes de son frère Guillaume, une véritable vénération, d'autant plus grande que la soumission de ce savoir à son autorité le rassurait sur sa supériorité : il avait dû lire quelque part que De Gaulle, lorsqu'il avait engagé Pompidou, recherchait un « agrégé sachant écrire »; quand nous étions ensemble, il me présentait invariablement à ses interlocuteurs comme son « agrégée sachant écrire » – ce qui, croyait-il, montrait clairement lequel de nous deux gardait la direction politique des opérations. Si humble que fût Fabien d'Aulnay, son humilité se mesurait, en effet, à l'aune des politiques : s'il me voyait en Pompidou, c'est qu'il ne répugnait pas à s'imaginer en De Gaulle...

Mais le De Gaulle version d'Aulnay ne serait jamais – au rebours de l'Histoire – que le féal d'un homme plus grand que lui : « Ça y est, s'exclamait-il, ravi, en tapant sur son volant, notre Fervacques perce! Avez-vous remarqué comme il perce? Finie la valse-hésitation avec les médias, fini le flou dans l'image! Il commence à l'avoir, " l'aura "! Quel homme! Quel grand homme! C'est notre prochain Premier ministre, Christine, souvenez-vous de ce que je vous dis, notre prochain Premier ministre! » Il évitait, bien entendu, de me parler de l'Elysée car, alors, il lui aurait fallu envisager l'éviction du Président; et, pris dans son conflit de fidélités, d'Aulnay ne pouvait pas plus trancher entre Fervacques et Giscard qu'un petit enfant ne peut choisir entre Papa et Maman.

Il était parfaitement exact, d'ailleurs, que Fervacques « perçait ». A l'étranger, d'abord, où, quelle que fût la politique qu'il défendait, sa popularité allait croissant; l'âge, le métier, l'assurance, et peut-être une certaine forme de bonheur, lui permettaient enfin de laisser tomber les scrupules et les timidités des premiers temps : il y allait carrément, et il « emballait ». Les Américains venaient de lui consacrer la couverture de « Time », et « Jeune Afrique » l'avait désigné comme la « personnalité internationale de l'année »; au point que j'avais dû le mettre en garde : « Si vous continuez sur cette lancée, Monsieur le Ministre, vous aurez le Nobel de la Paix... mais Chirac aura l'Elysée! »

Nous rentrions justement d'une tournée en Amérique du Sud où notre « Archange » avait déployé ses charmes au bénéfice de la France. A Cuba où il était arrivé bien décidé à lâcher à Castro quelques vérités sur l'Angola, il avait trouvé, en visitant un camp militaire, le mensonge qui les ferait passer : « Ah, un Sherman, avait-il dit en tombant en arrêt devant un énorme char posé sur une estrade de ciment, ça me rappelle des souvenirs... C'est avec ça qu'en 44 je suis entré dans Paris. » Un frisson d'angoisse m'envahit : en 44, il avait quatorze ans et vivait aux Etats-Unis... « Evidemment, le moteur n'était pas terrible... Mais il avait un sacrément bon petit canon! » Progressivement rassurée par les compétences techniques qu'il étalait – fonctionnement des mitrailleuses, confort de l'équipage –, je devinai que j'avais devant moi, pour quelques minutes, une réincarnation de son frère Bertrand; et je compris aussi pourquoi on avait brusquement ramené sur le devant de la scène ce héros honni-aimé lorsque j'entendis Fidel s'exclamer : « Vous pensez si je sais tout ça, moi aussi! C'est justement sur un Sherman qu'en 59 je suis rentré dans La Havane...

– Ah, vraiment? fit Fervacques, admirablement surpris. Mais... est-ce que vous n'étiez pas un peu trop grand pour le M.4?

– Si, repartit le Cubain, mais c'était seulement pour la parade... Pour le combat, j'avais un char lourd, un Staline avec un canon de 122. »

Et les voilà partis tous les deux à comparer les portées de tir et les vitesses de croisière... Si Castro avait été solvable, nul doute que, dans la foulée, nous aurions pu lui fourguer un lot d'AMX! En tout cas, à la fin de la journée, les pilotes de chars étaient copains comme deux femmes qui se seraient raconté leurs accouchements. Quand je les quittai après le dîner, ils fumaient cigare sur cigare, et je les soupçonne d'avoir terminé la nuit dans un « claque », en vrais camarades de régiment...

La suite du voyage avait été à la hauteur de ce brillant commencement : au Mexique, Charles, qui s'était retrouvé dans je ne sais quel coin de sa généalogie une grand-mère indienne, avait fait fureur; en Colombie, il avait battu tous les indices d'écoute en évoquant un cousin Pinsart qui avait combattu aux côtés de Bolivar; et au Brésil c'est un véritable délire qu'il avait suscité.

Il y était arrivé fatigué, pourtant, et de mauvaise humeur. Au moment où nous nous disposions à atterrir et où il ne pensait qu'à filer au lit en prévision de la journée trop chargée que les Brésiliens lui avaient organisée pour le lendemain, l'attachée de presse – laide à souhait – que je lui avais choisie, était venue vers nous d'un air intimidé : « Monsieur le Ministre, il y a un tas de journalistes qui vous attendent à l'aéroport... Il faudrait faire tout de suite une déclaration à la presse brésilienne...

– Ah, non! Pas de déclaration! Ils m'emmerdent, tous ces cons! J'ai sommeil, moi...

– Je me permets d'insister, Monsieur le Ministre, reprit la petite en bégayant, j'apprends qu'il vient d'y avoir une terrible inondation dans le sud du pays... On n'avait pas vu une chose pareille depuis deux siècles. Il y aurait plus de trois mille morts...

– Qu'est-ce que vous voulez que ça me fiche! » Mais il se tourna aussitôt vers moi : « On leur file du fric?

– Ça, non! Non, sûrement pas... Mais à défaut... on pourrait peut-être leur filer du sentiment? »

Et sur-le-champ je vis réapparaître, sous le masque de l'homme épuisé, aux traits tirés, aux yeux cernés, le « politique increvable » dont Malou m'avait parlé : « Bon, alors allez-y, Christine : qu'est-ce qu'il faudrait leur dire? »

En hâte, je préparai un mince topo. Dix minutes après, il prononçait, les larmes aux yeux, un long discours enrichi de considérations de son cru : « Les inondations, le flot qui monte, la boue, la mère arrachée à son enfant, moi-même, les falaises de

Sainte-Solène, les vieillards qui tombent à la mer...
Le chagrin de la France... Echangeons nos cœurs...
Frères de sang dans le malheur... » Le lendemain, les
journaux brésiliens, bouleversés par « l'émotion violente que le ministre français n'a pas su nous
cacher », le portaient aux nues; profitant de cet
engouement, nous signâmes, toujours condoléants et
les larmes aux yeux, le contrat de construction de
deux centrales nucléaires qui traînait depuis trois
ans... Charles possédait, jusqu'au génie, la faculté de
communiquer aux autres ce qu'il n'éprouvait pas
lui-même.

A l'intérieur aussi, Dieu merci, il « perçait ». Le
fait d'être enfin maître chez lui, même s'il lui fallait
encore, rue de Lille, partager quelques « parties
communes » avec des voisins peu chaleureux, avait
donné de la consistance à son « projet » : il n'était
plus seulement « celui que les Françaises aimeraient
serrer dans leurs bras », il était, pour tous les jeunes,
le seul pilote de rallye capable de résoudre les
problèmes du Tiers Monde – les solidaristes
venaient, au grand déplaisir de Berton, de publier un
énorme « livre blanc » sur la question – et, pour les
plus de quarante ans, l'homme du « Contre-plan
social » et de l'abaissement de l'âge de la retraite,
hypothèse sur laquelle il avait fait plancher ses
députés pendant l'été au bord des plages « troisième
âge » de sa commune.

Je m'étais arrangée pour donner, à cette occasion,
le maximum de publicité aux réalisations de Sainte-
Solène en faveur des personnes âgées. Nous commencions, en effet, à penser, tous les deux, qu'en
s'attachant trop exclusivement à la tranche des 18-
21 ans auxquels il venait d'accorder le droit de vote,
le Président commettait une lourde erreur de stratégie : si de ce côté-ci l'électorat français gagnait trois
ans, dans le même temps, à l'autre extrémité, par le
seul jeu de l'espérance de vie, il s'allongeait de dix; il

y avait là, à terme, un gisement national du même ordre que celui que Charles avait su exploiter sur le plan municipal. Aussi « l'Archange », que j'avais fini par convaincre de renoncer devant les caméras à ses manières de gosse mal élevé qui choquaient les grand-mères, était-il en train de crever tous les plafonds de popularité auprès des utilisateurs de la « couche Confiance » et des habitués des « Centres de Remise en Forme du Milieu de la Vie »... Du reste, il passait beaucoup mieux maintenant auprès de tous les publics, et grimpait dans les sondages à mesure que ses apparitions télévisées se raréfiaient; car, contrairement à ce qu'imaginent nos hommes d'Etat, il n'est pas contre-indiqué d'attendre d'avoir quelque chose à dire pour parler. Enfin, alors que la plupart de ses collègues souffraient de l'existence d'une double censure – de l'Elysée et de Matignon – et du divorce qui commençait à apparaître entre ces deux pôles de décision, Fervacques, parce qu'il avait réussi dès 74 à occuper une position médiane sur l'échiquier, profitait de tous les tiraillements internes au gouvernement pour élargir son pré carré. Ajoutons à l'inventaire de ces facteurs de succès ma propre maestria dans la pratique de la double allégeance et des fidélités parallèles...

« Il y a bien longtemps que je connais Charles, reprit d'Aulnay en prolongeant ma pensée, et je peux vous dire qu'il n'a pas eu beaucoup de collaborateurs de votre qualité! On sent entre vous une complicité merveilleuse, une entente au quart de tour. » Il est vrai qu'être la maîtresse de l'homme qui vous emploie raccourcit les circuits... Mais « d'Aulnay le Con », très lié à Elisabeth de Sévigné, ne mettait aucune malice dans ses compliments : il serait sûrement le dernier à apprendre la nature, un peu particulière, de ma collaboration.

« Ce que vous devriez faire, par exemple, c'est employer votre influence sur lui pour le persuader de se rapprocher un peu des gens de l'Elysée. Cela m'ennuie, voyez-vous, qu'il ne s'entende pas mieux avec Giscard... Il est très bien, Giscard. Enfin, moi, je l'aime beaucoup...

– Je sais.

– Ah, tiens, à propos de l'Elysée... Regardez ce papier », et il sortit de sa poche une lettre froissée qu'il me tendit.

La lettre était adressée au Secrétaire Général de la Présidence : « Cher Pierre-Brossolette, à bord de l'avion qui nous ramenait de New York à Paris hier, Monsieur Lionel Berton et moi-même, j'ai eu la surprise de voir, installée en première (souligné dans le texte), Christine Maleville – directeur adjoint au cabinet de Monsieur de Fervacques – sans Monsieur de Fervacques. Je te rappelle qu'à notre niveau ni Christine Maleville ni moi n'avons droit à la première classe, sauf quand nous accompagnons nos ministres, privilège auquel, dans un souci d'économie, j'avais renoncé sur ce vol malgré ma qualité. J'ai du mal à comprendre qu'au moment où le ministre des Finances nous invite à l'austérité, le responsable d'un cabinet gaspille ainsi l'argent du contribuable... Je suis d'autant plus surpris du comportement aristocratique de Madame Maleville que je viens d'apprendre par un de nos amis de Compiègne – le proviseur du lycée – qu'elle était encore, il y a peu, une militante PSU acharnée, membre de la section locale, et très proche, m'a-t-on dit, de certains milieux trotskystes et para-terroristes... A toi de juger si, avec des fonctionnaires de cet acabit, notre pays est convenablement représenté à l'étranger... »

Ce petit morceau de littérature, dont le modèle avait dû être trouvé dans les archives du Tribunal Révolutionnaire ou de la Gestapo, était signé « Christian Frétillon ».

Frétillon! Je ne puis prétendre que j'avais jusque-là considéré le chef de cabinet de Lionel Berton comme un ami, mais nous avions tout de même travaillé près d'un an ensemble chez « Anto », du temps où il n'était encore que la chaste Junon du défunt « Tout-m'est-bonheur »; nous déjeunions maintenant tous les quinze jours ensemble pour régler les litiges de frontières entre nos deux ministères et je nous croyais, assurément, en parfaite intelligence depuis qu'entre la poire et le fromage nous avions réussi, avec de grands éclats de rire, à établir un code de déchiffrage des silences de son ministre. Grâce à cet effort commun de décryptage, en effet, nos services respectifs n'étaient plus plongés dans l'angoisse lorsque Berton, indécis et laconique, présidait une commission mixte : selon une grille préétablie, nous transformions ses soupirs en décisions – « donc, si après lecture du rapport de la Direction Economique, il dit " bon " ou " intéressant exposé ", ça voudra dire que j'ai gagné et que tu vas te rhabiller! Par contre, s'il dit : " Passons à l'affaire suivante ", ça signifiera que j'ai perdu, et s'il dit : " Soit ", on en déduira que l'arbitrage est remis à huitaine; O.K.? »

En somme, nous étions apparemment, Frétillon et moi, dans les meilleurs termes professionnels, mais la traduction de ces termes en langage épistolaire donnait une lettre dont le plus surprenant, vu le ton, était encore qu'elle fût signée... Quant à la trahison d'Yves Le Louarn, que révélait ce torchon, j'aimais mieux croire qu'il s'agissait d'un banal bavardage compiégnois dont cet imbécile n'avait pas mesuré les conséquences. Force m'était néanmoins de constater que, moi qui n'attendais rien de bon des autres et en prédisais le pire avec délectation, j'étais, comme chaque fois que l'événement me donnait raison, effondrée... « On ne change pas les rayures du zèbre », disait ma grand-mère : j'avais eu tort de vouloir oublier que, six ans plus tôt, lorsqu'ils étaient ensemble à Matignon, Frétillon avait trahi Frédéric;

il continuait par la délation une carrière commencée dans la perfidie... Que cherchait-il cette fois? A prendre ma place comme il avait, en d'autres temps, pris celle de mon mari? Il est vrai qu'il approchait de la quarantaine; et, de même qu'à cet âge les femmes, affolées, se jettent sans réflexion sur tout amant « possible » qui passe à portée, les hommes se battent pour le poste qui leur permettra, in extremis, de figurer au « livre des records juvéniles » – il leur reste si peu de temps pour être encore « le plus jeune député », « plus jeune patron », « plus jeune ambassadeur »... Cependant, au point de carrière où Frétillon en était arrivé, je ne voyais pas quel record – hors celui de la malignité – il aurait pu battre en me faisant chasser; il me sembla qu'il nuisait plutôt par habitude, à tout hasard; la félonie était devenue chez lui une seconde nature... A moins, bien sûr, qu'il n'eût reçu des ordres?

— Frétillon sait-il que vous avez sa lettre?

— Non, évidemment! Ne vous inquiétez pas, ajouta d'Aulnay que mon abattement attendrissait, le Secrétaire Général est un ami, il a mieux aimé me donner la lettre que de la montrer au Président, comme il semble qu'« on » l'espérait... Il m'a chargé de faire ma police moi-même... Dois-je vous demander, ma petite Christine, si vous avez été membre du PSU?

Je haussai les épaules et fis un mensonge très franc, à la Fervacques : « Vous pensez bien que non!... Puis-je tout de même garder ce chiffon? Parce que voyez-vous, Fabien, plus j'y réfléchis, plus il me semble que, si c'était moi qu'on avait voulu gêner, on aurait adressé la lettre à Monsieur de Fervacques. En alertant directement l'Elysée – compte tenu de ce qu'on peut savoir par ailleurs des rapports un peu tendus entre notre ministre et... euh, certains conseillers du Président – je me demande si ce n'était pas au solidarisme qu'on voulait porter préjudice... »

D'Aulnay parut frappé par la pertinence de cette analyse, uniquement échafaudée pour le dissuader d'enquêter sur mon passé :

– Alors, le coup viendrait de Berton?

– Tel maître, tel valet... Quand Lionel Berton ne trafique pas, il conspire! Il y a, d'ailleurs, cette histoire de Fédération des Réformateurs : il en est partie prenante, ne l'oublions pas. Il se peut que nous le dérangions...

Tout en parlant nous avions longé les champs de pommiers de la vallée d'Auge, puis les bords de la Touques, et étions parvenus à un petit village où de hautes maisons à colombages noirs encadraient un clocher d'ardoises. Près de l'église, une allée d'arbres descendait vers un petit pont sur la rivière, au bout duquel se dressait une poterne de pierre. Deux ou trois pulmans stationnaient à l'entrée du pont, déversant à l'orée du parc leur cargaison d'hommes et de femmes du monde amenés de Paris en habits de soirée; tandis que nous prenions place dans la queue des invités, je vis encore plusieurs de ces cars, spécialement affrétés par la Spear, débarquer leurs passagers dans la grande allée – d'Aulnay ne m'avait-il pas confié que, pour ce genre de manifestations, les Fervacques voyaient toujours grand? Il y aurait ce soir deux mille couverts au château...

De minute en minute, la file d'attente s'allongeait; sous la voûte du portail, de charmantes hôtesses, accompagnées de vigiles musclés, contrôlaient avec grâce et fermeté tous les cartons d'invitation, pendant qu'au village, en haut, une compagnie de CRS, prêtée par « Cousin Ponia » pour l'occasion, réglait la circulation. En voyant grossir ainsi la foule des uniformes et des nœuds papillons, des longues jupes et des étoles de vison, patiemment massée devant la poterne du château dans l'attente du « sésame » magique, je ne pus m'empêcher de penser au bétail humain du samedi soir pressé à l'entrée des parquets d'Evreuil pour recevoir sur le poignet le coup de tampon encreur sans lequel nul n'accédait aux joies du musette; mais entre les ouvriers de ma banlieue et ces « very important persons » – parmi lesquelles je reconnaissais plusieurs généraux, de nombreux députés, les P-DG des entreprises nationalisées et les directeurs de journaux – il y avait, quoique tous attendissent avec une même constance l'heure des réjouissances, une grande différence : si maintenant, chaque fois qu'ils se rassemblaient, les « défavorisés » étaient menacés par les bombes de leurs pairs, les « riches » réunis me paraissaient plus épargnés. Alors qu'il aurait été facile, en effet, aux idéalistes amis de la défunte Solange Drouet, les « Cause du Peuple » et les « Action Directe », de se glisser, en amont du contrôle d'identité, dans le cortège de nos dirigeants désarmés et de faire sauter à la grenade l'élite du pays, c'étaient toujours – curieusement – les gares ou les Prisunic que nos « desperados » visaient : peut-être, faute de figurer sur le circuit des « cartons », n'étaient-ils pas informés en temps utile des grands rassemblements mondains? Ou peut-être craignaient-ils de se trouver intimidés, au moment de les assassiner, par l'élégance des futurs massacrés? Pauvres, ils continuaient de tuer des pauvres : par manque de relations...

On me tapa sur l'épaule. Je me retournai et vis Catherine Darc, qu'accompagnait Maurice Cognard : Fortier de Leussac l'avait récupéré pour sa chaîne de télévision quand Charles l'avait expulsé de son cabinet. Cognard me salua froidement – il devait se donner partout pour une victime de mon ambition –, mais, à ma vive surprise, Catherine Darc, qui ne me parlait plus depuis longtemps, se lança dans un papotage amical, comme si nous nous étions quittées la veille : « Vous ne connaissez pas encore le château? Vous allez voir, c'est ravissant, et tout imprégné encore du souvenir des amours de Delphine de Sabran et de Chateaubriand... Le beau François-René parle d'ailleurs fort joliment de Fervacques dans ses Mémoires. »

Elle était, à l'évidence, dans un de ses jours mondains : foin de ces vulgarités machistes, de ces anecdotes salaces, par lesquelles elle espérait séduire les mâles de la politique et de la presse écrite!

« Il paraît, reprit-elle, que de sa chambre l'Enchanteur tirait au fusil les carpes qui sautaient dans les douves – Charles m'a raconté ça cent fois quand nous étions petits... A propos de Charles, je suis étonnée qu'il ne vous ait pas donné de coupe-file, il lui aurait été si simple de vous dispenser de piétiner avec le tout-venant... Enfin, nous le connaissons, n'est-ce pas? Avec les femmes il est charmant, mais pas précisément galant... »

J'admirai la manière dont, sous couleur de brosser un historique du château, elle avait, en trois phrases, trouvé le moyen de me rappeler qu'elle connaissait Charles depuis l'enfance, avait été sa maîtresse avant moi, comme tout le monde, et que, jusqu'à plus ample informé, je ferais mieux de me garder de toute illusion : il ne m'avait pas distinguée du troupeau... Pourtant, même lorsque, comme ce soir, elle ne m'épargnait pas, j'appréciais l'intelligence de Madame Darc.

Son physique, en revanche, ne s'améliorait pas : avec son long nez droit et ses cheveux tombant en bandeaux qu'elle coiffait à plat sur le sommet du front, elle ressemblait de plus en plus à un braque de Weimar; heureusement, c'était encore un chien de très bonne race...

Nous approchions de la barrière blonde des hôtesses; par-dessus leurs boucles aimables et leurs épaules dénudées, j'apercevais les toits d'ardoises du château et les frondaisons d'un arbre géant planté au milieu de la pelouse.

« Le platane-baobab, m'expliqua Catherine Darc

de plus en plus obligeante. C'est un monument classé : il a plus de quatre siècles... » Elle rit : « Avouez que c'est drôle, un platane-baobab! Avant de venir ici, je n'imaginais même pas qu'une telle race pût exister. Mais cette espèce hybride était apparemment destinée à rencontrer les Pinsart-Variaguine!... Non, je plaisante, il est heureux évidemment que nos amis, tout hybrides qu'ils soient, aient sauvé le platane et le château. Songez que, lorsque le grand-père de Charles a racheté Fervacques aux Montgomery, il était question d'en faire une colonie de vacances ou un aérium... Vous imaginez ce qui se serait passé : on aurait transformé les salons en dortoirs, mis des toboggans sur le perron, installé des "commodités" dans la tour gothique, transformé le parc en terrain de foot et grillagé les douves! L'horreur, quoi! Chateaubriand s'en serait retourné dans sa tombe! Sans parler d'Henri IV... Savez-vous, mon cher Maurice », dit-elle en se tournant vers Cognard qui cuvait gravement son vin de la matinée, « savez-vous que le roi a couché tout à la fois dans l'aile Renaissance du château et avec la maîtresse du lieu? On lui doit d'ailleurs un petit distique coquin : " La dame de Fervacques mérite de vives attaques... " Ce soir, malheureusement, la dame de Fervacques ne sera pas des nôtres : cette chère Elisabeth est à Miami avec sa fille aînée. Vous la connaissez, Christine, je suppose? Sinon, je me ferai un plaisir de vous présenter à l'occasion de mon mariage puisqu'elle y sera... Au fait, vous avais-je dit, ma chère Chris, que je me remariais?

– Non, je ne crois pas... », fis-je, médiocrement intéressée. Déjà, je tendais mon carton doré au joli cerbère de l'entrée, pressée de trouver dans le château un coin tranquille où je pourrais changer mon tailleur parisien contre la longue jupe brune de taffetas de soie et la blouse de dentelle ancienne, très « dame du temps jadis », que j'avais achetées pour séduire mon « Archange » dans ses ruines de famille.

— Et vous ne me demandez pas avec qui je me marie? Vous n'êtes pas curieuse, insista Catherine Darc, un doux sourire aux lèvres.

— Mais si, bien sûr... Avec qui? demandai-je poliment, en commençant à m'éloigner.

— Avec un de vos amis... Hugues de Chérailles.

En tombant sur le platane-baobab, la foudre ne m'aurait pas fait plus d'effet. J'avançai encore de quelques pas, mécaniquement, puis retrouvant assez de présence d'esprit pour me retourner vers l'ex-« dame de Shanghai » : « Toutes mes félicitations, Catherine, lui dis-je. Oui, sincèrement, bravo! »

J'eus peine à retenir le « bien joué! » qui correspondait au fond de ma pensée... Décidément, mon pauvre Philippe n'avait pas de chance en ce moment : lorsqu'il avait appris que mon frère avait servi d'intermédiaire dans les tractations qui avaient abouti au départ de la petite Martineau, mon père avait chassé son fils de chez lui en le priant de ne plus y remettre les pieds... Et voici que, mis à la porte de la maison paternelle, le malheureux devrait maintenant supporter sous le toit maternel la présence constante de son ex (et peu amène) fiancée... Sans compter que, selon toute probabilité, Catherine allait lui mener la vie dure sur le plan financier : s'occuper de la LM avait toujours été son projet, même à l'époque où elle l'aimait; aujourd'hui qu'elle le haïssait, on pouvait être assuré qu'en épousant Hugues elle avait d'abord en vue de mettre dans son lit, et dans son jeu, la moitié du capital de l'affaire...

En tout cas on ne pouvait imaginer qu'elle, si blasée sur la chose politique, fût brusquement devenue sensible aux perspectives de carrière qui semblaient s'ouvrir devant son futur mari; Charles m'avait pourtant appris qu'on parlait de Chérailles comme d'un éventuel Secrétaire d'Etat, et qu'au prochain remaniement ministériel il se pourrait qu'il fût convié à sauter dans le bateau.

« Ce serait logique, ma chère, avait-il plaisanté, notre Giscard veut des hommes neufs... Quand on cherche des hommes neufs, on retombe toujours sur les vieilles carnes qu'on n'a pas encore utilisées, pour l'excellente raison qu'elles n'étaient pas utilisables... En politique, il n'existe pas de génies méconnus, pas de fringants pur-sang qu'on aurait injustement bridés dans leur élan : il n'y a que de jeunes bourriques et de vieux chevaux de retour... Le Président l'apprendra à ses dépens. Mais, d'ici là, nous aurons Chérailles... Banzaï! Tiens, c'est à sa vieille maman que son accession au rang ministériel aurait fait plaisir... » Et, très en verve cette nuit-là, il m'avait raconté que, dix ans plus tôt, à la demande de sa tante Rubempré, il avait reçu la vieille comtesse de Chérailles, qui était entrée en lissant ses petits cheveux blancs sous sa petite mantille, et, posant son petit sac sur ses petits genoux, lui avait demandé, de sa petite voix, comment il se faisait que son « Ugo » ne fût pas encore ministre. Est-ce que, par hasard, quelqu'un au gouvernement lui voulait du mal? « Parce que enfin, Monsieur, mon fils est si gentil, et il était si bon élève jusqu'à... enfin, jusqu'en seconde. A huit ans il était premier en lecture, à douze ans deuxième en sciences naturelles... Ah, par exemple, il n'était pas très travailleur, c'est vrai. Je lui disais toujours : travaille, Ugo, travaille, mon mignon, papa ne te laissera pas ses usines si tu ne travailles pas... Mais les affaires ne l'intéressaient pas, voilà! Tandis qu'en politique, il s'applique. Ça, je vous assure qu'il s'applique... Alors, dites, pourquoi est-ce qu'on ne le nomme pas ministre, comme tout le monde? »

— J'avais l'impression, m'avait confié Fervacques, d'être le principal du collège de Romorantin...

Tout en traversant la pelouse du château, où je vis les deux immenses tentes à raies rouges et blanches sous lesquelles on servirait tout à l'heure le dîner « par tables placées », je songeai qu'entre les confidences de Charles et les révélations de Catherine j'avais la matière d'un dossier pour le PAPE. Depuis quelque temps, en effet, je fournissais à Olga des fiches de synthèse sur les hommes politiques français, où je faisais figurer les informations, plus ou moins confidentielles, récoltées dans les antichambres des ministères et les cocktails de la bonne société. Ces « on-dit », ces ragots qui avaient généralement quelques semaines d'avance sur les indiscrétions de « la Lettre » ou de « la Vérité », m'étaient royalement payés; mais j'en voulais à Madame Kirchner de n'avoir jamais l'air surpris ni émerveillé par les nouvelles que je lui rapportais. J'aurais bien aimé « l'épater », susciter des exclamations, recevoir des félicitations. Mais rien : Olga lisait, elle rangeait, elle payait... Cette fois-ci, pourtant, j'en étais sûre, avec le nom de l'« Arlésienne » d'Hugues de Chérailles, je tenais le scoop de l'année : ma commanditaire, et Anne après elle, allaient sauter au plafond! Cette perspective me réjouit tant, que j'en oubliai presque l'inquiétude que m'avait d'abord inspirée l'annonce de ces noces menaçantes : j'ai le caractère imprévoyant et léger de la linotte, qui ne voit le danger que lorsqu'elle est dessus et l'oublie sitôt qu'il est passé...

Ce fut donc, malgré Catherine Darc et Frétillon, avec calme et confiance que je grimpai le perron à double révolution qui mène à la grande porte du château. Je parcourus, sans rencontrer personne, plusieurs salons du rez-de-chaussée qui avaient dû être aménagés au temps de Delphine de Custine. Sur un parquet marqueté de plusieurs essences de fruitiers, je remarquai une couronne vicomtale et des armoiries où figuraient, bizarrement, trois petits canards qui auraient comblé Martineau... Hormis ces palmipèdes, et quelques blasons de complaisance, les pièces d'apparat étaient, sous leurs moulures et lambris Directoire, décorées dans un style extrêmement conventionnel; on n'y voyait rien qui rappelât les fantaisies Viollet-le-Duc de Sainte-Solène, rien qui approchât des initiatives artistiques coûteuses de son actuel propriétaire, de sa terrasse périlleuse, de ses redoutables élevages de faucons, rien de personnel en fait, rien même qui indiquât une grande fortune. Sainte-Solène, il est vrai, c'était Charles tout seul, et le château de Fervacques, sa famille indivise : pris en groupe, les Fervacques n'avaient apparemment pas la richesse ostentatoire, ni très inventive... Bien qu'Elisabeth et ses trois filles eussent fait du château leur résidence principale, on aurait dit qu'elles vivaient là comme à l'hôtel, un hôtel de première catégorie sans doute, mais dont elles ne savaient pas profiter : il semblait – à voir leurs kilomètres de sièges Louis XV, leurs tables Jansen sans bouquets, et leurs argentiers bien rangés – qu'elles se posaient chaque matin sur un coin de canapé comme des dames en visite et attendaient que « ça se passe »... Ce comportement anorexique, frigide, me choquait; j'aurais su faire un si bon usage de leur fortune, moi qui, dans les hôtels cinq étoiles où mes fonctions internationales me permettaient de passer la nuit, me hâtais de jouir de tous les plaisirs à la fois – consommant en même temps le bain moussant offert par la direction, le bonnet en plastique, la savonnette Lancôme, les kleenex, la radio, les deux lits de la chambre, le champagne du frigidaire, le téléphone blanc, le papier à lettres, les œufs au bacon du « room-service », les tables sur roulettes couvertes d'argenterie, et même le dépliant publicitaire, que je finissais toujours par glisser dans ma valise avant de partir...

Derrière les grands salons mornes et uniformément lumineux de Madame de Fervacques, je découvris enfin une petite pièce écartée où je me hâtai de me déshabiller. Comme, penchée en avant, je m'apprêtais à passer ma jupe, jetée à même le sol, j'entendis une voix murmurer derrière moi : « On vous oblige à aller chercher vos vêtements bien bas, Madame Maleville, mais c'est fort agréable pour vos amis... »

Cette nonchalance étudiée, cette diction traînante et vaguement condescendante, c'était, sans erreur possible, « la voix de son maître » : d'Aulnay... Je l'avais abandonné un peu brusquement au pied du perron et il avait dû se demander où j'étais passée. Confuse, je m'accroupis pour me cacher derrière ma jupe puis, toujours rougissante, me retournai.

C'était « le maître » lui-même :

— Ah, Charles, vous m'avez fait peur!

— J'imitais d'Aulnay en train de m'imiter... C'est lui qui m'a dit où vous étiez. Mais vous n'êtes pas bien installée ici... Suivez-moi : il faut que je me change aussi.

Je remarquai qu'il était en tenue de cheval : « Ne me dites pas que vous êtes allé à l'enterrement d'Alexis Léger dans ce costume!

— Non. Je n'y suis pas allé du tout... Au dernier moment, j'ai craqué : encore une tombe, encore une veuve, encore un discours! Vous verrez, ma pauvre enfant, il vient un âge où l'on a deux enterrements par semaine, c'est extrêmement fatigant... » Nous étions montés au premier étage, il me fit entrer dans une grande chambre, qui était probablement celle de sa femme. « J'ai donc expédié Blaise au cimetière, je lui ai donné votre papier... Et je suis venu ici directement, pour avoir le temps de faire un tour du parc avec " Gazelle " avant que n'arrivent ces gens... »

A l'idée que, pendant toute la route, je m'étais imaginé mon « Archange » en train de dire, en l'honneur du poète, les mots d'amour que j'avais écrits et que c'était Blaise qui, au même instant, de sa voix de fausset et en trébuchant sur les citations, les prononçait, je ne savais plus si j'avais envie de rire ou de pleurer. Charles décourageait la prévision; à force, il décourageait le rêve aussi... Pourtant, quand je le voyais ainsi, en jodhpurs et en bottes, la cravache à la main et les cheveux en désordre, je me rappelais le jeune maire de Sainte-Solène qui passait sur la plage quand j'avais huit ans, superbe et lointain sur son cheval bai; je savais qu'il y avait vingt-deux ans que je marchais vers lui, vingt-deux ans qu'il donnait un sens à ma vie. « Tu viens à moi du fond de ta jeunesse... » Je me glissai dans ses bras et le serrai fort contre moi. Non, la chanson de mes quinze ans n'avait pas menti, cette chanson dont j'avais vainement glissé quelques vers dans l'éloge de Saint-John Perse en espérant que Fervacques les dirait, qu'il me les dirait : « Il n'est pas d'amour qui s'égare... Un beau matin, sans crier gare, tu entreras dans ma maison... »

Même si ce n'était pas Charles qui m'y avait invitée, j'y étais enfin, « dans sa maison »... Et je m'y trouvais même – dans cette chambre où, sur tous les meubles, figuraient des photos d'enfants, et où un livre offert par moi traînait auprès d'une paire de boutons de manchettes – sur un pied étrangement conjugal.

Comme dans un vieux couple (et cette pensée me causa un plaisir d'autant plus sensible que je pressentais déjà que notre couple ne serait pas vieux), il m'aida à fermer ma jupe et je vins à son secours pour attacher le bouton de col, toujours trop juste, de la chemise de smoking. Tout en s'habillant, il me parlait de la prochaine visite en France de l'ex-prince Sihanouk et de la préparation du voyage de l'émir du Qatar.

Mais je ne l'entendais pas; j'écoutais sa voix, cette

voix grave, aux inflexions particulières, si proches finalement de celles des Slaves immigrés : les « a » fermés comme des « e », les « j » légèrement chuintants... Ce timbre profond, ces vibrations douces et lentes, je me disais que je devrais les enregistrer à son insu pour me les repasser plus tard, lorsqu'il se serait éloigné. J'aurais ses lettres et sa voix, ses intonations et son écriture – tout ce que nous laissent de leur chair ceux qui nous ont abandonnés... Pourtant, j'hésitais encore à cacher un magnétophone dans un coin : si je gardais le bruit de ses paroles – comme je conservais déjà, dans ses petits billets signés « Capricorne », la forme de ses mots – j'aurais besoin de toucher sa bouche, de même que, parcourant les lignes qu'il avait tracées, j'avais chaque fois envie d'embrasser sa main. Or, tandis qu'avec ses lettres je pouvais au moins baiser la feuille qu'il avait touchée, la glisser contre ma peau, l'y réchauffer jusqu'au moment où le frôlement du papier me donnait l'illusion d'une caresse imperceptible, je devrais, avec la petite bande magnétique brune où sa voix serait gravée, me contenter du plus froid, du moins matériel des supports.

Le supplice de Tantale dans sa version contemporaine, c'est d'être ainsi condamné à retrouver en deux dimensions – films, photos, cassettes – ceux qu'on a aimés en relief...

Un léger coup de cravache sur le bras me rappela à la réalité : « C'est extraordinaire, tout de même, à quel point vous vous fichez de ce que je dis!... Si nous avions un peu plus de temps, vous mériteriez que je me serve de cet instrument pour vous ôter l'envie de recommencer... » Et, souriant avec une complicité un peu méprisante : « D'ailleurs, ce n'est que partie remise... »

« Pardon? Vous disiez? » Je posai sur lui un regard vide, dans lequel il ne pourrait rien lire de mes propres désirs : « Je suis distraite par ces photographies... Le petit garçon blond là-bas, c'est vous?

– Oui... Avec mon premier précepteur, l'abbé Holland, un catholique américain qui jouait au foot en soutane. Je pose devant ma première Ferrari, un modèle de poche, mais qui atteignait le soixante à l'heure...

– Et ici? Devant le château, ce gros bébé dans les bras de cette jolie femme, blonde aussi?

– Je lui ressemble beaucoup, n'est-ce pas? C'est ma mère... Elle était russe. C'est à cause d'elle que je suis bilingue... » Il rit : « Bilingue, comme on est bigame! C'est vrai, vous savez, je ne pense pas du tout de la même façon dans les deux langues. Même mes sentiments sont différents... Par exemple, si je suis gai en russe, cette gaieté ne ressemble pas aux joies qu'il m'arrive d'éprouver en français... Si vous vous souvenez qu'en plus mon père m'a très tôt infligé l'anglais, vous pouvez imaginer quel être multiple on a fait de moi! J'ai eu la duplicité précoce et naturelle...

– En quelle langue m'aimez-vous? »

Il sourit, hésita : « En français, je crois...

– Et dans quelle langue êtes-vous le plus à l'aise? »

Cette fois, la réponse, partie du cœur, fusa : « En russe naturellement! »

Je fis mine de tourner cet aveu en plaisanterie : « Eh bien, me voilà fixée! », mais j'avais la gorge serrée.

Charles, conscient de m'avoir blessée, revint précipitamment à la photographie maternelle : « Je n'ai que trois autres photos avec elle. A cette époque, dans nos familles, les enfants étaient élevés par les nurses... Quelquefois, à l'adolescence, certains avaient la chance de rencontrer plus souvent leurs parents... » Il secoua la tête : « Mais, pour ma mère, ça n'a pas pu se faire... Non, cela ne s'est pas fait. »

Sa digne épouse, en revanche, il n'avait pu manquer de la croiser : sur les commodes, sur la table de nuit, sur la cheminée, partout il y avait des photos d'Elisabeth de Sévigné – photos de plage, de bal, de chasse avec des dizaines de faisans morts alignés sur le sol... Charles figurait deux fois aux côtés de sa femme : le jour de leur mariage, très mince, en jaquette, auprès d'Elisabeth dans une robe à traîne digne d'un conte de fées, tous deux marchant derrière un Suisse à hallebarde et épaulettes dorées comme je ne pensais pas qu'il pût encore en exister; ce devait être à la sortie de l'église. Bien sûr, il n'avait dû épouser Malou Weber que civilement; il avait beau vouloir couper les ponts avec Fervacques père, il assurait ses arrières... Un second cliché montrait le couple quelque temps après, au bord d'une piscine, lui en maillot, elle en bikini – Elisabeth avait posé la tête sur son épaule, on ne voyait pas son visage, mais lui était pris de face et il souriait...

Je commençais à me sentir de trop... Je me retournai vers les photos d'enfants. « Mes trois filles, dit-il fièrement. Solène, Bérangère et Isabelle... »

Elles étaient belles comme tous les jeunes animaux de leur milieu, bien nourries, bien lavées, bien peignées, scandaleusement blondes, scandaleusement longues, et admirablement campées sur des jambes solides faites pour nous doubler en petites foulées... Heureusement, autour de leur quinzième année, les choses se gâtaient : l'aînée, par exemple, dont la prime enfance avait affiché des sourires triomphants, tournait maintenant – à en juger par les clichés pieusement encadrés par sa maman – à la grande pouliche niaise, le corps sans taille, la crinière lasse, le regard sans lumière; elle n'allait pas tarder à ressembler à Elisabeth, en plus pâle encore s'il se pouvait... Mais son père n'avait pas l'air de s'en apercevoir : sur les photos il la promenait en jeep, un bras tendrement passé autour de ses épaules, la juchait en riant sur la balustrade de la terrasse à Sainte-Solène, lui laissait essayer sa voiture au départ d'un rallye, lui apprenait à tirer à la carabine; il l'aidait même à souffler son gâteau d'anniversaire... Pour un homme qui n'aimait pas sa femme et prétendait avoir éloigné sa famille, je trouvais qu'il y avait sur les murs de ce château la preuve de bien des « mamours » et chatteries... J'en étais aussi exaspérée que lorsque je voyais J.V. danser avec Evelyne Martineau : j'aurais voulu empêcher mon père d'avoir des maîtresses, et mon amant d'avoir des filles.

— J'ai des rapports privilégiés avec cette demoi-selle-là, crut bon de me préciser Monsieur de Fervac-ques en prenant entre ses mains un petit cadre où Solène figurait en robe du soir mocharde. C'est une âme passionnante et un sacré petit caractère! Une vraie peste aussi, quand elle s'y met... Mais un bel enfant. Riche de dons, de possibilités...

— Et Laurence?

Voilà, c'était fait. Il y avait de longues minutes que je retenais la question sur le bout de ma langue. D'ailleurs, tôt ou tard, il aurait fallu en arriver là puisque, pour la première fois, deux semaines plus tôt, Laurence m'avait demandé de parler d'elle à son père : elle avait recouché avec Nicolas Zaffini – grande affaire! – et Nicolas avait justement des problèmes de carrière que le ministre des Affaires étrangères pouvait l'aider à résoudre. Déçu par son faible score aux dernières Présidentielles et sévère-ment mis en cause par ses propres camarades, il avait en effet démissionné avec éclat du « Mouvement International Prolétarien » – qui, d'ailleurs, tout international qu'il se prétendît, ne devait pas regrou-per plus d'une soixantaine de militants, implantés pour les trois quarts sur le causse Larzac où, modernes Jeanne d'Arc, ils gardaient les moutons en attendant de reconquérir la nation... Mais c'était le Larzac précisément qui, à l'occasion du projet de camp militaire du gouvernement, avait fourni à Zaffini le nouveau tremplin dont il avait besoin; lâché par le prolétariat, il avait violemment rebondi dans l'écologie. Prenant le contrôle d'une des petites associations, du style « Défense du cimetière d'Armezer », qui fleurissaient dans le secteur, il lui avait donné en peu de temps une audience nationale – 3,5 pour cent... Ce qui lui permettait d'envisager, avec le secours des puissants « Verts » allemands, d'être élu député européen à la proportionnelle, à condition de survivre trois ans – jusqu'aux premières consultations. Or, le compost écologique ne nourrit pas son homme : Zaffini, qui avait abandonné son travail d'ingénieur et n'avait pas de fortune personnelle (la fortune personnelle, pourvu qu'elle soit d'origine ancienne et convenablement patinée, est en effet très bien portée dans les rangs écologistes, puisque, n'impliquant aucun défrichage nouveau, elle ne nuit pas à l'environnement), Zaffi se voyait condamné à vivre d'énergie solaire et d'eau claire... C'est ainsi que, se souvenant en même temps de Laurence, fille de ministre, et de ma modeste personne, mal pensante mais bien placée, il avait eu l'idée de solliciter un poste d'attaché culturel à l'étranger. Laurence se disait assurée que, s'il obtenait cet emploi, il l'épouserait : depuis sept ans – sept ans de réflexion ! – il ne pensait, paraît-il, à rien d'autre, mais répugnait à entraîner une enfant de la bourgeoisie dans l'existence aventureuse et dépouillée du militant chômeur, harcelé par tous les CRS de la terre et, subsidiairement, par ses huissiers... Qu'on lui donne cette place, et il se marierait !

Je n'en doutais pas : Nicolas appartenait à cette génération de 68 qui mettait du cynisme dans ses

aventures amoureuses et du lyrisme dans ses entreprises politiques; quand la voix de la raison conseillait si manifestement le contraire... Pourvu donc
qu'on lui fournît de quoi persévérer dans sa nouvelle
passion révolutionnaire, il épouserait un « chien
coiffé ». C'est pourquoi lorsque Laurence, qui était
aussi folle de ce garçon que la malheureuse
« Adèle H. » de son lieutenant Pinson, m'avait
suppliée d'intervenir, j'avais failli prendre sous mon
bonnet de faire nommer Zaffi dans l'un de nos
postes étrangers – il avait les diplômes requis –, tant
j'étais sûre d'obtenir le succès matrimonial escompté.
Mais la nomination d'un ancien adversaire du président de la République, n'eût-il recueilli qu'un pour
cent des voix, risquait de ne pas passer inaperçue;
puisque, devant l'opinion, Charles devrait en porter
la responsabilité, il me semblait courtois de l'en
informer...

Quand j'avais prononcé le nom de la fille de
Malou, il avait sursauté :

– Laurence? Vous voulez dire : ma fille? Mais
d'où la connaissez-vous?

Sans donner de détails j'avais évoqué ma période
compiégnoise et indiqué que je revoyais la jeune fille
de temps en temps, comme beaucoup de mes anciennes élèves.

– Ah, oui... Eh bien, vous avez du temps à perdre!
Il est vrai que Laurence a toujours su émouvoir ses
professeurs, affaire de sympathies politiques probablement... Tenez, je me souviens qu'un jour une de
ces bas-bleus s'est même permis de m'écrire à son
sujet une lettre dégoulinante de pathos où elle n'hésitait pas à me donner au passage quelques conseils
sur ma vie privée! A l'époque, j'ai failli envoyer sa
lettre à mon collègue de l'Éducation en demandant
des sanctions. Une chance pour elle que j'aie perdu
le papier!... Bon, alors, Laurence?

C'était mal parti : à l'évocation de ce souvenir

épistolaire et du précipice que j'avais côtoyé, j'avais la bouche sèche et les mains moites. Je poursuivis pourtant :

– Laurence a un petit ami et...

De nouveau il explosa : « Ah, je le connais! Le champion de "la démarque inconnue"! Oui, oui, une espèce d'anarchiste que j'ai tiré in extremis d'un commissariat de police l'été dernier pour que l'enquête ne compromette pas davantage ma chère, ma très raisonnable petite fille... Sa spécialité, au joli cœur de Laurence, c'est de casser la nuit les vitrines des supermarchés pour voler de la marchandise qu'il redistribue dans les banlieues. Oui, oui... Ah, elle ne vous a pas raconté ça? Déclaration du "casseur" aux policiers qui l'ont interrogé – pardonnez-moi si je ne connais pas parfaitement le vocabulaire de ces milieux-là, mais c'est du genre : "Je refuse d'affronter le système face à face. Krivine, la Ligue, les mecs à Zaffini, ils sont face à l'Etat, aux bourgeois, aux flics, à l'Armée... Moi, c'est pas mon truc, je vis dans les interstices, je squatte, je vole, je récupère, je montre qu'on peut pirater entièrement une société... Je suis une espèce d'avant-garde, l'avant-garde des zonards... " »

Tandis que Charles peignait d'un trait rapide ce « monde d'en bas » qu'il connaissait si mal, il y avait sur son visage tant de haine et de colère que l'image du beau chevalier galopant au crépuscule sur la plage de Sainte-Solène s'effaça derrière celle du petit marchand de beignets, aux épaules voûtées, à la peau grise, au sourire rare... « Tu verras, Chris, disait mon grand-père, les patrons, il suffit pas qu'ils nous écrasent, faut en plus qu'ils nous détestent! On dirait qu'ils ont peur. Peur qu'on leur prenne leurs places – leurs places!... »

Transporté par une hargne qui ne le rajeunissait pas, l'héritier de la « Fervacques and Spear » continuait : « L'ennui, ma chère, le seul ennui, c'est que

" l'avant-garde des zonards " logeait chez la fille du ministre des Affaires étrangères!

— Ah, je comprends, fis-je calmement, c'est d'Alain Chaton que vous voulez parler! Je vous rassure tout de suite : Chaton n'est pas dangereux. Il est complètement fêlé, c'est sûr, mais il n'est pas dangereux... D'ailleurs, il ne s'occupe plus des " zonards ", il vient de rentrer chez les Krishnas, dans le Berry...

— Parce que ce Chaton aussi, vous le connaissez? Encore un de vos anciens élèves? »

M'efforçant à la patience, j'expliquai posément à Fervacques que « le petit ami » dont je voulais lui parler ce soir n'était pas Chaton en tout cas, mais un autre garçon, diplômé des Arts et Métiers...

— Ah, ah, coupa-t-il dans un rire glacé, c'est complet! Ma fille a plusieurs amants maintenant!

Je m'assis sur le lit, et le fixai tristement : j'étais un peu lasse d'expliquer à tous ces pères indignes qu'il leur seyait mal de paraître indignés... Charles était heureusement assez intelligent pour se rendre compte qu'il venait de franchir les bornes du ridicule; il se calma. Je repris mes explications, plaidant la compétence du garçon et le bonheur de Laurence. Mais quand, après maints détours, j'en arrivai à lâcher le nom de l'intéressé, Fervacques bondit : j'étais « inconsciente », « folle à lier », « résolue à le perdre », « sotte comme un panier », etc. Il eût été vain d'insister; pendant qu'il exhalait sa fureur, je me dis que j'allais tout de même essayer de gagner du temps en faisant traîner au maximum l'instruction de la demande de Zaffi avant de lui signifier notre refus définitif. Je connaissais Nicolas, il ne lâcherait pas sa proie tant qu'il y aurait un espoir. J'assurerais ainsi à la pauvre Laurence quelques mois de plaisir et d'illusions; et peut-être même, à la faveur de cette cohabitation forcée, Nicolas finirait-il par s'attacher?

274

Charles renversa brutalement ces rêves de « pot au lait » : « Puisque je ne peux plus faire confiance à votre bon sens, Madame Maleville, je convoquerai moi-même le directeur des Affaires culturelles demain matin. Je veux signer la lettre de rejet dans la journée... »

Je me levai : « Si vous faites cela, Monsieur le Ministre, je serai dans l'obligation de vous quitter. »

Il resta saisi : « Vous plaisantez?

– Je ne crois pas... »

Nous étions face à face, silencieux et immobiles, comme deux lutteurs de sumô qui cherchent la prise. Il renonça le premier : « Bon, bon... Je ne vous savais pas si chatouilleuse sur vos attributions... Réglez l'affaire vous-même. Mais dans le sens que je viens de vous indiquer, n'est-ce pas? Pas d' " enfant dans le dos "...

– Evidemment... Permettez-moi, toutefois, de vous redire que je regrette votre position : vous auriez été parfait en " père de la mariée ". En grand-père aussi... Vous êtes attendrissant comme un aïeul quand vous parlez de vos autres enfants. »

Il prit la profonde inspiration d'un homme qui s'apprête à plonger : « Vous mériteriez que je vous gifle, Christine Maleville. »

J'avisai, sur une des commodes, un petit cendrier en Limoges : « Tenez, lui dis-je, si cela peut vous soulager... »

Il s'empara de l'objet, je voyais les jointures de ses mains, blanches à force de serrer; peut-être s'imaginait-il qu'il m'étranglait? Mais, ayant longuement délibéré, il choisit de gracier la porcelaine et partit d'un grand éclat de rire : « Vous savez que vous me plaisez quand vous êtes fâchée! » Il se rapprocha et m'attira dans ses bras : « Je suis très amoureux de vous, ma petite panthère, murmura-t-il, et j'ai bien envie de vous sauter. " Ici et maintenant ", comme dirait notre ami Mitterrand... »

D'un petit mouvement coulé, je me dégageai. Ma seule envie à moi, ce soir-là, c'était de le tuer ; si j'avais eu un revolver, je l'aurais abattu avec joie. Faute d'arme adéquate, je retournai cette violence contre moi et me jetai dans le suicide, comme on se lance dans l'assassinat : tirant de mon sac la lettre de Frétillon, je la lui mis entre les mains.

— Tenez, si vous voulez vous débarrasser de moi, c'est l'occasion ou jamais...

Il haussa les épaules : « Qui vous parle de cela ? C'est vous qui vouliez me laisser... » Mais il lut la lettre.

Je marchai jusqu'à la fenêtre. En face, la rivière qui alimentait les douves du château, ceignant la poterne et la vieille tour, s'élançait dans un vaste déversoir avec des remous de cascade, qui éclaboussaient, sur l'autre rive, l'arrière ocre et rouge des maisons du village et tout un fouillis rustique de bûchers, de clapiers et de poulaillers. Sur la gauche, devant des communs médiocres et des remises mal entretenues, l'aile XVIe dressait la haute toiture de ses greniers superposés, où l'on imaginait des clayettes de pommes étalées sous des charpentes massives, une odeur de cidre et de pressoir. Sur les pelouses, par-delà les grandes tentes dressées pour la réception et le pavillon-pagode construit pour abriter l'orchestre, les arbres du parc aux feuilles brûlées lâchaient, à chaque coup de vent, une neige rousse qui, de loin, faisait dans l'herbe comme un semis de champignons frais poussés.

C'était le charme du château d'avoir gardé son air de campagne, de manoir paysan plutôt que de palais. Je pourrais, « petite prolétaire », mourir là sans être vraiment déplacée... Je lui avais livré le poignard, je lui tournais le dos, j'attendais qu'il voulût bien m'exécuter.

Il se taisait. Enfin sa voix, cette voix qu'un quart d'heure plus tôt je rêvais d'enregistrer, brisa le silence derrière moi : « Alors, vous avez été PSU par-dessus le marché? Il y a deux ans, quand mes amis m'ont avisé de votre appartenance au PS, j'espérais avoir fait le tour de vos ex-convictions... Je me suis trompé apparemment : un de ces jours, je vais apprendre que vous avez vendu " l'Humanité " sur les marchés!

— Ce serait grave? demandai-je sèchement sans me retourner.

— Oh, pas nécessairement! Notre Premier ministre, ce sympathique représentant de la droite musclée, avait bien adhéré dans son jeune temps au " Mouvement de la Paix ", peut-être même au PC... »

Il avait posé ses mains sur mes épaules, et me pressait doucement contre son corps, en déposant dans mon cou, du bout des lèvres, de petits baisers d'oiseau : « Aussi longtemps que je serai près de toi, tu n'as rien à redouter... » Mais il me fallait beaucoup plus désormais qu'une promesse pour me rassurer. Je fis monter les enchères d'un cran :

— Avez-vous des moyens de pression sur Berton?

Accentuant son étreinte, il m'obligea à pivoter et parcourut mon visage des yeux, comme la carte douteuse d'un pays inconnu : « Berton en tant que ministre, non, soupira-t-il enfin, mais en tant qu'homme d'affaires, c'est possible... Je ne vois d'ailleurs pas du tout, ajouta-t-il perplexe, où vous voulez en venir... »

Il était déconcerté : comme il allait m'aimer!

— Il paraît qu'il faut avoir l'esprit de haïr ses ennemis... Je veux le scalp de Frétillon.

Il avait dû imaginer pire : il parut soulagé.

— Au moins je vous sais gré, murmura-t-il en caressant mon front, de ne pas prétendre que dans cette affaire c'est votre ministre que vous souhaitez venger... Quoique officiellement, bien sûr, ce soit sur ce terrain que je me placerai pour vous rapporter la tête demandée, ô délicieuse Salomé...

Du dehors nous parvenaient les premières mesures d'un « boston » que l'orchestre « New Orleans », importé pour la soirée, jouait sans doute en l'honneur d'Alban. J'esquissai un pas de danse; Charles me prit la taille, et tandis qu'en valsant je m'abandonnais aux baisers de mon amant, je sentis avec une tristesse infinie que ni ces baisers, ni cette valse, ni ce « scalp », ne pourraient combler le vide qu'avaient creusé dans mon cœur toutes les tendresses, toutes les danses, tous les trophées qu'on m'avait refusés : ce qu'on prend à la pointe de l'épée ne vaut pas ce qui vous est donné. Sous mes robes de haute couture, mes sourires et mes succès, je cachais un gouffre : les petites filles mal nourries sont d'éternelles affamées, les enfants qu'on n'a pas réchauffés périront gelés près des incendies qu'ils ont allumés.

Les badges qu'on nous avait remis à l'entrée portaient le numéro de la table à laquelle nous étions affectés : le mien portait la mention A2. En circulant entre les deux tentes qui, chacune, contenaient une centaine de tables de dix invités, je vis que j'étais « bien placée ».

La tente A accueillait, en effet, les personnages français et étrangers les plus influents – rien au-dessous du P-DG de multinationale, du prince ou du général –, la B recueillant la classe moyenne du Tout-Etat, attachés militaires, conseillers commerciaux, directeurs de branches, lieutenants-colonels et chefs de bureau... Comme, contrairement aux usages de la bonne société parisienne, on s'était gardé ce soir de mélanger les genres et de confondre les origines professionnelles, le nombre figurant sur le badge après la lettre permettait d'affiner encore l'évaluation sociale : aux tables à petits numéros, situées au centre des chapiteaux, siégeraient les « huiles » de chacune des catégories; aux extrémités, les grades subalternes.

Je constatai même que, aux deux bouts de la tente A, étaient dressées quelques tables sans numéro, autour desquelles se pressaient déjà un groupe de costumes clairs et de vestons sport qui faisaient tache dans la foule des smokings et des uniformes. Je crus d'abord à une erreur, mais, en m'approchant de ces « A » incongrus, je reconnus, à leurs épaules larges et leurs nuques rasées, les gardes du corps de ces messieurs... Bien que le protocole appliqué ne fût nullement celui des milieux officiels (les Fervacques et les Dassault, quand ils recevaient pour leurs usines, appliquaient un cérémonial de vendeurs, un protocole de marchands de tapis), cette étiquette particulière ne semblait guère moins rigoureuse que celle des ambassades et rien, à l'évidence, n'avait été laissé au hasard. Tout était précis, mathématique. A croire que l'établissement des plans de table avait été confié à un ordinateur!

Cependant lorsque, un verre de champagne à la main, je remontai jusqu'au milieu du pavillon A, cherchant à déchiffrer ici et là les cartons où étaient inscrits nos noms, je m'aperçus que les premières tables – où l'on m'avait placée – ne comptaient personne qui ne fût ministre, président de banque ou maréchal, tandis que les autres directeurs de cabinet, comme les ambassadeurs orientaux, les rédacteurs en chef et les stars du show-biz, avaient été relégués aux tables 6 à 20. Je compris alors que je m'étais trompée; nous n'avions pas été placés par un programmateur : si malgré la modestie de mon rang officiel j'étais à la « 2 », c'est qu'Alban « savait »...

Une joie brutale, inattendue, me submergea – bonheur d'être distinguée, assez aimée pour être avouée; car si Alban « savait », cela voulait dire que son frère lui avait parlé, et parlé dans des termes qui ne permettaient pas de douter de la force de ses sentiments pour moi. Catherine Darc, qui se pavanait à hauteur du premier tiers de la « A », serait moins fière quand elle verrait où j'étais!

Enchantée de ma soudaine élévation, je décidai d'aller m'humilier un peu sous la tente « B » en attendant le dîner : les dirigeants de seconde zone avaient sûrement besoin d'être consolés...

Je me trompais. Il régnait dans le second pavillon une atmosphère sympathique et décontractée qui tenait du « Rotary Club » et de la soirée coloniale : au premier coup d'œil on constatait la surreprésentation des commerciaux et des militaires; partout des rondeurs de VRP, l'éclat des épaulettes et du galon, des bronzages parfaits, et des allusions à Delhi, Lagos, ou Abou Dhabi... On s'interpellait joyeusement autour des whiskies : « Quel temps fait-il à Riyad? Mon mari me dit que vous êtes merveilleusement installés à Lomé... Oh, c'est encore "notre ordonnance", ou "notre boy", qui aura oublié de me prévenir... » Des photographes se faufilaient entre les groupes pour immortaliser cette brillante soirée, dont on sentait qu'elle alimenterait encore longtemps la conversation des fortins diplomatiques perdus aux confins du monde civilisé. De jolies bouquetières, déguisées en paysannes de Normandie, circulaient autour des jeunes femmes endimanchées, offrant, de la part de la « Banque française d'Extrême-Orient » et de la « Fervacques and Spear », des roses blanches, violines ou saumon, assorties aux couleurs des robes.

Henri Dormanges – qu'on avait classé parmi les « B » au double titre d'ancien attaché militaire et de correspondant de guerre à « la Presse » – me choisit une polyantha pas tout à fait mûre, dont le jaune, tirant sur le vert, s'accordait aux tons de ma jupe, et il la fixa à mon corsage avec les gestes précautionneux d'une femme de chambre que sa maîtresse terroriserait; juste revanche sur l'époque où ma grand-mère cousait ses rideaux à longueur de journée sans qu'on lui offrît à boire ni à manger! Puisqu'on en était au contentieux, il y avait bien aussi un vase de Bohême entre lui et moi. Mais, ce soir, Dormanges avait d'excellentes raisons pour l'oublier : il courtisait la « Spear » à travers moi. J'appris par ses soins qu'après le rachat du « Figaro » par Hersant, la holding d'Alban avait décidé d'offrir un journal aux solidaristes; on parlait du rachat de « la Presse » dont le capital était fort émietté. Dormanges ne me cacha pas qu'il fallait au plus tôt virer Moreau-Bailly : « Trop vieux, dépassé, ne tient plus sa boutique... » Il s'y voyait déjà.

– En tout cas, bougonnai-je pour couper court à ses prétentions, si la Spear reprend « la Presse », il est peu probable que la ligne du journal soit infléchie vers la gauche... On donnera plutôt un coup de barre au centre. Enfin, au centre de la droite, si vous voyez ce que je veux dire... Compte tenu de vos engagements politiques, je crains que...

Mais « Mandrin » avait plus d'une audace dans son sac; il me remontra, avec un humble enthousiasme, que, même dans cette hypothèse de recentrage, « l'expérience » l'intéresserait : « Sur le plan journalistique, la tentative, soutenue par des capitaux importants, devrait permettre d'introduire en France des formules nouvelles. Je songe, par exemple, à la couleur : introduire la couleur dans un quotidien pour les photos, les titres, les pubs, ce serait techniquement passionnant... » Quant aux aspects politiques, il était bien évident qu'à long terme le groupe parlementaire de Fervacques ne pourrait qu'évoluer vers la gauche. Coincé entre l'UDR et les giscardiens, « l'Archange » ne trouverait qu'à la droite du PS la liberté et l'audience qu'il recherchait. Qui alors, mieux qu'un vrai réformateur ayant des contacts chez les socialistes et une grande pratique du journalisme politique, pourrait accompagner cette évolution? Sans compter qu'il aurait plaisir personnellement, lui, Dormanges, à travailler avec un homme comme Fervacques, issu d'une famille entreprenante, dynamique, et « tout aussi Second Empire », conclut-il, superbe, « que mon hôtel d'Enghien ».

Médusée, je n'osai ni lui rappeler son intransigeance nationalisatrice d'avant-hier, ni lui représenter que la veille encore, pour tirer sur Renaud, il se déguisait en Khmer rouge...

Après cette conversation salissante, j'allai me rincer la bouche en échangeant quelques mots avec de vieux chefs de service du Quai, blanchis sous le harnais, qui, certes, n'arrivaient jamais à leur bureau avant midi, mais ne consacraient pas le reste de leur journée à lancer des OPA sur les postes des autres!

Soudain, deux petites mains mutines vinrent se poser sur mes yeux : « Devine!

– Ce n'est pas possible! Caro? »

Elle se tenait devant moi, mince et fine dans une robe à bustier; avec sa petite bouche en cœur, peinte en débordant légèrement, ses grands yeux noirs soulignés de khôl, ses cheveux relevés en chignon où elle avait piqué sans façon l'une des roses de la Spear, et ses gants de satin noir qui remontaient jusqu'au coude, elle avait l'air faussement ingénu d'une jeune fille de Kiraz. Ressemblant à l'héroïne type des années soixante au milieu des années soixante-dix, elle paraissait presque, compte tenu de l'accélération du temps, aussi décalée que lorsqu'au début de la décennie précédente elle imitait Cléo de Mérode... Habile à donner au sex-appeal le petit « plus » de la nostalgie, délicieuse toujours, mais chaque fois à la façon d'avant, elle séduisait d'abord ceux qui avaient un passé (« forcément, c'est ceux-là qui ont les sous, confessait-elle réaliste, on ne peut pas avoir en même temps de l'avenir et de l'argent... »), et, à l'abri de la double cuirasse que lui faisaient les vieillards et le rétro, elle n'en suivait pas moins de fort près l'actualité.

– Je suis venue avec mon Poupougne, m'expliqua-t-elle, il m'a eu une invitation, c'est un chou! Tu sais qu'il est là pour préparer le voyage de son émir, le cheik Khalifa... Il paraît que ton Charles va le recevoir, le Khalifa. Quel nom, dis donc! Quand j'étais petite, chez nous c'était l'épicier ambulant qu'on appelait comme ça... Tiens, viens que je te présente mon Poupougne. Il n'est pas joli-joli, mais, tu verras, on s'habitue, parce que en affaires il n'est pas bête du tout...

« Poupougne » – cheik Farez Ibn Al-Hamid – était un sous-émir dans la soixantaine, pour qui « Mademoiselle Mauvière » avait décoré un appartement, qu'elle occupait maintenant chaque fois que son propriétaire séjournait à Paris. En France, où il passait le plus clair de son temps, « Poupougne » intriguait pour le compte de différents particuliers du Koweit et de l'Arabie, et montait, avec l'argent du pétrole, des sociétés à l'existence éphémère, mais au rendement assuré. Depuis quelques mois, à la grande joie de Caro – et pour son plus grand profit –, il acceptait de l'associer au capital de certaines de ces entreprises, de préférence celles dont les fonds propres restaient peu élevés alors que les bénéfices crevaient les plafonds...

« Tu sais, me dit Carole en entourant ma taille de son bras pour m'entraîner vers " Poupougne " qui lui faisait de grands signes du fond de la tente, pour les faux Vuitton qu'on faisait fabriquer en Italie on vient d'arrêter. Tu avais raison finalement : c'était un peu risqué... Mais j'ai quand même touché une chouette commission! » Elle mit sa main contre mon oreille, comme une enfant, pour m'en chuchoter le montant. « Et ne crois pas que je vais le gaspiller! »

Je ne le croyais absolument pas. « J'ai déjà tout replacé dans une affaire très, très intelligente. Une idée à moi, mais que mon Poupougne a trouvée extra... Ecoute, tu sais comme les questions de bakchichs sont importantes pour obtenir des marchés du Moyen-Orient? Seulement, la difficulté, c'est qu'il n'y a pas d'administration organisée là-bas, ce qui fait que nos boîtes, quand elles arrosent, ne sont jamais sûres qu'elles remontent la bonne filière : est-ce que le type qu'elles bakchichent est le bon, et le niveau du pourboire, est-ce que c'est celui qu'il faudrait? Hein, tu en connais comme moi de ces affaires qui ont capoté parce qu'on avait trop arrosé des intermédiaires douteux et pas assez bakchiché le bonhomme qui tenait la clé du coffre? Il ne faut jamais oublier d'inviter Carabosse à sa noce, pas vrai? Oh, pardon : " n'est-il pas vrai ". C'est bien comme ça qu'on doit dire? Tu vois les progrès que j'ai faits!... Bref, j'ai eu l'idée de rassembler tous les tuyaux que Poupougne et ses amis pouvaient avoir sur les vraies compétences et les tarifs pratiqués dans une douzaine d'Etats. Et je passe tout sur ordinateur. Après, il suffit aux entreprises d'appuyer sur un bouton, en indiquant le genre du contrat et le montant du marché, pour avoir en trois secondes – moyennant finances – le parcours complet : les noms de tous les princes à payer, et leur prix exact... Affichage des tarifs, Mistoufflette, comme dans un bordel bien tenu! Bien sûr, je dois beaucoup investir au départ; mais Poupougne va m'aider. Et puis, j'aurai aussi quelques actionnaires français. Tiens, j'ai déjà l'accord du grand type que tu vois là-bas, qui parle avec l'attaché militaire du Maroc...

– Tu connais l'attaché militaire du Maroc, toi?

– Plutôt deux fois qu'une, tiens! Je monte aussi un truc avec lui, mais je t'en parlerai plus tard... Le grand type qui lui parle, celui qui va travailler avec moi sur les bakchichs, c'est Balmondière...

284

— Balmondière? Tu veux dire le...

— Le comte, oui. Le cousin de cette journaliste que tu avais invitée un soir à la maison pendant que j'étais avec ton frère, et... Oh, cette histoire, dis donc!... Balmondière, il est marié avec une bonne femme qui vous connaît aussi, Philippe et toi – pardonne-moi, mais aux gens que je rencontre je parle souvent de vous : dans ce milieu, tu le sais, il faut tout le temps sortir ses relations, et, comme relations, vous faites bien dans la conversation, ton frère et toi... Bon, Sibylle, elle s'appelle, la sauterelle de Balmondière, une grande maigre qui ne pense qu'à chasser. Eh bien, je l'ai fait inviter – on dit : " je l'ai fait inviter " ou " je l'ai faite inviter "? – bref, grâce à moi elle est allée à une chasse dans les sables, là-bas aux émirats, chez cheik Zaouri, un frère de Khalifa qui est un bon copain à moi – et, maintenant, elle m'adore. Tu vois, ce n'est pas plus dur que ça! Entre nous, je crois qu'après la chasse elle a couché avec le Zaouri; avant, elle avait dû se raconter un tas de salades sur les harems – elles aiment toutes ça, ces bourgeoises! –, alors après, forcément, ça a été les Mille et Une Nuits! Aujourd'hui, comme elle meurt d'envie de le revoir, son émir adjoint, et que, lui, je le tiens... euh... comment dire, par les cordons de sa bourse, hein? je la ferais tourner autour de mon petit doigt si je voulais, la pauvre choute!... Mais son mari, franchement, il est O.K. Si notre système marche, on envisage de l'étendre à l'Afrique, puis à la France. Mais sans Poupougne probablement, parce qu'il se fait vieux, mon Poupougne, et il ne peut plus voir aussi grand...

— Tu sais, pour la France, Ibn Al-Hamid a peut-être raison d'être réticent... Nous ne sommes pas dans les émirats, et notre système administratif ne permet guère ce genre de corruption.

— Tu rigoles, ou quoi? Tu sais ce qu'il fait, Balmondière, dans le civil? Il bakchiche à longueur d'année des fonctionnaires français pour le compte d'entreprises allemandes! Comme je te le dis! Remarque, tout le monde ne saurait pas faire ça... On l'a choisi, lui, parce que, vu sa noblesse, il a la manière. D'abord, il comprend tout de suite quand on lui donne rendez-vous à des heures où il n'y a plus personne dans les bureaux et qu'on lui avoue après, sans penser à mal : " Il y a si longtemps que mes enfants n'ont pas vu la montagne ", ou " j'ai ma petite dernière qui se marie samedi, c'est dommage que ma voiture soit en panne "... Mais ce n'est pas le tout de comprendre, il faut aussi savoir faire accepter. Il y a une façon de donner, sympa, décontractée, discrète, enveloppée... Justement, ça, Balmondière, il sait : dix siècles de chevalerie, comme il dit... »

Elle me présenta son « Poupougne », que mes titres impressionnèrent autant qu'il se devait, et nous échangeâmes quelques informations utiles sur la venue de Khalifa. Après quoi, saluant à droite et à gauche quantité d'attachés commerciaux et de jeunes officiers que je ne connaissais pas, Carole me reconduisit à l'entrée de la tente « B » comme une hôtesse qui m'aurait fait les honneurs de sa maison...

Même si ce n'était pas la première fois que je constatais qu'on ne grimpe pas seul dans la société, jamais la leçon n'avait été aussi claire : il me semblait évident maintenant, en voyant où Caro en était arrivée, qu'on monte dans un panier, une corbeille d'amis et de familiers. Comme si les puissants qui nous tirent d'en haut avaient, pour compenser les pertes inévitables, détaché au hasard tout un morceau de la glèbe d'en bas, trop large, trop lourd, et qui s'effrite en montant : les petits Lacroix étaient tombés; Béa, Solange, Frédéric avaient décroché; mais Carole, Saint-Véran et Zaffini continuaient à s'élever avec moi, en même temps que moi, et, bien que nos chemins se fussent rarement mêlés, que l'avancement de chacun semblât devoir peu à la progression des autres, je sentais confusément que nous cheminions en parallèle, halés par une force semblable.

– Au point où tu en es maintenant, Caro, permets-moi de te donner un conseil, lui dis-je avant de la quitter, laisse tomber « Cléopâtre »...

– Oh, non. Pas de ça, Lisette! Faut être prévoyant : un jour le pétrole sera épuisé... Tandis que les femmes, on en aura toujours besoin!

Nous nous embrassâmes tendrement; elle sentait la vanille et le lait de toilette pour bébé : « Au fait, Chris, avant que tu t'en ailles, je peux te demander un petit service? Je voudrais qu'après le dîner tu me présentes à Alban de Fervacques.

– Alban? Du trop gros poisson pour toi, minette!

– Je ne crois pas : mon projet peut l'intéresser... »

Je ne voulus pas la contrarier : « De toute façon, je ne sais même pas s'il parle français, Alban. C'est une si drôle de famille de ce point de vue-là!... A la réflexion, je suis même à peu près certaine qu'il ne doit discuter " finances " qu'en anglais.

– Aucune importance : je parle aussi l'anglais. » Et, devant mon incrédulité, elle m'expliqua gentiment que dans les affaires, maintenant, et surtout au Moyen-Orient... Même pour les hôtesses de « Cléopâtre », aujourd'hui elle exigeait l'anglais; et comme, en tant que patronne, elle ne pouvait pas rester en retrait, elle avait donné l'exemple en suivant les cours de Berlitz, « Yes, Sir! et pour le reste, la pratique... Il n'y a que ça de vrai, dans tous les métiers...

– Toi alors, on peut dire que tu n'as pas fini de m'étonner!... Mais, écoute, ma Caro, je vais être tout à fait sincère : je ne peux pas te présenter Alban, pour l'excellente raison qu'Alban, si curieux que cela puisse te sembler, je ne le connais pas. »

Un quart d'heure plus tard, cette lacune était comblée. « D'Aulnay le Con » m'avait arrêtée à l'entrée du chapiteau A pour me présenter « d'Aulnay le Crack », et, poursuivant la galerie des frères illustres, m'avait proposé de me faire connaître notre hôte, le fameux Alban.

– Curieux, du reste, que Charles ne l'ait pas encore fait... Mais il ne faut pas lui en vouloir : dans ces grandes machines, il est toujours tellement sollicité...

Il me mena vers une estrade en alcôve installée contre une des parois de la tente, à hauteur des « tables nobles »; mais je ne pouvais pas voir encore qui se trouvait sur cette tribune, car les têtes et les dos de ceux qui me précédaient dans la queue m'en empêchaient. C'était un défilé ininterrompu de ministres, de députés, et d'éditorialistes réputés, qui arrivaient à demi courbés, le genou fléchi dans une action de prosternation anticipée, et repartaient cassés en deux et extasiés, comme s'ils venaient de saluer le Bon Dieu. Toujours escortée de mon d'Aulnay, que je sentais, lui aussi, vaguement intimidé, je parvins enfin devant « l'autel » : deux hommes s'y tenaient, assis de part et d'autre d'une table étroite où deux couverts seulement étaient dressés. L'un d'eux était un petit vieillard maigre et jaune, qui semblait écrasé sous l'énorme pardessus doublé de fourrure qu'il avait gardé et sur lequel on avait encore jeté une brassée de plaids épais; ce vieux roi frileux, qui, de dessous ses couvertures, me tendit une main glacée, aussi patinée qu'un ivoire ancien, c'était l'associé d'Alban, l'octogénaire Marcel Dassault. Je ne crois pas qu'il saisit mon nom et encore moins ma fonction; mais il voulut se montrer aimable :

– Alors, ce soir, vous dînez ici? s'enquit-il d'une voix fluette, un peu grinçante.

– Oui...

– Et vous allez sûrement manger du saucisson, hein? Oui, je parie que vous aurez du saucisson... Vous en avez de la chance!

Ce fut tout; il serrait déjà la main du suivant... De cette flatteuse conversation – « vous lui avez plu », me glissa d'Aulnay, ravi – je crus devoir déduire que l'empereur de l'Aéronautique était las du caviar. Je me trompais : c'est à nous, ses invités et ceux d'Alban, que – outre le saucisson – le caviar et le champagne furent servis à profusion; dans son alcôve de monarque, Monsieur Dassault ne mangeait que des pâtes, arrosées d'eau minérale... Alban de Fervacques aussi : par sympathie.

Poussée par la file, j'étais arrivée devant lui; le jeune P-DG de la Spear, aussi sombre d'aspect que son frère semblait clair et ensoleillé, ne paraissait nullement surpris de voir les dames piétiner ainsi en rangs serrés pour lui être présentées : il devait être accoutumé à voir le souffle de sa fortune emporter, outre les principes de la morale, ceux, plus légers, de la galanterie... On prétend, dans les manuels de science politique, que le législateur britannique peut tout faire, sauf transformer un homme en femme; les dollars de la « Fervacques and Spear » pouvaient plus que le Parlement anglais : devant eux tout reculait, y compris la différence des sexes...

Se rendit-il seulement compte que j'étais une femme? Si, un moment plus tôt, je m'étais flattée que Charles lui eût parlé de moi, la manière distante dont Fervacques junior m'accueillit m'obligea à en douter : il leva sur moi un œil doux et grave, qui me parut regarder bien au-delà de mes modestes contours; puis, triste et distrait comme un infant espagnol, il prolongea ce semblant de regard par un bref hochement de tête qui fut toute la politesse qu'il me fit. Déçue par la sécheresse et la rapidité de ce contact, je m'éloignai à reculons, désireuse d'en apercevoir plus long, de deviner derrière ce visage fermé l'ombre d'un sentiment ou d'une pensée; mais, déjà, des marmitons discrets écartaient la foule et déposaient devant les deux milliardaires leurs coquillettes sans beurre, qu'ils allaient manger seuls, en vitrine, muets, face à l'assemblée de leurs courtisans, comme, à Versailles, le souverain et son dauphin...

D'un bout à l'autre du chapiteau les invités passèrent à table. J'aperçus Charles à la « Numéro 1 », qui, avec un grand sourire, me faisait signe d'approcher; sa gaieté coupante, ses traits nets, sa chevelure dorée m'inondèrent de lumière comme au sortir d'un tunnel. Comment avais-je pu, une heure après m'être sentie si heureuse en découvrant mon nom à la « 2 », retomber aussi vite dans mon marasme antérieur? Tout de nouveau conspirait à mon chagrin : le désespoir que nous préparions à Laurence, la médiocrité haineuse et perpétuellement renaissante des Dormanges, des Darc et des Frétillon, les ennuis qu'allait éprouver Moreau-Bailly, et l'indifférence d'Alban.

Puis il me parut que ces raisons confuses se rattachaient toutes à une même cause : l'immense puissance des Fervacques, dont j'avais peut-être bénéficié à mon insu pour m'imposer dans le monde politique, mais dont pour la première fois, ce soir, je mesurais concrètement l'étendue. C'étaient eux qui faisaient et défaisaient les Dormanges et les Frétillon, qui tenaient entre leurs mains les clés du bonheur de Laurence ou de François, qui me tiraient vers le haut et me rejetteraient en bas.

Derrière les usines délabrées de Saint-Rambert-en-Bugey, le « château » d'Enghien, les ambassades aux frontons altiers, la grande façade de « la Presse », les colonnes du Palais-Bourbon, je voyais maintenant se profiler la silhouette d'Alban, assis au fond de la tribune obscure d'où il dominait d'un pied le reste de la société. Et je comprenais soudain que ce n'était pas seulement vers l'amour de Charles, mais vers la puissance des Fervacques que j'avais marché.

Degré après degré, en tâtonnant, comme guidée par un instinct très ancien, un désir inassouvi, j'étais montée jusqu'à eux : quand les fonctionnaires (« l'Ambassadeur » ou mon « joli marin » de l'Elysée) m'avaient trouvée assez bien élevée pour m'accepter, j'avais cru, petite fille d'Evreuil, toucher les sommets; puis, à Senlis, j'avais découvert les intellectuels, la souveraineté de l'art, l'autorité de la presse, la force de l'esprit, et, lorsque j'avais été capable de parler intelligemment avec Prioux ou Fortier tout en continuant à dîner, je m'étais jugée arrivée; c'est alors qu'entre Sainte-Solène et Paris la marche suivante m'était apparue, plus haute, plus raide – Kahn-Serval, Antonelli, Charles –, on jouait avec le pouvoir, on formait le gouvernement; mais, sitôt que j'avais su manipuler un quarteron de députés et traiter au petit déjeuner avec des chefs d'Etat étrangers, j'avais pensé pouvoir me reposer sur mes lauriers... Et voici que ce soir, toute cette ascension était remise en question : je découvrais que ces mondes gigognes, imbriqués les uns dans les autres comme des petites boîtes bien ajustées, n'étaient que les parties d'un tout plus vaste, le soubassement d'une puissance qui les dépassait; je comprenais que j'avais tourné sur un manège d'apparences et applaudi un théâtre de marionnettes dont la « Fervacques and Spear » tirait les ficelles. La cour déférente et ridicule que tous ces groupes superposés, unis soudain dans un même culte, venaient, en la personne de leurs plus fameux représentants, de faire aux deux milliardaires mangeurs de nouilles n'illustrait-elle pas jusqu'à la caricature le pouvoir de l'argent? Je touchais aux ressorts secrets du monde, j'entrevoyais la face du Dieu caché, mais, à l'instant où mes yeux se dessillaient, je me voyais réexpédiée dans les ténèbres à jamais...

Le directeur du cabinet des Finances s'était approché de moi pour m'entretenir d'une histoire de « montants compensatoires », et Charles, à quelques pas de là, tentait toujours désespérément d'accrocher mon attention; mais ni ma carrière ni mes amours ne m'intéressaient plus désormais : « Fi de la vie! »

Puis, tout à coup, je me dis que j'étais aussi stupide que ces héros de roman qui se croient amoureux pour avoir absorbé un mauvais médicament. Il ne fallait pas aller chercher dans la philosophie les raisons de mon ennui : mon malaise de ce soir était celui, banal, des personnes dotées d'une acuité visuelle limitée. Je n'avais jamais été à l'aise dans les cocktails, les réceptions avec buffets – beaucoup moins, en tout cas, que dans les dîners. Quand je considérais, du haut de ma myopie, ces vastes foules étrangères et indistinctes, elles me semblaient toujours, si je n'étais escortée d'un pilote aguerri – mon frère, mon ministre, ou mon mari –, hostiles et fermées. Je cherchais avec angoisse un visage connu, un sourire ami, un port où m'amarrer; mais la plupart de ces refuges étaient déjà occupés, et, comme je ne savais pas, faute d'un entraînement assez précoce, m'introduire d'autorité dans des groupes déjà formés, je croisais au large, évitant avec peine l'écueil des plateaux, naviguant au jugé d'un dressoir à l'autre sous l'œil réprobateur des serveurs, jusqu'au moment où, bourrée de sandwiches et épuisée par ce va-et-vient sans objet, au bord des larmes, j'avais envie de tout larguer...

En imputant ma souffrance à Alban, je m'étais exagéré mon mal. Comment, d'ailleurs, aurais-je pu m'affliger en devinant, au sommet de la société, une porte fermée, moi qui avais grimpé dans le monde comme on fuit, sans espérer sérieusement m'évader?

Je n'étais pas une ambitieuse, je le savais. Ayant tout perdu de naissance, je voulais seulement m'amuser un peu, passer le temps : l'alpinisme social n'est-il pas, avec la roulette ou le black-jack, le sport le plus distrayant qu'un désespéré puisse pratiquer?

Alpinisme social? L'idée me semblait amusante, mais fausse. En tout cas, je faisais une autre lecture de la vie de Christine. A la considérer depuis son point de départ, je la voyais moins comme une ascension que comme une descente, une longue suite de dépouillements, de pertes irréparables, un dépérissement : disparition des origines, effacement du nom, de la filiation, de l'Histoire elle-même, et – avec l'effondrement des idéaux, y compris de ce rêve élémentaire qu'est la volonté de se perpétuer – anéantissement des fins.

Cet escalier que Christine Valbray croyait monter, je le lui voyais au contraire dégringoler marche après marche, abandonnant à chaque degré une pièce de vêtement, un morceau de peau, jusqu'à se trouver, en arrivant en bas, totalement dénudée, détachée d'elle-même, et aussi « bündnisfrei » qu'un courant d'air. D'année en année, au fil de son propre récit, je voyais avec chagrin se défaire l'unité de sa personne, son être éclater comme un miroir brisé – dont j'aurais aimé ramasser les débris éparpillés et, remontant le temps, recoller les fragments pour revenir, avec une image entière, un tout reconstitué, sur ce palier où, moi aussi, je savais que nous attendait un Dieu caché, un Dieu premier, qui n'était pas le « Veau d'or » qu'elle adorait...

Peut-être cependant, tandis qu'elle dévalait la pente, n'avait-elle pas tout à fait tort de penser qu'elle grimpait : le monde est comme ces gravures de Piranèse, ces labyrinthes baroques, ces films surréalis-

tes, où les escaliers, par le jeu des ombres, le truquage des perspectives et la malice de l'artiste, mènent dans les abîmes ceux qui s'imaginent s'élever et hissent vers les cimes ceux qui croyaient s'enfoncer. A moins encore qu'elle n'ait fait comme ces enfants perdus dans un grand magasin qui, jusqu'à l'épuisement, montent un escalator qui descend...

J'apercevais mieux, en revanche, les raisons qui avaient porté Christine – et la société qui l'entourait – à accorder, à mesure qu'elles se défaisaient, une importance croissante à l'argent : lorsqu'on a de la peine à être, la possession est d'une grande consolation. Les « moi » divisés, incertains, fuyants, aspirent à s'enfermer dans ces contraintes matérielles (le corps, l'argent) qui leur donnent un semblant d'homogénéité : le sexe et le compte en banque sont deux manières, non pas de se connaître, mais de se prouver qu'on existe – l'assurance d'un être minimum. Sécurité qui n'est que de courte durée : pas plus que l'âme, la chair et le portefeuille ne sont à l'abri du dédoublement, de la tricherie, de la dispersion, de l'émiettement ; la tentation est grande de suivre les voies parallèles de la comptabilité – jeux d'écritures, caisses noires et coffres suisses – ou de jouer sur les deux sexes, empruntant à l'échiquier, au hasard des coups, ses noirs ou ses blancs pour se donner l'illusion de ne jamais perdre la partie...

S'il y avait bien un progrès dans ces chapitres où Christine me racontait ses années Fervacques, je ne le trouvais donc ni dans l'ascension sociale ni dans la découverte d'une divinité jusque-là occultée. Ce n'était même pas dans sa vie que je la rencontrais, mais uniquement dans son récit : à mesure qu'elle avançait dans sa narration, il me semblait qu'elle évoluait vers le romanesque, donnant aux dialogues directs une place accrue, se plaisant aux descriptions, aux portraits, multipliant les points de vue, et proposant, en marge des événements, des aperçus inattendus. Je voyais déjà venir le moment où, oubliant qu'elle se voulait mémorialiste, elle peindrait des scènes auxquelles elle n'avait pas assisté, des gens qu'elle n'avait pas rencontrés, des sentiments qu'elle n'avait pas éprouvés. Et je m'en réjouissais, la croyant, dans sa prison, en marche vers la rédemption : elle allait, pensais-je naïvement, reconstituer par l'art l'unité perdue de sa vie, inventer son propre escalier...

Plus tard, décevant mes espérances, Christine me prouva que l'écriture est impuissante à rendre une forme à l'informe et un nom à l'innommé, qu'elle ne renvoie jamais qu'à une création qui lui préexistait, qu'elle ne fonde rien de ce qui est et échoue même à refléter plus qu'une parcelle dérisoire du tout d'origine – miette de miroir, poudre de verre, trace de sable sur du sable...

D'ailleurs je ne me dissimulais pas que, plus Christine allait ainsi vers le roman, plus – en reproduisant ses écrits – j'allais, moi, vers les ennuis : la prisonnière de Rennes n'avait jamais été totalement fiable, et, quand elle s'abandonnait à l'ivresse des mots et des situations, ce danger d'inexactitude augmentait et, avec lui, le risque de soulever la colère des tiers qu'elle mettait en cause. D'autant que, ne disposant pas elle-même de manuscrit témoin, de double des papiers qu'elle m'adressait (puisqu'elle n'osait pas prendre le risque de les garder dans sa cellule ni celui de les soumettre à la censure du courrier, et me les faisait parvenir à mesure qu'elle écrivait), il lui arrivait, sans qu'elle s'en doutât, de revenir plusieurs fois sur les mêmes épisodes, et d'une manière toujours neuve...

Quand il ne m'était pas possible, pour le livre que je préparais, de vérifier les faits, je choisissais la version la plus vraisemblable. Sinon, j'élisais, selon mon humeur, la plus méchante, la plus drôle, ou la plus commode : j'avais moi-même, de plus en plus souvent, au sujet de Christine Valbray, des réactions d'auteur et, de moins en moins, des réflexes d'historien. Ainsi *avais-je choisi, parmi les trois récits qu'elle m'avait proposés de la garden-party de Fervacques, celui où Sovorov figurait – non que le vieux journaliste m'en eût confirmé l'authenticité (il était mort avant que j'aie pu le rencontrer), mais cette version me permettait de jeter, indirectement, un jour sur le passé de Saint-Véran avant que, dans les dernières années de la vie de Christine, il ne revînt occuper le devant de la scène. En me fournissant de la sorte plusieurs variantes de certaines scènes, Christine me mettait à même de faire le tri dans sa mémoire comme j'aurais pu le faire dans la mienne. En démultipliant le récit des événements, elle me contraignait à refaire à chaque instant, comme au présent, les choix qui avaient été ceux de sa vie, elle me plaçait devant les mêmes carrefours et m'obligeait, pour la suivre, à me dédoubler à mon tour...*

« Vous étiez à la table numéro 2, me dit Charles en m'enveloppant d'un regard concupiscent, maintenant vous êtes à la " 1 ", j'ai changé les cartons... Oh, ne faites pas cette tête-là : je ne me serais pas livré à ce petit jeu si j'étais la puissance invitante, mais puisque, ce soir, je ne suis qu'un invité... Sans compter que nous ne sommes pas dans le vrai monde ici », ajouta-t-il en jetant un regard méprisant sur Akkram Ojjeh et deux ou trois seconds couteaux libanais qui passaient à portée. « Pour tout vous dire, je trouve les relations d'affaires de mon frère très " petit genre "... En tout cas, ce ne sont pas ces gens-là qui m'empêcheront de refaire les plans de tables! J'en ai profité pour éliminer quelques rombières – les beautés mûrissantes, je dîne avec à longueur

296

d'année, j'en ai " soupé "! Ah, mon pauvre petit, on n'est pas gâté aux places d'honneur! »

Un coup d'œil circulaire me permit de constater qu'en effet la moyenne d'âge des dames – comme celle des messieurs, leurs époux – était sensiblement plus élevée sous la tente « A » que dans la « B » : davantage de visons, de cheveux courts, de rinçages platinés, et de gaines « Maintien »...

« L'épouse de notre ministre des Finances reste à ma droite, reprit Fervacques, c'était malheureusement inévitable... Mais vous serez à ma gauche. » Il marqua un temps d'arrêt : « Je vous affiche...

– Tiens, c'est drôle, fis-je pour couper court à l'émotion qui me gagnait, je n'avais pas remarqué que, sur ce carton, on s'était trompé de nom : on a mis Valbray. Comme si j'étais divorcée...

– Ce n'est plus qu'une question de mois, non? »

Il avait lâché sa phrase comme une évidence, quasi sans intérêt, et déjà il s'inclinait pour un baisemain souriant sur les bagues de sa voisine de droite, qui venait d'arriver.

Je connaissais cette manière de jeter les choses importantes sur un ton morne, et comme en fuyant. Combien de fois l'avais-je vu procéder de la sorte en commission, à Bruxelles ou ailleurs! Mais cette flèche du Parthe, qu'il lançait avec un détachement consommé, n'était jamais, comme chez les autres, une vengeance ultime, un trait d'esprit, une menace. Rien d'agressif, au contraire : c'était une tentation flatteuse qu'il semblait difficile de ne pas considérer – proposition d'accord inattendue, faux-fuyant discret, élégante abdication –, un appel, enfin, à tout ce qu'il pouvait y avoir, chez son interlocuteur, de veule et de complaisant; dans ces moments-là, « l'Archange » évitait avec soin de regarder son adversaire dans les yeux, non par crainte de se trahir, mais pour mieux l'aider à franchir le pas, à se persuader que la suggestion en cause, faite en passant et presque à l'insu de celui qui l'avançait, n'avait rien à voir avec l'enjeu du débat. Quant au mode affirmatif employé pour énoncer ce qui, dit d'une autre façon, serait apparu comme une question, ou un conseil facile à écarter, il était destiné à faciliter l'acceptation de l'idée émise en la présentant comme une banalité, une certitude acquise depuis l'origine des temps : cette lapalissade méritait-elle qu'on s'y arrêtât? Allait-on perdre son temps à enfoncer des portes ouvertes quand, par ailleurs, les vrais sujets d'opposition et de réflexion ne manquaient pas?

Ainsi avais-je vu Charles de Fervacques traîner une assemblée internationale pendant des heures entières à travers les plaines arides du droit public et les chicanes des règlements financiers pour finir par lui révéler incidemment, au petit matin, au détour d'un « naturellement, nous ne ferons rien » ou d'un « il va de soi que l'Europe ne peut intervenir », toutes ses aspirations à la lâcheté, et lui permettre – grâce à la manière dont il avait auparavant axé le débat sur des questions annexes, mais ardues – de consentir à ses faiblesses en toute tranquillité. C'est de cette façon, dit-on, que certaines jeunes filles vendent leur vertu, et les chrétiens leur âme au Diable : au détail, en croyant, à chaque étape, qu'ils sauvent l'essentiel – jusqu'au moment où il ne reste rien à sauver...

Mais j'avais beau tout savoir des procédés de Charles, je sentis qu'une fois de plus « l'Archange » avait gagné et qu'en effet j'allais divorcer... Un orchestre tzigane qui circulait entre les tables pour distraire les « premiers numéros » vint jouer à la nôtre une chanson russe pour boîtes de nuit, « Cocher, arrête tes chevaux » : je ne pouvais plus arrêter les miens ni conduire ma vie; tant pis!

Mon second voisin de table était un Anglais très « Oxbridge », le président de la « Banque Française d'Extrême-Orient », et, comme tel, l'un des principaux adjoints d'Alban. Après quelques préliminaires amenés dans un français parfait, il me demanda si j'étais, comme on le lui avait affirmé, une parente des Chérailles. J'acquiesçai : j'avais depuis longtemps annexé à ma famille mes hôtes de Senlis, dont je ne faisais pas un moindre usage mondain que Carole de mon nom et de mon amitié.

– Ah! s'exclama l'Anglais, dans ces conditions je suis enchanté d'avoir l'occasion de m'exprimer... Je crois savoir que Madame de Chérailles a été un peu choquée par notre décision... Vous savez que, l'an dernier, notre groupe s'est intéressé à la LM. C'est une petite affaire sympathique...

Une petite affaire sympathique : dix mille employés, et trois milliards de chiffre d'affaires? J'en eus la chair de poule : si la LM, que j'avais prise pour un empire, n'était qu'une « petite affaire », qu'était-ce donc, décidément, que la Spear? Je jetai dans la direction d'Alban, immobile comme un mannequin de cire derrière sa vitrine, un regard terrifié. De nouveau le sentiment d'exclusion qui m'avait envahie un moment plus tôt me glaça le cœur.

On éteignit les lumières. Tandis que les cuisiniers en toque blanche défilaient en portant à bout de bras des plats somptueux que surmontaient des bâtons d'étincelles, l'Anglais poursuivait dans l'obscurité : « C'est une firme qui a bénéficié pendant une vingtaine d'années d'une expansion spectaculaire, avec un doublement du chiffre d'affaires tous les trois ans... Le marché était extrêmement porteur, la clientèle des ménages sous-équipée... Mais depuis cinq ou six ans, les choses se gâtent. Il y a d'abord eu ces grandes grèves d'après 68, vous vous souvenez : " LM libère la femme, mais exploite ses travailleuses... " A ce moment-là les Chérailles ont lâché trop d'avantages... La faute aurait été réparable si, dans le même temps, la direction n'avait dû absorber les conséquences des erreurs commises sur l'orientation de la production : échec du couteau électrique, faillite de la yaourtière, et je ne vous parle pas de la machine à fabriquer les pâtes fraîches – une idée personnelle du vieux Chérailles qui allait en cure en Italie, m'a-t-on dit! A six cent cinquante francs, comment voulez-vous que ce produit tienne, face à la concurrence des pâtes du commerce? »

Fervacques, qui parlait depuis un moment avec un inspecteur des Finances que le Premier ministre venait, dans le cadre du énième plan de sauvetage de la sidérurgie, de bombarder président des Aciéries lorraines, se tourna légèrement vers moi (il avait toujours eu la faculté de suivre deux conversations en même temps) : « Morrisson vous donne son sentiment sur la LM? » Il secoua la tête d'un air entendu et, fixant sur moi un regard inquisiteur : « Je suis un peu au courant... Je ne sais pas ce que vous en pensez vous-même... Ce sont vos affaires, après tout. Mais il me semble, franchement, que vous devriez raisonner votre mère... »

Cette fois, la tente « A » – ses lustres, ses guirlandes, son alcôve et son orchestre tzigane – me tomba sur la tête : jamais je n'avais supposé que Charles pût me croire la sœur « à part entière » de Philippe Valbray, l'héritière des six usines de « La Ménagère »! Il savait pourtant que j'avais été professeur, que j'étais la femme d'un fonctionnaire médiocrement doué : comment pouvait-il supposer qu'une fille d'Anne n'aurait pas eu, d'emblée, un destin plus glorieux?

Et, de nouveau, la vérité m'apparut, aveuglante : de même que, regardant au-dessus de moi, je n'avais pas distingué entre les Chérailles et les Fervacques, tant – lorsqu'on les contemple d'en bas – les sommets de la société se perdent dans les nuées, de même Charles était-il depuis toujours placé si haut que, lorsqu'il jetait un coup d'œil vers le bas, il ne faisait pas la différence entre la propriétaire d'une « sympathique petite affaire » de dix mille ouvriers et l'une quelconque de ses employées de bureau. Qu'aurait-il dit s'il avait su qu'accéder à ce rang d'employée était déjà un aboutissement inespéré aux yeux d'une petite fille qui, certains soirs, n'avait pour tout potage qu'un bol de lait dans lequel on mettait du pain à tremper, et croyait que le bonheur, c'était quand le grand-père avait touché sa pension et que l'hiver s'achevait avant qu'on eût épuisé la provision de charbon?

Le président de la Banque d'Extrême-Orient avait repris ses explications : « Toutes ces malheureuses décisions du vieux Monsieur de Chérailles et de son directeur général d'alors, votre actuel ministre de la Coopération, se sont traduites par un gonflement des stocks... Je ne dis pas que, lorsque Madame de Chérailles est revenue à la tête de l'affaire, elle n'a pas pris, notamment sur le plan des réductions d'emplois, quelques initiatives intéressantes... Mais il fallait d'abord financer ces stocks : votre parente a eu tort, à mon avis, de ne vouloir emprunter qu'à court terme et, l'an dernier, face à la dégradation de ses marges, elle s'est trouvée littéralement asphyxiée... C'est à ce moment-là que la Banexi est venue nous chercher... Bien sûr, il ne s'agissait encore que de trouver deux cents millions, et, d'un autre côté, nos actionnaires n'étaient pas hostiles à ce que nous investissions en Picardie, pour des raisons essentiellement politiques à ce que j'ai compris... Seulement Madame de Chérailles n'a pas pu accepter notre plan de restructuration. Entre autres, elle refusait absolument de vendre la vieille usine de Noyon à laquelle son père porte, semble-t-il, un attachement sentimental : la fermeture de Noyon l'aurait tué... Entre nous, ç'aurait été un effet induit des plus intéressants, car ce vieillard me paraît bien envahissant! Il a un côté, comment dire? " Saturne dévorant ses enfants "... Cela dit, pour être tout à fait sincère, quand le chef de file de la LM s'est adressé à nous, nous venions justement d'entrer au capital d'une firme d'électroménager philippine que nous croyons appelée à un grand développement... Par ailleurs, une de nos filiales bancaires à Singapour est très engagée dans une affaire de composants électroniques dont les principaux clients sont Philips et Rowenta... C'est dire qu'au fond, à bien des égards, nous sommes, par rapport à la LM, plus concurrents que complémentaires... Du reste, nous n'aimons pas trop nous engager directement dans l'industrie, vous le savez. Notre vocation est plutôt financière et nous avions justement besoin de liquidités pour attaquer en Bourse aux Etats-Unis... Mais, pour en revenir à la LM, il faudrait, en tout cas, que les gestionnaires actuels passent la main à la jeune génération. Il y a bien un garçon qui serait en âge de...? Il devrait faire vite. J'ai vu les résultats de cette année : les équilibres continuent à se dégrader... »

Donc, c'était complet : mon échec était bien bordé, assuré de tous les côtés. Non seulement je n'étais pas une vraie Chérailles, mais les Chérailles étaient condamnés. Le parapluie sous lequel j'avais cru pouvoir m'abriter était troué. Senlis, comme ma maison d'Evreuil, serait ruiné...

Derrière moi le désert, et devant, nulle terre promise : seulement Charles, si égoïste, léger, imprévisible; Charles si beau, si riche, si brillant. Inaccessible...

« L'Archange » n'avait pas suivi la fin de ma conversation avec l'Anglais car il était engagé, avec le nouveau président des Aciéries lorraines, dans un grand débat sur l'opportunité de l'intervention de l'Etat, polémique où il marquait tous les points. Il faut dire que son adversaire n'était pas un esprit des plus déliés, bien qu'il se montrât touchant de naïveté et de bonne volonté : ne venait-il pas de demander humblement aux hommes d'affaires, qui – avec le général Lérichaud et le ministre de la Défense – composaient la table, quels livres il pourrait consulter sur la vie des entreprises, « pour me former, reconnaissait-il, étant donné que jusqu'à présent je n'avais jamais quitté l'administration... »? Les industriels, effarés tant par l'aveu d'incompétence que par l'ampleur du sujet, se dérobaient derrière des sourires discrets.

– Messieurs, voyons, Messieurs, s'écria brusquement Charles avec la fermeté d'un président de Conseil d'administration, je ne nous trouve pas très sympathiques avec Monsieur Raton-Falguière! Nous savons tous très bien que, sur le monde de la finance, nous pouvons lui conseiller un ouvrage qui les résume tous, une œuvre remarquable dont la connaissance est indispensable à qui veut vivre parmi nous... Vais-je le dire? Allez, tant pis, je le dis : « le Parrain », Raton-Falguière, lisez « le Parrain », ça suffit...

Il y eut autour de la table un silence gêné. Demain, dans les couloirs moquettés des grandes banques ou les officines des agents de change, on dirait que, vraiment, Charles de Fervacques était bien gentil, mais incontrôlable, « vous connaissez sa dernière sortie? »... « L'Archange » ne fit pas semblant d'ignorer quelles rumeurs se tramaient déjà du bout des regards dans le silence de la tablée; très en verve décidément, il se tourna vers la femme du ministre des Finances.

« La parole que tu n'as pas dite t'appartient, celle que tu as dite appartient à ton ennemi, prononça-t-il, sentencieux. C'est un proverbe arabe, chère Madame... Vous pensez bien qu'un ministre des Affaires étrangères a plus d'une occasion de se le rappeler! Mais aucun des messieurs ici présents n'est mon ennemi. Ils resteront discrets : ils n'ont rien entendu. Je suis convaincu, en tout cas, que c'est ce qu'ils diront partout... Puis, ils savent bien qu'un Fervacques qui crache sur la finance n'est pas un Fervacques crédible, et qu'en somme de deux choses l'une : ou bien j'ai menti à Monsieur Raton-Falguière, ou bien je ne suis pas un vrai Fervacques... Et là », il rit aux éclats, « là, seule la princesse Variaguine, ma défunte mère, pourrait trancher! Voilà nos Aciéries lorraines bien embarrassées, n'est-ce pas, Raton? »

Dimitrievitch et ses violonistes, ayant achevé leur tour de tente, étaient revenus terminer leur numéro auprès du ministre, dont tous les chanteurs russes blancs de Paris – ceux qui roulent nuit après nuit du « Raspoutine » à « l'Etoile de Moscou » – connaissaient la passion pour les danses slaves et les romances tziganes. Charles leur dit quelques mots en russe; ils vinrent aussitôt se placer autour de moi :

– Et maintenant, dit Fervacques à la cantonade, nous allons donner une sérénade à cette jeune personne qui s'ennuie... « Gari, gari ». Ça veut dire : « brûle, brûle », vous allez voir si c'est joli!

Et aussitôt, à ma grande confusion, le chanteur commença à m'inviter, devant les convives attentifs, à « brûler » pour lui.

Je ne connais rien de plus embarrassant que ces concerts privés donnés en public : on n'ose pas manger, de peur de manquer de correction vis-à-vis du troubadour stipendié qui vous offre son cœur en chanson; on n'ose pas non plus sourire, ce qui pourrait paraître fat, ni moins encore avoir l'air ému, ce qui sentirait sa midinette et vous ridiculiserait. La fourchette en l'air, le buste immobile, la bouche close, le regard absent, le mieux est de n'avoir l'air de rien, ce qui n'est pas donné à tout le monde... Ma gêne de ce soir-là, tandis qu'Aliocha Dimitrievitch, pathétique, s'arrachait la gorge pour moi, je ne pouvais la comparer qu'à celle ressentie deux ans plus tôt quand, sous le regard froid de « Sylvie », occupée avec Charles à des activités que j'aurais mieux aimé ignorer, je devais éviter de rien manifester et ne pas me cacher sous le drap... Fervacques avait, depuis ce temps-là, montré mon corps à une bonne partie de Paris, et s'il semblait maintenant las de ces fantaisies, c'est qu'il avait trouvé mieux : ce soir, c'était mon âme qu'il espérait bien dénuder devant cent paires d'yeux... Interminable, le chant tzigane me devenait une torture à mesure que les minutes passaient. Mais je ne céderais pas : fixant obstinément mon assiette, j'évitais de tourner mon visage vers Charles afin de ne pas donner davantage de prise aux ragots.

Dans son alcôve sombre, j'imaginais Alban, le sourire indulgent. Peut-être, comme tant d'invités de la tente « A », battait-il maintenant des mains pour scander les cris de passion que le chanteur me lançait de sa voix rauque, et peut-être, sous couleur de souligner le rythme endiablé du « Gari-gari », n'était-il pas fâché d'applaudir discrètement aux extravagances de Charles? « Monsieur », frère du roi, s'amusait, « Monsieur », qui avait si fraternellement abandonné à son cadet la vraie puissance, méritait bien qu'on lui laissât prendre, certains soirs, un peu de bon temps...

Ces pensées m'avaient éloignée, malgré moi, de l'objet immédiat du combat. Charles en profita pour surprendre ma vigilance : avançant son verre jusque sous mon nez dans un toast improvisé, « à la jeunesse », dit-il d'une voix forte qui couvrit, une seconde, la plainte des Dimitrievitch, « à la jeunesse qui nous changera tout cela, au retour de l'innocence, à la pureté, à la joie... » Et, relevant lentement son verre, il me força, en même temps, de relever le menton. Aussitôt, son regard s'empara du mien, et il but sans me quitter des yeux. « C'était bien ce genre de choses que vous disiez en 68, non? » conclut-il en lançant négligemment la coupe vide derrière lui, à la russe. Puis il mit son coude sur la table, appuya son poing contre sa joue, et, de ce même regard envahissant, entêtant, il entreprit doucement de m'attirer à lui et d'effacer le monde autour de nous. Je sentais à chaque seconde ce que ce vis-à-vis langoureux, prolongé et spectaculaire, pouvait avoir d'indécent pour les autres, et, pour moi, d'irrémédiable. Mais j'avais beau, sans un mot, le supplier d'arrêter, de m'emmener, il ne répondait à cet appel silencieux que par une violence plus grande où passaient parfois – comme une mouette entre deux faucons – des éclairs de douceur qui me le rendaient plus proche et plus cher. Un instant même, ses lèvres remuèrent et je crus y lire les seuls mots russes que je connaissais, ceux que les femmes savent dans toutes les langues : « Je t'aime »...

Jamais autant que ce soir, en effet, je n'avais été sûre que Charles m'aimait, même si cet amour s'adressait à une mythique « Christine de Chérailles », même si j'étais la doublure d'un faux original. Vaincue, je m'abandonnai et lui rendis regard pour regard, mensonge pour mensonge, folie pour folie. Demain, probablement, on dirait dans les salons que Fervacques buvait trop ; le verre brisé ferait le tour de Paris... Les trois quarts du temps, pourtant, il ne buvait que de l'eau et, si parfois l'ivresse lui montait à la tête, c'était une ivresse qu'il sécrétait lui-même comme si, certains jours, son âme avait distillé du poison.

Au point d'impudeur où nous en étions, et compte tenu de ce que seraient de toute façon les commérages, cette « Chanson du feu » dont j'avais souhaité tout à l'heure qu'elle finît vite, je désirais maintenant qu'elle se poursuivît toute ma vie : suspendue au fil de son regard, au bord du vertige, j'avais l'impression que je tomberais sitôt que mon amant me lâcherait.

Quand enfin, sous les applaudissements de la salle, l'orchestre eut enlevé les derniers accords de sa sérénade et que Charles put considérer l'assistance d'un coup d'œil circulaire pour voir quel effet il avait produit, j'étais épuisée. Je n'eus pas la force de goûter au dessert, ni de prononcer une parole, et c'est à peine si, au moment où tous se levaient de table, je remarquai cette grande blonde pointue qui, en longeant nos chaises, frôla Charles de son écharpe; d'un mouvement prompt, Fervacques l'attrapa par la taille et, la tirant vers lui, posa sa joue contre son ventre dans un geste de tendre familiarité qui me rappelait quelques souvenirs et révélait, pour le moins, une certaine intimité. En riant, la femme lui ébouriffa les cheveux d'une main affectueuse :

– Grand fou! Allons, voyons, as-tu fini?... D'ailleurs, je suis très fâchée contre toi, mon petit cousin : je ne te vois jamais... Alban est beaucoup plus gentil : il se souvient que j'existe, lui; il m'invite...

Elle avait un curieux accent, peut-être américain, peut-être giscardien.

– Oh, mon chou, ne t'y trompe pas : Alban est gentil parce qu'à la Spear il a besoin de ton paquet d'actions... Moi, par contre, je n'ai besoin de rien. C'est le privilège des ratés : rien ne leur est plus nécessaire, ni personne... Du reste, si je t'invitais à mes petites sauteries de ministre, tu mourrais d'ennui... Regarde la réception de ce soir : lugubre, avoue! Et puis, ma chère, je ne donne de fêtes que pour avoir le plaisir de ne pas y inviter certaines personnes... Mais non, sotte, je ne dis pas cela pour toi! Tu sais bien que tu es mon darling – always, siempre, for ever – tu es mon grand Hamour, my great love, maia douchenka, ma Nouchka à moi...

Il bêtifiait d'une manière pénible et je me demandais pourquoi je restais là, à l'écouter. « Mais si tu y tiens, ma diva, je donnerai pour toi un super-cocktail, coquetèle ravissant sous mes beautiful lambris du Quai... Ou bien un bal masqué, pourquoi pas? Tu y viendrais sans masque, mon darling.

Seulement tu ne serais pas toi, tu serais ta jumelle Isabelle... Quelle bonne farce ce serait, n'est-ce pas, mon adorée? Et j'aurais dix-sept ans, je vous confondrais, je croirais aimer Isabelle et c'est toi que je... Comme on rirait! Tu ne veux pas, dis, que je t'invite à mon bal masqué, un grand bal où l'on vient caché derrière son visage, le bal d'un pseudo-Fervacques pour une fausse Isabelle... Allez, si tu l'ordonnes, sweetie, mon honey, je le fais! Ordonne, maîtresse, ordonne...

— Non merci. Sans façon... Elisabeth m'avait dit à Londres que tu viendrais peut-être à ma chasse le 15? Les Ayem y seront...

— Oh oh! Une vraie réunion de famille, alors! Comme on va s'amuser! Surtout avec les Ayem qui sont si gais depuis la dernière guerre! Mais je viendrai... Donc, tu vas toujours à Rengen? Ah, Rengen... En fin de compte, tu es plus fidèle à tes maisons qu'à tes maris. Tu as raison, va : les pierres ne déçoivent pas! La pierre et l'or, finalement c'est ce qui ment le moins... » Il lui prit les deux mains et les embrassa avec un emportement comique : « Je vous baise les mains, ma très chère. Oh, les belles petites menottes qu'il fait bon manzer... Ze vous baise les mains, cère cousine, en attendant de baiser le reste... »

Quand la blonde cousine, que je supposais être la célèbre Diane de Rubempré, se fut éloignée vers le parc et le feu d'artifice qu'Alban offrait à ses invités, Charles se leva et, me tapotant l'épaule pour me faire presser : « Eh bien, à quoi rêvez-vous? Il faut vous secouer, Christine Valbray! Que d'histoires, mon Dieu, pour une petite chanson! » s'exclama-t-il en levant les yeux au ciel dans une mimique d'indignation très exagérée.

Comme, autrefois, les feux d'artifice de Versailles

s'achevaient sur les doubles « L » entrelacés du grand roi, le bouquet final traça dans le ciel normand le « F » et le « D » enlacés des deux souverains du jour.

Puis, les Parisiens se dispersèrent sous les ombrages, tandis que, dans sa fausse pagode, l'orchestre « New Orleans » cédait la place à un groupe pop chargé de faire danser. On avait en effet construit sur la pelouse une piste de bois où, déjà, de jeunes couples de la tente « B » se déhanchaient sans vergogne. Les autres allaient le long de la rivière et au hasard des allées, qu'illuminaient des milliers de lampions rouges et jaunes échafaudés en forme d'obélisques, de pilastres, de pergolas ou d'arbres géants – au sommet desquels le logo de la Spear brillait d'un blanc éclatant. Dans une clairière on pouvait admirer entre deux rangées de pots de fleurs le dernier modèle du « Falcon », construit en collaboration par les deux sociétés : il était posé là, aussi naturellement que sur une piste d'Orly ; les dames grimpaient dans l'appareil, essayaient les fauteuils, s'extasiaient sur le confort du « salon » ou la décoration du « bureau », tandis que les messieurs, d'un air grave d'enfant, s'installaient pour quelques secondes au poste de pilotage.

Plus loin, on trouvait un manège ancien avec ses chevaux de bois et ses cochons roses, qui tournait au son d'un énorme limonaire ; de petites voitures de glaciers chargées de sorbets et d'ice-creams faisaient tinter leurs clochettes à chaque rond-point ; des cracheurs de feu exerçaient leurs talents aux carrefours, et des carrioles à âne, si ornées de fleurs qu'elles ressemblaient à des buissons de roses, recueillaient les promeneuses fatiguées. Au détour de ces chemins semés de « fabriques » et de « folies », qui tenaient plus de l'illusionnisme que de l'art des jardins, on s'attendait sans cesse, les tziganes aidant, à tomber sur un restaurant russe qui resservirait nuit après nuit le même repas à un même client, sur des taxis qui auraient pris racine au fond des bois, des petites filles qui demanderaient le chemin de la mer, et le prince triste de « Léocadia »...

Derrière les lucarnes du château, on venait d'allumer des torchères qui jetaient maintenant sur les hauts toits d'ardoises et l'eau des douves des reflets d'incendie. A la fin de l'après-midi, lorsque nous étions arrivés, l'ancienne demeure des Custine, cernée par le village à colombages et les pommiers, avait encore l'air bonhomme d'une gentilhommière campagnarde; maintenant qu'il faisait nuit et que le village, éteint, s'était évanoui, elle était au centre d'une inquiétante fantasmagorie où toutes les perspectives, redessinées à grands traits de feu, depuis la forêt jusqu'aux rives de la Touques, paraissaient faussées, où toutes les formes – remodelées par la lumière – semblaient défigurées et gauchies, tous les éléments – l'air, la terre, et l'eau – mués en un seul : le feu. Le château des Custine et des Montgomery nous dévoilait enfin sa face Fervacques...

« Je me présente, jolie dame : Alexis Sovorov. Pour vous servir », fit une petite silhouette sautillante, en inclinant devant moi un crâne chauve et luisant. Jailli d'un bosquet qu'un feu de Bengale illuminait d'une lueur orangée, l'homme avait l'air d'un vieux farfadet; mais quand je considérai sa taille courte, son smoking étriqué (qui soulignait, par son étroitesse, son physique replet), le curieux gilet rond sur lequel il avait passé cet habit, et la montre-gousset qu'il en tira vivement, je compris que j'avais devant moi le « Lapin Blanc ». J'attendis l'exclamation rituelle : « Mon Dieu, je vais être en retard, terriblement en retard », résolue, telle Alice, à me laisser guider vers les royaumes souterrains par cet animal dodu qui clignait douloureusement des yeux sous les lampions de la fête et paraissait pressé de regagner, en ma compagnie, son terrier.

« Sovorov, dit Belle-Gambette et Bande-à-part, reprit-il. Saint-Véran vous a sûrement parlé de moi, hein? Aliocha, vous ne vous rappelez pas? »

Il répandait en s'agitant des effluves d'after-shave bon marché.

– Si, en effet, je sais que vous êtes un ami de Thierry...

Alexis Sovorov, journaliste à « Jours de France », couvrait habituellement les festivités parisiennes où faisaient merveille son entregent et son côté « titi ». Il mettait autant de coquetterie, en effet, à jouer les « parigots » (genre Chevalier, Paname et canotier) que les vraies fleurs du macadam en mettent à faire oublier leurs trottoirs d'origine. Peut-être, enfant exilé, avait-il cru, quand il avait débarqué de sa Russie natale dans une « cour de récré », que l'usage de certaines tournures idiomatiques – qu'il distinguait mal alors de la grossièreté – l'aiderait à se faire accepter, à s'intégrer, qu'il cesserait d'être un paria, un rejeté? Mais si c'était le cas, son coup était raté : l'argot potache des années trente, dont il continuait à saupoudrer des discours plus recherchés, son affectation de vulgarité, accentuaient, par ricochet, le côté « étrange étranger » que lui assurait déjà son appartenance à la petite coterie qui, derrière Roger Peyrefitte et ses amis, courait chaque nuit les boîtes spécialisées de la rue Sainte-Anne – avec, de temps en temps, pour Sovorov, un discret détour « Chez Aldo » car sa passion pour la langue verte le conduisait à rechercher, entre deux cocktails, les garçons en blouson de cuir et à goûter le sans-façon des joueurs d'accordéon. De cette chapelle d'initiés, Saint-Véran, homosexuel bienséant, et encore effarouché malgré sa « Vie de Giton » et ses succès, m'avait parlé plusieurs fois avec une réprobation tellement exagérée que je la devinais très admirative...

– Oui, Thierry m'a souvent parlé de vous. Comme d'un de ses meilleurs amis.

A l'idée qu'on pouvait le considérer comme une simple relation mondaine du romancier, le Lapin Blanc s'arrêta net dans sa course, et levant un index professoral : « Un ami de Thierry? s'étonna-t-il. Mais bien plus que ça, Seigneur! Tel que vous me voyez, ma belle dame, j'ai été le tuteur de ce mouflet depuis l'âge de douze ans, son tuteur légal, au célèbre Saint-Véran... »

Je réprimai un sourire : je savais l'homosexualité transmissible par toutes sortes de voies, y compris celle du sang – du père au fils, et de l'oncle au neveu –, mais je n'avais encore jamais pensé qu'elle pût se transmettre par les voies juridiques! Pourtant, il me vint aussitôt à l'esprit que ce pseudonyme de « Saint-Véran », qu'avait adopté Thierry Pasty, pourrait bien n'être qu'un « Sovorov » déguisé, francisé : en somme une espèce d'hommage à ce tuteur singulier.

– Et vous êtes là pour votre journal, évidemment?

Toujours sautillant : « Ouais, ouais, me dit-il, Bénouville y tenait, mais j'y suis aussi à titre privé... »

J'attendais déjà des révélations croustillantes où les fourrés du parc joueraient leur rôle, mais je n'étais pas au bout de mes étonnements :

« Il faut que je vous dise tout de suite que j'ai été, pendant trois ans, le précepteur des mômes Fervacques, leur " gouverneur " comme on aurait dit dans le temps...

– Précepteur des petits Fervacques? Mais... lesquels?

– Charles et Alban, cette question! » fit-il en accentuant la première syllabe du « question » et en étirant exagérément la seconde, pour faire davantage pilier de bar et mec à la redresse. « C'était en 40.

J'avais trente berges. Licencié ès lettres, mais je jouais les pigistes à " l'Intran ". A l'arrivée des doryphores, il m'a paru que ça sentait le roussi, je me suis tiré aux Etats-Unis. » Il accélérait le débit, comme s'il avait toujours l'envahisseur sur les mollets. « Là-bas, pour bouffer, j'ai donné des cours de russe et des leçons de français. Je baragouinais un peu l'anglais, mais, pour trouver un boulot dans le journalisme, va te faire fiche!... Une veine : le russe et le français, c'étaient justement les langues pour lesquelles on cherchait un prof chez les Fervacques! Leurs gosses étaient entre les mains des Amerloques depuis deux ans et la princesse avait peur qu'ils oublient leurs premières langues. Henri de Fervacques s'en foutait, lui : à cause de sa famille Mellon, il s'est toujours considéré comme un Ricain! Mais la princesse Sophie, c'était une autre paire de manches... » Quand Sovorov parlait de la mère de Charles – « la princesse », disait-il toujours –, on ne savait pas si le respect, touchant d'ailleurs, qu'il lui manifestait était encore celui de l'humble moujik pour les grands boyards ou participait déjà, malgré lui, de l'étonnement gouailleur du gavroche montmartrois devant les souveraines exotiques – « Sa Gracieuse », « Ze Queen ».... « Je me suis sapé, joli costard, cravate et tout, et j'ai donné trois fois par semaine des cours aux deux petits – Bertrand, l'aîné, s'était déjà tiré dans un collège british –, puis, par hasard, la princesse a appris que j'étais le petit-fils d'un officier du Tsar, alors on a parlé... Et vous savez ce que c'est : quand un Russe blanc rencontre un autre Russe blanc, qu'est-ce qu'ils se racontent? Des histoires de Russes blancs! »

Curieux Russe blanc qui jouait les poulbots parisiens, avalait les r et aplanissait les v en citadin pressé, doublait ses propres mots dans les côtes et les carambolait dans les descentes. Je croyais qu'il avait un train à prendre et qu'il me quitterait vite pour aller où le devoir (ou l'amour) l'appelait; je ne savais pas encore que, comme tant d'entre nous, il n'allait nulle part, ne gagnait du temps que pour pouvoir le perdre, se dépêchait pour mieux « flânocher », et qu'enfin ce moulin à paroles m'immobiliserait près d'une heure dans un bosquet écarté. Fixité qui, d'ailleurs, ne l'empêcherait pas de me faire parcourir au pas de charge tous les souterrains du « pays des merveilles »...

« Tant et si bien, poursuivit-il, que quand le précepteur des gosses, l'abbé Holland, a été touché par la grâce et qu'il est parti jouer les "missié Toubib" auprès du père Schweitzer à Lambaréné, la princesse a voulu que je fasse l'intérim du "gouverneur" : je coordonnais les profs, les nounous, les moniteurs de gym, enfin tout ce que ces mômes-là avaient autour d'eux... La princesse Sophie voulait aussi que je leur fasse la lecture le soir, à ses chérubins, et que je les balade dans les musées... Il faut vous dire que la princesse savait ce qu'elle voulait. Une sacrée bonne femme! Et avec ça, très artiste! Un peu braque, évidemment, un rien maboule... Bref, je le reconnais, sous certains angles elle pouvait paraître un peu fêlée. »

Oui, bizarre, sûrement! Je me demandais comment, ayant trois fils et l'embarras du choix pour leurs éducateurs, elle avait pu, entre mille, élire un homme aussi typé, et sexuellement aussi peu conformiste que Sovorov l'était : on pouvait avoir les idées larges, mais lui remettre des petits garçons, c'était tout de même, pour employer le propre vocabulaire du « précepteur de guerre », pousser un peu loin le bouchon...

« Pour tout vous dire, c'est l'année d'après mon arrivée dans la famille que la princesse est entrée dans une maison pour... enfin, pour rupins plus ou moins givrés... Mais est-ce qu'elle était vraiment folle à ce moment-là? Difficile à dire... Nous, les Russkofs, vous savez ce que c'est : on est moins cartésiens que les Français, et beaucoup moins sains que les Américains. Alors!... Ce qu'il y a de sûr c'est que, depuis quelque temps, entre elle et son mari le torchon brûlait : Henri de Fervacques avait fait un mariage d'amour, ça, je veux bien le croire, mais, quinze ans après, il entretenait une souris d'Hollywood... Entre nous, c'était la mode à ce moment-là chez les richards, et ce n'était peut-être qu'une question de standing... » Il prononçait « standinge », ce qui, pour un homme ayant vécu cinq ans aux Etats-Unis, me semblait reculer assez loin les bornes du snobisme argotique. Comme Saint-Véran devait me le confier plus tard : « Avec la culture littéraire qu'il a, Aliocha pourrait écrire comme Pascal, mais son rêve, qu'est-ce que tu veux, c'est de parler comme Boudard... Et comme il est né à Saint-Pétersbourg, il n'y arrive pas! Ce qui fait que son charabia a l'air d'une mauvaise traduction de la Série Noire. Encore un drame de l'immigration! »

« Bon, qu'est-ce que je vous disais, reprit l'immigré, ah oui, les souris : Joe Kennedy avait Gloria Swanson, Fervacques, lui, c'était Pamela Vicks... D'un autre côté, je ne sais pas trop si Sophie Variaguine, elle aussi... elle avait été plutôt gironde dans son bel âge, et assez courtisée... Les vilains disaient même que le petit Charles ne ressemblait pas – mais alors là, pas du tout! – à son papa... En tout cas, on commençait à parler de divorce... Et ça se passait plutôt mal : il y avait de la vaisselle cassée! Certains soirs, on entendait brailler la princesse jusqu'à l'étage des enfants, et le matin, on ramassait de la porcelaine dans tous les escaliers. Il paraît même qu'une nuit il y aurait eu des coups de pétard... Bref, quand la princesse est entrée en clinique, il y a des larbins qui ont dit que " Monsieur " avait été bien patient et qu'il y avait des années qu'on aurait dû la faire soigner, cette toquée;

mais d'autres prétendaient qu'elle ne se faisait enfermer que pour enquiquiner son mari : ni la loi française ni la loi américaine ne permettaient de divorcer d'un cinglé... Difficile, hein, de savoir la vérité? Une fois, parce que leur paternel me l'avait demandé, j'ai emmené les garçons voir leur mère à l'hosto; et là, je dois avouer qu'elle a été franchement, franchement inquiétante... Mais, en un sens, je ne m'attendais pas à autre chose : parce que si elle était vraiment cinoque, pas étonnant qu'elle le paraisse; et si elle voulait seulement qu'on la croie timbrée, il fallait bien qu'elle en ait l'air... Sans parler des médicaments que, brindezingue ou pas, elle devait être obligée d'ingurgiter à longueur de journée! Après, en tout cas, on n'y est plus retournés : la princesse n'avait pas reconnu ses lardons – ou elle avait fait mine de ne pas les reconnaître – et Charles, votre ministre, qu'elle avait traité de " petit serpent ", en est resté tellement chaviré que le père Fervacques a supprimé les visites... »

A mesure que le vieux gnome avançait dans son récit, j'étais de plus en plus certaine qu'en le suivant j'allais trouver la clé – celle du passé de Charles et du pays enchanté auquel sa révélation me donnerait accès. Aussi – si graves qu'aient été les événements qu'il évoquait – étais-je ravie de ses discours comme on l'est à la lecture de ces romans dont on dit à tort qu'ils n'ont pas d'action, parce que l'action y avance à reculons, que l'intrigue y progresse à rebours et ne trouve sa conclusion que dans la surprise du souvenir. Je n'avais qu'une crainte (que réveillaient les perpétuels tripotages de la montre-gousset et cette manière de se hausser brusquement sur la pointe des pieds, le corps projeté en avant, comme s'il s'apprêtait à prendre le départ d'une course) : que Sovorov me plantât là pour se précipiter au banquet de je ne sais quelle reine des « fées »...

« Pour finir, reprit le " Lapin Blanc ", personne

n'a su la vérité : la princesse était depuis six ans dans sa clinique quand, en 47, il y a eu un incendie dans une des bâtisses... Les malades étaient bouclés dans leurs cellules pour la nuit. Le lendemain, on a retrouvé plusieurs macchabées, dont cette pauvre princesse qu'on n'avait pas eu le temps d'évacuer... Quel destin, dites donc, si elle voulait vraiment nous blouser! Mais quand même, je me demande si on peut aller jusque-là, jusqu'à se défoncer soi-même pour emmouscailler quelqu'un qu'on a aimé... Personnellement, je vous le dis sincèrement, je ne pige pas grand-chose à ce genre de sentiments... Je ne dois pas être assez tordu, hein, pas assez slave, tout compte fait! »

Il pivotait sur ses talons, le ventre avantageux, à la fois Mister Pickwick et Gavroche engraissé. Oui, drôle de Slave décidément, qui, par le langage, prétendait évoquer les Parisiens de « Ménilmuche », et, par la tournure, les comiques anglais victoriens, moitié Micawber et moitié Humpty-Dumpty. Il est vrai que cette dernière apparence avait dû le servir auprès des Fervacques : les précepteurs et les major-domes, même excentriques et minuscules comme celui-ci l'était, gagnent beaucoup à être – ou paraître – britanniques. Sans doute, d'ailleurs, Sovorov n'avait-il pas à l'époque ces troublantes façons de vieille chatte pour passer sa langue sur ses lèvres entre deux phrases, ces grâces minaudières et cette chair flétrie et parfumée qui sentait le pétale fané et la théâtreuse fatiguée, tous caractères qui l'auraient aujourd'hui dénoncé d'emblée auprès d'un « honnête père de famille »... Peut-être même ne révélait-il encore aucune de ces traces légères qui ne s'impriment qu'au fil des années et, laissant à la fin comme les vestiges d'un maquillage ancien, font ressembler, les uns, à des douairières frileuses saisies au saut du lit, les autres à des clowns mal dégrimés... Sophie Variaguine, peut-être moins inconsciente, au fond, que je ne l'avais supposé, n'avait rien pu déceler de particulier chez son compatriote si lui-même, en ce temps-là, s'ignorait.

« Et puis le feu, ce feu qui, à chaque génération, rôtit la famille – depuis le Bazar de la Charité jusqu'à la mort de Bertrand junior –, quelle guigne!... Déjà avant " l'accident " de la princesse, le petit Charles était frappé par cette espèce de poisse qui suit les Fervacques : une ou deux fois, il m'en avait parlé; et il était tellement fasciné par les feux de cheminée – capable de rester devant pendant des heures, complètement vampé – que j'avais fini par interdire aux bonniches d'en allumer. Il est vrai que tous les mômes, même mon petit Thierry à douze ans... Mais le gosse Fervacques, lui, jouait beaucoup trop avec les allumettes; un jour, il a failli foutre le feu à la maison de Boston... Et je ne suis pas sûr qu'il se serait agi d'un accident... Parce qu'il avait des inventions vraiment diaboliques, oui! Avec un moutard de cette espèce, un mioche que tous les autres, épatés par sa beauté, prenaient pour un doux, un fragile, ma place n'était pas de tout repos, allez! On ne savait jamais ce que ce charmant mouflet allait imaginer! La famille appelait ça des espiègleries... Moi je veux bien, mais c'étaient des conneries, et même des méchancetés! Tenez, un soir, son père avait invité à bouffer le sénateur du Massachusetts, un brave type qui avait été blessé en 18 sur le front français et qui en avait gardé un défaut des mâchoires : pour parler franc, il avait la gueule en biais, le malheureux, et il ne pouvait pas entrouvrir les mandibules de plus de deux ou trois centimètres, que ce soit pour parler ou pour becqueter. Eh bien, Charles est allé expliquer à la cuisinière que ce zig, auquel son père souhaitait faire plaisir, adorait les asperges : positivement, il en raffolait, le bonhomme, surtout avec cette sauce hollandaise qu'elle réussissait comme pas deux... Quand, au dîner, le maître d'hôtel a présenté les asperges, le héros de la Grande Guerre a essayé de se défiler, mais le môme, angélique avec sa raie de côté, sa mèche blonde gominée, et ses grands yeux, l'a supplié : " Oh, Monsieur, ce serait une telle humiliation pour notre vieille cuisinière, notre brave Helen, une telle humiliation si vous ne goûtiez pas ces asperges : c'est sa spécialité... " Faut vous dire, fillette, que les gosses Fervacques parlaient à table : pour emmerder la princesse, leur père avait décidé de les élever à l'américaine! Voilà donc notre Charlie qui continue : " Cette sauce, Helen l'a préparée pour vous, spécialement, parce qu'elle voulait vous faire honneur... " Le père Fervacques, qui avait la tête ailleurs ce soir-là parce qu'il y avait eu une baisse du Dow Jones à Wall Street, ne faisait pas attention au babillage de ses rejetons ni, non plus, il faut bien le dire, aux chuintantes protestations de l'élu du peuple... Il n'avait même pas remarqué les regards pathétiques que l'autre, gêné par l'insistance du gamin, lui adressait. Cette absence de réaction, le sénateur l'a prise pour une approbation des discours du mouflet : la Spear avait largement raqué pour sa dernière campagne, il faudrait avaler les asperges! Et c'est ici que les Athéniens s'atteignirent! Parce que, les asperges, les Amerloques ne les mangent pas à la fourchette, ce qui fait que, pour avaler ces petites légumes, le représentant du Massachusetts a dû se livrer à des contorsions terribles; il se renversait la tête en arrière pour s'enfiler chaque tige dans le gosier, mais, quand il avait réussi à se la glisser dans le bec, plus moyen d'aller plus loin : les mandibules refusaient toujours de s'emboîter et de déchiqueter la chose. Le héros avait beau se démancher le cou comme un poulet qu'on gave, émettre de douloureux bruits de succion, renifler, couiner, meuler, et se barbouiller les lèvres de sauce hollandaise, rien n'y faisait : toute la verdure lui retombait sur le jabot ou le menton!

Fervacques père, sidéré, regardait avec une moue de plus en plus dégoûtée la façon dont son sénateur se débrouillait avec sa tambouille, et Charles... Oh, Charles était beaucoup trop bien élevé pour rigoler! Il ne souriait même pas, mais toute sa petite figure frémissait de plaisir au spectacle de l'humiliation de l'autre. Il jouissait, voilà, c'est le mot; il jouissait... »

J'aurais voulu m'arrêter un peu sur la jouissance de Charles, prendre le temps de me représenter ce visage d'enfant, ajouter à l'image floue, que les photos de tout à l'heure m'en avaient donnée, cet éclat dur du regard, ce tressaillement des lèvres que je connaissais si bien : « the killer instinct »... Mais, toujours, le débit précipité du vieux Sovorov m'entraînait malgré moi; je tombais dans le puits à sa suite sans pouvoir me raccrocher à rien.

« Et je vous passe, évidemment, ses saloperies de faucons et le pied qu'il prenait à les voir tuer! Je glisse aussi sur le fait que, quand on les avait tous en étude – lui, Alban, et les trois ou quatre moutards que leur père avait choisis parmi les gosses du personnel pour introduire un peu d'émulation –, Charles était toujours le premier à souffler des âneries aux autres; et, quand les profs engueulaient ses petits copains, il baissait modestement les yeux... Car il avait le triomphe discret, le cher ange! Il y a même un de ces mômes, très futé quoique fils de larbin, qui y a laissé des plumes : il paraît que Charles l'aurait poussé à piquer une montre en or dans un grand magasin. Lui, bien entendu, n'avait touché à rien; d'ailleurs, pourquoi est-ce qu'il aurait volé? Est-ce qu'il n'avait pas plus de montres qu'il ne pouvait en porter? C'est l'autre que les flics ont coxé et que le père Fervacques a foutu à la porte du cours particulier... Ah oui, il n'avait pas son pareil, le petit Charles, pour savoir ce qui allait tenter les autres! Il vous dévoilait toujours à vous-même votre mauvais côté, vous révélait vos faiblesses cachées. Amocher, tordre, détruire, c'est ça qui lui paraissait poilant! Encore une anecdote, tenez, une histoire qu'une soubrette m'a racontée après mon départ : un jour – il avait quinze ans – il a mis du laxatif dans le champagne que son père offrait à des invités. Vous me direz : plaisanterie d'enfant gâté, O.K., O.K., à ce détail près que le verre en question était offert aux amis de la maison qui venaient d'assister à la première messe anniversaire de la mort de son frangin, Bertrand... Qu'est-ce que vous en pensez? »

Il avait prononcé la question sur le même ton triomphant qu'un procureur le perfide « Messieurs les jurés apprécieront! » Invitée à juger, il me semblait pourtant que j'aurais pu hasarder un commencement d'explication : il me suffisait de songer aux sentiments ambigus que Malise avait toujours nourris vis-à-vis de sa sœur Arlette, « la Jeanne d'Arc du Bugey »... Quoi de plus naturel que cette révolte des copies, ce soulèvement des doublures? J'avais tellement souffert de la vénération que mes grands-parents imposaient à ma mère, et des nostalgies déplacées de Jean Valbray, que, comme on rêve, enfant, de voir Guignol rosser le gendarme, j'avais cent fois rêvé, à l'adolescence, de voir la pauvre Lise assassiner enfin le spectre de l'encombrante héroïne... Mais je ne fis pas part de mes impressions à mon interlocuteur; à la manière de Fervacques, je me bornai à abonder dans son sens pour voir jusqu'où il irait dans son déballage de ragots et l'expression des sentiments ambigus qu'il portait à son ancien élève :

– Peut-être que Charles de Fervacques est fou lui aussi? suggérai-je, bon public.

– Ah, fou, c'est vite dit! Personnellement, je ne crois pas... Non, non, c'est le Diable, voilà tout! Remarquez, je ne pense pas qu'il soit heureux. D'abord, parce qu'en renonçant à entrer dans les affaires pour emmerder son père, il s'est piégé lui-même : qui est-ce qui est bien feinté, aujourd'hui que, avec la responsabilité de la boîte, c'est Alban qui a tout le flouze et le pouvoir? Entre parenthèses, en voilà un brave garçon, Alban : du béton! Jamais la grosse tête. Et fidèle à ses amitiés... Ouais, aujourd'hui le frérot doit s'en mordre les doigts, du partage qu'ils ont fait! Faut dire qu'il n'avait sûrement pas prévu, le blondinet, que le patriarche passerait l'arme à gauche si tôt, et qu'Alban hériterait du gouvernement de l'affaire à trente-deux balais... On en a tellement vu de ces milliardaires condamnés à jouer les fistons dociles jusqu'à soixante berges bien tapées! C'est probablement là-dessus que Charles comptait quand il s'est défaussé du boulot sur Alban. Mais, maintenant, le voilà coincé... Ajoutez que, côté politique, il doit commencer à avoir les jetons : il ne lui reste pas tellement de temps pour réussir! On n'organise pas de session de rattrapage dans ces jobs-là! Ah, sûrement qu'il ne rigole pas tous les jours, notre « Archange »!... D'ailleurs, entre nous, est-ce que le Diable peut être heureux?

De nouveau, l'index professoral et quasi menaçant : j'étais sommée d'avoir un avis. Mais je n'étais pas forte en théologie : de la Bible je ne connaissais que quelques bons mots, paraboles ou devinettes, que Renaud m'avait appris, et du Coran ou du Ramayana absolument rien. Or, manque de chance, quand l'occasion se présentait d'enrichir ma culture, je n'avais aucune envie d'entendre parler de la naissance du Diable ni de la mort de Dieu; j'avais envie de rejoindre Charles, celui de jadis et de toujours, petit garçon blond qu'on avait oublié dans un parc où il tournait seul, indéfiniment, au volant d'une mini-Ferrari...

Peut-être que si j'étais maintenant franchement lointaine, à la limite de l'impolitesse, offensante d'indifférence ou carrément « buse », Sovorov me lâcherait enfin. Il n'avait plus rien à m'apprendre et le feu de Bengale s'était éteint; nous stationnions dans l'ombre, et même un monsieur aussi inoffensif que l'était pour moi le tuteur de Thierry pouvait imaginer ce qu'il y aurait eu d'indécent à prolonger ce tête-à-tête nocturne.

« Si le Diable est heureux? fis-je, désinvolte. Ma foi, je n'en sais rien », et je fus sur le point d'ajouter que je m'en moquais.

Mais un sourire tout blanc suspendu dans la nuit, un dentier étincelant qui semblait concentrer sur ses touches de porcelaine tous les rayons de la lune, m'arrêta net dans mon élan :

« Eh bien, moi, ma jolie, pour le Diable, je sais! reprit Mister Pickwick sans me laisser le temps de respirer. En tout cas, je ne suis pas de ces gogos de sacristie qui pensent qu'on ne peut pas faire le mal sans souffrir ou sans avoir souffert, Des petits démons qui jouissent de leur démonerie, on en connaît tous des flopées! Par contre, ce qui reste vrai, c'est que ces diablotins de deuxième zone ne sont heureux que parce qu'ils sont bas de plafond... Leur prince, s'il est aussi fort qu'on le dit, doit regretter de ne pouvoir trouver, ni chez lui ni chez nous, d'interlocuteurs à sa pointure. Je vous fous mon billet qu'il y a des jours où il crève de solitude au point de rêver d'une résistance qui le détruirait... Oui, c'est mon avis : le Diable rêve de Dieu... Ce qui, en somme, me ramène à mes moutons : votre boss, que je viens de débiner, il faut que je vous précise qu'il était remarquablement futé. Oh, bien sûr, notre Charlie n'a jamais rien appris de ses profs; d'ailleurs personne chez lui, une fois sa mère partie, ne s'inquiétait de savoir s'il apprenait quelque chose... Je parie que, malgré mes efforts, mon zèbre croit encore que George Eliot était un homme! Quant à George Sand, hum... je n'en mettrais pas ma main à couper!

Mais à douze ans, il était d'une subtilité à vous couper le souffle, le gamin, d'une finesse à vous glacer l'échine! C'est ce qui me persuade que ce jeune fumier souffre quelquefois de son impunité et que, dans le petit enfer qu'il concocte à ses amis, notre asticot est moins à l'aise qu'il ne le voudrait... Mais, bon, je suis là, moi, je vide mon sac, ce que je viens de déballer vous fait peut-être de la peine? On aime toujours mieux garder quelques illusions sur ses patrons... »

Qu'aurais-je pu lui répondre? Que rien de ce qu'il m'apprenait ne me surprenait vraiment, que le père de Laurence était peut-être tel qu'il le peignait, aussi congénitalement malveillant, violent, retors et dépravé qu'il le faisait, mais que, quand je serais convenue de tout cela avec lui, il me serait resté à lui opposer une vérité qui eût annulé toutes les autres : je n'aurais eu qu'à lui dire, comme cette grande dame du XVIIIe devant laquelle on avait justement dénigré son amant, « tout cela est vrai... Mais vous a-t-il aimée? »

Car en cet instant, malgré la certitude – acquise depuis le commencement de la soirée, et renforcée peu à peu par tout ce que j'apprenais – que je ne pourrais pas garder Charles longtemps, qu'il était né trop loin de moi, je savais qu'il m'aimait et, en dépit des chagrins qu'il me faisait éprouver, je ne pouvais m'empêcher de trouver délicieuse, enivrante, nécessaire, la manière dont, depuis deux ans, il avait su m'enchanter : peut-être prenait-il parfois plaisir à me faire pleurer, mais qui, avant lui, avait bu mes larmes en me parlant de mes yeux verts, mes yeux gris, mes yeux vert-de-gris, « couleur de poison, Christina Borgia »? Qui, même s'il me faisait l'amour parfois sans autre préliminaire qu'un très comminatoire « si vous avez cinq minutes, Signora, le dos au mur, et plus vite que ça! » m'avait donné envie de marcher pieds nus dans la rosée en répétant jusqu'à satiété des « Christine de Fervacques » qui me faisaient rougir de ma stupidité? Qui, tout en m'obligeant à me prostituer chaque fois que l'envie lui en prenait, s'agenouillait ensuite devant moi comme devant une icône et me demandait de lui pardonner? Qui d'autre, sous prétexte de me compromettre, peut-être de me ridiculiser, m'avait jamais fait entrer dans la folie d'un chant tzigane, jusqu'à l'éblouissement, jusqu'au désir d'éternité? Et qui, avant lui, pour me perdre, m'avait trouvée, relevée, exaltée, affichée, proclamée, qui avait su que j'étais une « Sans Pareille », une unique, digne d'être regardée? Qui m'avait nommée, qui m'avait aimée?

Pour un amour comme celui-là, je voulais bien vendre mon âme au Diable; pour une seule pièce authentique glissée dans toute la fausse monnaie dont il nous paie, il m'était indifférent d'être damnée.

Pour le surplus, j'étais loin de garder rancune à Sovorov de ses indiscrétions; grâce à ses commérages – dont je pensais qu'ils avaient été téléguidés par Thierry, inquiet de me savoir trop attachée à un homme dont je souffrirais –, j'étais enfin instruite de l'enfance de Charles et satisfaite de l'être. Du reste, si la peinture qu'on m'en avait faite semblait peu flatteuse, elle m'avait flattée : les moralistes nous assurent qu'on aime mieux dire du mal de soi que de n'en point parler, mais on aime aussi mieux entendre dire du mal de l'homme qu'on aime que de ne pas l'entendre nommer. En outre, cette femme folle, ce petit garçon que son père ignore et que sa mère repousse, cet enfant qu'on ne reconnaît pas, avaient réveillé en moi « l'infirmière » qui sommeillait. J'avais déjà oublié les considérations psycho-théologiques d'Aliocha Sovorov : si Charles était méchant, c'est parce qu'il avait été malheureux. Je le consolerais...

Bref, les confidences de l'ex-précepteur ne

m'avaient pas rendue moins amoureuse. Au contraire... Mais elles m'avaient remis en mémoire une précédente mise en garde; dupes des apparences, la plupart de mes amis et de mes relations s'obstinaient à me peindre mon amant comme un « ange », un « cœur d'or », un « brave garçon », un peu superficiel, un peu fou, slave charmeur et charmant, mais quelqu'un avait déjà, comme Sovorov, utilisé à propos de Charles ces comparaisons « infernales » : c'était Philippe, qui, tout en concentrant sur Kahn-Serval l'essentiel de ses appréhensions, n'en continuait pas moins à se défier d'une demi-douzaine de mâles appétissants, dont Fervacques. « Pour dîner avec le Diable, m'avait-il dit dès mon entrée au cabinet, il faut une longue cuillère » – sentence tirée de l'abondant stock paternel –, « méfie-toi, Poussinette! » J'avais ri; j'étais certaine que je n'aurais pas besoin de cuillère : le Diable, tôt ou tard, me mangerait dans la main... Aujourd'hui, je n'en étais pas si sûre, mais j'avais de plus en plus envie de dîner avec lui.

« Oh, et puis la vérité, au fond, ce n'est pas que tel ou tel de ces gens-là soit plus démoniaque ou tordu que ses frangins... C'est qu'aucun d'entre eux, aucun n'est comme nous. Je peux vous le dire, moi après tout, j'ai vécu quatre ans chez les milliardaires, avec les milliardaires : eh bien, ces zigs-là sont d'une autre espèce que nous. Tenez, prenez le fric par exemple. Ils n'ont aucune notion concrète du sujet, même s'ils remuent tous les jours des sommes inouïes! » Je m'en étais déjà aperçue, en effet. « Le jeune Charles, ses profs voulaient que je lui apprenne la valeur de l'argent pour qu'il soit tout de même capable de compter si un jour ça lui devenait nécessaire... Je t'en fiche, oui! Autant parler de prouesses sexuelles à une carmélite! Le flouze, il n'y entravait rien, le môme, il n'était même pas capable de convertir les francs en dollars ou d'imaginer que ses petites

Ferrari représentaient plusieurs années du salaire d'un ouvrier... Il vivait avec son porte-monnaie dans une relation de conte de fées... Je n'ai jamais pu le déniaiser! Et dire qu'un jour c'est peut-être à lui qu'on collera les Finances! Enfin... Même chose pour les nanas, d'ailleurs! » Je tendis l'oreille. « A part leurs régulières – en général des mariages arrangés, des bonnes femmes effacées (exactement le contraire, entre nous, de ce qu'était cette pauvre princesse!) – en dehors de ces épouses discrètes qu'ils foutent au placard en les priant d'y rester, ces types n'aiment que les femmes-objets un peu clinquantes, les call-girls, les demoiselles de petite vertu et de bonne volonté qu'on paye et qu'on peut jeter, bref, ce que j'appelle des femmes kleenex... Ils se disent que, puisque n'importe comment toutes les femmes en veulent à leur argent, autant que ce soit clair tout de suite et qu'on fixe le prix noir sur blanc... Quelquefois, ils pêchent aussi dans leur vivier : femmes de chambre, hôtesses, secrétaires – c'est sous la main, content avec un petit cadeau, et pas moins facile à jeter : le chauffeur, ou le cadre préposé aux menus plaisirs, amène l'employée le soir, on se sépare au matin sans un " au revoir ", et le chauffeur poli reconduit chez elle la donzelle et son chèque... Voilà. En tout cas, croyez-moi, les vrais richards sont incapables d'amour : ils ont toujours peur de se faire piéger! D'ailleurs, ils ont trop de pèze pour s'imaginer qu'on les aimerait pour leurs beaux yeux, même les plus jeunes d'entre eux, les plus pimpants... Je me souviens d'une petite documentaliste de la banque, une jolie môme, et pas bête, que le père Fervacques avait reluquée et qu'il a gardée plus d'un an après le premier matin – un record! Ce n'était pas longtemps après l'internement de sa femme et sa rupture avec la Vicks, il devait être un peu fatigué... Mary Winston, elle s'appelait. Il était allé jusqu'à la mettre dans ses meubles, la Winston! Pauvre petite, elle croyait que c'était arrivé! Je lui disais : " Mary, ma petite caille, tu lui plais trois fois par semaine, c'est vrai. Il tient à toi, il vient chez toi... Mais est-ce qu'il t'a jamais emmenée dans son monde à lui? Oh, je ne dis pas dans sa famille, évidemment, on n'est pas louftingue! Je ne dis pas non plus chez des amis, même de troisième zone. Mais quoi, sur les champs de courses où il va le vendredi, ou sur son yacht une journée en tête-à-tête, en bouche à bouche? Est-ce qu'il t'a invitée dans une cantine chic de Boston ou de New York – ce n'est pas compromettant, hein, un grand restaurant, une seule fois – ou même à un vernissage, au théâtre, à l'Opéra? Est-ce qu'il te sort, Mary? Est-ce que même il te parle, je ne sais pas moi, de son frère, de sa femme, de ses cousins, des Mellon, des Variaguine, des Pinsart... ou de son enfance, tiens, il t'en parle, de son enfance? Il se confie, Mary, dis-moi, il se confie? " Inutile de vous dire que la petite Mary n'a pas tardé à retomber dans la mouise... C'est comme ça, que voulez-vous : un système de cloisons étanches – il y a le monde où ils vivent, et le monde où ils baisent... »

Je n'osais plus bouger. J'aurais voulu lui crier de se taire, m'évanouir, tomber, n'importe quoi d'un peu spectaculaire, mais j'ai toujours joui d'une solide santé... Lentement, malgré moi, je récapitulai : mon milliardaire m'avait donné un bracelet en or et deux colliers, il m'avait envoyé une trentaine de lettres et quelques bouquets, il m'avait fait chanter « les Yeux Noirs » et « les Bateliers de la Volga ». Coût : les timbres, et les pourboires des chanteurs et du fleuriste; quant aux bijoux, c'étaient probablement des « cadeaux d'entreprise »... J'avais coûté moins cher que les meubles de Mary Winston; pour le surplus, égalité de traitement; il ne m'avait même pas présentée à Alban! Ni à sa cousine Rubempré, au fait... J'étais assise à côté de lui, elle était restée là près de cinq minutes à lui parler, et il ne m'avait pas présentée. Est-ce qu'on présente les assiettes sales, les serviettes froissées, la salière? J'étais à sa table comme un objet d'utilité, un peu souillé, un peu usé. Rien qui méritât d'être regardé. D'ailleurs, Diane de Rubempré ne m'avait pas vue. J'étais aussi transparente qu'une bouteille vide, aussi négligeable qu'une miette de pain...

Je m'efforçai de respirer à petits coups, des respirations étroites, brèves, comme on me l'avait appris avant la naissance d'Alexandre quand je suivais les cours d'accouchement sans douleur. On ne devait surtout pas faire entrer le diaphragme dans le jeu. Toujours s'arrêter avant. Ne pas réveiller la déchirure du ventre à cet endroit où, dans les mélos, le traître maladroit plante son poignard. Et sourire, sourire pour persuader l'accoucheur imbécile qu'on n'est pas de ces femmes qui se laissent aller, qu'on contrôle le processus... « Respirez – doucement, doucement... Bloquez! » Se débattre ou crier augmentait la douleur, c'était connu. Il fallait faire semblant. Semblant de ne pas avoir besoin d'air, en aspirant à minuscules bouffées et en expirant sans bruit. Expirer discrètement pour ne pas déranger... Voilà, déjà je me sentais mieux. En somme, on pouvait très bien traiter les peines de cœur comme les souffrances de l'enfantement : avec une bonne dose de stoïcisme, et une respiration légère comme la palpitation d'un oiseau...

Donc, il ne m'avait pas présentée à Alban. Comme Malou, exactement. Ce que Monsieur de Fervacques goûtait par-dessus tout, c'était de pouvoir faire des exercices hygiéniques avec des collaboratrices dévouées. Comment disait Sovorov? « On les a sous la main et c'est plus facile à jeter. » Encore que... Non, j'avais moins d'importance que Malou pour lui. « Respirez, bloquez. » Malou, il l'avait épousée, il lui avait fait un enfant. Il avait dû la trouver suffisamment effacée pour l'emploi. Tandis que, moi, à quoi avais-je eu droit? Une chanson tzigane, quatre saisons d'amour, et puis la porte... Derrière la porte, il y avait Laurence et moi, deux petites filles, deux sœurs, qui venaient mendier un petit billet, un petit baiser. « Doucement, la respiration, doucement! » Nous frappions de nos poings le panneau de bois, nous usions nos ongles, la porte ne s'ouvrirait pas. « Doucement la mère, doucement l'enfant, doucement la mère et l'enfant... » Il ne servait à rien de s'agiter; s'agiter n'était bon qu'à déchirer le ventre, à arracher la gorge. On avait mis Laurence sur le palier et poussé le verrou, et moi, j'étais bloquée en haut de l'escalier. Plus moyen d'avancer. Plus moyen de reculer : on avait détruit ma maison, fermé les volets. Des barreaux, des grilles, des barrières, des prisons : pour apprendre au méchant Peter Pan à vouloir voler! « Tu vois cette porte? » disait ma grand-mère en colère, lorsqu'à quinze ans, trop grondée (« celle-là, il pourra pas la renier! »), je faisais mine de vouloir m'en aller, « si tu sors par là, ma petite fille, la porte, tu la repasseras jamais dans l'autre sens, je te le garantis! Ça sera pas la peine d'essayer... » Rien derrière, et rien devant. La liberté totale – plus d'attaches, de souvenirs, plus d'avenir –, la liberté sur le palier...

Et pendant ce temps-là, le gnome continuait ses discours en secouant sa grosse tocante. Il avait lui-même, hochant la tête et moulinant des bras, l'air d'un balancier d'horloge... Où en était-il, à propos? Il parlait de Krupp von Bohlen, « dernier du nom, une grande folle celui-là, maquillage, bijoux et tout », et du père Worsley, « vous savez bien, le mari de la princesse de Guémenée, enfin, "mari"! Du beau gosse, faut pas lui en promettre à cette vieille salope –, oh, l'affreux, qu'il est vilain! Au point que, comme ses usines de patchouli sont à Rennes, mes amis et moi, on l'appelle "Ille-et-Vilaine", hé, hé ».

Apparemment le Lapin Blanc avait trouvé un autre souterrain à explorer : il débitait le Who's Who de l'homosexualité, les noms de tous les milliardaires « qui en étaient »... Comment il avait réussi à passer du vieux Fervacques à ce sujet, je n'en avais pas la moindre idée, mais ce devait être quelque chose comme : « Ces gens-là, qui ne sont pas comme nous, sont tout de même un peu comme moi... » Il rattrapait – non sans fierté – l'infériorité du rang social par l'universalité de la sodomie; moi, en revanche (et son propos n'avait peut-être pas d'autre but que de m'en convaincre), j'étais définitivement mal lotie...

– Tenez, même d'Aulnay...

Je haussai les épaules, incrédule : « Oh, d'Aulnay!

– Mais si, mais si! Déjà, ses Japs... Mais c'est surtout qu'il est resté longtemps collé avec Jézéquel, l'acteur, tout le monde le sait... Il fréquentait beaucoup les théâtres avant d'être ministre. J'avais un copain qui était au " Français " à ce moment-là; il paraît qu'avant 68 d'Aulnay était très à gauche. Pas franchement rouge, non. Mais rose... Justement : dans les coulisses on l'avait surnommé " l'Embrayage " – la pédale de gauche! » Il rit finement : de même que les meilleures histoires belges sont colportées par les Belges, les blagues de mauvais goût sur les homosexuels font le bonheur des invertis proclamés. « Oh, d'ailleurs, au " Français ", ils en sont tous... Sur trente cabots, on n'en trouverait pas plus de deux ou trois qui n'en soient pas. Ce sont ceux-là les anormaux, hein, quoi! Quelquefois, ces petits messieurs arrivent même à convertir leurs metteurs en scène. Regardez Prioux!

– Prioux? J'en serais bien étonnée! » fis-je, amère, en songeant aux multiples aventures de Maud Avenel et à « la Double Inconstance » de Charles.

« Eh bien, moi, ça ne m'étonnerait pas, poursuivit " Sodome-et-Gomorrhe " imperturbable. C'est comme les écrivains, tenez... le petit Coblentz, par exemple. Le voilà enfin qui crache le morceau! Vous avez lu " Ava ", son dernier bouquin? »

Je ne l'avais pas lu, mais j'en avais entendu parler. Le moyen de faire autrement? Un ouvrage si original, un événement littéraire, sur lequel la presse et les radios, unanimes, s'extasiaient : on avait cru Coblentz rangé quand il avait redécouvert la virgule et le point de suspension; d'imprudents passéistes avaient alors prétendu qu'il allait, dans la foulée, reconnaître les mérites du sujet et, qui sait même, oser le personnage, mais le mâtin avait plus d'un tour dans son sac; voici que, déjouant ces sombres pronostics, il renouvelait les tours de force de sa jeunesse en nous donnant un ouvrage intégralement lisible à l'envers, de la dernière lettre à la première. Certes, la vie de cette Ava, qui se déroulait entre Laval et Sées, villes de France déchiffrables dans les deux sens, pouvait paraître un peu mince (essayez donc d'écrire trois cents pages réversibles!), et de mauvais esprits avaient eu l'audace d'insinuer – comme s'il s'agissait d'une critique, alors que c'était précisément l'objet recherché – que l'histoire n'avait ni queue ni tête; mais ces réserves, jetées entre amis quand on était sûr qu'il n'y avait plus de micros branchés, n'avaient pas terni la gloire publique de « l'homme à la cape », tout content de montrer qu'à quarante ans passés il pouvait encore faire le « grand écart » et le « poirier ». Marcher sur la tête, oui, il pouvait, et rien ne l'empêcherait désormais de courir ainsi à l'abîme, les pieds en l'air : ne venait-il pas de déclarer, en lançant par-dessus son épaule, d'un geste de diva, sa grande écharpe blanche, que l'avenir était « au papier blanc »? Entre les « expositions d'odeurs » de Vasquez et le « papier blanc » de Georges Coblentz, l'art des prochaines années promettait d'être aérien, délicat, digeste, léger comme un soufflé. A consommer d'urgence avant qu'il soit retombé... J'eus de nouveau envie de pleurer.

— Eh bien, reprit Sovorov, ce bouquin écrit à l'envers, ça ne vous dit rien? On voudrait faire l'apologie de l'inversion qu'on ne s'y prendrait pas autrement, avouez! Coblentz se met à table, enfin! Le coco nous confesse ce dont je l'avais toujours soupçonné. Petit cachottier, va! C'est comme Fortier... Fortier de Leussac, ses premiers poèmes, vous savez, « Noir remords » et « le Poids du péché », il les avait écrits pour un giton...

— J'ai toujours entendu dire, au contraire, fis-je tristement en retenant des larmes qui ne demandaient qu'à couler, que c'était pour une demoiselle qui lui servait de secrétaire...

— Ah, une secrétaire, une secrétaire, c'est vite dit! Pensez! Surtout maintenant qu'il est de l'Académie! Mais c'était un secrétaire... Oui, oui, oui. Oh, un garçon charmant... Je l'avais connu coursier à « l'Intran ». On disait que c'était lui qui, à quinze berges, avait inspiré à Cocteau son « Plain-Chant »... Un ravageur, ce Simonet, une vraie vamp! Vous pouvez me croire! Quelle grâce, quels cils, et une paire de miches à damner un saint! Il a dû n'en faire qu'une bouchée de ce pauvre Leussac avec ses cols à manger de la tarte et ses scrupules de premier communiant... A moins que, oh, à moins que... Ces punaises de sacristie cachent si bien leur jeu, que quelquefois c'est chez eux qu'on trouve le plus de vice! Les fripouilles! Même Mauriac... Si, si, je vous assure... Enfin, on ne m'ôtera pas de l'idée... Et Teilhard de Chardin, hein, je ne vous dis pas ce que je subodore sur ce chrétien-là!

Comme je n'avais pas envie de savoir ce qu'il « subodorait » pour Mauriac et Teilhard de Chardin, que je ne pensais pas d'ailleurs, malgré ses pertinentes démonstrations, que tout le monde « en était », et que j'avais envie d'aller me coucher pour pouvoir écrire à Charles, dès l'aube, une lettre de rupture à tête reposée, je coupai court :

— Vous savez, la vie des écrivains ne m'intéresse pas tellement... Il me suffit de lire leurs livres. Je me moque de leur biographie.

Si j'avais cru pouvoir le décourager et prendre congé, j'en fus pour mes frais :

« Ah, fit-il ravi de ma résistance, je vois. » Index doctoral : « Encore une adepte du " Contre Sainte-Beuve " de ce pauvre Proust! » Il affectait la lippe méprisante d'un évêque devant une ribambelle de Krishnas.

Je me rappelai brusquement qu'entre un compte rendu sur le Gala de l'Union des Artistes et un reportage sur le bal des Petits Lits Blancs, Sovorov avait publié une minutieuse biographie de Tolstoï assez mal reçue par la critique. Je m'étonnais d'ailleurs de m'en souvenir à un moment où, la tête vide et le cœur serré, je me croyais à cent lieues de ces billevesées : une de mes multiples Christine, la prof de lettres, l'amie de Saint-Véran, ou la mondaine, avait pris le relais de l'amoureuse et, tandis que celle-ci s'enfonçait dans une rêverie de plus en plus douloureuse, celle-là assurait le pilotage automatique de la conversation, aussi libre apparemment, malgré la chagrin sous-jacent, de jouer avec les idées que les doubles de l'écrivain le sont de sombrer dans le matérialisme ou la débauche pendant que leur réplique invente des strophes sublimes de spiritualité...

Il faisait froid. Un à un, les feux de Bengale et les lampions s'étaient éteints; longtemps encore, on avait entendu dans les bosquets des rires, des cris, des musiques, des applaudissements, et vu s'élever au loin les lumières des projecteurs de télévision et les étincelles des dernières fusées. Puis, dans la pénombre et le silence retombés, on avait aperçu encore pendant plusieurs minutes des silhouettes pressées, aux longues traînes indécises, qui passaient au carrefour en chuchotant, imprécises comme des buées, fragiles comme des Watteau mouillés. Enfin, tout s'était tu, effacé : une nuit épaisse, brune et terreuse – si différente de toutes les nuits que j'avais aimées, halo d'or des nuits romaines, clarté bleuâtre des rues de Senlis, crépuscules verts de Compiègne, soirées grises et roses de Sainte-Solène –, une nuit aussi brune que celles de Vienne et de la Hongrie, une nuit couleur nazi, qui nous tombait dessus comme une chape de boue, avait repris possession du parc et de la forêt.

« Le fond des choses, ma jolie dame », reprenait Sovorov, pressé de ne pas conclure, « c'est que Marcel Proust voulait empêcher les flics du futur d'enquêter sur sa sexualité! Il avait peur de se faire traiter de " tapette ", et voilà, sire, pourquoi votre fille est muette! Bah, vous me direz, on a bâti des idéologies pour moins que ça! Seulement, quand je vois que c'est à votre serviteur que nos apôtres de la critique viennent aujourd'hui opposer les arguments de ce monsieur-là, à moi, Aliocha, qui ai toujours eu le courage de mes opinions, qui ai été un précurseur dans ce domaine, un aventurier, un des fondateurs d'Arcadie, un militant du Front Homosexuel, je trouve que c'est charrier! Sans blague, je le dis toujours à Thierry : montre-toi tel que tu es, mon mimi, à te cacher tu nous nuirais. Dans tes bouquins appelle un jules un jules, ne fais pas comme Proust, surtout pas comme Proust, mon petit...

– Il n'y a pas de danger », lui dis-je mélancoliquement, en songeant à l'amertume qu'éprouverait mon gentil Saint-Véran s'il s'entendait invité à ne pas imiter l'écrivain qu'il admirait le plus. Pas de danger, non, vraiment, que lui, le petit homme des « Débris » et des « Bribes », puisse jamais, en bien ou en mal, égaler son modèle... A cette pensée, j'eus brusquement envie de l'avoir près de moi, de l'embrasser, de le réchauffer, de le serrer dans mes bras, pour le consoler – en frère – de n'être rien, comme moi.

« Vous savez, Monsieur Sovorov, repris-je doucement avec une politesse lasse et transie, on resterait des heures à vous écouter » (lui, en tout cas, resterait des heures à parler), « tout ce que vous dites est tellement intéressant. Mais il commence à faire froid, et j'ai bien l'impression que nous sommes les derniers... »

Devant le château, où seules brûlaient encore les torchères des greniers, l'orchestre « New Orleans » pliait bagage; mais quelques couples tournaient toujours sur la piste au son mélancolique d'un unique saxo qui leur jouait, en valse des adieux, le dernier « standard » franco-américain de Jo Dassin, « l'Eté indien ». « On ira où tu voudras, quand tu voudras, et l'on s'aimera encore lorsque l'amour sera mort... »

Çà et là, près de la poterne et de la tour gothique, des groupes s'attardaient en bavardant, tandis qu'au-delà de la rivière et du pont on entendait le ronronnement des cars qui reprenaient, l'un après l'autre, la route de Paris avec leur cargaison d'invités endormis, de jupes froissées et de médisants comblés.

Je ramassai mes « vêtements de jour » dans la chambre de Madame de Fervacques où je les avais laissés au commencement de la soirée.

Mes yeux tombèrent sur la photo de Charles enfant au côté de son premier précepteur, l'abbé Holland; j'avais déjà chez moi des dizaines de photos d'agence, conservées à son insu, mais rien qui n'eût déjà paru dans les journaux, rien qui m'appartînt en propre. Ce cliché-là, durci, jauni, était sans doute unique; quand nous serions séparés à jamais, je garderais pour moi un Charles que personne d'autre ne verrait, un Charles inconnu que je serais seule à posséder : d'un geste prompt, je glissai la photo dans mon sac. Puis, pour faire bonne mesure, saisie d'une soudaine inspiration, j'y ajoutai une vieille montre qui traînait sur la commode et un pyjama pendu dans la salle de bains, après avoir, un instant, enfoui mon visage dans ses plis pour en respirer l'odeur. Avec deux mille invités dans le parc et des dizaines de domestiques, on ne saurait jamais à qui imputer ces menus larcins... Je pliai soigneusement mon tailleur sur les objets volés, pour les cacher. Le pyjama, surtout, me consolait : plus proche de son corps que ses lettres, ses photos, ou ces cassettes que je n'aurais pas le temps d'enregistrer, il me garderait un peu de lui lorsque tout serait fini.

Mon paquet à la main, j'allais redescendre l'escalier, quand un éclat de lumière rouge projeté dans l'angle du mur m'attira vers les greniers. Sur la pointe des pieds, je montai jusqu'à une petite porte entrebâillée, en haut des marches. La lueur agitée des torchères qui éclairaient l'impressionnante poutraison des charpentes donnait l'impression qu'une bataille de titans se déroulait sous les combles à grands coups de madriers et que tout le bâtiment tanguait.

Puis mes yeux s'habituèrent à ce tumulte d'ombres et de feux; et je le vis, tout au bout de l'enfilade des mansardes, immobile près d'une lucarne, silhouette noire au milieu d'un grand embrasement. Je ne distinguais ni son corps ni ses traits; rien que cette découpe sombre sur fond de flammes; mais c'était forcément lui. Au bruit que fit ma robe de taffetas sur le plancher mal raboté, il ne se retourna pas : ce ne pouvait être que moi...

« Et l'on s'aimera encore lorsque l'amour sera mort », répétait le saxo qui mentait en bas pour tous les couche-tard, les insomniaques, crooner dérisoire auquel on veut croire... Je cessai d'avancer et fermai les yeux. « On ira où tu voudras, quand tu voudras... »

— A quoi jouez-vous? demanda doucement la voix à l'autre extrémité de l'incendie.

— Je fais l'aveugle... Je ne peux plus marcher, Charles : il faut me porter.

J'étendis les bras en avant, vers les pas qui venaient lentement vers moi. Je resongeai au mot que m'avait dit Renaud, le soir du bal à Vienne : « J'entre dans une nuit où, pour y voir clair, il faut fermer les yeux. » Moi aussi, j'y voyais mieux les yeux fermés, quand je cessais de me heurter à ce sourire ennuyé, ce regard glacé, cette chair opaque et trompeuse, au souvenir de tous ces abandons, de toutes ces trahisons, de toutes mes terreurs, quand enfin je reconstruisais mon amour à ma façon. Les bras tendus, j'attendais. Mais, en don Juan qui connaît les ficelles du métier, Fervacques n'était jamais là où on l'espérait; ayant effectué un mouvement tournant sur la pointe des pieds, il m'enlaça par-derrière; mes bras se refermèrent sur le vide.

— Maintenant, fini de jouer! Rouvrez les yeux, mon petit poison!

— Non... Je ne veux pas vous voir, je préfère vous sentir.

Il me serra brusquement contre lui; le corps cambré, les yeux fermés, je n'avais plus d'équilibre que celui que Charles me gardait en refermant ses bras sur mon ventre; soudée à sa chair, j'aspirai à le décalquer sur moi, à me dédoubler en lui, et j'aurais voulu, tels ces siamois monstrueux qui n'ont qu'un cœur pour deux, mourir dès qu'on voudrait m'en arracher... Il fit lentement glisser l'emmanchure de mon corsage pour caresser ma peau : « Je suis resté vingt minutes avec Dassault, me dit-il entre deux baisers, j'ai bien avancé mes affaires... Ensuite, je vous ai cherchée partout. Mais vous vous étiez évaporée... Où étiez-vous passée? » Il déboutonnait le chemisier, descendait la bretelle du soutien-gorge.

— Je parlais de vous avec quelqu'un qui vous connaît : Sovorov...

Il dénouait adroitement ma ceinture.

— Sovorov? s'étonna-t-il en attaquant la dernière agrafe. Vous avez de la patience à revendre pour écouter ce vieux fou!

— Vieux fou? Pourquoi dites-vous cela?

Comme chaque fois que je m'étais sentie trop tendre avec Charles, et que lui me semblait trop pressé par le désir pour être resté sur ses gardes, je cédai brusquement à l'envie de le faire souffrir. Je prenais plaisir à lire dans son regard surpris, et aussi inoffensif en cet instant que celui d'un enfant, que j'avais touché juste et je savourais pleinement la joie d'enfoncer ma pique, de transpercer l'âme de part en part jusqu'à en tâter le fond : il me semble qu'au temps des duels on devait éprouver la même sorte d'ivresse lorsque, ayant plongé son épée dans le corps étendu, on sentait enfin, au-delà de la chair trop molle, la résistance du sol de l'autre côté. J'aurais adoré le voir pleurer, saigner, mourir, puis le ressusciter pour me jeter à ses pieds...

— Oui, pourquoi dites-vous « vieux fou »? Est-ce que, par hasard, la folie vous dérange, Charles? Est-ce qu'elle vous inquiète? Vous sentiriez-vous... personnellement menacé?

Son corps se raidit, sa main se crispa sur ma ceinture, et il y eut un long silence. Puis, lentement, il me lâcha, avança de quelques pas, et, se postant devant moi, tira de sa poche une cigarette qu'il alluma; il fixa longuement la flamme de l'allumette, la jeta, comme à regret, dans la poussière du grenier où, pensif, il la regarda s'éteindre; enfin, relevant à peine les yeux, mais le visage penché de côté pour me surveiller, il me demanda d'une voix unie :

— Sovorov vous a-t-il dit pourquoi mon père l'avait renvoyé?

— Non...

– Bien sûr... Mais vous pouvez l'imaginer, n'est-ce pas? Je crois qu'il ne fait plus mystère de ses goûts? Vous a-t-il dit aussi qu'à treize ans j'étais un très joli petit garçon? Un petit garçon sans parents – ou presque... Un petit garçon sans défense...

« Sans défense », c'était à voir! En tout cas, si je ne l'acculais pas maintenant, Fervacques allait prendre l'avantage, et, une fois de plus, se dérober. Déjà il venait habilement de changer de terrain, déjà je perdais pied...

– Il m'a seulement dit que vous n'étiez pas idiot...

– Certainement, je n'étais pas idiot! Lui non plus d'ailleurs... Est-ce qu'il vous a raconté que, parmi les diplômes qu'il collectionne, il y a aussi un doctorat de théologie? Son côté « russe de Pantin », cette cocasserie forcée, n'est qu'un masque destiné à divertir les mondains. En vieillissant, malheureusement, le masque lui colle à la peau : il s'imite. Il était moins ridicule à trente ans, et plus amusant. Mais à l'époque déjà, pour un théologien, c'était un drôle de paroissien! Avec moi, ce Tartuffe a eu tort de croire qu'il pourrait jouer au plus fin... Je l'ai dénoncé... Vous trouvez que j'ai mal fait?

Il redressa la tête et posa sur moi un regard interrogateur. Son visage, que les torchères rougissaient, semblait changer d'expression au gré des ombres que les flammes jetaient.

Dans mon cœur aussi tout se mêlait : la haine du précepteur pouvait s'expliquer, en effet, par le regret d'avoir fauté et le souvenir cuisant d'un geste imprudent; mais n'était-il pas possible que l'enfant eût accusé sans preuve un maître dont il avait, avant tout le monde, deviné les faiblesses? On pouvait même imaginer pire : que l'enfant diabolique dont Sovorov m'avait parlé se fût plu à tenter l'adulte, et à le faire tomber du côté où il penchait. Souvent, à propos de Charles – à cause de ses origines russes?

ou de sa beauté? –, j'avais songé au Stavroguine des « Possédés »; je revis la scène du viol de la petite fille et sa pendaison. Se pouvait-il que, au lieu d'un Stavroguine adulte désespérant un enfant innocent, on pût parfois tomber sur un Stavroguine enfant, heureux de réduire au désespoir un adulte ignorant? Je repensai, avec terreur, à la phrase que Charles m'avait dite à table sur mon divorce, à cette façon unique qu'il avait de pousser les autres au pire en tenant pour acquis qu'ils y tomberaient, puis au triomphe qu'il affichait quand, parachevant sa victoire, il leur refusait le prix de leur péché... D'un autre côté, avec ses potinages et sa mine de viveur satisfait, Sovorov me répugnait; et, comme je n'ignorais pas que ceux qui ont de l'appétit pour « les moins de seize ans » protestent toujours de la perversité de leurs victimes, je ne voyais pas comment, dans cet écheveau de vices, je démêlerais le faux du vrai. Pour dîner avec deux diables, il faut deux longues cuillères!

Afin de me donner une contenance en attendant de trancher, je ramassai par terre la ceinture de ma jupe que Charles, tout à l'heure, avait dégrafée. Sans doute crut-il que je pliais; il quitta son air rêveur et tourmenté, et revint vers moi en riant :

– Bah, laissons ce vieux toqué en paix! Moi, en vous cherchant, j'ai rencontré quelqu'un qui m'a dit du bien de vous : le président Edgar Faure. Plus exactement, il m'a fait votre éloge en une phrase, après quoi, pendant un grand quart d'heure, il m'a parlé de lui : toutes ses phrases commençaient par « je » et finissaient par « moi »... In fine, il a tout de même voulu me faire une politesse; il m'a dit d'un air résolu : « Mais assez parlé de moi! Parlons un peu de vous, mon cher ami... Qu'avez-vous pensé de mon dernier discours? »

Et, riant aux éclats, le Fervacques de toujours, moqueur et léger, me reprit dans ses bras : « La dame de Fervacques mérite de vives attaques, me glissa-t-il à l'oreille. Pourquoi essayez-vous bêtement de remettre cette ceinture, mon amour? C'est trop tôt... Avec cette lumière et ces flammes, ce décor en quelque sorte... infernal, ton corps a la même couleur que la première nuit, à " Bois-Hardi ". Tu te rappelles? Quand tu as si gentiment joué avec le feu... Abricot, tu as la peau douce et rose comme un abricot... Et chaude, si chaude... On a l'impression qu'une lueur t'éclaire de l'intérieur... Christine, laisse-moi te goûter... »

J'aurais préféré savoir d'abord où j'allais, où j'en étais... Je fis mine d'hésiter. Il déchira alors fort posément le bas du corsage qui lui résistait. Quand je songeai au prix que j'avais payé cette « authentique dentelle de Calais » – un télégramme de notre ambassadeur aux Etats-Unis sur son dernier entretien avec Kissinger, plus deux notes confidentielles sur la visite en France du président tchèque – je compris que je n'étais pas de taille à lutter...

« Je voudrais », dis-je seulement en détournant le visage pour l'empêcher de m'embrasser avant que j'aie fini de parler, « je voudrais que vous me fassiez inviter à la chasse chez votre cousine Rubempré...

– Quelle drôle d'idée! Vous allez vous embêter... » Il avait fini de me déshabiller avec une autorité efficace, entrecoupée de tendresses. « Bon, enfin, si tu y tiens... Je ne savais pas que tu aimais chasser », fit-il avec cette bonne volonté ingénue qui me rappela la manière dont, bien des années plus tôt, Anne avait, sans y mettre aucune malice, spontanément comparé les Brassard d'Evreuil et ceux de Saint-Rambert aux Noailles et aux Montmorency : comme elle trouvait tout simple que j'eusse des cousins dans le genre des siens, Fervacques croyait naturel que j'aie les mêmes loisirs que lui et ses amis – faucons, chasse à courre –, même s'il s'étonnait qu'il m'eût fallu tant de temps pour le lui révéler... Il est vrai qu'il y avait une seconde explication à l'erreur de Charles : il me prenait pour une Chérailles. C'était pourquoi, sans doute, il n'osait pas me traiter tout à fait comme les Mary Winston de sa connaissance et pourquoi, devant mon insistance, il accepta de me présenter prochainement à Diane de Rubempré.

– Et Laurence? fis-je in extremis.

Il soupira : « Ah, mais vous m'ennuyez! Quoi, Laurence? Vous n'allez tout de même pas me parler de Laurence toutes les cinq minutes!

– Est-ce que, Laurence aussi, vous l'inviteriez chez les Rubempré?

– Pour quoi faire? Ecoutez, Christine, soyons clairs : je ne veux pas que vous vous mêliez de mes affaires. Je vous ai déjà dit que j'ai horreur de la familiarité! Nous couchons ensemble, soit, et j'ai, pour le moment, la faiblesse de... de vous... de vous aimer, je ne sais pas si vous le savez... Non, vous ne le croyez pas, vous avez peur de le croire. Pas par excès de sensibilité, du reste, ni par crainte d'être déçue si vous vous laissiez aller, mais tout bonnement pour éviter d'avoir à rendre ce qui vous serait donné... Avarice sordide qui me pousse, bien sûr, à insister, quand ce ne serait que pour vous embêter : je vous aime, Christine... Bon, bon, le mot est peut-être un peu excessif, j'en conviens, mais... c'est l'idée. Faut-il la traduire en russe? en anglais? M'agenouiller, pleurer, fuir au fond des forêts, me revolveriser? Ce soir, ma chère, les Dimitrievitch vous ont donné mon cœur, et demain, tu auras en prime la tête de Frétillon... Et toi, pendant ce temps-là, qu'est-ce que tu fais? Pour une absurde histoire d'attributions tu parles de t'en aller, et tu te sers des ragots de Sovorov pour m'attrister! Alors, qu'est-ce que tu veux? Que je renfloue les usines Chérailles? Que je te fasse élire quelque part?... Oh, bon, et puis tout cela ne vous autorise pas à intervenir dans ma vie personnelle! Pour Laurence, en tout cas, elle est bien où elle est... Et je vous conseille de ne plus m'en parler. Compris? »

Il recommença à me caresser, avec un peu trop de véhémence pour commencer, puis plus doucement à mesure que sa colère s'apaisait. « On s'énerve, on se laisse emporter... La vérité, au fond, c'est que personne n'aime personne... Mais il n'y a pas de quoi en faire une histoire... ni même une chanson russe! Tiens, moi, ce n'est pas à la chasse que j'ai envie de t'inviter, c'est dans une maison de Neuilly où je ne suis pas retourné depuis quelques années... Elle te plaira, tu verras... C'est une de mes bonnes œuvres. Tu connais cette vieille association de bienfaisance, " les Apprentis de Neuilly "? Eh bien, moi aussi, à Neuilly, j'ai mes "apprenties"... Dans un genre différent, évidemment!... Non, pas de fausse pudeur, puisque tu sais que tu adores ça... Ces jeunes filles sont très douées, tu verras...

— Je n'en doute pas... Est-ce qu'il y aura des garçons aussi?

— Peu. Comme tu sais, ce n'est pas mon goût. Crois bien d'ailleurs qu'en voyant ton indulgence pour mon ancien précepteur je le regrette!

— Oh, ne le regrettez pas! C'est loin d'être aussi sulfureux que par le passé... Il me semble même que c'est devenu d'un commun! Vous vous seriez vite ennuyé...

— Bien vu! Mais tu te serais demandé si je m'ennuyais, et ça t'aurait désennuyée, toi... » Il me prit le menton. « Dis-moi que tu vas aimer mes apprenties, petite rouée, que j'ai eu une bonne idée, que ça va t'amuser... » J'étais sûre qu'il s'agissait d'une menace en l'air : soit que la fringale sexuelle qui avait saisi les élites au lendemain de 68 commençât à s'apaiser, soit que Charles – pour des raisons politiques ou sentimentales – se fût provisoirement résigné à m'aimer dans l'intimité, nous ne fréquentions plus ce genre de maisons. Mais le seul fait qu'il se crût obligé d'y faire allusion, et de salir sa déclaration d'amour toute neuve en la rebarbouillant aux couleurs douteuses du passé, me ramenait en arrière d'une manière à bien me désespérer. Une fois de plus, Charles rattrapait dans le sordide ce qu'il m'avait laissé entrevoir de lumineux et il me rejetait dans la foule à l'instant précis où, étonnée, émue, j'essayais de croire que je pourrais un jour – malgré ses milliards, ses relations, ses folies et ses vices – être la seule à compter. Triste, je cachai mon visage contre sa poitrine; mais, fâché de mon silence, il insistait :

– Allez, dis que tu vas t'amuser. Dis : « Je vais bien m'amuser dans ta maison de Neuilly. » Dis-le.

– Mais oui, je vais bien m'amuser là-bas. Pourquoi t'inquiètes-tu? Forcément je m'amuserai, Charles, tu me connais. Tout ce qui m'abaisse me ravit, tout ce qui me chagrine me réjouit...

Quand je ressortis du château, avec mon faux Chanel sur le dos, la piste de bois était déjà démontée, la tente B repliée. Le dernier car s'apprêtait à ramener vers Paris un lot d'attardés et quelques cuisiniers importés. Il faisait encore nuit, mais les coqs du village commençaient à s'agiter. Sous la poterne, je croisai Carole. Elle eut un petit sourire en voyant ma jupe courte : « Tu as eu le temps de te changer? » Je haussai les épaules, sans excès de gaieté.

– Ne fais pas cette tête-là, Chris. Après ton triomphe de ce soir! Ah, on peut dire que ton apothéose a alimenté toutes les conversations, on ne parlait que de ça... Cette sérénade publique! Il est fou, ton Charles, fou à lier, mais quel cran! Et comme il t'aime! Je suis rudement contente pour toi, en attendant... Tu sais, ça vaut des fiançailles, un truc comme ça! A quand la noce?

– Oh, tu sais, je n'en demande pas tant... Quant à mon triomphe, ne t'excite pas : il s'adressait à une autre...

La jeune fille de Kiraz, interloquée, fit une moue en forme de cœur, qui donnait envie de l'embrasser.

« Qu'est-ce que tu veux dire?

– Rien, ma Caro... Tu as raison : c'était probablement mon sommet. Ce qui signifie que, maintenant, la dégringolade est inévitable...

– Oh, ce que tu peux être pessimiste, toi alors! » Elle rit. « Ah, Mistouflette, au fait, ne te fais plus de souci pour Alban : on me l'a présenté. »

J'adorai cet « on me l'a présenté » : Carole ne doutait de rien, en tout cas pas d'elle!

« Et qui te l'a présenté?

– Sibylle de Balmondière. » Elle imita la voix haut perchée de la maigre et prétentieuse Sibylle, sa manière de parler du bout des lèvres comme si elle suçait un sucre d'orge : « " Cher Alban, je ne sais pas si vous connaissez notre amie Marie-Anne Mauvière? " Et voilà, aussi facile que ça!

– Chapeau!... Tu rentres par le car avec moi? Ah non, c'est vrai, tu es venue en voiture avec ton cheik... »

Je cherchai machinalement son Poupougne des yeux. Carole eut l'air gêné :

– Non, il est déjà parti... Mais quelqu'un va me raccompagner. Je t'aurais bien proposé de te ramener aussi, seulement... Comment ça se fait qu'il te laisse repartir toute seule par le car?

Elle avait raison de s'étonner : Sovorov m'avait bien précisé que, même les prostituées, « le chauffeur, poli, les reconduisait »... Un CRS nous arrêta au bout du pont : devant nous Florimond Galtier, l'ancien ministre des Armées du général De Gaulle, qui était resté longtemps à parler avec d'Aulnay, puis avec le directeur de la Spear, montait dans une

DS 19 noire, telle qu'on n'en fabriquait plus depuis dix ans; pour ses sorties officielles, il avait gardé sa voiture de ministre, témoin de sa splendeur passée, comme les vieilles actrices remettent parfois, le temps d'un gala, la robe de leur premier grand rôle.

– Monsieur de Fervacques me laisse repartir par le car, dis-je à Carole en m'efforçant de sourire, parce qu'il ne s'est même pas demandé de quelle manière j'allais rentrer... Les riches – surtout ceux qui roulaient en Ferrari à cinq ans –, les riches, Caro, pensent sûrement que les pauvres circulent en tapis volant!

Quinze jours plus tard, dans le Lear-jet qui nous menait, Charles et moi, à Rengen, au Tyrol, chez sa cousine, c'était encore à ce retour, d'autant plus solitaire qu'il avait été collectif, que je songeai; je ne pouvais m'empêcher d'en comparer les circonstances au voyage fait deux ans plus tôt de Dubrovnik à Vienne, et à ces rentrées de dîners officiels où, ayant opportunément « égaré » mon chauffeur, je me voyais offrir l'hospitalité de la voiture ministérielle. Que de prévenances en ce temps-là! Ma grand-mère avait raison : les hommes ne veulent qu'une chose, et quand ils l'ont...

– Vous avez l'air fatigué, Christine, un peu triste...

Profitant de ce que nous étions seuls dans la cabine, Fervacques passa une main tendre dans mes cheveux : « Qu'est-ce qui ne va pas? C'est vous, cependant, qui m'aviez demandé à venir à Rengen...

– Il ne s'agit pas de cela.

– Alors quoi? Je déteste les bouderies! », mais, de nouveau, il se radoucit : « Voyons, Christine, parlez-moi... », reprit-il en me caressant la joue et en glissant maladroitement ses doigts dans mes boucles : « Ne suis-je pas votre complice, votre ami? Vous avez voulu la peau de Frétillon, je vous l'ai eue, et pourtant Frétillon, moi je n'avais rien contre! Heureusement, d'ailleurs, que Berton avait de sérieuses difficultés de financement avec son " Château d'Ussan "! Sinon, je ne sais pas comment j'aurais pu vous satisfaire, petite sanguinaire! Souriez, au moins... Non? Alors dites : qu'est-ce qui vous soucie? »

Je plantai mon regard dans le sien : « Eh bien, puisque vous insistez, Monsieur le Ministre, ce qui m'ennuie, c'est la manière dont vous me caressez les cheveux. Vous êtes en train de me décoiffer... »

Il retira sa main aussi vivement que si un serpent l'avait piqué, et se replongea dans le dossier qu'il avait apporté : le projet de « Manifeste Solidariste » que je venais d'élaborer en prévision des municipales. Fervacques souhaitait, en effet, donner à son groupe un semblant de programme, une « plateforme » comme on disait, qui pût servir de base aux professions de foi de ses « poulains » et le démarquer davantage de Jacques Chirac. J'y travaillais depuis un mois avec d'Aulnay et deux ou trois députés, et je pensais avoir réussi une synthèse habile, acceptable par tout le monde; dans ce travail ingrat de peseur de mots et de faiseur de maximes pour affiches, j'avais mis tout mon amour, « toute ma complaisance »...

Fervacques acheva de lire son « Manifeste » dans un profond silence puis, refermant le dossier, me considéra rêveusement.

« Vous ne le trouvez pas bon? » interrogeai-je avec anxiété. Je n'avais pas perdu l'habitude d'attendre ses verdicts le cœur battant : je consentais à n'être pas aimée, mais je voulais de l'estime, et qu'à défaut de mon amour il ne pût se passer de mes services...

« Si, fit " l'Archange ", toujours méditant. Ce que

vous avez fait est très bon. Si bon, même, que c'est indiscutable. » Je vis flotter sur ses lèvres le demi-sourire cruel et satisfait que je voyais autrefois au vieux Chérailles lorsqu'il s'apprêtait, au nom de l'expérience, à me donner une leçon de cynisme. « Indiscutable, oui... Et si c'est indiscutable, ce sera indiscuté... Seulement si c'est indiscuté, ma chère enfant, c'est nul! »

Je restai muette d'étonnement.

— Voilà, vous avez voulu mon sentiment, vous l'avez : votre papier est si bien balancé, intelligent, documenté, pondéré, ma petite Christine, que politiquement c'est zéro! Un coup pour rien! A mettre au panier!

A mesure qu'il s'expliquait, je compris qu'il avait raison : comment n'avais-je pas songé qu'un texte subtil et prudent, assez bien argumenté pour décourager la polémique, ne retiendrait jamais l'attention des médias; et que ce dont on ne parle pas (comme le bonheur) n'existe pas...

— Je veux que notre Manifeste occupe le terrain, vous comprenez, Christine? Tout le terrain... Alors, vous allez me le saupoudrer de paradoxes et me le pimenter d'imprudence!

— Je vois... Mais est-ce que j'y vais carrément? J'aborde le problème des droits de succession, par exemple?

— Avec ça, la presse grimperait au plafond! Nous aurions tout, depuis les débats techniques jusqu'aux lettres d'injures!... Mais ce serait tout de même y aller trop fort, compte tenu de ce qu'est mon électorat...

— Oh, croyez-vous que les vieux aient envie de léguer quelque chose? Ils seraient peut-être très contents, au contraire, de ne rien laisser après eux... En tout cas, je connais un ou deux vieillards dans ce genre-là... Et puis il faut savoir ce que vous voulez :

les droits de succession, c'est le tabou par excellence; donc, le scandale assuré!

– Peut-être... Mais, pour le coup, le risque est excessif. Non, nous allons essayer de courir ensemble un danger excitant, mais raisonnablement calculé : l'impôt sur le capital, voilà ce qu'il nous faut! Les solidaristes vont proposer au pays de taxer le patrimoine – entre nous les Allemands l'ont bien fait!... Ça va remuer la droite, agiter mes amis, et en même temps souligner l'image, fondamentalement généreuse, de mon groupe. Ajoutez-y le contraste – particulièrement « sexy » du point de vue médiatique – avec mon image à moi : le milliardaire Fervacques favorable à un impôt sur la fortune! Le Manifeste effraiera, mais je rassurerai. Le citoyen aura peur, mais « pour de rire ». C'est délicieux, la peur pour de rire, et il m'en sera reconnaissant... Bien entendu, vous fixerez le seuil d'imposition assez haut pour que cela ne gêne pas mes petits vieux. Les riches, ce sont les autres. Et comme les autres, ça ne fait pas grand-monde, la perte en voix sera négligeable. Par contre, le gain « d'image », mon petit enfant, le « gain d'image » sera fabuleux... Etes-vous capable de me pondre deux pages sur le sujet d'ici dimanche, même sans vos dossiers? Parce que j'aurais bien voulu pouvoir lancer ma bombe mardi, en profitant de ma conférence de presse...

– Oui... Je peux y travailler maintenant. Et si vous me donnez l'imprimatur dimanche soir en rentrant, je l'enverrai à la photocompo dans la nuit. On aura des exemplaires du Manifeste mardi matin, et vous pourrez les distribuer à vos journalistes dès l'après-midi... Seulement je me demande si nous ne devrions pas quand même, pour la forme, soumettre le texte modifié à d'Aulnay? Ce qui nous obligerait à retarder la publication de vingt-quatre heures...

– Justement, nous n'avons pas vingt-quatre heures à perdre! Et puis, d'Aulnay! Vous croyez que c'est le solidarisme, d'Aulnay? Le solidarisme, c'est vous et moi! Donc, si nous sommes d'accord...

– Vous êtes gentil de me faire la part si belle, Monsieur le Ministre, et j'apprécie le compliment, mais je vous rappelle que le solidarisme, c'est aussi trente députés, et si eux savaient que d'Aulnay...

– Ah, ah, mes députés... Tenez, vous allez voir Diane à la chasse – c'est à cause de son prénom que cette idiote se croit obligée de jouer les chasseresses! –, eh bien, vous constaterez qu'elle connaît mieux ses chiens que je ne connais mes députés! Elle sait leurs noms, leurs amours, leurs portées, elle les flatte... Elle aime les meutes. Moi, non. C'est pour ça que je chasse au faucon. Traquer, viser, tuer, c'est amusant certes, mais en solitaire. Le haut vol... Alors, vous pensez bien que ma troupe d'élus, je m'en balance!

– Comme vous voudrez... Le seul ennui, si vous exigez d'avoir le projet après-demain, c'est que je n'aurai pas beaucoup de temps pour chasser avec vous...

– Aucune importance. Cette idée de m'accompagner à Rengen était stupide, de toute façon!

Stupide, en effet. La société de Diane de Rubempré n'était pas la mienne, et si j'avais voulu rejoindre Charles dans ce qu'il gardait pour moi de plus secret, le poursuivre jusque dans son enfance, sa famille, ses amitiés cachées, c'était raté : il n'y avait pas de place pour moi dans ce monde-là.

Je m'en étais d'ailleurs doutée le soir de la garden-party de la Spear; et j'en suis encore à me demander, dix ans après, pour quelle raison en exigeant de Fervacques qu'il me fît inviter à Rengen j'avais éprouvé le besoin d'aller mettre le doigt sur la plaie...

Ma première journée à Rengen, je la passai avec les dames. La chasse du vendredi était en effet une battue au faisan, à laquelle – en dehors de Diane elle-même, réputée « maître » de maison depuis son dernier divorce, et excellent fusil – ne prenaient part que les hommes invités, chacun accompagné de son chargeur qui portait les fusils ou d'un des gardes-chasse de la princesse de Rubempré. Il y eut quatre battues successives à quinze fusils, dont, au cours de l'après-midi, les échos – cris des rabatteurs et coups de feu – parvinrent à plusieurs reprises jusqu'à la grande maison de bois, genre datcha des Bolkonski, que la cousine de Charles avait fait construire à deux ou trois heures de Vienne en lisière d'une forêt profonde, peuplée de cerfs et de sangliers. Pendant que les Nemrod faisaient retentir l'air de leurs fusillades, leurs conjointes ou petites amies furent conviées à se gaver de brioches devant de grandes flambées. Ce groupe de femmes délaissées me sembla des plus mêlés – il y avait là quelques authentiques héritières, des épouses de deuxième choix aussi effacées qu'il convenait à des personnes mariées sous le régime de la séparation de biens, une starlette américaine, et deux call-girls suédoises, ravissantes et tapageuses, héritage de l'époque où le pénultième mari de Diane (un lord anglais promu président du jury de « Miss Univers », avant de finir dans la peau d'un administrateur de la Croix-Rouge Internationale) attirait à Rengen, pour le divertissement de ses amis, les plus liantes de ses « Miss ». Parmi ces dames de tous âges et de toutes espèces, on trouvait même un jeune homme, doux et effaré; je le reconnus pour l'avoir déjà vu à deux reprises : c'était l'Adonis dont, en d'autres temps et d'autres lieux, la soutane n'avait pas de braguette... Cette fois pourtant, il ne portait ni la tenue ecclésiastique ni le costume d'Adam, mais un velours côtelé de « la Boutique Ecossaise » avec foulard de soie assorti, mollement noué dans l'échan-crure de la chemise. Ainsi déguisé en baronnet anglais, il avait accompagné à Rengen le père Worsley sur lequel, apparemment, Sovorov m'avait dit la vérité; mais, abandonné par son amant comme je l'étais par le mien, le faux baronnet, intimidé, n'osait ni bouger ni parler, et n'ouvrait la bouche que pour y glisser hâtivement des brioches, posant sur les perruches qui l'entouraient un grand regard d'orphelin : encore un que les « hommes des grandes villes » n'avaient pas dû trouver malin... Puisque, même si le pauvre petit ne me reconnaissait pas, nous avions quelques souvenirs en commun et que je le soupçonnais de traîner – comme moi, et tant de ses semblables – une enfance inguérissable, je lui fis, par sympathie, un brin de conversation; il me répondit poliment, en s'appliquant, et avec les mêmes intonations, les mêmes mots, les mêmes maladresses et les mêmes emballements que Caro dans les commencements... C'est pourquoi, si démuni qu'il fût, je me trouvai vite plus à l'aise dans sa compagnie qu'avec les filles, sœurs, ou mères de banquiers, qui devisaient sous les têtes des chevreuils empaillées et les bois gris des dix-cors. Les deux call-girls présentes nous eurent bientôt rejoints, et, à nous quatre, nous constituâmes sur un coin de canapé une mini-société interlope en marge du goûter, un ghetto protecteur, où nous fîmes semblant de nous amuser, bien qu'au fond nous n'eussions rien à partager que l'exclusion...

Le soir au dîner, tout en tâtant d'un pâté aux langues de faisan – une spécialité de la maison, où la matière première ne manquait jamais à la belle saison puisqu'on exterminait plus de mille de ces petites bêtes chaque week-end –, je tentai de me ressaisir et de me rapprocher un peu des amis de Charles; tous portaient des noms célèbres et intimidants, mais, à l'inverse des habitués des « Rendez-vous » qui avaient généralement illustré leur nom par leurs œuvres, les célébrités de Rengen ne m'étaient connues que par l'histoire de leur famille ou les publicités du commerce.

Autour du prince Bernhard, « époux de la reine », qui appartenait à la première catégorie et que Diane de Rubempré se plaisait à inviter pour rappeler qu'elle était elle-même princesse hollandaise, il y avait, ce week-end-là, outre le Kashoggi de service et l'inévitable play-boy californien, un Guinness (de la bière), un Thyssen (des aciers), un Morgan (de la banque), et une Taittinger (du champagne). Tous ces gens aux noms illustres lâchaient dans la conversation d'autres noms, ou des prénoms dont la simple énonciation semblait leur chatouiller si agréablement le palais qu'à peine les avaient-ils prononcés ils éclataient de rire ou se trémoussaient, en proie à un plaisir que j'aurais bien voulu partager. Entre ces prénoms tombaient des chiffres – nombre d'éléphants abattus au Kenya, de tigres tués en Inde malgré l'interdiction édictée par les autorités, d'ours et de requins liquidés entre le Pôle Nord et le Cap de Bonne-Espérance, et répartition par âges, couleur du poil et continents, des jolies femmes vaincues sous toutes les latitudes. Quant aux propos qui ne portaient pas sur la chasse « au gros » ou la chasse aux femmes, ils étaient exclusivement consacrés aux réserves exotiques à mille dollars par jour, genre Ile Moustique ou Saint-Martin, et aux performances comparées des voitures de compétition – ce qui me permit de constater, avec amusement, que Charles n'était pas considéré dans ce milieu-là comme un politicien, mais exclusivement comme un pilote de rallye...

Le tout était servi dans un curieux sabir où, bien entendu, l'anglais dominait.

Lorsqu'on traduisait pourtant, et qu'on convertissait Saint-Bart' en Canet-Plage, Matra en R 12, et Ornella Muti en Josette Rondelle, c'était une conversation de charcutiers... Rien qui approchât de la curiosité des Chérailles pour la culture, du culte rendu par leur milieu à l'intelligence; rien, par conséquent, qui pût me permettre de me faufiler. Les adorateurs de la fortune, les desservants du dieu Dollar, pouvaient bien jouer, parfois, les amateurs d'art, les collectionneurs et les mécènes, ils ne le faisaient jamais par souci de s'incorporer comme un supplément d'âme cet encens qui – croyaient Anne et François – émanait des cerveaux d'élite et communiquait ses vertus aux assistants : dans les spéculations intellectuelles ces financiers ne voyaient qu'une catégorie d'opérations parmi d'autres, auxquelles ils s'intéressaient seulement pour posséder plus, « avoir » davantage. On achetait, cher quelquefois, les productions de l'esprit d'autrui, puis on les mettait au coffre en se gardant d'y goûter soi-même de peur de les user. Ou si, par extraordinaire, l'un de ces habitués de Sotheby's faisait tout de même référence à « l'Art », ce n'était jamais, comme les Chérailles, à la musique, au cinéma ou à la littérature qu'il pensait – tous arts immatériels que la Jet-Set ne fréquentait guère et se gardait de « sponsoriser » –, mais exclusivement à cet art meublant, sculpture ou peinture, qu'on peut à la rigueur, moyennant un bon gardiennage, étaler sur ses murs et qui présente l'avantage d'avoir un métrage, un poids et un cours, comme les immeubles, le pétrole ou le lingot.

Aussi l'univers mental des milliardaires me sembla-t-il singulièrement rétréci : leur monde était un village – cosmopolite peut-être, mais plus étroit finalement que cet Etampes des Maleville dont j'avais eu tant de peine à assimiler les conventions étriquées. Pas plus que chez le président du tribunal de Grande Instance ou les bridgeurs de ma belle-mère, on ne trouverait ici une Florence de Guéménée que ma rigueur linguistique et mes « pentagones » d'occasion éblouissaient... De même, quoique chacun mît ici « la main aux fesses » aussi volontiers que le vieux Chérailles, le geste n'était-il enveloppé d'aucun humour : la vulgarité des plaisanteries qui l'accompagnaient n'était comparable qu'à celles de Jo Pertini et des bars d'Evreuil; d'ailleurs, le dernier mari de Diane, un von Opel, successeur du lord anglais et parent de cette Cristina qu'on devait arrêter quelques années plus tard pour trafic de drogue sur une grande échelle (ces familles-là n'achètent rien au détail), avait acquis une vraie célébrité de l'Avenue Foch à la Cinquième Avenue en fondant, avec quelques héritiers du pétrole et des débris de principautés, la compagnie du « Je-prends-mes-aises », société choisie dont la présidence tournante revenait tantôt à un petit Rubirosa, tantôt à un cousin Livanos...

Bref, chez Diane de Rubempré, Charles, parce qu'il relevait de loin en loin ses histoires de carburateurs et de coucheries d'une pincée de Nietzsche ou de Maurice Scève, faisait figure de grand esprit. Quant à moi, j'étais près de lui une espèce d'Evelyne Martineau : une jolie fille, à laquelle sa beauté avait permis de s'introduire en fraude dans ce monde fermé, sans que cette qualité pût suffire à l'y installer. D'ailleurs, belle, malgré la longue robe automnale, les toques de fourrure et la cape de loden roux que j'avais emportées pour jouer les chasseresses, malgré les sautoirs et les ferronnières dont j'ornais mes cheveux et mon cou, je l'étais bien moins que la starlette et les deux Suédoises...

Après le café pourtant, rassasiée de solitude, vexée par l'indifférence hautaine de la maîtresse de maison – elle m'avait à peine regardée à mon arrivée et n'avait pas trouvé l'occasion de m'adresser la parole depuis qu'elle m'avait installée, sans faire beaucoup de frais, dans une chambre de son chalet –, je me rapprochai insensiblement d'elle avec l'espoir de pouvoir glisser dans un méandre de sa conversation que j'avais bien connu sa grand-mère, Madeleine de

Rubempré : « une charmante vieille dame, qui était très liée à ma propre grand-tante, la comtesse Frédérika de Chérailles » (« grand-tante » me paraissait à la fois suffisamment vague dans le mensonge et proche dans la parenté), « oui, je me souviens très bien de Madame de Rubempré, je lui ai souvent servi de partenaire au scrabble »... Je ne comptais pas que la cousine de Charles se déclarerait éblouie par la révélation de cette ancienne relation, mais le propos lui aurait permis de me situer, et de me situer un peu plus haut que les call-girls et les gitons qui encombraient ce soir son salon; elle m'aurait classée, sinon dans les « fréquentables », du moins dans les « rencontrées »; et peut-être, par égard pour la mémoire de l'aïeule, m'aurait-elle fait l'aumône d'un mot, d'une bonne manière, dont Charles m'aurait su gré. En tout cas, après une affirmation du genre « j'ai connu votre grand-mère », une Balmondière m'aurait regardée, ne fût-ce que par curiosité; elle aurait cherché à prendre ma mesure, à « se faire une idée », et, pour peu que ce premier pas fût heureusement franchi, je ne me serais pas trop mal tirée de la suite du trajet.

Tout en mettant au point cette audacieuse stratégie, et en me frayant un chemin vers l'hôtesse entre les groupes d'invités (j'avançais habilement de dix-cors en dix-cors comme dans un musée, effectuant sous chaque tête une courte station qui me donnait l'air d'une connaisseuse éperdue d'admiration), je songeais que Béatrice, Frédéric, ou Zaffini, m'auraient traitée de snob et qu'ils se seraient trompés : je ne recherchais pas la compagnie de ces gens-là pour elle-même, mais pour Charles. Et, puisque, dans ma rage à le suivre, j'avais réussi à m'introduire dans ce milieu fermé, je ferais ce qu'il faut pour y rester : j'apprendrais à tuer des lions, à circuler en Land-Rover, à visiter les Caraïbes, et à rire dans toutes les langues des plaisanteries les plus éculées. Je devais forcer le respect de Diane de Rubempré, où qu'elle crût devoir le placer, me faire accepter d'elle et de ses amis, même – et surtout – s'ils ne m'inspiraient que du mépris. Plus ils me semblaient vulgaires en effet, moins je pouvais supporter qu'ils me nient. A Rengen comme partout, à Rengen comme jamais, j'avais besoin d'être admise, reçue, reconnue, regardée. Il y avait trente ans qu'on m'excluait : il me fallait tout conquérir pour tout rejeter, être « de tout » pour tout quitter.

Comme j'atteignais enfin la chasseresse dans son cercle enchanté, mon regard, délaissant l'ultime bois de cerf, croisa le sien (peu amène), et, à l'instant où je m'imaginai faufilant dans son badinage la belle phrase que j'avais préparée – « votre grand-mère... ma partenaire au scrabble... » –, je sentis que j'allais me ridiculiser : le scrabble n'était pas « sortable », le scrabble faisait Pinsart.

Et, dans un éclair, je compris pourquoi – si loin des cimes que je fusse née – j'avais tout de même réussi à connaître Madeleine de Rubempré, pourquoi on pouvait la voir chez les Chérailles, à l'église de l'Assomption, ou à la vente du Pen Club : la vieille princesse n'était pas une vraie Fervacques, ou, plus exactement, c'était une Fervacques d'avant les Fervacques, la fille du « théâtreux », la filleule de Feydeau et la sœur du « Bazar de la Charité ». Depuis sa naissance, tant de sang Mellon, Hottenberg ou Variaguine avait coulé dans les veines de sa progéniture, charriant blasons et millions, qu'elle n'appartenait plus au même monde que sa descendance.

Auprès de sa petite-fille, la vieille amie des Chérailles n'était sûrement pas aujourd'hui la meilleure des recommandations. Diane ou Charles auraient sans doute accueilli poliment mon évocation, peut-être même sans agacement (car on doit conserver quelque indulgence pour les grand-mères ravaudeuses, concierges ou chaisières), mais ils m'auraient considérée avec stupéfaction et sans voir où je voulais en venir : est-ce que Diane avait une tête à s'entendre parler de scrabble?

De Madeleine de Rubempré, bourgeoise de Paris, comme de l'ancienne aristocratie des Balmondière, des Chérailles, ou des Sévigné, les Fervacques contemporains se trouvaient à des années-lumière et des milliers de coffres-forts...

Vaincue, je revins à petits pas vers mon groupe d'origine – les « personnes déplacées » – qui se serrait frileusement au coin du feu, tandis que notre hôtesse, qui avait vu ma prudente percée sans trop de sympathie, regardait maintenant ma retraite soudaine avec un étonnement si peu dissimulé qu'il avait l'air d'un camouflet.

Je fis mine de prendre au spectacle des grandes flammes, des bûches et du tisonnier, le plus vif intérêt. Certes, ce n'était pas la première fois que, pénétrant dans un milieu nouveau, je m'y sentais dépaysée; mais, pour la première fois, je comprenais qu'avoir de l'habileté et du jugement ne m'aiderait nullement à m'y insérer : si je pouvais user ici des capacités intellectuelles qu'on me reconnaissait ailleurs, ce serait, au mieux, pour faire la bête... Et quand je me serais rendue aussi sotte que les autres, il me manquerait toujours, pour être pareille à eux, quelques dizaines de milliards.

Pour la première fois aussi, pénétrant dans une société dont je ne connaissais pas les détours, je m'y trouvais privée de guide : chez les Chérailles, j'avais eu Philippe; et dans la bourgeoisie provinciale des Maleville, Frédéric m'avait servi d'introducteur amusé. A Rengen – soit parce qu'il n'imaginait pas les difficultés que j'éprouvais, soit parce qu'il était mécontent que je me fusse imposée –, Charles me négligeait. Assise auprès de « la soutane » au coin de la cheminée, je regardais de loin mon « Archange » faire la roue au milieu des tas d'or et parler anglais avec cet accent bostonien un peu nasillard qui faisait le charme des Kennedy. Le Charles américain, qui apparaissait rarement dans nos rapports privés, m'était encore plus étranger que le Fervacques dostoïevskien, et, fourbue, résignée, je l'aimais ce soir-là sans espoir, comme un inconnu rencontré par hasard dans un dîner et que je ne reverrais jamais...

Je le revis pourtant, dans la nuit. Séparé des autres, il se souvint brusquement, vers une heure du matin, que j'existais. Il vint dans ma chambre – « la chambre romantique », m'avait précisé Diane de Rubempré en m'y installant. Comme dans toutes les grandes maisons, chaque chambre, en effet, avait un nom, tiré des motifs de la tenture, des tableaux qui l'ornaient, ou de la qualité de ceux qui l'avaient occupée : « les oiseaux », « les lilas », la « Ruysdael », « la Van de Velde », « la chambre de Churchill », ou celle du « baron James »...

– Ce n'est pas « la romantique » qu'on aurait dû appeler celle-ci, me dit Fervacques en riant, mais la polyphonique...

Je crus qu'il voulait parler des petites lyres enguirlandées de roses qui fleurissaient la toile de Jouy; mais, lorsque, couchée dans ses bras, j'entendis s'élever des soupirs qui avaient un temps d'avance sur moi, et des voix féminines qui exprimaient une émotion que je n'éprouvais pas, je compris que Charles faisait allusion à la sonorisation de l'endroit. De tous les murs à la fois montaient les plaintes du désir, les gémissements amoureux de femmes invisibles, dont les voix se chevauchaient, s'enchevêtraient, comme, dans les lithographies d'André Masson, les corps se mêlent, s'attachent et se tressent en une suite sans fin d'anneaux et de mailles où le plaisir, reçu de l'un pour être rendu à l'autre, court tout le long du collier. De même que, petite fille, je m'étais crue perdue, au musée Grévin, parmi les arbres de « la

Forêt Enchantée » faite d'ombres et de reflets, je croyais, sous les baisers, m'enfoncer dans une forêt d'amantes, mouvante et surpeuplée, où les sons réfléchis, superposés, donnaient au lieu la profondeur indécise de ces chambres à miroir des maisons spécialisées. Des roucoulements de tourterelles expiraient sous des sanglots rauques, des cris d'oiseaux ponctuaient des râles étouffés : la symphonie des amours de Fervacques... Car il me l'expliqua tout bas : la « chambre romantique » était son placard de Barbe-Bleue; il y avait enfermé le souvenir de toutes les femmes amenées à Rengen depuis quinze ans; parce que les murs parleurs étaient truffés de micros enregistreurs, chacune, aimée seule, mêlait sa voix au concert de celles qui l'avaient précédée. Bien entendu, il ne doutait pas que je prêterais mon concours à l'enrichissement de cette partition.

Mais, n'ayant pas envie d'être épinglée dans sa collection de papillons, j'avais déjà résolu, au rebours de ses espérances, de ne pas imprimer ma voix sur son disque, fût-ce sous la forme anodine d'une interrogation ou d'un quolibet, et je me tus.

Bientôt, pourtant, le plaisir qu'il me donnait, la contagion de l'exemple, l'illusion que c'étaient mes caresses qui faisaient mourir et renaître ces murmures extasiés, le sentiment que ce chant indéfiniment repris et modulé m'exprimait avant que j'aie reconnu moi-même ce que j'éprouvais, la volupté enfin de me fondre, arbre parmi les arbres, nymphe parmi les nymphes, dans cette forêt – et peut-être le besoin d'être une fois de plus la première, la meilleure, sa Sans Pareille? – me poussèrent à rejoindre les autres. Je me laissai aller à dire mon désir avec le chœur caché, mais plus haut, plus clair que toutes celles qui m'avaient devancée : leurs voix n'étaient passées dans la vie de Charles que pour servir de prélude à la mienne, leur plaisir n'avait eu d'autre objet que d'accompagner mon entrée et de m'aider – soutenue par le murmure des baisers, le frôlement des mains sur le satin, et le froissement des draps, doux à l'oreille comme une soie – à chanter le grand air d'ouverture de l'amour...

Au matin, à l'heure où le plaisir se retire, où l'on reste sur la rive, aussi étonné qu'un poisson hors de l'eau, je regrettai cependant de m'être abandonnée : j'étais choquée, à la réflexion, que Diane m'eût attribué cette chambre sans y mettre plus de façon qu'elle ne l'eût fait pour telle fille de « Cléopâtre » ou de Madame Claude qui aurait « escorté » l'un de ses invités; j'y vis la mesure exacte de l'estime qu'elle me portait... Comme, par surcroît, il ne fallait pas être grand clerc pour comprendre qu'elle et Charles avaient été amants, je crus que, ce soir ou demain, ils se moqueraient ensemble de ma bonne volonté, ou de ma candeur de collégienne, en écoutant cet enregistrement. Aussi, quand je rejoignis la chasse, étais-je honteuse de ma sottise et fort mécontente de moi.

La deuxième journée était consacrée au sanglier. Les rabatteurs, habillés de velours brun, chaussés de bottes de caoutchouc et casquettés comme des gardes-chasse de « la Règle du jeu », distribuaient à chaque chasseur une sacoche contenant un peu de bouillon chaud et un flacon de vodka pour se réchauffer pendant l'affût. Chacun de ces messieurs se voyait attribuer, en sus, une accompagnatrice tirée au sort parmi les femmes invitées. Diane, qui ne chassait plus que la plume, tomba – par hasard? – sur son cousin; j'échus à un Brésilien.

Nous passâmes tous deux huit heures d'affilée sur une plate-forme de deux mètres de large et trois mètres de haut; les autres couples avaient été répartis, de mirador en mirador, jusqu'au plus profond de la forêt. Il faisait très froid, et, malgré le manteau de fourrure emprunté à Olga, j'étais gelée. Je crus devoir faire un brin de conversation pour me réchauffer. De ce côté-là, le vieux Brésilien n'avait pas, jusqu'à présent, fait de grands frais : il m'avait seulement demandé s'il ne m'avait pas déjà vue au « Bal surréaliste », qu'avait donné deux ans plus tôt Marie-Hélène de Rothschild. « Non? Alors c'était au " Bal rose " de sa cousine, à Prégny?... » Non, je ne connaissais pas la cousine de Prégny. « Ah non?... Mais oui, je sais! Bien sûr! Vous êtes cover-girl, je vous ai vue sur des couvertures de magazines... Non plus? Tiens donc... Mais où vous trouve-t-on, dans ces conditions? »

« Dans un ministère », fis-je penaude; puis je précisai en deux mots que j'étais directeur du cabinet des Affaires étrangères. Le milliardaire prit aussitôt l'air poliment distant d'un gentleman anglais auquel un pygmée expliquerait, en pygmée, qu'il est le sub-sous-chef des pygmées... Lorsqu'un moment plus tard, convaincue qu'il ne convenait pas à une jeune femme bien élevée de rester muette dans un tête-à-tête, j'essayai quelques considérations – à mon avis, bienvenues – sur les « Mémoires d'un chasseur » de Tourgueniev, les curées royales vues par Saint-Simon, le traité de vénerie de Gaston Phœbus, la représentation du faisan dans la tapisserie du XVIIᵉ siècle, « les Chasses du comte Zaroff », et même, en désespoir de cause, le « Haut Vol » de Charles de Fervacques : « pardonnez-moi », fit le Brésilien excédé, sans reposer le fusil qu'il venait de pointer sur une grosse laie qu'il renonça finalement à tirer, « pardonnez-moi, mais je suis obligé de vous demander de vous taire. Vous me déconcentrez. Diane interdit de tirer les femelles suitées et les bêtes rayées, et je sens que, si vous continuez à me perturber, vous allez me faire faire des sottises. » Je me le tins pour dit; pendant deux heures, je ne prononçai plus un mot, me bornant à écouter la trompe que sonnaient de loin en loin les rabatteurs invisibles, à observer l'agitation des fougères dans les fourrés, et à souffler sur mes doigts; car quant à taper dans ses mains pour se réchauffer, il n'y fallait pas songer : le bruit aurait effrayé le gibier... Justement, depuis cinq minutes, à des grognements, des piétinements et des glissements de feuilles froissées, il semblait qu'à une cinquantaine de mètres de notre plate-forme une belle pièce bougeait sous le couvert. Tout à coup, la bête déboucha dans l'allée et fonça vers le mirador : c'était un maître sanglier, un vieux solitaire ni rayé ni « suité », un animal magnifique qui avait dû longtemps conduire le troupeau, une créature toute d'un bloc, honnête, qui chargeait franchement – une sorte d'ex-contremaître au « Textile moderne », un vieil anarchiste revenu de tout, et néanmoins sans défiance... Je vis le fusil s'abaisser lentement vers son échine grise. « Oh non, pas celui-là! Il est trop beau! » m'exclamai-je, et, d'un mouvement brusque, je détournai le coup. Furieux, le Brésilien se retourna violemment vers moi, et je crus que, faute de mieux, il allait m'abattre...

Le soir, sur la pelouse devant la datcha, tandis que leur chef sonnait du cor, huit gardes en grande tenue brun et or éclairèrent de leurs torches le tableau de chasse de la journée : quarante malheureux porcins alignés dans l'herbe. Chacune des brutes qui m'entouraient en avait abattu trois ou quatre, bien qu'aucun de ces « surnourris » n'eût besoin d'autant de jambons! Charles, avais-je entendu dire, avait, pour son compte, descendu une demi-douzaine de ces innocents : il affectait un visage modeste. « Et vous, Jorge? » demanda au vieux Brésilien la maîtresse de maison, qui partageait le triomphe de son cousin. « Pas un, ma chère amie. Et vous le savez très bien! Mais aussi, prévenez-moi, la prochaine fois que vous m'inviterez : si c'est pour faire la conversation aux dames, je peux rester à Rio, j'ai là-bas tout ce qu'il me faut... Surtout quand la dame en question croit de son devoir de protéger les " espèces sauvages ", comme elle dit! Vous m'aviez habitué, ma chère, à de jeunes personnes plus respectueuses de notre art, mais je vois que les bonnes manières se perdent en Europe... »

Diane, pseudo-déesse, considérait la chasse comme une activité sacrée : elle était toujours – m'avait-on dit – d'une humeur exécrable si tout ne s'était pas passé comme elle le voulait, si les oiseaux avaient mal volé, si les chevreuils s'étaient scandaleusement dérobés, ou si un chamois blessé n'avait pu être achevé. Apprenant que mon comportement avait gâché le plaisir de son invité et persuadée que la réputation de sa maison, connue comme la première chasse du Tyrol, en souffrirait, elle laissa la rage l'envahir; si elle l'avait osé, elle m'aurait giflée. Jorge, heureux de constater que notre hôtesse ne prendrait pas ma défense, s'abandonnait maintenant au bonheur de persifler et, toujours dans un anglais rocailleux, il raconta par le menu comment sa « délicieuse accompagnatrice » lui avait fait rater le plus beau sanglier de la journée, autre chose en vérité que les petites bêtes alignées ce soir à ses pieds, une force de la nature, un morceau de roi – à l'entendre, ce sanglier manqué, c'était presque un éléphant... Quant à moi, j'étais ridicule. Au récit de mes bévues et de mes naïvetés, quelques messieurs, que la vodka de l'après-midi avait passablement imbibés, riaient de bon cœur, les femmes souriaient. Je n'osais pas lever les yeux et regardais par terre, aussi mortifiée et décomposée que les bêtes que j'y voyais...

– Vraiment, fit Diane en manière de conclusion, tout cela est de ma faute, mon pauvre Jorge, et j'en suis navrée : vous avez raison, on ne devrait pas inviter n'importe qui à ses chasses... Il faut s'en tenir aux gens qu'on connaît, ou faire prendre des renseignements sur les autres : on le fait bien pour les femmes de chambre!

C'était le coup de grâce – on ne m'avait pas

trompée : Diane ne laissait jamais survivre un animal blessé...

Charles, distrait, avait allumé une cigarette et il contemplait cette scène humiliante à travers la fumée, en prenant l'air lointain d'un « fusil primé » qui ne m'aurait jamais rencontrée... Enfin, pour être sincère, je ne sais pas vraiment quel air il avait, car il était trop loin et je suis trop myope, mais, depuis toujours, il me semble que je devine l'expression des visages aussi sûrement que les aveugles-nés sentent les couleurs. En tout cas, je pouvais aisément constater que mon amant, en m'abandonnant à la vindicte d'une vieille maîtresse, ne se comportait pas comme je l'avais vu faire à mes héros de romans préférés : point de ces sauvetages sociaux héroïques, de ces gestes chevaleresques pour relever l'humiliée, de ces bravades dont s'étaient trouvés capables, pour Marie, un Montauran dans la scène du bal des « Chouans », pour Denise, le Mouret du « Bonheur des dames » dans l'épisode de l'ourlet, ou pour Jane Eyre, Edouard Rochester dans le chapitre de la bibliothèque...

Au dîner, le « premier rôle masculin » continua de m'ignorer; la dernière bouchée avalée, je me hâtai de regagner le studio d'enregistrement qu'on m'avait assigné pour chambre. Un moment, je songeai à y inviter la « soutane-sans-braguette » : le petit était triste lui aussi, car son protecteur avait passé la journée sur le même mirador que la starlette tandis que, ne pouvant décemment être regardé comme une « accompagnatrice », il était contraint de rester, une fois de plus, au coin du feu...

En fin de compte, pourtant, je renonçai à lui demander de me rejoindre : je n'étais pas certaine que le pauvre enfant fût aussi bissexuel que je l'avais imaginé. Comme me l'avait si bien expliqué Kahn-Serval, le cinéma ne donne pas une idée juste de ces choses-là; quant aux circonstances dans lesquelles j'avais déjà rencontré – de tactu – le charmant comédien, elles étaient de nature à avoir faussé mon jugement : nous étions si nombreux... Bref, à l'instant de « faire un frais » au gentil Adonis, je me le représentai sur mon couvre-pied, pâlot, et emprunté, me suppliant, comme ce gentilhomme des Lumières, d'avoir, si ça ne me dérangeait pas trop, « encore un quart d'heure de vertu »...

Seule dans mon lit, je me bornai à donner pour les micros une représentation enthousiaste d'un événement qui n'avait pas lieu : Charles, qui était venu frapper à ma porte sur les minuit et n'avait pas obtenu de réponse, irait probablement consulter son magnéto...

Au petit jour, je m'éveillai avec un goût amer dans la bouche, et quand je voulus marcher jusqu'à la salle de bains pour boire un verre d'eau, je m'aperçus, avec effroi, que je ne parvenais pas à mettre un pied devant l'autre. Impossible de marcher, de me tenir debout : une fois de plus, j'avais une de ces « crises de jambes » héritées de ma mère et qui, depuis ma seizième année, revenaient me persécuter chaque fois que je me sentais trop malheureuse, honteuse de la vie que je menais, désireuse de ne plus lutter, de me coucher... Quand la femme de chambre m'apporta le plateau du petit déjeuner, je lui demandai de bien vouloir prévenir Monsieur de Fervacques que j'étais souffrante. Peut-être comprit-elle mal mon anglais, car ce fut Diane qu'elle me ramena. Il me fallut avouer à la déesse, agacée, que je ne pouvais plus marcher, mais que ce n'était pas grave : sans doute un malaise passager...

– Eh bien, c'est parfait, trancha-t-elle, vous n'aurez qu'à passer la journée au lit, bien au chaud. Cela ne vous privera de rien, puisque, de toute façon, vous n'aimez pas la chasse...

Elle se voyait déjà libre de draguer son cousin en toute impunité. Je dus insister pour qu'elle priât quand même Charles de venir me voir.

Il accourut, sincèrement inquiet, et ne se calma qu'après m'avoir fait jurer que cette sorte d'indisposition m'était déjà arrivée, qu'il s'agissait, non pas d'une vraie paralysie, mais d'un trouble nerveux intermittent.

« En somme, finit-il par conclure, rassuré, ce n'est pas grand-chose, vous avez juste perdu pied...

– Ce n'est pas exactement ça, non...

– Mais si! Et vous perdez pied parce que vous m'avez trompé! Bien fait!

– Non, je ne perds pas pied! Vous faites des jeux de mots idiots! D'abord, je ne perds jamais pied, jamais... » et j'éclatai en sanglots. « En plus, dis-je en reniflant dès que j'eus retrouvé mon souffle, je n'ai même pas pu me laver, je ne peux pas marcher jusqu'à la salle de bains...

– Et alors? Ça t'ennuie tant que ça de garder sur toi l'odeur d'un autre? Bon, je te débarbouillerai... Et après, je te donnerai la becquée : tu n'as même pas touché à ton petit déjeuner!... Allez, voilà que c'est reparti! Une vraie fontaine! Mais qu'est-ce qu'il y a, cette fois?

– Votre cousine Diane veut que je reste ici jusqu'à ce soir... », fis-je, le corps secoué de hoquets et le visage noyé. « Mais j'aimerais mieux partir maintenant. Je suis trop malheureuse ici, Charles, trop malheureuse. » J'essuyai mes yeux d'un coin de chemise de nuit. « Puis il vaut mieux que je voie un médecin. D'ailleurs, si je continue à être triste comme ça, ma maladie s'aggravera... Il faut que je m'en aille tout de suite. C'est vrai! Sinon, je ne remarcherai peut-être plus jamais... Oh, Charles, laissez-moi m'en aller. Depuis que je suis arrivée dans cette maison, j'ai tout le temps envie de pleurer, les gens d'ici ne sont pas gentils, pas du tout...

« — Mais vous êtes extraordinaire, ma petite fille! Ce n'est pas moi qui vous ai demandé de les fréquenter! Et pourquoi m'avoir laissé croire que vous adoriez la chasse? C'est absurde. Tout est absurde, dans cette histoire!... Bon, je vais faire téléphoner à mon pilote de se tenir prêt à décoller d'Innsbruck dans deux heures, Diane nous fera conduire à l'aéroport...

— Nous? Mais vous, Charles, vous pouvez rester.

— Ah vraiment? Maintenant que vous m'avez tout gâché? Tenez », dit-il en me tendant son mouchoir. « Mouchez-vous! D'ailleurs, qu'est-ce que je ferais ici, vous partie? Non, je vais vous accompagner... »

Je redoublai de sanglots; la honte d'avoir dérangé son programme par une maladie qui n'avait même pas l'avantage d'être « sérieuse », « alarmante », « fatale », et la certitude qu'il allait m'en vouloir, qu'il m'en voulait déjà, me jetèrent dans un tohu-bohu de sentiments, un bouillon de passions, d'où je ne pus émerger qu'en me persuadant que, moi aussi, maintenant je le haïssais : je haïssais son milieu, ses amis, sa puissance. Dieu merci, j'étais redevenue marxiste. Mieux : je l'avais toujours été.

« Je vous demande pardon, Charles, murmurai-je avec une feinte humilité en baisant sa main, pardon de vous priver de vos plaisirs. Et surtout », ajoutai-je, heureuse de me sentir de nouveau capable d'un peu de perfidie, « pardon de vous priver de votre cousine, que vous voyez si rarement...

— Diane? Maigre perte! C'est une garce et je l'ai toujours détestée!

— Mais... J'aurais bien cru pourtant que, tous les deux, vous aviez été...

— Amants? Oui. Il y a longtemps... C'était sa sœur jumelle, Isabelle, que j'aimais. La première fois... La première fois, j'ai cru que c'était Isabelle que je tenais dans mes bras. J'avais dix-sept ans, mes cousines Rubempré quatre ans de plus. Quand je me suis aperçu de la supercherie, Diane a beaucoup ri! Alors, comme j'étais jeune, inexpérimenté, et honteux d'avoir pu paraître amoureux, je lui ai refait l'amour méchamment, pour la faire taire! Je lui ai refait l'amour des nuits entières, et pendant des semaines. L'amour sans un mot tendre, l'amour comme la guerre. Et bien sûr, nous nous sommes pris au jeu. J'aimais encore Isabelle peut-être, mais c'était le plaisir que Diane me donnait dont j'avais besoin. Je n'ai jamais su, du reste, si Isabelle avait été complice de la substitution ou si elle m'aimait vraiment, elle aussi, et souffrait de ce qui nous arrivait, à Diane et à moi. Elle était très silencieuse, Isabelle... Elle est morte deux ou trois ans après. D'une tuberculose. " Sans avoir parlé ", comme on dit dans les romans policiers. Aucune importance, d'ailleurs : Diane ou Isabelle, en amour nous sommes tous interchangeables, n'est-ce pas? Ne protestez pas bêtement : regardez plutôt comme une passion prend vite la place d'une autre! Il suffit d'un rien pour faire la conversion : un même prénom, un sourire semblable, une couleur de cheveux, quelquefois un style de vêtement... Ne me dites pas que vous n'avez jamais constaté que les inconsolables se consolent très vite! Ils convertissent, ils traduisent, ils trahissent... Nous ne sommes que des portemanteaux auxquels les autres accrochent leurs sentiments. Ça se remplace facilement, un portemanteau. Personne, ma chère, ne nous aime pour nous-mêmes, ni nos époux, ni nos parents, ni nos enfants. Un fils peut prendre la place d'un autre fils; un amant, celle d'un père; une maîtresse, celle d'une sœur; un singe, un faucon, un serpent, celle d'un enfant... C'est comme ça! Il faut vous y faire! Mais pour Diane, j'étais particulièrement excusable, convenez-en : puisque Isabelle et elle étaient identiques en tous points... Sauf pour le cœur, peut-être? Mais, le cœur, justement, c'est ce qu'on ne voit pas... Assez divagué : je vais demander la voiture, et une civière aussi, je suppose, pour vous descendre jusqu'en bas?

— Oh non, ce n'est pas la peine : vous pourrez sûrement me porter...

— Vous porter? Mais, ma chère Christine, vous n'êtes pas légère!

— Oh, si! Je me ferai toute petite. Je ne pèserai pas plus qu'une biscotte, je me recroquevillerai. Portez-moi, Charles, s'il vous plaît, portez-moi!

— N'insistez pas, Christine, voyons! Je ne pourrai jamais... Et d'ailleurs, si je le pouvais, je ne le ferais pas : tous les chasseurs sont dans le hall en bas, les gardes-chasse sur le perron, et je serais parfaitement ridicule en apparaissant devant eux avec vous dans les bras! Vous savez, du reste, que je n'aime pas m'afficher... »

L'énormité de cette contre-vérité acheva de m'accabler : je n'eus même pas le courage de protester, alors qu'il m'aurait suffi de lui rappeler la sérénade tzigane ou nos séances de nuit à l'Assemblée... Mais peut-être Fervacques était-il plus sincère au fond que je ne l'imaginais : il lui était réellement indifférent de s'afficher devant des députés qu'il connaissait moins bien et n'estimait pas davantage – il me l'avait dit lui-même – que les chiens de Diane de Rubempré, ou de se donner en spectacle à des diplomates, qu'il pouvait faire « valser » à son gré, et des ministres qu'il achetait. Mais à Rengen, c'était différent : ce monde de chasseurs-charcutiers, d'imbéciles rentés, tous ces Morgan, ces Mellon, ces Rubempré qu'il affectait occasionnellement de mépriser – « des cons », « une garce » –, ce monde, « son » monde, était le seul finalement dont le jugement lui importât...

Je sortis de la maison sur un brancard à gibier, porté par deux des rabatteurs de Diane. Ce fut comme une grande blessée, qu'on évacue en hâte du champ de bataille, que je passai devant les chasseurs en tenue de combat, les gardes-chasse en uniformes galonnés, rangés de chaque côté du chemin comme une haie d'honneur, et, tandis que je jetais un dernier regard aux lieux de ma défaite – cette forêt sombre qui s'étendait à perte de vue de part et d'autre de la maison de bois (les vingt mille hectares de la réserve Rubempré) –, j'entendis la maîtresse de maison prendre congé de son cousin. Elle le fit en anglais : par habitude d'enfance, ou parce que – ne pensant pas qu'un directeur de cabinet des Affaires étrangères, modestement né, pût connaître la langue de Wall Street – elle retrouvait en ma présence le réflexe qui poussait mon père à utiliser la langue de Shakespeare devant ses maîtres d'hôtel... « What a hassle! Ce n'est pas rien... She is a damned nuisance! » murmura derrière moi la chasseresse. « Next time, Charles dear, if you really don't want to come alone, oui, si tu tiens à m'amener quelqu'un, amène-moi plutôt Elisabeth : elle n'est pas toujours follement gaie depuis qu'elle t'a épousé, not such fun as she used to be, but, at least, she doesn't spoil other people's pleasure... » Là-dessus, je ne sais s'ils s'embrassèrent : je ne pouvais pas me retourner.

Couchée dans l'avion, tandis que Charles relisait mon projet solidariste modifié, je revoyais ces montagnes noires qui portaient jusqu'au ciel – avec les sapins de la chasse Rubempré, ses miradors, ses uniformes et ses drapeaux – la puissance de la maison Fervacques. Et, de tout mon cœur, j'appelais une force inverse, qui équilibrerait cette tyrannie par une domination contraire, un pouvoir capable de faire contrepoids au mépris des milliardaires, un empire souterrain aussi profond que l'empire des riches était haut. Quelque chose de trouble, d'insaisissable, mais d'indestructible, comme le reflet dans l'eau de cette forteresse et de ces sommets, affronté à leurs originaux. Alors seulement, je pourrais – piéton fragile sur la berge mince, à la lisière des deux mondes, des deux blocs, pauvre « Quelque-Chose-Entre-les-Deux » – circuler en liberté.

J'ai rencontré Diane de Rubempré une dizaine d'années plus tard, en 1985. Compte tenu des difficultés que venait de traverser son cousin Charles, je ne lui avais évidemment pas parlé d'emblée de Christine Valbray. A ma demande d'interview j'avais donné pour prétexte une enquête sur les grandes dynasties industrielles et financières auxquelles je comptais, avais-je dit, consacrer un prochain livre. Madame de Rubempré fut dupe de ma supercherie : il faut dire que le sujet des milliardaires était fort à la mode en France depuis que la « crise », puis la gauche, y avaient pris le pouvoir; le monde capitaliste se parait soudain, dans l'inconscient collectif, des charmes du révolu; on se penchait sur le berceau des Schneider, l'arbre généalogique des Lazard et les langes des Peugeot, avec la même nostalgie affectueuse que sur les derniers pandas des zoos.

Auparavant, j'avais – mais sans succès – tenté d'obtenir un rendez-vous des autres parents du ministre : Alban, évidemment, puis Simon Ayem, Alexandre de Malakoff, Jonas Mellon... Ces messieurs de la « Haute Banque » ne voyaient pas la nécessité de m'accorder l'entretien que je sollicitais. Ils laissaient volontiers, aujourd'hui, les journaux de Londres ou de Miami publier le secret de leurs amours, mais ils gardaient caché le chiffre de leur fortune. Or j'étais dans l'impossibilité de leur avouer que je me souciais de ce chiffre-là comme d'une guigne...

Seule de toute la holding, Diane de Rubempré, dernière représentante de la branche austro-hollandaise des Fervacques, m'avait reçue – au George-V, où elle passait quelques jours entre deux safaris. On la donnait pour l'extravagante de la famille, et, sans doute ne pouvait-on pas plus lui imposer une discipline de groupe que réduire son cousin Charles au silence...

La célèbre milliardaire était alors une dame dans la cinquantaine qui avait abusé du pont des yachts, des capitaines, et des soleils marins : ses amours lui avaient flétri le sein, et ses bronzages laissé la peau épaisse et tavelée d'une vieille paysanne. D'une paysanne elle avait aussi le franc-parler ; j'ignore quelle était sa langue maternelle, mais peut-être la possession d'une grande fortune en nom propre virilise-t-elle le jupon ou la chasse ensauvage-t-elle le cotillon – en tout cas, elle s'exprimait en français avec une rudesse de garçon.

Elle crut me mettre à l'aise en se moquant d'une de ses petites cousines, Guillemette de La Vauguyon, qu'on avait vue la veille, à la télévision, présenter un ouvrage sur les manières du « grand monde » et expliquer, en minaudant, aux paysans que nous étions qu'il ne convenait pas plus d'user du terme « noble » ou « noblesse » en parlant des Rohan ou des Balmondière que de placer la particule devant leur nom : selon cette jeune personne, c'était « aristocrate » qu'on devait dire lorsqu'on « en était ».

« Aristocrate, my ass! s'exclama Diane de Rubempré. Vous voyez, vous, Louis XIV, Philippe Auguste ou François Ier, en train de vanter leur "aristocratie"? Les La Vauguyon n'ont jamais été des lumières, mais la dernière génération emporte le pompon! "Aristocrate" – ce produit du XVIIIe! Cette invention des philosophes! Ce néologisme pédant, repris par le peuple pour nous pendre à la lanterne où Guillemette aspire à remonter! "Aristocrate", mon cul! Des gogos dans son genre qui ne savent plus ce qu'ils sont, des jean-foutre qui ignorent tout de leur fonction, are irretrievably out! Rétamée, balayée, down for, the

*so-called " Aristocracy "! Cent ans qu'elle n'avait plus
de rôle, et quarante qu'elle n'a plus de manières! Des
débris, qui ont perdu la mémoire d'eux-mêmes... Well,
let's drop it! Je m'énerverais... D'un autre côté je ne
doute pas que this silly bird Guillemette dirait qu'il est
plus facile de se souvenir de soi lorsqu'on n'a, comme
moi, qu'un ou deux siècles à mémoriser que quand on
se trimbale, comme les La Vauguyon, six ou sept
siècles d'ancêtres... Ah », elle partit d'un grand éclat
de rire, « je la vois, cette conne, avec sa bouche en
cul-de-poule : " Ma chère Diane, je vous ferai remarquer... " Ah, ah! »*

*Cette sortie surprenante par le ton, et relativement
plus intelligente que Christine ne m'avait préparée à
l'imaginer, me laissa très décontenancée. Par politesse,
je voulus protester contre les assertions supposées de
Guillemette de La Vauguyon et, n'ayant pas eu le
temps de m'adapter au nouveau personnage de
Madame de Rubempré, je le fis d'une façon à plaire
davantage à la Guillemette en question qu'à cette
contemptrice du « sang bleu » délavé : « Les mépris de
votre cousine seraient en effet déplacés, dis-je plate-
ment, puisque, du côté de votre famille Variaguine,
c'est au moins, quant à vous, dix siècles d'histoire que
vous devez conserver en tête! »*

*Diane haussa les sourcils et posa sur moi un regard
arrogant; elle ne fit pas le geste de se visser le doigt
sur la tempe, mais l'intention y était; et dans cette
impertinence je reconnus, un instant, la femme hautaine que Christine m'avait dépeinte : « Mais, dites-
moi, reprit-elle après ce silence, vous déménagez complètement, vous! Qu'est-ce que j'ai d'une Variaguine?
Les Variaguine, ce sont mes cousins américains, Charles et Alban. Vous confondez! Je suis une Fervacques-
Rubempré, avec, si vous y tenez, un zeste de Norman-
ville... Mais rien de ces sales boyards, thanks God!
Bougre, vous m'avez l'air d'une drôle d'historienne, et
vous allez nous pondre un foutu livre, partie comme*

vous l'êtes!... Oh, et puis », ajouta-t-elle en s'emparant brusquement d'un cigare dont elle coupa la pointe avec une vigueur castratrice, « tout cela, le nom, les origines, le pourquoi, ça n'a aucune importance au fond!... Ce qui compte avant tout, c'est de savoir combien de zéros on peut mettre sur ses chèques avant d'être définitivement interdit de chéquier! Et quand je dis " définitivement "... Six pieds sous terre, if you see what I mean! »

Et, remise en joie par cette perspective, elle me fit avec bonne humeur l'historique de sa famille sans omettre aucun des drames qui avaient endeuillé la construction de l'empire Fervacques. Elle me détailla, en effet, le prix dont ces « héritiers » avaient dû payer leur fortune avec la même allégresse amère que Christine, dans ses récits, prêtait parfois au ministre. Comme, précisément, elle évoquait la fin tragique de Sophie Variaguine et de son fils aîné, je réussis à l'orienter sur le destin des deux fils restants. « Oh, Charles », me dit-elle (elle prononçait : Tcharles, à l'anglaise), « Charles est un amour, he's so sweet! Mais il fait de la politique comme ma femme de chambre joue au loto : en y mettant n'importe quoi, histoire de remplir les cases! Bon, remarquez, il aurait pu gagner : il avait la baraka, lui! Jusqu'à ce que... »

A mots couverts, en tâtonnant, avec des circonlocutions empruntées aux visites de condoléances, je réussis, sans éveiller sa méfiance, à la mettre sur le seul sujet qui m'intéressait – Christine Valbray. Mais je m'enhardis dès que je m'aperçus qu'elle ne faisait pas une tragédie d'un scandale politique : payée pour savoir à quoi ressemblait le vrai malheur, elle ne prenait pas les péripéties de la carrière de Charles plus au sérieux qu'il ne convenait. Du reste, il me fut vite clair qu'elle n'avait qu'une très vague idée des ennuis que son cousin venait de traverser – comme me l'avaient déjà laissé entendre les amis des Ayem et des

376

Mellon que j'avais pu interroger, les Fervacques ne prêtaient qu'une attention distraite aux jeux républicains de « l'Archange ». A peine s'ils jetaient un regard, de loin en loin, sur ce destin auquel ils trouvaient l'allure indolente d'un passe-temps; il était peu probable, en tout cas, que Charles parvînt, par ce moyen-là, à forcer leur attention, « unless, m'avait dit un banquier américain, he is elected president of France! »

A mon grand étonnement, Diane de Rubempré ne feignit même pas de ne pas connaître la « Sans Pareille » – elle était au-dessus de ces hontes-là : « Moi, l'oublier, votre Mata-Hari? Pensez donc! Ce n'est pas tous les jours, quand même, qu'on sort de chez moi sur une civière! Fichtre non! Mais j'avais tout de suite compris à quel genre de fille j'avais affaire : une aventurière... Il fallait la voir essayer de se pousser, se mettre en avant, se faire remarquer : rien que ses quatre valises Dior, déjà! Pour une chasse! Et ses tenues : les talons, les soies, les bijoux... Dans une chasse! Mais, bien sûr, il était inutile d'en parler à Charles : il était pincé. Poor dear! Chaque fois, d'ailleurs, c'est la même chose, je le connais... Alors, qu'est-ce que vous voulez, once she was there j'ai supporté... Après tout, je n'avais pas adoré non plus sa princesse Radziwill. Ni Lola Love, la girl du Crazy-Horse... Ah, il fallait se la faire, sa danseuse noire! Nom de Dieu! Quoique, dans son genre, elle au moins était sans prétention et de bonne volonté. A real nice girl. Obligeante, gaie... Après l'affût, Lord Seymour en était fou! Vous connaissez Seymour! Ah non?... Dommage! Bon, enfin, la Valbray : in-sortable! Elle avait beau avoir beaucoup "roulé" à ce qu'on m'a assuré, elle ne connaissait rien. Ne savait pas chasser – non, non, je n'exagère pas : pas même tenir compagnie aux "fusils"... Ne savait pas monter non plus, hein! Et je parie que, sur le pont d'un bateau, elle aurait eu le mal de mer! Petite santé... Encore, si elle l'avait bouclée! Mais une emmerdeuse, ma chère, une emmerdeuse! Toujours en train de la ramener dans le style psycho-intello, vous voyez le tableau... Comme me l'a fait remarquer Thyssen en rigolant : "On dirait qu'elle veut nous faire passer un bac en rattrapage accéléré!" Pas fréquentable, ah pour ça non!... De toute façon, je l'ai "levée au gîte" et coincée : dès que j'ai vu qu'elle commençait à se faufiler partout et à essayer de lier connaissance, je l'ai prise dans ma ligne de mire; elle a vite compris que, si elle bougeait une oreille, je l'abattais. Et c'est pour reprendre l'avantage et sortir en beauté qu'elle a trouvé le coup de la civière! Il fallait absolument qu'elle réoccupe le devant de la scène, vous comprenez? Et, là, on peut dire que, pour le réoccuper, elle l'a réoccupé! You should have seen her face! Ah, c'était une peste, mais pas une conne! Dangereuse, dangereuse... Et lui, poor chap, qui suivait l'ambulance comme un toutou! Enfin, souhaitons que la fin de l'aventure lui ait servi de leçon... »

Elle s'étendit ensuite complaisamment sur les liaisons du cousin Ayem, fit un tableau pathétique de la récente nationalisation de la Banque Française d'Extrême-Orient, et peignit d'un trait coloré les revers financiers auxquels, à son avis, l'oncle Henry – l'homme de la City – s'exposait s'il continuait à investir en Afrique du Sud; puis, repartant en arrière ou faisant un pas de côté, elle me parla de l'aïeul Pinsart – « chaud lapin », disait-elle, « chaud lapin » –, de ses chasses au Kenya, des fjords norvégiens au crépuscule, et d'une bonne douzaine d'amis, dont elle médit – le tout sans jamais cesser de marcher de long en large, à grandes enjambées. Elle réussit, en outre, à fumer trois cigares, jurer dans quatre langues, ouvrir cinquante tiroirs, déranger la lingère et le maître d'hôtel, agacer son chien, se cogner aux meubles et casser, dans une de ces embardées, une petite bonbonnière posée sur la table de chevet.

Ce fut ce débordement de vitalité, cette exagération dans les mouvements et les expressions, cette violence si mal endiguée qui me frappèrent, plus que sa morgue en fin de compte assez supportable, ou son manque de finesse que suppléait un réel bon sens. Aussi lorsque, six mois après, j'appris la mort de Diane de Rubempré dans l'accident de l'hélicoptère qui la ramenait à Rengen (elle avait fait installer, l'année d'avant, un héliport près de son « chalet » pour faciliter les déplacements de ses invités), je fus désolée comme on l'est lorsqu'on pressent qu'un vivant de la veille fera un très mauvais mort : contrainte à l'immobilité éternelle, la cousine de Fervacques perdait toute plausibilité. Je m'ouvris, quelque temps après, de ce regret à l'un de ses familiers, qui me rit au nez. « Vitalité, vitalité : qu'est-ce que vous me chantez là! s'esclaffa-t-il. Le jour où vous avez rencontré notre amie Diane, elle avait dû forcer sur la coke, voilà! De nature, elle était plutôt taciturne au contraire, très froide de prime abord et assez vacharde, mais il faut dire qu'à l'époque où vous l'avez vue elle prenait de plus en plus de cocaïne. Tout lui devenait prétexte à se tirer une " petite ligne "... Elle en était même venue à la prendre en injections! Excitée, oui, tant que vous voudrez, mais ne me parlez pas d'" impatience à vivre "! Elle abusait de la dope, comme tout le monde. D'abord, parce que c'est la mode. Ensuite, parce qu'elle n'avait pas eu tellement d'amusements dans la vie... Ce qui est sûr, c'est que, quand elle vous a reçue, fatalité des Fervacques ou pas, elle arrivait au bout du rouleau. Avant un an, c'était l'infarctus, l'hémorragie cérébrale, ou la paranoïa. Et l'accident n'est qu'à moitié un accident : son pilote, qui était aussi son amant, donnait, comme elle, dans la " coco " en grand... Bah, en voilà deux, au moins, qui ont fini de s'embêter!... »

« Tant crie-t-on Noël qu'il vient... »

Pour moi, il vint en mai alors que, brisée par ma défaite de Rengen, je m'étais enfin résignée à ne plus déborder du modeste domaine que Charles m'avait assigné, celui de la collaboratrice zélée et de l'escort-girl complaisante – toujours aux ordres, et contente de le voir heureux lorsque, découvrant chez moi ce qu'il avait semé, il me complimentait sur mon excellent naturel...

Comme ses valets de cabinet, ses conseillers rampants, ses amis aplatis et ses épouses fanées, dont j'avais soupçonné, dès le dîner à Bois-Hardi et ma première rencontre avec lui, que le « maître » avait dévoré la substance, à mon tour j'avais cessé d'exister pour n'être plus que son reflet : s'il exigeait qu'on réintroduisît du risque dans le « Manifeste solidariste », j'obéissais; et si deux semaines après – discrètement averti par un rapport anglais que les trois quarts du patrimoine en Europe se trouvait entre les mains des plus de soixante-cinq ans, lesquels étaient devenus, par le jeu combiné des allégements de charges et des héritages tardifs, les « nantis » de nos sociétés – Fervacques, peu soucieux de se mettre à dos le « lobby des papys », exigeait de ses troupes un demi-tour immédiat, je m'appliquais à obtenir du groupe parlementaire la volte-face désirée. Car à l'école de « l'Archange » j'avais appris à soutenir, avec la même conviction, les propositions les plus contraires; et, comme lui, je prenais un plaisir de virtuose à tirer « à hue » ceux que j'avais d'abord poussés « à dia » : aux députés que j'avais convaincus quinze jours plus tôt de la nécessité d'imposer la fortune, je représentai, avec autant de brio, qu'il était impératif de ne pas la taxer. Quelques vieux notables, que la palinodie chagrinait, firent savoir à d'Aulnay que je leur semblais un peu jeune, décidément, pour les responsabilités que j'exerçais, mais peu importait : entre mes deux démonstrations, la presse avait donné à notre polémique fiscale – et, par voie de conséquence, au « Manifeste » – toute la publicité que Charles souhaitait, et « le patron » m'avait tendrement témoigné sa satisfaction. Mon frère lui-même, toujours grand admirateur de l'immoralisme et de l'habileté dès qu'il ne s'agissait pas de ma vie privée, m'avait fait ses compliments sur le succès de la manœuvre.

Par la même occasion, il me félicitait de m'être engagée, avec Frédéric, dans la voie du divorce – issue qu'il appelait de tous ses vœux depuis le jour de notre mariage. Je m'étais résolue en effet, la mort dans l'âme, à parler de séparation à mon pauvre « Guyanais » : Fervacques affectant désormais de ne plus m'appeler que « Madame Valbray », même en présence de mes collègues du Cabinet, j'avais préféré prévenir l'indignation maritale en suggérant moi-même à Frédéric qu'une séparation légale – qui changerait d'ailleurs peu de chose à notre situation de fait – serait une excellente idée...

Comme je le craignais, ma proposition avait été accueillie sur l'autre rive de l'océan par des gémissements, des pleurs et des grincements de dents. Sur le moment, je me gardai d'insister : puisque, pour autant que j'en fusse informée, le comportement conjugal de Frédéric restait exemplaire, je n'étais pas en position d'exiger; du reste, si Monsieur Maleville était réticent et me refusait le bénéfice du « consentement mutuel » récemment introduit dans notre législation, je n'avais pas envie de m'engager dans l'interminable parcours du combattant qu'avait été le divorce « sauvage » de mes parents... Je m'apprêtais déjà à expliquer à Charles qu'il n'y avait aucun moyen de passer outre à l'opposition de mon époux, lorsque Frédéric me fit brusquement savoir qu'après réflexion il consentait à notre séparation si, de mon côté, je renonçais à la garde d'Alexandre.

– Eh bien, où est le problème? me demanda

Fervacques, il est très bien avec son papa, ce petit garçon-là! Et vous, vous avez mieux à faire que de pouponner! Vous êtes au seuil d'une grande carrière, Christine, croyez-moi. Si vous avez cet enfant avec vous, de deux choses l'une : ou bien il vous encombrera, ou bien vous le rendrez malheureux... La proposition de Monsieur Maleville me semble honnête et sensée. Acceptez! D'ailleurs, vous garderez le droit de prendre votre chérubin en vacances, si cela vous plaît. Mieux vaut un mois de présence intense, de réelle disponibilité, qu'onze mois de soins distraits... N'est-ce pas? »

Je reconnus la méthode habituelle de « l'Archange », sa manière d'éveiller le désir du pire sans avoir l'air d'y toucher, et je commençai par y résister. Je répondis à Frédéric que j'aimais mieux rester sa femme que de divorcer au prix qu'il y mettait; mais c'était moins par envie sincère de m'occuper d'Alexandre que pour ne pas céder aux trop tentantes suggestions de Charles, à ses pressions en apparence bienveillantes, que je devinais méprisantes au fond. Cet amour qui me dévorait, j'aurais voulu ne pas y succomber tout entière, garder quelque part un coin de santé. Aussi le refus que je transmis à Cayenne s'adressait-il plus à mon amant qu'à mon mari... Pourtant je pressentais qu'Alexandre, tôt ou tard, serait sacrifié. Comme mon divorce, ce n'était plus déjà – aurait dit Fervacques – « qu'une question de mois »... Ne venais-je pas, peu avant, d'immoler à ce maître exigeant mon amitié pour Renaud? « Il va de soi, m'avait dit " l'Archange " un soir, que puisque RKS ne veut pas rejoindre nos rangs vous devez cesser de le rencontrer...

— Pourquoi? Pensez-vous que notre amitié puisse vous gêner politiquement?

— Oh non! Votre amitié ne me gêne que parce qu'elle vous plaît... Je plaisante, bien entendu! Il est vrai, en revanche, que ce garçon est un danger public : pas un guêpier où il n'aille se fourrer! Regardez son histoire vietnamienne. Il cherche les ennuis. Il finira par les trouver, et par y entraîner tous ceux qui l'auront approché... Du reste, sur le plan politique, il est grillé, il ne pèse plus rien. Quand je pense qu'il fut un temps, il y a une dizaine d'années, où on nous comparait!... Et qu'il y a quatre ans encore vous me reprochiez de ne pas avoir, à l'écran, sa sincérité! Bon, j'admets qu'il est plus facile, dans ce pays, de réussir à droite qu'à gauche, mais tout de même! Quelle nouille, ce Serval! Vous qui avez du flair en politique, ce gâchis doit vous peiner. D'ailleurs, je vous connais, vous n'aimez pas les perdants... Une joueuse de votre acabit sait bien qu'ils portent la poisse... Je suis sûr que, chaque fois que vous le rencontrez, il vous sape le moral, ce garçon-là... Vous voyez, je ne me trompe pas! Alors, un conseil : espacez, mon petit enfant, espacez... »

J'avais « espacé ». J'aurais aussi bien rallié l'Amérique à la nage s'il me l'avait demandé, et sans rien espérer; car depuis la chasse chez Diane de Rubempré, je savais que Charles ne pourrait jamais me donner ce que j'attendais, ni seulement compenser les sacrifices que je lui faisais : je l'aimais à perte...

C'est alors que la Providence, en me révélant que je m'étais déjà, à mon insu, donné un second maître, me fournit à point nommé le moyen d'équilibrer cette soumission par une autre et de puiser dans une nouvelle dépendance la force d'échapper à l'attraction mortelle du « trou noir » qui m'avalait. La puissance que j'avais tant souhaitée pour faire pendant à celle de Fervacques se révéla à moi dans toute sa plénitude.

C'était à Senlis, le Premier Mai – un « Rendez-vous » qui avait commencé comme tous ceux auxquels j'avais participé depuis près de dix années. Au « petit déjeuner-décontracté » du samedi, Fortier de Leussac, pommé, gras, luisant à souhait, était apparu en peignoir de cachemire, une pile de nouveaux romans sous le bras, qu'il avait distribués aux convives; Olga, entre deux cigarettes, avait relevé nos œufs brouillés d'une appréciation acide sur l'esthétique, encore discutée, du futur Centre Beaubourg; et Berton, qui, depuis qu'il était élu du peuple, trempait avec une affectation démocratique son croissant dans son café, s'était lancé dans une longue explication sur la réforme des tribunaux d'instance. Car, lors du dernier « remaniement technique » – qui avait vu le fils de la maison, Hugues « Banzaï », accéder en tant qu'« homme nouveau » au secrétariat d'État à la Consommation –, Berton avait cédé la Coopération à Lipkowski et était passé à la Justice, transfert qui lui avait permis d'étouffer les premières plaintes déposées contre sa « Chaîne de la Santé » par des clients insatisfaits : si, comme on commençait à le murmurer, les soins de kinésithérapie étaient assurés à Ussan par des aides-jardiniers, et si, depuis trois mois, un malencontreux microbe polluait les interminables tuyaux d'arrivée d'eau, la Sécurité Sociale fermerait soigneusement les yeux et les procureurs classeraient sans suite les dénonciations des victimes.

Quelques turpitudes qu'on pût ainsi lui imputer à Ussan ou à Paris, à Senlis « l'Ambiface » ne cessait cependant de renforcer sa position. Non content d'y passer pour un génie de la finance, il y faisait maintenant figure de bienfaiteur. Par un singulier hasard, en effet, lui qui avait eu besoin, quelques mois plus tôt, d'avances substantielles de la Banque Française d'Extrême-Orient pour redresser les comptes de son « Château d'Ussan » (le cinq-étoiles qu'il avait planté face aux robinets d'eau miraculeuse), venait de réussir à trouver pour la LM une masse d'argent frais. Sur son intervention, un groupe italien – Il Patrimonio Familiale –, qui possédait déjà le casino d'Ussan, celui de Sainte-Solène, le Palais de la Méditerranée à Nice et deux cercles parisiens, avait pris une participation dans le capital de l'entreprise Chérailles et fait d'importants apports en compte courant. Philippe n'était pas dupe du procédé : « Entre nous, m'avait-il confié, je suis sûr que c'est du fric de la Maffia... Tu verrais le P-DG du " Patrimonio Familiale " – petit costard blanc, ongles manucurés, chevalière à chaque doigt –, tu aurais peur, ma chérie, qu'en moins de deux il te mette sur le trottoir! Pas de doute que ces types-là cherchent à blanchir leur argent, et qu'en fait de " Patrimoine Familial ", les économies qu'ils placent, ce sont celles de leurs " parrains "! Mais, après tout, qu'est-ce que ça fait, du moment qu'ils nous sortent d'une mauvaise passe! " L'argent n'a pas d'odeur ", comme dirait notre papa-proverbes... »

Tout en étalant de la confiture de mûres sur ses toasts – « les mûres de la forêt... Vous vous rappelez, Christine? Nous les avons ramassées avec Maud et Thierry, l'été dernier » –, Anne posait sur Lionel Berton de longs regards reconnaissants. Harcelée par ses créanciers, elle avait franchi depuis longtemps les bornes de ce pays légal où l'on s'inquiète encore de la provenance de l'argent... Du reste, puisque c'était le ministre de la Justice qui patronnait ses bailleurs de fonds, pourquoi se serait-elle montrée plus légaliste que le gardien de la loi?

Ce Berton sauveur, qu'elle avait connu tout petit dans la paille de sa crèche et vu grandir peu à peu, elle lui consacrait maintenant toute sa chapelle et son énergie de néo-convertie. N'allait-elle pas jusqu'à lui « faire la claque », comme elle en avait pris l'habitude en d'autres temps pour sa « chère Avenel »? Ce n'était plus à la Comédie-Française, mais dans les tribunes de l'Assemblée nationale ou du Sénat qu'elle traînait la troupe de ses habitués dès que le ministre devait prononcer un discours. Et sur les plateaux de télévision, lorsque Berton enregistrait une émission, qui voyait-on au premier rang du public? La comtesse de Chérailles au beau visage extatique, encadrée, d'un côté, par le rictus sceptique de Moreau-Bailly, et, de l'autre, par la grimace béate du Silène de service, Maurice Cognard...

Si, chez Anne, cette adoration un peu ridicule n'était qu'un effet compréhensible, sinon justifié, de la gratitude, la manière dont le Bifront se laissait idolâtrer me semblait beaucoup plus trouble et malsaine : son assiduité aux « Rendez-vous » et l'assistance financière qu'il apportait à ses anciens patrons ne relevaient ni de l'amitié, ni du remords – bien qu'il portât sa part de responsabilité dans la déconfiture des usines Chérailles –, ni même de l'intérêt. Je n'y voyais que la satisfaction de vanité de l'ancien valet bien aise de pouvoir racheter la maison de ses maîtres. Aussi, pour mieux faire sentir combien le rapport de forces avait changé, le ci-devant laquais s'octroyait-il des libertés que personne avant lui n'aurait osé prendre sous le toit des Chérailles : il jouait les enfants gâtés, les capricieux, les Buckingham, les comte Orlov, les Lord Darnley, et son sport préféré, depuis quelques semaines, consistait à attaquer les plus vieux protégés de la comtesse pour voir si elle oserait s'interposer. Mais elle ne bougeait pas, et, l'un après l'autre, Berton se payait leur tête, comme on voit, dans « la Conquête de Plassans », le locataire abusif conquérir, pièce après pièce, chaque étage de la maison avant d'en chasser le propriétaire...

Anne, d'autant plus éprise de son favori qu'il exigeait davantage d'elle, n'hésita même pas, ce matin-là, à lui abandonner son cher Fortier, sur lequel le ministre manifestait depuis quelque temps l'envie de se faire la dent : au moment où l'académicien lui tendait un exemplaire de « Tungstène et Néons », un premier roman dont il venait de chanter les louanges dans « le Monde », l'« Ambiface » fit mine de soupeser l'ouvrage, puis, levant le sourcil droit (le seul des deux qu'il pût encore bouger) au-dessus d'un œil dilaté, comme s'il voulait – pour mieux marquer sa surprise – lâcher un monocle imaginaire : « Mais dites-moi, mon cher maître, fit-il gravement, est-ce bien là le livre que vous nous avez recommandé dans votre dernière chronique? Oui?

– Monsieur le Ministre, mâchonna Fortier, toujours obséquieux avec les puissants du moment, je suis très, très, flatté de voir avec quelle attention vous avez lu mon petit compte rendu. Très touché... » Il avala la bouchée de cake qui risquait de l'empêcher de « lécher » : « Avec les multiples occupations qui sont les vôtres, et les admirables projets dont vous venez de nous parler... »

Le sourcil du ministre retomba modestement sur son regard glacé, mais il continua de faire défiler à toute allure les pages de l'ouvrage entre le pouce et le médium comme on bat un paquet de cartes : « Vous nous disiez, si je ne me trompe, que la toute jeune romancière qui a commis ce "Tungstène" nous offrait "un prodigieux bouquet de plaisirs romanesques"... Il y avait dans son livre, nous assuriez-vous, tout à la fois – je cite – "un roman d'amour, un roman policier, une aventure psychanalytique, un conte de fées, un roman d'initiation, une chronique campagnarde, un drame familial, un keepsake anglais, une fiction philosophique, un roman du pouvoir, un roman de l'argent, et en prime", comme il se doit, "un roman dans le roman "... Rien que ça, dites donc? J'en avais l'eau à la bouche, moi. Si, si, franchement! » Sourire en biais de son demi-visage droit. « Seulement... », il rebattit les cartes à grand bruit, écornant la célèbre couverture blanche et rouge, « seulement, je suis très surpris quand je vois que cet ouvrage exhaustif, ce talent encyclopédique, tient en... quatre-vingt-douze pages, y compris les onze pages de garde, de titre, d'index et de table des matières... Expliquez-nous ce mystère, mon cher. »

Il y eut un silence gêné : depuis la prise de bec de 68 avec Kahn-Serval, qui s'était terminée par l'exclusion du député, aucun des habitués n'avait osé, si peu que ce fût, s'attaquer à Monsieur de Leussac; mais cette fois, Anne, radieuse, n'avait d'yeux que pour l'agresseur. Ce qui, en l'espèce, était d'autant plus injuste pour l'agressé qu'il n'était guère en position de se défendre. Si, en effet, il ne s'était agi, comme d'habitude, que d'un de ces articles où notre ex-poète découvrait, émerveillé, un petit Jésus de plus sous les presses Cameron, un Rimbaud bébé dans la corbeille de son courrier « arrivée », il aurait riposté avec ses arguments coutumiers – « Que voulez-vous, mon cher ministre, l'écriture ne s'apprend pas! Les heures de travail, les journées d'angoisse, les gammes, le tour de main – tout cela n'y peut rien changer : on naît écrivain, on ne le devient pas! Cette petite fille peut déjà tout dire et n'a plus rien à apprendre... ». Mais cette condamnation sans appel de l'expérience, dont Fortier se plaisait ordinairement à fustiger ses propres espérances, ne passa pas ce matin-là les lèvres du critique : Madame Fortier, tout en beurrant soigneusement sa tartine, le surveillait du coin de l'œil, et chacun – à part Berton – savait que le petit prodige exalté cette semaine par l'auteur de « Noir Remords » était une ravissante Eurasienne de dix-huit ans qu'il avait engagée six mois plus tôt à son secrétariat... Aussi Monsieur de Leussac, non seulement pécheur mais relaps, plongea-t-il dans sa tasse de thé en se bornant à bredouiller quelque chose comme « quelquefois, on se laisse emporter »...

Anne, rose de plaisir, couvait toujours amoureusement son ministre; elle lui glissait dans la main des rôties tartinées de miel, comme les héroïnes de westerns passent des munitions à leurs cow-boys. Olga, qui avait d'abord attendu que son amie intervînt, se crut obligée, en souvenir des services rendus au PAPE par Fortier, de faire un geste : « Mon petit Lionel, dit-elle, vous avez l'air de croire qu'on ne peut pas écrire un " roman total " en quatre-vingt-douze pages, mais le génie de notre siècle ne réside-t-il pas précisément dans son aptitude à condenser? » C'était parfait, et suffisant. Pourquoi fallut-il qu'emportée par l'élan elle ajoutât d'un petit ton détaché : « Aujourd'hui, la Comédie Humaine tiendrait dans un comprimé : on n'arrête pas le progrès! »

En fait de coup de main, c'était le coup de grâce. Fortier de Leussac, qui affectait de déguster son thé, fut pris d'une violente quinte de toux, et ce fut Catherine Darc qui, en détournant la conversation, sauva la situation; soucieuse de rester bien vue du président de la chaîne de télévision dont elle venait d'être nommée « directrice de l'information », elle passa du baume sur ses plaies en l'entretenant de son principal sujet de fierté – sa fille : « A propos de jeunes talents, dit-elle, je me félicite d'avoir donné sa chance à votre petite Nadège dans notre émission " Vocations à la Une ". Je sais que Sonia Rykiel et Saint-Laurent l'ont rencontrée depuis, et qu'elle a reçu plusieurs propositions intéressantes des Japonais pour créer son propre réseau de prêt-à-porter... Je suis convaincue qu'elle sera la grande styliste de la prochaine décennie... Quel âge a-t-elle? Vingt-quatre, vingt-cinq?

– Vingt ans tout juste, précisa Madame Fortier, aux anges. Mais vous auriez dû voir de quelle manière elle dessinait déjà à dix ans, et quels costumes elle fabriquait pour ses poupées! N'est-ce pas, Bertrand?

– Ce que la modestie naturelle vous interdit

d'ajouter, chère madame, mais que je ferai pour vous si vous le permettez », intervint le président de la Banque Panaméenne qui, occupé à manger proprement un pamplemousse récalcitrant, n'avait pas encore pris la parole, « c'est que cette artiste si douée est aussi la plus ravissante jeune fille qu'on puisse imaginer! Ma cadette était dans le même collège que votre Nadège en Suisse, et je ne sais si vous vous souvenez que nous avons eu le plaisir d'héberger votre fille à Pâques l'an dernier... Eh bien, cette enfant est un régal pour les yeux : une grâce proprement giralducienne, un charme éthéré, qu'elle sait admirablement mettre en valeur par ces robes arachnéennes, ces mousselines déchiquetées qu'elle invente... Nous étions dans notre propriété de Sologne, et quand elle se promenait dans le parc à la tombée de la nuit au moment où la brume descendait, on aurait cru un personnage du "Grand Meaulnes". Nadège de Leussac, c'est Yvonne de Galais! » conclut-il, littéraire et enthousiaste, avant de suggérer, plus concret : « Pourquoi ne ferait-elle pas du cinéma?

— Oh non, protesta Bertrand Fortier, je n'y tiens pas : le cinéma est un monde, enfin... un peu bizarroïde pour une jeune fille... Et puis c'est peut-être parce que nous sommes de très vieux parents », précisa-t-il avec la coquetterie câline d'un homme qui met encore dans son lit des Eurasiennes de dix-huit ans, « mais Nadège n'est pas vraiment une enfant de son temps. Nous l'avons éduquée à l'ancienne... En tout cas, elle apprécie la discrétion, le mystère, elle a horreur de se montrer... Il a fallu toute la persuasion de Madame Darc pour la convaincre d'apparaître sur le petit écran!

— Remerciez plutôt Maurice, mon cher Président », reprit Catherine en se tournant vers son adjoint, Cognard, qui tordait le nez sur le jus d'orange imposé, « il a déployé des trésors d'éloquence pour amener cette petite fée devant nos caméras... »

Catherine Darc avait commencé à introduire ses propres amis dans les « Rendez-vous » d'Anne – le président de la Banque Panaméenne était de ces nouveaux élus, de même que Maurice Cognard, qui avait retrouvé à employer auprès de la célèbre journaliste un dévouement resté quelque temps sans objet. Bien que la « grande Catherine » ne fût encore à Senlis (comme au temps de sa liaison avec mon frère) que sur le pied de « fiancée », Madame de Chérailles lui accordait déjà les privilèges d'une belle-sœur. Le mariage avec Hugues, décidé depuis plusieurs mois, ne devait en effet qu'à l'état de santé préoccupant du vieux comte de n'avoir pas encore été célébré : Anne n'avait pas le cœur d'organiser une grande cérémonie tandis que son père agonisait.

Car Raoul de Chérailles avait eu, l'hiver précédent, une nouvelle attaque, qui l'avait laissé paralysé de haut en bas, aphasique et inconscient; Anne, pourtant, malgré son chagrin, ne désespérait pas de ramener une lueur de connaissance dans ce grand corps béant que la mort pénétrait par tous les pores. Elle avait fait dresser le lit du malade dans cette bibliothèque qu'il avait tant aimée, et passait chaque jour plusieurs heures à son chevet, se substituant à l'infirmière pour le faire boire à l'aide d'une tasse à long bec et lui faire avaler, par petites quantités, des pots de fruits ou de viande pour bébés. Tous les soirs, sans même savoir s'il l'entendait, elle venait lui raconter sa journée. Et, pour stimuler ses cellules cérébrales lorsqu'elle s'absentait, réveiller son odorat et solliciter son ouïe – les seuls sens qui lui restaient –, elle avait garni les tables et la cheminée de dizaines de bouquets qui donnaient au bureau l'air d'un immense reposoir, tandis que, dans leurs cages suspendues aux rayonnages, des oiseaux rares meublaient le silence de leurs chants. Leur pépiement obsédant ne s'interrompait qu'une fois toutes les deux heures quand éclatait cette « Marche de la Légion » que Madame de Chérailles, se souvenant des prédilections de son père, avait prescrit à la garde-malade de brancher à intervalles réguliers...

Chaque fois que, dans cet étrange décor, j'allais rendre visite à l'agonisant, je ne pouvais m'empêcher de compatir au supplice que – s'il gardait, tant soit peu, conscience de ce qui l'entourait – les soins passionnés de sa fille devaient lui infliger : n'avait-il pas souvent, autrefois, moqué devant moi la passion d'Anne pour les fleurs? « Ah, si je pouvais la guérir des bouquets! grognait-il. Entre nous, c'est quoi, une fleur coupée? Une herbe qui meurt, un cadavre de plante! D'ailleurs, ça pourrit et ça pue... Dieu que cette pauvre fille m'ennuie avec ses roses! Et ses oiseaux! Bon, pour lui faire plaisir, je supporterais un poisson rouge, à la rigueur... C'est con, mais au moins ça ne fait pas de bruit, un poisson : on ne peut pas en dire autant de tous nos amis! »

De ces propos déjà lointains je ne rapportai rien à Anne pourtant : peut-être, si, dans l'état végétatif auquel il était réduit, le vieillard conservait une sensibilité, était-il tout de même touché de la manière dont sa fille se consacrait à lui, caressant sa main, des heures durant, pour le rassurer, le consoler, le réveiller?

J'avais, pour ma part, moins de patience ou moins d'illusions; quand je passais le week-end à Senlis, j'acceptais de relayer la mère de mon frère auprès de son malade puisqu'elle gardait l'espoir que ma présence le sortirait de sa torpeur – « il vous aime tant », disait-elle avec un petit sourire triste, et elle laissait glisser sa paume sur ma joue, tendrement, comme elle s'imaginait qu'il aurait aimé le faire lui-même s'il avait pu encore désirer quelque chose –, mais, dès qu'elle avait le dos tourné, je renonçais à entretenir le gisant de politique internationale ou de finances publiques, comme elle me l'avait demandé. La plupart du temps, en effet, le pauvre homme ne manifestait aucun signe d'intelligence, gardant la bouche close et les yeux fixes, attachés aux moulures du plafond. Et si, par hasard, il les tournait vers moi, son regard restait si vide, décoloré, que je n'étais pas sûre qu'il me vît; quelquefois, pourtant, ses lèvres bougeaient, de sa gorge montaient d'incertains gargouillis, puis une espèce de râle articulé où, en écoutant bien, on saisissait un vague « ruburu », un problématique « garaga » : tout de go, je lui répondais « biribi », et notre conversation s'arrêtait là...

Je songeais à mon grand-père qui était mort sans moi, mon grand-père, si pudique et humble (dans la vie comme dans la maladie) que, n'ayant jamais rien demandé, il n'avait rien reçu; et, chaque fois, me revenaient en mémoire ces vers d'Aragon qui semblaient écrits pour lui, ou pour Ali, le timide concierge de l'Hôtel de Chérailles, pour Germaine de Trévennec, ou Madame Rondelle qui faisait les extras, pour Carmen à Sainte-Solène, pour ma grand-mère, et le petit marchand de beignets :

> « J'en ai tant vu qui s'en allèrent,
> Qui ne demandaient que du feu.
> Ils se contentaient de si peu,
> Ils avaient si peu de colère... »

Cette colère qu'ils s'étaient interdite, ce feu qu'on leur avait refusé, c'était moi qu'ils embrasaient : loin d'avoir envie de reporter sur le vieux Chérailles les tendresses dont j'aurais dû entourer Henri Brassard, de rattraper mon absence auprès d'un mourant par l'assiduité auprès d'un autre, je prenais brusquement en haine cette opulente agonie, coma de luxe avec fille dévouée, matelas anti-escarres, garde-malade salariée, fleurs rares, médecine chic, grands arbres, beaux meubles et gazouillis distingués. Anne avait beau me répéter que ce débris humain m'avait, lui aussi, aimée, je savais bien qu'il ne m'avait pas aimée à la manière de mon grand-père. Il m'avait aimée comme Charles de Fervacques : parce que je n'étais pas de son milieu et qu'il pouvait me pincer les cuisses en toute tranquillité, certain que j'accepterais de rendre tous les « petits services » qu'il exigerait... Et puisque c'était à cause de Fervacques précisément – pour le voir et le séduire, comme mon père et Frédéric le souhaitaient – que j'avais manqué la mort de mon grand-père, manqué à mon grand-père, je me vengeais, sur son double agonisant, de la trahison à laquelle on m'avait poussée : d'une voix suave, je susurrais au comte mourant le texte de ces décrets allemands contre lesquels Henri Brassard, ses filles, ses amis, s'étaient battus jusqu'à y laisser leur vie : « Article 1 – " il est interdit aux juifs dès l'âge de six ans de paraître en public sans porter l'étoile juive. Article 2 – l'étoile juive est en tissu jaune, elle devra être portée sur le côté gauche de la poitrine, solidement cousue sur le vêtement ". Et l'article 3? Les usines Chérailles-Lauter, qu'est-ce qu'elles faisaient à l'article 3, dites-moi? Elles fournissaient le fil et l'aiguille, hein? Souvenez-vous! » Puis je lui fredonnais « l'Internationale », et – quand j'avais épuisé les souvenirs de guerre de ma famille et mes refrains prolétariens – je lui disais qu'il sentait mauvais, qu'il y avait des années que, malgré la vigilance de son personnel, il sentait mauvais...

Aucun muscle de son visage ne bougeait; mais, tout à coup, il me semblait voir passer dans ses yeux morts le regard d'indulgence inquiète de mon grand-père. Je revoyais l'expression de surprise douloureuse avec laquelle Henri Brassard accueillait parfois mes déclarations, la nouvelle de mon dernier exploit ou la proclamation d'une mauvaise intention – ombre de reproche qui, sitôt entrevue, s'effaçait, tandis que tout le visage reprenait son impassibilité de vieil arbre. La blessure, si blessure il y avait, cicatrisait dans le bois. Sous le front buriné, l'œil de mon grand-père retrouvait déjà son opacité première, sa profondeur de puits, accordée à la mansuétude de son âme : une fois de plus j'étais absoute par anticipation, aimée jusqu'à la lie... Se pouvait-il qu'à son tour le vieux Chérailles, privé de la parole dont il avait si abondamment usé pour déguiser ses sentiments, se révélât capable de ce pardon désabusé, de cette abnégation végétale?

Faute de pouvoir demander pardon au mort de Creil pour toutes les souffrances que je lui avais infligées, c'était le paralytique que, d'une voix tremblante, je suppliais maintenant d'oublier mes sottises : « Vous savez bien, n'est-ce pas, que je vous aime, que malgré tout je vous ai toujours aimé? J'espère que vous guérirez! Faites un effort... Guérissez! »

« Burubu-garaga », balbutiait le « légume », entre deux bulles de salive.

La tête me tournait, j'avais l'impression d'étouffer; je mettais mon malaise au compte de la température excessive qui régnait dans la pièce, ou du gaz carbonique qu'exhalaient les fleurs entassées. J'avais besoin d'air. Je fuyais vers le parc ou la roseraie.

Ce printemps-là, je retrouvai souvent sous les berceaux des allées un vieux musicien, de quinze ans le cadet du comte de Chérailles, dont il avait été le protégé avant la guerre à l'époque où l'industriel éblouissait le Tout-Paris de ses fêtes et de ses prodigalités de mécène.

Anne, qui avait, de loin en loin, invité le compositeur à ses « Rendez-vous » en mémoire du temps glorieux des usines Lauter et des fastes de la Villa Scheffer, l'avait vite jugé « dépassé ». Lui-même ne s'avouait-il pas, avec un soupir de confusion, « ravélien »? Il confessait humblement qu'il n'avait jamais rencontré Pierre Boulez ni John Cage, convenait que la musique sérielle lui paraissait trop formaliste, la musique concrète « un peu bruyante », les ordinateurs « insuffisamment intelligents », et il s'obstinait à écrire, dans l'ombre, des opéras qu'on ne représenterait pas et des Te Deum que les églises ne lui avaient pas commandés – « d'ailleurs, interrogeait-il tristement, est-ce qu'on chante encore dans les églises? » Comme, du reste, il semblait peu sociable (n'avait-il pas la prétention de prendre au sérieux l'invitation d'Anne à « venir travailler dans sa maison », et l'outrecuidance de s'enfermer dix heures par jour dans sa chambre pour avancer ses partitions sans même se donner la peine de descendre exposer aux profanes ses intentions, ses projets et ses théories, à l'heure où, dans les salons, les autres artistes invités expliquaient obligeamment aux journalistes de passage le pourquoi et le comment des œuvres auxquelles ils ne travaillaient jamais?), Anne avait bientôt cessé de le convier à ses soirées :

« Charmant vieux monsieur, disait-elle, mais franchement ringard! Mon père croyait en lui parce qu'il lui avait été recommandé par Germaine Taillefer et que Poulenc l'avait baptisé " le septième du Groupe des Six "... Mais il n'a pas tenu ses promesses. Il s'attache à des formes démodées... Pourtant, j'aurais pu lui faire rencontrer du monde ici, le remettre un peu dans la course... Mais c'est un vrai sauvage, doublé d'une vieille mule! »

Quoiqu'elle n'eût pas changé d'avis – à mesure que le temps passait, que la musique devenait « probable » ou « aléatoire », les procédés techniques du compositeur lui paraissaient de plus en plus surannés – et qu'un musicien n'eût rien à faire dans ses « Rendez-vous » nouvelle manière tournés vers l'économie et les « problèmes de société », elle l'avait pourtant invité depuis janvier à s'installer chez elle dans l'espoir que sa présence, si familière autrefois, ranimerait la mémoire de son père...

« Gaya » – c'était le surnom du vieux musicien – se prêtait au jeu volontiers; non qu'il ne lui en coûtât d'abandonner chaque jour pendant une heure ou deux le « perchoir » où il composait, mais comme il me l'avait cyniquement confié : « Après tout, ici, je n'ai pas à faire la cuisine ni à laver mon linge. J'y gagne le temps qu'on m'oblige à reperdre avec ce pauvre Raoul... »

Il était resté célibataire car, son art lui rapportant peu, il n'aurait pu faire vivre une famille sur les revenus irréguliers qu'il avait tirés, sa vie durant, de la vente des tableaux laissés par son père, un peintre impressionniste tardif et mineur, assez talentueux toutefois pour qu'à la Bourse de l'art sa cote, depuis dix ans, n'eût cessé de monter. C'était même surtout par son père, mort dans la misère et l'oubli à la fin des années vingt, que « Gaya » était connu aujourd'hui : entre deux et douze ans, il avait fréquemment servi de modèle au peintre désargenté, et on ne comptait plus les « Portrait de Gaya enfant » qui passaient maintenant en vente publique, ou illustraient les livres d'art sur le début du siècle. Moi-même, j'avais du mal à ne pas chercher, derrière les lunettes et les rides du musicien, la frimousse ronde du petit garçon, son nez retroussé, ses célèbres yeux bleus et ses boucles blondes. Mais les boucles, blanches maintenant, étaient tout ce que je reconnaissais : par une curieuse coquetterie, Gaya avait gardé des cheveux très longs qui tranchaient avec l'absence de fantaisie de ses costumes gris et de ses cravates à raies. Excepté cette chevelure de Buffalo Bill en effet, Gaya – au vif regret de son hôtesse – n'avait rien d'un marginal, d'un artiste maudit identifiable au premier coup d'œil. L'organisation même de sa vie ne laissait aucune place à la bohème : son emploi du temps était, c'est le cas de le dire, réglé comme papier à musique. Levé à sept heures, il s'installait à son bureau jusqu'à midi, déjeunait, faisait soixante minutes de piano, s'octroyait quarante-cinq minutes de repos dans la roseraie, se remettait devant ses manuscrits de trois à sept, descendait faire une heure de conversation au paralytique, dînait, et retravaillait jusqu'à onze heures : des horaires de notaire... C'était vers deux heures et demie que j'allais ordinairement lui faire un brin de causette au milieu des rosiers, où il ne me parlait pas plus de musique que René Clair ne m'avait autrefois parlé de cinéma.

Une fois pourtant, dans sa chambre bien rangée, il avait accepté de me montrer ses partitions : j'avais vu, sur les dernières portées, des petites notes très propres écrites au crayon, qu'il effaçait ensuite pour les calligraphier à l'encre lorsqu'il était parvenu à la version définitive. Ses manuscrits étaient si jolis qu'on les aurait crus imprimés, et les barres des croches, si bien disposées, si harmonieuses à contempler, qu'on pensait aux dessins d'un peintre.

— Vous prenez du plaisir à les poser, ces petites notes, avouez?

— Oui, m'avait-il confessé avec un sourire enfantin, je fais de mon mieux. J'aime les copies propres... Ça m'amuse!

— Vous m'avez bien dit pourtant que c'est un requiem que vous écrivez? Ça ne doit pas être gai... Curieuse idée, d'ailleurs, d'écrire des messes quand il n'y a plus d'églises!

— C'est encore plus drôle que vous ne pensez : je ne crois pas en Dieu!

— Dans ces conditions, permettez-moi de m'étonner...

— Pourquoi? La mort est toujours d'actualité, et le requiem me semble une forme intéressante.

– Vous ne craignez pas qu'elle soit un peu dépassée?

Il m'avait répondu en citant malicieusement ses auteurs, aussi vieillots que ses conceptions musicales : Renan – « le moyen d'avoir raison dans l'avenir est à certaines heures de savoir être démodé » –, et Chénier – « sur des pensers nouveaux, faisons des vers antiques... »

– D'accord, mais votre ami Chénier parlait du fond... Dois-je comprendre que vous êtes persuadé d'avoir, vous aussi, quelque chose à dire?

– Mais à ma manière, j'espère bien. Oui...

– Alors, pourquoi ne descendez-vous pas l'expliquer aux amis de Madame de Chérailles? Ça les intéresserait!

– Ma pauvre enfant, je ne peux pas : je ne sais m'exprimer qu'avec des notes! Et d'ailleurs, je n'ai pas le temps...

Je n'avais pu m'empêcher d'ironiser : « Ah oui, c'est vrai : vous travaillez pour la postérité! »

Gaya ne s'était pas fâché; remettant soigneusement à leur place, en vieux garçon méticuleux, les crayons que je venais de déplacer, il m'avait reprise d'une voix très douce : « Non, la postérité, je n'y pense pas... Je ne me crois pas assez de talent pour ça. Quoique, pour être tout à fait honnête, certains jours je sois bien obligé de faire semblant!... Quand je travaille pendant quatre ans sur un requiem que personne n'entendra, je fais comme si je croyais en Dieu, comme si je croyais en l'art, comme si je croyais en moi... Et quelquefois », il eut un petit sourire espiègle, « eh bien, quelquefois, j'y parviens!... Je veux dire : à m'abuser sur l'intérêt de ma musique... Heureusement! »

Même si mon ignorance ne me permettait pas de supposer à cette musique plus d'intérêt que les habitués des « Rendez-vous » ne lui en prêtaient, cette façon de se donner la comédie pour avancer m'avait plu : elle me rappelait certains moments de mon propre passé, toutes ces fois où j'avais imité un professeur qui aurait cru à l'enseignement, une attachée de presse fanatique d'information, un directeur de cabinet épris d'administration... J'admirais aussi la manière dont Gaya « flambait » : il avait misé soixante ans de sa vie, à raison de dix heures par jour, sur un seul numéro. Pas de second métier, pas d'amour, pas d'enfants, pas d'amis, pas de dîners, pas de gloire, pas d'argent : tout sur un « plein »... Il aurait eu quarante ans de moins que j'aurais bien aimé faire un bout de chemin avec ce risque-tout déguisé en chef de bureau. Mais sans doute ne m'aurait-il pas regardée : c'était un délicieux égoïste, que ma compagnie aurait dérangé; seules sa petite chambre et sa musique comptaient. De mon côté, il est probable que les réflexes du « communicateur » auraient vite repris le dessus et que je n'aurais eu de cesse de le faire connaître, de le « vendre » mieux; et s'il ne s'était pas mieux « vendu », je l'aurais lâché : je veux bien, à la rigueur, tout parier sur le douze – parce que le douze existe –, mais je ne parie pas sur l'éternité.

« En fait, vous êtes un grand orgueilleux : vous ne doutez pas sérieusement de vous-même... »

Il avait ri, cachant timidement sa bouche derrière sa main, comme – sur les portraits peints par son père – le « Gaya » de huit ans, à l'époque où il avait perdu ses dents : « Oh, c'est qu'il n'y a pas de quoi douter : j'ai quatre-vingt-dix-neuf pour cent des chances contre moi! Demandez à notre hôtesse – elle qui a connu Stockhausen par les von Gleiwitz –, elle vous dira qu'aujourd'hui si l'on n'écrit pas de musique électronique... Elle est marrante, cette petite comtesse! Elle joue du Reynaldo Hahn pour son François, mais elle ne veut que des " concrets " dans son salon! Et quand je dis " des concrets "! C'est le moindre mal! Vous avez vu l'autre jour ce jeune

Hollandais qui écrit un " Concerto de Silence " et prétend qu'en musique il n'y a de réellement beaux que la pause et le soupir! Et, bien entendu, c'est moi qui suis la risée de ces gens-là... Mais, d'ailleurs, je ne suis pas tout à fait le seul : regardez comme notre belle Anne est devenue impitoyable pour les poètes qui parlent d'amour, les romanciers qui racontent une histoire, les peintres figuratifs... Ah, les temps sont durs pour ceux qui s'imaginent encore qu'ils ont quelque chose à dire! Seulement, je vais tout vous avouer, les moqueries des Chérailles, je m'en fiche : d'abord, ils m'offrent le vivre, le couvert, et cette jolie roseraie – qui est plus agréable que mon deux-pièces sur la gare du Nord. Ensuite, que je gagne ou que je perde, j'aurai été plus heureux qu'eux... Peut-être à cause de la musique? Ou parce que cette façon de vivre me convenait? Je devais avoir du goût pour l'obscurité, la solitude, la tranquillité... Comme je n'avais pas de gros besoins, j'ai mené une vie de rêve! Quant à la suite, s'il y a une suite, ce n'est plus mon affaire : moi, j'aurai fait du mieux que je pouvais. C'est ce que disait mon père en 1910, quand les marchands lui reprochaient d'imiter encore Claude Monet et voulaient qu'il s'inspire des cubistes... »

Si désabusé qu'il se voulût pour n'être pas déçu, il retombait tout de même, à la fin, sur une espérance... N'importe, sa sérénité de vieux chat égocentrique me plaisait, j'aimais sa manière d'aligner des notes comme mon grand-père avait planté des arbres – à tout hasard –, et d'assurer, avec un petit rire coquin, qu'on écrit pour être aimé, mais qu'au fond on n'est pas mécontent de déplaire... J'appréciais surtout les moments paisibles que nous passions côte à côte dans les chaises longues de la roseraie, à parler de la pluie et du beau temps, de la couleur des fleurs, des bords de la Marne dans son jeune temps, de la pêche aux ablettes, ou de la maison qu'avait habitée Ravel à Montfort-l'Amaury – car, en dehors des doubles croches et du contrepoint, il s'intéressait à peu de choses, et jamais à l'actualité. Dans ce désert d'hostilité et d'ennui qu'était devenu Senlis depuis que le comte de Chérailles avait cessé de l'animer et que, par un hasard malheureux, tous mes ennemis – Catherine Darc, Cognard, Berton et Fortier – s'y rassemblaient en liberté, cette conversation humble et paisible me semblait aussi rafraîchissante qu'une oasis...

« Ah, chère madame, vous m'avez raté », me lança-t-il ce jour-là, en se levant de sa chaise longue au moment où je descendais de la bibliothèque : il était trois heures et, pour rien au monde, Gaya ne fût resté deux minutes de plus pour me faire une politesse; son requiem l'attendait. Comme il avait soixante-quinze ans, l'affaire pressait; d'autant plus qu'il nourrissait l'intention d'écrire encore avant sa mort un poème symphonique sur « la Jeune Captive » et, si sa vue n'avait pas trop baissé, « un dernier petit opéra »... Quand il m'envoyait au ministère des cartes postales de Senlis pour me transmettre les invitations pressantes de Madame de Chérailles, il signait, au dos de la cathédrale ou du palais capétien, « le vieillard fou de musique »...

– Ah, j'oubliais, reprit l'amoureux des notes en s'éloignant à petits pas, Madame Kirchner vous cherchait... Elle est dans la serre.

Je me doutais qu'elle m'attendait, en effet, car j'avais pour elle dans mon sac la photocopie d'une note sur les conditions de la récente installation en France du dissident Léonid Plioutch.

Olga reposa son arrosoir pour prendre dans la poche de son tablier de jardinier un petit paquet de billets : « Et le rapport sur les Milices chrétiennes, vous l'avez? » demanda-t-elle en arrêtant son geste.

Ce rapport était devenu un sujet de conflit : en mars, une mission de notre ministère de l'Equipement s'était rendue à Beyrouth à la demande du Président libanais pour établir un plan de reconstruction de la ville après le bombardement du front de mer. Le remarquable travail d'urbanisme qu'avaient accompli nos experts s'était malheureusement révélé sans objet puisque, deux mois après, les combats avaient repris avec une violence accrue; le « dimanche noir » avait fait six cents morts, et le 31 mai les troupes syriennes avaient envahi le pays. Mais le séjour effectué par notre équipe de fonctionnaires s'était révélé moins inutile qu'il n'y paraissait car l'un de nos urbanistes, lui-même d'origine libanaise, avait, à la faveur de cette mission, réussi à nouer des contacts étroits avec les Milices chrétiennes de Béchir Gemayel et à communiquer à notre ambassadeur des informations de première main sur les négociations que cheik Béchir poursuivait avec l'armée israélienne. Peut-être cet urbaniste bien renseigné avait-il été mis au courant par hasard et, par un réflexe de bon citoyen – qu'on ne rencontrait plus, d'ordinaire, que chez les Suisses –, s'était-il cru tenu d'avertir son gouvernement? Peut-être au contraire, agissant depuis le départ sur instructions d'un de nos services secrets, avait-il reçu l'ordre de s'assurer une couverture diplomatique en abandonnant au Quai d'Orsay l'écume de ce qu'il récolterait? Quoi qu'il en fût, notre ambassadeur avait pu transmettre au Cabinet un long télégramme chiffré, bien documenté, sur l'évolution des Milices chrétiennes, même si sur certains points nos spécialistes du Moyen-Orient avaient déploré des imprécisions qu'on ne savait à qui imputer – à l'urbaniste, qui ne pouvait pas tout dire, ou au diplomate, incapable, comme la plupart de ses confrères, de ne pas préférer aux humbles faits les synthèses fumeuses, susceptibles de mettre en valeur ses talents de « généraliste ».

Olga, qui avait eu vent de l'existence de ce papier et semblait s'en exagérer l'intérêt, m'avait aussitôt demandé de le lui communiquer. Bien entendu, j'avais refusé : je ne voyais pas ce que son PAPE pouvait avoir à faire des Milices libanaises; « il n'y a pas de dissidents au Liban, avais-je souligné, il n'y a que des morts... » A contrecœur, « la Veuve » avait fini par convenir que son organisation n'avait, en effet, rien à voir « officiellement » avec notre moderne question d'Orient, mais que certaines sympathies idéologiques – la culture occidentale n'était-elle pas d'abord une culture chrétienne? – pouvaient légitimer des échanges de vues, des transferts de fonds, et des transports d'armes. Je n'avais pas cédé.

« Programme d'Action Pour l'Europe, Olga, pour l'Europe... Moi, je m'en tiens là. Franchement, le guêpier libanais est assez compliqué sans que votre PAPE aille s'en mêler, avec ses gros sabots et ses naïvetés! »

Elle était revenue à la charge quinze jours plus tard, après la signature du cessez-le-feu – le trente-neuvième depuis le commencement des combats... J'avais fait mine de prendre son insistance à la plaisanterie : « N'essayez pas de me faire croire que Bongo ou Pinochet ont besoin de ce papier! Vous me persuaderiez, au contraire, que vous avez d'autres commanditaires... Le SDECE, qui sait? Non, d'ailleurs : les révélations de l'urbaniste, je suis sûre que, d'une manière ou d'une autre, Marenches les connaît déjà, et mieux que nous! Alors? »

Employant une méthode qui lui avait déjà réussi, elle avait fait monter les enchères : des cinq mille francs initialement proposés nous étions passées par étapes à trente mille – meilleure estimation de mon apport à la cause occidentale –, mais j'étais incorruptible. D'abord parce que, depuis que je ne jouais plus dans les casinos français, j'avais moins besoin d'argent. Ensuite, je savais trop à quels ennuis je m'exposerais en mettant en circulation un papier de cette importance. L'éventualité d'une intervention israélienne au Liban, c'était bien autre chose que les modalités d'hébergement d'un mathématicien dissident : une fuite en direction de la presse, et tout sautait, à commencer par moi! D'ailleurs, je ne voulais pas mettre le doigt dans un engrenage dangereux : quand j'aurais accepté de défendre l'Europe sur le front libanais, au nom de quoi refuserais-je de la défendre en Afrique du Sud ou au Nicaragua? On n'en finirait pas!

Je croyais avoir persuadé Olga que mon refus n'était pas « négociable »; et voilà que dans la serre, ce samedi, elle remettait l'affaire sur le tapis. Comme je l'avais connue plus psychologue, et qu'elle prenait, pour me solliciter, un ton d'autorité qui me déplaisait, je laissai la moutarde me monter au nez :

– C'est non! Non et non! Et si vous continuez à insister, je cesserai de collaborer avec votre Programme à la noix! Oui, j'arrêterai tout à fait... Ne me provoquez pas! Dans un moment d'agacement, je pourrais même aller jusqu'à faire couper la subvention que votre copain Arroyo reçoit du ministère au titre des Affaires culturelles!

– Ça m'étonnerait! fit-elle en rempochant froidement les billets qu'elle me devait pour la note Plioutch.

– Dites donc, Olga, jusqu'à nouvel ordre cet argent-là est à moi! Si toutefois vous n'avez pas l'intention de me le donner, je vous prierai de me restituer mon papier.

– Non, je ne rends rien... Et j'exige, en prime, le rapport libanais. Du tout compris! Vous avez eu tort de ne pas me le livrer la semaine dernière : aujourd'hui, je baisse mes prix...

– Vous êtes complètement folle, ma parole!...

Enfin, qu'est-ce qui se passe, Olga? Vous avez des soucis?

– Vous savez parfaitement ce qu'il en est... Ne m'obligez pas à vous mettre les points sur les i! Quand vous jouez les idiotes, Christine Maleville, vous n'êtes pas convaincante et vous nous faites perdre beaucoup de temps...

J'avais devant moi la veuve Kirchner de Mai 68, ou celle de la chambre d'Alexandre à Vienne : une femme sèche, à la bouche pincée, au regard haineux – en fait de « Veuve », la guillotine! Et le pire, c'est que, ce jour-là, elle paraissait à jeun...

J'allumai une cigarette pour rester calme. Du reste, si j'étais troublée, je ne détestais pas ces sortes d'affrontements : je leur trouvais toute la saveur des rapports filiaux... Et puisque Olga avait eu parfois pour moi des tendresses de mère, il était légitime qu'elle en eût les rigueurs. J'aimais bien la sévérité : j'y voyais une marque d'affection; en tout cas, c'était la seule que mes parents m'eussent jamais donnée... Par ailleurs, la situation dans laquelle nous plaçait l'obstination d'Olga était intellectuellement stimulante : qu'allait-il sortir de ce duel? C'était aussi passionnant qu'à la roulette quand le cylindre est lancé et qu'on attend, le cœur battant, de voir la boule se loger...

– Bien, dis-je en exhalant posément la fumée, je vais raisonner. Cette note sur Gemayel, je maintiens que votre PAPE n'en a rien à faire... Tiens, vous ne le niez plus? Je continue : si le PAPE n'a, compte tenu de ses activités, aucun besoin de ce papier, c'est de deux choses l'une – ou bien vous, Olga, vous travaillez à titre personnel pour une seconde cause, ou bien le PAPE tout entier n'est qu'un paravent. La deuxième hypothèse est la bonne? Dans ce cas, vous avez raison : il y a longtemps que je m'en doutais. Seulement j'avais bêtement pensé au Gabon... Maintenant, laissez-moi deviner : le Mossad? Ce serait possible... Il y a eu, en 72, ce faux rapport Jones que votre ami Arroyo avait refilé à Moreau-Bailly – François a toujours pensé que les services israéliens pouvaient... Oui mais, entre nous, que ferait le Mossad d'une note sur les contacts de Gemayel avec Tel-Aviv? Il en est mieux informé que n'importe qui... Du moins je l'espère pour lui! Les Syriens, évidemment, c'est différent... Notre télégramme libanais les arrangerait bougrement, les Syriens! Certes, certes... Cependant, il me paraît peu probable que les Syriens attendent leurs renseignements d'une juive bon teint. Hafez el-Assad est tellement antisémite! Dommage, du reste, pour les Israéliens : en agent intoxicateur, vous auriez été très bien... Dans ces conditions, qu'est-ce qui nous reste? Ceux que je soupçonne depuis quelques mois : la CIA?

– Vous y êtes presque, fit Olga en haussant les épaules, excédée, c'est le KGB.

Sa phrase avait l'air d'une énorme blague. Pourtant, je ne fis pas semblant d'en rire : j'eus la conviction qu'elle disait vrai.

Pendant tout le temps où, pour ne pas la contrarier, je m'étais efforcée de formuler diverses hypothèses sur l'identité de ses employeurs véritables – le Mossad, le SDECE, les Syriens, la CIA –, j'avais éprouvé en effet la même impression d'irréalité que le jour où, enfant, j'avais dû fournir aux petites filles de mon école toute une série d'explications plausibles à l'absence de Clotilde Lacroix. Comme alors, il me semblait, en parlant, que j'étais aspirée par un univers parallèle, où les mots, les gestes, les justifications – si simples et convaincants qu'ils parussent – revêtaient une signification cachée, subissaient au passage des altérations subtiles, négligeables par elles-mêmes mais inquiétantes si on les mettait bout à bout. J'entrais dans un monde décalé, flottant, nébuleux, où la lumière reçue provenait d'étoiles mortes depuis longtemps, où les phrases entendues étaient, comme dans les contes de fées, des paroles gelées, prononcées, des siècles auparavant, par des êtres disparus – vocables décousus, dépourvus d'objet, inutilement réchauffés. Rien n'était plus à sa place : je tâtonnais au cœur d'un paysage inversé, un décor qu'on m'aurait obligée à découvrir dans un miroir – pour avancer, il fallait convertir, penser que la droite était à gauche, et qu'à main gauche je trouverais la droite, mais je n'y parvenais pas; je sentais sous mes doigts quelque chose de dur et froid que je ne pouvais ni reconnaître ni nommer... Et, de même qu'à douze ans j'avais tenté de me rassurer en me persuadant que je « couvais » une grippe, dans la serre – plutôt que de céder à la panique – j'avais d'abord préféré me demander si je n'avais pas abusé du vin à déjeuner...

Puis Olga, l'œil mauvais, m'avait lancé son « vous y êtes presque », et j'avais remarqué que, contrairement à son habitude, ce jour-là, elle était habillée de noir, comme Malise et ma grand-mère le jour de la mort des Lacroix. Résignée, j'avais pensé que toutes les mères, tôt ou tard, finissent en sorcières... De nouveau, le temps s'était arrêté; j'étais repartie en arrière : la note sur Gemayel indispensable aux « alliés » syriens, la connaissance des positions adverses à la conférence d'Helsinki, la surveillance régulière des dissidents, les informations sur les diplomates nommés à l'Est, mes dettes, le Casino de Vienne, ceux d'Enghien, de Deauville, de Sainte-Solène, jusqu'à cette première fois où Olga elle-même m'avait donné de l'argent pour jouer... Entre le « vous y êtes presque » et l'aveu qui suivait, j'avais eu tout loisir de me reprojeter mon passé, de revoir en accéléré les sourires, les petits cadeaux, les gestes tendres, les conversations confiantes...

Quand le film avait repris son déroulement normal, quand Madame Kirchner, remuant lentement ses lèvres, avait prononcé les trois lettres qui changeaient l'alphabet de ma vie, ces mots gelés qui m'attendaient au coin du bois depuis des années, je savais déjà. Depuis quelques secondes, j'avais compris.

Mais je ne voudrais pas qu'à propos de mon ignorance des mois passés, on crie à la naïveté. Ce que j'avais fourni jusqu'alors aurait aussi bien pu servir aux gens d'en face : il n'y a que la presse de droite et les romanciers pour voir partout la main du KGB! J'étais assez bien placée pour avoir appris que, dans nos sociétés médiatiques et informatisées, toutes sortes de gens qui n'appartiennent pas aux services secrets sont, à tout instant, à la recherche de documents et de nouvelles fraîches, et que, dans le secteur même du renseignement, une douzaine d'organisations, non moins performantes que le KGB, opèrent vingt-quatre heures sur vingt-quatre sur le territoire national. A commencer par nos propres officines, qui se tirent allégrement dans les pattes et ramassent, chacune pour son compte, des informations dont il reste à espérer qu'elles ont toutes, in extremis, la même destination... Dans l'ombre, je le savais, les réseaux se superposaient, se croisaient, se ramifiaient, les agents « multicartes » prospéraient, et les « boîtes aux lettres » où l'informateur déposait ses secrets avaient toutes un double fond... Seul un profane pouvait s'imaginer que la manipulation du PAPE de Fortier par le KGB s'imposait : n'importe quel esprit éclairé aurait au contraire envisagé, comme je l'avais fait, qu'Olga, trop voyante pour n'être pas repérée, travaillait pour le Boulevard Mortier ou la Rue des Saussaies.

Je regardai Madame Kirchner : rassurée par mon apparente impassibilité, elle était en train de m'expliquer, sur un ton plus amène, de quelle manière je devrais lui faire parvenir, dès le lendemain, le rapport libanais, et pour quelle raison, dans les jours qui suivraient, je lui passerais d'autres choses encore dont « ses amis » avaient besoin... Je comprenais mieux maintenant sa fureur devant mes refus réitérés : elle croyait sûrement, depuis Helsinki ou même avant, que nous nous comprenions à demi-mot et avait été stupéfaite de voir la machine gripper à propos des Milices libanaises... Elle n'avait pas pensé que le code qu'elle m'avait obligeamment fourni, dix-huit mois durant, pour interpréter ses actes et les miens collait si bien avec ce que je souhaitais moi-même qu'il m'avait été impossible d'attribuer à notre collaboration un sens caché ou d'élire, parmi les autres « lectures » possibles de notre coopération, la seule qui approchât de la vérité...

Le discours précipité de Madame Kirchner fut interrompu par une quinte de toux : Anne avait raison, elle fumait trop. Ses mains nerveuses défirent hâtivement le col-cravate de son corsage : j'eus peur qu'elle n'eût une de ces crises d'asthme qui avaient inquiété les Chérailles l'hiver dernier; je me précipitai pour l'aider. Elle avait beau se teindre les cheveux en noir, se barbouiller les yeux de khôl et les pommettes de rouge, elle vieillissait. Ses paupières tombaient, attristant le regard; sur sa peau desséchée, le maquillage formait des plaques; et sous ses robes son dos se voûtait : Anne m'avait parlé d'ostéoporose, de tassement des vertèbres... Pauvre Olga! Ce n'était pas le moment de lui causer des ennuis!

Mais à l'instant où, par habitude, j'allais recommencer à la plaindre, je fus frappée par une nouvelle évidence : cette femme que j'avais devant moi, je ne la connaissais pas. L'ancienne déportée devenue milliardaire aux Caraïbes, la veuve fascisante éprise de Pinochet et de Batista, la sœur inconsolable du petit Samuel, la protectrice de la jeune peinture : rien de tout cela n'existait. « En Enfer, j'y suis déjà! » s'était-elle exclamée un jour, à bout de forces. Mais je l'avais mal comprise : ce n'était pas comme condamnée qu'elle fréquentait les abîmes infernaux, c'était en propriétaire!

« La Veuve » (avait-elle seulement été mariée?) s'était assise sur le petit banc qu'Anne avait placé au milieu des palmiers; sa quinte s'apaisait; la nuque appuyée au dossier, les yeux mi-clos, elle passait lentement sa main dans ses cheveux bleutés en faisant tintinnabuler ses bracelets; les anneaux glissaient sur son poignet, là où un numéro était tatoué. Où l'avait-on tatoué, celui-là, au fait? A Auschwitz, en 43? Ou à Moscou, dans les années cinquante?

Ce n'était pas seulement ma vie qui basculait, mais le monde qui m'entourait. Car si je ne savais rien d'Olga, pas même son nom, que savais-je de ceux qui gravitaient autour d'elle? Qui, parmi eux, était sa dupe, et qui, son complice? Fortier, le béni-oui-oui de la « réaction », le chroniqueur de la presse chic, était-il un affilié lui aussi, un appointé des Puissances de l'Est, ou un imbécile manipulé? En tout cas, pour Juan Arroyo, aujourd'hui président du PAPE, et hier fournisseur à la presse occidentale du fameux rapport Jones, le doute n'était plus permis... Mais si Arroyo faisait dans la désinformation intentionnelle, que penser de Moreau-Bailly, qui avait défendu l'ancien ministre argentin contre l'évidence même, avant d'orienter les soupçons de ses amis sur les services israéliens? Et si Moreau-Bailly « en était », dans quelle catégorie fallait-il ranger son Anne bien-aimée, qui avait fourni à Madame Kirchner l'abri où elle avait patiemment tissé sa toile?

Et le père Chérailles lui-même, que croire du père Chérailles? N'avais-je pas lu dans les journaux qu'en 45 le KGB avait mis la main sur les archives de la Gestapo et que, depuis, les services soviétiques faisaient chanter les plus compromis? On ne pouvait exclure qu'il y ait eu, dans les papiers de la police allemande, de quoi envoyer Raoul de Chérailles au poteau... D'ailleurs, je m'en souvenais maintenant, le vieux comte avait essayé de m'avertir dans les premiers temps : ne m'avait-il pas laissé entendre que la « Veuve Perroquet » n'était pas ce qu'elle paraissait ?

Quant à mon frère... Se pouvait-il qu'il ait gardé sa virginité dans ce repaire d'initiés ? Il avait l'air tellement innocent qu'il m'en devenait suspect ! Car tout, dans le miroir, devait être lu à l'envers : c'étaient les anticommunistes qui travaillaient à étendre l'empire de Staline, les rouges qui poussaient les blancs, les fidèles qui trahissaient, les défenseurs qui attaquaient, les imposteurs qui disaient la vérité... A ce compte, la seule personne qui me paraissait sûre, la seule dont j'aurais mis ma main à couper qu'elle ne travaillait pas pour le KGB, c'était ma sœur Béatrice, secrétaire de cellule à Creil ! A moins qu'il ne fallût aussi intégrer à l'analyse de la situation ce que nous appelions, dans les cours de récréation, « la double feinte », ruse suprême qui consiste à paraître ce que l'on est... Quand on en était arrivé là, bien sûr, rien n'empêchait de continuer : dans le registre de l'intoxication, il y avait aussi la « triple feinte » (constituée, comme la feinte simple, d'un mensonge au premier degré, mais présenté de façon à persuader l'adversaire trop retors qu'on lui dévoile la vérité pour mieux la lui cacher), puis la « quadruple feinte » (« double feinte » au carré), et ainsi de suite, jusqu'à l'infini... Quels habitués des « Rendez-vous » auraient pu, dans ces conditions, échapper au soupçon de réversibilité ? Pas Berton, sûrement, avec son visage-réclame pour double jeu et circuits parallèles. Et tous ces banquiers, ces diplomates, qui fréquentaient la maison maintenant qu'on en avait peu à peu chassé les peintres, les cinéastes, et les écrivains, pour qui œuvraient-ils dans l'ombre ? Senlis tout entier glissait de l'autre côté du miroir... Que dis-je, « Senlis » ? Toute la France ! Car enfin, il était permis de supposer que si Antonelli – « mon vieil ami », disait la Veuve — m'avait prise à son cabinet, ce n'était pas pour mes beaux yeux... Et comment juger Cognard, qui m'avait paru si facile à évincer du Quai d'Orsay, mais que je retrouvais maintenant trônant à la Télévision nationale et chez les Chérailles? Qui sait même si Fervacques, Fervacques qui aimait en russe, qui pensait en russe... On prétendait que beaucoup de Russes blancs, comme lui... En somme, toute ma carrière, je la devais au « Pouvoir caché »!

Je dus m'asseoir sur le banc auprès d'Olga pour reprendre mes esprits : nous étions toutes deux « assommées »; elle, parce qu'elle s'effarait de constater que j'étais moins fine qu'elle ne l'avait imaginé et qu'elle allait devoir me jouer de A à Z une scène de recrutement dont, vu son âge et son état de santé, elle se serait passée; et moi, parce que ayant identifié le cancer je me demandais jusqu'où ses métastases s'étendaient...

« Depuis quand, Olga? » murmurai-je en regardant tristement le laurier-rose derrière lequel Anne m'était apparue, le soir où, dix ans plus tôt, j'avais mis le pied dans cette maison truquée. « Dès mon premier papier? »

Elle acquiesça d'un hochement de tête.

– Mais avant? Quand vous m'avez vue pour la première fois, à vingt ans, est-ce que vous saviez déjà que...

Et comme on ne fait pas le tour de ses malheurs d'un seul coup, ce fut alors seulement que l'idée qu'elle ne m'avait jamais aimée me frappa.

C'était, après toutes les autres, une révélation dérisoire, mais elle m'accabla. J'avais beau me désabuser à longueur de temps pour éviter d'être dupée, je m'étais encore une fois laissé prendre : je m'étais crue irrésistible, nécessaire à Madame Kirchner, et j'avais pris toutes ses avances – de sexe et d'argent – pour sentiment comptant, alors qu'elle agissait sur instructions supérieures. Et comme dans la cave de la HLM où j'avais autrefois découvert les lettres du docteur Lacroix, je m'aperçus qu'il m'en coûtait moins de devoir changer ma vision du passé que de perdre une affection sur laquelle j'avais compté : n'avoir jamais réussi à éveiller chez Olga une tendresse sincère me causait une douleur comparable à celle que j'avais éprouvée en comprenant que l'amour de Frédéric et Clotilde était téléguidé...

Bizarrement, pourtant, ce fut en sacrifiant cette dernière illusion, et en touchant le fond, que je sentis que j'allais remonter. Carole avait une théorie sur le malheur : « On ne peut pas effacer ce qui a été, Mistouflette, disait-elle, mais on peut le transformer. Quand tu vois le désastre s'avancer, tu le regardes bien en face, tu le prends à bras-le-corps, et zou! tu le transformes! Du pire, il y a toujours du meilleur à tirer : de l'amer on fait du sucre, ma minette, de la liqueur avec l'absinthe, de la Suze avec la gentiane! » Moi aussi, le piège dans lequel j'étais tombée, j'allais le transformer, en faire un jeu; un jeu d'esprit, excitant pour les deux parties. Si, pour parvenir à ses fins, Olga avait cru habile autrefois de faire de moi une parieuse, elle ne tarderait pas à le regretter.

« Résumons-nous, repris-je posément, il y a dix-huit mois que je travaille pour le KGB. Soit! Et après?

— Comment cela : " et après? " » Olga soupira : « Qu'est-ce que j'ai fait, mais qu'est-ce que j'ai fait pour devoir parlementer avec un pareil " yokel "! Après, vous me remettez le plus vite possible le télégramme de votre ambassade au Liban! Je vous rappelle qu'il y a un mois que je l'attends!

— Evidemment... Mais, tout réfléchi, je crois que vous l'attendrez encore un peu... »

Elle leva les yeux au ciel, pour prendre feu Staline à témoin de ma folie.

— Laissez-moi terminer, ma chère Olga... Au fait,

dois-je continuer à vous appeler « Olga »? Non, parce que si c'est Irina, Natacha ou Laïka, prévenez-moi : j'adore appeler mes amis par leur nom... Vous vous souvenez que vous n'avez jamais voulu m'apprendre à jouer au poker? Soi-disant pour me protéger... Quelle admirable protectrice vous faites, en effet! La vérité, c'est que vous ne vouliez pas qu'un jour je puisse vous contrer... Précaution inutile puisque ce jour est arrivé : Olga-Laïka Kirchner, je vois bien que vous êtes en train d'essayer de ramasser la mise avec une paire... Et, permettez à une novice de vous le dire, cela me paraît léger! Parce que enfin, si maintenant que je sais qui vous êtes, je refuse de continuer à vous renseigner, vous n'avez pas d'autre possibilité, pour m'y contraindre, que de me faire chanter. Et comment vous y prendrez-vous? Menacerez-vous de me dénoncer?

Imperceptible battement des paupières : elle avait l'air bien lasse, la malheureuse; son âme lui perçait la figure; si je continuais à discuter ainsi toutes ses propositions, j'allais vraiment l'abîmer...

« A qui espérez-vous faire peur de cette façon-là, Barynia? Pas à moi, en tout cas! Il se trouve que jusqu'à aujourd'hui je n'ai travaillé que pour le PAPE : toutes les notes que j'ai passées portaient sur des problèmes de dissidence ou de droits de l'homme, et c'est à la secrétaire générale d'un mouvement subventionné par la République française ou à son président, Fortier – gaulliste notoire –, que je les ai passées. Ma bonne foi est donc entière et ma couverture parfaite. Pour me dénoncer, vous seriez obligée d'établir vous-même que le PAPE, c'est le KGB. Ce faisant, vous grilleriez votre réseau, brûleriez vos amis, et vous n'auriez plus qu'à quitter le pays! Voilà des représailles qui vous coûteraient cher, à mon avis! Votre dissuasion n'est guère crédible, avouez...

– Très juste », dit Olga – elle était pâle sous son

rouge, mais le souffle lui revenait –, « je suis enchantée, sachez-le, de ne pas vous avoir sous-estimée... » Elle plongea la main dans la poche-kangourou de son tablier de jardinier, là où, dix minutes plus tôt, elle avait replacé les billets, et elle en tira une grande enveloppe de papier bulle, qu'elle me tendit : « Quinte flush », siffla-t-elle, en me fixant durement de ses yeux vairons, dont l'un, toujours, semblait nier l'autre...

L'enveloppe contenait une photo : en noir et blanc, on m'y voyait assise sur un canapé devant une grande fenêtre où s'encadrait un clocher; je tendais un dossier à un vieux monsieur, qui avançait la main pour l'attraper. Le tirage était d'excellente qualité : on distinguait parfaitement le détail des bulbes de la basilique Saint-Etienne de Budapest...

On dit que, dans les maisons en feu, les femmes, avant de s'inquiéter de leur vie, se préoccupent de sauver un bijou, une lettre, un bibelot... Moi, à l'instant où mon avenir se jouait, je me posais bêtement un problème technique : d'où ce cliché avait-il été pris?

– Ah, fis-je enfin, rassérénée, c'est le grand miroir du fond... Oui, bien sûr, un miroir sans tain... Le photographe était caché derrière. J'aurais dû m'en douter... Pourtant, je ne vois toujours pas où vous voulez en venir : vous avez la preuve que j'ai apporté les bons baisers du PAPE à un musicien dissident, et après?

Madame Kirchner fit entendre un petit claquement de langue exaspéré.

« J'ai encore dit une sottise? Vous me trouvez stupide? Ah, oui, évidemment : ce n'était pas un musicien dissident...

– Vous brûlez! C'était le chef des services secrets hongrois... Bien entendu, comme tous les chefs de services secrets, sa fonction est publique, et son visage, connu de tous ses homologues occidentaux...

Par ailleurs, pour permettre – en cas de besoin – de bien situer le lieu de sa rencontre, nous avons eu soin, ce soir-là, d'éclairer les toitures de Saint-Etienne... Un " Son et Lumière " exceptionnel... Rien que pour vous!

— Je suis très touchée...

— J'ajoute, mein schatz, que des spécialistes peuvent voir tout de suite que la photo n'est pas truquée... C'est pourquoi je crains que vous n'ayez du mal à expliquer qu'en allant à Budapest remettre des dossiers au directeur de l'espionnage hongrois vous étiez, comme vous dites, " de bonne foi "...

— Bien joué! Si, si! Quelle partenaire vous faites! Vous avez dû beaucoup vous amuser en montant votre affaire... Savez-vous, au fait, qu'elle a été à deux doigts d'échouer? J'ai failli ne pas y aller : au dernier moment, le voyage m'ennuyait. Je suis si changeante, vous me connaissez! » Elle hocha la tête, indulgente. « Néanmoins, Vassilissa Ivanovitch, je continue à penser qu'en m'annonçant une " quinte flush ", vous avez bluffé... Je suis piégée, c'est vrai, mais vous, si vous envoyez cette photo à la DST, vous êtes " faite "... Vous vous souvenez de ce proverbe yiddish que vous aimez tant citer : " Le schlemiel renverse la soupe, et le schlimazl la reçoit " – deux manières aussi efficaces d'être stupide ou maladroit... Eh bien, je suis peut-être le schlemiel dans votre histoire, mais, pour finir, c'est vous qui serez arrosée! Car, sitôt que ces messieurs du contre-espionnage français m'auront arrêtée, je mangerai le morceau. Forcée d'expliquer que le PAPE de Madame Kirchner n'est pas une organisation très catholique...

— Mais qui vous parle du contre-espionnage, ma petite Christine? Ce n'est pas à la DST que nous enverrons ce cliché – où vous êtes ravissante, n'est-ce pas? Non, nous l'adresserons à un amateur de jolies femmes, qui saura l'apprécier comme il convient :

Monsieur de Fervacques... Bien entendu, par lettre anonyme jointe, nous lui expliquerons qui est le bonhomme que vous avez devant vous. Il vérifiera. Discrètement, cela va de soi : son intérêt – et le nôtre, comme vous l'avez si intelligemment perçu – n'est pas de mettre le contre-espionnage dans le coup... Mais, quand il aura acquis, auprès d'amis circonspects et bien placés, la certitude que la photo est authentique, et vraie l'identité de votre interlocuteur, il vous donnera congé... Ce n'est pas moi qui vous l'apprendrai : Charles de Fervacques n'est pas homme à risquer un scandale politique... »

Je notai en passant que c'était, au moins, un point d'acquis : Charles, tout russe qu'il fût, ne marchait pas dans leurs combines. Sauf... Sauf, évidemment, si les propos d'Olga relevaient de la « feinte simple », hypothèse improbable certes, mais pas invraisemblable : Madame Kirchner avait pris de grands risques en dépouillant son masque devant moi, risques qu'elle ne devait à aucun prix faire courir au reste du réseau...

Renonçant, toutefois, faute de temps, à démêler le rôle exact de mon ministre dans l'affaire, je m'attachai à cerner de plus près l'idée qui venait de me traverser l'esprit : y avait-il quelque chose de fondé dans cette conviction qu'en obligeant Olga à éclairer son jeu je l'avais placée dans une position dangereuse ?

Plus je creusais cette intuition, plus elle me paraissait pertinente : avec son histoire de photo envoyée à Charles, Olga me tenait peut-être, mais je la tenais aussi. Comme Sovorov auprès des petits garçons qu'il draguait, elle avait dû faire le geste qui la dévoilait, commettre l'acte qui la livrait : elle était à ma merci. D'où sa pâleur, tout à l'heure... Que je refuse de me laisser persuader, et il ne lui restait qu'à plier bagage pour fuir la justice de notre beau pays !

Notre duel était aussi subtil et dangereux qu'une scène d'aveux amoureux...

– Princesse Salomonovna, ma petite âme, je vous ai calomniée : vous êtes une joueuse de poker de première force! Votre « quinte flush » n'est qu'un petit brelan, mais c'est tout de même un brelan : il est parfaitement exact que, pour le moment, rien ne m'ennuierait davantage que de perdre ce Fervacques dans les bras duquel vous m'avez jetée...

– Vous ne croyez pas tout de même que vous exagérez mes talents?

– Mais non, mais non! Je les ai si longtemps sous-évalués, au contraire, que je suis bien contente aujourd'hui de pouvoir me rattraper... Donc, de votre côté, brelan de valets... Mais du mien, full aux dames! « A la dame », du moins : vous êtes mon otage... Et tant que j'ai cette carte en main, je me demande si vos amis peuvent vraiment utiliser leur force de frappe. Esquissons le scénario, pour voir : je refuse de collaborer, vous expédiez la photo, et Charles se débarrasse de moi... Evidemment, je suis désespérée. On le serait à moins... Et quand on est désespéré, qu'est-ce qu'on fait? On se suicide...

Elle eut une petite moue dubitative.

– Vous avez raison : on a toujours tort de se suicider. Comment disait-on chez vous, en Roumanie? Ah oui : « Il faut vivre, ne serait-ce que par curiosité »... C'est vrai, il y a mieux à faire que de s'empoisonner : par exemple, aller tout raconter à la DST... Je ne dis pas que je le ferais, bien sûr. Je dis seulement qu'à partir du moment où vous m'auriez ôté mes raisons de vivre, vous seriez vous-même très menacée... Il est vrai que, pour parer à cette éventualité, vous pourriez juger expédient de m'éliminer... Accident de voiture, par exemple. Savez-vous qu'on lit des choses comme ça dans les romans? L'assassinat y passe pour une de vos méthodes favorites... Que faut-il en penser?

Olga prit l'air franchement amusé. Sous ses paupières rabattues, l'œil avait retrouvé de la vivacité.
Elle semblait de plus en plus détendue à mesure que
je parlais. Comme si le péril auquel elle s'était sue
exposée commençait à s'éloigner...

– Pour ce qui est de l'assassinat, dit-elle en souriant, je vous rassure tout de suite : nous en usons,
mais n'en abusons pas...

Nous étions toujours assises l'une près de l'autre
sur le petit banc de bois, à l'ombre des palmiers. Les
tourterelles d'Ali roucoulaient doucement sur le toit
de verre. Il faisait délicieusement tiède; des buées
légères montaient de la terre des bacs et des jarres
vernissées; au loin, on entendait le ronronnement
régulier du motoculteur. Une espèce d'engourdissement bienfaisant me gagnait. La vie s'attardait au
bord de l'été, lente et désœuvrée, dans une atmosphère irréelle de fin de partie... J'avais entre les
mains une photographie qui, communiquée aux
autorités, m'aurait valu dix ans de prison; pourtant,
je ne parvenais pas à m'affoler, ni même à prendre
les circonstances au sérieux. Dix minutes plus tôt,
lorsque j'avais vu le sol se dérober et Senlis basculer
dans l'inconnu, j'avais cru éprouver la même douleur
étonnée qu'à Creil, quand je pleurais au milieu des
paquets de lettres tachées; mais il faut croire qu'en
dix ans je m'étais endurcie, ou qu'en rapprochant ces
émotions je m'étais trompée, car à l'évidence je
m'habituais plus vite aux chantages du KGB qu'au
saccage de mon enfance...

Anesthésiée par la douceur de l'après-midi et la
fatigue de l'effort produit pour résister à Olga, je
n'éprouvais plus aucun chagrin. Au contraire : je me
sentais presque bien. Comme après un long match,
dont on ne se soucie plus de savoir si on l'a gagné ou
perdu : je n'avais joué que pour la beauté du sport...
Ce fut donc sur un ton curieusement détaché, sans
aucune passion, que je poursuivis, au-delà du « tie-

break », les raisonnements qui tendaient à persuader Madame Kirchner que nos forces étaient équilibrées : « C'est curieux, voyez-vous, mais, même en laissant de côté l'idée qu'à partir du moment où je peux vous dénoncer je vous tiens, je ne parviens pas à croire que, si ma décision vous était défavorable, vous enverriez cette photo. Ce serait une vengeance non seulement mesquine, mais tellement inutile! Puisque, comme on dit, cela ne me " ramènerait " pas... Or, votre intérêt n'est pas de sanctionner le refus de collaborer, c'est d'inciter à collaborer. Dans cette perspective, votre photo hongroise est précieuse sans doute, mais elle ne l'est qu'ici et maintenant. Dans quinze jours et auprès de Charles, elle ne vous rapporterait rien... Ou, plus exactement, elle n'aurait d'utilité que si la sanction était publique; dans ce cas, on pourrait soutenir que, comme la peine de mort pour les assassins, la rétorsion aurait une valeur exemplaire à l'égard des récalcitrants potentiels... Mais votre statut – tout de même un peu, particulier, hum? – vous contraint à la discrétion, ma pauvre Olga, jusque dans la punition : vous ne pouvez pas, dans les Etats où vous opérez, revendiquer vos crimes! Dans ces conditions j'ai beau chercher, je ne vois pas quel avantage vous trouveriez à mettre vos menaces à exécution. Votre cliché sur fond de clochers, à mon avis, vous pouvez en faire des confettis! Et je me demande... Je me demande si, d'une manière générale, vous avez jamais eu d'autre force que celle que vos victimes vous prêtaient... Vous vous souvenez de ce garçon du Quai que vos amis avaient pris dans une affaire de mœurs pour le faire chanter? »

Je ressortis mon paquet de cigarettes et en offris une à Olga, poussant l'amabilité jusqu'à l'allumer avec mon briquet.

« Vous pensiez l'avoir coincé, ce petit conseiller, mais finalement c'est lui qui vous a " eus ". Il a trouvé la sortie : en ouvrant la porte d'un train, à deux cents kilomètres à l'heure... » A l'époque, la mort de ce jeune homme intrépide avait beaucoup remué mon père, qui m'avait raconté l'histoire. « Quand on m'a parlé de ce garçon, je me suis dit qu'on est toujours libre en effet, dès qu'on est prêt à mettre sa vie sur le tapis : ceux d'en face sont rarement disposés à jouer aussi gros; ils ne peuvent plus "suivre", comme on dit... Mais, maintenant que je me trouve à peu près dans le même bain que notre courageux diplomate, je m'aperçois qu'il était un grand benêt. En raisonnant bien, on est libre à moins de frais : il suffit de ne pas croire qu'on est piégé... »

Olga m'écoutait attentivement avec, aux lèvres, un demi-sourire bienveillant. Je voulus vérifier que je ne m'étais pas trompée et que le rapport de forces avait changé.

— Bon, maintenant que nous avons bien philosophé, lui dis-je, je voudrais en revenir à un problème plus concret : puisque vous avez gardé ma note Plioutch, il me semble équitable que vous m'en remettiez le prix. Avec toute la déférence convenable je me permets d'insister.

« La Veuve » rit et ressortit les billets. Je tendis la main, mais ne les pris pas tout de suite. Regardant au fond de la serre, « je marque une pause, lançai-je à la cantonade, pour que vos opérateurs, cachés sous les philodendrons, aient le temps d'immortaliser mon action...

— S'il y avait des photographes dissimulés sous les plantes vertes, je serais très heureuse, murmura Olga, qu'ils puissent constater par eux-mêmes que vous êtes aussi maligne que je l'avais affirmé. Oui, vous êtes très intelligente, ma petite Christine. Ç'aurait été un plaisir pour moi de travailler avec vous!... Autre chose, en tout cas, que de faire chanter des froussards et des imbéciles, qui sont rarement capables, entre nous, de ramener des renseignements intéressants...

– Fortier par exemple?... Dites-moi, au fait : vous êtes quelqu'un d'important dans l'organisation?

– Oÿ, mais si on vous écoutait, vous auriez tôt fait de renverser les rôles, petite futée, et de me tirer les vers du nez! Vous ne croyez quand même pas que je vais vous communiquer l'organigramme!... Disons seulement, pour satisfaire en partie votre curiosité, que je ne suis pas n'importe qui. Vous vous doutez bien, d'ailleurs, qu'à quelqu'un comme vous on n'aurait pas expédié un émissaire de deuxième catégorie? »

C'était peut-être une flatterie, mais j'y vis une évidence : le directeur du cabinet des Affaires étrangères était nécessairement une recrue de choix. Même s'« ils » exploitaient beaucoup de monde – des diplomates, des ingénieurs, des militaires, des banquiers –, sur le plan politique il ne devait pas y avoir en France plus d'une dizaine de personnes susceptibles de leur rapporter plus que moi. Oui, je voulais bien croire que si l'on avait chargé Olga de « m'approcher », ce choix révélait à lui seul le crédit dont elle jouissait parmi les siens. Peut-être, si elle réussissait, aurait-elle encore de l'avancement? Ce serait un si joli coup pour ses patrons, après la mise hors jeu de Gunther Guillaume! J'imaginais la frustration que Madame Kirchner avait dû ressentir depuis un mois à me voir résister, biaiser, et retourner enfin la situation à mon profit. En y songeant, j'étais assez contente de moi... Il faisait bon; Olga portait un parfum sucré, capiteux, grisant; les pigeons chantaient sur le toit; je dialoguais paisiblement avec le KGB : la vie est un songe... Je ne pus retenir un petit soupir de satisfaction.

– Tenez, dis-je, puisque nous en sommes aux échanges de bons procédés, je vous rends la photo...

Olga, si souriante qu'elle en semblait rajeunie de dix ans, déchira posément le portrait du faux dissident. Je trouvai le geste un peu théâtral, puisque, de toute façon, elle gardait le négatif, mais je le pris pour ce qu'il était : un symbole, du genre de ceux qui marquent périodiquement les rapports entre Etats souverains... On entendit dehors le jardinier héler ses chiens.

« Vous n'avez pas peur que quelqu'un vienne? Il y a une heure que nous sommes ensemble...

– Et alors? répliqua Madame Kirchner, en écrasant sa cigarette. Qui cela surprendrait-il? Ne sommes-nous pas deux vieilles amies, hija mia? Du reste, au lieu de parler sans rien faire, nous pourrions reprendre le travail que vous avez interrompu tout à l'heure en entrant, non? J'étais en train d'empoter les géraniums-lierres de cette planche, là-bas. Anne veut en garnir le perron du hall, ce soir, pour son " shabbat " senlisien – vous savez, c'est sa soirée " province " semestrielle : le maire, le préfet, le président des " Vieilles Demeures "... On a beau travailler à l'avènement du communisme », ajouta-t-elle avec un clin d'œil, « on n'a pas le droit de faire rater un grand événement mondain... »

Nous mîmes les géraniums en pots, en nous plaisantant mutuellement sur nos maladresses; je ne sais pas travailler avec des gants, Olga m'avoua qu'elle ne le savait pas non plus – les gants de jardin, c'était bon pour les bourgeoises. Bientôt nous eûmes les mains pleines de terre.

Je me demandais pourquoi je ne lui en voulais pas davantage; je ne parvenais pas à la haïr. Peut-être parce que, tout en rempotant, elle m'avait expliqué qu'elle m'avait pendant dix ans observée plus attentivement qu'aucun amant, qu'elle me connaissait mieux que personne – « je vous connais comme si je vous avais faite! proclama-t-elle en riant, et en vérité je vous ai faite : ne vous ai-je pas formée, couvée, quasiment mise au monde? » En un sens, elle disait vrai : si elle s'était bornée à me « cueillir » au moment où j'arrivais au sommet, j'aurais pu douter de son intérêt pour moi, mais il était exact qu'elle m'avait distinguée en un temps où je promettais peu, et m'avait aidée à grimper. D'une certaine manière, je lui devais la vie – ma vie professionnelle, du moins...

– Il y a tout de même un détail qui me chiffonne dans ce « couvage » : les casinos...

– Oh, les casinos! J'espère que vous n'allez pas vous imaginer que c'était un coup monté! Voyons, Christine, je suis joueuse moi-même : là-dessus, je n'ai pas pu vous tromper! Non, c'est par sympathie pure que je vous ai entraînée. Ma main à couper! Peut-être s'agissait-il d'une sympathie mal comprise, mais...

– Est-ce par le jeu qu'« ils » vous tiennent?

Elle éclata de rire, et, à la façon de Napoléon, me pinça l'oreille de sa main terreuse :

– Dites donc, mon petit grognard, vous essayez encore de me confesser! Heureusement qu'à mon âge j'ai appris à me méfier! Voyez-moi cette rusée! Pour qu'ensuite vous alliez tout répéter à la DST...

Je haussai les épaules : « Vous savez bien que je n'irai pas à la DST...

– Bien sûr que je le sais... Attention, vous allez écraser le bonsaï!... Et pour vous prouver que je le sais, je vais répondre à votre question : je ne suis pas plus " manipulée " que vous ne l'êtes, ma chérie... La menace, vous l'avez compris, n'opère que sur les esprits faibles, les " tête-épaisse ". Vous et moi sommes d'une autre trempe! D'ailleurs, mein schatz, l'idée de la photo n'était pas de moi, c'est la Centrale qui me l'avait imposée. Je les avais prévenus que cela ne marcherait pas... »

Peut-être ne m'aimait-elle pas, mais elle faisait l'aimable avec beaucoup de conviction. Qui sait, d'ailleurs, jusqu'à quel point elle me trompait? Je lui étais réellement nécessaire, plus nécessaire encore que si elle m'avait désirée. D'une certaine façon, elle me convoitait – comme une collectionneuse soupire après le bijou qui deviendra le clou de sa collection... Si j'acceptais sa proposition, elle serait aux petits soins pour moi, autant que mon père l'avait été du temps où son divorce dépendait de moi.

« Vous portez un parfum délicieux, Olga, c'est quoi?

– Secret d'Etat! » Elle croisa ses yeux vairons pour faire comique. Il y avait longtemps que je ne l'avais vue aussi gaie. Elle avait cette expression que, chez les autres, elles peignait d'un mot imagé dont Anne, ravie, s'était emparée, avant d'être imitée par tout le « fond de sauce » : « Il se réjouit que sa mère l'ait eu... » Oui, en ce moment, Madame Kirchner se « réjouissait que sa mère l'ait eue ». Comme si le fait de m'avoir enfin avoué la vérité l'avait délivrée.

« Tout ce qui me concerne, chèrrre amie, est secret d'Etat! » Pour accentuer son côté bolchevik, elle forçait de nouveau sur le roulement des « r », qu'elle avait un peu négligé dans la première partie du débat. « Prrenez garrde, petite fille, je suis le chef des oustachis moustachus » – elle se passa sous le nez un doigt maculé de terre pour dessiner un long trait d'ombre –, « je suis le roi du parapluie bulgarre, l'œil de Moscou » – elle reloucha –, « les oreilles du grand Lénine, le Nijinski du renseignement », et, son pot de fleurs sous le bras, à demi accroupie, elle esquissa un pas de danse cosaque.

– Vous êtes folle! A votre âge... Avec l'asthme, l'ostéoporose, et tout ça... Au fait, il y a longtemps que je voulais vous demander pourquoi vous vous teignez les cheveux... Je me doute que, si vous ne le faisiez pas, vous auriez des cheveux blancs, mais ce serait joli, plus doux au visage... Plus naturel, en tout cas.

Il était vrai qu'à la voir ainsi tirer l'œil par ses extravagances et ses déguisements, on se demandait à quoi pensait la DST... Mais peut-être les services de la Surveillance du Territoire étaient-ils essentiellement composés, comme ceux des RG, de Messieurs Rondelle qui ne touchaient pas de frais de mission? Une chose était sûre, du moins : dans les films et les romans on s'exagérait les dangers du métier d'espion puisqu'il y avait au moins vingt ans qu'Olga l'exerçait et qu'elle était toujours en liberté. Moi-même, n'avais-je pas passé impunément des informations au KGB depuis plus d'une année? Certes, j'avais jusque-là ignoré pour qui je travaillais, mais notre contre-espionnage, qui, à l'inverse des juges, n'a pas à connaître des intentions, n'avait pas les mêmes raisons que moi pour m'absoudre ou s'abuser. S'il n'avait pas bougé, on pouvait supposer que les notes sur le Liban. l'OTAN et le reste – que j'aurais pu être amenée à fournir aux mêmes intermédiaires – n'auraient pas davantage attiré son attention.

« Bon, dis-je en déposant le dernier pot de fleurs devant la porte de la serre où Ali viendrait les récupérer, et maintenant qu'allons-nous faire?

– Eh bien, mais... nous laver les mains », me répondit Olga en souriant. Puis, soudain redevenue sérieuse : « Ensuite, c'est à vous de voir si vous ne pourriez pas trouver, personnellement, un certain intérêt à poursuivre cette collaboration que... que j'appréciais beaucoup », ajouta-t-elle avec émotion.

– Un intérêt de carrière?

– Non... Pas exactement... Professionnellement, vous n'avez plus besoin de personne. Vous êtes très bien partie, et vous me semblez de taille à vous débrouiller sans nous. Je ne dis pas, évidemment, que certains de nos amis bien placés ne pourraient pas, de temps en temps, vous donner un petit coup de pouce : nous fonctionnons à certains égards comme une franc-maçonnerie. En moins mystique, et plus efficace!... Mais ce n'était pas à votre carrière que je pensais, bubeleh. C'était un plus vaste projet d'alliance que j'avais en tête : avoir une famille derrière soi, des relations, des alliés, une puissance susceptible de résoudre pour vous les petits problèmes matériels qui empoisonnent l'existence – de « vous ôter le pain noir pour vous donner le baïgl » – et apte, en même temps, à vous conseiller dans les grandes choses, bref, pouvoir s'en remettre de temps en temps à une force susceptible d'anéantir vos soucis et vos ennemis, ce doit être bien agréable, non? Tout le monde rêve de disposer quelque part d'un cocon protecteur, d'un berceau, d'une épaule... Dois-je vous rappeler que ceux que je suis chargée de représenter jouissent d'un pouvoir immense et, en ce qui vous concerne, inconditionnellement bienveillant? Ils mettraient leurs cerveaux, leurs cœurs, leurs richesses, leurs réseaux à votre service et vous demanderaient peu de chose en échange... Rien en tout cas que, depuis dix-huit mois, vous n'ayez fait déjà! Ce ne sont pas des secrets militaires que nous attendons de vous, vous l'avez compris. Nous ne sommes plus au XIXe siècle : nos satellites et nos ordinateurs se chargent de ces broutilles-là... Nous n'avons besoin que de papiers politiques, d'analyses économiques, de ces informations qu'on peut, de toute façon, trouver quelques semaines plus tard dans les journaux. Un travail de correspondant de presse : voilà ce que nous vous proposons. En échange, que diriez-vous de vous laisser, disons, dorloter pendant quelques années?

Je songeais à cette force que j'avais appelée de mes vœux, le soir de la chasse, pour équilibrer la puissance des Fervacques et des Rubempré, à ce royaume qui serait, dans l'eau, comme le reflet du premier, comme son envers sous la terre; voilà qu'il s'offrait à moi, qu'il s'ouvrait sous mes pieds, cet empire souterrain, profond comme une caverne inconnue, une grotte marine peuplée de poulpes tendres et d'algues enjôleuses...

J'affectai pourtant de prendre à la légère cette proposition d'alliance qu'Olga venait d'argumenter avec tant de conviction :

– Si j'acceptais votre pacte, je vous coûterais très, très cher, Irina Kirchner!

– Bah, qu'est-ce qui ne coûte pas cher aujourd'hui?

– Je serais encore plus cher que vous ne croyez!

– J'ai un budget illimité... et je serais ravie de vous gâter!

Bien sûr, je devais recycler rapidement mes connaissances sur Olga : sa galerie n'avait jamais été en difficulté, et de toute manière elle n'en vivait pas plus que des milliards de Batista... Je me réjouis de l'apprendre : ses bailleurs de fonds, quand je les inviterais à « passer la monnaie », ne pourraient plus exciper des sévérités de leur expert-comptable... Le tout était de placer, d'emblée, la barre assez haut. Pour les habituer... On prétendait que le KGB était pingre, qu'il lâchait ses roubles avec des élastiques; et c'était peut-être cette réputation d'avarice qui m'avait empêchée d'imaginer que les subsides généreux du PAPE puissent transiter par la célèbre Banque de l'Europe du Nord... Mais si les amis d'Olga étaient aussi près de leurs sous qu'on le disait, il y aurait d'autant plus de plaisir à les faire payer. Je tromperais Fervacques avec le KGB, et le KGB avec le dollar!

– Et puis, je vous préviens, Olga : j'aurai un tas de caprices, des enfantillages, des exigences extravagantes... Vous tremblerez sans arrêt!

– Mais je l'espère bien... Nos informateurs habituels manquent tellement de fantaisie!

– Bien entendu, je ne vous passerai que ce que je jugerai possible de vous passer... Et le jour où je déciderai de tout arrêter, on arrêtera tout, il sera inutile que vous insistiez!

– C'est bien ainsi que je l'entendais... et je l'expliquerai à nos commanditaires.

Comme lorsque j'avais coopéré avec le défunt Marcel Déat pour jouer un tour à mon amant PSU, je m'enchantais de pouvoir bientôt fournir aux deux parties des motions truquées, des avis biaisés, et des rapports que leur divulgation bilatérale priverait instantanément d'objet; je jouerais tous les coups des deux côtés de l'échiquier, libre, à chaque moment, de rétablir l'équilibre que j'aurais moi-même faussé.

Pas une seconde, en tout cas, je ne pensai que je m'étais prise au piège de ma propre intelligence, et que le sens moral le plus élémentaire – celui des imbéciles – m'aurait été d'un plus grand secours en cette circonstance que l'esprit délié dont je venais de faire étalage. J'y pensai d'autant moins que je n'avais nullement le sentiment de m'enferrer. Il y avait bien longtemps, au contraire, que je ne m'étais sentie aussi libre... Je voyais, d'un côté, s'élever la falaise blanche des Fervacques, des Rubempré, des Balmondière et des Dormanges – mais elle ne m'écraserait plus –, et, de l'autre, se creuser le gouffre où ma tante Arlette, Rosa, Malise et Béatrice s'agitaient – mais je ne risquais plus d'y tomber : avant que la montagne n'eût comblé l'abîme, ou l'abîme englouti la montagne, j'irais de l'un à l'autre, messager discret, go-between courant entre deux mondes, deux précipices – comme le funambule sur son fil...

La seule chose qui manquait à cette scène de recrutement, c'était la touche idéologique. Mais je veux bien croire que le KGB avait éprouvé, ces dernières années, de si grandes difficultés à faire vibrer la corde marxiste-léniniste chez ses recrues potentielles qu'il avait préféré y renoncer...

Quelques mois après, pourtant, à propos de son enrôlement, Christine n'hésitait plus à faire référence à ses premières amours politiques – pour elle seule, il est vrai, et dans le secret de sa chambre à coucher. Ainsi glissa-t-elle, sous le lit-cœur inventé par Carole, la banderole de Canson rouge qui avait orné autrefois sa chambre d'Evreuil, « les ouvriers n'ont pas de patrie ». Le contraste entre l'intransigeance révolutionnaire du propos et la déliquescence semi-« professionnelle » du décor devait lui sembler piquant...

Plus tard encore, confondant à la manière des princes (comme elle le faisait souvent) les questions politiques et les querelles familiales, elle se plut à me répéter, comme une justification, la même maxime, déformée : « Quand on n'a pas de père, on n'a pas de patrie », assertion qui n'avait, sur la sentence proudhonienne d'origine, que l'avantage de la rigueur étymologique...

Cette volonté tardive de se raccrocher au passé me donnait à penser que l'idéologie avait peut-être moins fait défaut à la scène du « pacte » qu'il n'y paraissait; mais elle n'était intervenue que de manière implicite et sentimentale – chagrins d'« œdipe » et tristesses d'enfance.

À cet égard, je m'étais crue éclairée quand j'avais retrouvé, dans une lettre de Christine, le récit d'une scène d'école qui n'était pas sans rapport, me semblait-il, avec son engagement ultérieur dans les rangs du KGB.

J'avais perdu les premiers feuillets de cette longue épître, mais je me souvenais – comment ne pas se le rappeler? – que l'incident avait eu lieu en mars 1953 : un matin, à Evreuil, le ton des commentaires de la radio nationale avait si brusquement viré à l'affliction que Christine, qui allait sur ses huit ans, en était restée *frappée. On pleurait la mort d'un grand homme, une espèce d'Henri IV mâtiné de saint Vincent de Paul. Il aimait les fleurs, Chostakovitch et les enfants. Il faisait pousser le blé, redressait le cours des rivières, découvrait de nouvelles étoiles et donnait la priorité à l'industrie lourde...*

La petite fille, qu'un rhume retenait à la maison, avait passé la matinée à gratter, de la pointe d'un ciseau, le tain d'un miroir de poche pour y graver le nom de ce grand président, « Guide des Nations ». Puis, portant son œuvre au grenier, elle avait arrangé, entre deux bassines rouillées, un bout de chapelle ardente.

Lorsqu'elle avait repris l'école, elle avait eu pourtant la surprise de voir ses camarades se livrer à leurs jeux accoutumés sans prendre aucunement part aux récents malheurs du monde. Elle avait aussitôt senti, m'écrivait-elle, un profond mépris pour leur légèreté, sentiment qui lui donna l'air important et morose toute la journée. Elle refusa de jouer à la « déli-délo » et à la « patte-à-coco », et quand, vers le soir, l'une de ses camarades, s'avisant enfin de son mutisme, lui demanda si elle était malade, « Staline est mort », fit-elle avec gravité. L'autre, étonnée, demanda qui était ce « Ftaline » inconnu. « C'était mon père, répondit Christine prise de court. Maintenant, je n'ai plus de père. »

Les orphelins jouissent toujours d'une grande considération dans les cours d'écoles; mais, alors qu'elle était sur le point de céder à l'admiration et peut-être à l'envie, l'interlocutrice de Christine s'avisa que quelque chose clochait :

« Comment ça se fait, demanda-t-elle d'un ton soupçonneux en fixant le manteau de l'orpheline, que t'as pas de crêpe noir à tes boutonnières? Les gens qui ont un mort chez eux, ils portent toujours un bout de tissu noir sur leurs habits.

– Je l'ai ôté.

« – Ça, ma vieille, c'est sûrement pas vrai! Parce qu'on a pas le droit de l'enlever. Faut le garder au moins un mois!... Regarde-moi dans les yeux, toi. Mieux que ça... Tu rougis. Ouh, la menteuse! En plus, je m'en souviens, maintenant, t'as même pas de père, c'est Simone Fontaine qui me l'a dit. Sale menteuse! », et elle s'enfuit en arrachant le bonnet de « la rouquine ».

Christine avait senti une larme couler le long de sa joue; jetant un regard désolé sur la façade de l'école où l'on avait mis en berne le drapeau français, elle fut fière néanmoins de songer qu'elle versait ces pleurs pour un père universel, celui des peuples malheureux et des petites filles abandonnées.

A cette époque et dans ce cadre l'histoire était, somme toute, banale : que Joseph Djougachvili eût incarné pour des générations de communistes l'autorité paternelle n'était plus à prouver. Même si Christine, du fait de la rupture entre Henri Brassard et le PC, n'avait pas été élevée dans le culte de « l'Homme d'Acier », elle vivait alors dans un milieu où l'image du moustachu était vénérée. Qu'abandonnée par son père naturel elle lui eût substitué une représentation mentale particulièrement forte, empruntée à l'iconographie politique, correspondait bien d'ailleurs à ce que je savais de son caractère. N'avait-elle pas encore, bien des années après avoir renoncé à se présenter à ses petites amies comme « Christine Staline », comparé, dans le récit de la mort de Marie-Neige, ses rapports avec Jean Valbray à ceux de Svetlana et de son illustre père? Je me rappelais qu'elle m'avait même cité une phrase tirée des mémoires écrits par la fille de Staline après son émigration aux Etats-Unis...

Comment s'étonner, dans ces conditions, qu'elle eût trouvé dans le KGB – dont le mystère, la puissance et la rigueur semblaient marqués d'une forte connotation patriarcale – une « personne morale » apte à prendre la succession de la personne physique dont l'indifférence lui pesait : Monsieur Valbray?

J'allais presque me féliciter de mes qualités d'analyse lorsque, relisant avec attention la scène du recrutement, je m'aperçus que je me trompais : contrairement aux apparences, le KGB n'était pas ici le substitut du père, mais une figuration symbolique de la mère.

Il y avait d'abord cet antagonisme, sur lequel Christine revenait souvent, entre l'univers des opprimés et celui des milliardaires, entre l'environnement révolutionnaire et (pour employer son propre langage) « les milieux réactionnaires »; or, avant que Fervacques ne fût entré dans la vie de Christine, c'était son père qui avait incarné ces valeurs de droite, opposées aux traditions ouvrières de sa famille maternelle.

Il y avait aussi – si l'on appliquait aux écrits de Christine la grille psychanalytique – la nature des termes de comparaison utilisés : la métaphore du monde sous-marin, appliquée au KGB, renvoyait aux allégories féminines traditionnelles, tandis que l'univers des Fervacques empruntait ses analogies aux représentations du sexe masculin.

Il y avait, enfin, le fait qu'en l'espèce l'officier recruteur fût une femme, et une femme dont Christine avait souvent, auparavant, souligné le comportement maternel : n'y faisait-elle pas encore allusion au moment où, étourdie par la révélation d'Olga, elle notait que « la Veuve » portait une robe pareille à celle qu'avait Malise le jour de la mort des petits Lacroix? Que la « bonne mère » pût, d'un coup, se révéler mauvaise, la « protectrice » se changer en sorcière et la Sainte Vierge en Parque, ne modifiait rien à l'assimilation initiale : au contraire, puisque les sentiments filiaux de Christine à l'égard de Malise avaient toujours été des plus mêlés et qu'en découvrant dix ans plus tôt, dans la cave de Creil, que la mère victime avait elle-même fauté, elle s'était préparée à accepter qu'Olga, que tout le monde plaignait, pût elle aussi avouer une double vie et sortir à son tour du placard un amant caché – le KGB...

C'est précisément parce que la situation n'était pas nouvelle pour elle que Christine s'y était si vite adaptée. De même, l'illusion que la révélation de la faute maternelle lui donnait barre sur la coupable et la mettait en mesure de la faire chanter procédait-elle davantage du souvenir d'une expérience antérieure que d'une analyse raisonnée du mode de fonctionnement des services secrets... Aussi, loin de la bouleverser, la divulgation du secret d'Olga l'avait-elle d'abord rassurée : elle se retrouvait en pays connu.

Le jeu de bascule auquel allait maintenant l'obliger le fait d'avoir un pied dans chaque camp ne lui était pas moins familier. Pour elle, qui avait toujours cru compenser un sentiment par un autre et retrouver l'équilibre en additionnant les déséquilibres, rien n'était plus sécurisant que de se retrouver ainsi écartelée entre « Papa » et « Maman »; même si elle devait en souffrir, elle ne pouvait – pas plus que les enfants martyrs qui reviennent inéluctablement vers leurs parents bourreaux – s'empêcher de revivre ce qu'elle avait vécu : nous craignons l'inconnu, plus que le malheur...

En projetant sur Charles de Fervacques l'image de son père et en assimilant Olga à sa mère, Christine ne faisait, en somme, que transposer les jeux du divorce aux rapports entre l'Etat français et la puissance soviétique. Seuls changeaient les enjeux, et les dangers courus : elle augmentait sa mise... Mais c'était par cette confrontation permanente de deux mondes hostiles et sa propre mise aux enchères qu'elle se donnait l'impression d'exister; c'était dans la double trahison qu'elle prouvait sa fidélité...

Face à cet être disloqué, dangereux comme le sont les éclats de verre cassé, j'admirais la maîtrise et l'habileté d'Olga. Sans doute avait-elle compris très tôt qu'elle seule pouvait recruter Christine Valbray; mais, si elle occupait vraiment dans les services soviétiques la place éminente qu'elle s'attribuait, elle n'avait pas dû se décider de gaieté de cœur à effectuer la démarche. Je ne sais, en effet, si elle s'était entourée d'avis de psychologues patentés – on dit que les services secrets en emploient pour mieux cerner leurs proies –, mais je crois qu'elle avait assez d'intuition pour sentir que l'instabilité de Christine, qui la rendait si facile à manipuler et si désirable pour une organisation « parallèle », en faisait en même temps un agent à hauts risques. Comme cette nitroglycérine, si souple et liquide, qui vous explose dans les mains à la moindre maladresse, au premier cahot.

Aussi ai-je souvent pensé qu'Olga Kirchner (bien qu'elle eût décelé avant tout le monde les possibilités de la « Sans Pareille » et monté, avec une patience d'araignée, le piège – purement mental – dans lequel sa victime finirait par tomber) avait beaucoup hésité avant de franchir le pas. Je l'imaginais reculant au dernier moment, et ne se résignant à passer le point de non-retour que sur un ordre exprès des instances supérieures : vu de Moscou, comment renoncer à une recrue de ce niveau-là?

Mais Christine, qui n'était pas plus sotte que son « officier », avait perçu ces hésitations, ces répugnances de dernière heure, et quand, avec un certain sadisme, elle avertissait Olga qu'elle aurait tout à redouter de leur collaboration, c'était un langage dont elle savait que l'autre comprendrait la portée. Le couple Christine-Olga, qui doublait maintenant le couple Christine-Charles, l'égalait dans l'ambiguïté du sentiment : dans l'un comme dans l'autre, on saurait parcourir, sur tous les tons, la gamme du « qui perd gagne »... Car je n'oserais affirmer que Christine, si

elle perdait sa liberté, ne gagnait rien à ce jeu-là :
Olga, de la minute où elle eut dévoré sa proie, ne cessa
de trembler pour sa sécurité – ce qui est une forme
d'amour, et la seule peut-être que Christine fût encore
à même d'apprécier...

Faire l'espionne n'est pas difficile; c'est même un
des métiers les plus bêtes qu'on puisse exercer dès
qu'on est assez haut placé pour n'avoir rien à voler.
Pas besoin d'être James Bond; le travail est celui
d'un appariteur, d'un gratte-papier : il suffit de sortir
de temps en temps un document de son dossier, de le
photocopier, et d'aller déposer la photocopie sur le
bureau d'un ami... Bien sûr on trouve, dans les livres
sur le sujet, des listes impressionnantes de pratiques
ésotériques destinées à égarer d'éventuels limiers,
mais ce sont des enjolivures en marge de l'essentiel.
Peut-être les gens qui n'exercent pas, par ailleurs,
de vraies responsabilités professionnelles, ou dont la
vie privée est un désert, sont-ils ravis de trouver là de
quoi meubler leur temps et leur esprit, mais j'étais,
quant à moi, trop occupée pour m'amuser à ces
bagatelles. Aussi établis-je clairement que je n'userais
jamais de ces appareils sophistiqués que les services
tentent de vous placer avec autant d'acharnement
que si les marchands de gadgets les rémunéraient au
pourcentage : lorsqu'on n'est pas doué pour le
bricolage, le stylo enregistreur et le briquet à micro-
filmer me paraissent deux moyens très sûrs de se
faire pincer! Encore, si j'avais travaillé pour la CIA,
aurais-je peut-être fini par me laisser fléchir? Mais,
pour ce qui était de la qualité technique, je croyais
savoir ce qu'il fallait penser de la production soviétique!
Quant aux précautions généralement considérées
comme nécessaires – encre sympathique, code d'appel, et boîte aux lettres morte –, je m'y refusai tout

net : je ne me voyais pas déposant des rouleaux de pellicule dans des troncs d'arbres, ou de lourdes enveloppes sous les pelures d'orange des corbeilles à papiers du jardin du Luxembourg ou du square des Batignolles. Du reste, le visage découvert est le meilleur des déguisements.

Puisqu'il y avait dix ans que je connaissais Madame Kirchner et que j'avais mille occasions naturelles de la rencontrer, je décidai de ne rien changer.

Il me fallut toutefois convaincre Olga de ne pas me désigner d'« officier traitant ». C'est l'usage, dans ce métier, de ne pas confier le suivi quotidien d'un agent à l'officier qui en a opéré le recrutement : on sépare les fonctions, on cloisonne les réseaux. Mais je n'avais nul désir de me compliquer la vie, ni d'entrer en relations avec un Popov à imperméable mastic et chapeau mou qu'il m'aurait fallu retrouver à intervalles réguliers au fond d'un café de banlieue. J'aimais mieux continuer comme j'avais commencé : avec Olga, et dans le décor charmant de l'hôtel de Senlis ou de sa galerie de la rue de Seine. Elle eut beau me remontrer que c'était imprudent, elle ne réussit qu'à me donner de nouvelles raisons de m'entêter : je n'étais pas fâchée de lui voir prendre des risques pour moi...

Tout au plus consentis-je à vérifier, de temps en temps, que je n'étais pas suivie : le processus – détour par un grand magasin aux heures de pointe, ou changement de moyen de transport en cours de route – était amusant par lui-même. J'y eus recours, d'ailleurs, moins pour dépister le contre-espionnage comme Madame Kirchner m'y invitait, que pour m'assurer que ses amis ne me surveillaient pas; et, bien qu'à la vérité je sois trop myope pour repérer le moindre suiveur, j'avais l'impression délicieuse de tourner le remake d'un grand film sur la Résistance (genre « l'Armée des ombres » ou « le Père tranquille ») chaque fois qu'allant du Quai d'Orsay à la galerie d'Olga j'entrais au Bon Marché par la rue de Babylone et le magasin 1 pour en ressortir, après une rapide traversée du rayon vaisselle au sous-sol, par la porte « Rue de Sèvres » du magasin 2. J'ai toujours adoré les jeux de piste et, variant ainsi fréquemment le parcours, je variais mes plaisirs...

Bien qu'Olga ne me l'eût pas demandé, je pris aussi l'habitude de contrôler, machinalement, l'emplacement des objets; si l'on est repéré, le premier soin des policiers est de fouiller les lieux. Pour être informée sur-le-champ de leur intervention, il suffit, lorsqu'on sort, de poser négligemment sur le dossier entrouvert un stylo placé à la perpendiculaire du crayon, ou de faire glisser les feuillets de telle sorte que le dernier laisse apparaître un nombre précis de lignes du texte. De même, dans mon appartement, avais-je adopté une manière particulière de placer les coussins sur le canapé ou de ranger, avec d'imperceptibles décalages dans l'alignement, les livres de ma bibliothèque. Mesures qui me valurent, à plusieurs reprises, d'éprouver de fortes émotions que je dus malheureusement n'imputer, pour finir, qu'à la maladresse de mes collaborateurs ou aux initiatives de ma femme de ménage... Peu importait : sur le moment, pâle, défaite et palpitante, j'étais passée avec ravissement par des sensations aussi violentes que celles que m'avaient procurées pendant des années ces casinos que je cessai alors définitivement de fréquenter.

Puis, comme les autres, au fil des mois ces émotions finirent par s'émousser; au bout de quelque temps, je me sentais tellement rassurée que, ne travaillant pas de manière régulière pour Madame Kirchner, j'en oubliais presque, entre deux livraisons, que j'exerçais une activité illicite : ma droite ignorait bibliquement ce que faisait ma gauche – sécurité qui n'avait rien d'illusoire au fond, puisque, à proprement parler, je n'ai jamais été repérée...

Pour ce qui est d'Olga, en revanche, je dois avouer qu'elle était aux cent coups lorsque, au commencement, je lui communiquais l'un de mes faux sujets d'inquiétude. Ensuite elle resta, même par temps calme, d'une extrême sollicitude : lorsque nous nous rencontrions, elle s'enquérait toujours − telle une grand-mère gâteau − de ma santé, de mes amours, des travaux d'électricité en cours dans mon appartement, ou du fonctionnement de ma nouvelle voiture... Comme elle me l'avait promis, elle s'employait énergiquement à résoudre mes petits problèmes matériels : non seulement elle me versait sans discuter les sommes que j'exigeais, mais elle m'avait aidée à trouver un bon gynécologue, des somnifères efficaces, et un excellent avocat pour mon divorce. Elle poussa même bientôt la délicatesse jusqu'à faire sauter mes contraventions et remplir mes déclarations d'impôts... Que ne m'ôtait-elle « la peine de vivre » !

« Tout va bien? Vous n'avez besoin de rien? » était le leitmotiv de nos conversations; je préférais ne pas penser que ces prévenances faisaient partie de la panoplie du parfait « traitant » et ne visaient qu'à conserver au service un excellent agent.

Pour le reste, dès le début, Madame Kirchner était passée par toutes mes conditions, à l'exception d'une seule : ne jamais rencontrer de Popov. Un jour que je m'étais rendue, avec un sac à main très chargé, au restaurant de la gare de Lyon où elle m'avait convoquée, j'eus la surprise, en effet, de l'y trouver en grande conversation avec un inconnu. Croyant avoir affaire à un voyageur importun dont elle n'avait pu se débarrasser, je me disposais à m'esquiver, en remportant ma livraison du jour, lorsqu'elle me héla : « Approchez, Christine, nous vous attendions... » Elle me présenta : « Madame Valbray, à laquelle nous devons tant... » L'homme se leva pour me saluer très cérémonieusement. « Pavel, conseiller de notre ambassade, chuchota Olga. Il tenait beaucoup à faire votre connaissance. »

Le teint blême et bouffi, la paupière lourde sur des yeux chassieux, le crâne dégarni et le menton flasque, ce Pavel avait l'air d'un mal blanc; on avait l'impression, fort déplaisante, que l'abcès était sur le point de crever... Très vite, en effet, il se répandit autour d'un verre de whisky. Poli, mielleux, et pourtant aussi malsain et inquiétant que le sont les exhibitionnistes du métro, il me remercia au nom du socialisme pour la contribution que j'apportais à la « cause de la paix ». A mi-voix, dans un français parfait, quasi précieux, le bubon fit ensuite des allusions plus précises, mais toujours élogieuses, à telle ou telle de mes notes, et plus il me complimentait, plus j'avais envie de courir me laver. Quand enfin, à l'arrivée des hors-d'œuvre, il nous quitta sur une poignée de main moite, la scène m'avait paru très longue...

Mais Olga protesta qu'elle n'avait pas pu l'éviter : le KGB tenait à ce que ses agents ne puissent prétendre ignorer pour quel parti ils travaillaient; aux hommes de Moscou il fallait des courtiers coupables, et persuadés qu'ils l'étaient. Aussi, quelle que fût la qualité du « traitant », arrangeait-on toujours, ne fût-ce qu'une fois, une rencontre entre l'agent français et l'un des diplomates de l'ambassade, chargé de lui mettre, de la manière la plus officielle, les points sur les i. C'était, aux yeux de nos amis soviétiques, une espèce de rite initiatique destiné à marquer l'entrée de l'impétrant dans le monde du renseignement, un peu comme le « passage sous le bandeau » marque l'admission au Grand Orient...

Je ne sais pourquoi, à mesure qu'Olga m'expliquait ainsi les us et coutumes du monde de l'ombre, un nouveau doute m'effleura : l'idée que Popov ne travaillait pas vraiment pour l'ambassade soviétique,

que le dissident photographié avec moi à Budapest était un authentique dissident, et que certaines notes, apparemment utiles aux Russes, ne m'étaient réclamées que pour mieux me persuader de l'identité de leurs commanditaires. Après tout, quelles preuves Olga m'avait-elle apportées de ses liens avec l'URSS? A quelles vérifications m'étais-je moi-même livrée? « La Veuve » avait aussi bien pu chercher à me convaincre que je travaillais pour le KGB afin de me dissimuler la véritable destination de documents que je lui procurais. De nouveau, après la rencontre du prétendu Pavel, je songeai pendant quelques mois au Mossad...

La seule certitude que je tirai de mon entrevue pénible avec « le mal blanc », c'est que je « travaillais » bien – même si je ne savais plus trop pour qui. Les félicitations dithyrambiques du Popov m'étaient allées droit au cœur car, sur ce plan-là, Olga ne me gâtait pas. Quand je lui remettais un papier, elle y jetait le même regard impénétrable et distrait qu'aux cartes qu'on lui servait aux tables de baccara. Jamais je ne parvenais à savoir, à l'expression de son visage, si ce que je venais de lui livrer était plus ou moins important que ce que je lui avais déjà remis. Elle ne manifestait ni emballement ni déception, et cette absence totale de réactions me rappelait les étranges séances de cinéma qu'organisait, trois ou quatre fois l'an, l'ambassade soviétique pour les hauts fonctionnaires et les journalistes français : dans le hall et les salons illuminés on avait déroulé le tapis rouge pour les invités, mais, au bout du tapis, personne ne les accueillait; ils entraient, s'asseyaient, applaudissaient, ressortaient, n'ayant, dans l'intervalle, salué aucun hôte et rencontré aucun Russe, à part, au sommet des marches, la statue de Lénine.

Aussi, pour mesurer ma valeur, en étais-je réduite à multiplier les caprices; alors seulement voyais-je parfois passer, sur la face impavide de Madame

Kirchner, l'ombre d'une angoisse ou d'une irritation; mais elle cédait. Quand j'exigeais par exemple de ne lui remettre tel papier que chez Lasserre ou Dodin-Bouffant parce que j'avais envie d'y déjeuner, elle grognait d'abord, puis obtempérait. J'y voyais la preuve de mes qualités, ou de son attachement. Je me trompais : je ne compris que beaucoup plus tard, en regardant l'interview télévisée d'un patron de la DST, qu'Olga agissait en vraie professionnelle, blasée depuis longtemps sur les prétentions de ses subordonnés; le directeur de notre contre-espionnage – auquel le journaliste demandait pour quelles raisons certains « traitants » chevronnés consentaient aux imprudentes fantaisies de leurs correspondants – s'était borné à répondre, avec le haussement d'épaules d'un homme de métier : « Bah, nos agents, vous savez... Tous des prima donna! », me renvoyant ainsi brutalement à mon néant...

Peut-être, du reste, n'apportais-je rien d'exceptionnel à mes employeurs dans les premiers temps.

Au commencement, je fournissais surtout du renseignement mondain. Si curieux que cela paraisse, les Russes en sont friands; et c'est sans doute à ce détail – plus qu'à la note sur les Milices chrétiennes ou à ma rencontre avec Popov – que j'acquis progressivement l'assurance qu'ils étaient bien les premiers destinataires de mes informations. Seuls en effet, parmi les diplomates étrangers, à ne pas fréquenter les « dîners », les Soviétiques n'ont pas accès aux cercles dirigeants de nos sociétés, et ce que tout Paris sait, ils l'ignorent. Il est vrai qu'Olga était elle-même assez « lancée » dans les milieux bourgeois pour les éclairer; mais elle connaissait mieux le monde de l'art que celui de la fonction publique, et avait besoin des petits potins que je lui rapportais : X. couche avec la femme d'Y., V. intrigue pour être nommé à la place de Z. à la tête de la Banque D., W. serait en train de faire fortune dans l'immobilier... Tous ces faits en pointillé, auxquels nous-mêmes, dîneurs blasés, ne prêtons qu'une attention limitée, dessinent, je suppose, d'intéressantes perspectives, une fois reliés entre eux; en tout cas, « la Place Dzerjinski » y tenait puisqu'elle utilisait d'autres agents pour se les procurer, tel ce Pierre-Charles Pathé, héritier de la célèbre lignée du cinéma, qui traînait dans les garden-parties du Sénat, les cocktails de presse et les galas des couturiers, et fut arrêté en 79, je crois.

Outre ces cancans, je communiquais occasionnellement à Olga quelques bonnes feuilles extraites de nos dépêches diplomatiques : élucubrations variées de nos diplomates-philosophes et récit détaillé des remises de lettres de créance où, assurant tous qu'ils avaient été reçus un quart d'heure de plus que leur prédécesseur, nos fonctionnaires atteignaient, dans le comique involontaire, des sommets.

Olga prenait tout, y compris, quand je n'avais rien de mieux à lui offrir, les numéros de téléphone privés de quelques députés : je voyais venir le moment où je lui revendrais l'annuaire des PTT...

Les « guébistes » sont les éboueurs du renseignement, les chiffonniers du secret; mais quand leur manque de discernement me portait à l'hilarité, il me suffisait, pour retrouver mon sérieux, de songer aux dossiers du Quai d'Orsay partis dans les poubelles d'Evreuil en 68 : peut-être y avait-il plus à glaner dans nos caniveaux que dans nos bureaux?

Néanmoins – à l'inverse de ce qu'affirment, pour leur défense, les « taupes » maladroites que nous traduisons de temps en temps en jugement, et au contraire de ce qu'Olga elle-même m'avait assuré pour m'engager à « coopérer » – certaines des informations que j'ai fournies ne se trouvaient pas dans la « Revue de la Défense nationale », le rapport de la Cour des Comptes, ou les auditions du Congrès américain : dès mes premiers mois de franche collaboration avec l'Est, j'ai remis à Olga des papiers importants, dont elle n'aurait probablement pas connu la teneur sans moi.

Ainsi l'une de mes premières « contributions à la détente » consista-t-elle dans une série de notes où nos services faisaient le point sur les litiges qui divisaient l'administration française à propos de la prochaine réunion de la Grande Commission Franco-Soviétique. Cette commission, qui célébrait sa messe annuelle sous la présidence conjointe de Charles de Fervacques et du ministre russe du Commerce extérieur, était l'occasion de salamalecs politiques sans importance, mais de tractations commerciales substantielles. A l'approche de la date anniversaire, la Délégation Commerciale Soviétique lançait des offensives de charme, et notre industrie entrait en transe. Nos chefs d'entreprise, incapables d'exporter leurs produits vers les pays civilisés, se battaient pour les vendre à l'URSS – avec profit pour eux et à perte pour le pays; car les usines clés en main que nous placions à l'Est nous étaient payées en monnaie de singe : habiles, depuis la fameuse affaire des « Emprunts », à se faire offrir leurs équipements par l'Occident, les Russes réglaient rarement cash, mais achetaient nos biens industriels avec les prêts que nous accordions à leur gouvernement – à très long terme et intérêt réduit... Autant dire que c'était le contribuable français qui payait Renault ou Creusot-Loire pour qu'ils livrent gratuitement au peuple soviétique les fleurons de notre technologie!

Charles, que son hérédité Pinsart ne portait pas à priser les marchés de dupes et qui avait longtemps bataillé pour obtenir la présidence de cette commission, normalement dévolue à notre ministre des Finances, s'irritait de ce laxisme répété. Ce n'était pas – il l'avait prouvé à propos du Tchad, du Cambodge ou du Liban – qu'il fût un chaud partisan de la fermeté, mais avec les Russes il réglait des affaires de famille et se piquait au jeu.

Il avait d'abord, dans ces négociations, l'avantage de comprendre la langue de l'adversaire, ce qui, pendant que l'interprète traduisait, lui assurait quelques minutes de réflexion supplémentaires dont, en sens inverse, ses interlocuteurs, aussi ignorants des principes du français que de ceux de la démocratie, ne bénéficiaient jamais. Fervacques n'hésitait pas, en outre, à user d'un humour qui désarçonnait les Soviétiques, peu rompus à la pratique de ce sport décadent. Je me souviens d'un jour où le président du Gosplan – désireux de provoquer un incident pour mettre fin à une discussion sur les différés d'amortissement où il n'avait pas le dessus – avait brusquement, à court d'arguments, accusé notre gouvernement de priver le peuple français du nécessaire en réservant les yaourts aux « magasins pour étrangers »... L'énormité de la diffamation – venant du représentant d'un Etat où les yaourts sont rarement en vente libre dans les supermarchés – avait laissé la moitié de nos diplomates sans voix et l'autre moitié au bord de la crise de nerfs. Seul Charles, décidé à ne pas accepter une rupture qui servirait l'adversaire, avait gardé son sang-froid : « Mais oui, avait-il dit avec un grand sourire, vous avez raison... D'ailleurs, regardez mon costume », il avait saisi le revers de sa veste entre le pouce et l'index, « pour trouver une bonne coupe j'ai été obligé de l'acheter à Moscou... »

Bref, dans le cadre de la Grande Commission, les Soviétiques tenaient notre ministre des Affaires étrangères pour un redoutable adversaire; or, cette année-là, avant l'ouverture des discussions, Charles avait résolu de ne pas consentir à Moscou de nouveaux prêts à plus de dix ans et moins de sept pour cent d'intérêt : une révolution! Bien entendu, cette détermination ne faisait pas l'affaire de nos ministères techniques – Industrie, Télécommunications, et Equipement – qui tous rêvaient de voir, à n'importe quel prix, leurs entreprises sous tutelle conclure des marchés; les Finances elles-mêmes étaient divisées – le Trésor qui accordait les prêts penchait pour la sévérité, tandis que le Commerce extérieur, qui comptabilisait les contrats de vente, inclinait aux concessions pour pouvoir annoncer à la presse une spectaculaire remontée de nos exportations... J'avais informé Olga du détail de ces discussions : pour l'emporter, ses amis – que, grâce à moi, le front uni de nos négociateurs n'abuserait pas – ne pouvaient tabler que sur nos rivalités intestines; je lui avais donc remis une liste nominative de nos fonctionnaires laxistes et des jusqu'au-boutistes.

Ce n'était pas, bien sûr, pour les cinquante mille francs qu'Olga m'avait promis en cas de succès que je biseautais ainsi les cartes et faussais le jeu; pas davantage pour défendre une opinion sur le fond des opérations – car il m'était très indifférent que notre SOFRETU obtînt, ou non, le contrat du métro de Tachkent, ou que Monsieur Brejnev fût condamné à verser du sept pour cent plutôt que du trois et demi. Mais j'avais envie de pousser Charles dans ses retranchements, de l'acculer à être excellent : un peu comme à un champion de saut, qui passerait la barre avec trop d'aisance, on souhaiterait accrocher des boulets aux pieds, à seule fin de tester sa capacité à affronter les vraies difficultés.

Lorsqu'il vit les Russes avancer des propositions qui semblaient démarquer de près les positions prises par nos ministères techniques quelques semaines auparavant, puis s'appuyer au cours du débat sur les plus secrètement conciliants de leurs antagonistes, Charles pensa aussitôt à une fuite : « Ces salauds n'ont pas mis longtemps à repérer que l'Industrie était notre ventre mou, et Monsieur Spodar en particulier... S'ils réussissent à provoquer un arbitrage de Matignon, je suis cuit... Nos gens ont dû bavarder. Les Français sont incapables de tenir leur langue! Je me demande même si notre ambassadeur à Moscou... Vous le trouvez fiable, vous, ce Blondet? »

Songeant à l'avancement de mon père, je ne fus pas fâchée de laisser s'installer dans son esprit quelques doutes sur la fidélité de notre chef de poste moscovite... Soupçonnant qu'il était trahi, mais stimulé par le défi, Fervacques alors se surpassa : passant d'une sous-commission à une autre, et d'une langue à l'autre, modifiant sans cesse le texte des communiqués, mêlant le commercial au politique et le sentiment à la finance, il se faufilait dans toutes les failles du raisonnement adverse avec la souplesse du serpent. Son bilinguisme l'y aidait. Ce n'était plus seulement du temps qu'il lui faisait gagner, mais du renseignement : capable de raisonner comme ceux d'en face, il était à la fois leur ennemi reconnu et la « taupe » embusquée derrière leurs lignes. « En changeant de langue, on découvre la fragilité de l'identité, m'avait-il expliqué un jour. Non seulement les sentiments, mais les points de repère se modifient. On s'aperçoit même qu'au fond de soi, là où il n'y a plus de langage, il n'y a plus de morale. Rien, ma petite Christine, il n'y a rien qu'un grand vide qu'on peut remplir avec n'importe quoi... » Pour l'amoralisme et le n'importe quoi, il était imbattable en effet; accordant dans un groupe de travail ce qu'il refusait obstinément au groupe jumeau, donnant sa parole dans une langue pour la reprendre aussitôt dans l'autre, il ne cessait de brouiller les cartes, sans jamais perdre de vue son objectif : dix ans maximum, à sept pour cent d'intérêt...

Pendant qu'il se démenait de la sorte, je continuais à distiller auprès d'Olga des informations sur l'état des négociations, mais à la manière dont Marie de Verneuil communique au commandant des Bleus des renseignements sur le chef des Blancs, son amant : dans l'espoir de pouvoir admirer davantage celui qu'elle trahit s'il parvient encore, malgré elle, à vaincre l'adversaire... Et c'est tout juste si je pus m'empêcher d'applaudir quand j'entendis mon ministre rappeler à son coprésident soviétique médusé : « Lénine a prétendu que nous autres, sots capitalistes, nous vous vendrions la corde pour nous pendre... Mais il avait dit " vendre ", tovaritch, pas " donner "... »

Finalement nous parvînmes à un accord sur quinze ans, à six pour cent. Tout le monde était content : Charles, qui, ravi d'avoir pu se dépenser un peu, était sorti de son perpétuel ennui; les Russes, qui se sentaient soulagés d'avoir limité les dégâts; et moi, heureuse d'avoir gagné sur tous les tableaux, entre un KGB satisfait et un amant plus prestigieux que jamais...

Il y avait plus amusant, pourtant, que d'espionner ses amis : c'était d'espionner les espions.

Pendant les premiers mois de ma collaboration avec le KGB, j'ai passé plus de temps à essayer de reconstituer le passé d'Olga et cerner sa vraie personnalité qu'à rechercher, pour mes nouveaux employeurs, des documents « top secret ».

Au terme d'une longue enquête, j'avais acquis la certitude qu'Olga était bien née Dimenchstein, avait été déportée en 1943, et avait légalement épousé le fameux Kirchner. Mais, par ces trois points-là, s'il ne pouvait passer qu'une droite, on pouvait faire circuler pas mal de lignes brisées : j'avais imaginé, pour ma part, plusieurs trajets. L'un, par exemple, supposait qu'Olga eût adhéré au communisme dès avant la guerre, peut-être à l'époque de sa rupture avec Anne : fâchée contre les Chérailles, comme je l'avais été à quinze ans contre les Dormanges, pourquoi ne serait-elle pas entrée en lutte ouverte avec cette bourgeoisie qui venait de l'écarter? Inscrite depuis des années au PC, membre peut-être de ses réseaux clandestins, elle avait été naturellement prise en charge à Auschwitz par les Kapos communistes, qui continuaient dans les camps la politique commencée dans les banlieues et garantissaient la survie sur présentation de la carte qui, en d'autres temps, aurait assuré à ses détenteurs un logement HBM à Ivry ou Saint-Denis... Après la guerre, conviction idéologique et reconnaissance se mêlant, Olga n'avait plus rien eu à refuser au « grand frère de l'Est ».

Mais on pouvait envisager un deuxième parcours, non moins vraisemblable, où l'idéologie n'aurait guère eu de part : Olga – qui n'eût pas, dans cette hypothèse, été membre du PC – aurait été contactée à sa sortie du camp par une organisation clandestine d'anciens déportés, désireuse de faire « payer » les chefs nazis qui avaient réussi à s'enfuir : l'organisation en question avait barre sur un certain Kirchner que la jeune Dimenchstein avait connu à la Jamaïque en 38 et qui s'était beaucoup compromis depuis avec le Reichsthalter national-socialiste. Plutôt que d'envoyer Kirchner devant un peloton d'exécution, les clandestins choisissaient de l'utiliser comme appât : on arrangeait en hâte un mariage avec Olga (je me rappelais ses paroles à l'aéroport de Vienne : « Kirchner? M'aimer? C'était bien assez qu'il m'épouse! Il est vrai qu'il n'avait pas le choix... »), puis on expédiait le couple en Amérique du Sud où il renseignerait la centrale sur les filières d'anciens SS, Madame Kirchner faisant déjà, auprès de son Hans, moins fonction d'épouse que de « traitant »... Que l'organisation elle-même fût manipulée par le KGB, je ne sais si Olga s'en était doutée, mais le fait n'aurait sans doute rien changé à sa détermination : pour venger les siens, elle se serait alliée avec le Diable si le Diable lui avait promis la tête de Bormann ou de Mengele.

Il était également possible, bien entendu, de combiner ces deux itinéraires, ou d'en inventer un troisième – Olga recrutée en Roumanie dès la fin des années vingt par la Guépéou ou le NKVD, formée dans l'école spéciale de Kiev ou de Moscou aux transmissions radio, à l'art du chiffre et à la psychologie, puis expédiée en France pour le destin qu'on sait.

Même – les jours de grande débauche imaginative! – il m'arrivait d'envisager un quatrième circuit et, supposant qu'Olga n'avait eu qu'après la mort de Kirchner, au milieu des années cinquante, la révélation des activités nazies de son mari, de me la représenter mettant sur-le-champ cette fortune mal acquise et ces relations suspectes au service de la puissance restée la plus anti-allemande...

J'ose à peine avouer qu'au cours d'une nuit de délire il m'arriva, après des années de collaboration, d'envisager encore une cinquième hypothèse : Olga ne se serait engagée avec les Russes (ce fait-là, du moins, me semblait alors avéré) que pour mieux renseigner les Israéliens ou nos propres services secrets. C'était bien le moins que d'imaginer cette femme multiple en agent double!

Où que fût la vérité, il était clair en tout cas que, comme la plupart d'entre nous, Olga avait un passé à géométrie variable...

Je m'en accommodai lorsque j'eus repéré dans cet océan d'incertitudes quelques îlots d'évidence. Son goût pour la peinture, par exemple : de Schiaparelli à Vasquez, sa passion pour le barbouillage semblait indéniable. De même que son faible pour les tapis verts et la boisson – bien qu'il fût malaisé de déterminer si ce qu'elle noyait dans le whisky, ou cherchait à perdre sur un coup de dés, c'étaient ses souvenirs de déportée, ou, tels Burgess, Mac Lean, ou Philby (tous passablement « imbibés »), son présent difficile d'agent secret. Quant à sa fixation sur Anne – dont, en l'observant de nouveau attentivement depuis notre conversation dans la serre, j'étais arrivée à la conclusion qu'elle lui était consubstantielle –, je ne savais comment l'analyser : attachement de la sangsue à la chair qui la nourrit, ou réelle affection? Madame Kirchner exploitait sans scrupules l'amitié des Chérailles, mais j'ignorais si c'était dans la haine qu'elle avait trouvé ces habitudes confortables de vieil amour, ou dans la culpabilité qu'elle avait découvert le secret d'un sentiment passionné...

Après tout, peu m'importait : avec le Johnny Walker, les couleurs, le black-jack et la santé d'Anne, il me restait assez de sujets vrais à aborder avec mon « traitant » quand l'occasion s'en présentait!

Une fois que j'eus fait le tour de ce que je pouvais apprendre sur « l'araignée », je m'attachai à explorer sa toile : je voulus savoir jusqu'où le piège s'étendait et quelles « mouches » il avait attrapées. Ayant acquitté Anne au bénéfice du doute – et parce que j'avais besoin de croire mon frère étranger à ces intrigues –, je décidai également de mettre Charles au-dessus du soupçon : à mes yeux, la manière dont il venait de présider la Grande Commission l'avait disculpé. L'ayant déjà lavé de toute accusation de corruption (depuis qu'ayant découvert le peu de cas que la Spear faisait de la LM j'avais cru y trouver l'explication de la hargne du vieux Chérailles), je le jugeai décidément étranger au monde des « fausses fenêtres » et des « doubles faces ».

Il n'en allait pas de même pour Fortier, dont il me semblait que, si nigaud qu'il fût, il n'avait pu présider aux destinées du PAPE pendant sept ans sans s'interroger sur la provenance des fonds dont il disposait. Encore qu'il entretînt des liens fort étroits avec l'Opus Dei espagnol – autre « armée secrète » –, Bertrand Fortier de Leussac me paraissait devoir être rangé parmi les permanents qu'employait « la

Place Dzerjinski ». Imitant la comtesse de Chérailles lorsque, dans les années soixante, elle répartissait ses invités du week-end entre « fond de sauce » et « vol-au-vent », j'avais résolu, en effet, de classer mes suspects en deux catégories : les « réguliers », qui, conscients d'être compromis, n'avaient plus d'autre ambition dans la vie que de refiler le « mistigri » aux naïfs qui entraient dans la partie – « Welcome to the Aids' Band » –, et les « pigistes » qui ne faisaient avec le Diable qu'un bout de chemin en feignant de le prendre pour un petit saint...

C'était plutôt dans la deuxième catégorie que je rangeais Moreau-Bailly, qui cultivait vertueusement ses scrupules d'ex-mendésiste, ne plongeait jamais (fût-ce dans la conversation la plus convenable) sans s'être d'abord pincé le nez, et affectait, avec ses pulls usés et ses rondelles de cuir, le chic – mi-clochard, mi-prince de Galles – d'un vieil Anglais timide et distingué : ce délicat avait bien servi Olga assurément, mais il n'aurait pas supporté d'être confronté au sens de son action. Aussi avait-elle dû se garder de le lui révéler; il n'était que « manipulé », et plus souvent sans doute par sa propre imbécillité que par un marionnettiste caché...

Tout autre me paraissait le cas d'Henri Dormanges. Après avoir proposé de remplacer Moreau-Bailly à la direction de « la Presse » au cas où Fervacques rachèterait le journal, notre « Mandrin » s'était résigné, l'affaire ayant échoué, à redoubler de zèle sous les ordres de celui qu'il dénigrait; et il avait mis un tel talent à complimenter ses supérieurs et calomnier ses égaux que François lui réservait maintenant, dans son trop tendre cœur de directeur, une place presque équivalente à celle qu'avait occupée le défunt Escudier; en peu de mois, Dormanges, entré comme correspondant de guerre, était parvenu à l'étage de la rédaction, où il occupait un joli bureau et deux colonnes en page-titre – « l'Actualité Inso-

lente, les libres commentaires d'Henri Dormanges »;
cette promotion fulgurante l'avait laissé tout
étourdi : il grimpait si vite qu'il s'était lui-même
perdu de vue... Mais je l'avais retrouvé, et là où je ne
l'attendais guère : chez Olga. A deux reprises, en me
rendant dans le petit appartement qu'elle occupait
rue de Seine au-dessus de sa galerie, j'étais tombée
sur lui : Madame Kirchner, qu'il avait connue par
François, le mettait, paraît-il, en rapport avec des
financiers sud-américains désireux de monter en
France un mensuel politique. Nous avions, prétendait ce jeune homme aux dents longues, d'excellents
quotidiens et des hebdos de qualité, mais aucun
mensuel sérieux : il occuperait le « créneau ».

— Mais dites-moi, mon cher Mandrin, ne craignez-
vous pas que vos financiers sud-américains soient
moins à gauche que vous?

— Soyons sérieux, m'avait-il répondu, doctoral et
sec. Je ne renie pas mes idées, mais je méprise la
presse de propagande. Quelles que soient les opinions qu'on professe, on les sert toujours mieux en
publiant un journal objectif : il serait temps, dans ce
pays, qu'un homme de courage s'en avise!

A cette conception élastique de l'objectivité je
pressentis qu'il « en était »; du reste, soyons francs,
je lui reconnaissais l'étoffe morale d'un « permanent »...

A Berton aussi, pour tout dire. J'avais compris
qu'Antonelli avait été l'un des appointés d'Olga, et,
si Berton ne l'était pas encore, cela ne pouvait
tarder : avec ses combines à la petite semaine et ses
amitiés douteuses, il prêtait le flanc. C'était sans
doute pour cette raison qu'Olga n'avait pas jugé bon
de mettre Anne en garde comme je l'y invitais : un
ancien ministre de la Coopération qui passe à portée
de grappin n'est pas à dédaigner... Surtout à un
moment où – j'étais bien placée pour le savoir – la
politique africaine de la France inquiétait le KGB.

De toute façon, quand on commençait à chercher la racine du mal, à creuser pour trouver la souche qui fixait la plante au sol et l'alimentait, on tombait sur d'interminables tiges rampantes, ramifications infinies d'un rhizome parallèle au sol, qu'il perçait, de loin en loin, de surgeons secondaires et de rejets adventifs; sitôt même qu'on touchait à ces rameaux lointains, qu'on tentait d'arracher ces repousses intempestives, on voyait s'agiter des plantes encore plus éloignées, étrangères en apparence à la racine principale, mais reliées à elle par de secrets vaisseaux, des filaments cachés : tantôt affleurant et tantôt s'enfonçant, partout le rhizome s'étendait, croissait, proliférait, étouffant ce qui lui restait étranger, nouant de ses lacets, ses crampons, ses suçoirs, les derniers plants isolés, jusqu'à les étrangler. Bientôt, pour avoir seulement voulu déterrer un pied d'iris ou de muguet, on ferait vaciller le jardin tout entier...

Qu'adviendrait-il, par exemple, si l'on tirait sur les « racines » de Gaya, le musicien, si peu susceptible apparemment d'être rattaché au réseau d'Olga? Quand, en sortant de la serre le jour où Madame Kirchner et moi y avions « joué au poker », je m'étais trouvée nez à nez avec le vieux compositeur, censé être remonté dans sa chambre depuis une heure pour y travailler, j'en étais restée si déconcertée que je n'avais pu m'empêcher de m'interroger : avait-il écouté notre conversation? Et si oui, pour le compte de qui? Il avait eu beau m'expliquer, avec un enthousiasme un peu forcé, qu'il venait enfin de trouver l'attaque de son « Libera me » et n'avait pu résister au plaisir de m'en informer, il m'avait paru suspect. N'avais-je pas vu un film où l'agent secret – un chef d'orchestre – passait les documents microfilmés en les dissimulant sous les notes de ses partitions?

Recrue de soupçons, je finissais par avoir des visions...

Cependant la voix entendue un soir chez Olga ne relevait pas, à mon avis, de l'hallucination auditive. La femme de ménage venait de me faire entrer au salon, en me disant que « Madame s'excusait », qu'elle « était en rendez-vous dans la pièce d'à côté, mais n'allait pas tarder » et elle avait refermé sur moi la porte-fenêtre aux rideaux plissés; assise sur un fauteuil inconfortable, et sans autre lecture qu'une note de synthèse de notre représentant à l'OTAN que j'apportais à mon « traitant », j'avais machinalement, comme dans toutes les salles d'attente, tendu l'oreille. Du bureau de Madame Kirchner me parvenaient deux voix féminines alternées : celle de « la Veuve », grave, presque rauque, et un second timbre, plus flûté; mais, malgré mes efforts, je ne saisissais aucun des mots prononcés. Cependant, alors que je cherchais désespérément à accrocher un morceau de phrase, je remarquai qu'un bruit étrange, semblable au cliquetis des sabots d'un cheval sur une route, ou au clappement de langue d'un enfant qui imiterait le trot d'un cheval, venait chaque fois couvrir la plus aiguë des deux voix. Battement d'un métronome déclenché par mégarde? Clapotis d'un robinet mal fermé?

Et tout à coup, je sursautai; un souvenir vieux de quinze ans venait de traverser ma mémoire, traînant avec lui la chaleur lourde d'une fin d'après-midi et une saveur de fruits confits : le dentier libanais! Personne au monde que la vieille comtesse libanaise, amie de Marie-Neige à Rome, n'enrichissait, de la sorte, ses discours d'un cliquettement pseudo-zoulou. Ainsi, je venais de réussir à identifier un de leurs agents! Les clap-clap suivants résonnèrent comme des applaudissements... Quand Olga, ayant raccompagné sa mystérieuse visiteuse, ouvrit enfin la porte du salon où je me morfondais, « je savais, lui dis-je, que vous vous intéressiez au Moyen-Orient, mais pas au point d'y animer un réseau... Vous êtes omnidirectionnelle, dites-moi! » Elle me dévisagea, interloquée. « Il faudra vous y faire, repris-je, je lis dans les âmes et je vois à travers les murs. Vous me croyez myope, mais c'est une couverture. Ne dit-on pas, d'ailleurs, myope comme "une taupe"? Mes yeux sont des rayons X... » Elle finit par hausser les épaules : « Je ne vois vraiment pas ce que vous voulez dire, ma pauvre enfant... » Elle pouvait bien protester : depuis que j'avais reconnu la comtesse libanaise, j'étais certaine que tous les êtres, hommes ou femmes, jeunes ou vieux, qui s'étaient révélés utiles à un moment donné ou simplement vulnérables, Olga les avait approchés, séduits, tentés. Lydia Pellegrini par exemple? N'aurait-elle pu rapporter davantage à un service secret que la vieille Libanaise? Et la voyante de Charles? Elle devait en savoir des choses, et pouvoir influer sur tant de décisions!

Sans compter les innombrables bourgeons adventices et les mauvaises herbes qui poussaient sans qu'Olga les eût semées : tous ceux que Lénine appelait les « imbéciles utiles » – ambassadeurs que nous envoyions défendre les intérêts de la France à l'étranger et qui finissaient, en toute bonne foi, par défendre en France ceux de l'étranger, journalistes méconnus ravis de trouver enfin des lecteurs, ingénieurs effacés trop heureux de pouvoir briller...

En somme, d'une manière ou d'une autre, tout le monde « en était ». Et, de même que Sovorov, dans son délire, s'interrogeait sur une hypothétique « vie cachée » de François Mauriac, je passai en revue tous les grands politiciens du moment, y compris les Américains : est-ce que Gerald Ford, par exemple, n'avait pas l'air trop bête pour être honnête? Et son challenger, Jimmy Carter, avec sa morale en bandoulière, à qui ferait-il croire que sa bonne tête de marchand de cacahuètes n'était pas une admirable couverture pour une âme plus retorse et des desseins plus suspects? Tous comédiens, tous trompeurs, tous agents secrets!

Quand je me vis ainsi cernée, depuis des années, par l'imposture et le mensonge, je ne m'étonnai plus que d'une chose : avoir résisté si longtemps! Loin de connaître le remords de la trahison, je conçus quelque fierté de ma fermeté passée... En tout cas, ce fut d'un cœur léger que j'allai dépenser dans les boutiques et les hôtels de luxe le prix de la forfaiture et du danger.

Les premiers temps, en effet, le supplément de revenus qu'Olga m'attribuait – en liquide et en dollars –, je m'empressai de le dilapider dans les palaces romains. Puisque j'en avais enfin les moyens, je pris un vif plaisir à renouer avec ma jeunesse italienne et, ne regardant plus à la dépense, je n'hésitai pas à m'envoler pour Rome, fût-ce pour une journée, que je passais à traîner dans les rues du Trastevere; le plus souvent pourtant, j'essayais de m'y réserver des week-ends entiers, car en fin de semaine Senlis m'attirait de moins en moins : le vieux Chérailles n'en finissait pas d'agoniser, et, comme un malheur n'arrive jamais seul, Catherine Darc avait tout de même réussi à se faire épouser, « dans l'intimité », par son séducteur quinquagénaire – deux raisons pour que je trouve l'endroit inhospitalier...

A Rome, je descendais au Grand Hôtel, près de la Piazza Repubblica – moquettes à ramages, rideaux épais, nappes empesées, femmes de chambre empressées : tout le bonheur qu'on peut espérer à trois cent mille lires la nuit...

A Paris je n'ai jamais osé, même avec un chéquier bien approvisionné, entrer chez un grand couturier ou un coiffeur renommé. Devinant qu'il y aurait là des conventions à respecter, un code à connaître,

jusque dans la manière de regarder la shampoui-
neuse, de s'adresser à la vendeuse, ou de traverser la
pièce, je pressentais que je ne pourrais jamais, quel
que soit le niveau de mon compte en banque, y
tromper personne sur ma véritable identité. Mais à
Rome je n'avais pas de ces timidités : soit qu'il me
parût possible d'expliquer mes maladresses par mon
statut d'étrangère, soit que, grâce à Marie-Neige,
j'aie pris suffisamment tôt l'habitude du confort
ouaté des commerces de luxe romains, je consacrais
mes matinées à courir les bijoutiers chics et les
chausseurs célèbres des rues élégantes de la ville.
D'ailleurs, Olga m'avait mise en garde sur les conséquences que pourrait avoir un brusque changement
de mon train de vie parisien : s'il fallait vivre à
grandes guides, mieux valait le faire à Rome où
personne ne me surveillait.

L'après-midi, vêtue de neuf et de dispendieux, je
traînais chez les antiquaires des Coronari, pour
achever d'y gaspiller mon argent sur de petits objets;
je m'étais découvert une passion pour l'argenterie
ancienne, les pierres dures, et ces tableautins déformés qu'on nomme « anamorphoses » et dont le sujet
change selon qu'on l'observe de face ou par le
truchement d'un miroir. Je commençais même à
regarder avec intérêt quelques gros meubles, que la
générosité communiste me rendait enfin accessibles –
tables baroques, où des marbres de toutes les couleurs dessinent d'énigmatiques entrelacs, coffres
inviolables et cabinets à secrets. Je voyais se rapprocher de moi le moment, si longtemps attendu, de
« l'Ere de l'Opulence »...

Le soir, ayant enrichi mes collections, je poussais
jusqu'à l'un des cercles de jeu feutrés que j'avais
fréquentés dans le temps, mais c'était moins pour y
jouer que pour séduire, voir des hommes regarder
mes robes nouvelles, et leur sourire, même si je ne me
laissais plus raccompagner... J'aimais mieux passer la

soirée seule dans mon somptueux lit d'hôtel, ou en compagnie de ces patriciens romains débauchés que j'avais connus dans ma jeunesse, à l'époque où Philippe me traînait de force aux soirées des Fornari et des Barberini. Les Fornari continuaient à donner dans leur palais délabré des « parties » débridées, comme s'ils avaient eu à cœur d'évoquer pour leurs invités étrangers les orgies tristes de Fellini. Lorsqu'on entrait chez eux, on ne savait jamais, disait mon frère, si l'on allait finir la nuit avec Cecilia, son frère Orlando, un satyre de passage ou le doberman de la maison...

Peut-être était-ce leur manière de réagir au climat particulier qui s'appesantissait alors sur la bonne société romaine? Les Brigades Rouges avaient mis le pays en coupe réglée, et « les années de plomb » pesaient lourdement sur les épaules de ces décadents si légers... Moi-même, quand j'allumais la télévision de ma chambre d'hôtel, j'étais surprise de ne plus voir de ces téléfilms d'autrefois, ingénus comme des romans-photos, où l'on trouvait toujours, quel que fût le sujet, un industriel dynamique roulant en Alfa-Romeo, une équipe de maffiosi à col roulé, un évêque en violet, et une journaliste court-vêtue, qui, entre la tour de Pise et la place Saint-Marc, naviguaient de boîtes de nuit en confessionnaux, au gré des mariages, des accidents d'auto, et des miracles d'une Madone en plâtre, souriant au-dessus d'une brassée de lys... Au lieu de ces rêves à bon marché, la RAI nous servait maintenant des images d'abattoir – carabiniers mitraillés dans des cafés au petit matin, vieillards criblés de balles comme des lapins, politiciens torturés, magistrats abattus au coin des rues, jambes arrachées, yeux crevés; sur l'écran, les gros seins des héroïnes aux yeux de biche avaient cédé la place aux photomatons patibulaires des « camarades assassins » – barbe noire, moustaches noires, passe-montagnes noirs – et aux discours, abjectement compréhensifs, des sociologues de service.

« C'est curieux », m'avait confié un cinéaste éméché, un soir qu'allongés sur le sofa d'un petit salon nous regardions Cecilia, à quatre pattes, faire de son mieux pour divertir la société, « on dirait que la vie autour de nous a monstrueusement changé à la suite d'une condamnation mystérieuse, irrationnelle... Comme si nous avions commis une faute obscure, propre à déclencher un processus de destruction inéluctable... Où, quand, comment, nous sommes-nous trompés ? » Dans son verre, il faisait tanguer son bourbon autour des glaçons. « Vraiment, je ne sais pas... Mais basta! Il nous reste l'amour et le vin! Vieni, ragazza... »

Ces week-ends romains, qui me transportaient chaque fois sur une autre planète, à la fois plus douce et plus cruelle, déteinte aux couleurs de mon cœur, ne suffisaient pas toujours à épuiser les dollars d'Olga. J'employais alors le surplus de la même façon que je l'avais fait autrefois pour le « denier de Judas » : en donnant de l'argent à ma grand-mère.

Je savais que mon père, profitant de ce que Béatrice gagnait correctement sa vie à l'hôpital, ne versait pas toujours la pension de Malise comme il l'aurait dû. Certes, les trois femmes ne manquaient pas du nécessaire, mais elles étaient petitement logées, et dans une HLM dont l'environnement commençait à se dégrader : des bandes de désœuvrés traînaient la nuit dans la cité; deux fois, en rentrant du travail, Béa avait été agressée, et ma grand-mère, qui restait barricadée toute la journée derrière la porte blindée qu'elle avait fait poser, vivait dans la terreur qu'un de ses jeunes voisins en blouson n'éprouvât l'envie d'entrer par son balcon. Quand je vis, dans l'entrée, les poubelles renversées, les boîtes aux lettres arrachées, les graffiti sur les murs, et l'ampoule dévissée, je résolus de déménager mon monde, en payant moi-même le supplément de loyer.

Je leur trouvai, dans le vieux Creil, un immeuble en brique rouge des années trente – l'un de ces logements populaires d'avant-guerre qui faisaient désormais figure, dans ces banlieues déshéritées, de résidences bourgeoises. Les mosaïques du hall sentaient bon le « savon noir », et la concierge, comme il se devait, était dans l'escalier... L'appartement comportait une pièce de plus que celui du « grand ensemble ». A l'idée d'avoir un salon pour mettre le piano des Lacroix, Malise battit des mains; si j'avais pu lui promettre un boudoir en prime, c'eût été du délire. Béatrice, qui avait d'abord refusé mes générosités par crainte de me devoir quelque chose, n'eut pas le cœur de décevoir cet enthousiasme : elle céda, en se gardant bien de me remercier. Elle s'abstint également – par dignité – de me donner le moindre coup de main pour déménager : elle avait trop à faire; devenue MLF sans jamais cesser de militer au PC, elle devait maintenant trouver (en dehors des horaires réservés au torpillage du PS et à la promotion de Georges Marchais) le temps de vendre « le Torchon brûle » à la sortie des supermarchés...

Avant de faire transporter le maigre mobilier familial, je résolus de le compléter en achetant, pour le futur salon de Malise, un canapé – le premier qui fût jamais entré chez les Brassard : ma grand-mère le voulut « rustique » et « à fleurs », comme ceux qu'elle voyait dans le catalogue de La Redoute; elle vint le choisir avec moi à Conforama. Quand je vis ses yeux étinceler de fierté devant de grosses pivoines rouges qui rappelaient les rideaux du Majestic, je n'eus pas la cruauté d'exiger une forme plus classique ou un dralon discret; et lorsqu'elle m'annonça qu'elle allait confectionner au crochet des têtières de dentelle pour protéger les dossiers, j'étais déjà résignée...

Anne, que j'avais informée de ce déménagement pour pouvoir refuser plus poliment ses dernières invitations, voulut à toute force m'aider à installer, dans l'appartement repeint de frais, le petit ménage de ma grand-mère. C'était pour elle un divertissement dans le genre de ceux dont raffolent les dames de Fleurville ou de Rosbourg dans les romans de la comtesse de Ségur lorsqu'elles remettent à neuf une petite chaumière pour leurs pauvres et y placent, comme dans une maison de poupée, tous « les effets indispensables » : « des tables, des chaises, des fauteuils, des tabourets, des flambeaux, des vases, des casseroles, des tasses, des assiettes, des carafes, des balais, des brosses et des tapis... » Après avoir un peu résisté, j'acceptai sa proposition parce que Olga l'accompagnerait et que je n'étais pas fâchée de rappeler à Madame Kirchner que je n'appartenais pas plus qu'elle au monde des snobs et des nantis; j'aurais tellement voulu qu'il y eût entre nous une autre complicité que celle des délits partagés!

Afin d'éviter une rencontre inopportune entre Madame de Chérailles et ma mère, je plaçai Lise chez une voisine complaisante, puis, retroussant mes manches, j'attendis de pied ferme mes meubles et la comtesse. Anne fut très efficace : grande et énergique, elle déployait la force d'un homme dès qu'il s'agissait de pousser une armoire ou de transporter un sommier. Elle essaya le piano, rangea les verres et les torchons avec une joie de petite fille qui joue à la dînette, plia les couvertures, et mit dans des vases les roses Chérailles qu'elle avait apportées. Quand nous fixâmes le séchoir à linge au-dessus de la baignoire, elle, qui possédait buanderie et lingerie, s'extasia sur la commodité du système : « Regarde, Olga, comme c'est pratique, cette petite chose-là! Très ingénieux, n'est-ce pas? » A la voir manœuvrer les poulies avec entrain on aurait cru qu'il y avait quarante ans qu'elle rêvait de sentir du linge humide lui dégoutter sur la tête... Elle admira beaucoup aussi les petites assiettes 1900 que ma grand-mère tenait à raccrocher dans sa nouvelle salle à manger; intitulées « Balançoires », elles étaient ornées en leur centre de dessins en noir et blanc, légendés dans le goût des comiques troupiers des mêmes années; Madame de Chérailles tomba en arrêt devant celle du scieur de long auvergnat : « Monsieur le comte, j'ai chié pour votre grand-père, j'ai chié pour votre père, je chierai bien pour vous, fouchtra! »

— Oh viens voir, Olga, si c'est drôle, cette vaisselle kitsch!

— Ma pauvre dame, dit ma grand-mère flattée mais affectant la modestie, c'est bien vieux, ce que vous regardez là!

Germaine Brassard, qui avait d'abord redouté le contact avec celle qui avait été la première rivale de sa fille, sortit enchantée de leur rencontre : « Ben, faut dire ce qui est : elle est simple, c'te femme-là. Et bouc-en-train, avec ça! Ça me fait de la peine que mon Henri l'ait pas connue, parce qu'elle y aurait bien plu!... C'est pas comme son amie... Tu vois, c'est pas pour la débiner, l'autre, mais on sent qu'elle est du gratin, qu'elle se prend pas pour de la crotte! Oh, elle est pas vraiment malpolie : "Bonjour, Madame", "Merci, Madame", "Où c'est qu'il faut mettre votre saladier, Madame?" Mais jamais un sourire, jamais un mot gentil... Cette Olga, sûrement que c'est une vraie noble, une altesse, quoi! »

Quand j'avais payé le loyer des Brassard et qu'il me restait encore quelques sous, j'en faisais profiter Laurence. Il me paraissait juste qu'un peu de cet argent, gagné en trahissant son père, lui revînt. Du reste, elle en avait besoin.

Depuis que Zaffini, fatigué d'attendre un poste qui ne venait jamais, l'avait définitivement « larguée », elle avait laissé tomber la politique, dont il me semblait d'ailleurs qu'en dépit des apparences il y avait longtemps qu'elle avait commencé à s'éloigner : elle s'était passionnée pour des révolutions de plus en plus lointaines, de moins en moins contrôlables – passant de l'Algérie à Cuba, et de la Bolivie au Chili, pour finir par la Chine. Puis, faute qu'il y eût sur la lune d'autres révolutions que celle des astres, elle s'était progressivement détachée du prolétariat, du Tiers Monde, et de la lutte armée. Elle avait cessé de fréquenter les couloirs de Normale Sup – où Althusser, entre deux séjours dans les hôpitaux psychiatriques, continuait de prophétiser –, elle désertait les réunions d'autonomes où quelques camarades tentaient encore de l'entraîner pour étudier la stratégie de la subversion, elle avait même ôté de son cou cette médaille à l'effigie du Che qu'elle avait longtemps gardée, et retiré de ses murs cette grande affiche qui proclamait que « le fond de l'air est rouge »... Bien que conservant provisoirement au vieux Mao l'admiration vague qu'on voue à un grand-père gâteau, elle était partie rejoindre Alain Chaton dans son couvent Krishna. Lui ne démordait plus de la métempsycose : il assurait à qui voulait l'entendre que, dans une existence antérieure, il avait été salsifis et que, s'il s'appliquait bien cette fois-ci – « Allez Rama, allez Krishna » –, il avait de bonnes chances de renaître dans la peau d'un chat; c'était peut-être le dernier moyen qu'il eût trouvé pour se réconcilier avec son nom... A moins que, devenu sage, il n'eût compris qu'il y avait plus heureux qu'un révolutionnaire sur une barricade ou un bourgeois dans sa Rolls : un matou d'Europe nourri au « Sheba », couché sur le couvre-pied de soie que son maître, vaincu, a fini par lui abandonner...

Mais la fille de Charles s'imaginait mal en « abyssin » ou en citrouille, à moins qu'elle ne supportât pas le riz macrobiotique : elle n'avait pu trouver la paix chez les adeptes du crâne rasé. Ayant perdu dix kilos, elle était revenue à Paris où elle n'allait pas tarder à apprendre à la fois la mort de Mao et les turpitudes de la « Bande des Quatre ». Renonçant définitivement à toute espèce de religion, elle crut combler sa solitude en adoptant un chat de gouttière – peut-être en mémoire d'Alain Chaton, ou parce qu'elle avait gardé un bon souvenir de la « Mistinguett » de Carole, qui avait su l'apprivoiser lorsqu'à quinze ans elle croyait la terre entière occupée à la tourner en ridicule... De plus en plus transparente et taciturne, elle végétait maintenant avec ce protégé discret dans un squat de la rue Raymond-Losserand, derrière la gare Montparnasse, en compagnie de trois immigrés maliens, joueurs de tam-tam et de bonneteau. Entre deux « petits boulots » que sa mère lui obtenait, et qu'elle ne gardait jamais, elle passait parfois me voir dans le seizième.

Quand je lui avais proposé de l'argent pour s'installer dans un vrai studio, elle n'avait pas fait de grandes difficultés pour l'accepter; et maintenant, dès qu'elle chômait, elle venait me « taper » : elle préférait mon aide à celle de Malou, toujours assortie de pleurs, de remontrances, et de mises en demeure variées. Tard le soir elle passait à la maison, vêtue de son éternel imperméable gris et de ses longs cheveux de noyée; toujours pressée, elle me regardait à peine, parlait précipitamment de la nécessité de payer la facture d'électricité ou de vacciner son chat, empochait mes billets, et filait après avoir posé dans le vide un baiser distrait.

Elle n'était même plus capable de ces sursauts d'orgueil blessé, de cette agressivité d'écorchée vive qui l'avaient autrefois caractérisée; il semblait qu'elle ne fût plus assez présente au monde pour mordre, ni pour mâcher. J'essayais parfois de l'obliger à s'asseoir, à avaler un bol de bouillon; mais aussitôt elle se butait, ou s'échappait dans une suite de propos décousus, de généralités confuses. Comme elle n'avait jamais été plus portée aux confidences qu'à la gourmandise, je ne m'inquiétais pas outre mesure de ses dérobades, et peu à peu je renonçai à la « confesser ». Du reste, à mesure que les mois passaient, elle me semblait moins malheureuse : quoiqu'elle restât très maigre, et proche, physiquement, de l'évanescence, elle osait parfois de brefs sourires, des éclats fiévreux; peut-être, à défaut d'amour et d'idéal, avait-elle réussi à se fabriquer, comme Chaton chez les Krishnas, ce qu'un Anglais du XVIIIe appelait « un petite réligion à part soi... »

Au pied de la cathédrale Saint-Etienne de Vienne, vide et sombre comme une forêt pétrifiée, un groupe de Krishnas attirait le chaland. Ils avaient planté de grands panneaux devant leurs tréteaux : « Le Karma, c'est la vie et la mort, l'action et la réaction, l'être et le non-être », « Krishna, c'est la réincarnation ». Sur un fond musical plutôt disco, et dans un décor photographique de temples hindous et de stûpas, ils commentaient de curieux montages où des hommes, coupés en deux verticalement ou horizontalement, étaient accouplés à des moitiés de tigres ou de cochons, selon le jugement qu'on portait sur leurs actions... Obligés de s'habiller chaudement à cause du climat, ces Krishnas autrichiens, autour desquels se rassemblaient les badauds, semblaient moins extravagants que les Krishnas français; c'étaient, en quelque sorte, des Krishnas banalisés : sur leurs tuniques orange ils portaient d'épais blousons bruns, avaient glissé des chaussettes dans leurs sandales, et cachaient leur calvitie provoquée sous des bonnets de laine tricotée. Autour de leur stand, les Viennois papotaient, goûtant les friandises distribuées aux passants, et achetant disques et brochures avec une bonne volonté désarmante.

Je m'étais arrêtée devant ces propagandistes de la foi, comme je m'arrête volontiers, chaque fois que je suis à l'étranger, aux spectacles de la rue; la veille, j'avais longuement contemplé sur le Graben un homme costumé en uhlan, chapeau compris, qui, chaussé de souliers « à la poulaine » et barbouillé de rouge comme un clown, jouait d'une demi-douzaine d'instruments à la fois, ayant dans le dos une grosse caisse et des cymbales, sur le ventre une mandoline, à portée de bouche une flûte et un harmonica, et aux chevilles des bracelets de grelots... Pas plus que les adeptes de Vishnu, apparemment, celui-là n'avait su choisir entre tous ses possibles : il se voulait orchestre, comme d'autres se veulent en même temps hommes et chats, rhododendrons et salsifis...

Au moment où, souriant de la naïveté des curieux, j'allais m'éloigner de l'éventaire des Krishnas, un fidèle aux yeux bleus se précipita sur moi pour me tendre une photo : elle représentait une femme-panthère. Comme je ne parle ni l'allemand ni le sanscrit, je ne sus pas de quels commentaires il accompagnait son cadeau, et je ne pus lui dire non plus que – si, par hasard, il prétendait me faire la cour – une femme-fleur aurait été plus indiquée... D'ailleurs, s'il s'agissait d'une allusion à ma personne, la femme-panthère me plaisait davantage, à tout prendre, que la femme-génisse à laquelle j'avais peut-être échappé de peu...

Je rentrai à l'hôtel en contemplant cet étrange portrait : il me rappelait un film américain, « la Féline » – histoire, vieille comme les légendes, d'une femme humaine le jour, et fauve la nuit. L'aventure, tragique, se terminait sur la citation d'un poète anglais : « Le monde où je vis est en deux parties, et les deux parties doivent mourir... »

Bien des fois depuis, j'ai songé à cette phrase en méditant sur la conduite suicidaire de Christine dans ses dernières années. Seule la mort, en effet, peut rendre aux êtres disloqués leur première unité; et je voyais bien que, par-delà le mince destin de Madame Valbray, c'était aussi l'objet que l'Europe poursuivait, écartelée entre ses multiples identités, incapable de retourner sur ses pas, mais apte encore – ayant perdu le chemin – à se conduire avec un très sûr instinct, telle une troupe de lemmings égarée, vers l'abîme où elle se jetterait.

Car, à force de métamorphoses et de transformations, nous avions perdu la mémoire de toute autre destination, oublié toute directive qui n'aurait pas pour fin notre propre destruction, effacé la trace de nos missions, l'empreinte de nos définitions; « personnages en quête d'auteur », nous marchions au néant avec la curiosité inquiète d'agents doubles qui, jusqu'à la dernière minute, chercheraient à savoir pour quel service ils ont travaillé...

Des souvenirs confus – comme ceux qui poussaient Laurence et les Viennois vers les promesses de Krishna – nous suggéraient parfois que nous n'avions pas toujours été divisés, toujours tricheurs, toujours faussaires, toujours trompés. Un jour, quelqu'un, qu'aucun déguisement ne saurait abuser puisqu'il regarde l'homme de l'intérieur, nous rendrait notre forme d'origine : une vérité cachée préexistait à tous nos avatars; au commencement était l'Unique et la fidélité, le « recruteur » primitif, le manipulateur initial, le chef du réseau; où que nous soyons, quelque nom, quelque masque que nous portions, quand l'heure viendrait il nous reconnaîtrait; et, en le retrouvant, nous nous retrouverions...

Mais aux questions que, courant vers la falaise, nous posions sans désemparer à ceux qui nous accompagnaient, seul le mensonge répondait. Nos frères, nos sciences, nos idéologies mentaient. Nos cultes, nos églises, nos mystères – ou ce qui en restait – étaient eux-mêmes infiltrés, retournés, dénaturés...

De même que, derrière le PAPE, le KGB tirait les ficelles, le Diable usurpait la place de Dieu au sommet.

Sitôt qu'on posait sur les croyances de ce siècle le même regard critique que Christine portait sur ses amis de Senlis, on pouvait, à une foule d'indices – appât du lucre, adoration des puissants, ou apologie de l'assassinat –, déceler le renversement des valeurs, soupçonner l'inversion : ce n'était pas Dieu qui parlait par la bouche des sectaires et des mollahs, ce n'était pas la charité qui inspirait certaines encycliques de nos pontifes.

L'Unique ne parlait plus; et depuis qu'il s'était tu, la « taupe » libérée proliférait, la terre se peuplait d'espions déprogrammés, d'agents au cerveau lavé, de « défecteurs » égarés. D'incarnations en transfigurations, de variantes en interprétations, et de fugues en trahisons, nous nous éloignions inexorablement de nos versions originales et du rivage du pays natal...

L'agent double devenait le symbole de l'époque, et le roman d'espionnage son expression la plus achevée : de Graham Greene jusqu'à Gérard de Villiers, en passant par Fleming, Volkoff, Perrault, Burgess ou Le Carré, l'espion était le héros de cette fin de siècle, comme l'aventurier picaresque avait été celui du XVIIIe et l'arriviste celui de l'ère industrielle.

Pour mieux comprendre mon temps (et Christine qui l'exprimait), ces romans consacrés aux « montages » et « retournements », à « notre agent à La Havane » et autres « purs espions », je les avais lus avec passion; puis, je m'étais plongée dans les ouvrages techniques – « la Piscine », le « GRU », la CIA, les techniques de désinformation, les émetteurs à ondes courtes et les grandes « affaires » n'avaient plus de secret pour moi; enfin, j'avais complété ma science en interviewant des hommes du métier, ceux qui parlent par énigmes et sont incapables, lorsque vous leur demandez l'heure, de vous la donner sans détour...

Et peu à peu, j'étais entrée à leur suite dans un univers pirandellien : n'était-il pas tentant, en effet, d'essayer, en écoutant ou en lisant ces techniciens du

Renseignement, de mettre des visages sur leurs allusions, de débusquer des gens connus sous les curriculum vitae elliptiques dont ils parsemaient leurs discours? Mais un beau jour, tombant sur le portrait d'une taupe du MI6 ou d'un agent impuni du KGB, on s'apercevait qu'il correspondait à celui d'un ami, d'un intime, voire d'un parent, et le sourire se figeait.

Le cœur battant, je relisais attentivement le paragraphe, me précipitais sur le Who's Who pour vérifier un détail biographique, j'interrogeais nos relations communes, parfois même, discrètement, l'intéressé; mais plus j'avançais dans mes recherches, plus je devais m'avouer que tout concordait avec le portrait-robot que le spécialiste m'avait tracé. Alors, m'enfonçant d'un degré de plus dans le soupçon, je cherchais si ce parent, ce familier, aurait pu, comme Christine, « donner prise »; et je trouvais généralement que son goût des femmes ou du luxe, ses options ambiguës ou ses ambitions effrénées, pouvaient, en effet, l'avoir rendu vulnérable aux séductions ou aux menaces d'un service secret. J'avais beau me répéter qu'il ne suffit pas d'être la proie rêvée pour se laisser dévorer, le doute s'installait. Réexaminant à la lumière d'un éventuel « recrutement » le destin de celui que le livre ou la confidence semblaient désigner, je voyais se dessiner en filigrane une seconde vie, où s'expliqueraient les décisions demeurées inexplicables, les phobies incompréhensibles, les passions étonnantes, les phrases équivoques... Je pouvais toujours me boucher les oreilles, jeter le livre empoisonné, et décider que je garderais ma confiance à ceux qui l'avaient méritée : la méfiance s'était déjà substituée à l'amitié. Au moment où je croyais m'abandonner aux joies pures d'une affection sans arrière-pensées, je me surprenais à veiller : j'étais aux aguets, j'épiais. Lentement, inéluctablement, mon univers familier se gangrenait, comme, dix ans plus tôt déjà, celui de Christine Valbray...

Après elle je m'enfonçais dans un « palais de

cristal », un labyrinthe à miroirs : les êtres que je croyais proches m'apparaissaient soudain séparés de moi par une paroi de verre invisible; je tentais de les rejoindre, mais personne n'était où il semblait être, mes élans se brisaient sur des cloisons limpides, et ma main agrippait le vide. Lorsque enfin, lassée de tâtonner dans le lacis des apparences et de me heurter à des murs, je renonçais à découvrir si j'avais sous les yeux des créatures de chair ou leur écho dans les glaces, et me résignais à ne plus chercher, au-delà des miroirs, que la sortie du dédale, c'était mon image qui se dressait brusquement en travers de ma route, mon double, démultiplié à l'infini, qui me barrait le chemin, moi-même enfin qui m'interdisais d'aller plus loin...

Car les curriculum qu'on trouve dans les ouvrages que je lisais sont rédigés en termes si généraux que, à la manière des portraits astrologiques ou des pulls « taille unique », ils vont à tout le monde : il s'en trouva donc où je me reconnaissais. J'avais beau savoir que je n'avais livré à personne les maigres informations dont j'avais disposé, qui me prouvait que je n'avais jamais été soupçonnée? Qui même aurait pu m'assurer que j'étais insoupçonnable? N'avais-je pas, moi aussi, mes failles cachées et mes petits secrets? N'aurais-je pu, à mon insu, collaborer à la subversion de ma propre destinée? Cherchant à rejoindre Christine de l'autre côté du miroir, je me heurtais à mon reflet...

A la fin, je pris peur et conclus que la lecture des ouvrages sur le renseignement est aussi préjudiciable à la santé mentale que celle des dictionnaires médicaux, et que l'espionnite s'attrape, comme l'hypocondrie. Suivant l'exemple antique jusqu'au bout, je pris la décision qui s'imposait : m'aveugler.

Fermant les yeux sur la double vie et le double jeu de ceux qui m'entouraient, déchirant mes livres, je n'en gardai qu'un, celui où un pionnier du « recrutement » osait affirmer : « Je suis la Vérité »...

Rompue désormais à l'analyse des « feintes » et au

décryptage des discours inspirés, je voyais bien que cette admirable parole était « infiltrée » : à un esprit sceptique la filiation de ce prétendu sauveur se révélait imprégnée de relents théogamiques égyptiens, sa résurrection teintée d'osirisme, la Cène devait beaucoup au « festin d'immortalité » des disciples de Cybèle, et la consécration du pain et du vin au culte mithriaque. Mais, curieusement, ce salmigondis d'influences, ce prodigieux « attrape-tout », sonnait vrai.

Les formes successives d'un même dogme ne pouvaient-elles, en effet, laisser supposer l'existence d'une matrice unique, d'une source oubliée, dont nous aurions maladroitement tenté, au fil des millénaires, de perpétuer la mémoire à travers des rites de plus en plus hermétiques, des gestes subtilement décalés – comme ceux des enfants qui jouent au « sémaphore »? Et la vérité, au lieu de procéder, comme je l'avais longtemps imaginé, de l'exactitude historique – quelle signification aurait l'Histoire dans l'éternité? –, ne pouvait-elle relever d'une symbolique plus profonde, consubstantielle à nos êtres mêmes, et, comme telle, immuable de siècle en siècle et de peuple en peuple?

Or, dans l'ordre du symbole, quand on avait dit : « Je suis le Chemin, la Vérité, et la Vie », on avait tout dit. Pouvait-on rien concevoir de plus authentique, de plus nécessaire et suffisant, qu'une voix qui crie dans le désert : « Je suis celui qui suis »?

Une fois de plus, pour tenter de sortir du « palais des glaces » où j'errais, j'essayai d'avancer en direction de cet appel, intermittent, incertain, lointain...

Loin de me sentir aliénée par les services qu'Olga exigeait, je vécus dans une euphorie proche du bonheur les deux années qui séparèrent mon « recrutement » de ma rupture avec Charles. Sans doute, l'un de mes auteurs favoris assure-t-il que « le vrai bonheur coûte peu » et que, « s'il est cher, il n'est pas d'une bonne espèce »... Je conviens que celui-là pouvait paraître un peu coûteux; mais si le ver était dans le fruit, le fruit restait bien appétissant...

Charles me trompait toujours avec son milieu d'origine, mais je le trompais avec les services secrets : nous étions quittes, et cette égalité nous permettait de nous aimer en toute sécurité. « Je voudrais que tu aies été ma cousine pour qu'on se soit aimés très jeunes », me confessa-t-il un jour, citant encore une fois cet Apollinaire qui faisait un bon tiers de sa culture. Je n'y vis pas seulement une référence destinée à éblouir les jeunes filles fraîches émoulues de La Tour ou des Oiseaux, numéro dont il était familier; je savais trop, pour cette fois, quelle vérité personnelle il cachait sous les mots d'un autre, et, fière de me trouver enfin intégrée à son passé, je ne prêtai guère attention à cette autre phrase murmurée un soir d'août 76, alors qu'à Sainte-Solène il rêvassait sur « Démocratie Française » : « Tu verras, il vient un âge où l'on a envie d'aimer, sans éprouver, aussi fortement qu'avant, l'envie d'être aimé. On a assez reçu pour vouloir donner. On déborde d'expériences, d'émotions... Le seul manque qu'on ressente, c'est la jeunesse. C'est pourquoi il n'y a qu'un cadeau qu'on accepte alors volontiers de l'être aimé : sa fraîcheur... » Si, ce soir-là, je l'avais écouté – au lieu de contempler le soleil couchant en lui caressant béatement la main –, j'aurais pu, à juste raison, m'alarmer : au moment où j'investissais son passé, c'était l'avenir qui m'échappait...

Mais, pour la première fois depuis longtemps, l'avenir avait cessé de m'occuper : je flottais hors du temps; il me semblait que les choses n'avaient pas d'origine et que, n'ayant pas d'origine, elles n'auraient pas de fin... Du reste, si l'avenir, à cette époque-là, m'avait intéressée, je n'en aurais considéré que les aspects politiques. Il faut dire que Jacques Chirac, dont Fervacques ne parlait plus que comme du « sous-lieutenant » – « pour avoir une juste idée du bonhomme, ajoutait-il méprisant, dites-vous que c'est un cheval qui se prendrait pour un jockey! » –, Chirac donc venait, en contradiction avec les dernières prévisions de « l'Archange », de quitter le gouvernement et cet événement nous avait donné quelque souci.

Fervacques avait été convoqué à Matignon avant que le Premier ministre eût annoncé sa démission : le leader de l'UDR voulait s'assurer que les solidaristes, dont la fidélité lui semblait sujette à caution, le suivraient; l'absence d'atomes crochus entre Giscard et Fervacques lui étant connue, il espérait que, cette fois-ci, Charles – si « cavalier » qu'il se montrât avec « le cheval » placé à la tête du Rassemblement – se souviendrait qu'il portait toujours la même casaque que lui et aurait à cœur de défendre ses couleurs... Mais mon « Archange » en avait décidé autrement; il jugeait Chirac fini – et fini depuis l'instant même où, en trahissant Chaban, il avait commencé d'exister. Il prétendait aussi qu'en régime présidentiel il importe de ne se démarquer du Président qu'au dernier moment – douze mois avant l'élection : cinq ans, c'était trop tôt. Enfin, il était ravi qu'en prenant l'initiative de la rupture avec l'Elysée le « sous-lieutenant » lui eût fourni un prétexte pour prendre ses distances sans avoir l'air de trahir : ainsi qu'il allait le répéter partout, ce n'était pas le solidarisme qui changeait, c'était l'UDR...

L'explication entre les deux hommes fut certainement orageuse; en tout cas, quand à son retour de Matignon j'interrogeai Charles, il me répondit d'un ton léger : « S'il est vrai que franchise de ton et fermeté sont la marque d'une vraie amitié, on peut dire que Chirac et moi avons parlé comme de vrais amis! »

Au préalable, évidemment, mon amant avait monnayé son « loyalisme » auprès de l'Elysée : il espérait faire obtenir à Fabien d'Aulnay, dont le dévouement au Président était de notoriété publique, un vrai ministère – les PTT ou les Transports. Mais le Président, que ce dévouement n'avait jamais touché, avait refusé de donner de l'avancement à « d'Aulnay le Con », accordant, par compensation, qu'on puiserait dans le vivier solidariste de quoi fabriquer deux nouveaux secrétaires d'Etat : Mercier à l'Artisanat et Roux à la Santé. Ainsi, le « solidarisme », profitant des dissensions internes de la majorité, continuait-il d'agrandir son petit « pré carré » : avec seulement trente-deux députés, il avait déjà la plus forte densité de ministres...

Quant à Fervacques, dans le nouveau gouvernement formé par Raymond Barre – où Hugues « Banzaï », passé au libéralisme avancé, était resté –, il reçut, « pour changer », les Affaires étrangères, mais avec le titre de ministre d'Etat, qui est le bâton de maréchal de ces gens-là : « Et voilà, soupira-t-il en se rasseyant derrière son bureau, encore moi! Huitième année... Si je continue comme ça, je vais battre le record de Couve! Mais, d'ailleurs, si je n'étais pas là, qui est-ce qu'ils mettraient? Un diplomate? Guiringaud? Sauvagnargues? Cheysson, peut-être? Oh non, pas Cheysson tout de même, avec sa gueule de bouledogue triste, il ferait pleurer les chancelleries!... Convenez que, finalement, c'est une chance que j'existe, soleil sans qui les choses ne seraient que ce qu'elles sont! »

Moi aussi, j'eus ma promotion : Blaise, qui nous servait depuis deux ans d'alibi, fut remercié, et j'obtins la direction, pleine et entière, du Cabinet. Je me trouvai, aussitôt, extrêmement sollicitée par les « jeunes loups » d'autres administrations que le départ de leur ministre privait de débouchés et qui brûlaient de se recaser. Mais j'étais rodée : à ces chômeurs de luxe – comme aux nouveaux ministres qui insistaient pour me fourguer un électeur embêtant ou un militant zélé –, je dis que le Cabinet était complet. Après quoi, j'engageai qui me plaisait. Des énarques, pour l'essentiel : ils avaient l'avantage de savoir exposer. Ce qui est d'autant plus facile, il est vrai, qu'on a moins à dire; leur pensée était claire, mais comme une soupe est claire : parce qu'il n'y avait rien dedans... J'essayais de leur apprendre à y mettre quelque chose, mais seulement, bien sûr, lorsqu'il s'agissait des rapports qu'ils me destinaient. Pour les communiqués internationaux, les traités et autres billevesées, plus ces jeunes gens resteraient creux, plus ils seraient appréciés... A ces phraseurs naïfs – car leur école ne les avait guère préparés aux épreuves en grandeur réelle –, j'enseignais, subsidiairement, comment flatter un journaliste, se débarrasser avec élégance des quémandeurs importuns qui fondent sur les ministres comme la vermine sur « le pauvre monde », ou pratiquer la langue de bois des échanges internationaux. Ainsi, en prévision des sempiternelles visites de chefs d'Etat, avais-je établi à leur usage une déclaration type, valable en tout temps et pour tous pays, hormis les cas, rarissimes d'après mon expérience, où l'on aurait eu quelque chose à dire... Le nom de la puissance cosignataire restait en blanc; dans un premier temps, le travail du jeune énarque consistait à remplir ce blanc, activité qui laisse l'esprit assez libre pour se perfectionner dans l'art des échecs ou du go, seules préparations sérieuses aux jeux subtils de la Carrière. Comme il serait fâcheux que cet abrégé de ma science diplomatique, cette quintessence de la prose de chancellerie, fût perdu avec son auteur, je ne résiste pas au plaisir d'en donner ici un aperçu qui, s'il « aborde heureusement aux époques lointaines », pourra faire encore, j'en suis sûre, le profit de quelques générations de Talleyrands :

« Le président de la République Française et le Premier ministre du X.,

« Partageant la même préoccupation devant l'aggravation des tensions politiques et économiques à travers le monde » (constat qu'aucun diplomate, depuis notre père Caïn jusqu'à aujourd'hui, ne saurait désavouer) « et convaincus que la France et le X. peuvent renforcer l'efficacité de leurs efforts respectifs par une coopération accrue » (« coopération accrue » et « constance de la volonté de coopération » sont les deux mamelles de notre diplomatie; quand, par abus de traite, ces mamelles sont taries, on pourra encore – dans l'introduction – tirer d'heureux partis du « climat de confiance et d'amitié », des « liens historiques », et de « l'atmosphère chaleureuse et cordiale »; en revanche on abandonnera aux peuples que protège de son aile la mère Russie « l'amitié fraternelle » et « la complète unité de vues », et aux relations Est-Ouest en période de guerre froide « le contexte de réalisme et de franchise »),

« Déclarent :

1. (C'est le volet politique.)

« Le X. et la France réaffirment leur refus de relations internationales reposant sur la volonté de domination, l'emploi de la violence et l'abandon des principes inscrits dans la Charte des Nations Unies » (proposition qui ne mange pas de pain). « Inquiets de l'accélération de la course aux armements » (depuis le temps que, dans tous nos communiqués communs, discours, résolutions, accords et recommandations, cette course s'accélère, je m'étonne de ne pas entrevoir encore la ligne d'arrivée), « la France et le X. entendent poursuivre avec détermination leurs efforts en vue de résultats susceptibles de renforcer la confiance et la paix. Les deux parties sont résolues à maintenir, à cet égard, une étroite concertation » (comme on voit, la coopération, d'« accrue » ou « constante » qu'elle était dans l'introduction, est devenue « étroite » au terme du premier paragraphe et de plusieurs jours de négociations – progrès qui ne manquera pas de frapper les milieux officiels : nos ministères n'auront pas travaillé pour rien).

2. (C'est le volet économique.)

« Le X. et la France expriment leur commune préoccupation » (dans leurs rapports internationaux, nos Etats font une grande consommation de ces « préoccupations », « inquiétudes », « aggravations », « tensions », « détériorations » et « dégradations »; ils « déplorent », « regrettent », « rappellent », « condamnent », « exhortent »; bref, ils adoptent la démarche agitée et l'œil hagard d'une poule qui aurait égaré sa couvée) « devant l'aggravation de la situation économique de certaines nations, et soulignent que la prolongation de cette situation appelle une restructuration d'ensemble des relations économiques internationales » (vaste programme! Mais plus vaste est le programme, moins il risque d'être appliqué; au mieux, on envisagera dans l'alinéa suivant la création d'un « groupe de haut niveau » chargé de « consultations » pour cerner la question, ou on exprimera « l'espoir d'une rencontre globale qui permettrait aux pays participants de mieux comprendre les interdépendances économiques qui existent dans le monde »...).

3. (C'est la « lettre de château », la fin de l'envoi.)

« Le Premier ministre du X. a adressé au président de la République Française de vifs remerciements pour l'accueil chaleureux et l'hospitalité qui lui ont été réservés pendant sa visite. Il a invité le Président de la République Française à effectuer une visite officielle au X. L'invitation a été acceptée avec plaisir » (autrement dit : « on ne devrait pas rester aussi longtemps sans se voir... Alors, on se téléphone? »).

Pendant chacune des six années où j'ai exercé mes talents au niveau le plus élevé du Département, mon communiqué modèle, reproduit avec les quelques variantes indiquées et en changeant l'en-tête, a occupé huit cents des mille pages des « Textes et Documents » que publie, à l'intention du public, la Direction des Services d'Information du Quai, alimenté les réflexions, chaque fois nouvelles, d'une douzaine de journalistes spécialisés, suscité près de trois cents lignes hebdomadaires de commentaire en pages 3 et 4 du « Monde », inspiré des milliers de télégrammes « d'ambassades » et nourri une douzaine de débats télévisés : comme l'aurait dit ma grand-mère, ce maigre investissement avait fait « de l'abonde »...

Bien entendu, c'était aux intelligences déliées, aux jeunes attachés dignes d'un meilleur emploi, que je réservais ce vade-mecum du parfait diplomate : eux seuls seraient un jour capables de broder sur ce canevas obligé, d'ajouter la virgule audacieuse, le tiret incongru, l'adjectif insolite, ou l'adverbe martelé, qui créeraient l'événement, provoqueraient l'incident, déclencheraient la guerre, ou arracheraient la paix. Qui sait même si l'un de ces grands plénipotentiaires de demain ne rajeunirait pas mon abécédaire et, nouveau Grevisse de la grammaire diplomatique, Lagarde-et-Michard de la littérature d'ambassade, n'enrichirait pas mon répertoire initial d'un « force est de constater que rien n'autorise une vue optimiste de la situation » ou d'un – plus téméraire encore – « n'hésitons pas à répéter que, dans une situation compliquée, il vaut mieux s'en tenir aux principes premiers », innovations qui feraient date et, bientôt, école?

Aux autres en revanche – les moins fins des jeunes ambitieux qui courtisaient la Carrière, ceux qui, n'ayant pas d'esprit à revendre, ne pouvaient guère prétendre à en épargner –, je me bornais à enseigner la manière de ne pas gaspiller leur temps et l'argent de l'Etat :

– Ne perdez pas vos journées avec les demandes d'attributions du Mérite Agricole et les rétablissements du permis de conduire des alcooliques, expliquai-je au jeune homme affecté quelques semaines plus tôt au pilotage de la circonscription du ministre. Vous n'auriez plus le temps de vous occuper des affaires sérieuses – les implantations d'usines, les plans d'urbanisme, et le prix du goret... Alors, je vous donne le truc : dès que vous recevez la lettre de sollicitation, vous répondez en donnant la liste des pièces nécessaires à l'ouverture du dossier; et parmi ces pièces, vous mentionnez, le plus souvent possible, le double de la déclaration d'impôts...

– Même pour un Mérite Agricole?

– Mais oui... Vous ne vous figurez pas, j'espère, que le citoyen de base a une idée précise des pièces nécessaires à l'obtention d'une faveur ou d'un passe-droit? En tout cas, je peux vous prédire le résultat : plutôt que d'avouer le montant de leurs revenus, les neuf dixièmes de vos solliciteurs renonceront à constituer le dossier. Autant de gagné! Il ne vous restera pour « clients » que les fraudeurs du fisc et les agriculteurs prétendus méritants, de ceux qui viennent de placer en SICAV le montant de notre impôt-sécheresse... C'est que, malheureusement, pour les déclarations fiscales, Jacquou le Croquant ne craint personne : sous prétexte qu'il a payé la taille jusqu'en 1789, il vit depuis cinquante ans aux crochets de la nation – non imposable par vocation... Et non seulement vous engraissez l'Etat à sa place, mais vous serez obligé d'intervenir pour lui obtenir la « petite pension » ou le « plaçou » qu'il désire... C'est le seul défaut de mon procédé : je n'ai pas encore trouvé le moyen d'écrémer le péquenot!

L'huissier était entré à pas feutrés pour déposer

sur mon bureau le courrier du soir et les journaux.
« Le Monde » coiffait le sommet de la pile; il était
plié, mais, en bas de la première page, j'aperçus la
moitié d'un titre : « Société Centrale des Eaux »,
« Vérité », et « Kahn-Serval ». Machinalement, je
déployai le journal : « Nouveaux développements
dans l'affaire de la Société Centrale des Eaux : selon
notre confrère " la Vérité ", un élu socialiste, Renaud
Kahn-Serval, serait compromis. »

– Pour les cultivateurs, Madame le Directeur,
reprenait mon novice, touchant de bonne volonté, je
me demande si je n'ai pas une idée : il suffirait
peut-être d'exiger le...

– Pardonnez-moi, Le Doaré, mais nous poursui-
vrons cette conversation demain : j'ai des circulaires
urgentes à signer.

Sitôt qu'il fut sorti, j'envoyai l'huissier acheter « la
Vérité » – « le journal sur lequel on aimerait
s'essuyer les pieds », disait Charles.

L'affaire de la « Société Centrale des Eaux » avait
éclaté, début novembre, de la manière la plus
banale : un cadre de cette grande entreprise spécialisée dans la distribution d'eau potable et le comptage
des consommations avait été licencié dans des conditions peu élégantes; il s'en était vengé en allant
aussitôt raconter aux policiers du SRPJ comment
son ex-société offrait des enveloppes aux élus locaux
afin d'acheter les réseaux d'assainissement des grandes villes.

Une loi de 1974 avait en effet accordé des avantages fiscaux aux communes qui affermeraient l'assainissement (jusqu'alors municipal) à des sociétés privées. Les trois ou quatre entreprises nationales qui se
partageaient le marché de la distribution s'étaient
jetées avec d'autant plus d'entrain sur ce nouveau
débouché que, le prix du service étant indexé sur le

volume de la consommation, elles tiendraient désormais les deux bouts de la chaîne et pourraient imposer aux consommateurs telles redevances qu'il leur plairait : un pactole, à terme... Malheureusement, toutes les communes n'étaient pas prêtes à abandonner leurs prérogatives en hypothéquant de la sorte le domaine public : il fallait les y encourager. Par ailleurs, la liberté des municipalités, qui pouvaient conclure ces affermages de gré à gré et sans publicité préalable, faisait remonter fort en amont du contrat la concurrence entre les intéressés. Tout cela avait incité la Société Centrale des Eaux et ses rivales à mettre en place un système de démarchage très élaboré : des « missionnaires » nouaient des contacts avec les maires ou leurs services techniques pour les persuader à la fois d'affermer leur réseau et de ne l'affermer qu'à eux. Dans le meilleur des cas, la « prime d'achat » était versée à la commune elle-même : « Vous nous accordez la concession, et nous vous construisons un joli stade », ou « une belle piscine »; mais, la plupart du temps, c'étaient des personnes physiques – élus ou fonctionnaires – qui empochaient la « récompense », en espèces ou en nature.

L'ingénieur licencié avait indiqué que, pour sa part, son ancienne société préférait les règlements en nature, plus faciles à passer en comptabilité; la Société Centrale des Eaux avait, en effet, de nombreuses filiales, dans des domaines aussi variés que la galvanoplastie, la plomberie, les travaux publics, le ramassage des ordures ménagères, le paysagisme, le câblage, le retraitement des plastiques, les chaînes de « grandes surfaces », et même le tourisme; il lui était aisé de proposer aux « décideurs » qu'il fallait convaincre soit un beau voyage à l'étranger, soit un jardin entièrement installé, soit même, dans les cas délicats, un pavillon tout neuf.

« Allez donc dîner chez les agents techniques de la ville de Saint-Piriac », aurait dit – selon « le Canard

Enchaîné » – le « défecteur » de la Centrale des Eaux aux policiers qui l'interrogeaient, « vous verrez : il ne manque rien, pas une petite cuillère d'argent, pas un gadget électroménager... Et si vous allez chez le maire de Méniscoul, là, c'est les murs qu'il faudra regarder : une de nos filiales a acheté le terrain, une autre a assuré le gros œuvre, une troisième a peint et décoré... Bref, le chantier du pavillon du maire, on aurait dit une réunion de notre conseil d'administration – pas une de nos boîtes n'y manquait! »

En temps ordinaire, bien entendu, les révélations vengeresses de ce cadre dénonciateur auraient été classées; même se fût-on peut-être abstenu d'aller les vérifier. Mais cette affaire survenait juste après un changement de gouvernement; or, il n'y a rien qui plaise tant aux gouvernements que de laver publiquement le linge sale de leurs prédécesseurs... Comme, en l'occurrence, la Société Centrale des Eaux, mal introduite chez les Républicains Indépendants, n'avait conquis aucune des grandes communes tenues par ce parti, il parut plaisant à certains – au moment où l'ex-Premier ministre menaçait de conquérir la mairie de Paris – d'aller chercher des poux dans la tête de quelques-uns de ses amis... On s'abstint évidemment d'aller voir où se situaient les marchés ramassés dans le même temps par les concurrents de la Centrale des Eaux : les justiciers de rencontre pratiquent la morale cantonnée...

– Voilà encore une histoire qui donnera au citoyen une piètre opinion de ses élus! avais-je dit à Charles au moment où les journaux avaient publié les premiers échos sur cette affaire dont, déjà, la justice s'emparait.

– Ce serait dommage! m'avait rétorqué Fervacques, superbe. Parce que la moralité des dirigeants reflète celle des dirigés : que je sache, la fraude fiscale, la resquille dans le métro, le travail noir et le vol à l'étalage ne sont pas le fait – ou, du moins, pas l'apanage – de nos maires et de nos députés! Que le citoyen qui n'a jamais péché jette la première pierre aux ingénieurs de Saint-Piriac et au maire de Méniscoul!

Par chance, aucun solidariste n'était impliqué dans l'affaire. Et, comme chaque élection nous apporte ainsi son lot de scandales que l'élection suivante remporte, j'avais vite cessé de m'intéresser aux difficultés de la Centrale des Eaux. Le seul fait, d'ailleurs, que l'autorité chargée des poursuites fût représentée par Berton, grande fripouille devant l'Eternel, et que le journal le plus acharné à faire – comme il disait – « toute la clarté » fût « la Vérité » du sieur Lefort, maître chanteur et barbouze notoire, suffisait à rendre le combat des Justes extrêmement douteux...

Mais quand j'appris que Lefort, probablement désireux de mouiller la gauche dans l'affaire pour contenter son public habituel – que le caractère jusque-là exclusivement familial du déballage avait dû déconcerter –, cherchait à mêler le nom de Renaud à ce règlement de comptes, je fus atterrée : « la Vérité » ne lâchait pas facilement ses proies, et Renaud, si j'en jugeais par les informations que publiait « le Monde » ce soir-là, semblait, sinon atteint, du moins vulnérable.

C'était en vérifiant les comptes de certaines filiales de la Centrale des Eaux que, parmi les fiches de chantier d'une entreprise de plomberie – la Jurassienne des Fluides –, l'un des inspecteurs du SRPJ avait trouvé le descriptif d'un travail exécuté chez Monsieur Kahn-Serval, maire de Châtillon-le-Duc. Attentif à relever tout ce qui concernait les élus locaux, l'inspecteur avait aussitôt recherché dans la comptabilité les factures et chèques correspondants, mais il ne les avait pas trouvés. Or, si, pas plus qu'aucune des communes importantes de l'arrondissement, la commune de Châtillon n'avait affermé son réseau d'assainissement, elle avait confié, quelque temps auparavant, à la Jurassienne des Fluides un contrat de modernisation des installations sanitaires de l'hôpital, tandis que la ville de Besançon lui attribuait, de son côté, un important marché de viabilité dans la zone piétonnière qu'elle réalisait. De là à imaginer que les trente à quarante mille francs de travaux effectués dans la propriété de Renaud constituaient la « ristourne » touchée par le député-maire sur les « suppléments de prix » perçus ici ou là par l'entreprise, il n'y avait qu'un pas, que la Justice n'avait pas encore franchi, mais que « la Vérité » sautait allégrement.

J'appelai aussitôt Renaud pour l'assurer de ma sympathie. Il ne paraissait pas trop inquiet – seulement amer, comme d'habitude : « Ce sont les poisons et les délices de notre vie politique, ma petite Christine! Du reste, ce n'est pas la première fois que " la Vérité " s'attaque à moi... Je suis plus surpris, en revanche, que " le Monde " et " la Presse " aient cru devoir reprendre aussi vite cette calomnie... Mais, depuis mon histoire vietnamienne, je n'y ai pas que des amis! Heureusement, ceux qui me connaissent ne peuvent pas supposer que j'ai vendu mon honneur pour trente mille francs! Non, les choses sont toutes simples, en fait : j'avais apprécié la qualité du travail effectué par la Jurassienne pour ma commune; quand j'ai cherché un plombier pour refaire une partie de mon chauffage, j'ai pensé tout naturellement à m'adresser à eux... Mais, bien entendu, je les ai payés! Je me souviens parfaitement d'avoir signé un chèque. Et je ne comprends pas pourquoi le SRPJ ne l'a pas retrouvé... Comme il y a plus de trois ans de cela, je n'ai pas gardé le talon, mais j'ai demandé à ma banque de retrouver la trace du versement, et d'ici à quinze jours cette affaire ne sera plus qu'un mauvais souvenir... »

Pour une fois, mon mélancolique péchait par excès

d'optimisme; car, quinze jours après, les choses, loin de s'arranger, avaient beaucoup empiré : le seul chèque, tournant autour de trente mille francs, que la banque de Renaud eût retrouvé dans ses listings d'alors était émis à l'ordre de Maud Avenel. Les satiristes s'en donnèrent à cœur joie : « L'époux rémunérait en espèces les affectueux services de son épouse, et l'épouse payait en nature les plombiers de l'époux! » Ce n'était pas encore bien méchant, mais sous le titre générique d'« Histoire d'O », que « le Canard Enchaîné » venait de trouver, l'affaire de la Centrale des Eaux et ses multiples retombées occupaient dans la presse une place croissante – « dites-vous bien, Christine », m'avait expliqué Catherine Darc autrefois, lorsque je faisais mes premières armes chez Antonelli, « qu'il n'y a que deux thèmes vraiment vendeurs aujourd'hui pour nos journaux : le fric et le cul! Et le rêve, pour un rédacteur en chef, c'est une information qui associe les deux! » Or, parce qu'il était marié à Maud, dont le dernier rôle au cinéma – une abbesse lesbienne et sadique, librement inspirée du personnage de Diderot – avait choqué quelques ligues de vertu, Renaud, avec son chèque introuvable, se trouvait à la croisée des « sujets vendeurs ».

– J'ai compris ce qui s'est passé, m'expliqua-t-il quelques jours après. Au moment où la Jurassienne a effectué des travaux chez nous, Maud s'y reposait entre deux tournages. Moi, j'étais en pleine campagne électorale. Il est donc probable que je lui ai remis un chèque en blanc pour qu'elle règle elle-même l'entreprise.

– Dans ce cas, il est indispensable que Maud retrouve dans ses propres comptes la trace de son paiement. Qu'attend-elle pour s'en occuper?

– Elle tourne au Canada...

– Eh bien, qu'elle rentre! Qu'elle rentre, bon sang!

Depuis l'époque où mon père s'était trouvé pris en tenailles entre « la Lettre » et « la Vérité », je connaissais parfaitement ce processus de la diffamation à ressort et la manière dont les deux feuilles se relançaient l'une l'autre, rallongeant la sauce à chaque parution et battant la mayonnaise pour la faire monter. Or, en l'espèce, tout laissait à penser que Renaud n'allait pas cesser avant longtemps de les intéresser : Kahn-Serval était le seul politicien d'envergure nationale dont le nom eût été prononcé à propos de « l'affaire » – les autres, les vrais concussionnaires, n'étant que menu fretin, des maires, des conseillers généraux, des fonctionnaires de l'Equipement ou des ingénieurs, moins alléchants pour la presse nationale qu'un ancien porte-parole du PS. En outre, même si ce que ses ennemis lui reprochaient ne se rattachait que de loin au scandale de la Centrale des Eaux, et si les sommes avancées à son sujet semblaient dérisoires comparées aux millions qu'on avait, ailleurs, échangés sous le manteau, les équipiers de Lefort, très proches des milieux compromis, ne pouvaient trouver que des avantages à mettre en avant la responsabilité d'un élu de gauche : ils appuieraient sur la chanterelle... Déjà, d'ailleurs, procédant par francs mensonges et perfides insinuations, « la Vérité » faisait mousser : ne parlait-elle pas – avec une feinte innocence, un étonnement vertueux – du « train de vie dispendieux » du jeune député, des folles prodigalités par lesquelles il avait séduit « la belle Avenel », et des fêtes qu'il donnait dans « son château de Châtillon » ? La semaine suivante, deux hebdomadaires reproduisirent sans vérification la description de cette « superbe maison de maître perdue dans un grand parc, que les gens du village appellent " le château " et que Monsieur Kahn-Serval embellit à grands frais ».

Un magazine pourtant, qui avait dépêché sur place un photographe en espérant pouvoir publier quelques photos de ce « château » pour lequel on soupçonnait Renaud d'avoir vendu son âme, savait à quoi s'en tenir sur la splendeur des lieux; j'avais rencontré dans un cocktail le journaliste chargé de l'enquête, un garçon qu'en 1971 j'avais employé à « l'Education Nouvelle » : « Quand même, ils charrient à " la Vérité " ! m'avoua-t-il. Sa baraque, à Kahn-Serval, c'est un petit pavillon en brique avec un garage en ciment et, en fait de parc, quatre cents mètres carrés! Le tout entouré de grillage plastifié à vingt balles le mètre... Moche même, pour un député, si tu veux mon avis !

— Je sais : je connais... Ton journal va le dire?

— Quoi?

— Que la maison de Kahn-Serval n'a rien d'un château...

— Euh, non... Si ce n'est pas un château, il n'y a rien à dire justement. »

L'honnêteté n'est pas un sujet, il est vrai... Du reste, la plupart des journaux ménageaient « la Vérité » : les seuls scandales que la presse ne dévoile pas sont les scandales de presse, et les seuls corrompus dont on n'étale jamais les vices, les Pierre Lefort...

J'avais rencontré deux ou trois fois ce triste individu quand j'étais au cabinet de l'Education nationale : il était très lié avec « Anto ». Je crois qu'ils avaient commencé leur carrière ensemble, puis leurs chemins avaient divergé – en apparence du moins, car si Anto avait, comme je le supposais aujourd'hui, parfois travaillé pour les services secrets, c'est qu'il ne détestait pas, lui non plus, l'odeur des sentines. A l'époque, en tout cas, « Jupiter » avait insisté pour que, dans mes fonctions d'attachée, je ne fisse aucune exclusive. J'avais donc invité à déjeuner la terreur de la presse française, et vérifié « de olfactu » l'exactitude des affirmations de Catherine Darc : ce bourreau ne sentait pas le sang, il sentait l'eau de

Cologne. Il était même physiquement aux antipodes de ce que promettaient son nom, sa réputation barbouzarde, et ses appels réguliers à la violence musclée – « vivement le régime énergique qui nous balayera tout ça! »

Très maigre, étroit d'épaules, et beaucoup plus petit que moi, il avait, sous des cheveux grisonnants, un visage creusé, couleur de mastic et de crise de foie. Il souffrait d'ailleurs de l'estomac, se nourrissait de soles grillées – « sans beurre, précisait-il au maître d'hôtel, pas un gramme, n'est-ce pas? » –, de pommes vapeur, et de biscottes qu'il arrosait à l'eau de Vichy.

Je ne sais si c'était cette maladie, ou la fréquentation des bas-fonds parlementaires, qui lui donnait l'air perpétuellement affligé, mais, derrière ses petites lunettes de comptable cerclées de métal, ses yeux de poisson mort ne brillaient jamais, et il ne souriait pas – à moins de considérer comme un sourire le pâle et douloureux rictus qui distendait parfois ses lèvres et mourait aussitôt dans les plis d'amertume de ses joues émaciées. Hiver comme été, il portait, boutonné jusqu'au cou, une sorte de costume Mao très montant, qui, excepté le visage et les mains, ne laissait rien voir de sa peau : sous ce complet strictement fermé, je le soupçonnais de cacher une affection de l'épiderme – furonculose répugnante, impétigo, ou eczéma purulent dans le genre Marat... Il parlait à voix basse, dans un souffle, soit qu'il n'eût pas la force de hausser le ton, soit qu'il eût pris dans la pratique des « petits secrets » l'habitude de chuchoter. Mais sa conversation, dont il soulignait le murmure de ses belles mains, très blanches et manucurées, était plutôt celle d'un homme cultivé, qui aurait fait ses humanités pour fortifier son inhumanité : doucereux et poli, il ne s'exprimait pas dans la vie comme dans les articles véhéments et populaciers qu'il signait, et se plaisait au contraire à émailler ses discours fielleux de citations grecques et de références latines. Pour le reste, il menait la vie rangée d'un petit employé : peu de sorties, peu de dîners, pas de maîtresse, pas d'amis, un appartement triste à Puteaux, une femme très laide, à laquelle il n'avait pas fait d'enfants et qui lui servait alternativement de chauffeur et d'infirmière, une sœur célibataire qu'il visitait chaque dimanche, un poisson rouge et deux canaris; bref, la sorte d'homme qui prend son cache-nez en sortant, ses pantoufles en rentrant, et passe les soirées à doser ses gouttes et avaler ses cachets... Pourtant, son journal lui avait rapporté beaucoup d'argent, davantage, d'ailleurs, du fait des tractations en coulisses auxquelles donnaient lieu certaines de ses campagnes de presse – Lefort était achetable et acheté – que grâce aux ventes en kiosque. Mais de ce pactole il n'avait jamais eu le désir de jouir; ce qu'il gagnait, il le réinvestissait aussitôt dans l'instrument de son pouvoir : « la Vérité ». Austère jusqu'à la macération, Monsieur Lefort était entré en exécration comme d'autres en religion.

C'était entre les pattes de ce rat que Renaud venait de tomber et je fus persuadée, dès le premier moment, qu'il n'en sortirait pas vivant.

D'autant que, du côté de Maud, les choses ne s'amélioraient guère : consultée à son tour, la banque de Mademoiselle Avenel n'avait pas retrouvé le moindre avis de paiement à l'ordre de la Jurassienne; Maud avait endossé le chèque de Renaud, puis effectué sur son compte divers et importants prélèvements en liquide dont aucun, cependant, n'atteignait, à lui seul, le montant supposé des travaux effectués chez Renaud par l'entreprise de plomberie.

– Je comprends maintenant, m'assura mon Hussard. Oui, je vois quand et comment les choses ont dérapé : j'ai donné le chèque à Maud; au lieu de le remettre directement à l'entreprise, elle l'a encaissé; ensuite, elle a utilisé ses propres disponibilités en liquide – elle tire beaucoup d'argent chaque semaine – pour régler en deux ou trois fois le chef du chantier. De la main à la main. L'autre avait dû lui promettre de faire sauter la TVA si elle le payait en billets... J'ai souvent chapitré Maud à propos des antiquaires ou des bijoutiers qu'elle acceptait de régler en liquide moyennant dix pour cent de rabais...

– Mais ce coup-ci, ne pus-je m'empêcher de souligner, l'opération était doublement bénéficiaire pour elle : dans l'opération votre ménage économisait la TVA, et, comme le chèque que vous lui aviez remis couvrait la totalité des travaux « TVA incluse », Miss Avenel empochait la différence... Il n'y a pas de vol entre époux...

J'étais convaincue que, cette fois en effet, Renaud tenait l'explication. Cette histoire de fraude à la TVA sonnait vrai; du reste, l'attitude de Maud, agissant en l'occurrence à l'insu de Renaud, était d'autant moins surprenante qu'elle avait toujours eu la réputation d'être « près de ses sous ». Pas le genre de star à avoir trois secrétaires ni à coucher au Ritz... Mais, si Renaud disait vrai, nous étions mal partis, car la preuve de son honnêteté devenait impossible à rapporter : on ne retrouverait, à l'évidence, aucune trace de ses travaux dans la facturation de l'entreprise et aucune trace, non plus, du paiement, puisque les sommes ainsi récupérées par les sociétés le sont, non seulement en amont de la TVA, mais de toute forme d'impôt (y compris celui sur les bénéfices commerciaux), et vont alimenter les caisses noires où l'on puise pour les fredaines du patron, la corruption des fonctionnaires, et le soutien électoral aux partis « de même sensibilité »...

– Renaud, il faudrait au moins que Maud déclare aux enquêteurs, et éventuellement aux journaux, qu'elle a payé elle-même la Jurassienne, et en liquide... Ce n'est certes pas démontrable, mais je crois que, même aux profanes, cette présentation des faits paraîtra vraisemblable. Et si l'aveu la gêne, elle n'a pas besoin de parler de la TVA : tout le monde comprendra!

– Je ne sais pas, murmura Renaud d'un ton las. Non, je ne sais pas si elle voudra : il y a près d'un an que nous vivons séparés... Et puis cette affaire l'exaspère! Quand j'ai reçu les relevés de sa banque, elle m'a dit qu'elle ne voulait plus en entendre parler. Elle trouve cette agitation ridicule, elle pense que je ne devrais même pas chercher à me justifier... Et encore, au Canada, elle ne voit pas le tiers des articles qui paraissent sur la Centrale des Eaux! Enfin, j'ai le sentiment qu'elle ne veut pas se trouver mêlée à tout ça... Quand elle est sur un tournage, elle déteste qu'on lui rappelle que le monde extérieur continue d'exister.

Il est vrai que quelques correspondants locaux des journaux parisiens étaient allés la harceler jusque sur le plateau; on l'avait photographiée à son hôtel, au restaurant, dans les studios. A aucun de ces paparazzi elle n'avait accordé d'interview, mais cette circonstance n'avait pas empêché le plus audacieux d'entre eux d'écrire dans son journal que, selon le secrétariat de l'artiste, « la belle Avenel » serait en instance de divorce d'avec son mari...

Contre mon avis, Renaud publia donc seul un démenti formel aux accusations dont il faisait l'objet : pour épargner à Maud de nouveaux ennuis, il y affirmait qu'il avait lui-même réglé l'entreprise en liquide.

Chamfort dit quelque part que la calomnie est comme la guêpe et que, si l'on n'est pas sûr de pouvoir l'éliminer du premier coup, mieux vaut ne pas bouger de peur de l'exciter : Renaud, par sa déclaration maladroite – maladroite parce qu'il la faisait « sur l'honneur », monnaie qui n'a plus cours depuis longtemps, et parce qu'il n'y livrait qu'une partie de la vérité –, énerva ceux qui lui jappaient aux mollets... Lefort réussit à retrouver l'employé de la Jurassienne qui avait dirigé les travaux dans la maison de Châtillon : à sa grande joie, le vieux accepta de déclarer que Monsieur Kahn-Serval mentait, qu'en tout cas Renaud ne lui avait rien remis puisqu'ils ne s'étaient jamais rencontrés – « j'ai juste vu une dame de temps en temps, et deux grands garçons, mais le député, jamais. Ça fait que je vois pas comment il aurait pu me donner des billets!... »

La vérité journalistique apparaît plus souvent dans les creux du discours, les silences de la démonstration, les interstices, le non-dit, que dans les mots imprimés : pour qui savait lire entre les lignes, la déclaration du chef de chantier, reproduite dans le torchon de Lefort, corroborait l'explication de Renaud; le vieux contremaître se gardait bien, en effet, d'affirmer qu'il n'avait rien touché, il se bornait à dire que Renaud – et Renaud seul – ne lui avait rien versé. Peut-être même le vieux, dans un sursaut d'honnêteté, avait-il avoué à « la Vérité » que la dame entrevue dans la maison l'avait payé; mais la rédaction laissait cet aspect des choses dans l'ombre, et réussissait, à coups d'omissions habiles, à convaincre Renaud de mensonge éhonté.

A partir de cet instant, la presse fit de « l'auto-allumage ». Les journaux se renvoyaient Kahn-Serval comme une balle, chaque écho publié par l'un étant repris et amplifié par les autres. La « rumeur » ne cessait plus d'enfler, ramassant sur son passage tous les ragots qu'elle rencontrait, telle une avalanche qui se grossit des corps étrangers qu'elle attrape et devient d'autant plus dangereuse pour les arbres qu'elle charrie déjà des forêts. On rappelait que lorsque, douze ans plus tôt, Renaud avait quitté la présidence de son association d'ingénieurs, des fonds venaient justement d'y être détournés; certes, on n'écrivait pas qu'il les avait lui-même empochés –

déontologie oblige : on se bornait aux faits. Puis, en relatant l'incident qui avait opposé Kahn-Serval à « la Presse » et au « Monde » à propos du Cambodge, on évoquait – incidemment – le cas de ces députés allemands récemment convaincus de toucher des « commissions » du gouvernement américain. Ensuite, par une habitude qui remontait à l'époque de Vichy, on radiographiait les amitiés du « Hussard », ses antécédents familiaux et son passé militaire; on épluchait les notes de son tailleur, les factures de son garagiste, on interrogeait son jardinier, ses voisins, et même les fils de Maud – auxquels, abusant de leur jeunesse et de leur candeur, un échotier faisait déclarer que, c'était vrai, ils n'avaient jamais manqué d'argent à la maison et que leur beau-père les avait « excessivement gâtés »... Enfin, on s'attardait avec complaisance, mais toujours de manière allusive pour ne pas s'exposer à une plainte en diffamation, sur les liaisons de « la belle Avenel » en insistant, en contrepartie, sur la sympathie de Renaud pour les figurantes – « la Lettre » employait ce mot, juridiquement anodin, de « sympathie » en espérant, bien sûr, que ses lecteurs en liraient un autre... « Assurément, précisait " la Vérité " avant de déverser son tombereau d'ordures hebdomadaires, s'il ne s'agissait que de la vie privée, nous aurions, à notre habitude, jeté un voile... Mais il s'agit d'autre chose : Monsieur Kahn » (« la Vérité » laissait en général tomber le « Serval », dont elle devait penser qu'il faisait « trop français »...), « Monsieur Kahn exerce une fonction publique obtenue dans des conditions qui donnent à l'opinion un droit d'appréciation et le devoir d'exiger de ceux qui la représentent un minimum de respectabilité. »

De fil en aiguille, et d'écho en entrefilet, on en était arrivé en quelques jours au point où, dans les dîners, ceux qui s'étaient, au début, proclamés chauds partisans de l'innocence de Renaud vous envoyaient promener d'un « il n'y a pas de fumée sans feu ! »

« Je suis heureux pour Maud qu'elle soit obligée de rester encore quelques semaines au Canada », me confia Renaud, les larmes aux yeux, après que la presse l'eut informé en détail de ses infortunes conjugales. « Elle est si fragile, elle ne supporterait pas ce déballage... Croyez-vous que, lorsqu'elle rentrera, tout ce... ce tintamarre sera fini ?

– Je le crois... Le public en a déjà eu largement pour vos trente-cinq mille francs ! »

Mais je ne pensais pas un mot de ce que je lui disais : à moins d'un événement politique de première importance – dissolution du Parlement ou attentat contre le Président –, la meute ne le lâcherait pas de sitôt. Le merveilleux bouc émissaire que « la Vérité » avait trouvé en la personne de cet innocent faisait l'affaire de tous : c'était une aubaine, en particulier, pour les rivaux de la Société Centrale des Eaux qui, à la faveur des trente-cinq mille francs de plomberie effectuée par la Jurassienne, réussissaient à faire oublier le scandale initial. Même l'hypothèse d'une révision de la loi relative aux affermages de réseaux – révision que le groupe socialiste avait véhémentement exigée au commencement de l'affaire – semblait maintenant reléguée au second plan : depuis que le nom d'un des leurs était sorti du panier, les amis politiques de Renaud n'osaient plus bouger. Et, de son côté, la majorité se garderait de rien entreprendre qui pût empêcher la « Marseillaise des Réseaux », la « Franco-Belge des Circulations Hydrauliques » et la « Compagnie Métropolitaine de Distribution des Eaux » de continuer leurs petites affaires...

Aussi n'avais-je qu'une crainte désormais : que, pour nourrir la mince affaire du chèque de la Jurassienne, qui risquait de retomber, on ne finît par engager contre Renaud des poursuites judiciaires.

A l'issue d'une réunion interministérielle sur « l'espace judiciaire européen » que présidait Charles et à laquelle participait Berton, j'osai en toucher un mot à notre sévère ministre de la Justice. Dès mes premières phrases, il prit son œil-monocle et son ton noble : « Voyons, Madame Maleville, vous avez trop le sens de l'Etat pour ne pas mesurer combien il serait inconvenant, en l'espèce, que justice ne fût pas rendue ! »

Dans ses heures de majesté, il usait volontiers d'un jargon à l'ancienne pour faire plus distingué : les « justice sera rendue » succédaient aux « sachons raison garder », et les « vous allez vite en besogne » aux « ce n'est point là crime d'Etat »...

N'importe : je lui débitai tout ce que je savais – comment Renaud avait payé, comment Maud n'avait pu résister à la perspective d'un « petit rabais », comment, enfin, le mari avait été contraint de présenter les choses d'une manière biaisée pour protéger son actrice de femme dont l'imprésario trouvait l'image menacée.

Il m'interrompit : « Permettez-moi de vous rappeler qu'il n'y a pas que l'image de Mademoiselle Avenel que cette triste affaire a éclaboussée : c'est toute la classe politique que le comportement de Monsieur Kahn-Serval risque de discréditer ! »

Avec patience, je repris mes explications, y ajoutant que dans l'affaire principale, celle de la Société Centrale des Eaux, il était question de dizaines – peut-être de centaines – de millions, tandis qu'il ne s'agissait, pour Renaud et la Jurassienne, que de trente-cinq mille francs...

Lionel Berton savait que je n'ignorais rien de la manière dont il avait autrefois conquis le siège de Renaud, et si, de sa part, je n'attendais pas de remords, j'espérais au moins qu'il ne gardait pas rigueur à sa victime du honteux stratagème auquel il avait eu recours pour l'étrangler... Apparemment, je m'abusais.

– Bon, admettons même que Monsieur Kahn-Serval n'ait pas touché une... une ristourne sur les marchés que sa commune attribuait à la Jurassienne des Fluides, lâcha le Biface. Oui, admettons-le, pour vous faire plaisir! Il reste tout de même qu'il a indirectement permis à la Jurassienne d'échapper à l'impôt qu'elle devait!

– Si vous voulez... Mais nous descendons encore d'un cran dans l'échelle des responsabilités : non seulement cette somme, ce n'était pas à Kahn-Serval de la payer, mais la fraude ne porte plus, dans ce cas-là, que sur cinq à six mille francs...

– Eh bien! Est-ce que vous croyez, ma chère, que cinq mille francs, ce n'est rien? Il y a bien des gens en France qui ne gagnent pas cet argent-là en un mois! Non, voyez-vous, nous ne pouvons pas tolérer de telles faiblesses chez des représentants de la Nation... Et soyez sûre que, s'il ne tient qu'à moi, la justice passera!

Et il s'éloigna, superbe comme Salomon et saint Louis réunis. Cette sortie fut seulement un peu gâtée, à mon avis, par le vacarme que faisaient derrière lui – tandis qu'il descendait pompeusement le grand escalier – toutes les « casseroles » qu'il traînait : ses relations avec les maffiosi, ses boursicotages illégaux, ses parts de casinos, ses combinaisons immobilières crapuleuses, et ses propres « histoires d'O » dont, bien entendu, personne n'entendrait parler. Je ne sais qui a dit que « la pure justice n'est pas charitable »; d'une certaine manière, assez spécieuse il est vrai, celle de Berton l'était : il l'appliquait aux autres, bien avant de se l'appliquer...

Deux jours plus tard, Renaud était convoqué par le juge d'instruction chargé de l'affaire. Il n'était question encore que de l'entendre comme témoin; il ne pouvait être inculpé, en effet, sans que l'Assemblée nationale eût voté la levée de son immunité parlementaire.

C'était la discussion autour de cette levée d'immunité que je redoutais le plus : elle occuperait la presse pendant des semaines. A la limite, je craignais moins d'éventuelles poursuites judiciaires : je savais bien que Renaud ne pourrait jamais prouver son innocence, mais que les juges seraient fort en peine, de leur côté, d'établir sa culpabilité...

J'espérais encore, pourtant, que le magistrat instructeur se contenterait du témoignage du « Hussard » et que l'enquête n'irait pas plus loin. C'était possible, à condition que la presse cessât de jeter de l'huile sur le feu; sinon, le tribunal se croirait tenu d'inculper pour calmer le jeu... Je décidai donc, à l'insu de Kahn-Serval, d'affronter le chef de la meute : j'invitai Pierre Lefort à déjeuner. Je choisis Taillevent, pour le plaisir de lui faire passer d'excellents plats sous le nez...

Le directeur de « la Vérité », avec lequel je n'avais plus eu de tête-à-tête depuis l'époque où je m'occupais de la presse chez « Anto », fut surpris – et ravi – de mon initiative : il était persuadé que Fervacques le snobait. Vexé, il ne cachait pas que, pour sa part, « l'Archange », trop mondain, trop libéral, trop libéré, lui déplaisait; et savoir que Charles, pourtant rarement grossier, ne l'appelait dans l'intimité que « le fouille-merde » (ou, dans ses bons jours, « l'Homère de l'ordure », « le Bayard de la fange »), n'aurait guère développé leurs affinités...

Lefort avait commandé un riz nature. Tout en dégustant des coquilles Saint-Jacques dont je ne lui laissai pas ignorer combien elles étaient onctueuses, je me penchai avec complaisance au-dessus de la table pour lui faire admirer l'échancrure de mon corsage et croisai les jambes bien haut afin de lui donner, par-dessus le marché, une petite idée des plaisirs extra-gastronomiques auxquels son déplorable état de santé l'obligeait à renoncer... Je dois dire qu'à mon vif dépit il n'en parut pas affecté : l'ascétisme devait lui être une volupté. Mâchant ses grains de riz avec la mine concentrée d'un adepte du végétarisme, il tenta de me faire parler. Comme mes amis du KGB, il était toujours à l'affût des ragots qui traînaient dans les couloirs du Quai. Bien entendu, il me laissa entendre qu'il était parfaitement informé de la nature de mes relations avec Fervacques; sans doute avait-il également l'adresse des maisons où Charles aimait passer la nuit... Mais il en faut plus pour impressionner une professionnelle du renseignement; il ne tira rien de moi qu'il ne sût déjà : grâce aux salons que j'avais fréquentés, je savais, aussi bien que lui, parler pour ne rien dire... J'observai, cependant, qu'il semblait déconcerté; ne doutant pas que j'eusse agi à l'initiative de Fervacques, il cherchait, derrière chacune de mes paroles, le motif d'une entrevue qui l'étonnait autant qu'elle le flattait. Je le fis languir, n'abordant qu'au dessert les problèmes de Renaud.

« C'est Monsieur de Fervacques qui vous a demandé de défendre Kahn-Serval? » me demanda-t-il, tout émoustillé.

Il avait compris qu'il tenait enfin le véritable objet de notre déjeuner; derrière ses petites lunettes métalliques et son grand front jaune, je devinai aussitôt les rouages qui s'engrenaient, avec la précision mécanique d'une horloge bien réglée; il examinait toutes les hypothèses : l'hypothèse politique (un accord secret entre Charles et Renaud, les solidaristes et les socialistes), l'hypothèse économique (la Spear intéressée, par le biais d'une de ses filiales, au sauvetage de la Centrale des Eaux), enfin, la plus alléchante, l'hypothèse « police des mœurs » (Kahn-Serval fréquentant la « maison de Neuilly » ou celle des « crevettes » et partageant avec « l'Archange » les mêmes vices, les mêmes maîtresses – moi, par exemple...). Ce serait excellent pour la vente, une nouvelle comme celle-là !

Quand je l'assurai que je m'intéressais seule à l'affaire – à titre personnel –, il eut ce bref retroussis des lèvres qui lui tenait lieu de sourire : on ne la lui « faisait pas » ! Je lui racontai néanmoins l'histoire de Maud, soulignant au passage l'insouciance bien connue des artistes sitôt qu'on touchait aux problèmes fiscaux... D'ailleurs, cette TVA qu'on fait bêtement sauter, auquel d'entre nous les artisans du Bâtiment ne l'avaient-ils pas proposée ? Au fait, le chef de chantier de la Jurassienne, auteur de la note retrouvée au siège de l'entreprise, qu'avait-il dit exactement au journaliste qui l'interrogeait : que Monsieur Kahn-Serval ne l'avait pas payé ? Ou que personne n'avait payé ?

En face de moi le rat ne bougea pas une patte ; cette parfaite froideur me convainquit que j'avais mis dans le mille. Je crus inutile d'insister ; Lefort était le genre de personnage dont il faut se faire entendre à demi-mot. Il me parut habile de ne pas le placer en position d'infériorité marquée ; je fis jouer la corde sensible pour lui donner l'occasion de se déclarer ému et lui procurer, pour le cas où son journal accepterait de se calmer, l'alibi du « bon mouvement »...

– Certes, repris-je, je ne discute pas le fait que Kahn-Serval ait menti, mais vous m'avez comprise : il ne l'a fait que pour épargner une comédienne fragile, une jeune femme déprimée, dont, sur le plan strictement juridique, le témoignage n'aurait rien changé à l'affaire...

– En somme, chuchota Monsieur Lefort, plus patelin que jamais, vous êtes en train de m'expliquer que Monsieur Kahn est un galant homme... J'ai rencontré en politique bien des hommes à galante-

ries, mais jamais, jusqu'à présent, de galant homme !
C'est pourquoi il faut me pardonner si j'ai de la
peine à imaginer les délicates motivations de votre
député... Trêve de plaisanterie, Madame Maleville :
on finit toujours par tomber du côté où on penchait.
Monsieur Kahn aime l'argent... Si j'étais juge je vous
dirais, du reste, qu'il n'y a pas de quoi fouetter un
chat ! C'est une faiblesse si répandue ! Vous-même,
moi, votre ministre... qui sait ? Et Kahn, lui, a
sûrement des excuses... ataviques, si vous voyez ce
que je veux dire ? C'est comme le mensonge, tenez...
On commence par l'holocauste, et on finit par la
TVA ! Parce que entre nous, vous qui avez une
formation d'historienne, vous devez le savoir : à
propos des chambres à gaz les preuves manquent...
Bon, bon, on nous montre des photos : des tas de
cheveux, de dents en or et de lunettes... Comme si
c'était en soi la marque de l'assassinat ! Mais, dans
l'Europe en guerre, vous ne l'ignorez pas, on recy-
clait tout. Des tas de ce genre, il y en avait dans cent
mille endroits... Enfin, nous ne referons pas l'histoire
officielle ! Fermons la parenthèse... Tout ça pour
vous dire cependant que votre ami Kahn, avec son
passé d'orphelin, sa femme fragile et ses chagrins
d'amour, nous « la » fait suivant une méthode
éprouvée depuis trente ans : à l'émotion. C'est « plus
je pleure, plus je palpe, et plus je palpe, plus je
pleure » – tout le programme de ses coreligionnaires
depuis trente ans !

Une seconde, je restai abasourdie devant l'impudence du propos. Malgré tout ce que j'avais appris
du monde depuis vingt ans, je n'imaginais pas qu'on
pût aller aussi loin dans l'abjection – et y aller aussi
tranquillement, avec l'assurance que confère l'impunité, la certitude de détenir un pouvoir si absolu qu'il
vous place au-dessus de la morale et des lois. Aucun
homme politique, même « néo-nazi », ne se fût
permis de parler de la sorte ; il fallait être le patron

d'une feuille redoutée pour l'oser... J'en tremblais, comme un philosophe des Lumières découvrant au bout du Faubourg Saint-Antoine l'ombre de la Bastille. Bien qu'avec « la Vérité », « la Lettre » et quelques autres, l'oppression eût emprunté le masque de la liberté, il nous restait à faire quelques « 14 Juillet »!

Enfin, je parvins à me ressaisir : « L'image du petit juif aux mains crochues, Monsieur Lefort, vous devriez la garder pour vos lecteurs! Il y a une génération qu'on ne la leur a plus servie : elle doit leur manquer... Quant aux chambres à gaz, je ne doute pas que vous finirez par imprimer avec profit la thèse que vous venez d'amorcer : il y a longtemps que " Monsieur " Goebbels, votre maître à penser, a enseigné à ses tueurs que " plus le mensonge est gros, plus il a de chances d'être cru "... Seulement ne vous étonnez pas si, dans les périodes troublées, les " journalistes " de votre espèce, on les aligne le long d'un mur, et si l'aventure des mots se termine pour eux par douze balles dans la peau... C'est, en tout cas, la fin que je me permets de vous souhaiter. »

Et je le plantai là, entre deux vases d'orchidées, avec son petit Gervais et sa Contrex. La semaine suivante, « la Vérité » entamait une campagne pour exiger la levée d'immunité parlementaire de Renaud...

Je téléphonai à Carole; je venais d'avoir une idée : elle pourrait peut-être aller à Besançon et séduire le contremaître de la Jurassienne des Fluides? Elle le ferait parler, et, entre deux étreintes, tâcherait de lui arracher une confession ou, à la rigueur, un reçu post-daté au nom de Maud. Caro parut perplexe : « Tu sais, Chris, je voudrais bien te rendre service, mais elle est dangereuse, ta combine. Imagine que le vieux ne tombe pas dans mes filets et qu'il avertisse les journalistes de " la Vérité " que ton copain lui a expédié une call-girl pour obtenir un faux témoignage... Ça n'arrangerait pas ses affaires! Et puis qu'est-ce qui te dit que l'actrice a payé quoi que ce soit? Bon, elle a encaissé le chèque de son mari, d'accord – ce chèque-là, d'ailleurs, n'avait peut-être rien à voir avec la réparation du chauffage central?... Mais, après, qu'est-ce qui te prouve qu'elle s'est limitée à la TVA? Si ça se trouve, elle a fait sauter toute la facture tant qu'elle y était...

– Fait sauter la facture? Comment? En sautant le bonhomme?

– Pas forcément... Tu sais, les hommes politiques, ils ont quelquefois des nanas qui trafiquent de leur influence à leur place... Tiens, par exemple, Astorgues, le ministre, il est honnête... mais sa bonne femme, quand son mec était à la Santé publique, elle a vendu des pharmacies, et, maintenant qu'il est aux Finances, elle négocie des bureaux de tabac... Alors, Maud Avenel, je ne sais pas, moi... Et puis il faut que je t'avoue tout : en ce moment je suis avec un... un monsieur qui n'aimerait pas trop que j'aille faire la retape à Besançon. Ni ailleurs... Il est jaloux, ajouta-t-elle avec gourmandise.

– Jaloux, ton Poupougne?

– Non, je ne te parle pas de Poupougne, idiote!

– Ah bon? Mais c'est une nouvelle, ça! Tu n'es plus avec lui?

– Ben si... Mais enfin... Je suis entre deux, tu vois... Déjà que Poupougne, mon nouveau a beaucoup de mal à l'encaisser... Alors, le contremaître de la Jurassienne! Tu me comprends? »

Je me retournai vers Olga. J'étais convaincue qu'elle disposait de moyens de pression sur Lefort ou sur Berton – à quoi serviraient les services secrets s'ils n'étaient pas capables d'acheter les vendus? J'étais prête, le cas échéant, à échanger la preuve de la malhonnêteté du journaliste ou du ministre contre un document « Confidentiel Défense » qui m'était tombé par hasard entre les mains sans que le KGB connût son existence. Mais je n'eus pas à le proposer aux amis d'Olga : bien que touchée de mon désarroi, Madame Kirchner refusa immédiatement de m'aider.

« Voyons, mein schatz, dit-elle en me caressant le menton dans un geste d'abandon que je ne lui avais plus permis depuis longtemps, nous ne sommes pas une organisation de bienfaisance! Non, d'ailleurs, " bienfaisance " n'est plus le mot; comment disent-ils déjà, vos amis solidaristes? " Caritative "... Carrritative, c'est cela! " Charitable ", non plus, ne devait plus être assez chic!... Bon, mais, " charitable " ou pas, je ne peux vraiment rien pour Kahn-Serval... J'en suis désolée, parce qu'il m'est plutôt sympathique, avec sa tête dans les nuages!... Un conseil, tout de même : ne prenez pas son affaire trop à cœur. Pas au point d'attirer l'attention sur vous, sur nous... »

La seule qui accepta de faire quelque chose fut, à ma grande surprise, Evelyne Martineau : entrée, grâce à moi, par la petite porte dans le cinéma, cette idiote me vouait, depuis, une reconnaissance d'autant plus encombrante qu'elle était peu méritée; et je me sentis soulagée de trouver enfin à employer cet excès de gratitude.

Il arriva en effet, à ce moment-là, que Renaud, très affecté par les échos qui paraissaient sur sa vie privée, voulut prouver au public sa tendresse pour Maud Avenel et la constance de leurs amours. A l'heure où il n'était plus question que de la levée de son immunité parlementaire, il s'attachait à cette idée, bête, d'une photo de couple qui mettrait fin aux racontars sur les infidélités de sa femme. Ainsi voit-on, dans les grands deuils, le survivant, incapable encore de mesurer l'étendue de sa perte, s'affliger de ne plus trouver tel bibelot qu'il souhaitait glisser dans le cercueil et donner à la disparition de cet objet les larmes qu'il se retient de verser sur le mort; et de même qu'alors la famille s'empresse d'entrer dans son caprice pour divertir le malheureux de ses vrais sujets d'ennui, j'acceptai aussitôt de m'entremettre pour faire réaliser les photographies que Renaud tenait à publier.

Mais mon « Hussard », champion de la sincérité et modèle de l'honnêteté, était apparemment condamné à ne pouvoir apporter que des démentis mensongers : Maud, qui venait de quitter le Canada pour Stockholm où elle devait apparaître dans un spectacle organisé par l'UNICEF au profit des réfugiés palestiniens, n'avait pas trouvé le temps de repasser par la France; pour les clichés, elle nous conseilla de nous adresser à sa doublure... Aussi Renaud fut-il contraint de poser pour l'un de mes amis en compagnie d'Evelyne Martineau prise de dos, ou de biais; et ce fut sur les lèvres de la doublure qu'il posa le baiser léger dans lequel toute la France verrait demain la preuve de sa fidélité.

J'étais gênée pour lui d'assister à cette scène de comédie. Nous avions « tourné » dans un décor champêtre; en rentrant sur Paris, il me dit seulement, d'une voix changée : « Voyez à quoi j'en suis réduit ! » Mais je suppose que, tout compte fait, il fut satisfait de trouver dans « Match », la semaine d'après, la reproduction, floue à souhait, de sa promenade sentimentale : « Entre deux tournages, Maud Avenel a rejoint son mari pour un week-end d'amoureux qui mettra fin aux rumeurs de séparation du couple. » J'avais également réussi à placer dans « Elle » une autre photographie, savamment mal cadrée pour donner l'impression d'un cliché de paparazzi : « Dans la cruelle épreuve qu'il subit, " la belle Avenel " apporte son tendre appui à son mari. »

Ce bonheur falsifié fut toutefois de courte durée. Dès le lendemain, Renaud me téléphonait, atterré : « la Presse » venait certes de publier le démenti apporté par les fils de Maud aux propos qu'on leur avait prêtés sur le train de vie fastueux de leur beau-père; mais, suivant un usage qui se répandait, le journal assortissait le communiqué d'un gros titre – « Monsieur Kahn-Serval demande à ses deux beaux-fils (quinze et seize ans!) de voler à son secours » – et d'un « chapeau » en caractères gras qui en dénaturait le contenu...

Au reste, la violence de la campagne de presse passait maintenant au second plan. On en venait à des choses plus sérieuses : les amis politiques de Renaud, d'abord surpris par les révélations de « la Vérité », puis étourdis par la convocation du juge d'instruction, commençaient, ayant repris leurs esprits, à le lâcher.

Si, au commencement, ses camarades avaient fait bloc autour de lui, s'ils avaient serré les coudes en effet, c'était déjà un peu à la manière des rugbymen dans la mêlée, qui ne s'accrochent au voisin que pour mieux lui chiper le ballon ou lui démolir les tibias. On croirait qu'ils s'épaulent : ils s'agrippent... Et lorsque, pour la seconde fois, le magistrat instructeur fit appel au témoignage de Kahn-Serval, tout le pack lui tomba dessus : tandis que les chefs du parti, interviewés, prenaient prudemment leurs distances – « tout le monde sait que le bruit fait autour de la Jurassienne des Fluides n'est qu'une habile opération de diversion. Cela dit, nous sommes comme tous les citoyens, désireux que la justice fasse son travail et qu'aucun aspect de cette affaire ne reste dans l'ombre. Si des fautes ont été commises, elles devront être sanctionnées... » –, les minoritaires de la Fédération du Doubs demandaient déjà l'exclusion de Kahn-Serval. Comme Renaud, pour ne pas gêner son parti, s'était abstenu de paraître au dernier Comité directeur, le nouveau maire de Trévennec, Hoëdic (qui venait d'être chargé des relations avec la presse), osa « poser le problème » : ne conviendrait-il pas que le camarade impliqué dans cette vilaine affaire, et auquel, la chose allait de soi, chacun ici gardait toute sa confiance, démissionnât – non du parti, mais, à titre provisoire, de ses instances dirigeantes – afin de ne pas exposer davantage la réputation de ses amis? Le Comité se rallia à ce point de vue et décida d'expédier au député de Besançon des émissaires chargés de lui faire entendre raison.

Trois jours après, « la Lettre » publiait le compte rendu de cette entrevue et annonçait que Renaud, choqué par la démarche, refusait de se retirer.

A partir de cet instant, au harcèlement des journalistes s'ajouta celui des militants : les coups de fil, les motions, les interpellations, et les lettres – où, à côté de tel article diffamatoire soigneusement découpé et collé, l'ami anonyme écrivait en grosses lettres d'imprimerie : « Qu'en penses-tu, camarade? », « Qu'en dirait Blum, à ton avis? », ou « Est-ce qu'au moins tu payais tes cotisations? » Deux ou trois socialistes bisontins, plus indignés que les autres, renvoyèrent leur carte...

Puisqu'il ne pouvait quitter Paris tant que le juge lui demandait de rester à la disposition de la justice, j'offris à mon « Hussard » – pour le soustraire au téléphone et aux photographes qui avaient fracturé la porte de son studio pour forcer sa retraite – de le prendre chez moi. L'heure n'était plus à la pudeur : il accepta. Assis sur le canapé du salon, il passa ses premières soirées à discuter, me récitant, alinéa après alinéa, le texte des articles les plus calomnieux qu'il savait par cœur, ou élaborant – sur tel point particulier – des réponses que je le dissuadai d'expédier aux rédactions concernées : « Vous savez bien, mon pauvre Renaud, que le droit de réponse n'est plus ce qu'il était! Ils répondront à vos réponses! Si, quand ils vous accusent d'avoir tué votre père, vous leur prouvez que vous ne l'avez pas fait, ils admettent volontiers qu'ils se sont trompés : c'était votre mère, mon cher, que vous aviez assassinée, et, si vous leur démontrez que la brave femme est toujours en vie, ils rétorquent que ce sont vos fils que vous avez " zigouillés " ! Bref, vous n'en finirez plus... Croyez-moi : le mieux est encore que ce soit vous qui fassiez le mort ! »

Je regrettai aussitôt mon conseil, car, avec ses yeux cernés et son teint pâle qui virait au vert, on aurait dit qu'il l'avait suivi avant que je l'aie formulé : il ne mangeait plus, ne se lavait plus, ne dormait plus, et examinait sans cesse l'enchaînement des faits qui avaient conduit à ce scandale sans commune mesure avec ce qui lui était reproché. « Tout ça pour trente-cinq mille francs ! Et trente-cinq mille francs que j'ai payés ! Qui sont sortis de mon compte, en tout cas... Dites, vous me croyez, Chris ? Vous ne pensez pas que j'aurais risqué mon honneur pour trois tuyaux de chauffage central, ni traité avec les salopards de la Centrale des Eaux pour trente-cinq mille balles ! Qu'est-ce que je dis ? Même pas ! Cinq mille francs de TVA... C'est ridicule, voyons ! Mais quoi faire ? Ce que je vis maintenant est épouvantable, Christine : tout ce que je dis, tout ce que je tente se retourne contre moi ! De quoi veut-on me punir, dites, de quoi ? Quand je pense à tous ces gens, jusque dans les villages, jusqu'au fond des déserts, qui lisent les cochonneries de Lefort, et qui tous me méprisent sans m'avoir vu, sans m'avoir entendu, sans me connaître !... Pour cinq mille francs... »

Avec son air hagard et ses « cinq mille francs de TVA » indéfiniment répétés, il me faisait songer au héros de Maupassant qu'on accuse d'avoir volé un porte-monnaie, parce qu'on l'a vu ramasser quelque chose ; il a beau jurer que ce n'était qu'une « 'tite ficelle, m'sieur le maire », il ne persuade personne et meurt de chagrin en rabâchant jusqu'à la fin, dans la maladie et l'agonie, « une 'tite ficelle, m'sieur le maire, rien qu'une 'tite ficelle... »

Si, bourré de calmants et de somnifères, Renaud

finissait quand même par s'assoupir face à mes éléphants d'ivoire, il était réveillé aux premières lueurs du jour : j'avais mis le téléviseur en panne, mais il guettait l'arrivée des quotidiens au kiosque d'en bas. Il y avait la livraison du matin et celle du soir : elles rythmaient ses angoisses. Lorsqu'à l'aube la presse ne parlait pas de l'affaire, c'étaient quelques heures de gagnées jusqu'au crépuscule; mais à mesure que la journée s'étirait, le soulagement du petit déjeuner faisait place à une tension croissante : à partir de deux heures, il surveillait le camion de livraison... Nous eûmes tout de même – du samedi midi au dimanche soir – un grand moment de répit. Trente-six heures sans journaux. Renaud se détendit un peu : le jour du Seigneur a dû être inventé pour permettre aux victimes d'une campagne de calomnies de reprendre leur souffle, comme le torturé dont on sort un instant la tête de la baignoire pour éviter qu'il ne succombe trop tôt... Je profitai de l'accalmie pour tenter de nourrir mon Hussard : deux ou trois bouchées de saumon, quelques toasts au caviar; il mangea une pizza surgelée, et je lui débouchai mon meilleur champagne en regrettant de n'avoir jamais eu « une bonne table » chez moi – il y avait si longtemps que je ne fréquentais plus que l'échoppe du traiteur et la boutique de produits congelés... Mais je parvins à le faire rire et je le fis parler. Sans cesse je songeai au mot que Charles m'avait dit un jour en comparant la carrière de certains vieux éléphants du gouvernement et le suicide précipité de son premier beau-père, le sénateur Weber, l'homme des « ballets bleus » : « Ceux qui gagnent, ce sont ceux qui survivent. » Mais Renaud partageait-il cette philosophie de briscard? Avait-il seulement envie de « gagner »? Dès la soirée du dimanche, je sentis son inquiétude reprendre le dessus : il pensait aux feuilles du lundi matin. Déjà il ne répondait plus que par monosyllabes et ne put avaler qu'un demi-bol de bouillon : il attendait...

Le mardi après-midi cependant, en rentrant du bureau, je le surpris près d'une fenêtre qui donnait sur le square, au pied de l'immeuble; et comme il semblait s'absorber dans la contemplation d'une dizaine d'enfants qui faisaient des pâtés de sable, je me réjouis de constater qu'il semblait avoir passagèrement oublié la presse. A le voir ainsi rêveur au spectacle des bambins, je crus même, un moment, qu'il songeait aux fils qu'il n'avait pas eus, ou à ceux de Maud. Mais il tourna vers moi son regard mélancolique et, montrant les petits du square, murmura avec un sourire d'excuse : « Eux, au moins, ne savent pas lire... »

Kahn-Serval était depuis six jours chez moi lorsque je trouvai dans mon courrier un petit mot d'Olga; il n'était pas signé, mais je connaissais l'écriture : « Ma petite Christine, je sais que votre ami est chez vous – que la chance l'éclaire! Mais si je l'ai appris, d'autres l'apprendront... Je me permets de vous rappeler aux règles élémentaires de la prudence. Paris est tout de même assez grand! »

Elle avait raison; d'autant que, Lefort connaissant désormais mon amitié pour Kahn-Serval, ses mouchards pouvaient fort bien apparaître dans l'heure sur mon palier...

Je me souvins de l'appartement de la rue de Parme que j'avais habité avec Caro et qu'elle avait gardé après avoir emménagé chez « Poupougne ». Elle accepta aussitôt d'y héberger Renaud : « J'ai encore une chambre de libre, mais c'est tout. Parce que le reste, je l'utilise pour mes affaires : je l'ai reconverti. Des espèces de bureaux, tu verras. Mais si ça ne dérange pas ton copain qu'on travaille à côté, c'est d'accord. »

Elle se chargea d'y conduire elle-même le Hussard et de l'y installer. Il fut convenu que je lui ferais une visite à la fin de la semaine, en prenant des précautions pour n'être pas suivie.

L'heure venue, je me déguisai avec soin : dissimulant ma chevelure rousse sous un bonnet de fourrure noire, je passai sur ma figure un maquillage bronzé, posai sur mon nez les grosses lunettes de myope que je ne portais jamais, et, masquant mes formes sous une vaste cape et le bas de mon visage derrière une écharpe, je sortis de l'immeuble d'un pas décidé. Grâce aux lunettes, je remarquai tout de suite deux types patibulaires qui, adossés à un tronc d'arbre, semblaient surveiller la porte d'entrée – probablement des sbires de Berton, ou des indics de « la Vérité ». Mais ils ne prêtèrent aucune attention à la grosse brune bigleuse qui, à quelques mètres d'eux, héla un taxi : si je m'étais rencontrée moi-même, je ne me serais pas reconnue!

Christine avait toujours eu le goût du travesti : bien avant que son frère ne la déguisât pour la première fois en Lucrèce Borgia, elle adorait se faire passer, avec un minimum d'accessoires, pour ce qu'elle n'était pas – une sœur des Beatles, une touriste hongroise, une petite bonne bretonne, une veuve normande... Et ce goût inné s'était beaucoup accentué au fil des années.

Sans doute avait-elle trouvé dans ses séjours viennois de quoi l'alimenter : toute la ville semble consacrée à l'art du camouflage. Est-ce une caractéristique des civilisations décadentes et ennuyées? La conséquence du défaut de certitudes et de l'absence de foi? Ou une équivoque naturelle aux époques de transition? Dans ce décor pastiche où de fausses Saintes-Chapelles succèdent à des néo-Parthénons, et des pseudo-Trianons à des simili-Palais Pitti, les passants ont l'air de figurants de cinéma, échappés à des tournages différents : les messieurs, lorsqu'ils ne sont pas accoutrés en boy-scouts tyroliens, chaussettes montantes, cape verte et plume au chapeau, s'habillent en « troisième homme » – imperméable trench-coat avec ceinture nouée, et feutre mou enfoncé jusqu'aux yeux; les femmes, quand elles renoncent un moment à leur corselet paysan, jouent les châtelaines médiévales en couvrant leurs cheveux et leur cou d'écharpes-cagoules qu'elles maintiennent, comme les guimpes d'autrefois, par un serre-tête de laine torsadée ou de fourrure bicolore, qui passe au milieu du front; les petits garçons sont en gilets à boutons d'argent et bottes de cosaques, les petites filles en jupons de dentelles, les concierges en habit, les cochers en melon, les portiers d'hôtel en haut-de-forme, les serveurs en nœud papillon, et les chevaux eux-mêmes, sous leurs grandes couvertures à carreaux et leurs crinières tressées, semblent apprêtés pour quelque bal masqué. A Vienne, on n'est pas vêtu, mais revêtu – fardé, décoré, caché.

Cette prédilection viennoise pour le travestissement, si proche de ce que fut le port du loup et du domino dans la Venise du XVIIIe, n'est-elle pas d'ailleurs en train de faire des émules au-delà des frontières? Dans la décadence et le mensonge, Rome, Vienne, Venise ont toujours une longueur d'avance sur nous, mais il me semble qu'à leur suite c'est toute cette fin de siècle qui se mire dans des miroirs-sorcières, et l'Europe entière qui se grime comme une vieille cocotte. Les hommes s'accoutrent en femmes, les bourgeois singent les loubards, les vieux contrefont la jeunesse, et la mort se pare des couleurs de la vie. Le culte du « look » jette successivement dans les rues de Londres et de Paris cow-boys apocryphes et fausses gitanes, pirates de comédie et remakes de tueurs nazis, imposteurs afro-cubains et Iroquois postiches : c'est Mardi-Gras toute l'année... Et, certes, il y a beau temps que, l'habit faisant le moine, et le style l'homme, on a commencé par feindre ce qu'on finissait par éprouver –

mais il me paraît neuf de changer tous les jours d'imitation et de modifier à tout bout de champ sa définition. De mue en mue, et de chrysalide en chrysalide, personne ne s'arrête au papillon...

Pas moyen de ralentir cette valse des écorces : c'est à de plus vieilles mascarades et des déclins plus anciens que s'est renouée la chaîne des temps – au peuple les bacchanales, les saturnales, la chienlit et la mi-carême, à l'élite les sabbats et « bautas ». Le patriciat européen ne revendique-t-il pas la gloire d'avoir ressuscité, voici sept ou huit ans, le Carnaval de Venise, mort depuis deux siècles ? « Avec un masque comme la "bauta", écrit Manlio Brusatin, personne ne vous reconnaît et vous passez inaperçu en vous faisant remarquer partout ; tout le monde vous voit, et nul ne vous distingue. Ce masque blanc vous dévoile en vous cachant, et vous cache en vous révélant ; réfléchi à l'infini, il démultiplie la personne en milliers d'individus semblables : nous nous perdons dans la foule des "nous-mêmes" – Ci si perde in molti "noi stessi"... » A San Moïse et aux Frari la fabrication des masques crayeux, sans âge, sans sexe, sans nation, bat son plein ; Madame Valbray ne devait pas avoir de peine à y enrichir sa collection...

Ballotté au gré des oscillations de la mode et des résurgences culturelles, le « moi » fragile, incertain, n'est plus, dans le meilleur des cas, que le lieu des projections imaginaires du sujet : ainsi Christine se voyait-elle en Lucrèce Borgia, en Marie de Verneuil, en Simonetta Vespucci, comme d'autres se rêvent Tarzan ou Marilyn Monroe ; et elle jouait au directeur de cabinet à la façon du garçon de café de Jean-Paul Sartre qui joue à être garçon de café...

Or, de même qu'il n'y a pas de marchande plus convaincante qu'une petite fille qui joue à la marchande, dans la grande parade des Polichinelles et des Pantalons qui font de notre vie politique un carnaval prolongé Christine faisait un très plausible directeur de cabinet.

J'ai souvent entendu dire, à tort, par ceux qui à l'époque n'avaient guère l'occasion de fréquenter les milieux politiques, que Madame Valbray avait dû sa carrière à ses charmes et qu'il était extraordinaire qu'une fille aussi peu compétente en droit international ait pu se trouver placée à la tête de la diplomatie française. En réalité, du temps où la « Sans Pareille » exerçait ses talents aux Affaires étrangères, aucun fonctionnaire du Quai d'Orsay n'eût souscrit à cette présentation des faits. On aurait peut-être souligné que son absence de scrupules la rendait peu·sympathique ; on aurait sûrement avoué qu'on lui croyait des amants influents (non seulement Fervacques, mais quelques-uns des autres politiciens qu'elle fréquentait, d'Aulnay ou Kahn-Serval – on ne prête qu'aux riches) ; mais on aurait aussi reconnu que sa promotion rapide n'avait surpris personne, tant il crevait les yeux que la nouvelle « star » des bureaux possédait toutes les qualités requises pour l'exercice de ce métier : non seulement Christine était aussi capable que n'importe quel énarque de faire en peu de temps la synthèse d'un dossier compliqué, mais son sens politique était servi par une autorité incontestable, une grande souplesse, et un style piquant, particulièrement prisé dans les milieux très littéraires du Quai, style dont, avec la prudence de rigueur dans sa fonction, elle n'usait toutefois qu'à l'intérieur de la maison... A cet élogieux tableau il faudrait ajouter, pour être complet, des capacités de travail de nature à impressionner un personnel habitué à s'en tenir sagement au-dessous du mi-temps. Christine Maleville avait la réputation – affolante, au Quai – de travailler douze heures par jour, ce qui, depuis que sa vie privée se réduisait à l'homme qui l'employait, lui était tout de même moins difficile qu'il n'y paraissait.

Quant à se demander pourquoi cette femme qui ne

prenait rien au sérieux travaillait avec autant d'acharnement, c'est se poser la question des motivations du parieur : le vrai joueur se moque des enjeux, il joue pour jouer, ou, si l'on veut, pour gagner; mais ce qu'il gagne lui importe peu. Petite fille, à Evreuil ou Sainte-Solène, Christine ne manquait pas une course en sac, pas un radio-crochet, pas un concours du « Journal de Mickey », sans jamais se soucier de savoir quel prix récompenserait sa victoire. Ainsi s'était-elle trouvée gagner un jour son poids en Banania, alors qu'elle détestait le chocolat...

Vue de l'extérieur, bien sûr, cette passion de la compétition pouvait passer pour de l'ambition : trop d'observateurs négligent les côtés ludiques du combat. Or, chez Christine, comme chez tous les vrais politiciens, le goût du jeu et l'amour de la lutte se confondaient. Je me souviens encore de ma surprise quand, m'étant laissée aller à lui dire, un jour que nous parlions de l'affaire Kahn-Serval, que « la vie politique était cruelle » et qu'on « y prenait de terribles coups », elle s'écria dans un élan d'enthousiasme qui ne trompait pas : « Mais avant d'en prendre, on en donne! »

Cet instinct du jeu – qui avait permis à Christine Valbray d'être aussi bonne dans le rôle d'un directeur de cabinet, puis d'un secrétaire d'Etat, qu'une bourgeoise viennoise dans ses emplois de bergère d'opérette en jupon et corset brodé – me semblait la plus claire manifestation de sa vitalité. Cette fringale qui la poussait à tout tenter, à agir, à risquer, à défier, était ce que j'enviais le plus chez elle. Car c'était ce dont j'avais dû me dépouiller du jour où j'avais compris que, pour raconter la vie, il fallait renoncer à vivre, qu'on devait s'effacer pour laisser aux livres une chance d'exister, et se vider de soi-même pour transfuser à des personnages de papier la vigueur qu'on se dérobait.

Dans la farandole des masques qui entraînait nos

sociétés, mon dernier « moi » imaginaire, mon autre face, mon travesti, c'était Christine Valbray.

Ayant ouvert la porte de l'appartement que j'avais partagé trois ans avec Carole, je m'arrêtai dans l'entrée pour ôter mon bonnet. Une voix féminine, lente, sensuelle, me parvint du salon – « alors, mon gros loup, ça t'a plu, hein, ce qu'on a fait hier avec l'éclair au chocolat? Tu veux qu'on recommence, mon cochon, dis? »

J'en fus saisie. J'hésitai même avant de passer le seuil de la pièce, craignant d'y trouver Renaud en conversation galante avec l'une des amies de Caro – quoique je ne visse pas bien ce que mon Hussard triste pourrait faire avec une dame et un éclair au chocolat... Mais déjà d'autres voix, suaves, lascives, des grognements, des cris, me parvenaient de la cuisine, de la salle à manger, et même de mon ancienne chambre : « J'ai vingt ans, mon chéri, un mètre soixante-dix, cinquante-cinq kilos... Blonde aux yeux verts... enfin, verts avec des petites paillettes dorées dedans, tu vois? Est-ce que je te plais? », « Oui, Monsieur, nous avons reçu votre mandat : vous pouvez rappeler l'hôtesse... Zabou, ça va être pour toi... », « Non, avec un chèque, vous ne pourrez nous rappeler que mercredi, le temps qu'on l'ait reçu et vérifié... », et le téléphone – ce téléphone auprès duquel, au commencement de ma liaison avec Charles, j'avais passé tant de nuits à attendre un appel qui ne venait jamais – sonnait maintenant sans arrêt : on se serait cru dans un standard.

Et c'était bien dans une espèce de central téléphonique que je venais d'entrer, en effet : le salon, vidé de ses meubles, avait été divisé en cinq ou six cabines comme celles qu'on voit dans les bureaux de poste. Mais on les avait capitonnées et, au lieu de banquettes de bois, chacune était équipée d'un profond fauteuil qu'occupait une femme entre deux âges. Ces téléphonistes en chambre s'étaient mises à leur aise : les unes étaient en peignoir, avec des bigoudis sur la tête; les autres, en jogging, se tricotaient des pullovers ou lisaient des romans « Harlequin » en attendant le client. J'observais l'une de celles qui étaient en main – ou, plus précisément, en ligne : c'était une grosse dame dans la soixantaine, vêtue d'une robe informe, genre sac de grossesse, qui prenait, pour répondre à son correspondant tarifé, une petite voix flûtée : « ... dix-huit ans, oui, enfin j'en aurai dix-neuf le mois prochain... Exactement : des petits seins en pomme, comment que t'as deviné? Mais dis donc, t'as un don de double vue, toi!... Eurasienne, oui, c'est ça. Tu veux que je te fasse un massage thaïlandais, mon grand? Je parie que tu adorerais! Nue, oui... J'ai gardé que mon porte-jarretelles noir... Tiens, écoute. » Elle fit claquer contre le récepteur un petit élastique qu'elle tenait à la main, puis frotta longuement l'appareil contre le vinyle du fauteuil pour imiter le bruit d'une caresse sur des bas.

La situation était claire : les bureaux que Caro avait ouverts rue de Parme étaient ceux d'une société telle qu'il en était apparu deux ou trois depuis quelques mois dans les pages « petites annonces » des magazines – « la Ligne brûlante », « le Sexophone », ou « l'Appel des Sens » –, un de ces « lieux de rencontre » téléphoniques qui commençaient à prendre le relais du fameux « Réseau », pourchassé par les PTT. Je poussai la porte de la cuisine : mon ex-« room-mate » y avait installé le secrétariat de l'entreprise – une fille bon chic bon genre avec deux téléphones, une liste des spécialistes du « chèque en bois » affichée au mur, et le tableau des numéros de quelques abonnés. Quand j'entrai, la secrétaire remplissait avec soin un grand cahier où figuraient la date, la durée de l'appel, le nom du client et ses goûts; elle brancha l'interphone qui communiquait avec le salon : « Nelly, dis-moi, le type qui appelait de Colmar, oui, celui que tu viens d'avoir, qu'est-ce qu'il aime faire? Ah... ben dis donc!... Je comprends, maintenant : je t'entendais crier d'ici! Enfin! N'importe comment, au téléphone, ça ne fait pas mal, hein? O.K., O.K. : le prochain coup, je le brancherai sur Zabou... »

– Madame Mauvière, s'il vous plaît? Marie-Anne Mauvière, la décoratrice...

La jeune femme haussa le sourcil : « Mauvière, connais pas... Ah, vous ne seriez pas Madame Maleville, par hasard? Bon, alors, Madame Pauline vous attend dans la chambre du fond... Elle surveille le menuisier qui est en train d'installer les nouvelles cabines... »

Apparemment, Marie-Anne Mauvière était restée Pauline Massin pour toutes les activités commerciales relevant de son précédent métier : c'était plus prudent. Mais, maintenant qu'elle avait commencé de s'élever, j'étais peinée de la voir retomber sans cesse dans ses anciens errements, et une fois encore je le lui dis.

– Tu te figures peut-être que je fais ça pour le fric? s'exclama-t-elle, indignée. Tu penses, à deux cents balles la communication, je m'y retrouve à peine! Surtout maintenant que d'autres s'y mettent! Ah, ils sont forts, les macs, pour te piquer les idées! Et je ne te parle pas de ceux qui font dans les spécialités : les « Louves Dominatrices » ou le « Manoir des Supplices », bien sûr qu'ils peuvent se permettre de demander vingt-cinq tickets, les salauds! Mais, ne t'en fais pas, je me bagarre! Parce que, pour tout te dire, Mistouflette, ce truc-là, c'est mes bonnes œuvres... Je l'ai fait pour recycler les vieilles de « Cléopâtre » et caser les copines enceintes. C'est qu'on n'a pas de Sécurité Sociale dans ce métier... Ta petite Caro, maligne, a tout de suite pigé que le téléphone pouvait nous permettre d'y remédier! Tu as vu mon salon? C'est la maison de retraite. Et dans cette chambre, j'avais installé mes futures mamans – deux cabines... Tu vois, je dois déjà les faire changer pour en loger quatre... Il faut dire que, au point de vue chiffre d'affaires, malgré la concurrence je me débrouille plutôt bien. Et les bénéfices viendront plus tard, hein? Pour élargir ma clientèle, mon idée, c'est de faire payer moins cher, dans les cent cinquante par exemple, et de raccourcir le temps de parole. Toutes les sociétés sont en train de s'aligner sur vingt minutes : c'est de la bêtise! J'ai fait l'expérience : les types qui appellent, ils sont déjà prêts. Pas besoin de vingt minutes pour les traiter! Je voudrais ramener la causette à dix minutes, en faisant un maximum de pub : qu'est-ce que tu en penses? Avec un machin genre « supermarché de l'amour », j'ai l'idée que je pourrais au moins maintenir ma part de marché. Tiens, regarde mes nouvelles maquettes d'annonces. Elles sont chouettes, non?

Elle me tendit un paquet de feuillets sur lesquels on voyait tantôt des femmes déshabillées usant du téléphone dans toutes les positions imaginables, tantôt deux récepteurs tendrement enlacés. La boîte, une filiale de « Cléopâtre », s'appelait « le Sex-Appel »; la publicité indiquait que la ligne était ouverte sept jours sur sept, de neuf heures à trois heures du matin, et Caro, qui avait toujours eu le sens des slogans, n'avait pas hésité, entre un « Exotique et Chic » et un « Erotique et Choc », à transposer la formule qui avait fait le succès de « Paris Match » – « Sex-Appel : la caresse des voix, la violence des mots » – ou de Darty – « Sex-Appel : un contrat de confiance, si vous trouvez moins cher ailleurs, Carine (dix-huit ans) viendra en personne vous faire nos excuses... »

– Il y a huit ans, je me suis plantée avec mon « Contact », c'est vrai! J'avais trop d'avance... Mais maintenant, je te jure, je sens le marché! Ce n'est pas encore le Pérou, mon truc, d'accord, mais il faut que je t'explique : ça vient de ce qu'on ne peut pas offrir au client un service immédiat. Attends que les banques aient lancé dans la nature assez de cartes de crédit et qu'on puisse les utiliser par téléphone, tu verras l'envol du produit! Je suis en train de regarder l'affaire de près avec un banquier... En plus, j'ai eu une autre idée, que je vais faire étudier par un bureau d'étude, celle-là, parce qu'en ce moment, avec tous les projets que j'ai, je suis débordée. En gros, voilà le topo : depuis que je travaille sur l'informatique pour le Moyen-Orient, j'ai l'impression que, en amour aussi, il y a quelque chose à faire avec les ordinateurs... D'ici dix ans, à mon avis, il n'y aura plus que de la baise « clean » : sur écran... Avec mon « Sex-Appel », déjà on ne se touche pas, mais il y a encore la voix. Tandis que dans mon autre projet, il n'y aurait plus rien de charnel. Juste des lettres imprimées sur une console... L'avantage, c'est qu'on aurait un maximum de souplesse, bien plus qu'avec le téléphone : par exemple, on pourrait faire répondre aux clients par des bonshommes qui signeraient leur petite affaire du nom d'une nana... Et, côté maladies, je ne te dis pas le progrès! Tout dans la tête, Mistouflette : crois-moi, c'est dans ce sens-là qu'on va!

– Je te crois... Chacun ne fera plus l'amour qu'avec lui-même... En somme, on ferait dans le sexe interchangeable, comme les escargots!

– Si tu veux... Mais, d'ailleurs, quand on y réfléchit bien, est-ce que ce ne serait pas mieux comme ça?

– Oh, sûrement! Et pour ce qui est de la contraception, plus de problèmes non plus! On stockerait

les enfants en mémoire! Sur disquettes, la postérité!... Bon, Caro, soyons sérieuses : je ne t'aurais
jamais envoyé Renaud si j'avais su que... Tu ne l'as
pas gardé ici, au moins? D'ailleurs, je ne vois pas où
tu l'aurais mis.

— Dans mon ancienne piaule, tiens! Et je peux te
dire qu'il y est très bien!

Elle m'entraîna dans le couloir et ouvrit brusquement la porte de la penderie : des dizaines d'exemplaires de « la Lettre », de « la Presse » et de « la
Vérité » s'y trouvaient entassés.

— Tu as décidé de monter une librairie?

Elle haussa les épaules et m'expliqua qu'ayant un
peu parlé avec mon ami elle avait remarqué que, plus
que les nouvelles données par la radio (je n'avais pas
réussi à lui confisquer son transistor), c'étaient les
articles de Dormanges dans « la Presse », les allusions gauloises de « la Lettre », et les saletés de
Lefort qui le peinaient. Comme, pour acheter son
poison quotidien, Renaud n'osait pas aller plus loin
que les deux kiosques de la rue de Clichy, de peur
d'être reconnu et filé s'il se montrait trop longtemps,
Carole avait aussitôt trouvé le remède : elle avait
chargé l'une de ses filles de rafler dès le matin tout le
stock des kiosques. « Comme ça, quand il se pointe,
il n'y a plus que " le Figaro "... Je ne te dis pas que
c'est le rêve, mais, enfin, je ne peux pas tout acheter!
Le soir, bien sûr, je lui laisse prendre " le Monde " et
" France-Soir "... Bref, en gros, mon truc lui évite le
pire... Parce qu'il faut dire qu'ils n'y vont pas avec le
dos de la cuillère, les salauds du placard! Quelles
ordures de mecs!... Alors, quand il va t'interroger
pour savoir ce qu'il y avait dans leurs torchons, tu
vois ce qu'il te reste à dire... Pour le reste, ne
t'inquiète pas : on te le mitonne, on te le pouponne,
ton grand blessé!

— Pas trop quand même, j'espère? »

Le blessé avait reconnu ma voix, il ouvrit la porte,

et m'embrassa en frère, sur les deux joues. Il me parut encore très pâle, les traits creusés, avec, sur le visage, un voile de lassitude qui me fit songer au roi Renaud de la chanson, celui qui « de guerre revient, portant ses tripes dans ses mains »...

Je notai aussi qu'en quelques jours ses tempes avaient blanchi, et, le regardant évoluer dans la petite chambre de Caro en se cognant à tous les angles, je revis tout à coup l'image de la prison de la Conciergerie où la chevelure de Marie-Antoinette était devenue blanche en une nuit.

Pourtant le « prisonnier » avait mieux dormi, et reconnut que les petites du standard lui apportaient chaque jour de chez le Chinois d'excellents plats cuisinés : « Franchement, sur le moment, quand je me suis vu dans cet endroit si... si spécial, je me suis affolé. Mais, ensuite, j'ai pensé que je pouvais difficilement être mieux caché : jamais mes bourreaux ne viendraient me chercher au " Sex-Appel "! Parce que, quelles que soient les turpitudes que me prêtent ces messieurs de " la Vérité ", ils ne m'ont pas encore accusé de faire le marlou! »

En fin de compte, le régime de Caro lui réussissait plutôt : il parlait d'une meilleure voix, plus ferme; il parvenait même à plaisanter. Le moment viendrait peut-être où il consentirait à « cogner ». De mon côté, je le rassurai de mon mieux sur le contenu des articles qu'il n'avait pu se procurer – prétendant que, cette semaine, ses difficultés occupaient nettement moins de place dans les journaux en question, que, d'ailleurs, les échos de bas de page consacrés à l'affaire n'apportaient aucun élément nouveau, qu'enfin on n'allait pas tarder à l'oublier...

– En somme, les seuls qui se rappellent à mon bon souvenir, ce sont mes amis politiques!

La veille, en effet, on avait appris par « le Monde » que certains membres du Comité directeur envisageaient de demander au Bureau de mettre

Kahn-Serval en « congé de parti » : ceux-là voulaient éviter l'impopularité qui les frapperait s'ils étaient amenés à voter contre la levée d'immunité d'un député compromis. Faute, toutefois, d'oser exclure Renaud tant que la justice ne s'était pas prononcée, ils optaient pour une solution hybride que les radicaux avaient pratiquée en leur temps – la « mise en congé » de la brebis galeuse, qui permettrait de ne donner aux élus aucune consigne collective de vote et de laisser à chacun sa liberté d'appréciation...

Renaud s'efforça de sourire : « Dix ans de travail en commun, d'espoirs partagés, de batailles livrées! Bon, tâchons de prendre cette nouvelle épreuve avec philosophie... D'ailleurs, j'ai bien réfléchi depuis deux jours, et je suis persuadé que mes souffrances n'auront pas été inutiles. Je ne sais pas encore à quoi elles auront servi, mais j'aime mieux leur trouver un sens. Qu'est-ce qui serait le plus désespérant, finalement : que nos malheurs soient le fait du hasard, de la démence, ou que, d'une façon que nous ignorons, quelque chose de meilleur sorte du sang et des larmes? »

A l'écouter ainsi vaticiner sur le bon usage de la douleur, je me demandai si je ne préférais pas encore son amertume des jours précédents à cette semi-résignation sur fond de métaphysique. J'essayai de ramener son drame à de plus justes proportions. J'avais constaté, en effet, qu'il était moins affecté par la trahison, très prévisible, de ses amis, que par le harcèlement de presse qu'il subissait – « ils pensent qu'ils grattent du papier, me répétait-il sans cesse, mais ils écrivent sur la peau des hommes... Et même quand ils auront cessé de remuer cette boue, je n'oserai plus me montrer : c'est à l'encre indélébile qu'ils m'ont marqué... Jusqu'à Raphaël, le fils aîné de Maud, qui commence à croire ce qu'ils lui font dire, pauvre gosse! Raphaël, Denis, chacun à leur manière, d'ailleurs, ils les ont " eus "... Dans ces guerres de mots, même les gamins maintenant on les enrôle ou on leur tire dessus! Comme les Vietcongs sur la petite de Thanh Phö... On ne peut pas dire, décidément, que je porte chance aux enfants! »

Pour lui remonter le moral, je tâchai de lui représenter que le lecteur moyen ne lit pas les journaux comme les lit leur victime : « Vous, depuis quelques semaines, lui dis-je, lorsque vous achetez " la Presse ", vous vous précipitez sur l'article de Dormanges qui vous réserve sa volée de bois vert bi-hebdomadaire. Même si son article n'est qu'en page quinze, c'est lui que vous voyez d'abord. On peut même dire que, dans tout le journal, vous ne voyez que lui; car j'imagine qu'ensuite vous n'avez pas grande envie de dévorer la page-spectacles ou de butiner le carnet mondain! Tandis que l'abonné du journal va se jeter en priorité sur ses rubriques favorites – le sport, les livres, ou la philatélie –, ou sur les gros titres – l'annonce de la candidature de Chirac à la mairie de Paris, la libération de Françoise Claustre, le dernier crime crapuleux à Pigalle... Comme vous n'avez pas, je pense, la vanité de supposer que vous faites chaque jour les gros titres, il y a en fait neuf chances sur dix pour que le Français de base n'ait pas vu le papier qui parle de vous, de Maud, ou de vos beaux-fils... A ce sujet, je me permets de vous rappeler – pour le cas où, tout occupé de vous-même, vous ne l'auriez pas remarqué – qu'en ce moment ce qui fait la " une " de la presse et de la télé c'est un kidnapping, le petit Jérôme à Rueil... »

Il convient que j'avais raison, puisa un instant de réconfort dans le désespoir des parents de Jérôme, étalé à la première page de « France-Soir », puis s'assit sur le lit – dont les coupures de journaux tapissaient le couvre-pied; il prit ma main entre les siennes, sans la moindre intention galante : plutôt comme le font machinalement, en vous parlant, certains vieillards vite attendris, vite larmoyants.

Je me souvins que mon grand-père, qui était peu enclin aux caresses et aux apitoiements, avait eu ce geste-là lui aussi lorsque vers ma vingtième année, un jour qu'il était malade, couché, et respirait difficilement, j'étais venue à son chevet lui raconter ma « leçon d'agrégation »; il avait gardé ma main dans la sienne plusieurs minutes, faute de pouvoir me parler, me dire les mots de fierté que, peut-être, pour une fois, il sentait... Le rapprochement entre les deux scènes me frappa : il était vrai qu'aujourd'hui j'avais pour Renaud autant d'estime que pour mon « vieil anar », mais je déplorais que le « Hussard » eût moins de jugement... Car au lieu d'abandonner, comme le sage d'Evreuil, tous ses amis avant qu'ils ne l'aient trahi et de se retirer du monde, mon naïf avait épousé la politique et une actrice!

— Ecoutez, Christine, me dit Kahn-Serval en serrant fortement ma main dans les siennes, la nuit dernière j'ai décidé de réagir... Je ne peux plus vivre en me cachant, comme une bête traquée. Mais j'aimerais connaître votre sentiment : croyez-vous que je puisse encore tenter une contre-attaque?

— Une contre-attaque? Excellente idée! Mais comment?

— Puisque ce qui a redonné du mordant aux attaques dont je suis l'objet, tant dans la presse qu'au parti, ce sont mes auditions par le juge et le débat sur une éventuelle levée d'immunité – levée d'immunité qui n'est même pas demandée! – je pourrais prendre les devants : annoncer que je démissionne...

— Vous appelez ça une contre-attaque? C'est aller au-devant de leurs désirs!

Il sourit, content de me voir tomber dans le piège qu'il tendait à ses ennemis : « Pas du tout. Réfléchissez : en démissionnant, je coupe court aux rumeurs – mise en congé et le reste –, et j'oblige la justice à abattre ses cartes. Car si je ne suis plus député, et qu'il existe des charges contre moi, rien ne les empêche de m'inculper. S'ils m'inculpent, bien sûr je me défendrai. A la loyale, sans me cacher. Mais s'ils ne m'inculpent pas, ils avoueront, par là même, qu'ils n'avaient rien de sérieux à me reprocher, et, la preuve étant rapportée, je vous jure qu'à partir de ce moment-là, " la Lettre " et " la Vérité " auront intérêt à se la boucler! »

J'étais assez satisfaite de le voir prendre enfin une attitude combative : n'importe quelle action, fût-ce le suicide ou l'assassinat, me semble préférable à la passivité.

– La seule chose que je regrette dans ce plan, objectai-je après quelques secondes de réflexion, c'est qu'il vous oblige, en tout état de cause, à sacrifier votre siège...

Il bondit du lit, comme si les ressorts avaient traversé le matelas : « Croyez-vous? s'écria-t-il en marchant à grands pas à travers la pièce. Croyez-vous? Il faudra deux bons mois pour m'élire un successeur – le temps de prendre les arrêtés nécessaires, d'enregistrer les candidatures, et de faire campagne... J'ai donc cinq semaines au moins jusqu'à la clôture du dépôt des candidatures... » Il tournait autour du lit comme un tigre en cage, de plus en plus excité.

« En cinq semaines, Christine, je peux être blanchi, et reprendre mon siège avant qu'un autre ne se soit assis dessus. Mais pour ça, il faut faire vite et je dois retourner leurs armes contre eux : utiliser la presse pour acculer les amis de Berton à abattre leur jeu... L'opinion doit percevoir immédiatement la signification du pari – je me livre à la Justice, j'y vais désarmé, je tends les poignets, mais, si l'on ne me passe pas les menottes tout de suite, la cause est entendue : je suis innocent. Voilà pourquoi il est indispensable qu'on continue à parler de moi et que, pendant quelques semaines, les journalistes ne cessent de pousser le juge d'instruction dans ses retranchements : " Alors, ce Kahn-Serval, vous l'inculpez ou pas ? " C'est lui, maintenant, qu'ils doivent harceler... Pour cela, il faut donner à mon défi un coup d'envoi formidable, un maximum de publicité! Je compte organiser une conférence de presse après-demain. Ils viendront. Oui, ils viendront. Parce que je reprends l'initiative, vous comprenez, je crée l'événement... Avec tous les téléphones qu'il y a ici, ajouta-t-il avec un sourire complice, je crois que je serai bien placé pour lancer mes convocations : pensez-vous que votre amie Pauline aurait l'obligeance de me prêter une de ses aimables standardistes pour passer les coups de fil? »

La manœuvre était mieux qu'ingénieuse, et la soudaine allégresse de Renaud, contagieuse : je lui sautai au cou. En m'imaginant qu'il eût été mieux à sa place dans un jardin clos, occupé à planter ses choux, je m'étais trompée : à sa manière, bien particulière, il avait malgré tout le tempérament d'un politique.

Il advint de son stratagème ce que nous en avions attendu : la presse parla beaucoup de la démission de Kahn-Serval et des explications dont il l'avait assortie – « je n'ai aucune faute à me reprocher, mais puisque certains journaux m'ont mis en cause, je souhaite, tant pour mes amis que pour mes collègues, une clarification rapide de la situation. Je démissionne donc, pour permettre à la justice de se prononcer et de dire publiquement si, oui ou non, des charges peuvent être retenues contre moi... »

La suite fut conforme à nos espérances : les magistrats, s'ils avaient bien à son égard des doutes et des soupçons, ne disposaient d'aucun élément de nature à motiver une inculpation. « La Presse » eut beau poursuivre dans tous les coins le juge d'instruction qui traitait le dossier de la Centrale des Eaux, elle n'en obtint qu'une réplique excédée : « Eh bien quoi, à la fin? Si je ne l'inculpe pas, votre député, c'est sans doute que, dans l'état actuel du dossier, je ne peux pas le faire! » Cette violation du secret de l'instruction, qui mit Berton en fureur, équivalait, pour l'opinion, à un acquittement : Moreau-Bailly, qui n'avait jamais complètement partagé les préventions d'Henri Dormanges à l'encontre de Renaud, souligna le fait dans un éditorial qui fut largement commenté.

Bien qu'on eût appris, presque en même temps, que le juge allait entendre Maud Avenel à titre de témoin – au cours de la deuxième audition, Renaud avait enfin consenti, en effet, à donner la vraie version des faits –, mon ami se jugea provisoirement blanchi. On était à six jours de la clôture du dépôt des candidatures dans sa circonscription : il annonça qu'il se représentait, et que, dorénavant, il poursuivrait en diffamation tout organe de presse qui mettrait en cause son honneur et sa vie privée. Faute d'avoir eu le temps, ou le goût, d'éclaircir ses relations avec le Comité directeur du Parti, il alla au combat sans étiquette; ses amis socialistes n'osèrent pas, toutefois, lui opposer un candidat.

Il n'eut à affronter qu'un RPR et fit une campagne rageuse de lion blessé, attaquant les « pourris de la majorité », les « Tartuffe du capitalisme », les « gilets rayés de la Place Vendôme », les « stipendiés de " la Vérité " », et les « nervis du SAC » : la télévision retransmit quelques secondes de sa réunion de Besançon – il avait retrouvé toute son éloquence de jeune homme, et, les mains crispées sur la tribune, la chevelure en bataille, le regard brûlant, le visage lisse et coupant comme un couteau, il me parut presque aussi beau que Samy Frey. Son portrait couvrait les murs des villages du Doubs, tantôt seul, tantôt avec la silhouette de sa femme en contre-jour et en arrière-plan – Evelyne Martineau ayant, une fois de plus, prêté ses formes à son rêve conjugal...

Le 27 mars 1977, huit jours après des municipales qui virent les socialistes enlever à la majorité trente-deux grandes villes, Renaud fut réélu avec six cents voix d'avance : un triomphe, compte tenu des circonstances.

Le soir des résultats, je l'appelai de Paris pour le féliciter. La communication avec sa permanence était mauvaise; les hourras et les bouchons de champagne de la poignée de militants qui ne l'avaient pas lâché et fêtaient maintenant son succès couvraient sa voix, qui me parut étrangement lointaine. Comme je lui disais la joie que me procurait sa victoire, je crus entendre, sous les grésillements de la ligne, les mots « satisfaction posthume », mais je ne saisis pas le sens de sa phrase. Faisant la part de la fatigue et de la baisse, bien naturelle, de tension consécutive à une campagne trop exaltée – « post coïtum, omne animal triste » –, je pris rapidement congé pour le laisser se reposer.

Toute la semaine, Maud, rentrée d'Amérique, posa dans les bras du vainqueur pour les quotidiens locaux et divers magazines féminins; je ne sus pas s'il fallait y voir un geste de sympathie (puisque, après tout, ils ne vivaient plus ensemble depuis deux ans et qu'elle n'était obligée à rien), ou le réflexe professionnel de la comédienne heureuse de trouver à peu de frais une nouvelle occasion de parader, sans risque cette fois pour sa sacro-sainte « image ».

Lorsque, quinze jours plus tard, Kahn-Serval fit sa rentrée dans l'hémicycle, tout le groupe socialiste se leva et l'applaudit. Le « Hussard » alla néanmoins, avec un brin d'ostentation, s'asseoir parmi les non-inscrits, attendant que tous les comptes fussent réglés entre son parti et lui.

Mais tout laissait à penser que, sur ce plan-là, les choses iraient vite et que, bientôt, il rejoindrait la maison mère avec les honneurs de la guerre. On commençait, en effet, dans les milieux informés, à avoir vent des deux millions de victimes de « Monsieur Pol Pot » au Cambodge. Lors d'une réunion de presse, Jean Hoédic, le nouveau porte-parole du parti, rappela que sa formation « s'enorgueillissait d'avoir été la première à tempérer, par la voix de notre ami Kahn-Serval, certains enthousiasmes déplacés », et il mit en garde l'opinion contre « de fallacieuses illusions ».

Puis, de nouveau, je perdis Kahn-Serval de vue.

Peu après son élection, il m'avait manifesté sa reconnaissance par colis postal : j'avais reçu un foulard Hermès, présent aimable mais conventionnel, qui m'aurait paru décevant sans le petit bouquet de myosotis et le poème dont il était accompagné. Les « ne-m'oubliez-pas » étaient déjà fanés – ces fleurettes n'ont pas plus de tenue que le sentiment qu'elles suggèrent –, mais l'intention, et le choix du poème, m'avaient touchée : il s'agissait d'une de ces œuvres mal connues de la Renaissance que, à l'instar de mon frère, Renaud prétendait accordées à mon genre de beauté. C'était de lui cependant, et des épreuves qu'il venait de traverser, que les vers – romantiques avant la lettre – parlaient :

« Comme un qui s'est perdu dans la forêt profonde
Loin de chemin, d'orée, et d'adresse, et de gens;
Comme un qui en la mer, grosse d'horribles vents,
Se voit presque engloutir des grandes vagues de
[l'onde;
Comme un qui erre aux champs, lorsque la nuit au
[monde
Ravit toute beauté...
J'oublie, en revoyant votre heureuse clarté,
Forêt, tourmente et nuit, longue, orageuse et
[noire. »

La découverte de ce petit morceau de littérature m'émut; et, plus que de son foulard à chevaux, brides et selles dans la grande tradition du Faubourg Saint-Honoré, je sais aujourd'hui gré à Kahn-Serval de m'avoir fait cadeau, à la dernière ligne, du seul vers de la langue française qui ait peint, par avance et en entier, son destin tragique. « Forêt, tourmente et nuit, longue, orageuse et noire » : toute sa vie en douze pieds... Quant au reste, je ne crus pas distinguer, sous l'allusion flatteuse à ma « clarté », la moindre trace de déclaration. Je ne tirai même pas vanité du compliment : d'abord, j'étais moins claire que le député de Besançon ne le disait; ensuite je savais bien que, pour tirer Renaud du bois, toute la lumière d'une femme ne suffirait pas...

Et les semaines passèrent sans que nous eussions le temps d'échanger autre chose que des correspondances officielles; je visais les réponses aux « questions écrites » dont, comme tout parlementaire dynamique, RKS harcelait le gouvernement. Son parti, où sa cote semblait remonter de jour en jour, l'avait affecté à la Commission des Affaires étrangères : à l'heure où les mers de Chine se peuplaient de « boat people », rien n'était plus opportun que de ramener sur le devant de la scène le seul homme qui eût fait preuve de lucidité à propos de la « libération » de Phnom Penh... Il était même question de lui confier le portefeuille de l'aide au Tiers-Monde ou de la Coopération dans le « shadow cabinet » que le PS constituait : si la roche Tarpéienne est proche du Capitole, force est de constater qu'en politique la réciproque est vraie et qu'on a vu nombre de condamnés ressusciter au lendemain de leur exécution... Le surprenant come-back du « Hussard » me donnait donc l'occasion de lui expédier chaque jour de longues missives, mais il n'y était malheureusement jamais question que de « la ratification de la convention franco-sénégalaise sur le transfèrement des détenus » ou de « l'exonération de la taxe à l'essieu pour les camions portugais »!

Quelquefois, lorsque j'avais apposé mon paraphe sous le « Veuillez agréer, Monsieur le député, l'assurance de... », je me disais que je devrais lui téléphoner, l'inviter à dîner avec mes éléphants d'ivoire, comme deux ans plus tôt quand je tentais de le rallier; mais avant que j'aie pu mettre ce projet à exécution, j'étais reprise par mon quotidien de ministricule – « confrontation des blocs », « tensions locales », « aggravation de la crise », et autres préoccupations de pareille farine – et je remettais à plus tard le bonheur de revoir le seul être qui me donnât encore de moi-même une idée respectable...

Dans ces mois-là, en effet, la préparation de la grande conférence au sommet – à laquelle la France avait, non sans mal, rallié ses partenaires – occupait la plupart de mes journées et toutes celles de mes pensées que je ne donnais pas aux aventures extra-diplomatiques de Monsieur de Fervacques.

C'est que j'avais dû préparer mon affaire de longue main. Du côté soviétique, d'abord, où il avait fallu d'interminables échanges de lettres entre mes deux employeurs – Fervacques et Gromyko – sur la « prévention du déclenchement non autorisé d'armes nucléaires », et une longue visite de Brejnev à Paris (suivie de la cession, à titre quasi gratuit, de deux usines de circuits imprimés) pour décider enfin l'« Ours » moscovite à revenir s'asseoir autour d'un tapis vert; mais, depuis que notre sémillant président de la République avait courbé l'échine pour poser une gerbe de fleurs devant la châsse de Lénine, l'Est devait bien à la France quelques compensations, fussent-elles symboliques, et je m'employai à le lui faire sentir. Du côté anglo-américain, les choses n'avaient pas été faciles non plus : les Britanniques ne se souciaient guère d'interrompre le « match amical » – qu'ils disputaient victorieusement contre leurs alliés de la Communauté – pour aller affronter leurs ennemis déclarés; quant aux Américains, confiés depuis peu à la houlette erratique de Jimmy Carter, ils passaient sans arrêt de l'optimisme le moins justifié à la méfiance la plus délirante, ne nous épargnant aucun des revirements hystérico-dépressifs d'un berger qui n'entend plus ses voix. Si bien qu'il m'avait fallu déployer des trésors d'ingéniosité otanesques et océdéens pour que cette rencontre eût lieu. Fervacques lui-même voyait mal l'intérêt du projet et s'étonnait de mon acharnement à le faire aboutir : « Mais enfin, ma petite Christine, ni votre sort ni, moins encore, celui du monde n'ont jamais été liés au succès d'une conférence au sommet! » Il disait vrai; mais, depuis que j'étais parvenue à imposer Vienne comme lieu de la réunion, éliminant in extremis Belgrade qui prétendait jouer les outsiders, le destin de Jean Valbray dépendait de la réussite de mes intrigues.

Quant à savoir pour quelles raisons je tenais à donner à un père qui m'avait si souvent mal traitée l'occasion de mériter une récompense exemplaire, je n'en avais pas la moindre idée! Mais je doute que ce pût être par vertu, et dans l'intention évangélique de lui rendre le bien pour le mal. Il existe mille façons pour une femme de jeter un homme à ses pieds : l'amour en est une; la crainte, l'ambition, la vénalité en sont d'autres, aussi bonnes. Sans doute, faute de pouvoir être aimée de Jean Valbray, rêvais-je de le tenir à ma merci et de devoir à l'inquiétude les soins que le sentiment paternel ne lui avait pas inspirés...

Tentation plus commune qu'il n'y paraît : Catherine Darc ne se flattait-elle pas d'avoir fait embaucher par l'émission télévisée qu'elle produisait le critique littéraire qui avait, en d'autres temps, « éreinté » le roman de politique-fiction qu'elle avait publié? Une nature angélique aurait reconnu là un pur effet du pardon des offenses, et une société éprise de culture, un hommage rendu à la fonction... Mais, ce critique-là n'étant guère plus respectable que Catherine n'était angélique, je n'y avais décelé que la satisfaction de dominer, la joie de voir l'adversaire d'hier faire le beau, langue pendante, pour un sucre, l'ivresse de pouvoir l'aplatir avec son propre consentement – triomphe qui surpasse de beaucoup le plaisir fruste qu'on aurait à le rouer de coups!

Pourtant, pas plus que Catherine Darc ne pouvait espérer « tenir » longtemps l'homme dont elle aurait, par cette singulière vengeance, assis la situation, je ne prétendais, une fois mon père promu à l'ambassade de Londres, Bonn ou Washington, attendre de sa reconnaissance les égards que m'auraient procurés, dans un premier temps, l'ardeur de ses espérances : mon triomphe apparent n'aurait qu'une saison puisque, en jouant les Pygmalion, j'aurais moi-même travaillé à réduire mon emprise; mais je savais qu'il me suffirait d'avoir, une seconde, inversé le rapport de forces pour me trouver hors d'atteinte des duretés futures et passées de celui qui me devrait son succès, et que je me rembourserais à vie de mes bontés par le mépris.

Ainsi, œuvrant dans l'ombre pour combler les vœux professionnels de Jean Valbray, éprouvais-je par anticipation le bonheur de pouvoir lui révéler une âme tortueuse à souhait...

La conférence de Vienne « sur la Sécurité et la Coopération » devait réunir trente-cinq pays : les deux Europes au complet, et leurs bons pasteurs venus d'ailleurs – petits-fils de Staline et successeurs de Roosevelt. Les travaux préparatoires, dont on prévoyait déjà qu'ils dureraient plusieurs mois, commencèrent à la fin du printemps.

Cette conférence, que quelques centaines de diplomates chevronnés furent chargés d'organiser, n'avait d'ailleurs pour but que d'en préparer une autre : une réunion sur le désarmement, proposée deux ans plus tôt par la France. « On ne se réunit jamais, se plaisait à répéter l'un de nos anciens du Quai, que pour se séparer dans des conditions qui permettront de se réunir à nouveau... »

A Vienne, pourtant, il apparut vite que – loin de pouvoir, comme d'habitude, préparer le congrès suivant – la conférence échouait à se préparer elle-même : alors que, dans la chaîne ininterrompue des sommets et des congrès, cette assemblée constituait aux yeux d'une des parties le prélude à la réunion suivante, l'autre partie s'entêtait à la regarder comme une suite de la réunion précédente – prénatale pour les uns, elle était postnatale pour les autres; et cette divergence d'appréciation menaçait d'être aussi lourde de conséquences que la querelle gullivérienne des « petits-boutiens » et des « gros-boutiens », tout habitué des conférences internationales sachant en effet qu'il importe extrêmement de savoir par quel bout l'œuf sera mangé...

Tandis que l'Est anticipait sur le désarmement – sujet d'une rencontre ultérieure –, l'Ouest ressassait ses droits de l'homme – objet de la conférence antérieure. Dans ces conditions, la seule mise au point de l'ordre du jour nous prit dix semaines.

Il est vrai que l'ordre du jour représente, avec le communiqué final, le gros des travaux d'une conférence au sommet, car une rencontre internationale de haut niveau ressemble le plus souvent à un dîner où les hôtes passeraient de l'apéritif au digestif en oubliant de manger : contrairement à ce qu'espère le public, il n'y a jamais de « plat de résistance » dans les conclaves de nos ministres et de nos chefs d'Etat – quelques zakouski, des cacahuètes (« peanuts! », disait à juste titre l'un de mes collègues américains), puis une lettre de château dont tous les termes ont été, à l'avance, prudemment pesés; entre les deux, rien n'est consommé, rien échangé; la conférence est terminée avant d'avoir commencé, le repas supposé absorbé sitôt son menu approuvé...

L'opinion, qui voit ensuite les présidents se congratuler gravement, puis s'enfermer, des heures durant, à l'abri de lourdes portes, imagine de vastes débats, des remontrances, des affrontements, des ruses, des colères... Nous en restons loin; heureusement d'ailleurs, car où irions-nous si une demi-douzaine d'hommes, dont un ou deux grands malades et quelques distraits, pouvaient, à huis clos et en quelques heures, refaire la carte du monde? Lorsqu'ils se rencontrent sous les flashes des photographes, nos chefs d'Etat n'ont pas grand-chose à faire et moins encore à se dire – tout juste quelques heures à perdre ensemble, en attendant la publication du communiqué final qui annoncera aux peuples émerveillés une prochaine conférence au sommet...

Condamnés à se faire bonne figure pendant cet intermède – tout en n'abordant aucun sujet sérieux de peur de rompre le fragile équilibre obtenu par les chancelleries –, nos grands leaders n'ont d'autre solution que celle des salons : s'enquérir du temps qu'il fait ailleurs et s'envoyer quelques compliments...

Sur la vanité de ces rencontres, j'étais d'ailleurs édifiée bien avant d'entrer au Quai d'Orsay : lorsque, jeune attachée de presse, j'avais pu bénéficier des conseils de Catherine Darc, alors fiancée à mon frère, elle m'avait fait entendre en grand secret une bande magnétique que la radio qui l'employait avait enregistrée à l'insu des intéressés. Il s'agissait de la rencontre entre un grand pape et le patriarche de Constantinople, rencontre alors présentée par la presse chrétienne comme « le sommet du siècle », l'amorce du rapprochement des Eglises, le triomphe de l'œcuménisme. Dans le palais qui servait de cadre à leur entrevue, les deux pontifes avaient dû, au dernier moment, changer de bureau et s'installer dans une pièce que l'ORTF venait de « sonoriser » en prévision de la conférence de presse finale; or, l'un des micros étant resté branché, les techniciens français s'aperçurent, le lendemain, que l'intégralité des entretiens en tête-à-tête entre les deux chefs d'Eglises se trouvait gravée, sinon dans le marbre, du moins sur le plastique. Confus, mais curieux, ils écoutèrent la bande avant de l'effacer; par un second hasard, heureux pour eux, les deux « leaders » s'entretenaient en français, qu'ils parlaient assez bien, quoique avec un accent méditerranéen prononcé; mais ce fut moins le ton rocailleux de leur discours que le contenu de leurs propos qui étonna nos ingénieurs du son, peu au fait de la pratique diplomatique; au point qu'après audition, frappés de stupeur et croyant avoir rêvé, ils ne purent se résoudre à renvoyer d'eux-mêmes au néant cette trace volée à l'Histoire... Ils remirent la bande à la direction de la chaîne, qui, consciente des retombées possibles d'une indiscrétion, renonça à l'archiver et la conserva pendant des années dans un coffre bien fermé, d'où Catherine Darc la tira un jour pour me la faire entendre.

Cette conversation « historique » commençait par les salamalecs d'usage : « Il y a longtemps que je désirais vous connaître! », « Comme je suis heureux de vous voir! » C'était les trois coups; on attendait la pièce.

Elle tardait à venir. Les pontifes, s'étant salués en employant successivement toutes les formules en usage, passaient en effet, dans un second temps, aux nouvelles de leurs santés respectives : « On m'a dit que vous aviez eu la grippe l'hiver dernier... – Oh, mais je suis tout à fait remis. – Cependant, avec la grippe, il vaut mieux être prudent! Moi-même, il y a deux ans... » Ce préliminaire médical me parut longuet; car les « illustres », qui, septuagénaires tous deux, disposaient – privilège de l'âge – d'un interminable chapelet de maux à dévider, se récitèrent in extenso le rosaire de leurs « vieilles douleurs » sans nous faire grâce d'aucun cor au pied...

Pourtant, dans l'attente des décisions œcuméniques annoncées, je patientai... Quand les prélats eurent épuisé leur dernier rhumatisme et leur ultime fluxion, il se fit un silence : « un ange passa », ce que je jugeai du meilleur augure pour la suite... Car j'avais pris cette pause pour le prélude aux accords majeurs que la presse nous promettait.

Cet espoir fut déçu sitôt qu'après un profond soupir le patriarche eut repris la parole; en deux exclamations il ramena la conversation dans le vestibule : « Ah! Votre Sainteté, vous ne pouvez savoir quelle joie extraordinaire, quelle joie du cœur, quelle joie, euh... oui, vivifiante, c'est le mot, j'éprouve à vous rencontrer! Il y a si longtemps que... » C'était reparti; avec quelques variantes toutefois : les civilités ordinaires de l'entrée étaient maintenant agrémentées de compliments servis sur le mode parareligieux – « J'ai tant entendu parler de vous comme d'un saint homme... », « Pas si saint que vous, je vous assure! », « Une si grande charité... », « Une foi si riche... »

Il y avait une heure que les deux « pasteurs » parlaient tandis que sous leurs fenêtres la foule des envoyés spéciaux piétinait, et ils n'en étaient encore qu'à déterminer dans un assaut d'orgueilleuse humilité, lequel d'entre eux était le plus indigne de baiser les pieds de l'autre... Songeant cependant à la durée moyenne d'un conclave, je me dis qu'il fallait toujours aux hommes d'Eglise d'infinis préambules pour entrer dans le vif d'un sujet, et j'attendis.

Il me semble que leurs Grandesses échangèrent ensuite d'intéressantes considérations sur le climat, la circulation des nuages, et la beauté de la région où avait lieu l'entrevue, réflexions toujours coupées de lourds silences pendant lesquels je les imaginais consultant leur montre à la dérobée : « La presse est venue du monde entier... Il faut tenir une heure de plus! »

Je ne sais plus comment ils meublèrent les soixante minutes suivantes : échangèrent-ils des remèdes de bonne femme, des titres d'ouvrages pieux, ou des nouvelles de leurs amis communs? La seule chose certaine, c'est que, dans ce long entretien, rien ne fut dit qui touchât la religion – hormis les éloges relatifs à leur degré de sainteté respectif et les invocations que leur suggérait leur profession : « C'est la Providence qui l'a voulu! », « C'était la volonté de Dieu »... Rien non plus qui parût tant soit peu politique, ou concret : c'était la conversation, aimable et paresseuse, de deux vieillards de bonne compagnie. Pour « l'eau bénite de Cour », dont Charles prétendait qu'il fallait assaisonner nos communiqués, pas de doute : Leurs Saintetés s'y entendaient!

Pour le surplus, je ne me souviens pas de ce qui sortit de cette entrevue historique; mais je n'exclus pas qu'il en soit sorti quelque chose... Car de l'inconsistance des propos on ne saurait conclure à l'inutilité de la rencontre. Il est probable que les mesures – si mesures il y eut – avaient été arrêtées auparavant, dans le mystère de la Secrétairerie vaticane et des bureaux des popes. Dans la pratique diplomatique (ecclésiastique ou laïque) le « sommet » n'est jamais que le cachet final, la signature, le petit « coup de fion ». Et, si rien de tangible n'était résulté de la confrontation des deux « papes », si leurs fidèles, aussi déçus que nos ingénieurs du son, s'étaient aperçus au matin que le Père Noël n'avait rien déposé dans leurs souliers, il n'en restait pas moins que la conférence avait rempli sa fonction première, puisqu'elle avait permis de parler, fût-ce pour ne rien se dire.

En déplaçant des montagnes pour permettre à nos leaders de se rencontrer, nous ne poursuivons pas d'autre objet en effet : dans la longue nuit diplomatique, il faut parler (pour rappeler qu'on est là) et faire parler (pour situer l'autre). On pourrait aussi bien réciter en chœur l'alphabet; n'importe, pourvu qu'on entende le son des voix et qu'on sache qu'aucun joueur n'a, profitant de la pénombre, avancé sur la pointe des pieds pour poignarder l'un de ses trop confiants partenaires.

« Il est vrai », convenait Fervacques lorsque, quelques mois plus tôt, nous discutions de ce projet viennois qui me tenait tant à cœur mais lui semblait vain, « que ce n'est pas parce que deux nations n'ont rien à se dire qu'elles ne doivent pas se saluer... Je maintiens que dans les relations internationales seul le silence est signifiant, mais je vous accorde que ce qu'il signifie est rarement bon! Donc, vous avez raison : causons, causons... »

Faisant chaque semaine la navette entre Vienne et Paris tandis que nos travaux préparatoires s'enlisaient, j'affectai de partager cette résignation de diplomate blasé et de n'avoir rien en vue que l'humble maintien de la paix. Mais je n'oubliais pas que, à la différence de mon ministre et de nos présidents, occupés tout au mieux à défendre le statu quo, je poursuivais, au détour de cette conférence, un dessein offensif précis – faire avancer Jean Valbray –, et que, dans l'ombre, à défaut de pouvoir empêcher un sournois d'étrangler l'un des joueurs, je m'apprêtais moi-même à avancer « sur la pointe des pieds »...

Cent fois pourtant, je crus voir mes rêves de Perrette s'effondrer. Par exemple, lorsque, après six semaines d'intense « préparation » nous achoppâmes sur une affaire de ponctuation : l'Est et l'Ouest avaient fini, non sans peine, par s'entendre sur la nécessité de mentionner l'Acte Final d'Helsinki, et même – ô merveille! – par s'accorder sur la phrase qu'on en citerait; mais, dès qu'avec les Allemands je proposai un projet d'ordre du jour où la citation convenue se trouvait placée entre deux tirets, ce fut un tollé.

Les Soviétiques ne voulaient pas entendre parler de tirets; les tirets étaient de trop; ils les provoquaient, les menaçaient comme des rangées d'euromissiles pointés sur le Kremlin; pour être inoffensive la citation devait figurer dans l'ordre du jour sans solution de continuité, s'y perdre, s'y noyer... Les Américains, au contraire, trouvaient les tirets nettement insuffisants, aussi timides qu'un pointillé, équivoques comme des points de suspension; il leur fallait deux points qui marqueraient franchement la séparation, et, en prime, des guillemets. Je rengainai volontiers mes tirets, qui n'avaient décidément rien de traits d'union, mais je ne voyais pas, pour autant, comment concilier des points de vue si opposés.

Les « petits Neuf » (neutres et non-alignés) suggérèrent un appel de note, avec renvoi en bas de page : hurlements des « deux Grands »! Les « grands Neuf » (la CEE) osèrent, à mon initiative, sous-entendre que, peut-être, des parenthèses – on peut mettre tant de choses entre parenthèses... Mais la rondeur de ces parenthèses n'eut pas plus de succès que le tranchant de mes tirets. Nous étions dans l'impasse, et nous y piétinâmes quinze jours.

Enfin, après force manœuvres en coulisses, certaines délégations de l'Est consentirent à appuyer la création d'un « groupe ad hoc » chargé d'élaborer une contre-proposition sur la ponctuation, lequel finit par s'accorder sur une virgule – moitié moins encombrante que les guillemets, plus flexible que le tiret, et moins fermée que la parenthèse; encore fallut-il, pour faire passer ce signe souple, discret, et essentiellement diplomatique, l'assortir d'une incorrection grammaticale; car, à force d'obtenir qu'on coupe toutes les poires en deux, les Russes avaient exigé qu'on transigeât, même sur le compromis : la citation, au lieu d'être encadrée par deux virgules ainsi qu'il eût été naturel, n'en comporterait qu'une; précédé, mais non suivi du signe en question, notre extrait d'Helsinki, arrimé à un bout, flottait à l'autre...

L'ordre du jour n'en parut que plus bancal : il boitait comme Talleyrand, mais, comme lui, clopin-clopant, il avançait, soutenu de loin, mais avec efficacité, par notre cher J.V. qui ne ménageait ni son temps ni ses conseils.

Comme Durosier, que j'avais fait rappeler de son poste haïtien pour le nommer chef de la délégation auprès de la conférence, je logeais en effet à l'ambassade, et, quoique notre ambassadeur à Vienne n'eût en principe rien à voir avec la préparation du « congrès » – il n'était officiellement chargé que de l'hébergement des personnalités françaises que la rencontre amènerait à Vienne –, Emmanuel et moi étions bien aise de nous réunir chaque soir avec lui dans la salle à manger rose et or du deuxième pour faire le point de l'avancement des travaux. Son expérience de vieux routier de la cote mal taillée, de champion du point d'interrogation, du crochet et de l'accolade, nous rendait son concours précieux; et lorsque, rentrant à Paris du mardi au vendredi pour reprendre mes fonctions directoriales, j'abandonnais Durosier aux fastidieux marchandages du Comité préparatoire, je savais que je le laissais en de bonnes mains – même si une feinte humilité contraignait Son Excellence à déclarer négligeable l'aide qu'il nous apportait : « Pour cette conférence, mon travail à moi, c'est de compter les petites cuillères, un point c'est tout! D'ailleurs qu'est-ce qu'un ambassadeur? » interrogeait-il, reprenant la question que je posais à mon frère quinze ans plus tôt, « un aubergiste en exil, rien de plus! » Mais comme il n'était pas bête, « l'aubergiste » savait bien quel parti il pourrait tirer de la présence prochaine dans ses murs de Charles de Fervacques et de Giscard d'Estaing, et il avait recommencé à feuilleter fiévreusement l'Annuaire diplomatique...

Une autre passait par des poussées de fébrilité en attendant l'ouverture du « Sommet » : c'était Madame Kirchner.

Chaque fin de semaine, avant de regagner Vienne, je lui livrais le dernier état des propositions françaises et mes propres appréciations sur la situation; je lui remettais aussi le double des notes de Durosier – après avoir ostensiblement enfermé les originaux dans le coffre de mon bureau... Au fil de ces dépêches, il devenait de plus en plus clair que, quel que fût le « menu » retenu, les délégations occidentales ne permettraient pas qu'on esquivât la question des droits de l'homme; le problème risquait d'être abordé à Vienne en « hors-d'œuvre », et sous l'angle qui incommoderait le plus le gouvernement soviétique : le sort des juifs russes, ces « refusnik » empêchés de pratiquer leur culte, de travailler, d'étudier et d'émigrer.

« Je me demande d'ailleurs, ma chère Olga », dis-je en lui remettant un petit dossier sur les « organismes subsidiaires » tandis que nous achevions chez elle, rue de Seine, un délicieux breakfast, « oui, je me demande comment, à titre personnel, vous vous arrangez du problème de ces dissidents-là...

– Le PAPE a pris une position claire et courageuse sur la question », me répondit-elle sèchement en me resservant une tasse de café.

Le PAPE, mettant bas le masque de la neutralité, avait en effet prononcé – au nom du respect des cultures et des accords d'Helsinki – une condamnation sans ambiguïté de la politique de répression poursuivie contre les intellectuels juifs par les gouvernements de l'Est. Mais comme c'était Arroyo, l'Argentin, qui, en tant que président du Mouvement, avait signé cette déclaration, et qu'il n'avait jamais tout à fait caché ses sympathies pour la junte militaire de Videla – qui, au même moment, à Buenos Aires, enlevait et torturait allègrement ses propres opposants –, « l'Humanité » avait eu beau jeu de dénoncer « la collusion des bourreaux argentins et des soi-disant persécutés de Moscou », et « le Monde » lui-même n'avait pu s'empêcher d'ironiser sur la paille et la poutre. Gênés, les intellectuels parisiens avaient détourné les yeux, et le soutien apporté par le « Programme d'Action pour l'Europe » aux victimes de Brejnev s'était finalement retourné contre les « refusnik ». J'admirai la manœuvre : avec le PAPE, les Russes venaient d'avancer un pion blanc à seule fin de le faire manger par leurs pions noirs. Eux aussi étaient passés maîtres dans l'art de jouer des deux côtés...

Mais cette maîtrise n'empêcherait probablement pas qu'à la « Conférence sur la Coopération en Europe » on ne dît quelques mots de leurs opprimés avant d'en venir à l'essentiel : les propositions sur le « non-élargissement des alliances militaires ».

Pour les Soviétiques, le seul moyen d'éviter l'épreuve aurait été d'empêcher l'ouverture officielle de la Conférence en laissant nos travaux préparatoires s'enliser. Il leur fallait donc, après l'affaire des tirets, empêcher nos experts de franchir l'obstacle de la date de clôture, lequel s'annonçait redoutable : l'Ouest souhaitait que la conférence ne s'achevât pas avant que son ordre du jour fût épuisé; l'Est voulait que les travaux prissent fin à date fixe et prédéterminée; quant aux neutres et non-alignés, désireux comme d'habitude de ménager la chèvre et le chou, ils proposaient qu'on s'accordât sur une date fixe « à condition qu'on pût la proroger de semaine en semaine »...

Il y avait là matière à faire capoter tout le projet, et c'était sûrement – maintenant qu'ils voyaient mieux l'importance qu'allait prendre, en marge de la conférence, le problème des dissidents juifs – l'intention de mes amis du KGB. Sans doute, compte tenu des rêves familiaux que je nourrissais et qui passaient par l'heureux déroulement du congrès, mes intérêts s'opposaient-ils aux leurs. Tout aurait dû me dissuader de les aider; mais je ne résistai pas au plaisir de taquiner Olga. Je la sentais sur des charbons ardents, et je m'amusai à la retourner sur le gril :

« A propos de la date de clôture, je pourrais vous communiquer deux papiers américains du plus haut intérêt... En tout cas, Vorontzov, le chef de votre délégation à Vienne, serait ravi de les avoir! Il y a de quoi mettre définitivement en panne notre mécanique conférencière. Et du même coup, bien entendu, calmer l'agitation autour des " refusnik "... Vous avez vu, avant-hier, ces femmes qui sont venues de Londres à Vienne tout exprès pour manifester devant l'ambassade soviétique? " Vorontzov au balcon! Vorontzov au balcon! " Si la police autrichienne n'y avait mis bon ordre, elles étaient fichues de le prendre en otage, votre Youri! On se serait cru revenu à la Révolution d'Octobre... Non, pardon, je veux dire " aux Journées d'Octobre ", en 89... Bref, tout cela ne sent pas bon... Alors, je crois que si je pouvais vous procurer ces notes américaines... A condition qu'elles vous intéressent, cela va de soi.

– Pour le moment, je n'ai pas les moyens de me les offrir, riposta Olga, tendue. Vous m'avez coûté trrès cher, ces dernières semaines!

– Oh, si ce n'est que cela, Olga! Nous nous connaissons depuis assez longtemps, vous et moi, pour que je puisse vous faire crédit... Les informations qui vous permettraient de contrer efficacement ce dangereux mouvement philosémite, ah non, excusez-moi : " prosioniste " – je me trompais : les antisémites, c'étaient les Allemands, les Russes ne sont qu'antisionistes –, eh bien, ces informations, je suis prête à vous les fournir moyennant des paiements échelonnés sur dix-huit mois : est-ce que ce n'est pas gentil, cette prime au client fidèle? Comme dans les grands magasins : le renseignement international en crédit-acheteur...

– Nudnik! » grommela Olga, et elle s'empara de mon dossier. Je constatai que ses mains tremblaient, trop violemment pour qu'on pût imputer ce spasme à la seule émotion. Madame Kirchner surprit mon regard : « Ne vous en faites pas, dit-elle en avalant une large rasade de whisky (il n'y avait qu'à Senlis qu'elle consentait à petit-déjeuner d'un café), au troisième verre elles ne trembleront plus... »

Ce consentement ironique à sa propre déchéance me serra le cœur – ou ce qu'il en restait... Je savais que, depuis quelques mois (était-ce à cause des « refusnik », ou de moi?), elle augmentait sans cesse ses doses. Elle avait maintenant en permanence sa flasque de bourbon dans son sac à main entre le mouchoir et le poudrier, et je m'étais aperçue que, dans sa chambre à Senlis, la grande bouteille de Vittel placée à son chevet contenait de la vodka à quarante-cinq degrés... « Je suis contente, disait Anne, de voir qu'Olga se met à l'eau minérale. Notre médecin lui a fait peur... Elle risquait sa vie avec ses folies! Au moins, avec Vittel, avait ajouté " la Belle Inutile " en faisant gaiement allusion à une publicité qui envahissait nos écrans, quand elle boit, elle élimine! » Mais quelle eau miraculeuse aurait pu éliminer les souvenirs de « la Cubaine », que même l'alcool échouait à effacer?

– Je suis désolée, Olga, fis-je troublée. Ne croyez-vous pas qu'il aurait été plus simple de me dire que certains de mes papiers, vous préfériez ne pas les connaître?

Au-dessus du breuvage ambré, elle me jeta un regard furieusement désaccordé, son œil bleu virant au blanc, son œil brun au noir d'encre. Mais ce qui passait par ses yeux ne passa pas ses lèvres : « la Veuve » ne pliait jamais, ou si elle pliait (comme un an plus tôt dans la serre), ce n'était jamais qu'une ruse destinée à égarer l'adversaire.

D'une main maladroite, entrechoquant le cristal du verre et le goulot de la bouteille, elle se servit un second whisky. Je pris le geste à la plaisanterie :

– Décidément, mon cher « traitant », vous allez vous ruiner la santé!

– Et pourquoi pas? Une femme en bonne santé a des tas de soucis, lorsqu'elle tombe malade elle n'en a plus qu'un!

– Olga Kirchner, soyons sérieuses : j'ai dans le coffre de mon bureau de quoi épargner bien des difficultés à votre Vorontzov... Mais j'ai aussi, si vous le souhaitez, de quoi lui donner des nuits blanches! Sans compter ce que nous pourrions faire parallèlement aux négociations... Les Européens sont lâches, il est vrai, mais sur ces histoires de liberté de circulation je suis convaincue qu'entre deux happenings punks on peut mobiliser les médias. Par exemple, en organisant des manifestations systématiques pendant la conférence. Oh, pas avec les populations évidemment – les populations se foutent des dissidents juifs –, mais avec quelques militants et des mercenaires du genre RG... Bien sûr, je ne compte pas sur le PAPE pour nous monter tout ça! Mais j'ai un ami, Zaffini, que je verrais très bien à la tête d'un mouvement comme celui-là, avec, par exemple, le concours du jeune Coblentz... En tout cas, Zaffi serait ravi! Tenez, même d'Aulnay : je suis sûre qu'il trouverait ce cheval de bataille excellent pour nos solidaristes. Et si peu compromettant sur le fond!... Alors dites un mot, un seul, et à mon modeste échelon je peux soit concourir à étouffer discrètement les juifs de Russie, soit donner à leur cause un retentissement sans précédent...

Olga terminait son troisième whisky. Elle buvait

d'un trait, comme on absorbe un médicament : où était le plaisir là-dedans? Elle semblait s'être ressaisie. En tout cas, elle avait dit vrai : ses mains ne tremblaient plus.

Elle me dévisagea longuement, puis haussant les épaules : « Quelle différence pour la dinde d'être tuée pour le repas de Pourim ou pour le Seider de Pâques? soupira-t-elle.

– Mais... il me semble que la dinde... la dinde pourrait survivre. Enfin, si vous le désiriez. »

Et brusquement, alors qu'elle était en train de se resservir un quatrième « drink » – elle ne m'avait pas dit quel effet lui faisait d'ordinaire ce verre surnuméraire –, elle jeta par terre la bouteille, et, tirant sur la nappe, envoya valser les tasses, la marmelade et la cafetière en grondant : « Mais qu'est-ce que vous voulez de moi, à la fin, qu'est-ce que vous voulez, dites? » Et, alors qu'atterrée j'allais me précipiter pour ramasser les morceaux de verre brisé, elle se mit à crier – un long cri inarticulé, strident. C'était curieux, elle criait et se bouchait les oreilles en même temps : elle avait mis ses deux mains en coque sur ses oreilles et les pressait de chaque côté de sa tête, tandis que, la bouche grande ouverte, elle hurlait. Comme si elle ne pouvait plus, tout à coup, ni parler ni entendre...

Plus tard, en resongeant à cette scène, à l'étrange visage que lui faisaient cette bouche dévorante, presque verticale, et ces mains énormes qui écrasaient sa tête, la compressaient comme un étau, je me dis qu'un instant elle avait ressemblé au tableau d'Edvard Munch, « le Cri »; qu'elle avait eu cette même figure sans traits ni sexe, réduite soudain à ne plus rien pouvoir exprimer que l'horreur aveugle, sourde et muette. Mais sur le moment, j'avoue que je ne pensai à rien d'aussi « relevé » : affolée, je me demandai seulement si les crises de delirium tremens débutaient de cette façon-là...

Puis, heureusement, le cri cessa. De nouveau, Olga parlait, mais d'une voix sourde, entrecoupée; elle était restée sur sa chaise, et serrait maintenant les bras sur son ventre comme pour comprimer une douleur qui la pliait en deux : « Pas de survie, non. Pas de survie, grommelait-elle. Morte, morte, morte », et les mots sortaient de sa gorge comme des sanglots. Elle haletait : « Morte, vous m'entendez? Brûlée... Je suis morte à Auschwitz, morte à Dresde... » Ses phrases étaient si hachées que je ne saisissais qu'à moitié ce qu'elle cherchait à exprimer : « Plus rien sans le pourrir... Que tuer ou mourir... » A entendre cette voix essoufflée, cette respiration oppressée, on aurait pu croire qu'elle pleurait, mais elle pleurait à sec; et je regrettai de ne pas avoir sur moi l'une des plaquettes de Valium de Malise pour lui administrer de quoi la soulager, détendre ses muscles noués, et humecter toute cette sécheresse – déjà passablement arrosée d'alcool, il est vrai... Tassée sur sa chaise, elle était très pâle, mais je vis soudain réapparaître sur son front ce V violet de la colère que je connaissais bien, et je me dis qu'elle n'allait pas tarder à reprendre le dessus; les bras toujours croisés sur son giron, elle se redressa à demi, en effet :

– Et vous aussi, mon petit cadavre, siffla-t-elle, vous êtes morte. Avant d'avoir respiré... Née dans un monde que l'horreur a baptisé. Auschwitz, Dachau, Treblinka : le vrai péché originel... Irrachetable, celui-là! Votre Messie ne passera pas deux fois...

J'avais fini par m'accroupir pour ramasser les éclats de verre, éponger un peu le café – ma grand-mère m'avait si bien dressée que je ne pouvais pas contempler longtemps un désastre domestique sans bouger. En empilant les petits débris dans les grands, je me fis tout de même la réflexion que, si l'on en venait à la philosophie, la guérison était en bonne voie. Peut-être d'ailleurs toute cette scène n'était-elle qu'une comédie? Dans ce cas, Madame Kirchner était une grande comédienne...

Mais si ce n'était pas une comédie, c'était encore plus fort, puisque, en s'abandonnant à des émotions incontrôlables, elle avait réussi à m'amener là où, sans doute, elle me voulait. Car, après l'avoir rassurée sur notre commun degré de culpabilité – « bon, bon, vous n'êtes pas responsable d'Auschwitz et de Treblinka, tout de même. Ce serait le bouquet! Et moi non plus : je n'étais pas née... N'importe comment, il ne faut pas vous inquiéter, les chrétiens prétendent que leur Sauveur avait prévu tous les coups, même les fantaisies nazies, et qu'il a payé d'avance. Quant aux juifs, ils disent que le Messie n'est pas encore passé, mais qu'il ne va plus tarder. Dans ce cas, il pourra sûrement tout arranger... » –, j'en vins moi-même à la conclusion qu'elle voulait peut-être m'inspirer : « En attendant ce divin secours, je suggère que nous ayons une conférence à Vienne – parce que pour des raisons, disons, sentimentales, j'en ai besoin –, mais, quant au reste, soyez tranquille, je laisserai votre Vorontzov plumer sa volaille en toute impunité... »

Ainsi fut fait. Puisque Olga ne m'avait pas passé de commandes précises, je n'organisai que des fuites limitées : nous franchîmes vaillamment la barrière des dates de clôture, les Russes n'ayant pas été informés en temps utile des dissensions internes au camp occidental. En revanche, je leur communiquai assez de renseignements pour qu'ils parvinssent à convaincre les « neutres » de les appuyer lorsqu'il fallut fixer les attributions respectives des cinq commissions qui travailleraient à Vienne sous le contrôle des ministres : une seule se consacrerait au problème des « échanges culturels et humains » et aucune à la question des « libertés » – le danger était circonscrit, le poisson noyé...

Seul Charles s'étonna de la facilité avec laquelle les

Soviétiques avaient, au dernier moment, convaincu les « non-alignés » de s'aligner sur eux... Un soir, peu avant la fin des travaux préparatoires et le début de la conférence proprement dite, il traversa le salon des Beauvais qui séparait mon bureau du sien et vint, avec une véhémence surprenante chez ce grand ennuyé, me faire part de sa stupéfaction.

Lorsqu'il fit irruption dans la pièce comme un taureau furieux, j'étais justement en train de parcourir le texte des interviews qu'il avait données pendant ses derniers voyages, admirant, avec l'enthousiasme de la passion comblée, qu'en anglais son humour fût encore plus dévastateur qu'en français. Aux Britanniques qui lui demandaient si la présence simultanée de trois ministres français à Londres indiquait un intérêt particulier de la nouvelle politique française pour la Grande-Bretagne, « or does it mean at least that France doesn't suspect anymore our intentions in entering the Common Market? », ne déclarait-il pas, amusé : « Well, as to the first point, I can tell you right now that we don't intend to hold a cabinet meeting here – nous n'avons pas l'intention de tenir un Conseil des ministres ici! But, as to the entry of Great Britain into the Common Market, je ne suis pas sûr qu'en adhérant l'Angleterre soit " entrée "... Votre île flotte entre deux eaux! »; de même, aux Israéliens qui, lui reprochant un parallèle un peu hasardé entre le traitement accordé par la France à l'OLP et celui que les Anglais avaient réservé au général De Gaulle à Londres, s'exclamaient que « France was under occupation by the German forces at that time – La France était occupée! » : « And I understand, avait-il insolemment répliqué, that the " occupied territories " are under occupation – j'ai cru comprendre que les " Territoires Occupés " étaient occupés, aren't they? »

Rien d'étonnant à ce que ces plaisanteries, qui en disaient autrement long qu'un communiqué de fin de visite, aient fait de Charles de Fervacques le « chou-chou » des salles de rédaction du monde entier – sinon celui des chancelleries, habituées à un esprit plus patiné et des propos ternis avec soin...

Ce soir, cependant, son humeur n'était pas à l'ironie; les yeux brillants comme deux escarboucles, la lippe amère, il lança un dossier sur mon bureau :

– Qu'est-ce que c'est que ça? De la télépathie?

J'entrouvris la chemise en carton et reconnus le dernier mémorandum soviétique sur les attributions des commissions.

– On jurerait que nos amis cosaques ont eu entre les mains les comptes rendus de la réunion franco-américaine! En tout cas, ils ont lu la note de Durosier! reprit-il, l'œil mauvais. Les thèses qu'ils développent là-dedans sont justement celles dont notre délégation signalait qu'elles risquaient de séduire les « neutres », et à propos desquelles vous vous disposiez à allumer un contre-feu... Jusqu'aux expressions qui sont identiques! Tenez : « ambiance dépassionnée », « refus de l'agressivité », « esprit de bienveillance »... Et ce point 3 de leur mémorandum, qui correspond, comme par hasard, au point C de Durosier! Sans compter que nous savions bien que, si les Bolcho sortaient cet argument-là, nous perdrions aussitôt l'appui des Yougoslaves... Non, mais songez un peu à ce que va dire l'Elysée! Pour une fois que le « Château » nous avait donné des instructions précises!

J'esquissai un geste d'impuissance navrée.

– Mais enfin ce n'est pas possible, Christine! Ces types lisent dans nos cartes avant même que nous ayons ouvert la bouche : ils font les annonces à notre place! C'est de la voyance, ça... Et la voyance, ma petite, je vous le dis tout net, je n'y crois pas!

– Ah bon? Il me semblait pourtant...

Il haussa les épaules, l'air excédé, mais se laissa

finalement tomber dans le fauteuil en face de moi, croisant la jambe droite sur le genou gauche en posant sa main sur sa cheville, dans cette attitude juvénile et décontractée qui lui était familière sitôt que la tension se relâchait un peu et que le jeune homme reparaissait sous le ministre fatigué. Comment pouvait-il prétendre, d'ailleurs, qu'il vieillissait? Depuis deux ans, prétextant son âge, il avait renoncé à prendre le départ du Rallye de Monte-Carlo, la dernière course importante à laquelle il eût participé; il ne se montrait même plus maintenant sur aucun circuit – moins, en vérité, par lassitude, que pour corriger, dans la perspective des Présidentielles, son image de dandy de la politique, de play-boy du Gouvernement. « Un politicien, m'avait dit Berton à juste raison, peut parfaitement se permettre de n'avoir pas l'air surmené par sa fonction. A condition que ses amusements restent ceux de l'esprit, ou que, si malgré tout il fait du sport, ses résultats n'excèdent pas une honnête médiocrité... Rien ne s'oppose, par exemple, à ce qu'un président de la République délaisse les devoirs de sa charge pour écrire un livre – l'opinion est convaincue que les livres se font en dormant et qu'ils ne lui volent pas de temps –, mais que le même traverse la Manche en planche à voile et le bon peuple le prendra comme un camouflet! » Cependant, ce n'était pas ses ambitions, mais ses quelques cheveux blancs, que Charles mettait en avant; il m'avait beaucoup parlé du poids des années ces temps derniers. Et tout à coup, le cœur battant, je me rappelai les étranges déclarations qu'il me faisait quatre ans plus tôt lorsqu'il s'évertuait à me persuader que je m'ennuyais dans ses bras : s'il parlait si souvent de son âge, n'était-ce pas pour me faire poliment comprendre qu'il commençait à trouver le mien « avancé »?

« Je suis convaincu qu'il y a eu des fuites », poursuivit « l'Archange », pensif, en tapotant sa cheville. « A qui la dépêche de Durosier avait-elle été communiquée?

— A moi », fis-je imperturbable, tout en maudissant ce Vorontzov qui ne savait même pas copier : sans doute les lycées soviétiques étaient-ils si rigoureusement surveillés que les enfants n'y avaient pas l'occasion d'apprendre à glisser dans leurs devoirs ces quelques erreurs personnelles qui empêcheraient de superposer leur copie à celle du voisin... Les voilà bien, les inconvénients d'un régime policier! « Oui, repris-je, cette note m'a été envoyée. » Charles réprima un mouvement d'agacement. « Ainsi, évidemment, qu'au directeur des Affaires politiques et au Secrétaire général... Bref, tout notre troisième étage!

— L'Elysée ne l'a pas eue?

— Malheureusement non! Sinon, on aurait pu leur retourner le soupçon... Laissez-moi réfléchir : en dehors de votre servante et du " troisième étage ", il reste Durosier. Il connaît ce papier, bien sûr, puisqu'il l'a signé! Mais, comme vous, j'ai toute confiance en lui... Quoique... Ah, j'oubliais... oui, j'oubliais tout de même le plus éminent des destinataires de cette dépêche confidentielle : vous, Monsieur le Ministre!

— Vous vous foutez de moi, Christine Valbray? »

A moitié seulement... Je savais qu'il arrivait à Charles de se livrer à des confidences imprudentes. J'en avais eu la preuve récemment en déjeunant avec Caro, qui jouait ce jour-là les Marie-Anne Mauvière dans la « Taverne Alsacienne » que son agence « d'architecture intérieure » venait de redécorer.

« Dis-moi, Mistoufflette, m'avait-elle demandé au moment où nous abordions l'énorme choucroute qu'elle avait commandée, ce truc, ce contrat que vous devez passer avec l'Afrique du Sud pour l'uranium... Mais si, tu sais bien... J'aurais besoin de connaître le nom du type qui s'en occupe du côté des Sud-Africains...

– Ferguson? » J'étais médusée : nous ne devions pas être plus de cinq ou six à savoir que la France s'apprêtait à acquérir, sur dix ans, mille tonnes d'uranium sud-africain. Parce qu'il s'agissait, à la fois, d'une matière première d'importance stratégique et de l'Afrique du Sud, région politiquement sensible, l'Elysée nous avait doublement conseillé la prudence tant que le marché n'était pas signé : toute publicité intempestive risquait de faire capoter le projet, en tout cas de mobiliser une faune écologico-gauchiste qui nous rendrait la négociation difficile.

Sauf avec Olga, j'avais observé un silence absolu, et j'étais stupéfaite que Carole fût parvenue, malgré nos précautions, à en entendre parler. Même son Poupougne ne pouvait être informé : les émirats n'étaient pas dans le coup.

– Oh là là, je n'imaginais pas que c'était secret à ce point-là! protesta-t-elle. Pour tout te dire, c'est par mon... mon « monsieur » que je l'ai appris. Il voudrait que je prenne contact avec ton Ferguson dès qu'il sera en France : c'est pour une affaire qu'on voudrait lui proposer...

– Ne me dis pas que tu veux te lancer dans le trafic d'uranium, maintenant! Tu es peut-être devenue une intermédiaire hors pair, ma cocotte, mais l'uranium, c'est de la traite d'Etat à Etat, pas du petit commerce pour des entremetteurs comme tes amis et toi! Puis-je te demander néanmoins par qui ton... « monsieur » a été informé de nos projets?

– Ben... par son frère, pardi!

– Et son frère, je pourrais savoir son nom? Sans indiscrétion, naturellement...

De l'autre côté de la choucroute, Carole me dédia son sourire le plus angélique, très « Chaperon Rouge and Co »; mais il s'y mêlait une pointe d'ironie qui ne m'échappa pas :

– Ben, Chris... C'est ton ministre...

– Mon... Non! Alors, Alban...? Oh, non! Dis-moi que j'ai mal compris... Mais enfin, depuis quand?

Toujours avec cette expression d'innocence qui lui faisait l'œil rond et la bouche pulpeuse, elle m'expliqua que c'était depuis la soirée « dans leur château, tu sais, la fois où tu n'as pas voulu me présenter »; qu'ensuite, elle avait revu Alban de temps en temps, chaque fois qu'il passait par Paris; bien sûr, elle était tout à fait accessoire dans sa vie, mais « il me trouve marrante, je lui raconte des bêtises, il rigole : c'est un homme qui s'ennuie tellement! Il a l'air si triste et sévère. Même au lit... Il m'a associée à deux ou trois affaires pour s'amuser, et il paraît que je suis très douée! Du coup, il a mis des sous dans mon opération " Bakchichs "... Ces Pinsart de Fervacques, ils ont l'air vraiment à l'aise, tu sais... En plus, leur banque a financé mon agence de décoration, " Marie Mauvière Associés ". J'ai embauché des jeunes du métier, Ecole du Louvre, Arts Décos et tout le saint-frusquin, et maintenant je ne m'occupe plus que des relations publiques et de la gestion. Parce que, entre nous, je crois que pour le choix des couleurs et des tissus, je n'étais peut-être pas tout à fait aussi bonne que je croyais... Mais ce n'est pas de ma faute, hein? Moi, quand j'étais petite, personne ne m'a appris la différence entre une chaise Louis XV et une chaise de cuisine! Et maintenant que je la connais, la différence, je vais te l'expliquer, Mistouflette : ce n'est pas qu'une des deux chaises soit tellement plus belle que l'autre; c'est juste que, question " classe ", il ne doit pas être dit que Louis XV a posé son derrière sur une chaise de cuisine, même chez sa Du Barry... »

En passant par les alcôves, Caro rejoignait en somme les théories les plus subjectivistes de la Contre-Culture, les thèses les plus révolutionnaires des exégètes gauchistes. Mais, constatant que l'Art n'avait pas d'existence objective, elle ne prônait pas pour autant la « table rase » : d'un miroir aux alouettes elle voyait trop bien quel parti tirer. Elle faisait de ses dossiers de chaises un nouvel instrument de séduction, et de la décoration un accessoire indispensable à la prostitution.

— Et tout ça – vos finances, les chaises Louis XV, et l'uranium sud-africain –, tu en parles avec Alban en anglais?

Je m'en voulus aussitôt de ma question : Caro serait fondée à me croire aussi snob que Jean Valbray!

— Oui, je t'ai déjà dit que, de ce côté-là, « no problem »... Lui, il ne se débrouille pas trop bien en français, il n'a plus assez d'occasions de le pratiquer... Mais, tu sais, ajouta-t-elle en baissant les yeux dans une imitation très réussie de jeune fille du monde, on ne fait pas que se parler!

— Je m'en doute!

Vérification faite, elle connaissait même l'appartement de la rue de l'Université...

— En somme, nous voici belles-sœurs par la main gauche! fit-elle joyeuse, en attaquant une saucisse. J'espère que... que ça ne te gêne pas? Et puis, crois-moi, je n'ai rien dit à Alban pour Charles et toi... Tu peux compter sur moi!

Et c'est ainsi que j'avais appris, en même temps, que Carole avait atteint elle aussi « l'étage Fervacques » – par l'escalier de service – et que Charles n'avait pas de vrais secrets pour son frère, excepté (et ce n'était pas bon signe) ceux qui touchaient à moi.

En tout cas, s'il ne cachait rien à son frère des arcanes de notre diplomatie, je ne crus pas le moment bien venu pour lui reprocher ses légèretés : en ce qui concernait le mémorandum soviétique, j'étais assez bien placée pour savoir que ce n'étaient pas les bavardages de Monsieur de Fervacques qui l'avaient inspiré...

« Donc, Monsieur le Ministre, nous vous exclurons du soupçon comme je m'en exclus moi-même... Pour Durosier, nous avons dit que c'était impossible, et pour le directeur des Affaires politiques, peu probable. Je ne vois plus qu'une possibilité : les gens du Chiffre. Le télex d'Emmanuel était chiffré, forcément... Et ce ne serait pas la première fois que le KGB recruterait un de nos chiffreurs!

— Eh bien, première fois ou pas, ce coup-ci, je vais frapper! » La jambe droite retomba parallèlement à la jambe gauche et le poing fermé martela l'accoudoir : la colère remontait. « J'en ai marre des tovaritch! Marre! Marre! Marre! Leurs mouchards sont sans éducation! Ils finiront par entrer dans mon bureau sans frapper, et par me souffler mes propres papiers sous le nez! »

Il est vrai que cette affaire de mémorandum suspect tombait mal : on venait de démanteler à l'Ile Longue, huit jours auparavant, un réseau qui s'intéressait de près aux déplacements de nos sous-marins nucléaires; notre police avait inculpé « d'intelligence avec une puissance étrangère » une douzaine d'agents, parmi lesquels deux dames de nationalité soviétique; quant à l'animation du réseau, on avait découvert qu'elle était assurée par l'ambassade elle-même... Ce qui n'avait d'ailleurs pas empêché l'agence Tass de crier à la provocation; Moscou dénonçait « la campagne de désinformation et de calomnies lancée contre l'URSS » et la « Pravda » publiait une interview d'une des ressortissantes soviétiques appréhendées, laquelle se plaignait d'avoir été victime d'« interrogatoires brutaux » et assurait avoir entendu, pendant la nuit qu'elle avait passée au poste, « les hurlements de femmes qui se faisaient battre, violer ou torturer dans les cellules voisines »...

Cette impudence de cambrioleur qui crie « au voleur » et la démarche de protestation que l'ambassadeur russe avait aussitôt effectuée auprès du Quai d'Orsay avaient déjà passablement irrité Charles; l'expulsion de Moscou, à titre de rétorsion, de deux de nos diplomates, pris au hasard, l'énerva davantage encore; et le mémorandum de Vorontzov porta cet agacement à son comble.

— Je vais te dire ce que je vais faire, moi, grondat-il. Je vais proposer à l'Elysée de ramener les effectifs diplomatiques des Russkofs à hauteur des nôtres. Parce qu'enfin ils ont à Paris cinq cents types sous couverture diplomatique — dont les trois quarts sont des guébistes, tout le monde le sait! — alors que nous, nous n'avons que cinquante fonctionnaires à Moscou... Dans ces conditions, bien sûr, chaque fois qu'ils nous font le coup de la riposte graduée — tu m'expulses deux diplomates, je t'en expulse deux —, nous y perdons. Puisqu'ils ont engagé la partie avec dix fois plus de pions que nous! Alors, moi, je veux bien respecter la règle du jeu — je t'espionne, tu m'espionnes, on s'espionne, ça nous passe toujours le temps, O.K. —, mais j'exige l'égalité des chances au départ : cinquante partout. Voilà! Je les oblige à ramener leur représentation à cinquante individus! La mesure est claire, équitable, facile à justifier, et notre opinion publique ne pourra que l'approuver... Quand ils auront rembarqué leur excédent de James Bond, on pourra reparler de la détente!

Je quittai mon bureau et vins, d'un pas nonchalant, m'asseoir sur les genoux de ce cynique que l'indignation morale rendait beau comme un Saint-Just : à cette heure tardive, on ne risquait pas, de toute façon, de voir surgir inopinément un ambassadeur ou un huissier car il n'y avait plus, dans les bureaux, que les « hommes de ménage » philippins ou tamouls des sociétés anonymes de nettoyage — tous également effarouchés, analphabètes et muets.

– Si vous voulez devenir ministre de l'Intérieur, Monsieur de Fervacques, dis-je à mon ministre entre deux baisers, vous avez entièrement raison : votre histoire de parité diplomatique va combler la DST! En revanche, si vous souhaitez rester au Quai, ou, qui sait même, monter plus haut, permettez-moi de vous déconseiller cette initiative un peu primaire, que vous seriez le premier à regretter dès que votre légitime fureur serait retombée.

Il y avait des siècles en effet que nos polices préconisaient la mesure que Charles venait de suggérer, mais des siècles aussi que le Quai d'Orsay, de toute sa force d'inertie, s'y opposait. La « Carrière » préférait fermer les yeux sur les incartades du KGB – comme sur les caprices d'un enfant d'ouvrier que ses parents auraient trop gâté. L'important, selon nos stratèges, était de ne pas rompre le dialogue :

– Si vous imposez aux Russes une réduction de leurs effectifs, poursuivis-je, ils n'auront pas, je vous l'accorde, d'arguments théoriques valables à vous opposer. Néanmoins, ils seront fâchés. Ils prendront leur air le plus noble et le plus cadenassé. Ils n'ouvriront plus la bouche, Charles, ils se tairont. Au besoin, pendant des années. Or, n'est-ce pas vous qui me disiez l'autre jour qu'une seule chose est à redouter dans les relations entre nations : le silence?

Pendant une grande demi-heure, je lui exposai avec une faconde de plénipotentiaire tous les arguments que le Secrétaire général du Quai n'aurait pas manqué de lui présenter si notre ministre irrité avait jugé bon de le consulter; mais il y avait beau temps déjà qu'il ne prenait plus son avis, tant il était fatigué de ses préliminaires mondains et de ses précautions oratoires, le jugeant « incivil à force de civilités et importun de courtoisie »...

Entrecoupant mon discours de baisers légers, qui ne m'étaient rendus que du bout des lèvres, et de tendres caresses, qui ne détendaient pas tout à fait l'atmosphère, j'eus à plusieurs reprises, devant le visage buté de mon « Archange », l'impression d'attaquer un blindé avec un ouvre-boîtes : par quel côté commencer? Cependant, je ne me décourageai pas, essayant l'une après l'autre toutes les attaches, toutes les jointures. Passant sans cesse du général (les rapports internationaux) au particulier (la conduite de sa carrière), j'exhortais Charles à la patience, tout en songeant que certains auteurs écrivent des inepties lorsqu'ils affirment que le recrutement d'une secrétaire est plus utile à un service secret que celui d'un haut fonctionnaire : pour le tirage des photocopies, je ne dis pas; mais quelle dactylo aurait pu accomplir le travail que je faisais là?

Peu à peu, mon furieux s'apaisa, mais il s'accrochait toujours à l'idée d'exiger de l'Elysée le renvoi d'une vingtaine de conseillers de l'ambassade russe parmi les plus compromis : « Je veux vingt têtes! Si Giscard ne me les accorde pas, je lui colle ma démission! Comment voulez-vous que je travaille dans ces conditions-là? Je ne vais tout de même pas foutre à la porte tous mes chiffreurs! Non, non, ne me dites rien... J'en ai assez de me faire rouler dans la farine! Ce n'est plus une question de politique, c'est une question de dignité. Voilà! »

Je repris doucement mes explications; tout en parlant, je me disais que, s'ils m'avaient entendue, Jean Valbray et Olga Kirchner auraient été également satisfaits : l'un parce que je développais, avec une habileté pareille à la sienne, les thèses traditionnelles du Quai; l'autre parce que je poussais ma mission au-delà de ce qui m'avait été demandé, ajoutant aux talents de l'agent de renseignement les mérites de l'agent d'influence... A l'avenir, cependant, Olga ferait bien de tenir un peu ses chiens; sinon, je ne pourrais plus répondre des miens!

En attendant, il me fallait détourner le reste de

colère de « l'Archange Exterminateur » sur un nouvel objet : « Au fait, dis-je comme si l'idée venait seulement de m'effleurer, maintenant que j'y pense... Cette note de Durosier avait encore un destinataire, à titre extraordinaire : Blondet...

– Blondet? Notre ambassadeur à Moscou?

– Oui... Il m'avait paru normal de le tenir informé des mesures que notre délégation envisageait d'adopter pour prévenir l'offensive russe... Il pouvait nous être de bon conseil.

– Blondet... Ah, cette saloperie de Blondet! fit Fervacques en envoyant un violent coup de poing dans le rembourrage de son fauteuil, il y a longtemps que je l'ai dans le collimateur, celui-là! Souvenez-vous de l'affaire de la grande Commission Franco-Soviétique et de cette " taupe " qui communiquait aux types d'en face le détail de nos états d'âme sur les taux d'intérêt! »

Je m'en souvenais, et je savais aussi, mieux que personne, que les préventions du ministre n'étaient guère fondées : Blondet n'était pas plus mauvais ambassadeur qu'un autre et, quant à son patriotisme, j'avais les moyens de me convaincre qu'il était au-dessus du soupçon... Mais Charles en voulait au malheureux diplomate d'être soutenu par le Secrétaire général qu'il n'aimait pas, et de souffrir d'un strabisme qui obligeait ses interlocuteurs à détourner le regard en lui parlant. De ces mauvaises raisons je jouais déjà depuis plusieurs mois; et, pour faire bonne mesure, j'y avais peu à peu ajouté le soupçon de félonie, ayant, à part moi, de vrais motifs pour souhaiter la mutation de Blondet : d'abord, il était le parrain du fils de Frétillon; ensuite, quand, cinq ans plus tôt au moment où je débutais au Cabinet, il se trouvait au Quai comme Directeur du Personnel, il avait constamment médit de moi dans les couloirs, en supposant, bien à tort, que ses propos ne me seraient pas répétés; enfin, en 68, il avait successivement trahi le général De Gaulle (en mai), la gauche (en juin), et deux ou trois de ses amis (en juillet), dont le pauvre Thomas, le « chouan du placard », fidèle entre les fidèles, celui qui avait à l'époque organisé l'évacuation des documents du Quai et remis mon père en selle. Chargé du personnel peu après, le « petit Blondet » – ainsi que le surnommait affectueusement Thomas à l'époque où l'encore jeune diplomate faisait profession d'idolâtrer l'homme du Dix-Huit-Juin – n'avait eu de cesse que le « chouan » témoin de ses palinodies fût mis à pied. Faute de mieux, il avait accusé le vieil intégriste de « sympathies palestiniennes et pédérastiques »; et depuis, le pauvre Thomas, réfugié dans son inconfortable manoir breton, rédigeait interminablement ses mémoires qui seraient publiés à compte d'auteur chez Berger-Levrault, ou par petits morceaux dans « la Revue des Deux Mondes » sous le titre de « Cinq ans à Rawalpindi », « Lettre ouverte à un jeune attaché », ou, avec plus de sobriété mais non moins d'orgueil, « Ambassadeur ». Deux ou trois fois l'an, il remontait à Paris pour grappiller, avec un sourire triste et distingué, les miettes d'un cocktail guatémaltèque ou sénégalais et assister à l'assemblée générale des « Ecrivains de la France d'Outre-Mer » dont, poursuivi par les calomnies de Blondet, il ne parviendrait même pas à se faire élire trésorier. Bref, une fin poignante...

On voit que, s'il me fallait un bouc émissaire, le Blondet avait tout pour faire l'affaire : traître, il l'était jusqu'à la moelle, même s'il ne travaillait pas pour le KGB. Son éviction aurait, en outre, l'avantage de provoquer le grand mouvement diplomatique dont j'avais besoin après la conférence, pour accélérer la carrière de mon père. Enfin, excepté le bonheur d'être pris pour un imbécile par un crétin, je ne connais pas de volupté plus profonde que de faire pendre pour une faute qu'il n'a pas commise un misérable dont les crimes sont restés impunis...

« Il va falloir mettre au plus vite ce Blondet hors d'état de nuire, ma petite Christine : il est suspect, extrêmement suspect... », reprit Fervacques, tout excité à la pensée du sang qu'il allait verser. « Et, bien entendu, jusqu'à ce que nous l'ayons viré, vous ne lui adresserez plus aucune information sur la Conférence de Vienne...

– Vous pouvez compter sur moi... Je sais d'ailleurs comment nous débarrasser élégamment d'un diplomate de son rang... Il paraît qu'il rêve d'accéder à la noblesse : nommons-le ambassadeur auprès du Vatican, il deviendra comte du Pape, et cette élévation compensera son abaissement! Second avantage : il ne pourra plus passer aux Soviétiques que des projets d'encycliques...

– Excellente suggestion! »

Charles, heureux d'avoir manifesté son autorité et repris en main cette administration qui lui échappait, se leva, rasséréné, et, me serrant contre lui, déposa un long baiser dans mes cheveux : « Que ferais-je sans vous, mon petit enfant? »

Je me sentais moi-même assez contente de nous deux : nous venions d'éviter un inutile massacre de chiffreurs; je m'étais prouvée que, brutalement confrontée au résultat de mes méfaits, j'étais capable de réagir sans m'affoler; quant à Charles, son acharnement à vouloir châtier les Russes me montrait – plus clairement encore que son action au moment de la Grande Commission – qu'il ne travaillait pas pour les amis d'Olga.

En examinant le soulagement que me procurait cette dernière certitude, je découvris qu'il devait moins à la joie altruiste de savoir mon amant loyal à sa patrie (ce dont je me moquais) qu'à un sentiment égoïste. C'était surtout en effet une impression de libération que j'éprouvais : si par malheur Fervacques avait eu un pied dans chaque camp, par quel côté aurais-je pu lui échapper?

J'étais toujours frappée par l'acharnement que Christine mettait à châtier les traîtres, alors qu'elle trahissait elle-même... Quelle rage à pourfendre les petites palinodies de Blondet, les intrigues de Frétillon, ou, plus tard, la bonne conscience d'une Catherine Darc, à laquelle elle reprochait d'avoir établi son succès sur l'exploitation des infamies d'autrui et de vivre de ce qu'elle dénonçait!

De même allait-elle s'indigner de voir les échotiers de « la Presse » ou de « la Vérité » faire les corbeilles à papiers, ou les poches, des fonctionnaires, en oubliant que, depuis sa vingtième année – et sans attendre les commandes du KGB –, elle n'avait pas hésité à fouiller les tiroirs de ses proches et fureter dans les petits secrets des vivants et des morts...

Que Christine fît volontiers ce qu'elle reprochait aux autres d'avoir fait n'était pas d'ailleurs ce qui m'étonnait : rares sont les individus capables de s'inventer une éthique en contradiction avec celle de leur génération. Ce qui m'ébahissait, c'était que Madame Valbray pût, en jugeant les autres, tirer aussi légèrement un trait sur son propre passé.

Elle avait ses jours de cynisme et ses quarts d'heure de vertu; et ceux-là, d'autant plus radicaux qu'elle s'abandonnait au « complexe de Zorro » – lequel renchérit chaque nuit sur l'héroïsme et la sévérité pour faire oublier les lâchetés auxquelles il a dû consentir dans la journée... Mais, peut-être, à l'inverse du justicier mexicain, Christine ne se souvenait-elle pas de ce qu'elle avait fait entre deux expéditions punitives? Regardant autour d'elle au sortir de ses crises d'amné-

sie, elle constatait – avec une touchante naïveté – que le niveau moral de la société avait baissé, sans s'apercevoir que, sous prétexte de se maintenir à flot, elle était descendue avec le niveau...

Trop émotive, trop spontanée pour qu'on pût la taxer d'hypocrisie, elle me surprenait sans cesse par la fraîcheur de ses indignations, ses sursauts d'idéalisme et d'ingénuité, aussi imprévisibles qu'ils semblaient vrais. Comme une actrice qui change de peau, elle avait une capacité déconcertante à se persuader de sa bonne foi et à nous en convaincre par ricochet : le comble de sa duplicité, c'était la sincérité.

Qui songerait, d'ailleurs, à blâmer le personnage de ne pas suivre la morale de l'acteur, à accuser la scène d'ignorer la coulisse?

Or Christine était une comédienne-née. De là venait, du reste, l'intérêt qu'elle manifestait pour les spectacles de Maud Avenel, Pierre Prioux, ou, plus tard, de Saint-Véran. Cette passion était si vive chez elle que je m'étais plusieurs fois demandé s'il n'entrait pas dans sa jalousie à l'égard de la « belle Avenel » une certaine part d'envie... Dans ses récits, le théâtre occupait, à l'inverse de ce qui aurait été naturel pour quelqu'un de son âge, une place plus grande que le cinéma; et ce n'était pas seulement une affaire de milieu (encore qu'il soit vrai que la bourgeoisie parisienne, lorsqu'elle parle de films à table, use du cinéma avec désinvolture, à seule fin de relever ses plats, et réserve au théâtre ses respects, ses cartons d'invitation, et ses colliers de perles); mais c'était d'abord, dans le cas de Madame Valbray, une affaire de sensibilité. Sensibilité que je devinais très proche, en l'espèce, de celle de l'acteur : au cours d'un tournage, l'emprise du personnage sur le comédien, quoique forte, reste passagère, la durée de l'épreuve excédant rarement quelques semaines; on entre dans le rôle à plein temps, mais, lorsqu'on le quitte, on le quitte définitivement. Or il est moins difficile d'organiser dans sa vie ces sortes de parenthèses – où, bien que l'on soit autre, on n'est qu'un – que de mener indéfiniment la vie dédoublée, l'existence écartelée qu'exige le théâtre, où l'on se dépouille chaque soir du personnage pour le réendosser le lendemain, pendant des mois ou des années.

Voilà pourquoi la scène, plus que l'écran, fascinait Christine Valbray. Consciente de mener elle-même une vie partagée, changeant d'emploi et de visage à chaque moment de la journée, elle appréciait en connaisseuse la performance des gens de théâtre, leur aptitude à se donner, leur habileté à se reprendre.

Elle savait qu'il ne convient pas d'aller acheter son pain du matin avec, dans les cheveux, les paillettes et les strass de « la Belle Hélène », de prendre le thé chez des amis vêtue des haillons mystiques de « la Jeune Fille Violaine », ni de bercer ses enfants avec le cœur de « Médée ». Et, comme tous les acteurs chevronnés, elle parvenait si bien à dissocier les unes des autres ses multiples vies que, lorsqu'il lui arrivait, par hasard, de porter encore à midi le spencer rouge de Marie de Verneuil ou d'exhiber à Vienne le serpent de la « Sans Pareille », de prolonger enfin l'un de ses rôles au-delà de l'extinction de la rampe et de jouer « décalé », entrecoupant les plaintes d'Ophélie des imprécations de Camille – comme, chaque fois, par exemple, qu'elle célébrait les bonheurs de l'espionnage tout en condamnant les trahisons de Blondet –, j'étais sûre qu'elle le faisait exprès et à seule fin de me provoquer.

Il y avait alors dans son attitude quelque chose qui me rappelait le comportement de mon fils aîné quand un soir, à quatre ans, il avait brusquement rouvert les volets de sa chambre à coucher et, levant le nez au ciel, avait crié à tue-tête comme pour prendre la rue à témoin de sa bravade : « Dieu, je ne crois pas en toi. Si tu existes, envoie-moi une fessée! » Je n'avais pas jugé bon de me substituer à l'autorité ainsi défiée, laquelle, on s'en doute, ne s'était pas davantage manifestée... Vaincu par ce double silence, l'enfant avait *fini par refermer ses persiennes et s'endormir sur le tapis, découragé... Mais j'avais reconnu chez Christine cette même manière de provoquer l'autre – qu'il soit Dieu, amant, ou parent – dans l'espoir de recevoir enfin le châtiment qui lui prouverait qu'elle n'était pas seule, qu'elle était regardée, aimée. « Il me "cherche" », dit-on très justement lorsqu'on se trouve confronté à ces taquineries enrageantes, ces comportements faits pour exaspérer.*

Mais était-ce bien moi que Christine « cherchait » lorsqu'elle moralisait avec tant d'effronterie au cœur de l'immoralité?

Par défaut peut-être, quand, réduite dans sa prison à n'avoir plus d'interlocuteur que cette femme qu'elle devait juger terne, ce haut fonctionnaire réservé, cette biographe prudente, elle savait ne plus pouvoir déconcerter ni affliger aucun de ceux que, d'agressions en tromperies et de mensonges en transgressions, elle avait vainement incités à lui témoigner leur existence et leur pardon.

« Complexe d'Œdipe! L'histoire de cette fille n'est rien de plus qu'un œdipe mal résolu! » m'avait dit autrefois l'amie psychanalyste à qui j'avais montré quelques écrits de Christine Valbray.

C'était vrai, mais la perspective freudienne où elle se plaçait rendait son propos singulièrement réducteur. Il y a autre chose en effet dans l'aventure du roi de Thèbes qu'une banale question de filiation et de recherche d'identité, autre chose que cette quête éternelle des origines qu'on feint d'y trouver. Œdipe est moins l'homme qui épouse sa mère que l'homme qui cherche, et – au terme de son enquête, au bout de sa route – ne trouve que lui. Enfant perdu, roi sans lignée, je ne sais ce qu'il espérait – si c'était un père ou un coupable qu'il souhaitait, qu'il traquait –, mais c'était au moins, créateur ou criminel, un responsable. Et voici qu'il se découvre seul aux deux extrémités de la chaîne, qu'il est le père et le fils, l'assassin et sa victime, l'alpha et l'oméga, le tenant et l'aboutissant.

Autour de lui s'étend un univers de clones indifférenciés, une humanité pareille à ces alvéoles identiques des nids d'abeilles : lui, lui, et lui toujours, aussi loin que l'œil peut porter; lui à l'infini, à perte de vue... Et c'est bien, en effet, le moment de perdre la vue, puisqu'il n'y a plus rien à voir.

Quant aux Œdipes timorés qui répugnent à s'aveugler, on ne saurait trop leur recommander la technique de Christine Valbray (la plus efficace, ou la plus excusable, dans un monde frappé d'absence et d'uniformité) : changer de masque, changer de robe, changer de rôle, se déguiser.

Jouer. En faisant semblant d'être plusieurs pour se donner de la compagnie.

La Conférence de Vienne s'ouvrit au début de l'automne. Les chefs d'Etat et de gouvernement vinrent à Schönbrunn donner le coup d'envoi. Pendant quarante-huit heures ils se firent photographier sous toutes les coutures : on les assit, on les leva, on les promena; on les posa sur des perrons, des fauteuils, autour d'une pelouse, ou d'un tapis vert; on les aligna, on les alterna, on les attabla. Après quoi, on les renvoya dans leurs foyers en attendant la clôture des débats, qu'on avait prévue, comme le voulaient les Soviétiques, six semaines exactement après cette inauguration en fanfare. Dans l'intervalle, les ministres des Affaires étrangères, assistés de leurs délégations respectives et des cohortes d'experts dont ils s'étaient entourés, prendraient discrètement le relais.

Bonne affaire, car, en admettant même que Charles ne pût passer à Schönbrunn qu'une partie des six semaines envisagées – pendant que les Etats d'Europe s'envoyaient des cartons d'invitation, les pays d'Outre-Mer continuaient en effet à s'envoyer du plomb et, tels des gamins mal élevés, forçaient l'instituteur à revenir jeter un coup d'œil sur leur « récré » –, en faisant donc la part de ses allées et venues inévitables entre Vienne et Paris, il n'en restait pas moins que le patron de Jean Valbray allait passer une vingtaine de jours chez son employé : le rêve de tout ambassadeur digne de sa fonction... Sans compter que le président de la République venait lui-même de coucher à la Schwarzenbergplatz toute une nuit, et qu'il y reviendrait dans cinq semaines pour y dormir trois fois de suite... Que d'occasions pour notre J.V. de faire apprécier la qualité de ses services! Et quelle aubaine pour sa fille – que son hébergement sous le même toit amènerait naturellement à côtoyer les puissants à cette heure où, mal réveillés, à peine lavés, ils ne sont plus trop loin du commun...

La grande Conférence de Vienne me donna, par exemple, la chance de voir de plus près le chef de l'Etat, que ma place dans la hiérarchie administrative m'avait déjà permis de rencontrer cent fois sans qu'il jugeât bon de m'accorder plus d'attention qu'à l'un des gardes républicains qu'on disposait dans ses escaliers pour la décoration... Comme les réflexes mondains l'emportaient souvent chez ce président-là sur les réflexes politiques, il fut beaucoup plus aimable pour la fille de son hôte qu'il ne l'avait été pour le directeur de cabinet du Quai d'Orsay et l'égérie des solidaristes; et, quoiqu'il ne fût pas homme à se « déboutonner », même en pyjama, il me traita avec une familiarité courtoise, distante mais intéressée. Je sentis que, désormais, nous nous connaissions; et si, comme l'aurait dit mon « Excellence » de père, la plus grande science est celle de l'entregent, attirer l'œil du monarque est le sommet de cet art et le parachèvement d'une carrière.

Ce n'était pas, cependant, à mon ascension professionnelle que je songeais d'abord en me réjouissant d'être logée si près des grands : c'était à la possibilité de passer, presque d'affilée, vingt nuits avec Charles de Fervacques sans que personne pût y trouver à redire.

En dehors des quelques jours que nous avions vécus en tête-à-tête à la montagne au commencement de notre liaison, et d'une demi-douzaine de week-ends à Sainte-Solène, j'avais eu peu d'occasions, en effet, de dormir dans ses bras. Charles se voulait homme d'action : il y avait peu de temps morts dans ses nuits, et peu de pauses dans cette passion... Peut-être, d'ailleurs, ne souhaitait-il guère s'assoupir en ma présence : dormir avec un autre, c'est lui livrer un visage nu et un corps désarmé. Fervacques était un combattant, et répugnait à quitter son armure. Aussi les seuls repos qu'il s'autorisait étaient-ils des « repos du guerrier »... Mais étais-je, à cet égard, si différente de lui? J'avais, certes, le désir de le voir endormi, de lui murmurer des paroles d'amour qu'il n'entendrait jamais, de guetter sur ses lèvres closes ces demi-sourires incontrôlés que le rêve y met, fugitifs, étonnés, et pareils aux sourires involontaires des nouveau-nés; mais l'idée de m'offrir au sommeil sous ses yeux, de lui révéler des traits affaissés, démaquillés par la nuit, des membres amollis, un corps abandonné et un esprit soumis, cette idée ne me réjouissait pas particulièrement. Ou, plutôt, j'en avais peur autant que j'en avais envie...

De toute façon, mon père, cet entremetteur offusqué, crut habile de gêner mon projet – à moins peut-être qu'il ne voulût, pour ma réputation, me contraindre à un surcroît de précautions? Il attribua à son ministre la seule chambre d'hôte qui ne fût pas meublée d'un « lit matrimonial », mais d'une paire de lits jumeaux. Quant à moi, sous prétexte qu'il fallait garder prêtes la chambre du Président, celle de la Présidente, et, pour leur suite, les quelques pièces adjacentes, il me relégua sous les combles, dans la chambre d'enfants (l'ancienne mansarde d'Alexandre) équipée de deux lits superposés.

Sans doute dut-il encore juger la garantie insuffisante (j'imaginais déjà ses explications, si j'avais osé en exiger : « Je ne veux pas de scandale sous mon toit, ma petite fille! Je me moque de ce que tu fais à Paris, mais tu apprendras qu'une ambassade n'est pas un bordel... », ou peut-être, moins Tartuffe et plus grand seigneur, si par hasard il était dans un de ses jours de charme, se serait-il borné à constater avec un sourire résolument britannique, très « Barry Lyndon Esquire », que « la Fortune est aveugle mais, malheureusement, les domestiques ne le sont pas... »); en tout cas, pour achever de rendre malaisées les escapades nocturnes que je me promettais, il fit dormir mon frère sur la couchette d'en haut!

Car, la conférence « sur la Coopération en Europe » tournait, à certains égards, à la réunion de famille : Philippe figurait aussi sur la liste des experts français; notre ministère des Finances l'avait chargé de suivre, sous les ordres de Charles, les travaux des commissions sur « la coopération économique » et « les problèmes méditerranéens ». Cette mission subalterne, qui lui donnait dans les cérémonies un rang inférieur au mien, excitait sa gaieté :

« C'est vrai qu'à table on me met en bout avec le personnel du chiffre, les chefs de bureau de la Marine et les agents du protocole, mais qui trouve-t-on aussi au bas bout des tables, Poussinette? Les in-ter-prètes! jubilait-il. Oh, la jolie cohorte de petites mignonnes, l'accorte troupe de ravissantes! Et pas farouches avec ça! Tu ne m'avais pas dit, coquine, que cette fréquentation rapprochée de l'interprétariat était l'un des avantages des Affaires étrangères! Je sens que je vais solliciter ma mutation, moi! Non mais, franchement, quand il y a tant de fleurs à ramasser dans les plates-bandes du droit international, qu'est-ce que je fiche Rue de Rivoli? »

C'était une vraie question en effet, et je me la posais souvent. Il avait trente-sept ans et n'était pas directeur du Budget; sans doute n'avait-il pas pris de retard par rapport aux éléments les plus brillants de sa promotion, mais, pour être nommé à l'occasion d'un des prochains mouvements, ou en tout cas dans les années à venir, il lui aurait fallu dès à présent « prendre ses marques ». Or, si je voyais déjà autour de lui nombre d'intrigants et de magouilleurs se placer sur la ligne de départ, mon frère continuait de professer un dédain tout aristocratique pour ces combinaisons de carrière.

Il faisait son travail avec une passion que j'aurais voulu voir à davantage de messieurs Cognard ou Frétillon, mais il refusait d'exagérer l'importance des tâches qu'il accomplissait, minimisait par politesse les services qu'il rendait, et répugnait à soumettre ses sympathies à son plan de carrière. Il servait l'Etat sans phrases, sans cabrioles et sans illusions, renouant, par-delà l'aventure de la LM, avec une ancienne tradition de famille, celle qui jetait ses ancêtres sur les champs de bataille à Steinkerque ou Neerwinden, et les y faisait périr pour la gloire du roi, non parce que le roi était grand, mais parce qu'il était le seul qu'on pût servir sans s'abaisser...

Pour le reste, quoique moins moral que Renaud – il n'avait jamais imaginé que le « bien public » pût se passer qu'on mentît, trahît et massacrât pour lui –, et moins naïf que Frédéric – car il n'espérait pas que les alouettes lui tomberaient dans la bouche toutes rôties à seule fin de récompenser son bon naturel –, il ne croyait pas qu'il fût permis à un fonctionnaire d'user pour sa promotion personnelle des méthodes douteuses qu'exigeait le service de l'Etat, et il attendait, avec une tranquillité hautaine, que ses supérieurs voulussent bien couronner son zèle pour les mêmes raisons, très peu sentimentales, qui faisaient de lui un subordonné dévoué : l'intérêt de l'Administration.

Songeant qu'il était l'héritier d'un groupe industriel de dimensions respectables et constatant qu'après avoir été l'espoir des mères dans plusieurs « rallyes » il était devenu un pilier de boîtes de nuit, les imbéciles prenaient ce désintéressement pour un manque d'intérêt, et cette élégance pour de la désinvolture.

J'ai connu pourtant, dans d'autres administrations, deux ou trois énarques sans fortune qui appartenaient à la même race que lui, et ce sont les seuls de leur corporation pour lesquels j'ai éprouvé quelque affection : d'une intelligence au-dessus du panier et d'une loyauté à toute épreuve, leur avancement se ralentissait inexplicablement à partir de trente-cinq ans, à ce moment de la carrière où, les places devenant rares et chères, il fallait les vouloir vraiment pour les emporter. Les désiraient-ils au prix qu'il fallait y mettre? Ils considéraient rêveusement l'enjeu, se répétant, après leurs auteurs, que « sur le plus élevé trône du monde, on n'est jamais assis que sur son cul »... Si bien que, à force de se vouloir « au-dessus de ça », ils passaient à côté, laissant peu à peu tout le monde les doubler : la canaille des Frétillon, la racaille des Blondet, la piétaille des Durosier...

Philippe, je le sentais bien, ne serait jamais directeur du Budget, président d'EDF, ou gouverneur de la Banque de France. Et c'est pourquoi j'enrageais de lui voir mépriser l'unique planche de salut qui lui restât : « La Ménagère ».

Quand je lui en parlais, il mettait chaque fois en avant, outre son peu de goût pour la purée, ses vices de conformation : « On ne se refait pas, petite sœur : je préfère l'intérêt général aux intérêts particuliers, fussent-ils les miens... » Depuis l'entrée de Catherine Darc dans sa famille il avait d'ailleurs un autre argument, qu'il ne se privait pas d'utiliser : sitôt son grand-père disparu, sa nouvelle tante pousserait Hugues, héritier de la moitié des biens, à exiger la vente et le partage du tout; la LM s'en irait par morceaux et, s'il embarquait sur ce radeau, avant six mois il se trouverait à l'eau. Il laissait donc sa mère assurer provisoirement la « gestion des affaires courantes » et se bornait à courir au feu sitôt qu'elle l'appelait à son secours : ainsi venait-il, jouant les « pompiers » de la finance, d'obtenir la « suspension provisoire des poursuites » pour une petite filiale de l'entreprise, une société normande spécialisée dans les presse-fruits; lorsqu'il n'était pas à Vienne occupé à restructurer l'économie du bassin méditerranéen, il négociait à Alençon d'arrache-pied pour obtenir un étalement des créances qui écrasaient son presse-citron :

— Des bilans, des passifs, des comptes courants, des fonds de roulement, des créanciers hypothécaires, des créanciers chirographaires, des créanciers privilégiés! Tu comprends, mon chou, que je puisse leur préférer la peau ambrée et le nez mutin de la petite interprète britannique... Ça me change!

— Sans doute... Et cela doit te changer aussi des femmes de tes amis?

Depuis qu'il avait rompu avec Esclarmonde de Balmondière, cousine un peu déclassée de l'ennuyeuse Sibylle et sa dernière petite amie officielle, Philippe n'entretenait plus de liaisons qu'avec des femmes mariées – « au moins, celles-là ne se demandent pas à tout bout de champ si on va les épouser! » –, femmes mariées qu'il choisissait de préférence parmi ses relations. Quand il m'avait donné les noms de ses dernières conquêtes, j'avais été choquée qu'il pût ainsi abuser de la confiance de camarades de collège, de copains de promotion ou de collègues des Finances : « La femme d'un ami, c'est sacré, Philippe! C'est... c'est comme une sœur! »

Il était parti d'un bruyant éclat de rire : « Répète-moi ça un peu, Chris, pour voir : " sacré "? " Comme une sœur "? » Il était secoué de hoquets, comme un acteur qui force sur les jeux de scène : « Ah, c'est à moi que tu viens dire ça! Et c'est toi qui le dis!... Sais-tu que tu serais presque convaincante dans ton nouveau numéro de " petite-mère-la-pudeur "? Ecoute, ma vertu, soyons pratiques : avec qui coucherait-on si l'on ne couchait avec les femmes de ses amis? Ce sont celles qu'on rencontre le plus souvent et le plus facilement!

— Comme tu voudras... Mais un jour tu te réveilleras avec, dans l'estomac, deux ou trois chargeurs que tu ne digéreras pas... Et tu ne les auras pas volés! Tu es immoral!

— Je suis pragmatique... »

Je me demandais tout de même ce qu'il y avait de vrai dans les confidences qu'il me faisait; sa liste de « séduites et abandonnées » me semblait un peu longue, et je supposais parfois qu'il exagérait... En revanche, son coup de foudre pour la petite interprète anglaise me parut avéré : je les rencontrai trois ou quatre fois en grande conversation dans les antichambres des Commissions, puis bras dessus, bras dessous, dans les rues du vieux Vienne – il devait lui faire son coup du « table », « pot de fleurs » ou « chaise longue », dit sur tous les tons de passion; d'ailleurs, les deux premiers soirs où nous dûmes partager la chambre d'enfants aménagée dans l'attique, il découcha des lits superposés. Mais, à partir de la troisième nuit, il cessa de vagabonder : il venait de s'apercevoir que je découchais aussi.

Au commencement, il se tint à peu près coi, se bornant à saluer mon retour au petit matin d'un ironique : « Alors, obligée de faire des heures supplémentaires, mon pauvre chou? » Le lendemain, tout en s'efforçant au même ton persifleur que la veille, il fut sensiblement plus véhément – « Ce ne doit pas être très commode avec des lits jumeaux! Oui, je sais, on peut toujours les rapprocher, mais ça t'oblige à les remettre en place et à refaire la couverture avant de rentrer dans ton humble mansarde, ô modeste Cendrillon! Parce qu'il ne faudrait pas, tout de même, qu'en apportant le thé du petit déjeuner la femme de chambre s'aperçoive qu'on a transformé la " chambre simple " en " chambre double "! Ah, mon pauvre Poussinet! Ça ne doit pas être bien folichon, ce petit manège, à six heures du matin! » Mais le surlendemain, il explosa : « Non, mais tu y prends goût, ou quoi? Ne me dis pas que tu t'intéresses vraiment à ce guignol?

— Je te ferai remarquer, Philippe, que je n'ai pas critiqué ta petite Anglaise...

— Mais je suis tout prêt à te la sacrifier! » dit-il, en s'agitant sur la couchette d'en haut tandis que je débordais hâtivement le lit du bas pour bien persuader le personnel de l'ambassade que j'avais passé la nuit là.

— Dis seulement une parole – " solum dic verbum " – et je la plaque aussi sec, cette Janet! En échange, je ne te demande même pas de laisser tomber ton Fervacques : je suis du sérail, mon trésor, j'en connais les détours, et je comprends très bien qu'une jeune femme ambitieuse ne puisse se dérober à certains... devoirs professionnels. Je te permets donc d'aller soulager les tensions de ton ministre une nuit sur trois, isn't it a fair deal?

Et, se redressant brusquement, comme emporté par l'entrain qu'il s'essayait à me communiquer, il heurta du front le pan coupé de la mansarde : « Ah, merde! Merde! Ce que J.V. peut être con avec son histoire de lits superposés! A croire que, comme il ne nous a pas connus petits, il ne nous voit pas grandir! A moins qu'il ne regrette, au contraire, d'avoir manqué nos premiers pas et tente de jouer les jeunes pères sur le tard... » Il frottait son crâne endolori : « Au prochain séjour, je nous sens menacés du bavoir et de la chaise pour bébés... »

Avec un soupir il se laissa glisser le long de l'échelle : « A trente-sept ans, non, je te jure! Tiens, regarde, Poussinette, je me suis fait une grosse bosse. Pili a bobo à bosse. Une bosse là, et puis une autre... plus bas... Masse ma bosse, petite sœur... »

Je m'écartai violemment : « Ecoute, Philippe, j'en ai assez de tes cochonneries! C'est toi qui ne nous vois pas grandir! Je ne comprends pas. Non, vraiment! »

Je trouvais étrange, plus encore que scandaleux, qu'il tentât toujours de m'imposer les mêmes jeux, ces jeux de « la puérilité incivile et déshonnête » pour lesquels il manifestait un attachement excessif, voire maladif. Il est vrai que, par malice, par désœuvrement, par indifférence, je l'y encourageais encore quelquefois, mais le cœur n'y était pas; il n'y était plus : sans doute lui avais-je laissé, à dix-huit ans, prendre avec moi des libertés que l'expression d'une pure affection ne justifiait pas, mais, à l'époque, ce frère qui me tombait du ciel était si peu mon frère! Quinze ans après, il n'en allait plus de même : à force de fréquenter ce jeune homme et de partager avec lui un père d'abord tout neuf, puis de plus en plus usé, je me sentais vraiment sa sœur... Quinze ans, de toute façon, c'est une longue histoire. Avec ou sans liens du sang. Et il me semblait que même un amant serait devenu, au bout de ce temps-là, ce que les romans du XIXe siècle auraient pudiquement nommé « un frère-pour-moi »...

Quand j'avais parlé de « cochonneries », Philippe avait blêmi : « Alors, Thierry ne m'avait pas menti? »

Je me dis que j'avais eu tort d'espérer que le charmant Saint-Véran saurait tenir sa langue.

« Donc tu l'aimes, ce type? reprit mon frère. Tu l'aimes vraiment? » Il se laissa tomber, accablé, sur la couchette du bas : « Mais ce n'est pas possible, pas possible, voyons... Tu n'as jamais aimé personne! Personne que toi... Et encore! Pas tous les jours, à ce qu'il me semble!

— En ce cas nous conclurons qu'il n'est jamais trop tard pour s'y mettre...

— Mais qu'est-ce que tu lui trouves, à ce Fervacques? Il n'est pas jeune! Il n'est pas beau! Avec sa balafre au menton, sa cicatrice au front et sa grande carcasse qu'il voûte au sommet comme s'il avait peur de ne pas pouvoir passer sous les arcs de triomphe que lui dresse d'Aulnay, moi il ne me plairait pas! Ah, bien sûr, il est riche, mais je suis sûr que tu n'en attrapes pas grand-chose! Et puis, la richesse, soyons francs, c'est plus un motif de liaison que de passion... Alors, qu'est-ce qui reste? Le pouvoir? C'est ça? Non... C'est bon pour les midinettes, ce truc-là! Tu es tout de même assez dans le courant des affaires pour ne pas t'abuser sur le " pouvoir " d'un ministre des Affaires étrangères! Et quant à ses chances de monter plus haut, à ton " Archange solidariste ", je ne miserais pas dessus! Alors, quoi? Quoi? »

Il releva le buste pour prendre une position plus convenable à l'expression de l'indignation qui le secouait; et, cette fois, ce fut la couchette du haut qu'il heurta de la tête : il n'y a guère qu'aux très jeunes héros du « vert paradis » que les lits superposés permettent de s'expliquer assis. Tandis que, vaincu par l'adversité et la rudesse du sommier, il s'affalait derechef sur l'oreiller, je ne pus m'empêcher de persifler : « Les lits de ce genre, mon cœur, sont faits pour les touche-pipi. La preuve que tu as dépassé cet heureux âge, c'est qu'ils te gênent aux encoignures... »

Cependant, je m'assis sur le bord de sa couche et commençai à caresser son front meurtri. « Tu me demandes, mon blessé chéri, ce que je trouve à Charles de Fervacques... Mais je ne sais pas, justement! » Je passai un doigt léger sur ses paupières mauves et ses lèvres pâles. « Je ne lui trouve rien. C'est pour ça que je cherche! Et que j'ai besoin de me le remettre sans cesse sous les yeux. Pour comprendre... » De nouveau je remontai jusqu'à son front, glissant ma main dans ses boucles cuivrées, et posant un instant ma bouche à la racine plus claire de ses cheveux. « Nous ne nous attachons qu'à ce qui nous échappe, fratello, nous ne sommes liés qu'à ce qui nous fuit :

" Come segue la lepre il cacciatore
  Al freddo, al caldo, alla montagna, al lito... "

c'est toi qui m'as appris cette " canzonnette "-là, n'est-ce pas? »

Et, tout en sentant que je ferais mieux de me taire, je ne pus renoncer au bonheur de faire enfin connaître à quelqu'un l'étendue de l'amour que j'éprouvais pour Charles. Pendant de longues minutes, avec cette vivacité propre aux passions libérées, aux trop-pleins amoureux brusquement épanchés, je lui parlai de Fervacques et de ce que mes sentiments gardaient d'indéchiffrable à mes yeux.

Sur Charles, malgré les confidences de Malou, de Sovorov, ou de Fabien d'Aulnay, je ne savais, dis-je à Philippe, rien qui tînt ensemble, qui fît un tout; et pourtant, j'éprouvais à chaque instant l'impression de partager avec cet être inconnu un secret essentiel...

« Pas le secret de votre liaison, en tout cas! grimaça mon frère en se retournant sur l'oreiller. Vous vous êtes tellement affichés qu'elle devient archipublique!

— Non, fis-je en souriant. Je voulais parler d'un secret plus... secret. Si secret que j'en ignore tout moi-même! A ton avis, Phil, qu'est-ce que nous avons en commun, Fervacques et moi? » Et, malgré mon envie de le rassurer en ramenant mes amours à un sujet de plaisanterie et mes inquiétudes à d'intempestives curiosités, je ne pus m'empêcher de redevenir sérieuse : « Qu'est-ce qui me plaît en lui qui soit déjà en moi, dis? Le goût du risque? Du jeu? L'amour de la liberté? Qu'est-ce qui me donne toujours, quand je suis avec lui, cette impression d'être absorbée par un tout plus vaste que moi, d'y être contenue tout entière sans pouvoir le contenir? Qu'est-ce qui me fait regretter de n'avoir pas plusieurs âmes pour les lui donner, de n'être pas plusieurs femmes pour pouvoir le remplir, le saturer? Dis-le-moi, Philippe! Dis-moi ce que je peux bien " lui trouver ", puisque moi je ne le sais pas... »

Mon frère, toujours couché, me regardait fixement, puis, hochant la tête, il m'attira contre lui et pressa mon visage contre sa poitrine; enfin, d'une voix sans timbre, il se mit à réciter : « " Ce n'est pas une spéciale considération, ni deux, ni trois, ni quatre, ni mille, c'est je ne sais quelle quintessence de ce mélange qui, ayant saisi toute ma volonté, l'amena se plonger et se perdre dans la sienne... " Montaigne, La Boétie... Allez, Chris, ne te fatigue pas : j'ai ma petite idée sur ta maladie, c'est un poison dont j'ai déjà tâté... »

En cherchant de nouveau son regard, je vis qu'il était plein de larmes; mais il les retenait, en vaillant petit garçon qu'il était. Je parlai encore un long moment, essayant d'atténuer le chagrin que je venais de lui causer, d'effacer l'excès d'exaltation qui avait accompagné ces confidences trop longtemps retenues. Je lui assurai même, avec une mauvaise foi qui ne nous convainquit ni l'un ni l'autre, que rien au fond ne me retenait dans les bras de Fervacques, sinon le désir, tout intellectuel, de percer ses mystères et que « dès que j'aurai fait le tour du personnage, n'est-ce pas... »

C'était Philippe maintenant qui caressait mes cheveux : « Mon pauvre petit... Ma petite " chèvre de Monsieur Seguin ", qui sera mangée au matin... Eh bien, poursuivit-il avec un rire un peu forcé, dans toute cette histoire je " débarque ", c'est vrai, mais il était grand temps que j'arrive! Oui, dit-il en posant un baiser dans les mèches emmêlées qui me tombaient sur le front, on va lui donner un peu de fil à retordre, à ton séducteur... C'est encore une chose – la dernière – que je peux faire pour toi... »

J'étais plus touchée par cette bonne volonté résignée que par la jalousie dont il m'avait accablée depuis des années; dans un geste de bonne volonté, j'entrouvris sa veste de pyjama : « C'est drôle, dis-je avec une feinte désinvolture, chaque fois qu'on a plusieurs lits toi et moi, on finit dans le même! Tu te souviens, la Hollande? »

Mon frère ramena dignement le pan de sa veste sur sa poitrine découverte : « Tu sais, dans ce... cette amitié que j'avais pour toi, mes " cochonneries ", comme tu dis, n'étaient pas vraiment l'essentiel à mes yeux! »

Et, secouant la tête, il continua à me caresser tristement les cheveux tandis que je frottais mon nez sur sa peau couleur de son, léchais sa peau couleur de lait, comme un chat affamé.

Poussant la table roulante, couverte de la porcelaine du petit déjeuner, le maître d'hôtel entra dans la chambre et tira les rideaux : la Grande Conférence commençait sa septième journée.

Je n'avais pas cru que mon frère tiendrait les promesses qu'il m'avait faites; j'y avais cru d'autant moins que je ne pensais pas avoir besoin d'aide...

J'étais certes un peu dépassée par l'ampleur de mes sentiments, mais, dans cette ampleur, j'espérais encore pouvoir tailler.

D'ailleurs, pendant deux jours, Philippe ne s'évertua qu'à me prouver qu'il se remettait bien du coup que je lui avais porté : on ne pouvait pas prendre un des couloirs qui menaient aux Commissions économiques sans tomber sur Janet et lui enlacés, ni passer par le Centre de Presse sans se heurter au représentant de notre ministère des Finances paradant dans un cercle de jupons journalistiques et internationaux.

Puis, posément, alors que je n'y songeais plus, il passa à l'exécution de son plan.

La première phase coïncida avec une intervention d'Andrei Gromyko qui, au grand ennui de ses collègues, avait entrepris de nous resservir son habituel discours sur les droits de l'homme : « En URSS, les libertés fondamentales ne sont pas seulement proclamées par la loi, mais aussi garanties par le système socio-économique... » La chanson nous était si connue que nous commencions à nous endormir; l'attaque virulente contre les radios américaines de Munich, « Free Europe » et « Liberty », qui suivit cet exposé de principes, nous réveilla un peu; et les propositions que, nous coupant audacieusement l'herbe sous le pied, le ministre soviétique fit in fine à la Conférence (« ne plus tolérer la diffusion d'informations mensongères et la désinformation délibérée du public ») achevèrent de nous ranimer.

En tant que principal expert, j'étais assise derrière mon ministre, « en créneau », comme autrefois aux tables de roulette et de baccara lorsque je portais bonheur à Olga. Charles se pencha en arrière et, le sourire aux lèvres, « vous saurez, me dit-il, que dans les relations internationales c'est toujours le violeur qui crie " au viol " ! », et il se tourna vers Durosier, lui-même installé en créneau derrière moi, pour préparer la riposte que l'impudence des Russes appelait. C'est à ce moment-là qu'un huissier s'approcha et déposa devant Charles un petit billet plié en quatre sur lequel on avait simplement écrit : « Madame Valbray » – j'étais alors officiellement divorcée depuis trois mois – « aux bons soins de Monsieur de Fervacques ».

Je ne sais pourquoi ces « bons soins » me semblèrent aussitôt chargés d'ironie; j'étais anxieuse de découvrir le contenu du message dont, à première vue, l'écriture m'était inconnue; mais Charles, au lieu de me tendre le papier, l'ouvrit lui-même, soit en tant que président de notre délégation (parce qu'il lui supposait un contenu professionnel), soit comme amant (par un réflexe de jalousie). Après lecture, le sourcil froncé, il me passa l'objet : « De qui est ce troublant poulet? » me demanda-t-il sèchement.

Je lus :

« Sexe charmant à qui l'on fait
Ce qu'il est si joli de faire,
Je voudrais vous avoir au fait
Pour vous montrer mon savoir-faire.
Car, avec vous, quand on le fait,
On a tant de plaisir à faire
Qu'on voudrait ne pas l'avoir fait
Pour pouvoir encor vous le faire... »

– De qui? répéta Fervacques en me dévisageant.
– Ah, fis-je, déconcertée, je crois que c'est... de Voltaire...

Charles explosa – en sourdine car nous étions une centaine dans la salle : « De Voltaire, en vérité! Et puis-je savoir dans quelle peau le grand philosophe s'est réincarné pour la circonstance? Vorontzov? Goldberg? Ou notre ami Andrei soi-même?
– Je ne sais pas, murmurai-je penaude, je n'identifie pas l'écriture...

– Eh bien, cherchez, ma chère, cherchez : il y a sûrement autour de cette table quelqu'un que vous connaissez. Et d'assez près! »

Je balayai l'assistance du regard : à part Charles, je n'avais fréquenté aucun des ministres présents; et si chacune de Leurs Excellences avait derrière elle un ou deux experts, aucun de leurs visages ne m'était connu; il était possible, néanmoins, que j'aie rencontré autrefois l'un de ces messieurs dans un train...

De toute façon, la nécessité de répondre à la proposition de Gromyko ne nous laissait guère le temps de nous attarder sur cette question; déjà, prenant la parole l'un après l'autre, les pays occidentaux rejetaient la condamnation soviétique de la « désinformation », qu'ils auraient votée dans l'enthousiasme si elle avait émané de l'un d'entre eux. En face, pour faire perdre une journée de plus à l'assemblée afin qu'elle n'eût pas, dans les semaines qui restaient, la possibilité d'aborder le délicat sujet des « refusnik », les démocraties populaires « jouaient la montre », multipliant les incidents de procédure et les manœuvres dilatoires; Fervacques, qui avait demandé la parole depuis la veille, commençait à s'énerver. Ce fut le moment que choisit le mystérieux poète pour m'adresser son second message.

« De mieux en mieux! » me dit Charles, furieux, après l'avoir déplié :

> « L'amant qui jamais ne le fait
> A Christine défend de le faire.
> Mais si Christine aime le fait
> L'amant a beau dire et beau faire...
> De sorte que l'amant est fait
> Pour n'avoir pas voulu le faire! »

– En tout cas, ricana Fervacques, je ne pense pas, en tant qu'amant, être de cette race-là! Mais n'importe, de quelque manière que je sois « fait », je ne trouve guère plaisant d'apprendre mes infortunes par huissier!

Encore une fois, j'examinai l'écriture, ronde, enfantine, qui ne me rappelait rien. « Mais vous savez, protestai-je pour le calmer, ce n'est que du Voltaire! J'en suis sûre, maintenant... Du Voltaire librement adapté.

— Oh, pour la liberté, vous et vos amis ne craignez personne, en effet! »

Mais « l'Archange » ne poursuivit pas : le président de séance, un Bulgare, venait enfin de l'inviter à communiquer son point de vue à l'assemblée. « Eh bien, Monsieur le président, tout arrive! commença Fervacques, très nerveux. Même le tour de parole de la France! Le temps des procédures étranges et des incontestables détournements de pouvoir semble révolu... Je vous en félicite. Chargé de la lourde responsabilité de présider l'échange de vues entre les trente-cinq pays d'Helsinki, vous savez qu'il faut d'abord que ces vues puissent être exposées. Faut-il que certains craignent cette libre expression pour consacrer – ainsi que nous venons de le voir – des heures à s'y opposer par des procédés arbitraires et des manœuvres d'obstruction! Mais tout arrive, et me voici enfin appelé à succéder à notre collègue, le ministre des Affaires étrangères grec... »

Pour écouter le discours du Grec, j'avais remis sur mes oreilles le casque de traduction simultanée, et, ayant oublié de l'ôter au moment où Charles intervint, j'entendis la version anglaise – et féminine – de son allocution, avec quelques secondes de décalage sur le texte original. Amusée, je notai machinalement que la jeune Janet connaissait bien son métier et qu'elle avait, comme il est d'usage dans ces rencontres-là, le réflexe d'émousser toutes les pointes, ôtant à l'intervention de Charles le plus noir de son venin. Et, brusquement, en écoutant la jeune fille, il me vint une idée sur la possible provenance des vers voltairiens...

Je me retournai aussitôt vers les cabines vitrées des interprètes, accrochées au fond de la salle à la hauteur du premier étage : Philippe n'était pas auprès de la blonde Anglaise, ainsi que je venais de le supposer, mais je n'eus pas de peine à le découvrir dans une autre cage de verre, juste derrière les deux brunettes qui assuraient les traductions latines. Tout en butinant leurs fraîches collerettes, il me fit un signe de la main. Les petites, qui n'avaient sans doute rien à lui refuser, avaient dû lui prêter leur écriture pour pimenter le mystère du billet dont le ton seul, à dire vrai, était une signature...

Je regardai mon frère, en secouant la tête, l'air fâché. Il se redressa, sourit, et écarta les bras en signe d'impuissance.

Portant les yeux à l'autre extrémité de la salle, je vis alors l'un des huissiers descendre l'escalier du premier et se diriger vers notre groupe; il s'immobilisa à quelque distance pour attendre que Charles eût fini de parler, et, sitôt le dernier mot prononcé, lui glissa la suite du poème. « Est-ce que cette plaisanterie de garçon de bains va durer longtemps? » grommela le ministre avant d'en prendre une nouvelle fois connaissance :

> « Sans plus tarder, venons au fait;
> Et vous verrez, me sentant faire,
> Que, si je parle bien du fait,
> Je sais encor bien mieux le faire... »

« Quelle est selon vous l'intention de l'auteur? » interrogea Fervacques, aussi sévèrement qu'un questionnaire de « Textes choisis » pour classe de quatrième; à l'évidence, il n'accordait qu'une attention distraite au véhément orateur irlandais qui venait de lui succéder. « Oui, quelle est son intention? Vous prendre ici sur la table, au milieu du tapis vert?

— Mais non, Monsieur le Ministre... Pour ne rien vous cacher, je crois qu'il s'agit d'une mauvaise blague de mon frère, expliquai-je avec le sourire, espérant l'adoucir.

— Votre frère?... Ah, bravo! Voilà au moins des liens de famille originaux! Avec vous, décidément, j'aurai tout vu!

— Mais ce n'est que mon demi-frère! » m'exclamai-je avec maladresse. Sans remarquer que, dans ce cri du cœur, je venais de lui révéler que je n'étais pas la Chérailles qu'il croyait, Fervacques ne s'attacha qu'au caractère défensif du propos; et il eut l'air sincèrement ébahi par ce qu'il entendait.

« Alors, parce que ce n'est que votre demi-frère...? Soyez franche : vous plaisantiez? Mais non, ma parole : vous rougissez! »

Je n'ai jamais rougi de ma vie et il m'est arrivé souvent de le regretter — rougir à propos ajoute beaucoup à la puissance de conviction. Je savais donc que Charles mentait, ou qu'il se trompait; mais le fait qu'il eût recours à cette rougeur imaginaire pour me faire avouer l'infamie dont il caressait l'idée me donna à penser que cet aveu l'aurait comblé...

— Ainsi, pour parler comme votre Voltaire-Valbray, reprit-il en reculant devant l'énormité de la supposition, vous... vous l'auriez « fait »? Un frère et une sœur! Bon Dieu, mais quelle sorte de femme êtes-vous?

Il y avait maintenant dans sa voix plus d'admiration que d'indignation, d'envie que de crainte. Comme il n'avait pas eu de sœur, il sentait brusquement ce qui lui avait manqué... Et il fut jaloux d'un péché qu'il n'avait pas commis et ne commettrait jamais, aussi loin qu'il allât dans son tour des « maisons spécialisées ». Ce soufre qu'il n'avait pas répandu le grisait, cette perversité dont il ignorait le goût le mettait en appétit... Dans sa course au vice, je venais de le doubler.

Malgré ses puérilités, Philippe se révélait, en fin de compte, un très bon stratège de la guerre amoureuse. Il m'avait rendu l'avantage, je crus pouvoir le conserver.

Dans les jours qui suivirent, je n'épargnai donc rien à Charles de notre comédie fraternelle : touchante complicité et connivence appuyée. Philippe avait pour moi, en toute occasion, des sourires entendus, des gestes tendres, des prévenances émouvantes, des regards enamourés... Sur son conseil je parvins même à entraîner un soir notre ministre dans une discothèque, où, surgissant par hasard quelques instants plus tard en compagnie de l'interprète italienne, mon frère fut à même de m'inviter pour une série de rocks dans laquelle, une fois de plus, notre parfaite entente produisit son petit effet.

Je portais une jupe longue et ample qui s'écartait à chaque volte, tournant autour de mes hanches et découvrant bien haut ces jambes qu'en temps ordinaire je redoutais de montrer. Sans nous regarder, un vague sourire aux lèvres, nous nous guidions chacun, mon frère et moi, sur l'attente de l'autre, joignant nos corps d'instinct, et nos mains lâchées se rattrapaient toujours à point nommé, nos mouvements – si loin qu'ils nous aient entraînés – nous ramenaient face à face, son bras glissait autour de ma taille, ma paume retrouvait sa place sur son épaule. Bientôt nos pas ne suivirent plus la musique : c'était la musique qui naissait de nos pas.

« Beau couple, en effet... », commenta Fervacques un peu pincé, lorsqu'il put enfin me prendre dans ses bras pour m'entraîner dans un « Stormy weather » mélancolique et rétro (par chance pour lui, la moyenne d'âge de la population viennoise est si élevée que les boîtes de nuit se sentent obligées de passer, de temps en temps, un « standard » des années quarante; j'en profitai pour mettre mon « Archange » en situation de se sentir vieux et de se souvenir que, si j'étais moins fraîche qu'à vingt ans, il gardait, malgré tout, ses trois lustres d'avance sur moi). « Oui, très beau couple... Je ne prétendrai pas le contraire, ma chère : vous êtes parfaitement assortis. La taille, les cheveux, les yeux... Comme une paire de jumeaux, deux vrais sosies.

– Et il en va de nos âmes comme de nos corps, dis-je en riant, nous nous prolongeons si bien qu'on ne voit plus la couture! »

Cependant, je dus freiner Philippe dans son ostentation de débauche et son exhibition d'inceste : la jalousie de Fervacques, si dans l'immédiat elle me profitait, risquait à la longue de nuire à notre ambassadeur; faute de pouvoir se venger sur moi des inquiétudes qu'il sentirait, mon amant pourrait fort bien faire payer à mon père la mauvaise éducation de ses enfants; et j'aurais ainsi moi-même sabordé le plan péniblement mis au point pour l'avancement de J.V... Mon frère le comprit, et, après quelques jours, mit une sourdine à ses proclamations byroniennes : « Je t'obéis d'autant plus volontiers, me dit-il, que je ne cherche rien dans cette affaire qu'à servir tes intérêts. »

Je ne pense pas, pourtant, que l'effort qu'il faisait pour éblouir Fervacques de son stupre fût aussi désintéressé qu'il l'affirmait. Sans doute avait-il d'abord mon bonheur en vue, mais il espérait encore que, « l'Archange » cessant de m'échapper, je cesserais de l'aimer : « Je suis en train de t'obtenir une rallonge de passion, mon poussin. Profites-en bien, car cette " fleur " n'aura qu'une saison... Pendant quelques jours, quelques semaines ou quelques mois, c'est selon, tu vas avoir ton don Juan à tes pieds : tâche de te déprendre avant qu'il se soit ressaisi! »

Grâce aux savantes manœuvres de mon frère, je vis en effet, cet automne-là, Charles de Fervacques brûler d'amour pour moi. Mais je me refusai à croire que cette violente flambée avait déjà, comme le prétendait Philippe, un parfum d'arrière-saison. Au contraire, bien que je n'aie jamais éprouvé une grande soif d'éternité et que je sois plus apte que la plupart à m'installer dans le présent, j'en vins à caresser d'incertains projets, qui me menaient loin : jusqu'au bout de l'an pour le moins! Bref, je pris pour une renaissance ce qui n'était que le « mieux de la fin ».

Mais comment ne m'y serais-je pas trompée? C'était Charles maintenant qui me suppliait de passer la nuit entière avec lui. Il est vrai que je ne lui avais pas laissé ignorer que, là-haut, sous les combles, nous partagions la même chambre, Philippe et moi...

Il me gardait dans ses bras, me serrait contre lui, me disait à l'oreille les folies qu'on dit aux filles à seize ans, et, comme il avait trois fois cet âge, multipliait ces folies par trois... Enfin, il était gai, simple, neuf, endiablé, toujours en veine de quelque invention tendre ou périlleuse, et ne songeait apparemment plus à s'ennuyer.

Quand, tout de même, il était temps de dormir un peu et que nous devions, faute de place, nous séparer pour nous glisser chacun dans l'un des lits jumeaux, il me demandait de poser ma main dans la sienne et de l'y laisser, voulant, dans le sommeil encore, me sentir, me toucher. Et combien de fois, au lieu que la torpeur attendue descendît jusqu'à ces mains nouées et défît malgré nous nos doigts enlacés, ce fut le désir qui, renaissant de ces mains abandonnées, d'une paume tiède, d'une phalange, du bout d'un doigt, remonta, telle une sève nouvelle, au long du bras et réinvestit par surprise le corps entier?

Lorsque, enfin, nous renoncions à repasser l'abîme

qui séparait nos lits, je m'apercevais avec un étonnement émerveillé que, malgré ma longue pratique des insomnies, je cédais au sommeil avant lui et sans qu'il ait desserré sa prise, sans qu'il m'ait lâchée : jamais, à l'inverse de mes amants « d'avant », il ne se désintéressa le premier; il veillait sur moi, et vaincue par la confiance, toute crainte envolée, je me livrais à lui.

Comme du reste, par un second miracle – qu'on ne voit qu'au cinéma –, quand Charles s'assoupissait, il ne ronflait pas, mais dormait avec autant d'élégance qu'un acteur qui simule le sommeil, j'éprouvais le même bonheur à me réveiller à ses côtés qu'à m'endormir sous ses yeux. Les nuits passées près de lui invitaient à l'abandon de Baucis avec Philémon, tout en gardant la grâce juvénile et la poésie aérienne d'une « Nuit » de Musset, d'un crépuscule avec Fortunio, d'une aurore avec Roméo... Je faisais mine de croire qu'il n'y aurait pas d'alouette, même si j'avais sagement remonté le réveil pour rejoindre dès la pointe de l'aube mon frère « superposé », aux yeux rougis par les veilles...

Quant aux journées, pendant lesquelles Charles et moi n'étions guère séparés, elles semblaient à mon « Archange » – faute qu'il pût faire éclater son amour à la face du congrès – aussi longues, me disait-il, que si j'étais partie à l'autre bout du monde. Aussi fut-ce dans ce temps-là qu'il m'envoya le plus grand nombre de lettres et de billets signés « Capricorne ». A tout propos, et sans la moindre nécessité, il m'écrivait : pour me dire le temps qu'il faisait, ironiser sur les caprices de Vorontzov ou les lâchetés de l'Allemagne, me prier à déjeuner ou me complimenter sur ma dernière robe... Il renonça même, pour me plaire, à un week-end de chasse en Arabie et refusa à sa cousine Diane la visite à Rengen qu'elle réclamait.

A la place, il emprunta l'une des voitures de

l'ambassade et, profitant des suspensions de séances, entreprit de me faire visiter l'Autriche, qu'il connaissait beaucoup moins bien que moi...

Il est vrai, en revanche, que je n'aurais pas su, comme lui, conquérir ma liberté de mouvement en semant les services de sécurité; car si, en France, il est aisé à nos ministres de se défaire de leur « protection rapprochée » – un garde du corps, comme un chauffeur, prend ses ordres du personnage au service duquel il est affecté, et rien ne lui fait plus plaisir que de passer ses week-ends et ses soirées dans son foyer –, à l'étranger il en va autrement : la police locale tient, pour s'éviter les ennuis, à protéger la personnalité en visite (fût-ce contre son gré) de tout enlèvement inopiné, attentat malencontreux, élan populaire d'enthousiasme ou d'hostilité; c'est pourquoi, hors du territoire national, il est plus difficile à nos hommes d'Etat de se débarrasser de leurs anges gardiens qu'à un jardinier de décramponner le lierre d'un mur.

« Attachez votre ceinture », me dit simplement Fervacques la première fois que nous décidâmes de nous égarer ensemble dans la forêt viennoise : deux voitures « banalisées » nous suivaient depuis la sortie des faubourgs, mais, si rodés que fussent leurs chauffeurs à la filature des « politiques » en goguette, ils n'avaient pas dû avoir beaucoup d'occasions de pister un ancien champion de rallye... Aussi Charles, bien qu'il n'eût qu'une 604 entre les mains, leur démontra-t-il qu'ils n'étaient pas de taille à l'importuner longtemps : « Je n'aime pas pratiquer ce genre de sport sur les départementales, mais nécessité fait loi. N'ayez pas peur : je ne ferai pas de casse... », et aussitôt, enfonçant l'accélérateur, il fit décoller la Peugeot de l'asphalte, arrachant dans les virages la terre des bas-côtés dans un hurlement de pneus écrasés, de freins violés. La vitesse me plaquait au siège; les suiveurs lâchèrent tout de suite du terrain. Et, quand Charles eut fait deux ou trois manœuvres brutales – reculant brusquement dans un chemin creux, ou tournant à angle droit sans avoir ralenti –, les Autrichiens, peu enclins à jouer « l'Equipée sauvage » dans la vallée du Danube, abandonnèrent la partie. Pas un instant, malgré les arbres qui défilaient et jetaient leurs branches sur le pare-brise, les dérapages stridents et les graviers qui rebondissaient contre la tôle, je n'avais eu peur, tant il y avait d'assurance dans les gestes de Fervacques, de calme sur son visage, et de gaieté dans ses yeux. « Enfin seuls! » s'exclama-t-il en arrêtant la voiture sous le couvert d'un petit bois et, riant, il m'attira dans ses bras.

Nous passâmes cet après-midi à courir la campagne : c'était le temps des vendanges, et les vignobles des coteaux, qui, l'hiver, avec leurs murets de pierres sèches et les piquets de béton plantés pour soutenir les ceps noircis, ont à perte de vue l'air de cimetières pour soldats américains, croulaient en cette saison sous les fruits dorés et les feuillages fauves; l'air était frais, acide et léger, comme un verre de tokay; Charles fit glisser le toit ouvrant de l'auto, et, les cheveux au vent, entama, d'une voix de stentor, une série de mélodies du folklore russe, que j'entrecoupai bientôt de vieux « tubes » pop – les Beatles, les Stones – ou de « golds » d'Hallyday : « Pas cette chanson, non, non, non! »... Toujours chantant, nous admirâmes des villages aux crépis roses sous le ciel violet; nous nous poursuivîmes en riant à travers les collines que l'odeur des grappes pourrissantes enfiévrait, et Charles me fit manger grain à grain du raisin volé, comme on voit faire à tous les amoureux d'automne dans les films de série B; tant il est vrai que s'il y a en amour bien des façons d'être malheureux, il n'y en a qu'une d'être comblé...

D'ailleurs, quand Charles eut infligé aux pauvres officiers chargés de sa sécurité deux ou trois leçons dans le goût de notre première escapade, nous ne fûmes plus suivis. L'éminent policier responsable du bon ordre du Sommet s'en était clairement expliqué avec le ministre français : « Nous n'avons pas, Excellence, les moyens de faire rouler nos agents en Ferrari et, avec un modèle standard, ils ne sont pas aptes à rivaliser avec un pilote de votre classe sans risquer de renverser un de nos cyclistes nationaux. Le mieux serait l'ennemi du bien... Dorénavant donc, chaque fois que vous serez avec Madame votre directeur, nous nous bornerons à vous souhaiter de ne pas tomber au coin d'un bois sur un détachement des FAR ou des Brigades Rouges... » Charles me rapporta la conversation avec force grimaces, imitant le pandore vexé qui, atteint d'une rhinite chronique, interrompait chaque phrase d'un éternuement contrarié. Nous eûmes désormais le champ libre pour aller nous aimer, « ô fortunatos nimium agricolas », sous le toit des hêtres et des peupliers chaque fois que les nuits urbaines ne suffisaient plus à nous griser...

J'avais bien tenté de faire découvrir à mon ministre l'abbaye de Melk sur son éperon rocheux et quelques églises baroques du meilleur cru, mais Fervacques n'avait de goût ni pour l'architecture ni pour l'histoire; il aimait les plaisirs simples – l'amour, le vin, la chasse, la vitesse – et je les adoptai. Ainsi, faute d'espérer pouvoir lui faire lire Ruskin ou Elie Faure, avais-je fini par m'intéresser sincèrement à la fauconnerie – dont je dévorais, avec une passion qui croissait à la vitesse de mon amour pour lui, tous les traités, tous les récits –, et à la course automobile – à laquelle je trouvais maintenant la saveur d'une saga médiévale et la rigueur chevaleresque des tournois. J'étais même bien contente aujourd'hui lorsque, une oreille complaisante passant à ma portée, je pouvais placer quelque couplet sur Indianapolis ou Monza – car, parlant de

« pompe hydraulique », d'« arbre de transmission » ou de « circuits de freinage », c'était toujours de lui que je parlais, de lui que je m'entretenais sans le nommer, de lui que je nourrissais tout mon discours et toute ma pensée.

Ainsi pris-je vite plaisir à terminer certaines de nos soirées dans ces auberges que signale une branche de sapin pour y boire, au son d'un « Trio Schrammel », un verre de ce vin du Rhin dont il raffolait; j'avais, du reste, d'autant moins de peine à entrer dans ce dernier goût que l'accordéon me rappelait mes années de banlieue. Un soir, me piquant d'audace, j'osai même inviter mon « Archange » à tâter de la valse musette, dont il n'avait guère eu l'occasion d'apprendre les principes à Fervacques ou à Boston. « Ah, fit-il naïvement, vous savez même danser les danses tyroliennes! »

Peut-être était-ce, après tout, ce genre de comportement décontracté, sans arrière-plan ni arrière-pensées, qu'Alban appréciait chez Carole, qu'il disait si « rigolote »? Mais j'en doutais : ce retour intermittent aux plaisirs populaires était bon pour les Chérailles et les intellectuels parisiens qu'ils fréquentaient; les Fervacques, les Variaguine, les Rubempré ne mangeaient pas de ce pain-là. Si Charles aimait les « Heurigen », c'était pour la couleur de leur vin et les trophées de chasse pendus aux murs. Rien de plus.

Un instant pourtant, emportée par l'accordéon, la bouche rieuse et l'œil mutin, je réussis à me faire croire que j'étais une gretchen en bamboche, une lorette avec son « monsieur sérieux », une Marie-Anne Mauvière, ex-prostituée et future femme d'affaires, amoureuse de tous les Poupougne de la terre, et Charles, admiratif et émoustillé, me fit aussitôt compliment de ma vitalité avant d'aller me prouver la sienne dans le pré d'à côté... Jusqu'au matin, il me répéta que j'étais belle et qu'il m'aimait.

Cet enthousiasme balaya ce qui me restait de prudence. J'oubliai que Philippe, lorsqu'il couchait avec ses conquêtes d'un jour ou d'une semaine, les assurait aussi qu'il les adorait – « je n'y peux rien, m'expliquait-il, quand je les baise, je les aime. Le feu de l'action... Et, en même temps, je sens bien tout ce que ce sentiment peut avoir d'exagéré, de fugitif. Alors, comme je suis honnête, Poussinette, quand je " craque ", je leur fais ma déclaration en anglais : pour établir un commencement de distance. Je leur dis : " I love you ", et j'ajoute, à mi-voix pour qu'elles aient le choix d'entendre ou pas, " at the present moment "... " I love you at the present moment ", c'est sincère, non? On ne peut rien me reprocher... »

J'aurais dû songer que, comme lui, Charles ne m'aimait qu'au moment présent, un moment qui devait beaucoup à la douceur de l'automne, aux prairies, au vin du Rhin, et à la jalousie...

Mais de nouveau je crus, malgré Alban, malgré Elisabeth, malgré Sovorov, malgré Rengen, que notre amour avait un avenir, et je m'en laissai d'autant plus facilement conter que, même prolongée d'un futur, la passion de « l'Archange » restait fort au-dessous de la mienne; ce n'était pas seulement vers l'avenir, en effet, que mon amour pour lui débordait, c'était vers le passé. Je n'aimais pas Fervacques pour le reste de ma vie, je l'aimais depuis l'origine. Bien avant de l'avoir rencontré. Je l'aimais comme une étoile, un soir, un matin, une raison d'être, un destin. Je l'aimais depuis ma naissance, je l'aimais avant d'être née. Puisque j'étais née pour l'aimer.

Et à mon tour, prise de folie, je lui dis sur tous les tons que je l'aimais, depuis toujours et pour toujours, me saoulant de mes propres mots, me grisant de l'adoration que je lui exprimais; car – de même que, dans les caresses, on jouit parfois de ses propres cris plus que du plaisir de l'autre – quand Charles m'aimait c'était moi que je consentais à chérir.

Tout, soudain, me semblait réconcilié; et le monde refermait sa coquille sur notre être double et unique.

Ainsi trouve-t-on des moments heureux dans toutes les situations, y compris dans la passion où ils n'annoncent rien de bon...

Car ce soudain apaisement n'est toujours pour l'un ou l'autre – au mieux, pour les deux – que le prélude au déclin; la pente suit le sommet, le dégoût succède à la soif, l'ennui à la crainte; et l'on devrait se méfier du bonheur en amour comme du termite dans la maison...

Mais, j'avais beau tenter d'endiguer le sentiment de plénitude que j'éprouvais et lutter contre les illusions qu'il entretenait, j'avais beau chercher, par mesure de prophylaxie, à me représenter le moment où Charles me quitterait – comme faisaient, dit-on, les Egyptiens antiques « qui, au milieu de leurs festins, et parmi leur meilleure chère, faisaient apporter l'anatomie sèche d'un corps d'homme mort pour servir d'avertissement aux conviés » –, je ne parvenais guère à me persuader que la rupture approchait, pas plus sans doute que les joyeux compagnons de Ramsès n'imaginaient eux-mêmes leur mort « pour de vrai ». Je savais notre amour menacé, mais je n'y croyais plus. Tout me détournait de penser qu'il en était à brûler ses dernières cartouches, jeter ses derniers feux...

C'était au point même que, pour la première fois, j'éprouvai une certaine répugnance à faire le travail qu'Olga exigeait de moi. J'avais l'impression de trahir Charles sans nécessité. Ces « livraisons », ces rencontres, ces codes, ces déplacements, qui, depuis plus d'un an, m'avaient paru si simples et naturels, mè semblèrent tout à coup délicats et blâmables. J'y devins maladroite, empruntée; je connus les inquiétudes de l'agent débutant, que j'avais si peu senties lorsque j'étais neuve dans le métier.

Ne parvenant plus à me convaincre de ma propre innocence, j'étais persuadée maintenant que la tromperie se lisait sur ma figure, et que cet embarras suffirait à me faire repérer – un peu comme ces touristes timides qui, au moment où ils affirment au douanier n'avoir rien à déclarer, ont tellement en tête la cartouche de cigarettes illicite, le bracelet en or caché dans le sac à main, ou le sachet de « hasch » cousu au fond de la valise, que l'objet du délit se dessine dans leurs yeux comme le signe du dollar dans l'iris d'Oncle Picsou lorsqu'il rêve à ses coffresforts : le gabelou éclairé n'a même plus besoin de les fouiller! Car, pour franchir les barrages sans encombre, il ne suffit pas de mentir aux autres : il faut encore se mentir à soi-même au point d'oublier sa propre culpabilité; et c'est après s'être chanté la chanson de la vertu sur tous les tons qu'on en redonne l'air avec justesse à la première sommation.

Or, à mesure que je reprenais confiance en Charles, je me dégoûtais davantage de ce « moi » secret auquel il n'était pas associé. Ce « moi » second qui me gênait, tantôt j'avais envie de l'étouffer, tantôt, au contraire, je caressais l'idée folle de le lui montrer en pleine lumière, m'imaginant, comme ces épouses adultères portées sur la confession, que non seulement le cocu pardonnerait, mais qu'il verrait dans l'aveu une preuve supplémentaire d'amour et, bouleversé de reconnaissance, m'aimerait davantage... J'avais beau faire appel à toute ma raison pour me défier de cette chimère et redoubler de vigilance chaque fois que j'effectuais une « livraison », je craignais que quelque chose ne finît par m'échapper, et qu'à force de trahir sans goût j'en vinsse, un jour ou l'autre, à me trahir moi-même.

Il est vrai aussi que, matériellement, je me trouvais placée dans des conditions plus difficiles qu'à Paris. Les dossiers importants que, outre mes propres analyses, il m'arrivait de communiquer à Olga, j'avais pris l'habitude de les photocopier après le départ des dactylos : les membres des cabinets travaillant souvent jusqu'à neuf ou dix heures du soir, rien n'est plus banal que de les voir remettre eux-mêmes du papier dans la machine et tirer les copies dont ils ont besoin. A Vienne, en revanche, je ne pouvais pas faire « comme chez moi », et il m'aurait été impossible, sans éveiller l'attention, d'errer la nuit dans les couloirs du siège de la Conférence à la recherche de photocopieuses que je ne savais même pas où trouver... Or, à partir du moment où je ne pouvais pas fournir de photocopies à mes « contacts », j'étais condamnée à récupérer, dans les meilleurs délais, les originaux prêtés : chaque opération se traduisait par deux manipulations, deux « promenades », deux rencontres, le tout généralement en moins d'une journée. Coupée de mes bases administratives, je ne pouvais plus dédoubler mes documents sans doubler mes risques.

Aussi Olga, qui avait prévu ces difficultés, avait-elle insisté, avant l'ouverture du Sommet, pour me faire emporter un « capuchon microfilmeur » – « ça se présente comme un stylo, chérie. Pas plus grand, pas plus encombrant... Vous vous enfermez dans votre salle de bains pour faire le tirage, et le film – de la taille d'un timbre-poste –, vous le glissez ensuite dans n'importe quelle anfractuosité, un creux d'arbre ou de mur que nous vous aurons indiqué. Vous pouvez même le coller sur une enveloppe sous un vrrai timbre et nous l'expédier. C'est d'un maniement enfantin et sans danger, franchement! »

Mais, une fois de plus, j'avais refusé – un peu par inconscience, un peu par entêtement, beaucoup pour l'embêter...

Maintenant, il m'arrivait de le regretter. D'autant que la « Place Dzerjinski », qui ne pouvait fournir à Madame Kirchner une couverture suffisante pour lui permettre de s'installer à Vienne pendant le Congrès et ne tenait pas non plus à multiplier, en dehors de Paris, des déplacements conjoints qui auraient attiré l'attention sur nous deux, m'avait imposé pour toute la durée du Sommet un « traitant » local. Olga m'avait dit qu'il me suffirait, pour effectuer ma première « livraison », d'aller dîner dans la Vieille Ville, à la taverne du « König von Ungarn », n'importe quel soir qui me conviendrait : un agent, qu'elle ne connaissait pas, prendrait contact avec moi; les documents, préalablement placés à l'intérieur du dernier numéro du « National Geographic », devraient lui être laissés, et je les récupérerais le lendemain matin en rachetant la même revue au kiosque de l'Opéra, qui se trouvait à quelques dizaines de mètres de la Schwarzenbergplatz.

Rebutée par la nouveauté du procédé, débordée d'ailleurs par les trois ou quatre cocktails quotidiens auxquels je devais assister, peu désireuse enfin de mettre par une imprudence un terme prématuré au bonheur que Charles me donnait, je tardai à me rendre à ce premier rendez-vous... Olga me fit rappeler à l'ordre, d'une manière qui me força, une nouvelle fois, à m'interroger sur l'éventuelle complicité d'Anne de Chérailles; car ce fut Anne qui, ayant appelé son fils à l'ambassade pour bavarder, demanda ensuite à me parler et, après s'être gentiment enquis de mon travail et de ma santé, conclut son coup de fil sur un « au fait, j'allais oublier; Olga m'a chargée de vous dire qu'elle est " furrieuse " contre vous » – le ton était mondain, et le propos manifestement chargé d'intentions comiques – « il paraît que vous aviez promis de lui envoyer de vos nouvelles et que vous ne l'avez pas fait, vilaine! Elle dit que si vous continuez à la snober, elle écrira à votre ministre pour se plaindre, et accessoirement l'informer que vous êtes une ingrate, une sans-cœur, une infidèle, etc. Vous pensez comme Fervacques serait intéressé! Seulement, elle est capable de le faire, cette folle, elle n'est pas à un coup de tête près, vous savez! »

Je le savais, en effet, et, même si je ne croyais pas tout à fait à ses menaces, j'avais compris le message. Anne, qui me le transmettait si obligeamment, l'avait-elle compris aussi? Ou pensait-elle encore que l'intimité qui existait entre son amie et moi était de nature à piquer sa jalousie, comme à l'époque de nos « virées » nocturnes à Sainte-Solène et de nos premières nuits de casino? De toute façon, je crus sage de ne pas l'obliger à se charger d'un second avertissement et me décidai à obtempérer.

Echappant le lendemain au concert de l'ambassade de Roumanie – je supposai que ces hôtes-là, s'il était vrai que leur Securitate travaillait avec le KGB, auraient, pour m'excuser, de meilleures raisons que les Belges ou les Suédois –, je me rendis au « König von Ungarn », le « National Geographic » sous le bras. L'hôtel, voisin de la maison de Mozart, était ancien et charmant, et je sus gré à Olga d'avoir bien choisi l'endroit : elle connaissait mon goût pour le luxe et avait dû deviner qu'il me serait plus facile de livrer les secrets de l'Etat dans un restaurant raffiné que dans une gargote mal famée, de me prostituer dans un hôtel des beaux quartiers que dans une maison d'abattage...

La taverne du « Roi de Hongrie » était, en contrebas du hall d'entrée, une vaste salle voûtée aux murs lambrissés de bois sombre, aux arcades peintes en ocre, et aux vitraux en cul-de-lampe, épais, plombés. Boiseries et plafonds n'étaient éclairés que par les chandelles placées sur les tables et les torchères fixées aux croisées d'ogives. Malgré la proximité de la « Figarohaus », l'atmosphère n'était pas celle de l'« Auberge du Cheval Blanc » ni de l'Autriche mozartienne; c'était le climat plus austère du Saint-Empire romain germanique et des Chevaliers Teutoniques. Au sortir des coteaux mordorés du vignoble et des jardins fauves de Schönbrunn, je crus descendre dans un Moyen Age dessiné au bistre, une carte postale brunie par les années, ou une huile fuligineuse signée du jeune Adolf Hitler, peintre viennois.

Les tables étaient presque toutes occupées, mais on me trouva une petite place derrière un pilier et je commandai le menu, ainsi qu'Olga m'avait demandé de le faire. Je ne pensais pas que cette commande, banale à l'excès, pût servir de signe de reconnaissance, mais j'avais posé mon « National Geographic » bien en évidence sur un coin de la table et j'attendis. Au commencement, il me parut que la couverture (exagérément verte) de la revue détonnait dans ce brun feutré et qu'elle allait attirer tous les yeux, comme une marque de ma trahison écrite sur mon front. Puis, une fois le hors-d'œuvre avalé, je me rassurai, et regardai attentivement l'assistance autour de moi. Les garçons en vestes rouges à cols de velours noir s'empressaient autour d'une ou deux tablées de touristes italiens, trop volubiles pour l'endroit. Ailleurs, c'étaient surtout des couples autochtones, élégants et discrets, qui penchaient leurs visages au-dessus des bougies. Il y avait aussi deux hommes seuls. Et, avec le battement de cœur d'une petite fille prise en faute, je reconnus l'un d'eux comme le chef de la délégation espagnole; mais le « König von Ungarn » figurait dans tous les guides touristiques, et on pouvait préférer sa carte au sempiternel « contre-filet en brioche sauce porto » des dîners de ministères.

Dans un autre coin, une femme d'âge mûr choisissait attentivement un vin; au fond, un petit garçon d'une douzaine d'années terminait gaiement une glace à la fraise entre son père et sa mère qui souriaient aux bêtises qu'il disait. Il me vint brusquement à l'esprit, de manière tout à fait hors de saison, que je n'avais jamais vu mes parents comme cet enfant voyait les siens : je ne les avais jamais connus ensemble, jamais contemplés – ne fût-ce qu'une fois – côte à côte... Mais, à la vérité, Alexandre non plus ne nous avait pas beaucoup vus réunis, son père et moi; c'était au point qu'aux dernières vacances, séjournant chez moi au titre du « droit de visite » que j'avais conservé, un jour que je lui parlais de Frédéric, il s'était exclamé : « Ah, mais alors tu connais Papa? » Il semblait sincèrement surpris que Monsieur Maleville et Madame Valbray se fussent rencontrés; et dans cette surprise émerveillée, cette naïveté extasiée, j'avais retrouvé, un instant, l'expression du gracieux « conducteur de balcon » dont la candeur me séduisait trois ans plus tôt. Malheureusement, Frédéric n'avait eu de cesse, depuis, de transformer mon pilote de nuages, mon nautonier des nuées, en notaire de chef-lieu de canton; de ce poète il ferait – au mieux – ce qu'on avait fait de lui : un sous-préfet. Aurais-je dû m'en inquiéter? Outre que j'avais perdu le droit légal de m'en soucier, il y avait toujours eu, chez mon fils, du scribe et de l'Orphée en parts égales, du tabellion autant que du troubadour. Comme à la roulette, j'avais attendu avec fatalisme de voir quelle couleur sortirait; mais j'aurais pris maintenant le tabellion « à trois contre un ». Car comment douter que c'était le conformisme qui l'emportait maintenant que, dans les magasins de prêt-à-porter, Alexandre me recommandait gravement de ne lui acheter que des vêtements

« sobres et sombres »? « Sobre et sombre » à sept ans et demi! L'ex-Orphée promettait!

Je chassai ces tristes pensées et retournai à l'examen de la salle : qui était mon « contact » parmi ces gens-là? Et, d'abord, s'agissait-il d'un client ou d'un employé? Du délégué espagnol, ou du blond sommelier? S'agissait-il même d'un homme? Olga n'avait pas précisé le sexe. Je pouvais aussi bien, tout à l'heure, être « approchée » par la vieille lady qui avait entrepris une dégustation exhaustive des tokay que par la dame du vestiaire... Du reste, pour ce que j'en savais, la vieille lady pouvait être un homme déguisé, et le petit garçon un adulte nain, officier du GRU ou du KGB. Et quand je dis « du KGB », avais-je seulement, en vérité, une idée précise des divers endroits où allait aboutir ma « livraison » du jour? Certes pas sur un bureau des services secrets français ou de la CIA qui avaient, en l'occurrence, d'autres moyens de s'informer; mais comment exclure, par exemple, que mes documents aient pu intéresser, outre « la Place Dzerjinski », divers gouvernements non européens avec lesquels Olga pouvait avoir partie liée – Kadhafi, Deng Siao-ping, ou Itzhak Rabin?

Au fond, j'ignorais toujours la signification véritable du travail que j'effectuais, de même que, ce soir, je n'attendais personne de précis, aucun être défini. Par-delà le nom, la profession, la nationalité, le mystère des agents secrets et de leurs commanditaires englobe jusqu'à l'âge, jusqu'au sexe, il gomme toutes les particularités de l'identité, masque non seulement les traits mais les corps, les âmes, et, brouillant tous les codes, n'épargne pas le génétique.

Ne me souvenais-je pas, par exemple, de ce roman d'espionnage où chaque membre du réseau, dépourvu de visage et de passé, n'était reconnaissable pour le lecteur que par son « nom de guerre », tiré, comme chez Antonelli, de la mythologie romaine – Minerve, Mercure, Vénus –, nom dont on découvrait peu à peu, que, loin de donner une indication, même restreinte, sur la personne, il était lui-même un piège, le « Jupiter » (qu'on imaginait viril et barbu) étant plus que probablement une femme, et « Junon » un garçon... Aussi n'avais-je pas la moindre idée de la nature du « correspondant » qui allait m'aborder, ni de la façon dont il s'annoncerait, et cette incertitude, cette attente m'émouvaient comme une rencontre amoureuse, comme un premier bal.

Ma seule crainte, à mesure que le temps passait, c'était de faire tapisserie : j'avais beau porter à droite et gauche des regards avides, suppliants, je ne voyais rien venir; chaque dîneur qui se levait, chaque serveur qui passait, chaque coup d'œil qu'on m'adressait, me faisaient palpiter le cœur, avant de me renvoyer, pantelante, à ma perplexité. A la fin, pour ne pas adopter l'air implorant des « laissées-pour-compte », je m'obligeai, dans un sursaut de fierté, à fixer mon attention sur mon assiette et à ne plus l'en déloger.

Cependant, je ne pus m'empêcher de continuer à suivre, du coin de l'œil, le manège d'un des garçons, dont le numéro – manifestement l'une des attractions culinaires du lieu – me parut amusant. Ce maître d'hôtel entre deux âges avait été préposé à la confection des salades, qu'on tenait apparemment au « König » pour le nec plus ultra de la gastronomie; il s'approchait des tables en poussant un vaste chariot sur lequel étaient alignés plusieurs dizaines de raviers, bols, bouteilles et boîtes à épices; puis, ayant posé au centre du plateau un large saladier, il commençait sa démonstration : d'un mouvement sec du poignet, il jetait au fond du récipient de petits paquets d'herbes qu'il prélevait dans chacun des raviers – mâche, chicorée, laitue, endives, persil; ses doigts couraient d'un bol à l'autre en pinçant légèrement le sommet des feuilles coupées, tandis que son visage affichait le dédain inspiré d'un violoniste qui fait ses pizzicati; ensuite, s'emparant des bouteilles et des salières, il secouait les sauces et les épices au-dessus de la jatte avec les gestes énergiques, exaltés, ou brutalement interrompus, d'un chef d'orchestre qui dirige du Beethoven; enfin, s'armant de longs couverts en bois, il terminait sa prestation en tournant le tout, « allegro vivace », au fond du saladier. Tous les Autrichiens sont musiciens...

Je m'aperçus avec amusement que j'allais avoir droit à mon tour à cette petite sérénade privée car la salade suivait, sur le menu, le bœuf bouilli au raifort.

Le maestro s'avança vers moi; j'avais remarqué qu'avant d'attaquer il consultait brièvement les dîneurs sur la composition du morceau qu'il allait leur jouer – prévoirait-on pour la romaine un accompagnement de pissenlits? Oserait-on accorder le cresson à la scarole? –; il me fit un large sourire et, coulant un regard vers le « National Geographic », dont la couleur était si bien assortie à son propre emploi, « Française? » me demanda-t-il. Si j'avais été moins fatiguée, moins troublée par la longueur de l'attente, moins fâchée de m'être séparée de Charles pour toute une soirée, j'aurais pu m'étonner que, de la présence d'une revue américaine sur la table, le garçon conclût sans hésiter à la nationalité française du lecteur... Mais, sans me laisser le temps de penser, le « saladier » m'interrogeait déjà, dans un franco-germanique hésitant et sympathique, sur la liste des ingrédients que je souhaitais voir entrer dans sa symphonie : batavia ou roquette? noix ou petits lardons?

– Avec poivre? suggéra-t-il.
– Avec poivre, répondis-je.
– Sans menthe? demanda-t-il.

– Sans menthe! fis-je, offusquée qu'on pût me supposer le goût anglais.

– Sans oignon?

J'abandonnai, pour ce soir, l'oignon et l'huile d'olive aux Italiens, m'émerveillant néanmoins que le maître eût sur son chariot de quoi contenter toutes les nationalités.

– Sans piment?

– Sans piment.

– Sans lys?

Machinalement, je songeai qu'il devait aussi faire des salades de fleurs – pour les Japonais...

« Senlis »? insista-t-il, et son regard accrocha le mien : je demeurai bouche bée, mortifiée de n'avoir pas compris plus tôt de quoi il retournait...

En posant le saladier sur ma table avec un sourire réconfortant, il s'arrangea pour repousser le « National Geographic » sur la banquette à côté de moi et jeta par-dessus l'un de ses torchons, qui, cachant complètement l'objet, m'aiderait à l'oublier au moment où je quitterais la taverne. A la promptitude de l'escamotage, je sentis que les notes de synthèse que Durosier destinait à l'Elysée tombaient en de bonnes mains.

Le lendemain matin, j'allai, comme convenu, jusqu'au kiosque de l'Opéra pour y acheter le « National Geographic »; on m'y rendit mon numéro, que je payai ostensiblement. Comme la veille, la revue contenait les notes de Durosier, photocopiées pendant la nuit par les soins de mon collaborateur d'occasion; je pus les faire signer à Charles au petit déjeuner.

A l'intérieur du journal, on avait aussi épinglé un petit billet : « Rudolf pour Marie », suivi d'un numéro de téléphone. Je compris que, dorénavant, je devrais passer un coup de fil d'une cabine publique, en annonçant « Marie » et en demandant « Rudolf » chaque fois que je pourrais, dans un emploi du temps très chargé, libérer les quelques instants nécessaires à la « livraison » que les amis d'Olga attendaient; « Rudolf » fixerait l'endroit du rendez-vous, et la procédure, élémentaire, serait la même – abandon d'un journal dans un lieu public...

« Je ne sais pas si vous vous rendez compte des risques que vous avez fait prendre à nos amis avec votre refus de vous compliquer la vie! me remontra plus tard Madame Kirchner. Plus le procédé est simple et répétitif, plus il est dangereux... Votre correspondant a dû s'en faire, des cheveux blancs! »

De toute façon il en avait déjà... Et, en dépit des apparences, j'avais été beaucoup plus circonspecte à Vienne que je ne le fus jamais à Paris, usant de tous les trucs que je connaissais pour déjouer d'éventuelles filatures et n'hésitant pas, comme le cerf pourchassé, à me mouiller les pieds pour dépister les limiers... C'est que, depuis que Charles berçait mes nuits, j'étais devenue mon pire ennemi, et je n'avais pas trop de toute ma vigilance pour éviter les pièges que mon inconscient me tendait. « Rudolf », quant à lui, eut la sagesse de varier le décor de nos rencontres – toilettes des salons de thé, banquettes des brasseries, strapontins des cinémas et bancs publics des gares : j'ai oublié sur les sièges les plus divers les journaux que, transparent et muet, il récupérait dès que j'étais sortie. De mon côté, j'avais le bon sens de changer fréquemment l'emballage de mes documents, car un curieux aurait pu trouver singulier que j'aille racheter trois fois par semaine le même journal au même kiosque... Je fis donc transiter les secrets de notre diplomatie tantôt par les pages cinéma du « Nouvel Observateur », tantôt par « le Monde des livres », tantôt par les sections mode d'« Elle » ou de « Marie-Claire », tantôt par la rubrique économique de « l'Express » ou le carnet mondain du « Figaro »... Je me disais d'ailleurs qu'il était charitable de fournir aux Soviétiques préposés à la photocopie, avec cet échantillonnage de la presse occidentale, un témoignage objectif sur notre mode de vie et les libertés délicieuses dont nous jouissions – informations qui leur faisaient cruellement défaut. Retournant l'instrument de ma trahison, j'en fis à leur insu un outil de contre-propagande : j'étais agent double dans l'âme...

Il y a dans la Vieille Ville de Vienne, à quelques centaines de mètres de ce « König von Ungarn » où Christine rencontrait son « contact », une maison ancienne qu'on nomme « la maison du basilic ».

Sa porte d'entrée est surmontée d'un curieux animal sculpté : si on ne l'avait doté d'un bec, d'une crête et d'une queue dorés, on jurerait, au mouvement de la pierre, un chameau à deux bosses. En tout cas, il ondule ; mais, comme il n'a pas de pattes, on peut douter d'être en présence d'un ruminant des sables, à moins que ce « vaisseau du désert » n'ait jugé expédient de remplacer ses jambes par une quille... On prétend, en fait, qu'il ne faut pas se laisser abuser par cette double gibbosité : le dos de la bête ne « protubère » pas, il serpente. L'animal passe en effet, d'après la légende, pour être le fruit d'un croisement peu commun : il serait né de l'œuf pondu par un coq – ce qui sort déjà de l'ordinaire – et couvé par un crapaud. Le mélange de volatile et de reptile qui en est résulté, pour n'être pas des plus harmonieux, ne me semble pas sans parenté avec Christine Valbray. Comme elle, assemblage composite, inclassable ; mariage des contraires, impossible à définir au premier regard. Tantôt c'est le poulailler qui l'emporte, et tantôt c'est la mare...

Ajoutons que le basilic n'a pas, lui non plus, très bonne réputation! On prétendait, dans des temps reculés, qu'un seul regard de ce serpent fabuleux suffisait à tuer... Est-ce par prudence que le sculpteur, averti du danger, l'a représenté de profil et sans œil? Sur les dangers des hybrides et le venin des espèces duelles, les Viennois en savent long : l'alliance des irréductibles et le maniement de l'ambiguïté sont leurs spécialités.

Mais Christine, si double qu'elle fût, n'avait pas un « regard de basilic » : comme l'avait un jour souligné Kahn-Serval, il émanait au contraire de ses iris gris une douceur poignante, le charme distrait de ces regards myopes qui n'ont jamais été corrigés. On voyait ses yeux comme ses yeux voyaient le monde : brumeux, vague, incertain. Et dans leur brouillard tendre, au lieu des serpents attendus, on croyait sentir passer des ailes, frémir des plumages de duvets, et s'ébattre des colombes affolées...

Peut-être d'ailleurs tous les basilics, toutes les chimères, tous les espions, n'ont-ils pas, comme Olga Kirchner avec ses yeux vairons, le regard double de leur fonction?

A quoi, par exemple, pouvaient ressembler les yeux de Koltchinsky, ce Viennois célèbre, inventeur du croissant et du premier café? Lisait-on dans ses prunelles qu'il travaillait à la fois pour les Turcs qui attaquaient la ville et pour les Autrichiens qui la défendaient, pour les assiégeants et pour les assiégés? Et Eugène de Savoie, traître magnifique, Philby du Grand Siècle, prince des mercenaires et saint patron des transfuges, s'il portait bien la bosse du basilic, en avait-il l'œil? Lui qui, non content de retourner ses armes contre la France qui l'avait nourri, poussa — quand l'âge le contraignit de prendre ses quartiers dans une peau unique et un seul pays — le besoin du dédoublement jusqu'à se faire construire au cœur de Vienne deux châteaux face à face, passant sans cesse de l'un à l'autre, logis d'hiver et logis d'été, palais d'en haut et palais d'en bas, Belvédère du devant et Belvédère de derrière.

Toutes ces « *viennoiseries* », qui ont laissé autant de traces sur les murs de la ville que dans les esprits, n'empêchent pas, bien entendu, la morale officielle de célébrer, ici comme ailleurs, les vertus de la constance. Dans l'hommage rendu à la fidélité, Vienne en rajouterait même un peu, comme Christine dans ses heures Zorro. A tous les carrefours, s'élèvent des monuments à la loyauté – colonnades roses et blanches dressées autour de la statue d'un saint : Jean-Népomucène, chanoine de Prague, qui, au XIVe siècle, périt noyé dans le Danube pour n'avoir pas voulu trahir le secret qu'on lui avait confié. On voit tout le profit spirituel que Christine, portant à son agent les documents confidentiels de la Conférence au Sommet, pouvait tirer, au passage, de la contemplation répétée des autels érigés à ce confesseur praguois...

Mais, encore une fois, je ne sais pas jusqu'à quel point, dans ses moments d'égarement, elle se jugeait infidèle. Car, déloyale à ses employeurs, félonne à sa patrie, elle était, à sa manière, très fidèle. Fidèle à sa duplicité, à la dualité qui la caractérisait depuis ses jeunes années lorsque, encore écolière, elle s'appliquait aux tâches ménagères qu'on lui donnait en se persuadant qu'il s'agissait d'une « couverture », d'un déguisement, et, s'imaginant qu'elle exécutait déjà à l'insu de ceux qui l'entouraient une mission cachée, prétendait ne pas être cette enfant sage qui lave la vaisselle, mais une comédienne qui imite à la perfection une laveuse de vaisselle...

Les petites filles incertaines de leur identité ont, plus souvent qu'on ne croit, de ces étranges idées. Je ne parle pas, bien sûr, des sondages angoissés que vers leur dixième année elles opèrent dans le livret de famille pour s'assurer qu'elles n'ont pas été « adoptées ». Je pense à de plus curieuses folies, qui engagent tout un destin et prennent, a posteriori, l'allure d'une vocation.

Je me souviens, par exemple, qu'une de mes amies d'école doutait de sa réalité : convaincue d'être le rêve d'un dormeur, elle se demandait si elle était un personnage secondaire du rêve qu'il faisait, ou si elle en était le sujet. Quand le dormeur s'éveillerait, allait-elle disparaître en fumée ? Ou ouvrir les yeux sur un monde ignoré, une planète inconnue, une glace qui lui renverrait l'image, brutale, de ses trente-six bras, de ses pieds palmés, de sa peau bleue, de sa trompe ridée ? Pour se rassurer, elle tentait de deviner, à ce qu'elle vivait, la personnalité de son dormeur caché, ses goûts, ses craintes, son passé, et, pendant les récréations, m'entretenait interminablement des déductions auxquelles elle parvenait... Puis, fatiguée de chercher ce qui ne se pouvait trouver, elle choisit de s'installer dans l'entre-deux et, devenue psychanalyste, trouva moyen de justifier ses incertitudes par le désarroi de ses contemporains...

C'était un peu de la même façon, au fond, que Christine avait laissé son rêve la guider et que la petite fille qui cherchait à déchiffrer, sous l'apparence de ses actes les plus ordinaires, un message codé avait fini par travailler pour un service secret.

Ne vois-je pas d'ailleurs, moi-même, où la perpé-tuelle « voix off » qui, dans mon enfance, faisait écho au déroulement de mes journées a réussi à me mener ?

A douze ans, j'entendais une voix en effet, mais une voix modeste qui ne m'enjoignait nullement de « bou-ter hors de France » les Anglais ou les Allemands : elle se bornait à commenter mes actions au passé simple ou à l'imparfait. Je ne pouvais pas prendre un ticket de métro sans entendre : « Elle prit un ticket de métro. » Rien, pas même mes éternuements, n'échappait à la vigilance de la voix : pour l'hagiographe qui consignait le récit de ma vie à mesure que j'avançais, il importait que mon moindre geste fût noté.

Ainsi, transformant, par passé simple interposé, la matière vivante en matière morte et les couleurs de la vie en sépia pour photographies, la voix m'apprenait-elle, jour après jour, à douter de la réalité – ou de la force – du présent : seul le prétérit ennoblissait ce qu'il touchait. En même temps qu'elle me persuadait de la supériorité du passé, cette voix tutélaire me démontrait la vanité de mes entreprises, l'inanité de mes occupations : c'est une chose, à quinze ans, de passer ses journées à écouter Paul Anka, c'en est une autre – et combien plus affligeante – d'entendre narrer par le menu qu'« elle remit trois fois le même disque sur son Teppaz ». Le passé simple méritait mieux que ce pauvre curriculum vitae, cet égrenage minutieux de futilités; mais, pour tailler dans le tissu des faits et rogner l'accessoire en sauvant l'essentiel, il aurait fallu savoir où l'on allait... Ne me parurent, à la réflexion, dignes d'être contées que les vies dont on connaissait la fin.

Et c'est ainsi que, après bien des détours, des hésitations et un assez long passage par l'Administration, je décidai de me consacrer à l'étude des vies célèbres et la rédaction de biographies : j'avais, comme on dit, suivi ma « voix »...

Quelquefois, je me plais à imaginer ce qui serait arrivé si j'avais souffert de lubies conjuguées, si dans ma tête, s'était ajoutée à l'omniprésence de la « voix off » et des temps du passé la conviction que je ne pouvais être celle que je paraissais... Si Christine et Françoise, au lieu de rester assises chacune d'un côté du miroir, aux deux extrémités du parloir, séparées par la vitre glacée de la cabine des prisonniers, s'étaient rejointes et confondues dans un même être, atteint d'une double folie... Christine n'aurait rien vécu des trahisons qui ont jalonné sa vie; je n'aurais pas été sa biographe : basilic d'une autre espèce, l'être nou-

veau que nous aurions formé, épris tout à la fois de
mensonge et d'imparfait, aurait été romancier.

Cahin-caha, la Conférence avançait.

Si jamais, pour les nations qui y participaient, elle
avait eu un objet, d'amendements en contre-propositions et de compromis en concessions nous l'avions
tous perdu de vue. Plus on se rapprochait, en effet,
du communiqué final, plus les raisons qui avaient
poussé nos trente-cinq pays à se rencontrer apparaissaient – même aux diplomates convaincus de l'intérêt
de leur métier – ténues, floues, vaporeuses, comme
disparaît le sujet d'un tableau qu'on regarde de trop
près. Noyée dans ces marécages où ne pousse que la
virgule, perdue dans le dédale des alinéas, des apostilles, des motions, des projets de renvoi et des
renvois de projets, je n'arrivais plus, quant à moi, à
savoir si, dans toute cette histoire, quelqu'un avait
perdu, quelqu'un avait gagné. A part, évidemment,
Jean Valbray, dont la froideur de bon ton, la gravité
distanciée, la compétence désenchantée, s'étaient,
ainsi que je l'avais escompté, acoquinées on ne peut
mieux avec l'élégant cynisme de son ministre.

Pour le reste, il me semblait – mais c'était confusément – que notre Europe, celle des Six, des Neuf,
des Douze, avait reculé. Mais il y avait beau temps,
en vérité, que le sentiment de son existence s'était
estompé, le mythe de sa construction effondré; l'Europe d'ancienne tradition, de vieille civilisation,
s'était évanouie à la manière de ces médiocres chansons qu'on couronnait dans mon enfance au Prix de
l'Eurovision et qui ne tenaient même pas une saison... L'Europe était morte, en même temps que
mouraient ses chansons; aujourd'hui, les rengaines

zurichoises, madrilènes ou bruxelloises se chantaient en américain...

Etait-ce à dire pour autant que, dans le combat douteux que continuaient à se livrer les deux géants qui avaient mis l'Europe hors jeu, c'était le Yankee qui l'emportait? Je ne me serais pas risquée à l'affirmer. A Vienne, malgré l'appui que lui avaient apporté les dissidents émigrés et les organisations juives de solidarité, Carter n'avait pas réussi à gêner sérieusement son adversaire; et, bien que j'aie communiqué à « Rudolf » un ou deux documents de l'OTAN, je n'avais pas le sentiment d'avoir beaucoup contribué à ce match nul, qu'Olga elle-même ne souhaitait pas. Sur proposition de la Yougoslavie, qui excellait dans les rédactions mi-chair-mi-poisson, l'Europe des deux blocs avait fini par voter, dans l'un de ces élans de lâcheté dont elle devenait coutumière, une résolution qui rappelait qu'« intervenir dans les affaires intérieures des autres pays ne saurait contribuer à la protection des droits de l'homme » (un point pour Moscou) mais que « la souveraineté nationale ne doit pas non plus être un obstacle à la jouissance des droits de l'homme » (un point pour Washington). Une cuillerée pour Papa, une cuillerée pour Maman : petit opprimé deviendra grand...

Que le Sommet n'eût pas tourné à la gloire de l'« Europe libre » ne surprenait pas autrement Monsieur de Fervacques, ce sceptique distingué : « Nous reculons, bien sûr, et nous reculons parce que nous ne nous battons jamais. Pourquoi nous battrions-nous d'ailleurs? Pour garder l'eau courante, le chauffage central, l'aspirine gratuite, et quatre semaines de vacances? On ne meurt pas pour quatre semaines de vacances! » Il aimait à rappeler que le « mur de Berlin » avait été construit pendant un week-end de 15 Août, alors que les chancelleries occidentales étaient au vert. « Encore les Russes ont-ils été pleins d'égards pour nous! Car si, au lieu du 15 Août, ils avaient choisi la " trêve des confiseurs " ou le " pont " du Premier Mai, ils auraient eu le temps d'édifier la grande muraille de Chine avant que nos ministères aient bougé! Et je ne vous parle pas de nos armées! Un pays incapable de faire sauter ses " ponts " pour empêcher l'ennemi de passer est un pays foutu, ma chère! »

Le constat, sévère, ne semblait pas cependant l'affecter outre mesure. Je ne dirais même pas qu'il appartenait à cette espèce de politiques qui, sans illusions sur la suite, tentent de maintenir le statu quo et de préserver l'essentiel tant qu'ils sont « aux affaires ». Charles n'était pas homme à repousser « le déluge » après lui : il n'aurait pas provoqué la chute, mais il prenait un certain plaisir à l'accompagner. Quand il voyait nos partenaires européens se ruer en servitude, il avait ce même regard intense et ce sourire rentré qu'Alexis Sovorov avait déjà notés chez le petit garçon assis face au sénateur du Massachusetts le soir où l'on avait servi les asperges assassines...

La seule chose qui empêchait notre ministre des Affaires étrangères de dévaler la pente avec ceux qu'il poussait, c'était le goût du défi, l'amour du sport : s'arrêter net au bord du gouffre, faire brusquement demi-tour, ou remonter à la force des poignets, voilà qui l'amusait. Presque autant que de dérouter les policiers autrichiens chargés de sa sécurité... Marquer des points contre les Russes, chaque fois que la situation semblait désespérée, restait à cet égard l'un de ses passe-temps favoris. Mais, même de cela, il finissait par se lasser. « En un sens, c'est trop facile, m'expliquait-il dans son grand bureau du Quai ou notre chambre viennoise, parce que, à moyen terme : les " Cosaques " sont foutus. Ils ne le savent pas encore, mais s'ils nous enterrent, ils feront bien de creuser le trou assez grand pour qu'on y mette aussi leurs petits-enfants! La vérité, vois-tu, c'est que, si peu européens qu'ils soient, nos copains sibéro-léniniens le sont assez pour être gangrenés. Et, nous partis, c'est eux que le cancer va ronger... A leur tour, ils seront balayés par des peuples plus neufs, des barbares plus jeunes, des brutes plus innocentes... Place au vide! »

Aussi, après trois semaines à Vienne, sa petite guérilla de Russe blanc contre les bolcheviks avait-elle cessé de l'intéresser; il renonça à lutter et, plantant son « armée Denikine » en rase campagne, multiplia les incursions dans les vignes en ma compagnie. Répit de courte durée : au bout de quelques jours, il devint évident que même nos vendanges danubiennes ne suffisaient plus à le désennuyer. Il était temps que la Grande Conférence s'achevât, ainsi que notre exil viennois.

Ce sentiment, du reste, semblait partagé : tous les diplomates étaient fatigués. C'était le moment où, la lassitude et l'énervement aidant, un rien – une traduction maladroite, un tiret mal placé – pouvait provoquer la rupture et réduire à néant les patients efforts destinés à amener en beauté ce « communiqué final » longuement peaufiné : lorsqu'ils parvenaient enfin en vue du « communiqué », les négociateurs étaient comme ces coureurs épuisés qui se déconcentrent en apercevant la ligne d'arrivée et s'effondrent à l'instant de la toucher. Il fallait redoubler de précautions et d'amabilités. « Toute conférence est un grand malade qu'il s'agit de prolonger », disait Bourbon-Busset, un homme de la Carrière que mon père aimait citer.

Heureusement, les diplomates autrichiens, rompus à l'organisation des rencontres internationales et conscients des dangers inhérents à la phase finale, avaient programmé pour les derniers jours une foule de festivités et n'épargnaient rien pour amuser le Congrès. Les ambassades nationales, prises d'émulation, renchérissaient : tous les soirs, on nous proposait deux ou trois concerts, une comédie, un ballet...

Avec l'arrivée des chefs de gouvernement – qui devaient passer deux jours à Schönbrunn, avant les chefs d'Etat qui reviendraient pour signer le fameux « communiqué » –, le rythme des réjouissances s'accéléra. Des ministres de seconde catégorie et de toutes nationalités accoururent d'ici ou là pour en ramasser les miettes, des acteurs passèrent, deux ou trois prix Nobel de la Paix conférèrent, et les journalistes de premier rang, disparus derrière les chefs d'Etat juste après l'ouverture du Sommet, réapparurent quelques jours avant eux à l'hôtel Sacher et au « Café Central », comme ces hirondelles qui annoncent le retour du printemps... Je vis ainsi, côté français, arriver successivement Catherine Darc qu'accompagnait son secrétaire d'Etat de mari, Dormanges qui couvrait l'événement pour Moreau-Bailly, et même Frétillon qui, reconverti dans la science politique depuis que Berton l'avait lâché, venait de publier un ouvrage sur les relations internationales où tout était faux, mais sonnait vrai.

Ne pouvant me dérober à toutes les fêtes prévues, je profitai d'une visite éclair de Charles à Paris pour assister à la « Salomé » de Richard Strauss que la Présidence autrichienne nous offrait. Ce qui me donna l'occasion de constater que les Pierre Prioux sévissent partout : le Prioux local avait convaincu sa Salomé de substituer à la traditionnelle « danse des sept voiles » une espèce de trépignement hystérique qui donnait plus envie aux spectateurs de lui indiquer la porte des toilettes que de lui offrir la tête de saint Jean-Baptiste.

Il est vrai que la malheureuse cantatrice aurait été bien empêchée de séduire qui que ce fût par ses voiles, puisqu'elle était vêtue de peaux de bêtes : fourrures et danse du ventre ne font évidemment pas bon ménage. Ce détail n'avait pas échappé au metteur en scène qui avait tourné la difficulté en rendant la scène de séduction beaucoup plus directe et, malgré les peaux de bêtes, plus moderne : Salomé, s'agenouillant devant son Hérode, lui rendait un hommage des plus intimes, qui souleva ma légitime admiration car la cantatrice n'interrompait pas pour autant sa chanson... Féerie de l'opéra!

Je me félicitai, néanmoins, que l'Institut Français n'eût pas recouru aux services de notre « jésuite de Cour » pour monter ce « Misanthrope » que mon père allait offrir le lendemain à toute une brochette de dignitaires étrangers, en présence de notre Premier ministre et de Charles de Fervacques. Maud Avenel, qui serait Célimène, avait accepté de renoncer, pour une fois, à l'assistance de son ancien amant : elle rêvait du rôle depuis trop longtemps pour le refuser sur un prétexte aussi léger. Elle s'était donc résignée à travailler sous la direction d'un jeune Allemand dont on me dit bientôt, au palais Dietrichstein-Lobkowitz où avaient lieu les répétitions, que, alléguant la nécessité de simplifier leurs relations professionnelles, Maud l'avait mis dans son lit. Habile renversement de la situation car c'était lui, depuis, qui travaillait sous sa direction, au grand dam des autres acteurs qui voyaient « la belle Avenel » tirer, par Allemand interposé, toute la couverture à elle.

Mais plus que de la mise en scène du « Misanthrope » – dans ce domaine j'avais déjà tout vu, depuis des petits marquis congolais jusqu'à un « homme aux rubans verts » tout de rouge vêtu! –, j'étais curieuse du lever de rideau qu'on donnerait avant le Molière : un « Divertimento Baroque », qui était le premier essai de Saint-Véran au théâtre et lui avait été expressément commandé par notre ministère de la Culture.

Il s'agissait – sujet imposé – de célébrer la richesse

et la diversité des cultures européennes. J'étais avide de voir comment Thierry s'en était tiré.

Il avait choisi d'évoquer l'une des grandes époques de l'Europe, et le plus beau moment de la culture française : le dix-huitième siècle, dont, depuis quelque temps, ayant enfin trouvé son « look », il empruntait le costume, la coiffure et les manières... Mais si ses personnages étaient sur la scène vêtus, à peu près comme lui, de dentelles, de satin et de diamants, s'ils portaient d'élégantes perruques poudrées, si les actrices exhibaient de ravissants décolletés, si tout ce monde, enfin, s'exprimait dans la langue précise et tranchante de Voltaire et de Laclos – car Saint-Véran n'avait pas perdu le talent de pasticheur qui avait fait le succès de sa « Vie de Giton » –, un détail faisait basculer cette évocation des gloires de l'Europe dans la plus cruelle des dérisions : entre les cols de dentelle et les perruques bouclées, les visages étaient masqués, et ces masques, tout en poils et museaux, représentaient la famille des singes; macaques, chimpanzés, sapajous et ouistitis faisaient des grâces et de l'esprit entre deux épouillages et deux galipettes. Ces primates distingués entrelardaient en effet leurs répliques de cabrioles obscènes, ils se grattaient pensivement la tête ou le derrière, n'entraient qu'en sautant par les fenêtres et ne sortaient qu'en se culbutant sous les portes. Tandis qu'ils accompagnaient ainsi les sujets élevés dont ils traitaient (l'amour, le pouvoir, les « droits imprescriptibles de l'humanité ») de gestes grotesques et de grimaces simiesques, le palais d'or et de glaces dans lequel ils évoluaient se dégradait peu à peu sous nos yeux : les murs se lézardaient, des pans entiers s'effondraient, tandis que la jungle apparaissait derrière les portants et qu'on entendait au loin la rumeur d'une canonnade qui se rapprochait.

Bref, il y avait un décalage croissant entre, d'un côté, la noblesse de la conversation, l'intelligence des analyses, la clarté de la langue, et, de l'autre, la sauvagerie des êtres, le désordre du décor, la menace qui planait en coulisses. Bien entendu, ce n'était pas la raison, le raffinement des sentiments, la qualité de l'expression, qui sortaient grandis de cette confrontation entre le « dit » et le « non-dit » : la pièce était assez habilement faite pour que le ridicule tombât en plein sur la subtilité du discours. En quelques scènes, la vérité passait du côté de la singerie, la bienséance se réfugiait dans la grossièreté; très vite, ce n'était plus de l'extravagance des attitudes que le rire naissait mais de la hauteur des propos. A la fin, le bruit des bombes ayant couvert le bruit des voix, un grand gorille en justaucorps de velours feu s'emparait d'une mitraillette et liquidait toute la compagnie, avant d'arracher ses vêtements et de plonger par une fenêtre en imitant le cri de Tarzan...

Dès les premières minutes du spectacle, j'avais deviné que Saint-Véran venait de changer d'école littéraire. Il n'y en avait guère que deux en France dans ces années-là : la littérature du vestibule et la littérature Hellzapoppin. Dans la littérature du vestibule – une exclusivité nationale –, le héros, qui les trois quarts du temps ne faisait qu'un avec le romancier, restait, pendant deux cents pages, planté sur le paillasson d'un seuil : entrerait-il ou n'entrerait-il point, que se passerait-il s'il sonnait, qu'y aurait-il au-delà de cette porte s'il la poussait, de cet escalier s'il le montait, ah, s'il osait... Quand enfin il avait fait le tour de son nombril, du couloir et de ses hésitations, il était trop tard : la porte s'était définitivement refermée, ou le locataire était sorti par la fenêtre. Le lecteur, lui, n'avait pas attendu aussi longtemps pour se sauver... L'autre branche de notre littérature – l'écriture Hellzapoppin – était un produit d'importation : elle résultait d'une tentative désespérée pour transfuser au roman d'antichambre, exsangue, du sang sud-américain tout frais et greffer au mourant du baroque prélevé sur le Tiers-Monde déshérité ; mais il devait y avoir incompatibilité de groupe ou d'humeur, car, deux fois sur trois, le malade en crevait. On avait beau l'inviter au tumultueux, au discontinu, à l'anachronique, au picaresque, lui suggérer de se remuer, de respirer l'air du grand large et des forêts, faire passer dans ses pages un maximum de magnolias et de perroquets, de boiteux, de borgnes, de bossus, de veaux à deux têtes et de coq-à-l'âne, poser sur le corps fragile de la princesse de Lamballe la tête moustachue de Garcia Marquez, permettre enfin, en désespoir de cause, à Cristobal Colon de venir en personne à son chevet et au Christ-Sauveur de mourir percé par la flèche d'un Sioux sur fond de cocotiers, la carcasse cartésienne du roman français se raidissait, se cabrait ; ses muscles se tétanisaient, son cœur flanchait, et, si le greffon n'avait pas été rejeté dès le deuxième chapitre, ou le greffé enterré avant la fin du troisième, le résultat, dans le meilleur des cas, ne dépassait guère, pour la richesse de l'invention et la qualité du style, cette petite chanson qu'on chantait autrefois dans la cour de l'école d'Evreuil :

« Napoléon est mort à Sainte-Hélène,
Son fils Léon lui a crevé le bidon,
On l'a retrouvé sur le dos d'une baleine
En train de manger de la soupe au potiron... »

Saint-Véran qui, après une autobiographie déguisée en pastiche d'Antiquité, avait d'abord tâté de la littérature du vestibule – « Débris, Bribes et Riens », bien que relevant de la sous-catégorie de la miette, pouvait tout de même être rangé dans le genre exténué – venait, avec ses singes en dentelles jouant de la mitraillette dans un décor de palais amazonien, de rallier spectaculairement la littérature Hellzapoppin. Je me demandais si je n'avais pas été pour quelque chose dans ce revirement soudain. Ne lui avais-je pas dit – un jour qu'il me montrait les premières pages d'un petit roman qu'il envisageait de consacrer à un apprenti écrivain qu'on verrait passer d'un bar du Quartier latin à un autre bar du Quartier latin à la recherche d'un commanditaire, aussi problématique que son inspiration : « Ce n'est pas mal, bien sûr. Seulement, mon petit Thierry, chaque fois que l'auteur se demande pourquoi il écrit, le lecteur se demande pourquoi il le lit... » Ma réflexion avait paru le frapper. En tout cas, il avait aussitôt abandonné à son triste sort son héros crépusculaire et s'était remis à son grand roman de société, qu'il voulait maintenant, m'avait-il confié, « plus débridé, plus insolite, avec des décrochages narratifs, des sursauts diachroniques : une espèce d'oratorio électrique, emporté par le vent des îles... » Son « Divertimento Baroque » s'inscrivait, à l'évidence, dans cette veine nouvelle.

A condition d'aimer les grâces anthropoïdes et les collages historiques, ce petit apologue n'était d'ailleurs pas mal tourné. Simplement, il me semblait peu à sa place dans une cérémonie officielle destinée à célébrer les grandeurs de l'Europe... A voir ainsi notre Thierry bafouer publiquement les gloires qu'il était censé chanter, s'emparer des barbarismes vigoureux et des incongruités juvéniles d'un continent neuf pour taper sur un plus vieux, subvertir enfin son sujet, je me sentais – dans mon fauteuil doré du palais Lobkowitz, où notre ambassade avait organisé la représentation – pétrifiée de la tête aux pieds. Je considérais en effet le choix du texte de Saint-Véran comme un pas de clerc, une faute de même nature que celle que notre Service du Protocole avait commise quelques années plus tôt lorsque, recevant un chef d'Etat soviétique qui tentait de lutter contre l'alcoolisme sur ses terres, on avait choisi, entre mille spectacles possibles, de lui donner la première d'un

« Bacchus » de Rameau dont le livret glorifiait les mérites de l'ivrognerie. Quand, à la fin de la comédie, les chanteurs, qui n'avaient pas lâché leur verre de tout le spectacle, étaient venus saluer les présidents, la bouteille à la main, il semblait que tous les vents de la Sibérie se fussent engouffrés dans la salle...

Comme alors, j'avais avec le « Divertimento » de Saint-Véran le sentiment qu'on pouvait difficilement aller plus loin dans la provocation. Que n'en étions-nous restés, comme De Gaulle, à ce « Carmen » anodin qu'on nous infligeait dix fois l'an, comme une purge, en l'honneur des hôtes de tout poil! Atterrée, je cherchais déjà à faire le partage des responsabilités et à savoir sur qui rejeter l'erreur quand Charles me demanderait des comptes : sur le ministère de la Culture, qui avait commandé l'œuvrette? sur l'Institut Français, qui l'avait montée en forme de happening? sur le Protocole, qui avait garni la salle sans s'occuper, le moins du monde, de ce qu'on jouerait? ou sur notre ambassadeur à Vienne, qui, préposé à l'hébergement des Français et à nos réjouissances officielles, aurait tout de même pu se faire communiquer le programme?

Que cette fausse note pût être imputée à Jean Valbray était bien ce qui m'inquiétait le plus. Les premières minutes de la pièce furent accueillies par un silence têtu, épais : le public des « princes » était cueilli à froid. Puis quelques rires fusèrent, et bientôt, ils s'amplifièrent, comme si chacun, pour ne pas avoir l'air moins fin que son voisin, souhaitait qu'on mesurât sa largeur d'esprit à l'ampleur de son sourire; l'une après l'autre, je vis Leurs Excellences Gouvernementales se dégeler et, à leur corps défendant, rejoindre la claque, un peu comme, quelques mois plus tôt, leurs dignes représentants s'étaient laissés entraîner par Evelyne Martineau dans la « ronde des canards »... A la fin, alors que je n'osais encore applaudir que du bout des doigts, ce fut un trépignement d'enthousiasme qui salua le rappel des acteurs et l'annonce du nom de l'auteur. A elle seule, Catherine Darc, assise au premier rang auprès de son Chérailles, faisait plus de bruit qu'un bataillon de claqueurs et lançait autant de bravos que Marie-Antoinette au « Mariage de Figaro »...

Peut-être, ce faisant, avait-elle d'ailleurs moins le souci d'encourager Thierry – qu'elle n'avait jamais admiré – que l'espoir de se faire elle-même remarquer, à la manière de ces acteurs qui, lorsqu'ils sont dans la salle, supportent si impatiemment de n'être pas sur la scène qu'ils volent la vedette à leurs camarades par la seule vigueur de leurs applaudissements et attirent, sur leurs indiscrets emballements, tous les regards et toutes les caméras.

Comme eux, Catherine était une star, en effet, que la « médiatisation » croissante du monde où nous vivions avait placée plus haut que bien des étoiles du cinéma. Elle produisait depuis quelques mois une émission, « Scandales à la Une », qui pulvérisait tous les indices d'écoute. Il s'agissait – en apparence, courageusement – de dénoncer les ignominies des uns et des autres : par exemple, l'un des « numéros » de ce magazine mensuel avait, sous le titre « Le cul fait vendre », critiqué l'utilisation abusive de l'arrière-train féminin à laquelle se livraient presse écrite et publicité, quel que fût le sujet ou l'objet qu'elles promouvaient; moyennant cette vertueuse dénonciation, Catherine avait permis à plusieurs millions de téléspectateurs de se rincer l'œil pendant soixante minutes, aux heures de grande écoute... Une autre enquête du même magazine, consacrée à la fraude fiscale, condamnait sévèrement le contribuable français; intitulée « Comment vous fraudez le fisc », et non bien sûr « Comment frauder le fisc », elle n'en expliquait pas moins, avec le succès d'audience qu'on imagine, les mille et un trucs dont la connaissance est indispensable au fraudeur avisé... Bref, chaque mois, Catherine Darc renouvelait, avec intelligence, le moyen d'exhiber ce sein qu'elle nous ordonnait de cacher.

Mais l'essentiel de sa notoriété, elle le devait à ses interventions d'animatrice et d'intervieweuse. Elle restait une enquêtrice incisive, un reporter audacieux, et une grande spécialiste du « scoop » : n'avait-elle pas, par exemple, découvert – et donné à toute la France, au journal de vingt heures – le nom du brave homme qui avait récemment permis d'arrêter le chef d'un fameux mouvement terroriste? Certes, ce « donneur », qui avait exigé de la police le secret absolu, se fût bien passé de cette publicité intempestive. Mais un journaliste digne de ce nom a-t-il le droit de garder pour lui ses informations? En tout cas, quand le courageux citoyen avait été abattu quelques semaines plus tard par des amis du tueur, Catherine n'avait pas éprouvé le plus léger remords. Elle avait même assisté à l'enterrement de celui qui lui devait sa brève, mais immense, célébrité; et si elle y baissait les yeux, elle y relevait le menton. Bref, elle était de ces gens qui tueraient la société pour vendre son cadavre...

L'entrée sur scène de Célimène chassa heureusement ces réflexions douces-amères et l'impression pénible que me produisaient depuis quelque temps les triomphes publics de la nouvelle dame de Chérailles. J'étais beaucoup plus détendue pour « le Misanthrope », en effet, que pour le lever de rideau : avec Molière je savais au moins où notre ambassade mettait les pieds...

La mise en scène était – comme on me l'avait annoncé – inexistante : on ne voyait que Maud. Mais, une fois de plus, je ressentis, en la regardant jouer, cette allégresse mêlée d'envie qui me saisissait dès qu'elle apparaissait sur une scène ou un écran. Elle exprimait si bien toutes les nuances du sentiment, toutes les délicatesses de la pensée, qu'on ne pouvait imaginer qu'elle ne les éprouvât pas : on lui faisait crédit, malgré soi, de la pureté d'Antigone, de la noblesse de Chimène et de la passion de Phèdre. Ce soir-là, elle nous avait inventé une nouvelle Célimène, qui n'était sûrement pas celle de l'auteur, mais ne m'en parut pas moins attachante : une Célimène désabusée, amère dans la médisance, tendue dans la coquetterie, et, sous ses dehors brillants, toute repliée sur un chagrin secret – plus proche enfin de la Princesse de Clèves, si celle-ci avait eu le cœur de survivre socialement à son deuil, que d'une chipie à la Montespan. On aurait dit que cette jeune veuve spirituelle et courtisée n'avait plus depuis longtemps d'autre souci que celui, dérisoire, de sauver la face, et qu'Alceste lui-même, avec ses foucades et ses querelles, n'était rien de plus, dans cette vie désolée, qu'une ultime tentative de divertissement. Pour la première fois, en voyant évoluer cette Célimène fragile, traquée, je me posai la question qu'on ne se pose jamais : comment était son premier mari? Quel âge avait-il? Quand était-il mort? L'avait-elle aimé? Et quand, au quatrième acte, elle reprochait tristement à Alceste « non, vous ne m'aimez point comme il faut que l'on aime », de quels étranges regrets se nourrissait ce chagrin?

Maud Avenel, qui renouvelait ainsi complètement le personnage de l'intérieur, osait, dans le même temps, en traduire le comportement par des jeux scéniques démodés, des effets empruntés à Rachel ou la Clairon, jugés depuis longtemps « ringards », et abandonnés. Tirant la psychologie de sa coquette vers le contemporain tandis qu'elle soumettait ses attitudes à l'esthétique la plus datée, elle jouait avec subtilité de cette superposition de décalages pour faire de son interprétation une apothéose du regret où, à la nostalgie sentimentale qu'elle prêtait à son héroïne, s'ajoutait sa propre nostalgie de l'ancienne comédie. Elle avait par exemple renoué avec la tradition de l'éventail, perdue depuis Mademoiselle Mars. Cet instrument auquel elle avait repris goût à l'occasion de « La Double Inconstance », mais qui, jusqu'à elle, dormait sous cent ans de poussière au magasin des accessoires, elle en faisait le cœur même de sa Célimène; ainsi, dans la scène de rupture finale, sa façon de le plier, puis de le rouvrir brusquement dans un claquement de défi au moment de sortir, en disait-elle plus sur l'état de son âme qu'un long discours et lui rendait-elle, d'un geste, le mot de la fin que Molière avait fort injustement laissé au terne Philinte... Jouant de l'éventail, de la traîne, du décolleté, Maud parvenait ainsi à faire traduire par son corps entier ce que le visage seul était supposé exprimer; aussi était-elle, à cet égard, une actrice bien plus exceptionnelle au théâtre qu'au cinéma – une comédienne faite pour donner au spectateur du dernier rang, qui n'apercevait de dos qu'une lointaine silhouette, l'impression qu'il la voyait de face et en gros plan. C'était aux mouvements de sa robe ou de son écharpe qu'on devinait la couleur de ses yeux, qu'on savait s'ils étincelaient de colère ou s'emplissaient de larmes...

Qu'il était donc naturel que Renaud eût aimé cette Circé! Et que Charles lui-même...

La performance était telle ce soir-là que la salle, qui venait de subir un Goethe l'avant-veille, un Ibsen la veille, et devrait encore absorber un Shakespeare le lendemain « avec les compliments de l'ambassade de Grande-Bretagne », fit à ce Molière, corrigé Avenel, le même triomphe que si on l'avait privée de classiques pendant vingt ans...

Maud n'eut à partager ce succès avec aucun des autres comédiens; mais il était clair tout de même qu'il lui faudrait en abandonner quelque chose au décorateur et au costumier. Car l'originalité du décor – une superposition de tulles et de mousselines dans un camaïeu de beige, de brun, de feuille-morte et de gris fumée – et la beauté des costumes – des robes intemporelles de reine exilée, somptueuses et déchiquetées, où le velours était cousu à la soie, et la percaline au macramé, dans un dégradé de tons incertains et fanés qui semblaient empruntés au « Magasin des Fées », couleur du temps, couleur de lune – avaient, en replaçant cette mondaine du Grand Siècle sous la lumière éternelle des contes de son temps, des amours chimériques de la comtesse d'Aulnoy ou de Madame de Beaumont, contribué, autant que le jeu imperceptiblement déphasé de Mademoiselle Avenel, à la poésie mélancolique de cette Célimène-là.

Maud ne l'ignorait pas car, sitôt qu'elle put couvrir de sa voix le tonnerre d'applaudissements qu'elle avait déchaîné, elle annonça que « le décor et les costumes étaient de Nadège de Leussac » et suscita une nouvelle ovation. Je crus que cette talentueuse petite styliste, dont tant de gens chez les Chérailles parlaient maintenant avec estime, viendrait à son tour nous saluer; j'étais curieuse de savoir à quoi elle ressemblait et comment, fille d'un père bien en chair et d'une mère boursouflée, elle pouvait être aussi fine et jolie qu'on le disait... Mais ou bien elle avait déjà regagné Paris, ou bien elle était – ainsi que Catherine Darc le prétendait – d'une timidité de violette; en tout cas elle ne parut pas, et je dus me contenter d'imaginer la fille de Fortier comme me l'avait un jour décrite l'un de ceux qui la connaissaient : « Nadège de Leussac, c'est Yvonne de Galais... »

Un cocktail suivit la représentation : mon père avait profité des souvenirs attachés au palais Dietrichstein-Lobkowitz, où était installé notre Institut Culturel Français, pour organiser dans une suite de salons une exposition sur « Beethoven et la France »; le grand musicien avait en effet créé plusieurs de ses œuvres chez le prince Lobkowitz et, notamment, sur le lieu même où venait de s'imposer Maud Avenel, sa symphonie « Héroïque ».

Entre les bustes et les partitions, les invités furent conviés à croquer sandwiches et petits fours. J'aperçus Saint-Véran au loin, dans un cercle de flashes et de micros. Son ex-tuteur, Sovorov, qui faisait le clown dans un coin pour deux ou trois attachées de presse, était en train – au moment où je passai derrière lui – de médire d'une dame : « En politique, mes petites chattes, on peut faire carrière avec son cul, ou avec son QI; la donzelle était pressée : elle est allée au plus court! » Tout en me dirigeant vers Charles que je voyais occupé à raccompagner le Premier ministre, je me demandai de qui Sovorov parlait avec tant de méchanceté, et il me vint à l'idée que ce pourrait être de moi. Certes, j'aurais dû ne pas attacher une grande importance à l'opinion d'un homme que je connaissais peu et que je n'admirais guère, mais j'en conçus un vague chagrin – j'ai toujours fait cas de l'estime des imbéciles – et je ne trouvais pas de sensible consolation dans le mot que Charles me lança en souriant – « Eh bien, notre belle Avenel! Avez-vous vu comme le veuvage lui sied? » –, juste avant que Hugues et Catherine de Chérailles ne s'emparent de lui pour l'entraîner vers un groupe d'officiels hollandais. Je fus repoussée vers le buffet par une vague de diplomates polonais, que cette perspective de « prise au tas » émoustillait. Je cherchai Maud pour la féliciter, mais il y avait trop de monde et je ne la vis pas. Philippe avait déjà filé avec l'une des jeunes actrices orang-outang du « Divertimento » de Saint-Véran.

J'aperçus Cognard dans un coin, qui buvait tout seul. De loin, je considérai sans sympathie sa trogne d'ivrogne comblé : ces yeux rougeâtres et larmoyants, ce nez bourgeonnant, ces chairs gonflées, et cet air trompeur d'universelle douceur, de bienveillance spongieuse dont la macération dans l'alcool imprègne tous les traits. Brusquement, je me souvins que quelqu'un (mais je ne savais plus qui, je voyais tant de monde!) m'avait parlé un jour du goût de ce pauvre Maurice pour les boissons alcoolisées dans des termes qui m'avaient troublée : « Savez-vous pourquoi Cognard boit tant? » m'avait demandé cet interlocuteur informé. Je lui avais aussitôt sorti ma petite théorie de « l'alcool gratuit »; mais l'autre, ravi de m'apprendre quelque chose, avait rétorqué que, si c'était bien, en effet, son passage par les cabinets ministériels qui avait perdu Cognard, cette dégringolade n'avait pas eu les causes que je lui supposais : longtemps avant de rencontrer Fervacques, Cognard, qui s'était rendu compte que sa soif menaçait sa santé, s'était fait désintoxiquer, et « quand il est entré au Quai, je peux vous assurer qu'il était totalement sevré ». Très vite, pourtant, sa façon de ne boire que de l'eau dans les dîners – même quand il y avait des toasts à porter –, et d'exiger discrètement un jus d'orange dans les cocktails où les plus abstinents marchaient au champagne, avait mis son ministre en alerte : alors qu'il aurait été normal que son directeur boive peu (on ne gouverne pas la « Carrière » comme on gagne des cantonales : au « gros rouge » et en trinquant), il était en revanche singulier qu'il ne bût pas du tout. Un bon vivant comme lui! Cognard eut beau assurer à Fervacques, qui commençait à le titiller sur le sujet, qu'il avait le foie fragile, « l'Archange », qui flairait le mensonge, n'eut de cesse de lui faire avouer la vérité, ou, disait plus sévèrement mon informateur, « de le faire tomber – songez qu'il allait jusqu'à lui chercher lui-même au buffet des verres pleins qu'il lui tendait en faisant mine de se repentir aussitôt de sa légèreté : " C'est vrai, pardon, j'oubliais. Mais une fois en passant, vous pouvez bien tout de même... " ». Puis il y avait eu un grand dîner à l'ambassade soviétique; on savait d'avance ce qu'il en serait : vodka à pleins bords et « zasdarovié » à répétition. En prévision de cet important événement, Fervacques avait chapitré son directeur : « Et surtout, mon cher, n'ayez pas l'air de snober leur eau-de-vie, vous les offenseriez! D'ailleurs, ils vous prendraient pour une femmelette et cesseraient de vous considérer comme un partenaire sérieux : rappelez-vous que c'était surtout par la manière dont ils "tenaient" l'alcool que nos diplomates pouvaient impressionner Staline! Alors, si vous n'aimez pas la vodka — ce que je comprends très bien entre nous, j'ai moi-même horreur de ça —, faites semblant. Buvez-en deux ou trois gorgées, et, pour le reste, bornez-vous à y tremper les lèvres, mais régulièrement... » Cognard avait « trempé ». Régulièrement.

— Et vous savez ce que c'est, avait conclu mon interlocuteur, un ancien alcoolo, il suffit d'une seule goutte pour le faire rechuter. A dater de ce soir-là, c'était fichu : Cognard avait repiqué... Et, malheureusement, plus fort que jamais : il avait des années d'abstinence à rattraper!

— Tant pis, avais-je coupé, pressée de justifier Charles devant l'une des rares personnes qui ne célébrât pas son grand cœur, votre Cognard n'avait qu'à dire la vérité. Il n'était pas obligé de la clamer, mais on peut toujours se confier à son ministre dans l'intimité... A supposer d'ailleurs que ce que vous m'avez raconté soit exact, Fervacques n'a eu, au fond, qu'un réflexe Quai d'Orsay : perdre un homme qui le trompait. Que voulez-vous, nous sommes obligés d'être extrêmement vigilants! Avec tous ces professionnels du mensonge dont nous sommes entourés! C'est bien fâcheux, sans doute, pour ceux qui n'ont qu'un petit problème privé à dissimuler, mais ils nous deviennent immédiatement suspects...

Appuyé au buffet du cocktail français, Cognard buvait toujours — avec méthode, presque avec acharnement. Ecœurée par le spectacle qu'il nous donnait et par le souvenir de la conversation que ce triste tableau me rappelait, je détournai les yeux. Dans la foule je cherchai fébrilement quelqu'un à qui j'aurais pu raconter le dernier trait de bonté de Charles Fervacques : ne venait-il pas d'offrir à une petite Autrichienne malade, dont les journaux viennois parlaient beaucoup à notre arrivée, une transplantation d'organes que son état exigeait, mais que ses parents ne pouvaient payer? Il avait même mis son avion personnel à la disposition de l'enfant pour qu'elle fût conduite, dans les meilleures conditions et les plus brefs délais, à Londres où seul un certain chirurgien pratiquait l'opération dont sa survie dépendait. Tout cela, il l'avait fait spontanément, sans que personne lui en eût suggéré l'idée, et, si la presse autrichienne avait ensuite largement célébré son humanité, si même, le lendemain, quelques magazines français avaient repris l'information malgré les consignes de discrétion que Fervacques avait données, c'est qu'il n'est pas facile à un homme en vue de faire le bien sans être su...

Malheureusement, je ne trouvai que Sovorov à proximité : inutile d'essayer de lui vanter l'altruisme de « l'Archange » quand, provisoirement fatigué de salir Fervacques de son venin, il semblait prendre un plaisir tout neuf à médire de moi!

J'aurais voulu me rapprocher de Charles, lui donner l'occasion peut-être de ce geste protecteur qu'il avait parfois en public lorsqu'il m'enlaçait affectueusement les épaules – d'une manière toute paternelle, avec une absence très ostensible d'arrière-pensées, ne manifestant en apparence que la sympathie bien naturelle d'un ministre chevronné pour une jeune femme qui débute à ses côtés. Mouvement discret, assez éloigné de ses déclarations tziganes de l'an passé, attitude peu compromettante au fond, mais où j'espérais encore que les autres verraient plus qu'un signe d'amitié. Surtout j'aurais voulu l'entendre me dire, comme chaque fois qu'il avait cédé au plaisir d'une bonne action et que, tout étonnée, je l'en félicitais : « Bien entendu... Mais tout cela est le fait d'un homme dont vous ne cessez de vous répéter qu'il est impitoyable! Quand je vois ce dont ce monstre est capable à l'occasion, je vous pose la question : que serait-ce, ma chère Christine, si j'étais bon? », et j'aurais senti se poser sur ma bouche – comme un baiser – son regard toujours amusé...

Mais j'eus beau balayer l'assemblée des yeux : Fervacques avait disparu. J'étais assiégée d'indifférents – un vice-ministre tchèque qui me complimentait dans un mauvais français, un grand éditeur parisien qui m'entretenait de la littérature germanique contemporaine... A l'autre bout du salon, mon père paradait pour les photographes auprès du clavecin de Beethoven – c'était « sa » soirée –, et Durosier profitait de cette récréation pour faire avancer, « informally », nos négociations sur l'économie méditerranéenne (nos Premiers ministres venaient, en effet, de charger les subalternes de chercher là-dessus les bases d'un accord dont ils avaient fait mine de tracer les grandes lignes). Dès que je pus me débarrasser de notre conseiller culturel, qui tentait de m'extorquer la promesse d'une convention franco-autrichienne sur les échanges de lycéens, je rentrai à l'ambassade, pressée d'y retrouver Charles qui avait réussi à s'échapper avant moi.

J'enfilai un gracieux déshabillé de dentelle noire, acquis quelques jours auparavant dans l'intention d'étonner Fervacques le soir où il aurait revu Maud Avenel dans sa gloire : il me fallait lui prouver que, moi aussi, je pouvais créer l'événement... Dès que je fus certaine que, à part le concierge en bas, tous les domestiques de la Schwarzenbergplatz étaient couchés, je courus jusqu'à la chambre aux lits jumeaux : Fervacques n'y était pas. Je remontai dans ma mansarde lire quelques dossiers; une heure après, j'entendis mon père rentrer. Je descendis commenter avec lui l'heureux déroulement de la soirée, et, à l'instant de le quitter : « Au fait, lui dis-je, tu n'as pas vu mon ministre?

— Tu ne me l'avais pas donné à garder..., fit-il en jetant un regard fâché sur mon déshabillé. Ce qui est sûr, ajouta-t-il en se radoucissant, c'est qu'il n'était plus au palais Lobkowitz quand j'en suis parti : j'ai fait la fermeture avec ce journaliste, Maurice Cognard — complètement ivre, je dois dire —, et avec le directeur de l'Institut Français... Bah, ne t'inquiète pas, mon lapin, ton Fervacques aura voulu profiter de sa dernière soirée de liberté : demain, les chefs d'Etat seront là, et nous n'aurons plus le temps de nous amuser! A ce sujet, puis-je te suggérer, ma petite chérie », bougonna-t-il avec une tendresse croissante, comme mis en joie par le succès de sa réception ou en appétit par la fraîcheur de mon décolleté, « puis-je t'implorer même, de ne pas déambuler ainsi vêtue — ou dévêtue — dans les couloirs de ma maison lorsque Giscard y couchera?

— Tu trouves que ma chemise de nuit n'est pas de bon goût? »

Détendu par la proximité du communiqué final et la proche conclusion de cette Grande Conférence qu'il avait à la fois souhaitée et redoutée, il se laissa aller à une complicité amusée qui nous ramenait à nos premières années romaines : « Au contraire... Je la trouve, pour ce que j'en sais, me répondit-il égayé, très, très Quai d'Orsay... Depuis que Fervacques règne sur notre politique étrangère, la chemise de nuit est devenue une pièce essentielle de la panoplie diplomatique... Mais je ne suis pas sûr que ce qui plaît au Quai plairait à l'Elysée. Ou, plus exactement, je crois qu'il suffirait qu'une chemise de nuit ait retenu l'attention de l'homme du Quai pour qu'elle déplaise à l'homme de l'Elysée... Tu me comprends? »

Je retournai dans ma chambre; le lit de Philippe n'était toujours pas défait : à cette heure, il défaisait celui d'une actrice. Charles aussi probablement. Et sur l'identité de la dame, j'avais malheureusement ma petite idée...

Il était deux heures du matin. Je me rhabillai en hâte, et me rendis à pied jusqu'à l'hôtel Sacher où je savais que les acteurs du « Misanthrope » étaient logés. J'ignorais ce que je cherchais. Je n'avais pas précisément l'intention de provoquer un scandale, mais je voulais être « fixée ». Qu'après tant de nuits partagées, tant de serments échangés, tant de policiers semés, de vignobles parcourus, de verres bus et de baisers mangés, Fervacques pût revenir au lit de Maud Avenel, la chose passait mon entendement! « Le chien retourne à son vomissement », assure l'Ecriture...

Au concierge du « Sacher », je demandai si je pourrais joindre au téléphone « Fräulein Avenel », la comédienne française. Il jeta un coup d'œil à son tableau : « Sa clé est là, Madame... Fräulein Avenel n'est pas rentrée, ou bien elle est ressortie... Je ne sais pas exactement, parce que je n'ai pris mon service qu'à minuit...

– Danke. »

Je marchai au hasard dans les rues : où les trouver? Sans doute la Spear ou la Banque d'Extrême-Orient disposaient-elles en ville d'un petit pied-à-terre dont Monsieur de Fervacques avait négligé de me signaler l'existence... D'un café, je rappelai l'ambassade : le concierge m'apprit que « Monsieur le ministre » n'était toujours pas rentré, mais qu'il devait être au palais Lobkowitz puisqu'« il y a là-bas une grande soirée... »

638

De longues minutes plus tard, je m'aperçus que j'avais remonté la Kärntnerstrasse et que mes pas m'avaient ramenée devant le Casino. J'avais froid; je fus tentée d'y entrer; mais j'y avais passé autrefois trop de soirées avec Olga. A l'idée d'y revenir seule, un soir où je me sentais tellement abandonnée, j'eus le cœur serré : j'aurais tant voulu pouvoir confier mes malheurs à quelqu'un, sentir se poser sur moi le regard perçant d'Olga, laisser sa main nerveuse, brûlante, caresser la mienne, entendre ses conseils assaisonnés de sagesse yiddish, et ses exhortations à la patience lancées dans une langue trop rageuse, trop tumultueuse, pour être prises au pied de la lettre...

La vision de ce casino rose et vert, chaud, illuminé, me donna envie de lui téléphoner; j'aurais pu faire le numéro de sa galerie à Paris, je lui aurais dit : « Olga, quelque chose ne va pas. Je ne suis pas heureuse. J'ai besoin de faire une bêtise... Mais est-ce que ce sera un gros banco ou un petit suicide, je ne sais pas. Peut-être un nouvel amant? Un nouvel enfant? Une démission? Une trahison? Un retournement?... J'étouffe, Olga. Il y a trop longtemps que je vis dans la même peau... Il faut que je fasse quelque chose pour en sortir. N'importe quoi! »

J'aurais entendu au bout du fil son silence interloqué, perçu dans un premier temps sa lassitude, son accablement; puis, très vite, elle se serait reprise, aurait joué les « père Noël », m'aurait assurée de sa compréhension et, pilotant à vue, se serait résignée à me voir commettre l'une des folies – prise au hasard – de la panoplie que je venais d'étaler : « Pourquoi pas, en effet, un petit banco? Ou une maison de campagne? » Bien entendu, le hasard n'aurait eu aucune part à ses choix : faisant, comme chaque fois, la part du feu, elle m'aurait poussée, pour gagner un nouveau répit, à satisfaire le caprice le moins immédiatement préjudiciable à l'exécution de sa mission...

Et peut-être cette voix ensommeillée mais chaleureuse, cette attention perplexe mais efficace, auraient-elles suffi à m'apaiser? J'aurais pu puiser, dans l'illusion que je l'avais alarmée, la force de résister à la tentation d'un coup de tête. Parce qu'elle serait, un instant, entrée dans mon angoisse, je me serais calmée, heureuse de la savoir maintenant sur le qui-vive, certaine que, quelque part, même si c'était pour de mauvaises raisons, quelqu'un s'inquiétait de moi...

Mais je ne pouvais pas l'appeler; tant que durait la conférence, c'eût été imprudent; j'étais condamnée à me montrer raisonnable. Et voilà comment, quand les petites sottises sont interdites, on se résigne aux grandes...

Interminablement, j'arpentai les ruelles de la Vieille Ville.

Un homme en imperméable m'accosta; il m'offrit une cigarette. Au moment où il l'allumait, je distinguai son visage à la lueur de son briquet et repensai brusquement à cette ancienne chanson de Jacques Higelin où une femme à la voix éteinte demande à chaque amour de rencontre : « Offrez-moi une cigarette... j'aime la forme de vos mains... vous devez être très ardent... » Avec mes bas noirs, mon mascara brouillé, et le gilet trop léger sur lequel je n'avais pas pris le temps de passer une veste, je devais avoir l'air d'une prostituée frigorifiée, amnésique comme celle de la chanson, à qui le passant réclame en vain des nouvelles de l'enfant qu'il lui a fait, « ce bel enfant au corps tout blanc, celui dont j'aimais tant le nom, où l'as-tu mis, qu'en as-tu fait? Tu ne fais attention à rien... » L'image d'Alexandre m'empêcha d'accepter, avec sa cigarette, la compagnie que l'homme me proposait.

Je repris ma promenade hésitante, de réverbère en réverbère, comme si je cherchais à tâtons un enfant égaré...

De lumière en lumière, de rue en rue, de café en café, j'allais, saoule de tristesse : j'avais perdu mon enfant dans la forêt, jeté ses coquelicots sur le remblai du métro, et l'on ne m'avait pas récompensée; j'avais laissé mon grand-père marcher à la queue du cortège, trébucher, mourir, et l'on ne m'avait rien donné; j'avais trahi Béa, trahi ma mère, Frédéric, Philippe, Laurence, et Zaffini. Pour rien. On m'avait volée, on m'avait menti, on m'avait pillée...

A travers mes larmes il me sembla tout à coup reconnaître un coin de rue : en tournant au hasard, entre Hoher Markt et Saint-Etienne, j'étais revenue au « Zum König von Ungarn »; je reconnus sa façade peinte en brun et les soupiraux à vitraux de la taverne où j'avais rencontré « Rudolf » la première fois... Du Casino au « Zum König », on aurait dit que je suivais un itinéraire balisé par le KGB!

Un chrétien y aurait vu un signe assurément, mais je ne m'abusai pas : non plus qu'Olga, « Rudolf » ne pourrait quoi que ce soit pour moi... Au contraire : s'il me voyait traîner par là, il me ferait taper sur les doigts!

J'allais tourner les talons quand : « Ma parole, c'est Christine Valbray! » s'écria quelqu'un derrière moi. « Décidément, je tombe toujours sur vous dans les moments les plus inattendus!... On dirait que nos chemins sont faits pour se croiser! »

C'était Thierry Saint-Véran enveloppé dans une grande pelisse de fourrure; il avait l'air gai, un peu éméché : il venait sans doute de fêter son succès. Demain, les gazettes écriraient qu'il était « rare de voir au théâtre l'humour le disputer ainsi au goût le plus sophistiqué... »

Il me passa un bras protecteur autour des épaules :

« Mais, mon pauvre petit, vous êtes complètement gelée! »

« Mon pauvre petit... » – il avait pris de l'assurance, Thierry, depuis le temps où il n'était encore que le timide « Saint Véran-Pasty » qui fuyait les sarcasmes du père Chérailles en se réfugiant sous mon aile... Maintenant, c'était moi qui avais besoin du refuge qu'il m'offrait : déjà, il avait ôté son grand manteau, me l'avait jeté sur le dos – l'alcool qui lui rosissait les joues lui tenait chaud –, et, d'un geste énergique, s'apprêtait à me frictionner les épaules pour me réchauffer lorsqu'il s'aperçut que je pleurais :

« Encore des larmes! Et toujours à cause de lui? Mais c'est une vraie maladie! Allez, entrez là-dedans : vous allez me raconter ça... »

Joignant le geste à la parole, il m'avait poussée dans le hall du « Roi de Hongrie »; effrayée à l'idée de tomber sur le « garçon-saladier » de la taverne, je tentai d'abord de lui résister :

– N'ayez pas peur, insista-t-il, de plus en plus énergique et protecteur. C'est mon hôtel, et il est parfaitement convenable... En tout cas, je ne vous remettrai pas dans la rue avant que vous n'ayez avalé un bon grog!

Il me fit avancer d'autorité dans un vaste patio où, sous une verrière 1900 mordorée, poussait un arbre fruitier dont les branches ombrageaient une dizaine de petites tables rondes, quelques chaises Thonet, et des canapés « Art Déco » en velours frappé. Il me posa sur un fauteuil, près d'un palmier en pot, et se dirigea vers le bar. Je jetai autour de moi un coup d'œil prudent; autour du patio couraient, sur trois étages, des galeries de bois fermées, faiblement éclairées, qui desservaient les chambres à la manière des caravansérails d'autrefois : je me souvins d'avoir entendu dire que l'hôtel datait du commencement du XVIᵉ siècle. Lentement, je ramenai les yeux vers la droite, sur l'escalier voûté dont les quelques marches permettaient d'accéder au restaurant en sous-sol : la grosse porte de la taverne était fermée. Avec soulagement je songeai qu'à quatre heures du matin il était assez naturel, en effet, que « Rudolf » et ses compagnons fussent allés se coucher; ce n'était plus le moment de manger des salades.

Pas le moment, non plus, d'aller prendre un verre au bar : Thierry, qui avait parlementé avec le concierge et le portier, revenait vers moi, navré. Le bar était fermé; on ne nous servirait rien dans le patio, mais le « room-service » pouvait prendre à toute heure des commandes dans les chambres; au surplus, Thierry avait dans la sienne un réfrigérateur qui contenait tout ce qu'il fallait d'alcool pour nous réchauffer. Pourquoi ne monterais-je pas boire un verre de champagne dans sa chambre? A moins que je ne préfère absorber quelque chose de chaud? Il pouvait demander au « room-service » un consommé ou une infusion... De nouveau, il avait passé son bras autour de mes épaules et, d'un coin de la pelisse, essuyait mes joues mouillées : « Même vos cheveux sont humides, dit-il en relevant de la main une mèche ruisselante, et je suppose que ce ne sont pas vos pleurs qui les ont trempés comme ça. A moins que, comme Mélisande, vous n'utilisiez votre longue chevelure pour vous essuyer les yeux... En vérité, je crois, ma petite Christine, fit-il en me serrant affectueusement contre lui, que vous étiez déjà dans la rue lorsque l'averse est tombée et que vous ne vous êtes même pas aperçue que vous vous laissiez doucher... Quel drôle d'oiseau vous faites! »

Tout en parlant, il m'avait entraînée par un étrange dédale de degrés dérobés et de couloirs voûtés dont des lanternes, pendues de loin en loin, caressaient d'une clarté obscure les boiseries brunes et les plafonds ocre. Bientôt, je me trouvai assise dans une vaste chambre, non moins sévèrement lambrissée que le reste de la maison, et au bout d'un grand lit, avec un verre de gin à la main – « c'est bien le gin que vous préférez quand votre moral est bas? Vous voyez comme je vous aime : je connais tous vos goûts! » –; Saint-Véran avait frotté mes cheveux mouillés avec sa serviette de bain, et remplacé par une couverture à carreaux jaunes, trouvée dans un placard, mon gilet dont l'eau dégouttait.

Je bus le premier verre d'un trait, et jetai un regard railleur à ce paletot improvisé : « J'ai l'air d'un vieux cheval de fiacre...

– Vous avez l'air d'une petite fille qui sort de sa douche avec des cheveux bouclés, et qu'on enveloppe vite, vite, dans un grand peignoir pour qu'elle ne prenne pas froid avant de la serrer très fort contre soi... »

Il s'était servi un whisky et, assis à mon côté sur le lit de reps brun, buvait à petites gorgées, tout en continuant de me frictionner le dos car je grelottais...

Je dois dire que si Saint-Véran avait eu une autre réputation que la sienne, si je n'avais pas connu son « tuteur » Sovorov, rencontré maintes fois ses « jeune-homme-au-gant » et ses jockeys, je ne serais probablement pas montée prendre un verre dans sa chambre à quatre heures du matin. Encore qu'occupée comme je l'étais par la seule pensée de Charles, je n'aurais peut-être pas, de toute façon, prêté, ce soir-là, plus d'attention à ses gestes, ses prévenances, ses attentions, que je n'en prêtais à ses propos.

En tout cas, comme je n'avais pas envie de lui parler une fois de plus de Fervacques et de Maud Avenel, dont, du reste, il savait l'essentiel, je lui laissai raconter sa soirée, ne saisissant des compliments qu'on lui avait faits, et des propositions de spectacle qui affluaient, qu'un mot de loin en loin – il était question, me semble-t-il, de monter le « Divertimento » à Chaillot, mais c'était peut-être à l'Odéon ou au Théâtre de la Ville. Enfin, un subventionné... J'étais trop fatiguée.

Je ne sais même plus lequel d'entre nous passa de ces considérations, un peu floues, sur l'état du théâtre contemporain à une analyse, non moins fumeuse, du sentiment amoureux – sur un plan général, bien sûr, car, d'un commun accord, nous évitions le particulier. Je sais seulement que Thierry me tenait toujours contre lui, que les contours de la chambre se perdaient dans l'obscurité, que je sentais toujours le froid me transpercer, et que j'aurais bien réclamé du punch si je l'avais osé.

– Mais, s'exclama tout à coup Saint-Véran en interrompant son discours sur la réversibilité de l'amour et le transfert d'objet, c'est que vous avez aussi les pieds mouillés!

Je vis que mes escarpins et mes bas étaient tachés de boue en effet, et pris brusquement conscience que le cuir lui-même était imprégné d'eau : voilà pourquoi, malgré les efforts de Thierry et la bouteille de champagne dont il avait fait suivre les verres de gin, je n'étais pas arrivée à me réchauffer. Avant que j'aie pu faire un geste, Saint-Véran s'agenouillait, il me déchaussait, prenait dans ses « mains fraternelles » mes pieds glacés, les réchauffait de son haleine et peut-être, déjà, de ses baisers.

« Il faut ôter vos bas » ; et, presque sans relever ma jupe, d'une main si légère que je ne la sentis pas, il défit les boutons de mon porte-jarretelles et, doucement, roula mes « Dim ». A quoi tient la fidélité! Car, assurément, nous ne serions pas allés aussi loin si j'avais eu un collant ce soir-là...

Les bas ôtés, Thierry enleva d'un mouvement décidé la couverture à carreaux jaunes qui m'emmitouflait : « Je sais ce qu'il vous faut, assura-t-il, toujours dynamique et péremptoire, vous allez vous étendre un moment sous l'édredon... Il n'y a rien de tel que les édredons germaniques pour attiédir les cœurs transis! »

Il arracha le dessus-de-lit brun et me coucha sous

la couette, blanche comme celle d'un berceau. « Ah, mais je ne voudrais pas que vous froissiez votre robe! » Et, avec la dextérité d'un petit garçon qui aurait beaucoup joué à la poupée, il me déshabilla jusqu'au soutien-gorge – lequel, apparemment, l'intimida, car il n'y toucha pas.

De plus en plus ensommeillée à mesure que la chaleur de la couette envahissait mon corps, je me laissai faire, lui rendant parfois un frôlement, un baiser, car, blottie dans ses bras, bien à l'abri sous le couvre-pieds qui me cachait, je sentais pour lui la même reconnaissance puérile, mi-cajoleuse, mi-honteuse, qu'on prouve hâtivement à travers ses larmes à l'amie venue vous consoler dans les toilettes du lycée de la punition injuste du « surgé »... Sa bouche, d'ailleurs, était petite, ferme, fraîche, fruitée comme celle d'un enfant, et aussi délicieuse à boire, après tout ce gin, qu'un verre de liqueur de fraise ou de sirop d'orgeat. Et lorsqu'il fut clair que ses caresses, d'abord hésitantes et maladroites, venaient, en se précisant, de nous faire franchir un degré de plus dans l'intimité, je me rassurai encore en me disant que cet homosexuel, femme jusqu'au bout des doigts, ne me ferait rien que Sylvie et d'autres ne m'aient fait. Au mieux, il serait de ces « Girondins » de l'amour, qui parlent d'or mais ne concluent pas...

Et c'est ainsi qu'au « Zum König von Ungarn », dans l'abandon de l'ivresse et la douceur du duvet d'oie, je fis l'amour par inadvertance pour la première fois; car Thierry, « giton » ou pas, était un homme et me l'eut bientôt prouvé. Avant que j'aie pu refuser ce qui m'arrivait, notre affaire était terminée. Certes, elle avait été un peu bâclée, plus gentille qu'excitante, et tenait davantage du dérapage que du projet... Mais je n'eus pas le temps de déterminer clairement ce que je devrais reprocher à cet amant malgré moi : était-ce de m'avoir fait « ce qu'il est si joli de faire »? ou de me l'avoir trop vite fait?

Pelotonnée contre lui, je sombrai aussitôt dans le sommeil.

Quand je m'éveillai, Saint-Véran était assis au pied du lit, sur lequel il venait de poser le plateau du petit déjeuner. Bien que dégrisé, il avait l'air très content de lui. Et il ne semblait pas mécontent de moi : il me regardait comme la Sainte Vierge... J'en fus gênée au point de refermer les yeux et de me renfoncer sous l'édredon : j'avais toujours considéré Thierry comme un être asexué – ou en tout cas, pour ce qui me concernait, inopérant – et le souvenir de ce que nous venions de faire ensemble me donnait non seulement de l'étonnement, mais de la confusion, me jetant dans un embarras proche du remords. Comme si j'avais fait l'amour avec un mineur détourné... Mon malaise fut à son comble lorsque je m'aperçus que, pour mieux marquer la différence entre « l'avant » et « l'après », Thierry était passé au tutoiement : « Que veut-elle boire, ma petite Christine? Thé ou café? J'ai commencé à *te* beurrer une tartine... » Quinze ans d'amical vouvoiement pour en arriver à ce tutoiement incestueux! J'aurais été moins choquée d'avoir à épouser mon frère...

Ajoutons que si, dans toute cette histoire, je ne me reconnaissais pas, je l'y retrouvais encore bien moins : qui aimait-il finalement, ce faux inoffensif? Les rousses, ou les moustachus? Comme lorsqu'Olga m'avait révélé son appartenance au KGB, je devinais qu'il allait me falloir recycler en hâte toutes les connaissances que je croyais avoir accumulées sur le pupille de Sovorov, le jeune Thierry Pasty de nos années d'Italie, le « TSVP » de « la Vie de Giton » et du jockey, le Saint-Véran du « Magazine littéraire » et du « Divertimento », le dandy des manchettes de dentelle et des pourpoints ajustés...

J'aurais voulu lui demander comment il se faisait que... Mais il était clair qu' « il se faisait », puisque c'était fait! Il me vint seulement à l'esprit que lorsqu'à Senlis dix ans plus tôt je l'encourageais à me baiser le bout des lèvres ou la veine du poignet, et que Frédéric dans son coin en pâlissait de jalousie – d'une manière ridicule à mes yeux compte tenu de ce que je croyais savoir de Thierry –, c'était le jaloux qui avait raison : au bout du mensonge, la vérité...

« Tu préfères le miel ou la confiture de groseille? » me demanda Saint-Véran, en glissant doucement le revers de sa main sur ma joue pour me sortir de l'engourdissement où il me croyait attardée; et il repoussa la couette, découvrant un corps que le sommeil avait achevé de dénuder. Un moment, je craignis qu'il n'eût envie de recommencer pour s'assurer qu'il n'avait pas rêvé; et ce n'était pas que j'aie, à proprement parler, gardé un mauvais souvenir de notre « brève rencontre », mais il me semblait que je n'avais jamais participé à rien d'aussi inconvenant, d'aussi déplacé... J'étais la première surprise de cette pudibonderie, compte tenu de ce que – pour rester dans le même registre – j'avais vu faire autrefois à la « soutane-sans-braguette » et quelques jeunes hommes de son séminaire! Seulement, je ne les connaissais guère, et leur demi-métamorphose ne m'avait pas dérangée...

Par bonheur, Thierry ne chercha pas à renouveler ses prouesses de la nuit et se borna à poser sur mon épaule l'un de ces petits baisers enfantins et frais qui étaient une de ses spécialités. Puis, très à l'aise dans son nouveau rôle de chevalier servant, et tendre comme il l'avait toujours été, il me servit un thé – sucré juste comme je l'aimais –, me fit mes tartines et me regarda manger. Charles ne m'avait guère habituée à ce traitement de faveur, cet étonnement énamouré, ni à cette façon de s'installer sur la moquette à mes pieds, jambes croisées, pour m'admirer... Mais peut-être était-ce moins devant moi que devant lui que Thierry s'extasiait, moins devant ma féminité révélée que devant sa virilité retrouvée. A supposer qu'il l'eût perdue!

Tout à coup, sans cesser de me fixer, Saint-Véran rit aux éclats : « Je te trouve bien silencieuse, ma chère Christine, et bien interloquée! »

Je m'efforçai de sourire : « Oui, bon, je l'avoue... D'une certaine façon, il y a de quoi!

— Pourquoi? Ne me dis pas que tu es du genre " chacun son métier, et les vaches seront bien gardées "!

— Les vaches, je ne sais pas... Mais ma vertu l'aurait mieux été!

— Oh, ta vertu, Christine!... Comme la mienne, elle est assez entamée!

— En ce cas, fis-je, en m'armant de courage en même temps que du croissant qu'il me tendait, il vaudrait peut-être mieux que nous économisions ce qu'il nous en reste... »

Thierry secoua la tête, indulgent, nullement fâché : « Ne t'inquiète pas : dans deux heures je reprends l'avion pour Paris... Je te rends à ton " Archange ", qui ne te mérite pas... Sache seulement que chaque fois que son Enfer te lassera, j'ai de quoi te donner un avant-goût du Paradis... » Et, fâché aussitôt d'avoir pu paraître présomptueux, il leva un sourcil interrogateur comme s'il n'était pas sûr lui-même de ce qu'il promettait, et m'embrassa gaiement sur la joue à la façon d'un cousin éloigné, d'un permissionnaire en fin de congé...

En me rhabillant, j'appelai Durosier pour savoir où en était le projet de communiqué, car le président de la République débarquait en fin de matinée. « Il y a un os! me dit Emmanuel, du côté des Maltais... Les Maltais s'opposent à notre communiqué...

— Les Maltais! Et pourquoi pas Monaco! Qu'est-ce qu'ils ont, ces cinglés?

— La tête leur a tourné : ils exigent que la réunion restreinte qui aura lieu chez eux l'année prochaine porte sur la sécurité en Méditerranée... Et comme, pour le communiqué final, on a prévu un vote à l'unanimité, à lui seul leur délégué peut tout bloquer... J'ai appelé le ministre dès huit heures pour prendre ses instructions, mais il n'était pas rentré, ou il était déjà sorti, je ne sais pas... » Il hésita une seconde avant de poursuivre, et ce fut précisément cette hésitation qui rendit inconvenante la question, en apparence banale, qui suivit : « Avez-vous... une idée de l'endroit où je pourrais le joindre?

— Pas la moindre, Emmanuel, pas la moindre », fis-je féroce, et ravie de pouvoir retourner contre lui le mot dont un autre m'avait blessée : « Vous ne me l'aviez pas donné à garder! »

En arrivant à l'ambassade, je tombai sur Philippe dans l'entrée, très agité.

— Tu sais la nouvelle? me lança-t-il en m'attrapant le bras.

— Oui, Malte.

— Non. Renaud.

Je m'arrêtai court : « Renaud? » Et, voyant le visage bouleversé de mon frère, je compris que nous étions arrivés à la fin de la vieille complainte, au moment où, dans la chanson, celui qu'on persécute de questions finit par lâcher : « Ma fille, je ne puis vous le celer, Renaud est mort et enterré... »

— Renaud est mort, reprit Philippe en écho. Hier soir...

Renaud s'était tiré une balle dans la tête la veille, vers dix heures, dans son bureau de l'Assemblée. L'huissier de service, que la détonation avait réveillé, et les pompiers, n'avaient pu que constater le décès... Pourtant, dans l'après-midi, Kahn-Serval avait travaillé normalement, préparé un discours qu'il devait prononcer le lundi suivant, et organisé avec sa secrétaire son emploi du temps du lendemain.

— D'après ce que racontait tout à l'heure Radio-France-Internationale, dit mon frère, il paraît qu'il avait même chargé son attachée parlementaire de lui prendre une série de rendez-vous pour la semaine prochaine... Il a fini soigneusement son travail de la journée... Il n'a pas laissé de lettre pour expliquer son... Rien. Comme si ce n'était pas prémédité... La radio dit que ses familiers ne voient aucune raison qui puisse... Peut-être un peu de dépression? Tout le monde répète « suicide inexpliqué »...

Maud se trouvait déjà là-bas. Pour la prévenir, le Palais-Bourbon n'était pas passé par l'ambassade, mais par l'hôtel Sacher : un message l'y attendait à son retour du palais Lobkowitz; l'attaché culturel avait seulement été prié de la prévenir, dès sa sortie de scène, qu'elle devait retourner d'urgence à son hôtel. Voilà pourquoi elle avait si vite disparu... « Il paraît, précisa mon frère, qu'elle a pu prendre un vol pour Genève vers une heure du matin. Et, de là, un avion privé... Dommage qu'elle n'ait pas pensé à s'adresser à J.V. : il aurait pu faciliter son départ, s'arranger avec le gouvernement autrichien... » Philippe parlait mécaniquement, et se complaisait dans ces détails matériels sans signification qui occupent la bouche quand l'esprit est démeublé, vide comme une maison brûlée.

— Oui, fis-je moi-même machinalement, elle n'a pris le temps de prévenir personne. Même le concierge du Sacher ne savait pas... Mais c'est vrai qu'il n'avait pris son service qu'à minuit. Donc, après. Il avait pris son service après... Après.

Nous étions assis sur les marches du perron, côte à côte, les yeux dans le vague.

— Il est mort à dix heures, reprit Philippe, comme s'il avait du mal à s'en persuader. C'est curieux, ajouta-t-il après un long silence, quand Maud jouait les veuves hier soir dans la pièce... Elle ne le savait pas encore, mais veuve, elle l'était pour de bon. On dirait... on dirait que le jeu finit par nous rattraper.

Je ne répondis pas; il n'allait sûrement pas tarder à soupirer que « tout cela n'avait aucun sens »... Par chance, il fit tourner bride à sa philosophie et revint à des considérations plus terre à terre :

« Dis-moi », demanda-t-il tout bas, d'une voix qui tâtonnait, mais dont, sous l'apparente timidité, l'anxiété perçait, « maintenant que ça n'a plus d'importance, tu peux bien me le dire : est-ce que... avant Charles, ou en même temps... enfin, est-ce que tu l'aimais? »

Les yeux fixés sur les pavés inégaux de la cour d'honneur – ces pavés où, dans la même lumière blafarde d'un matin hors de saison, il me semblait voir Renaud s'avancer dans son smoking noir, sa rose sombre à la main –, je dus prendre, avant de répondre, une grande inspiration; je sentais les commissures de ma bouche trembler, et, pour prononcer les mots que mon frère attendait, il me fallut avancer les lèvres dans une moue exagérée, boudeuse, pointue comme un baiser :

– Je ne sais pas, dis-je sans articuler, sans bouger la tête, sans tourner les yeux. Je ne sais pas...

Le soir au dîner, les chefs d'Etat étaient arrivés, les Maltais bloquaient encore le projet de communiqué, et Renaud était toujours mort.

Nous avions eu les journaux parisiens de l'après-midi par un avion du GLAM d'où venaient de débarquer deux conseillers de l'Elysée : les articles n'ajoutaient pas grand-chose au récit des événements que Philippe m'avait fait. « Monsieur Kahn-Serval venait de passer trois jours à Quiberon, déclarait sa secrétaire, il était en pleine forme... Il m'a demandé de lui organiser une série de permanences dans le Doubs pour la deuxième quinzaine du mois. Samedi, il devait inaugurer une nouvelle bibliothèque à Besançon et il a préparé son discours. Puis il a revu la sténotypie de sa dernière intervention à l'Assemblée, à propos des mille Noirs arrêtés en Afrique du Sud. Ensuite, il a téléphoné à FR 3 pour leur dire qu'il représenterait son parti au débat télévisé avec Monsieur Fabre et Monsieur Leroy – vous savez, l'émission sur la réactualisation du " programme commun "... Il débordait de projets...

– Il ne vous a jamais parlé de la mort?

– Oh, non! Il ne parlait pas de choses comme ça!... Mais quand même, je voyais bien qu'il était fatigué. Il avait des absences. Il était en train de me dicter une lettre, puis, tout d'un coup, son regard se perdait dans le vague... J'attendais une ou deux minutes – chacun a son rythme pour la dictée, pas vrai? –, et puis je le " réveillais ". "Ah, ma pauvre Madame Merlin, j'étais encore en train de rêver, hein? " Il souriait gentiment et me demandait de lui pardonner. Comme s'il y avait eu quelque chose à pardonner! Un homme si gentil! C'est moi qui lui ai conseillé d'aller se reposer un peu à Quiberon... Parce que dans six mois il y aurait encore des Législatives, et c'est exténuant pour un député, ces élections à répétition! »

Les commentateurs rappelaient, bien sûr, la campagne de calomnie dont Kahn-Serval avait été victime quelques mois plus tôt, mais c'était pour dire qu'il s'en était sorti le front haut et que, curieusement, le cran qu'il avait montré dans ces circonstances et le manque de mesure de ses ennemis avaient redonné à sa carrière un second souffle. De l'avis général – y compris celui de ses détracteurs de la veille – l'ex-« poulain de Mendès » était à l'orée du plus brillant destin. En italique et en bas de page, ses amis politiques multipliaient d'ailleurs les déclarations attristées...

Un peu partout apparaissaient des notices nécrologiques, élogieuses et de bonne tenue : il y a longtemps qu'en France le politique est plus grand mort que vivant. « Le Parisien libéré » publiait, en première page, « un des derniers clichés du couple exceptionnel que Renaud Kahn-Serval formait avec l'actrice Maud Avenel ». On les y voyait de dos, marchant côte à côte, tendrement enlacés, au bout d'une longue allée forestière. C'était beau comme la dernière image d'un film. Même si, cette séquence-là, c'était la doublure qui l'avait tournée; je reconnus, en effet, l'une des photographies faites avec Evelyne Martineau pendant la croisade anti-Serval du sieur Lefort...

Après le dîner, Durosier, qui savait dans quelle estime je tenais Renaud, vint dans un coin me faire un bout de condoléances, comme on fait un bout de cour. « La disparition de ce garçon a quelque chose d'absurde », conclut-il, croyant sans doute proférer une parole réconfortante... Il était resté très attaché à ses maîtres d'école – les Sartre et les Kafka qu'on lui donnait à lire en classe de philosophie. « Absurde par rapport à quoi? » eus-je envie de lui demander, car sa constatation postulait l'existence, au moins théorique, d'un sens perdu, d'un but oublié, d'une référence logique... Mais il n'aurait pas plus compris ma question que je ne comprenais sa réponse. Affaire de regard, probablement. N'ayant jamais trouvé la vie « absurde », ni même ennuyeuse, mais tantôt tragique tantôt drôle, j'avais l'impression, dans mes rares moments de réflexion, que, loin d'être vide de sens, la condition humaine en débordait : elle bouillonnait d'intentions, se répandait dans toutes les directions, nous submergeait de significations, d'appels et d'arrière-pensées. A mes yeux, l'existence souffrait moins du non-sens que de l'excès de projets... Ce qui, sur le plan pratique, revient au même, j'en conviens : Durosier n'allait nulle part, et j'allais n'importe où. Mais où que j'aille maintenant, de toute façon, Renaud n'y serait pas. Il n'y serait jamais plus... « Le Monde » nous apprit qu'on l'enterrerait le surlendemain dans le petit cimetière de Châtillon, près de sa maison. J'étais retenue à Vienne, et c'était aussi bien, car je n'aurais pas voulu entendre l'éloge funèbre que Jean Hoédic prononcerait sur sa tombe, au nom de tout le parti...

Trois jours plus tard, la Grande Conférence était toujours bloquée : accrochée à son île, une poignée de Maltais faisait le coup de feu contre trente-quatre pays décidés à ne pas parler, à La Valette, de la sécurité en Méditerranée; et plus le temps passait, plus la situation s'aggravait, les Maltais s'exaltant de découvrir que la minuscule forteresse de leur port de poupée pouvait encore, comme au Moyen Age, verrouiller toutes les communications entre le Nord et le Sud, l'Est et l'Ouest... Les chefs d'Etat s'impatientaient; le Protocole autrichien, qui n'avait pas prévu de festivités au-delà de la date limite initialement fixée par les Russes, s'affolait et, dans la panique, improvisait un pince-fesses hors programme à Schönbrunn et un pot-pourri d'opérettes Biedermeier au Burgtheater; car il était clair désormais qu'il faudrait vingt-quatre ou quarante-huit heures de plus pour venir à bout de la résistance des forcenés qui avaient transformé les deux cent quarante-six kilomètres carrés de leur îlot en Fort Chabrol diplomatique et menaçaient de tout faire sauter.

Or l'obstination maltaise n'avait pas seulement l'inconvénient d'immobiliser à Vienne nos chefs d'Etat plus longtemps que nécessaire : elle remettait indirectement en cause les accords conclus, au stade des travaux préparatoires, entre Russes et Américains sur la date de clôture des débats. Il fallait soit se séparer sans adopter de communiqué – situation que les vieux plénipotentiaires n'étaient pas loin d'assimiler à une déclaration de guerre –, soit obliger les Russes à revenir sur leur diktat initial et à apparaître comme des perdants s'ils restaient à Vienne deux jours de plus. Un aussi beau geste, s'ils s'y résignaient, nous coûterait à l'évidence un paquet de « compensations »... Ainsi la « fièvre maltaise » contraignait-elle les chancelleries à remettre les compteurs à zéro; on négociait à tout va dans les antichambres, on y renouait hâtivement des fils depuis longtemps rompus. Giscard, Fervacques, Durosier, mon père, tout le monde était sur les dents; moi aussi, théoriquement.

Mais mon secrétariat de Paris m'avait fait prévenir qu'un service à la mémoire de Kahn-Serval allait être dit à Saint-Germain-l'Auxerrois pour ses amis, et que Maud avait tenu à ce que j'en fusse personnellement informée. Depuis que je le savais, je ne tenais plus en place : je voulais y être, j'y étais... Charles, convaincu que la Conférence allait encore piétiner quelque temps, accepta de m'octroyer vingt-quatre heures de liberté.

— Et vous, Monsieur le Ministre? Vous n'avez rien à transmettre à Mademoiselle Avenel? Pas même un petit billet de condoléances que je lui remettrais?

— Vous savez, me dit-il avec une nonchalance étudiée et un éclair d'ironie au fond des yeux, notre belle Avenel, il y a longtemps que je ne l'ai pas rencontrée en particulier... Depuis cette soirée Marivaux, il y a deux ou trois ans... Finalement, en dépit de ce que vous avez toujours cru, je la connais fort peu...

Pour une jalouse, j'ai l'esprit lent : ce fut seulement en entendant « l'Archange » prononcer ces mots que je me rendis compte que la nuit que j'avais passée avec Saint-Véran, Fervacques n'avait pu la passer avec Maud, en effet, puisqu'elle était repartie pour la France sitôt son dernier coup d'éventail donné... Alors, avec qui couchait-il tandis que je le cherchais dans les rues de la Vieille Ville, grelottante sous la pluie?

La question aurait mérité qu'on s'y attardât; mais, encore bouleversée par la mort de Renaud, je passai. D'ailleurs, si je craignais Maud, Diane, et toutes celles qui avaient des qualités que je ne possédais pas, je ne redoutais guère les inconnues de rencontre. Sans plus réfléchir, j'imaginai mon « Archange » draguant quelque diablotin de passage tiré pour un soir de la géhenne de la presse ou de l'interprétariat. C'était confondre à tort Charles de Fervacques avec Philippe Valbray...

Il me semble en outre que, si la réponse m'avait été aussi indifférente que je le croyais, j'aurais pu demander à Charles avec qui il avait passé la nuit; pour une affaire sans gravité, il m'aurait répondu volontiers; il adorait me conter ses conquêtes par le menu... J'admets donc qu'il est singulier que je n'aie pas cherché à en savoir plus long et qu'il ne m'ait rien dit; mais les circonstances ne me permirent pas de m'appesantir sur cette double, et très étrange, retenue.

Je pris l'un de nos « Mystère 20 » qui rentrait sur Paris avec un chargement d'énarques financiers. Dans l'avion, je feuilletai le dernier numéro de « Paris-Match » : il contenait un grand portrait de Pierre Lefort, « L'homme qui fait trembler le Tout-Paris ». Comme une starlette pour savonnette, l'immonde posait nu dans son bain, mais, à cause de sa maladie de peau, il avait arrangé la mousse sur l'eau de telle sorte qu'elle lui montât jusqu'au cou, comme ses cols Mao. Le jeune chargé de mission des Finances qui était assis près de moi jeta, par-dessus mon épaule, un coup d'œil à la photo : « Notre "Ami du Peuple " ne devrait pas poser dans sa baignoire... Il finira par inspirer une Charlotte Corday! » déclarat-il en riant.

Apparemment, « l'Ami du Peuple » avait lui-même envisagé cette éventualité. A la journaliste qui, avec le sourire et sans trop y croire elle-même, l'interrogeait sur les risques d'assassinat qu'il courait, il répondait, non moins ironique : « J'ai pris mes précautions en déposant dans un coffre la liste des gens dont j'aimerais assez la compagnie en Enfer... et je sais que j'ai suffisamment d'amis pour ne pas devoir attendre ces " chers ennemis " trop longtemps! »

Tandis que l'avion se posait à Villacoublay, je me demandai machinalement si j'étais sur sa liste; mi-déçue, mi-rassurée, je fus obligée de m'avouer que je n'avais aucune raison d'y figurer : en dehors des injures que je lui avais lancées chez Taillevent, Lefort et moi n'avions jamais eu de démêlé personnel; « la Vérité » m'avait parfois attaquée, mais quand elle le faisait c'était, comme pour des dizaines de quidams chaque semaine, une petite pique en passant – allusion à mes robes excentriques, mon goût pour les croupiers, ou mes amours illégitimes.

Il faisait froid dans l'église Saint-Germain-l'Auxerrois. A côté de moi, une petite dame en pantalon kaki, qui avait l'air d'en savoir long sur la manière de gagner son ciel, expliquait à son compagnon que ce serait sûrement « un service sans eucharistie... Les suicidés n'y ont pas droit... Peut-être même qu'il n'y aura pas de service du tout... Plutôt une sorte de concert... »

Service sans célébration, ce serait aussi un enterrement sans cercueil, et un « verre de l'amitié » sans verre et sans amis.

En attendant le prêtre – ou le chef d'orchestre –, je songeai avec reconnaissance aux quelques lignes que mon père, bien que rivé depuis trois jours à son président de la République, avait tout de même pris le temps de me laisser la veille au pied de mon lit superposé, sous les combles du palais : « Il arriva où il prétendait, plus grandement et glorieusement que ne portaient son désir et son espérance. Et il devança par sa chute le pouvoir et le nom où il aspirait par sa course... » Je ne sais dans quel auteur l'agrégé de lettres avait trouvé ces mots-là, mais il me semblait qu'il n'y avait rien de plus beau à dire sur Renaud, et qu'il aurait suffi qu'à cette cérémonie une autre voix que la mienne prononçât ces paroles pour que tout fût justifié...

Les invités au banquet de l'absent avaient peu à peu pris place dans les travées : une femme toute en noir, menue, étriquée, passa d'un pas pressé dans l'allée centrale et vint s'asseoir au premier rang. C'était Maud probablement – une Maud sans photographes et sans maquillage : méconnaissable.

Il semblait maintenant qu'on n'attendît plus personne que celui qui ne viendrait pas... Il y eut un nouveau silence, troublé de raclements de chaises et de quintes de toux; puis, brusquement, des tribunes un chant tomba.

Il avait été annoncé par le murmure d'un orgue lentement aspiré vers les graves, un soupir qui glissait, un souffle tournoyant descendu autour des piliers; et ce fut à l'instant où ce bourdonnement sourd atteignait le registre du caverneux, où, parvenu au bout de sa course, il semblait devoir expirer sur le pavé, qu'il fut relayé par une voix.

Voix claire, ardente, qui, partie de la même note élevée que l'instrument, du même promontoire, s'était jetée dans le vide à sa suite et, plongeant vers la nef, traînait dans sa chute la première syllabe d'un mot que je ne comprenais pas. De spirale en spirale, de cascade en cascade, et de vocalise en vocalise, la voix tombait, dégringolait jusqu'au fond de l'abîme. Mais, comme elle paraissait à son tour sur le point d'y suffoquer, elle reprit vigueur, et, d'un violent coup d'aile, s'envola vers la voyelle large ouverte, lumineuse et haut perchée, d'une seconde syllabe. Derrière elle, déjà une deuxième, puis une troisième voix, plus ténues, s'engouffraient dans la même descente vertigineuse et la même remontée, s'emparant au passage, comme d'un talisman, des deux mêmes syllabes, qu'elles répétaient en écho : Glo-ria.

Avais-je mal compris? Ou les chanteurs s'étaient-ils trompés de cérémonie? J'attendais un requiem, et c'était un gloria qui s'élevait du chœur que Maud avait rassemblé.

Frappée de stupeur, je voulus prêter plus d'attention aux paroles; mais des voix féminines éthérées avaient succédé aux ténors, et je ne pus saisir aucun des sons qu'elles psalmodiaient et qui se fondaient en un bruissement continu et léger comme si l'on avait voulu, d'en haut, secouer sur nous des plumes d'anges, des pétales de papillons, ou la neige des cerisiers. Plusieurs fois, dans cette mélopée blanche, je crus encore distinguer l'éclat du mot « gloria », repris dans une sorte de bégaiement ébloui, mais rien n'était moins certain : peut-être n'était-il pas permis aux chanteurs de nous éclairer davantage tant que nous n'aurions pas deviné qu'il y avait quelque chose à espérer?

Et soudain – étayée par le murmure immatériel des choristes, appuyée sur cette plainte aérienne comme sur un tremplin de nuages – la voix forte du ténor reprit son élan, et, franchissant le gouffre d'un bond, alla cette fois d'un seul trait, d'une seule inspiration, jusqu'au bout de son cri : Gloria Patri. Longtemps retenu, refoulé, renié, ce « Patri » indiscutable s'éleva vers les voûtes avec la fureur d'un vivat, la clarté d'un commandement, la solidité d'un pont : nous avions passé le précipice, et repris pied sur l'autre rive.

Libérée, la voix enchaînait sur « Et Filio », ne ralentissant sur le « è » que le temps d'un Mont des

Oliviers, et suggérant en deux notes, sans s'attarder, la mélancolie du doute et la douceur des pleurs versés.

« Patri Et Filio. » Plus besoin de s'interroger : pour célébrer la mort de son mari, son désespoir et son agonie, c'était bien un Gloria que Maud avait choisi...

J'allais m'indigner. La mémoire m'en empêcha : au moment où je me demandais s'il convenait bien d'assister à cette caricature de deuil, cette démonstration d'inintelligence ou d'irrespect, je me souvins de ce que Renaud disait à Vienne – que, s'il mourait, il ne faudrait pas le regretter, mais considérer cet événement comme une beauté nécessaire au « projet », et, dans le secret de nos cœurs, entonner un hosanna...

Et brusquement, je compris qu'il était là. Plus présent dans cette exaltation rauque, un peu sauvage, qu'on discernait sous les paroles d'ivresse du Magnificat, qu'il ne l'aurait été vivant, près de moi, obligé de composer avec un monde auquel il demeurait étranger, ce monde pour lequel le Dieu des chrétiens n'avait pas voulu prier... Après la tristesse poignante du « Et Filio » où je l'avais retrouvé tout entier, je le reconnaissais aussi dans la remontée graduée, de plus en plus rapide, folle comme un galop, du « Et spiritui » et l'explosion extasiée du « Sancto », avec son « a » tenu dans un crescendo de passion, un apogée d'effusion. Déchéance et ascension, chute et rédemption. Gloria Patri Et Filio Et Spiritui Sancto. Un ultime accord d'orgue mit, à la phrase désormais complète, le point final.

J'étais épuisée, comme si j'avais couru longtemps, comme si j'avais pleuré... Dans le silence qui suivit ce point d'orgue, la dame en kaki, scandalisée, tourna un instant vers moi son regard glacé. Puis les voix féminines du Magnificat de Monteverdi, que Maud offrait ce soir à son mari, reprirent leur chant d'allégresse sur un mode apaisé, moins solennel, moins tendu que le gloria absolu qui avait ouvert cette étrange cérémonie sans corps ni liturgie. Adoucis, fragiles, c'était maintenant le cantique des séraphins, la berceuse des chérubins, que ces voix désincarnées nous chantaient. Un hymne céleste, même si cette musique des anges, c'étaient les hommes qui l'écrivaient. « Puisque Dieu n'existe pas, disait parfois Gaya, il vaudrait mieux que nous gardions quelques musiciens »...

Le compositeur qui, trois siècles après sa mort, animait ce soir le grand vaisseau de Saint-Germain conclut avec sérénité sa leçon d'éternité sur un amen prolongé : du gloria d'entrée à cet amen final, la « représentation » n'avait pas duré un quart d'heure.

Le public, immobile, crut devoir attendre une suite, une homélie, une bénédiction, ou une poignée de main... Mais Maud Avenel se leva, sortit du même pas rapide qu'elle était entrée, et disparut. Lorsqu'elle eut passé le portail, le public – médusé par l'audace de ce départ, la brièveté de la cérémonie, et le défi à la décence que semblait constituer le choix de la partition – demeura quelques secondes figé sur ses bancs; puis les corps se déplièrent, les jambes remuèrent et les langues se délièrent. On se précipita dehors pour bavarder...

Sur le parvis, agglutinés par petits paquets, les invités, frustrés par le caractère expéditif de la célébration, s'attardaient en effet à commenter. De l'avis général, et de celui de la dame kaki en particulier, Maud était folle : cette commémoration était une provocation. Mais, si la sentence était unanime, les attendus du jugement variaient.

Pour les uns, le plus choquant était d'avoir imposé un semblant de solennité catholique à « un Israélite, un garçon dont tout le monde sait que la famille a disparu en déportation, et que lui-même avait été converti d'autorité pendant la guerre » : c'était presque aussi révoltant que de faire prier des carmélites à Auschwitz. Bien entendu, les meilleurs défenseurs de la pureté hébraïque de Renaud contre la « goy » captatrice qu'il avait épousée se recrutaient parmi ceux qui lui auraient volontiers fait porter l'étoile jaune trente ans plus tôt... Parmi ces champions du chacun-chez-soi, on remarquait, en effet, Hugues de Chérailles qui, soucieux de se dédouaner de l'antisémitisme paternel, en rajoutait dans sa sévérité à l'égard de Maud : « Mademoiselle Avenel est une vieille amie », disait-il dans un cercle de parlementaires RPR que son nouveau lustre de secrétaire d'Etat éblouissait, « je ne veux pas la critiquer, mais, franchement, son petit concert ecclésiastique était d'assez mauvais ton... »

Il m'aperçut, vint me serrer la main avec componction : « Quelle tragédie! Je n'en suis pas encore revenu! Un garçon si gai... »; et, pour condamner Maud de manière implicite tout en m'édifiant explicitement sur l'étendue de sa propre tolérance, « Kahn a été juif avec beaucoup de dignité », poursuivit-il d'un ton pénétré, après avoir observé une minute de silence destiné à me convaincre de l'importance politique du propos. « Oui », m'assura-t-il de nouveau (car, comme les ténors de Monteverdi, il aimait à se répéter), « juif avec beaucoup de dignité... »

Effarée, je faillis répondre au nouveau secrétaire d'Etat qu'il était, quant à lui, malgré sa bonne volonté, « raciste avec beaucoup de constance », mais je n'étais pas d'humeur à polémiquer... Je ne pus pourtant m'empêcher d'exploser quand sa « moitié », la « Grande Catherine », qu'on trouvait toujours au premier rang des rassemblements de têtes connues et de langues bien pendues, vint à son tour, en m'embrassant sur les deux joues, plaindre « cette pauvre Maud que son atavisme breton prédisposait, évidemment, à appeler le recteur in articulo mortis... »

— Kaddish ou requiem, l'interrompis-je, plus véhémente que je ne l'aurais souhaité, autant que je sache Kahn-Serval s'en moquait! Ou plutôt il aurait détesté les deux! De toute façon, il n'est mort ni en juif ni en chrétien, le suicide n'étant recommandé par aucun des deux rites... Il est mort en homme, Monteverdi est un homme aussi, et c'est pour les hommes qu'il écrit! Comme ça, tout est dit!

Puis, assez contente de ma sortie, par habitude je cherchai Renaud des yeux pour rire avec lui de la bêtise d'Hugues « Banzaï », de l'hypocrisie de Catherine, des préjugés des uns et des méchancetés des autres, ainsi que nous avions coutume de le faire après les soirées de Senlis, ou – plus tard – à la sortie des séances de l'Assemblée, des cérémonies du Quatorze-Juillet, des réceptions de l'Elysée, et des enterrements de vieux députés... Et c'est alors que je me souvins – mais ce souvenir avait la brutalité d'une nouvelle – qu'à cet enterrement-là c'était lui qui faisait le mort...

Jamais plus il ne sourirait des plaisanteries que j'aurais faites, ne me consolerait des peines que je lui aurais données, ne poserait son doigt sur ma bouche pour m'empêcher de parler, ni ne cajolerait les stylos et les cendriers comme s'ils souffraient... Jamais plus je ne le verrais, même de dos : jamais la ligne sombre de sa chevelure au-dessus de son col blanc, sa silhouette d'adolescent fragile, et la manière émouvante dont, lorsqu'il croisait les bras, debout, son épaule droite remontait légèrement vers son cou comme pour esquisser le geste de protection anticipée de l'enfant battu...

Il ne saurait pas davantage que j'avais défendu Maud contre quelqu'un qui l'attaquait, lui qui aurait été si heureux de me voir soutenir sa cause! Jamais il n'apprendrait qu'en fin de compte je jugeais son

Avenel digne de lui, qu'elle était vraiment sa femme, son inséparable, son « ish-isha » et caetera... Et je ne lui rendrais pas non plus ce briquet doré qu'un soir, chez Caro, il m'avait prêté, ces lunettes de soleil qu'il avait oubliées chez moi, à Montparnasse, au commencement de mon mariage, ni le seul baiser que, profitant d'une nuit de réveillon, dix ans plus tôt chez les Chérailles, j'eusse osé lui dérober... Hosanna.

Et, parce que cet « hosanna » qu'il avait exigé de moi me déchirait, je ne sus pas trouver les mots qu'il aurait fallu pour faire cesser le scandale des conversations sur le parvis, calmer l'irritation des invités, de ceux qui – plus nombreux encore que les antisémites camouflés – s'étonnaient, non pas que la jeune veuve eût choisi une église pour y célébrer la mémoire du défunt, mais que son chagrin eût pris la forme d'un Magnificat...

« Réellement indécent! », « Il est mort, alleluia! », « La veuve joyeuse », « On dirait qu'elle n'est pas mécontente d'être débarrassée de lui! », étaient les phrases qui revenaient le plus souvent autour de moi. Les moins médisants faisaient remarquer que ce manque de tact surprenait de la part d'une femme qui avait été « si bien au moment de l'affaire de la Jurassienne des Fluides », lorsque, au péril de sa propre réputation, elle avait soutenu son mari dans l'adversité : « La femme forte de l'Ecriture », approuva Prioux derrière moi, sans doute pour dire quelque chose et – une fois n'est pas coutume – quelque chose de religieux; malheureusement, sa citation tombait à faux, car, s'il connaissait son actrice préférée aussi bien qu'on le prétendait, il devait savoir qu'elle avait précisément toutes les qualités, sauf l'abnégation de Sarah et la fidélité de Rébecca... Pas plus qu'il ne pouvait ignorer que, si quelque chose pouvait être reproché à Maud en tant qu'épouse, ce n'était pas d'avoir compris Renaud au point de lui donner les seules funérailles qu'il aurait souhaitées, mais bien, si elle le devinait aussi profondément, de l'avoir laissé se battre tout seul à l'époque où il était en difficulté...

« N'importe comment », disait un vieux monsieur, qui s'était assis sur une borne pour pouvoir médire commodément plus longtemps, « tout le monde sait qu'ils étaient en instance de divorce... Il l'avait beaucoup trompée. Du reste, il ne l'avait épousée que pour se faire de la publicité! Il ne l'a jamais aimée... Alors, bien sûr, elle aura des excuses si elle ne respecte pas le délai de viduité! Ce n'est pas une raison, néanmoins, pour entonner publiquement le péan! Un peu de retenue, que diable! Ils ont tout de même fait ensemble deux enfants! »

Pour justifier la conduite de Maud auprès de ces gens-là, il aurait fallu refaire l'histoire depuis le commencement... Et qui peut se flatter de connaître le commencement de l'histoire? Moi par exemple, qui croyais tout savoir, avais-je su que Renaud parlait à Maud cœur à cœur, aussi librement qu'il me parlait, et qu'il lui avait même avoué son penchant coupable pour les hosannas?

Marchant de long en large devant le Louvre en attendant mon chauffeur – qui, me voyant aller « à la messe », avait dû penser que j'en avais pour une heure –, je me sentais partagée entre mon estime nouvelle pour Mademoiselle Avenel, la joie de découvrir que Renaud n'avait pas été si mal aimé que je l'avais imaginé, et la douleur intermittente d'une jalousie posthume déplacée.

On toucha mon bras : c'était une vieille dame frêle, en imperméable gris, avec un fichu de nylon noir sur la tête. « Madame Valbray, je vous demande pardon... Je suis... enfin, j'étais, la secrétaire parlementaire de Monsieur Kahn-Serval... Madame Kahn-Serval voudrait que... »

Ce « Madame Kahn-Serval », rare, me frappa

plutôt désagréablement, je l'avoue, mais je m'en voulus aussitôt d'éprouver une émotion aussi mesquine et, m'étant fait à l'âme deux ou trois nœuds superposés – une maille à l'envers, une maille à l'endroit, un bon sentiment, un mauvais –, je tâchai en hâte de la repasser pour n'offrir à la secrétaire dévouée qu'un visage lisse et des intentions défripées.

« Oui », reprit la vieille dame qui ressemblait à une sœur tourière, une servante canonique pour vrai curé, « Madame Kahn-Serval a souhaité donner à chacun des meilleurs amis de son mari un de ses objets personnels, une petite chose, vous voyez, en mémoire de lui... J'ai tout regroupé à l'Assemblée. »

La secrétaire voulait savoir quand je pourrais passer car elle allait devoir déménager – le bureau de Renaud au Palais-Bourbon était déjà réaffecté –; je repartais le lendemain pour Vienne : je proposai que nous nous y rendions sur-le-champ.

Tout en roulant le long des quais, je l'écoutais me parler des livres, des statuettes, du porte-cigarettes et des photographies entre lesquels j'étais supposée faire mon choix. En vérité, j'avais beaucoup de peine à relier le souvenir de Renaud – l'être le plus immatériel que j'aie jamais rencontré – à un vase, une valise, ou un cadre à photo... Ou plutôt le seul objet auquel, dans mon esprit, il se trouvait indissolublement associé était un objet qu'il ne possédait plus depuis longtemps : la montre en or qu'il avait donnée au berger afghan, sa montre « Platoun » qui défiait le temps... Pourtant, regardant la vieille dame me vanter la beauté du porte-cigarettes, ou l'attachement que « Monsieur Kahn-Serval » portait à une vieille édition des « Pensées », j'avais envie de l'embrasser : c'était elle, d'après le journal, qui avait envoyé Renaud à Quiberon trois jours avant sa mort. Quelle bonne idée elle avait eue! Il était si fatigué... Elle avait fait tout ce qu'elle pouvait...

Quand elle ouvrit la porte de son bureau, j'eus un instant d'hésitation : entre le canapé et la table, je cherchai « l'endroit »; je craignais d'y voir des taches... Mais la moquette avait été nettoyée.

La vieille dame s'agitait; elle avait déposé tous les objets dans le placard, « fermé à clé », d'un bureau voisin. « Ma collègue a bien voulu... Parce qu'ici, rien ne ferme, vous comprenez. Alors, on ne sait jamais... » Elle prenait dans une coupe la clé du placard d'à côté, et courait chercher l'huissier qui ouvrirait, avec son passe, la porte de la voisine. Elle me laissa seule.

Je m'assis dans le fauteuil de Renaud; le plateau de son bureau avait été rangé, peut-être lavé... A la vérité, je ne savais pas où mon « Hussard » était tombé. Quand il avait pris son arme, qu'il l'avait effleurée du bout du doigt, puis, frôlée de la paume ouverte comme on caresse une peau, tapotée à la manière d'un animal familier, et saisie, étreinte, pressée, où se trouvait-il? A son bureau, au milieu de la pièce, ou sur le canapé? Debout, assis, ou couché? On meurt bien partout...

En tout cas, le dessus du bureau ne portait plus ni stylo, ni dossier, ni courrier. Je tirai machinalement l'un de ces tiroirs « qui ne fermaient pas à clé ». On y avait entassé, pêle-mêle, des coupures de presse postérieures à l'événement, des paquets d'enveloppes vierges, une carte du Doubs, une pendulette, et des tampons encreurs qui portaient la signature de Renaud, « maire de Châtillon-le-Duc », « Vice-Président du Conseil Général », ou « député du Doubs » : à l'évidence, la secrétaire, débordée par l'organisation des obsèques et du concert de Saint-Germain-l'Auxerrois, n'avait pas fini de trier les effets de Renaud et de classer ses papiers.

J'ouvris un second tiroir – c'était dans la chambre

de mon père que j'avais commencé, bien des années plus tôt, ces fouilles systématiques que j'avais continuées dans le bureau de Charles ou sa chambre à Fervacques, et j'y étais devenue aujourd'hui aussi rapide et experte qu'un détective privé; le deuxième tiroir contenait une agrafeuse, des trombones, un bloc à en-tête, un tube d'aspirine, deux paires de ciseaux, un petit dictionnaire, le « trombinoscope » de l'Assemblée, et deux douzaines de lettres adressées à « Monsieur Kahn-Serval – Assemblée nationale » qui n'avaient pas encore été ouvertes; elles venaient de sa circonscription ou des ministères parisiens. J'éparpillai le paquet; l'une des lettres portait le timbre du Quai d'Orsay. Je la décachetai : il s'agissait de la réponse à une question sur la contribution française au budget de l'Unesco; c'était moi qui l'avais signée.

Dans le troisième tiroir il n'y avait que des dossiers bien empilés, qui portaient des étiquettes d'écolier remplies de la petite écriture de Renaud : « Modifications des statuts du Comité d'Expansion », « Fonds Départemental de Soutien à l'Emploi »... Mais sur le tas bien ordonné on avait jeté en vrac deux bacs à courrier en plastique, une dizaine de crayons feutres, une photo de Maud Avenel en Rosalinde, et deux ou trois livres récents – « Regards sur l'économie jurassienne », « le Désarmement nucléaire en question » – qui lui avaient été dédicacés : manifestement, des objets retirés en hâte de la surface de son bureau. La vieille « tourière » avait une drôle de façon de ranger!

J'aurais parié qu'il y avait encore, dans le grand cartonnier au fond de la pièce, les chemises et les cravates que Renaud y cachait depuis qu'il ne partageait plus la villa de Maud à Bougival et dormait, à Paris, sur le divan de son bureau. Peut-être même y aurait-on trouvé sa brosse à dents et son rasoir...

L'idée de tomber par hasard sur ce rasoir me

déconcerta : je me souvenais d'avoir lu quelque part que, dans leur cercueil, la barbe des morts et leurs ongles continuaient à pousser. Imaginer un Renaud barbu, négligé, me fit horreur, plus encore que de me le représenter ensanglanté, défiguré par la balle qui l'avait tué : le crâne brisé, il restait lui-même; mal rasé, sale, c'était un cadavre étranger, un clochard de cimetière. J'eus beau tenter de m'intéresser aux « Regards sur l'économie jurassienne » ou au tableau qui, au-dessus du canapé, représentait la victoire de la République aux élections de 1876 et le retour triomphal de Gambetta, je ne parvins plus à chasser de mon esprit cette idée du rasoir et de la barbe qui poussait; je faillis suspendre mes investigations et sortir dans le couloir.

Mais j'avais déjà saisi la poignée du dernier tiroir, qui glissait lentement; des annuaires, quelques numéros du « Journal officiel », et une grande photo arrachée à un magazine : celle, assez connue, du petit garçon juif de quatre ou cinq ans – avec un visage aigu, une étoile jaune sur son manteau noir, et des jambes nues dans de grosses galoches – que les SS tiennent au bout d'un fusil et qui lève les bras, met les mains en l'air comme un criminel, une « grande personne », obéissant sans surprise ni reproche, sans peur ni tristesse; il a cinq ans et de grands yeux noirs, sans paupières, des yeux qui n'ont plus de regard, plus de fond. Je pris la photo pour voir de plus près cette absence aussi terrifiante qu'un cri. Le revolver était juste en dessous : petit – de la taille d'une main, d'un jouet d'enfant –, froid et brillant; une crosse imitation bois, comme sur les pistolets de cow-boys, mais un canon plus court, si court qu'il ne semblait pas sérieux.

Je le regardai d'abord sans le toucher; j'appréhendais qu'il n'y eût encore quelques taches brunes qui ne seraient pas des taches de rouille... Prudemment, je m'apprivoisai en fixant plutôt la crosse, dont la courbe douce et polie semblait appeler la main. Quand je pus regarder plus calmement l'ensemble de l'objet, il me sembla que cette main, invisible, me le tendait. Je le pris.

Il n'était pas froid, ainsi que je l'avais imaginé, mais presque tiède. Comme si celui qui l'avait tenu venait juste de le lâcher... J'évitai de toucher à la détente : avant que, sur les instances de ma grand-mère effrayée, mon Pépé ne se fût résolu à enterrer son vieux Lüger dans le jardin d'Evreuil, j'avais appris à manier les armes et j'en savais assez pour voir que celle-ci était chargée. J'aurais pu retirer le chargeur, il est vrai, mais quand on tenait, braqué vers soi, l'engin chargé, l'embout du canon avait l'air sympathique d'un œil rond de petit garçon... C'était seulement en le fixant longtemps qu'on s'apercevait que cet œil immense était sans fond, lui aussi... Surtout, ne pas libérer le cran de sûreté! Brusque-ment, avant de m'être interrogée sur la portée de ce que je faisais, j'ouvris mon sac...

Quand la secrétaire revint avec le porte-cigarettes en ambre qu'elle avait décidé de m'attribuer, j'avais déjà choisi mon cadeau-souvenir. J'acceptai néan-moins son gadget avec effusion : il fallait donner le change. Pour le surplus, je n'étais pas inquiète : pas plus qu'au château de Fervacques la disparition du pyjama, on ne pourrait m'imputer ici la disparition du revolver. Avec tous ces tiroirs qui ne fermaient pas!

Ce ne fut qu'en arrivant chez moi que je me demandai s'il était vraisemblable que Renaud se fût tué avec cette arme-là : la police n'aurait-elle pas retenu l'objet comme « pièce à conviction », ou quelque chose d'approchant? La secrétaire ne se serait-elle pas empressée de s'en débarrasser? Il fallait qu'elle fût bien morbide – ou bien désordon-née – pour l'avoir gardé... Mais, si peu logique que la chose me parût en effet, je retrouvai vite la certitude, en contemplant régulièrement l'objet couché dans un tiroir de ma commode entre les piles de mouchoirs et les sachets de lavande anglaise, que je possédais bien le dernier objet que Renaud eût caressé.

Je sus plus tard, en interrogeant un armurier sur les articles qu'il avait en vitrine, qu'il s'agissait d'un 6,35 classique, une bonne marque, « qui atteint sa cible à vingt mètres... un revolver de dame, mais d'une grande efficacité »...

Le soir de ce singulier larcin, Fervacques m'appela peu avant minuit : inutile de retourner à Vienne; Malte venait de céder; et, dans l'euphorie de la victoire, le communiqué final avait été signé par toutes les parties, sans discussion. Il me lut le texte; c'était, à deux adverbes près, les termes mêmes que les diplomates des « Trente-cinq » avaient arrêtés six mois plus tôt avant de commencer...

« Le Président est très content. Il est parti faire un tour de valse à Schönbrunn avec les autres présidents... Cela me fait penser à ce trait d'esprit du roi de Hongrie, au Moyen Age... Mais si! Ce truc en latin que votre père nous a sorti l'autre jour... Oui, voilà... Décidément vous êtes imbattable, ma chère Christine, un vrai puits de science : " Bella gerant alii... " Et après? Redites-moi ça... " tu, felix Austria, nubes... " Bon, eh bien, en ce moment, on pourrait traduire ce joli mot par : " Toi, heureuse Autriche, tu fais la noce! " Nous faisons la noce, mon petit enfant, mais tristement, tristement... Ah oui, bien sûr, j'étais invité... Mais je n'y vais pas : je préfère travailler... Non, vous avez raison, ce n'est pas vrai : j'ai promis à des amis, en ville, de passer chez eux prendre un verre... Mais oui : à minuit. Pourquoi pas à minuit?... Ah, autre chose, j'ai décidé de suivre votre conseil et d'expédier Blondet au Vatican. J'en ai touché deux mots à Giscard... Et nous sommes tombés d'accord sur le nom de son remplaçant. Il nous faut un homme solide à Moscou. Nous pensons l'avoir trouvé : Jean Valbray... »

Bien qu'elle ne s'en soit pas clairement expliquée, Christine n'avait jamais, à mon avis, souhaité que son père fût nommé à Moscou : en dépréciant Blondet et en donnant à Jean Valbray l'occasion de se faire remarquer, elle jouait un coup par la bande et comptait sûrement déplacer plusieurs boules... Le remplacement direct de Blondet par Valbray dut la prendre de court.

Au demeurant – si l'on fait abstraction de ce que nous savons aujourd'hui sur la « double allégeance » de sa fille –, le choix de Valbray pour ce poste difficile était, du point de vue de l'intérêt de la France et de la bonne administration du Quai, une décision judicieuse. Les conditions de vie dans la capitale russe sont réputées éprouvantes pour nos ambassadeurs : il leur est recommandé de n'avoir d'autre contact avec l'extérieur que professionnel et officiel, conseillé d'éviter les promenades autant que les rencontres, et suggéré de se rencogner dans leur résidence, elle-même truffée de caméras et de micros, et aussi transparente à ceux d'en face qu'elle reste opaque pour eux. Ils sont, en somme, dans la situation d'un prisonnier qui non seulement ne pourrait sortir de sa cellule, mais s'y saurait constamment observé. Tous nos diplomates n'ont pas l'âme assez bien trempée pour supporter ce traitement, et l'on a connu, dans le passé, quelques cas fâcheux de « dérapage »...

On tâche donc de choisir maintenant des hommes qui, à la prudence, joignent des qualités d'ermite ou de marin au long cours et savent trouver toute leur substance en eux-mêmes; à cette fin, on les préfère cultivés – et même franchement cérébraux, capables de s'investir des mois durant dans la relecture de « l'Homme sans qualités »! ou l'apprentissage du sanscrit –, et, s'il se peut, mariés et bien mariés, double protection contre la tentation... Un bon couple, affirme-t-on au Quai d'Orsay, sort renforcé de l'épreuve qui consiste à n'échanger jamais la moindre confidence, même dans la chambre à coucher, et à ne communiquer au lit – en dehors des quelques soupirs obligés – qu'en écrivant sur une ardoise dont on efface aussitôt les mots.

Il n'y a en effet, dans notre ambassade de Moscou, qu'une seule pièce « sûre » ou réputée telle : « la cage ». C'est par une succession de portes blindées qu'on accède à cette espèce de cabine, protégée des indiscrétions par le principe de Faraday; autour de ce « conducteur creux », enfermé dans un bunker sans fenêtre, un employé se charge de diffuser en permanence, et à tue-tête, de la musique classique pour parachever le brouillage. Chacune des ambassades occidentales dispose d'une « cage » du même type, où, autour d'une structure métallique identique, le génie national s'est donné libre cours : ainsi la cage américaine passe-t-elle pour la plus fonctionnelle et « gadgétisée », tandis que la cage italienne, peinte en trompe-l'œil de paysages toscans, de roses et de croisillons de jardin, serait la plus « artistique »...

Toujours est-il que tout ce qui se dit en dehors de ces cabines est dit à l'adversaire autant qu'à l'interlocuteur; nous le savons, et « ceux d'en face » savent que nous le savons. Mais ils exercent leur industrie avec si peu de vergogne qu'ils vont jusqu'à en faire, certains jours, un sujet de plaisanterie. Ainsi, un jeune diplomate français, chargé avec un collègue d'assurer, un soir de Noël, la surveillance des machines à écrire de l'ambassade – trop souvent « piégées », paraît-il, pour qu'on puisse encore les abandonner les jours de fête –, m'a-t-il raconté que, ayant débouché la bouteille de Dom Pérignon que l'ambassadeur lui avait fait porter, il n'avait pu s'empêcher de regretter à haute voix les festivités organisées au même moment chez notre conseiller commercial et avait trinqué, furieux, « à la santé des emmerdeurs du *KGB*! ». Comme son collègue, levant son verre, le réconfortait en l'assurant qu'au moins les « *Popov* » qui les obligeaient à jouer les piquets de service « n'avaient pas ça », le téléphone avait sonné; et sans qu'un seul mot fût prononcé, ils avaient entendu, au bout du fil, le « *pop* » caractéristique d'un bouchon de champagne qu'on fait sauter : comme un point d'exclamation au milieu d'une page blanche, le « joyeux Noël » des guébistes de corvée...

Pour survivre dans cet univers si particulier, Jean Valbray pouvait sembler bien armé : il avait supporté, sans sombrer dans la mélancolie, les dix-huit mois de semi-réclusion que lui avait infligés à Vienne le terroriste germano-japonais; il poussait, depuis toujours, la circonspection jusqu'à garder ses sentiments pour lui et ses livres dans des coffres-forts; il ne laissait rien traîner sur son bureau; son laconisme était aussi légendaire que ses « envoyez! », et son goût pour les choses de l'esprit, bien établi; quant à son veuvage, seul élément négatif du dossier, on pouvait penser que Valbray – qui ne devait qu'à la comptabilisation de ses années de Résistance de n'être pas encore à la retraite – serait d'âge à s'en accommoder...

Traînaient bien encore, ici et là, quelques souvenirs de « Lydia », mais la plupart de ceux qui à l'époque avaient pu être informés de l'aventure Pellegrini étaient maintenant, comme Thomas, retirés des affaires; et les autres pouvaient supposer que l'alerte avait été assez chaude pour servir de leçon à ce « Valmy » dont les journaux rappelaient, à l'occasion du changement d'affectation, le passé prestigieux de « soldat de l'ombre ». De toute façon, il est peu probable que

Christine ait laissé les lointains échos de cette faiblesse parvenir jusqu'aux oreilles de Fervacques...

Mais si, vraisemblablement, elle fit écran, elle ne le fit sans doute pas sur instructions de « l'étranger », car, à supposer que les amis d'Olga aient eu l'intention d'exploiter – directement ou indirectement – Jean Valbray, ils auraient mieux aimé le voir nommé à Bonn ou Washington. Quoi qu'on en ait dit, en effet, au procès de Christine, et quels qu'aient pu être alors le désir du ministère public d'aggraver le cas de l'accusée et la volonté de celle-ci d'embarquer dans le naufrage la mémoire de son père, il ne semble pas, à la lumière des informations dont nous disposons aujourd'hui, que l'affectation de Valbray à Moscou ait présenté le moindre intérêt pour le KGB : grâce aux révélations récentes de la DST sur l'affaire Farewell, nous savons que, dès avant l'accréditation du père de Christine auprès du gouvernement soviétique, le télex de l'ambassade de France était « piégé » et que la Place Dzerjinski recevait le double de tous les télégrammes codés qui partaient vers le Quai d'Orsay... A quoi bon espionner la chambre à coucher lorsqu'on a les clés du bureau ?

La seule chose certaine, c'est que J.V. se félicita auprès de sa fille, non seulement de sa promotion, mais de son départ pour l'URSS : « A Moscou, je n'aurai peut-être pas de grandes libertés, l'entendit-on plaisanter, mais au moins je ne risquerai pas une prise d'otages ! »

Ainsi disparut-il gaiement, un jour de novembre, au-delà du « limes », dans l'« Empire du Froid »...

J'aime bien cette expression d'« Empire du Froid » que John Le Carré a lancée, et qui n'évoque pas seulement le climat de neige et les terres gelées que nous imaginons de l'autre côté. Bien sûr, en français, il y entre d'abord un effet de glissement sémantique : les enfants par exemple, lorsqu'ils entendent nommer « glacis » la zone protectrice formée autour de l'URSS

par ses satellites, sont enclins à se représenter, non le
talus, la pente que le mot désigne en bonne étymologie,
mais un couloir glacial, une lande verglacée à perte de
vue... A cette première impression, particulière au
français, s'ajoute ensuite dans toutes les langues l'idée
d'un passage progressif de l'état liquide à l'état solide,
d'une congélation qui épaissit le mouvement, ralentit
les pulsions, ossifie l'esprit, et le constat que, s'il existe
des dictatures chaudes, où les chairs se déchirent, le
sang coule et la violence s'exaspère, éclaboussant les
murs et les âmes, il y a aussi des dictatures froides,
métalliques, silencieuses, rétractées. L'Empire turc
déjà – immense, centralisé, et qui, ayant cessé d'être
conquérant, parvint à garder sous son joug des dizai-
nes de peuples pendant des siècles – était de cette
espèce-là : ni de gré ni de force, ni en bien ni en mal, il
n'a transmis une culture ou une foi, un modèle politi-
que ou un élan économique; il n'y prétendait même
pas. Règne indestructible et stérilisateur du rien, il se
bornait à geler des nations qu'il n'espérait pas conver-
tir et dont aucune, depuis, n'a repris son développe-
ment interrompu, sa respiration suspendue. La plupart,
comme aspirées par la force du vide, fascinées par un
vertige de tristesse, sont passées directement d'un
oppresseur à l'autre, et du froid d'un empire à la glace
du suivant, laissant, sur leurs terres faites pour le
chant, s'établir peu à peu le silence infini des steppes
polaires et la friche des toundras : l'espoir ne repous-
sera pas. Comme ces peaux mortes qui se décolorent
au bout des membres gelés, l'« Empire du Froid »
altère, fane, désagrège; tout s'y fige, y devient terne,
livide – jusqu'à la couleur des habitations, des maga-
sins, des vêtements... La vie ne circule plus, la gan-
grène remonte au cœur, et l'Empire se détruit lui-
même, mourant du froid qu'il a soufflé.

    Car j'ai beau savoir que rien n'est plus dangereux
qu'un iceberg à la dérive, je ne parviens pas plus que
Fervacques à croire que ce bloc de glace nous éven-

trera, ni à me persuader que dans les veines de ces peuples transis, exsangues, zombis, coule la sève des barbares d'autrefois. Il me semble au contraire que, loin de nous menacer, l'Europe d'Asie nous a précédés dans la tombe, dans la nuit, et que, si – comme sa propagande nous l'a souvent rappelé – « le soleil se lève à l'Est », c'est plus tôt aussi qu'il s'y couche.

D'Est en Ouest une nuée crépusculaire grignote le continent, coagule les passions, à la façon dont, au fil des pages, à partir de la mort de Kahn-Serval, l'ombre gagne la chronique de Christine Valbray. En classant ses lettres, ses cahiers, et en les relisant dans l'ordre chronologique qu'elle ne leur a pas toujours donné, j'ai l'impression d'un appauvrissement progressif des couleurs de son récit à mesure qu'elle avance – depuis l'or romain jusqu'au gris solenais, puis de ce gris au brun viennois, tantôt ocre tantôt chocolat, qui teinterait indifféremment, à l'en croire, les façades, les campagnes, les toiles du jeune Hitler, les banquettes des cafés, et les chemises du Grand Reich.

Certes, il y a bien encore, dans les vignes de la Conférence au Sommet, quelques éclats de tons chauds ; mais c'est comme un soleil d'arrière-saison, qui ne peut plus réchauffer. Avec le suicide de Renaud, on entre peu à peu dans une contrée aussi froide qu'un canon de revolver, une succession de nuits que ne percent plus que des aubes brèves, rares, jusqu'à ce retour à Evreuil qui, un peu plus tard, marque l'installation définitive de l'hiver sur sa vie, le triomphe du noir.

Je concède, cependant, qu'en octobre 77 elle n'en était pas encore tout à fait là. Mais, quand le froid s'infiltre dans un être ou un pays, quand le noir y apparaît en périphérie, il est déjà trop tard : le cœur est rongé, un peu comme dans cette nouvelle maladie des châtaigniers qu'on appelle « l'encre » et qui dévore aujourd'hui les campagnes du Limousin et du Berry.

C'est à l'apparition de fissures sur l'écorce, de

678

pustules qui pleurent un jus charbonneux en longues traînées de cendre solidifiée, qu'on devine que l'âme de l'arbre est atteinte, pourrie, flambée, que le tronc achève de se vider et qu'il n'y a plus rien à tenter; pendant deux ou trois ans encore – alors que la cime se dresse sur le ciel comme un moignon blanchi – des branches latérales continuent de pousser, de se couvrir de feuilles en été et de maigres rejets, témoignant des efforts de l'enveloppe pour survivre; puis l'écorce elle-même tombe par plaques, se détache en larges lamelles, les dernières branches s'effeuillent, et du châtaignier ne reste plus, sur le talus, qu'une carcasse creuse du haut en bas, que macule la trace des suintements visqueux de la maladie.

Bien entendu, ces agonies ont commencé par faire la joie des gens du cru : la maladie des ormes, celle des platanes, des cyprès, le « feu bactérien » des fruitiers et même les pluies acides qui dépouillent ailleurs les sapins, avaient épargné leur région; un arbre mort, ce n'était jamais que du bois à brûler; bon à prendre, « au prix où est le pétrole »... Il aura fallu deux grands hivers de neige et de glace – qui ont fauché les arbres touchés, avec la même brutalité qu'un rhume, un porteur du sida – pour prendre toute la mesure du mal et voir d'un coup le paysage basculer : partout des troncs noirâtres, des branches dénudées, des arbres abattus, et la maladie, qui n'avait d'abord attaqué que les souches centenaires, s'empare maintenant des jeunes plants, des petites pousses d'où, comme une rosée pernicieuse, dégoutte le liquide noir. Avant cinq ans, il n'y aura plus un châtaignier dans ces pays où ils formaient le fond de la végétation : « l'encre » grimpe à l'assaut des collines, submerge les ravins, les combes, les vallées, noie les forêts. C'est la victoire du noir sur le vert, du ténébreux sur la lumière...

Est-ce à dire pourtant qu'il n'y a rien à espérer? A force de regarder en face cette mort des châtaigniers, j'ai fini par remarquer qu'au pied de chaque arbre *malade pousse un houx... On dirait que le champignon qui détruit l'arbre fait prospérer l'épineux, et, bien qu'il s'agisse d'une espèce sans utilité, on pourrait juger cette vie – d'une ronce, d'une broussaille, d'un parasite – préférable au désert... Encore, avant de s'abandonner à cette maigre consolation, conviendrait-il de déterminer si le houx naît de la mort du châtaignier ou s'il la provoque, s'il prolonge le règne végétal ou s'il le détruit : de sa présence constante sur le lieu du crime, ne pourrait-on aussi bien déduire que, loin de perpétuer la vie, il véhicule la maladie ?*

De toute façon, à l'époque où Kahn-Serval est mort, je n'en étais même pas à m'interroger sur cette douteuse chance de survie : n'ayant pas repéré le houx, j'étais dans « l'encre » jusqu'au cou. C'est pourquoi, sans doute, je fus désagréablement frappée par l'annonce de son suicide.

Je ne connaissais pas RKS; j'avais sans doute vu son visage à la télévision, mais je m'intéresse peu aux débats politiques et je ne m'en souvenais pas. Je n'avais pas prêté non plus grande attention à la campagne lancée contre lui quelques mois plus tôt, ni à ses déclarations antérieures sur le Cambodge et à la polémique qui les avait suivies : ces sortes de controverses sont le tout-venant de l'actualité... Je ne savais donc rien du « Hussard », sinon qu'on l'avait longtemps donné pour le dauphin de Mendès et qu'il était l'un des « jeunes espoirs » de son parti. C'est à ce titre que son suicide m'impressionna : je ne trouve pas de bon augure que les « jeunes espoirs » désespèrent... Sa mort fut, en tout cas, la première chose importante que j'appris de sa vie.

Ce fut à partir de là – et donc bien avant de rencontrer Christine – que je tentai de me renseigner sur lui. Mais je ne parvins pas à apprendre grand-chose; ou plutôt, chacun de ceux que j'interrogeai avait son explication sur les causes de sa disparition, et toutes divergeaient. Le seul point commun entre leurs analyses, c'est que Kahn-Serval était différent : « dépressif », « orphelin », « juif », « malade », « socialiste », ou même « impuissant » – comme me l'annonça triomphalement un ministre de la majorité qui semblait en savoir long sur les lits de l'opposition. « Je ne crains pas " l'encre " », se répétaient les jeunes châtaigniers avant la dernière gelée, « elle n'abat que les vieux arbres ou les arbrisseaux mal situés, mal taillés, mal aimés, bref les plantes fragiles... »

Trois ou quatre ans après, alors que « l'affaire Valbray » venait d'éclater et que j'avais commencé à m'occuper de Christine – sans qu'elle m'ait encore parlé de Renaud, ni confié ce qu'il avait représenté pour elle –, j'eus une nouvelle occasion d'approcher le secret de la fin du « Hussard » : je signais ma dernière biographie dans l'une de ces ventes de charité où l'on met les écrivains en vitrine comme des filles de joie ; il y avait plusieurs clients devant le stand, et ils écrivaient leurs noms sur des morceaux de papier afin qu'on pût leur dédicacer le livre qu'ils achetaient ; comme j'étais pressée ce soir-là de rejoindre mes enfants, je faisais mon pensum presque sans lever les yeux ; tout à coup, l'une des petites cartes que la vendeuse glissait vers moi accrocha mon attention : « Maud Kahn-Serval » avait-on écrit d'une large écriture bleue.

Je levai la tête. Je ne puis dire que je reconnus la femme qui se tenait devant moi : à ce moment-là déjà, Maud Avenel ne tournait pratiquement plus au cinéma – elle venait d'entrer dans cette tranche d'âge, de quarante à soixante ans, où il semble, à voir nos films, que la société française, par suite d'on ne sait quel cataclysme démographique, ne compte plus aucun élément du sexe féminin. Certes, Maud jouait encore beaucoup au théâtre, mais j'y allais moi-même si peu que je n'avais plus la mémoire de son visage. Au surplus, Christine avait raison de dire que les actrices sont différentes à la ville de ce qu'elles paraissent sur la scène ou à l'écran, et il m'était arrivé souvent, dans des cocktails, de m'entretenir avec des comédiennes célèbres que, tirées de leur environnement familier, je n'avais pas identifiées; c'est pourquoi, ce soir-là, je ne reconnus pas Maud Avenel. Mais je me souvenais que la femme de Kahn-Serval, le jeune député suicidé, était cette célèbre Avenel que j'avais vue, lorsque j'avais dix ou douze ans, débuter à la Comédie-Française. Et, parce que j'avais beaucoup réfléchi au destin de son mari et sollicité à son propos des témoignages contradictoires, je me sentis intimidée comme lorsque,

« Avançant le bras, on peut toucher
Parfois, dans la distance entre deux êtres,
Un instant du rêve de l'autre, qui va sans fin... »

Il me sembla avoir, ce soir-là, le rêve du « Hussard » à portée de la main... Et je reculai, effrayée.

Maud Avenel, si elle s'en aperçut, dut attribuer cette timidité à l'effet qu'elle était elle-même accoutumée à produire, surtout lorsque, d'une voix étranglée, mon petit papier « Kahn-Serval » sous les yeux, je bégayai : « Vous... Vous êtes bien Madame Avenel? »

Elle acquiesça, et je me jetai aussitôt dans l'énumération des rôles où je l'avais admirée. Nous nous fîmes deux minutes de compliments, au terme desquels je ne lui rédigeai même pas une dédicace « personnalisée », car ce que j'aurais eu à lui dire était justement trop personnel pour pouvoir être exprimé; et elle s'éloigna, son livre sous le bras, pour se perdre dans la foule. Longtemps je la suivis des yeux, m'attachant au turban doré qu'elle portait, jusqu'au moment où un groupe de collégiennes me la déroba tout à fait; elle était passée, comme une buée...

Plus tard, lorsque Christine m'eut longuement entretenue de Renaud, et ensuite, quand je commençai mon enquête sur sa vie, j'aurais pu tenter de demander à

Maud Avenel un rendez-vous, lui poser des questions, écouter ses réponses... Mais sur la « Sans Pareille » elle ne pouvait rien m'apprendre d'essentiel et, sur son mari, je redoutais de l'interroger et de porter atteinte, à travers elle, au mystère que chacun doit respecter.

Aujourd'hui que d'autres années ont passé, que Maud a définitivement quitté la France et le monde du spectacle, je regrette ce silence; j'aurais aimé, au moins, pouvoir assurer de mon estime la Célimène d'un soir, lui dire que je ne reprenais pas à mon compte les jugements de Christine Valbray – pas même le dernier, qui, bien que coloré d'admiration, laissait à sa charge une accusation de « non-assistance à personne en danger » à mon avis peu justifiée; il me semblait clair, en effet, qu'en ne volant pas au secours de son mari au moment des campagnes de « la Presse » et de « la Vérité » Maud Avenel avait réagi en personnage public qui, quotidiennement confronté aux rumeurs et habitué à traiter la diffamation par le mépris, en sous-estime l'effet sur une peau plus sensible, un cuir moins tanné; attitude d'autant plus excusable en l'espèce que rien ne pouvait lui donner à penser qu'un homme serait, dans cette occasion, plus désarmé qu'une femme, et un politique qu'une actrice.

Mais sans doute n'était-il pas nécessaire de chercher à relier le suicide de Kahn-Serval à une circonstance particulière, lui qui – avant de se donner la permission de mourir – avait eu à cœur de prouver qu'il pouvait survivre : il était parti un beau jour comme on embarque pour un voyage d'amour et avait rejoint, au bout de la nuit, cette mère dont il ne se souvenait plus, la seule femme sans doute dont il attendît encore la clarté...

De lui, il me suffisait de savoir que, « arrivé au but en peu de temps, il avait couvert une longue route », et que le coup de revolver qui mit fin à ses jours avait été, pour Christine, celui du starter – le point de départ d'une nouvelle course au précipice, le signal d'une ultime plongée, le dernier pas vers cet empire du froid où le soleil ne se lève plus, car il a, comme une barque, « passé la cime du ciel », et seuls « les morts, qui sont à l'avant », peuvent pressentir, pilotes aveugles, que l'océan des nuits « se redouble d'autres étoiles ».

Comme j'avais mis plusieurs jours à comprendre que Renaud était mort, je mis plusieurs semaines à me rendre compte que je ne m'en consolerais jamais. Et – de même qu'en Yougoslavie j'avais appris par un rêve que j'aimais Charles – ce fut cette fois par l'air d'une chanson, fredonnée sans y songer, que je découvris l'étendue de ma détresse.

C'était un air en mineur, haché, déchiré, sauvage, que je me surprenais à chanter silencieusement à chaque instant de ma journée : en travaillant, en mangeant, en téléphonant. Dans la rue, il rythmait ma marche, au bureau il scandait mes discours. Pourtant, je ne me rappelais pas les paroles; et, s'il s'agissait à l'évidence d'une cadence contemporaine, d'une de ces harmonies rauques que produit le synthétiseur, je me demandais laquelle de nos vedettes l'avait enregistrée. Je finis par appeler Carole, qui se disait imbattable sur le « disco » et le « reggae », et, tant bien que mal, lui chantonnai ma mélodie.

– Tu n'as pas franchement la voix du siècle, Mistouflette! Mais il me semble que c'est un truc de Vera Cats... Seulement, te dire quoi, je ne peux pas...

Je courus acheter chez le disquaire les œuvres complètes de la chanteuse, et les écoutai le soir même avec une attention inquiète, comme si ma vie dépendait de la solution de l'énigme. L'air s'y trouvait bien; les paroles aussi, adressées à un jeune mort, et qui disaient : « On peut dire que tu l'as trouvée, la façon – D'nous coller le bourdon – Trois verres de whisky – Deux boîtes de saloperies... – Mais qu'est-ce qui t'a pris? – Pourquoi t'es parti? »

Alors, je sus que, moi non plus, je n'avais pas cessé de m'interroger, et que, si ma mémoire n'avait rien retenu de l'apostrophe gouailleuse et triste de la chanteuse, entendue sans doute distraitement des mois auparavant, mon corps la savait par cœur.

Chaque fois que je me trouvai seule chez moi dans les semaines qui suivirent, je me passai le disque et le dansai – comme on dit que les prêtresses de Bali, les prostituées de Baal, dansent pour leur dieu. Je le dansai furieusement, en suivant les halètements du violon, les battements désaccordés de la batterie, et la voix sensuelle qui déraille, défaille, et atteint ce point filant où, sur l'écran de contrôle, toute vie s'arrête.

Il y avait, sous les sanglots de cette musique écorchée, quelque chose de féroce qui ressemblait au revolver brun et noir au fond du tiroir, et me ressemblait aussi. Car si dans l'angélique Gloria de Monteverdi j'avais reconnu l'âme de Renaud, dans cette plainte violente et rythmée de bacchante je me retrouvais bien mieux. La chanson à peine terminée, je la remettais sur l'électrophone, ne lui substituant parfois, pour un court moment, que l'un de ces airs poignants que le roumain Zamfir joue à la flûte de Pan – cette « Doina de la Visína » par exemple où, par une déchirure du ciel, on croirait entendre l'espoir s'envoler. Des heures entières, comme une spirite désaxée, accompagnée tantôt par la flûte au son voilé, tantôt par l'orgue aux timbres sourds, j'interrogeais Renaud en dansant..

Oui, on pouvait dire qu'il l'avait trouvée, « la façon d'nous coller le bourdon », et je lui en voulais de ne pas nous avoir mieux aimés. Certes, j'avais toujours su que cette fin était une fin possible pour lui, une mort née de sa propre vie... Peut-on même dire qu'il faisait mystère de cette tentation, ce désir de tout quitter qui l'effleurait? Aussi n'était-ce pas le « pourquoi t'es parti? » qui me hantait, mais « pourquoi maintenant? »

Pourquoi maintenant, quand, plus que jamais, j'avais besoin de lui?

Pour comble de malheur je venais en effet d'apprendre, G-Test à l'appui, que j'étais enceinte : les vignes du Wienerwald avaient porté leur fruit, et je ne savais que faire de cette grossesse que je n'avais ni désirée ni évitée. Si Renaud avait été là, il m'aurait sans doute gravement remontré que je n'avais pas le droit de disposer à mon gré de cette vie qui naissait (et pourtant Maud ne s'était pas privée de le faire avant de le rencontrer, ni retenue de s'en vanter!), mais, de toute façon, maintenant qu'il nous avait quittés sans se soucier de l'abandon où il nous laissait, il pouvait garder pour lui ses prêchi-prêcha de fantôme bien élevé! C'était vivant que je le voulais, vivant que j'aurais pu l'écouter...

Et je dansai, dansai, dansai, jusqu'à m'étourdir, jusqu'à vomir, jusqu'à pleurer.

Il était en effet inutile de se leurrer : si Charles apprenait « mon état », il ne sauterait pas de joie! J'avais pu, ces dernières semaines, m'abuser sur l'étendue de sa passion, mais jamais à ce point-là! Il serait d'autant plus furieux qu'il comptait sur moi pour tenir ses solidaristes à un moment où il allait leur faire traverser une « zone de perturbations » : non content de s'être éloigné du RPR, qu'il qualifiait toujours de « Ramassis-Prétendu-Réformé », il avait l'intention de prendre maintenant ses distances d'avec la majorité, et, à l'occasion de ce changement de cap, il s'attendait à quelque « trous d'air ».

Déjà, comme, tout ministre qu'il fût, il lâchait ici et là des « petites phrases » critiques à l'égard du gouvernement et du nouveau Premier ministre –

publiquement, il ménageait encore à peu près le Président –, certains journalistes s'étonnaient. Dans les rangs de ce « Rassemblement pour la République » qu'il avait quitté, on ne se privait plus d'ironiser sur son insolence et la patience excessive que Raymond Barre lui montrait; ainsi, après un billet sévère que « l'Archange » avait fait passer dans « le Petit Bleu des Côtes-du-Nord », « la Lettre de la Nation » s'exclamait-elle : « Est-ce bien le même homme qui écrit un article où il condamne la politique du gouvernement et qui, au Parlement, défend ce même gouvernement? Comme autrefois celui de Monsieur de Morny, son lointain ancêtre, l'esprit de Monsieur de Fervacques semble un enfant du caprice et du hasard! », et, dans une interview donnée au « Figaro », le Secrétaire Général du RPR qualifiait le ministre des Affaires étrangères d'« Arlequin partagé en deux parts égales, l'une blanche, l'autre noire, l'une devant être vue par les électeurs, l'autre regardée par les ministres »!

« Tenez bon, me disait Fervacques, il faut que cette ambiguïté me mène jusqu'à un an des Présidentielles... Faites serrer les rangs, nous franchirons le gué! »

Mais comment aurais-je pu faire passer le gué à nos vaillantes troupes en traînant un ventre rond comme un ballon? La société avait beau évoluer, on n'en était pas encore au Quai d'Orsay à faire diriger les ambassadeurs par une fille-mère! D'autant que, compte tenu de la complicité qui nous unissait, même si Charles n'avait pas été ce qu'il m'était, on n'aurait pas manqué, par pure malveillance, de lui imputer cette paternité. Les chiraquiens étaient à l'affût de tous les ragots qui le concernaient, et d'Aulnay, bouleversé, m'avait appris que, sur instruction du tandem Juillet-Garaud, Lefort lui-même venait d'entrer en chasse... C'est qu'il n'y aurait pas place pour trois candidats de droite en 81 : à Giscard (selon que son électorat l'aurait, à l'épreuve des faits, jugé trop aristocrate ou, au contraire, trop libéral) s'opposerait soit la « droite musclée » (ainsi qualifiait-on, par commodité, la tendance Chirac, même si tous les initiés, Fervacques en tête, en prenaient le chef pour un « tigre de papier »), soit ce qu'un éditorialiste réputé venait de baptiser la « droite rocardienne », moderne, sociale, réconciliatrice et bonne fille – celle de Fervacques, dont j'étais l'une des seules à savoir que le cynisme et la cruauté passaient de beaucoup la blonde gentillesse, universellement célébrée...

Quoi qu'il en soit, cette grossesse inopinée, dont le monde politique ferait des gorges chaudes, tomberait à point nommé pour « scier l'Archange ». Une proche collaboratrice divorcée, enceinte des œuvres d'un inconnu : on avait vu des ministres anglais chuter sur des embryons plus petits que celui-là !

Et je dansai, je dansai, je dansai...

Je finis par parler de mes problèmes à Carole; elle ne réagit pas autrement que Charles l'aurait fait : « Ouh là là, Mistouflette, quelle tuile! Mais pourquoi tu t'es mise dans une situation pareille, voyons? Enfin, heureusement que maintenant le remède est simple : tu vas dans n'importe quel hôpital et ils t'arrangent ça... Et je t'ai bien dit " l'hôpital ", hein! Surtout pas une des trois ou quatre cliniques privées qui pratiquent encore ce truc-là! Des médecins pourraient t'y reconnaître, ma Mistoufle, et " causer ". Tu pourrais même tomber, rayon maternité, sur une jeune accouchée que tu croises ailleurs, dans les dîners, et tu vois d'ici le potin que ça ferait! Les bourgeois, ton nom et ta figure leur disent trop de choses depuis quelque temps. Tandis qu'à l'hôpital, au milieu des immigrées... En plus c'est hyper-anonyme, leur système – une vraie usine! Dès qu'ils t'ont acceptée, ils t'envoient payer un " K opératoire " à la caisse centrale comme pour n'importe quelle intervention; aussitôt que tu as payé, ils te donnent un ticket; et après, tu n'es plus qu'un numéro. Ni vu ni connu... Allez, sois raisonnable, ma Christine, prends rendez-vous à Bicêtre ou Saint-Antoine. Tu as déjà tellement traîné que tu es bonne pour l'anesthésie générale. Alors grouille-toi, bon sang, vas-y! »

Y aller? Assurément, je ne voulais pas d'un enfant qui m'aurait obligée à renoncer en même temps à mon amant et à mes ambitions. D'ailleurs, tout mon corps le refusait : je maigrissais, je jaunissais, j'étais persécutée de nausées. Comme Olga me l'avait un jour lancé, j'étais « hideuse enceinte »... Il n'y avait pas à hésiter.

Pourtant, je n'arrivais pas non plus à me décider à « arranger ça », pour parler à la manière pudique de Caro. Ce n'était pas tant les mauvais souvenirs de mon avortement romain qui m'en dissuadaient : je savais qu'on ne m'enfermerait plus dans un réduit de trois mètres carrés, et que je pourrais payer « l'opé-ration » par chèque à un guichet – comme on fait pour une dent arrachée. Ce qui me gênait, c'était plutôt (et j'en étais la première étonnée) la rapidité avec laquelle je m'étais fait une idée de ce bébé.

Tandis que celui de Marco n'avait jamais existé dans mon esprit, qu'il n'avait jamais eu ni forme ni nom, ce coup-ci j'étais sûre que c'était un garçon. Charles, justement, n'avait pas de fils... J'aurais pu l'appeler « Renaud ». Et puisque désormais les pères pouvaient reconnaître leurs enfants adultérins... « Renaud de Fervacques », le nom sonnait bien. Et même, au pire, « Renaud Valbray » après tout...

Mais je dansai, secouant ce corps envahi, étranger, où grandissait l'intrus, dans l'espérance que peut-être ce « Renaud » tomberait, qu'il aurait la politesse de s'effacer avant que j'aie compris ce qui m'arrivait. « On peut dire que tu l'as trouvée, la façon – D'nous coller le bourdon », hurlait pour la centième fois la chanteuse dans le haut-parleur, « si tu t'figurais qu'on allait te pleurer – O.K., tu t'es pas trompé! » Et, remettant le disque, je reprenais aussitôt le raisonnement à zéro : si le bébé ne se décrochait pas tout seul, il allait falloir, sans tarder, l'y aider...

Mais si le Renaud que je portais était vraiment une réincarnation de Kahn-Serval...? Les dates... A peu de chose près, les dates « collaient ». Je chassai aussitôt l'idée, bonne pour Chaton et ses Krishnas. Mais elle revenait...

Et c'est ainsi que, chaque matin, je me levais décidée à garder l'enfant; et que je me couchais, chaque soir, résolue à l'éliminer. Je connaissais des aurores de bonheur et des crépuscules désespérés. Carole me pressait de trancher : « Tu vas laisser passer le délai, pauvre pomme! Il n'est pas long, le délai... Après, il faudra que tu ailles en Angleterre, ce sera commode! »

A certaines heures, je me sentais la force de tout porter : mon Renaud bis, et un destin brisé; et j'avançais bravement, pointant sous mes robes un nombril vainqueur que rien encore ne déformait; puis, la minute d'après, secouée de haut-le-cœur dans les lavabos du ministère tandis que ma secrétaire me poursuivait avec des notes à signer, j'aspirais à être délivrée de cette mauvaise maladie, à garder pour Charles un corps intact, un esprit libre, à rester ce que j'avais toujours été : une petite fille.

Ce fut Caro qui prit le premier rendez-vous pour moi : elle s'affolait. J'engageai la procédure, sans croire que je la mènerais jusqu'au bout. Au point où nous en étions, « Renaud de Fervacques » avait déjà, selon le Larousse médical, des mains avec des doigts et un cœur, un cœur qui battait. Battait depuis la première minute.

Je ne supportais plus ce cœur en double, je voulais qu'on me rendît à moi-même, à mon intégrité. Redevenir normale. Pourtant, j'espérais encore qu'à l'hôpital la « commission préalable » chargée de dissuader les postulantes ferait son métier et qu'elle me dissuaderait.

En fait de commission, il n'y avait qu'une seule dame, assistante sociale, qui se montra très compréhensive au contraire : une « femme seule », divorcée, tout le monde pouvait comprendre. Elle se borna à noter mon âge sur un formulaire pour les statistiques du ministère de la Santé... Ainsi absoute, je pris rendez-vous pour le péché. On fixa au plus tôt la date de l'intervention.

Dix jours d'attente tout de même. Dix jours d'agonie.

Dix jours pendant lesquels je rêvais alternativement, pour l'été suivant, d'un ventre proéminent traîné dans une chambre rose avec couffin et table à langer, et d'interminables bains de soleil en maillot deux-pièces de style brésilien; et les fleurs du berceau étaient aussi précises dans mon esprit que les rayures du « string ». J'avais beau, imitant l'Hélène de Giraudoux, considérer longuement les deux images pour voir si, par hasard, l'une ne serait pas moins nette que l'autre, ou moins colorée, elles s'imposaient avec une égale acuité – comme, certains soirs, à la roulette, s'imposent avec la même force le noir et le rouge, le pair et l'impair.

Quarante-huit heures avant la date fatidique, désemparée, j'envisageai même d'aller consulter la voyante de Charles. Non pour m'entendre dire ce que je devais décider, mais pour apprendre d'elle ce qui allait m'arriver – le bikini ou le bébé. Seulement, cette pythie de luxe ne recevait que sur rendez-vous et son carnet était plein plusieurs semaines à l'avance... Il me fallut donc renoncer à espérer qu'au dernier moment mon destin me prendrait en main.

Obligée de garder les rênes, j'aurais bien encore

tenté, en désespoir de cause, de découpler l'attelage pour suivre les deux routes à la fois. Pourquoi ne pas être en même temps la tendre mère « Blédina » – qui tient toujours, nichée au creux de son bras, une petite tête dorée – et la troublante naïade de « Rasurel » – qui ne sort de l'onde que pour entrer dans l'aventure?

Mais, bien que très habituée à me diviser, à démultiplier les Christine Valbray pour n'être jamais prisonnière des êtres et des faits, jamais contrainte, jamais enfermée, je sentais cette fois l'impossibilité de retarder le moment du choix, de tout mener de front sans parier. Les jeux étaient faits...

Ce qui ne m'empêcha pas d'ailleurs de me persuader – jusqu'au moment de « l'intervention » – que je n'avais rien décidé : tant qu'on ne m'aurait pas endormie, je pouvais encore, en théorie, changer d'avis. Et ce fut en me berçant de l'illusion de cette liberté, et en divisant l'avenir à l'infini, qu'après une semaine d'irrésolution, d'angoisse et d'incessants revirements, j'entrai à l'hôpital.

Ici aussi on m'avait fait payer d'avance – une manie! –, mais plus de « faiseuses d'anges », plus de folklore : tout serait propre, tout serait net.

Et net, ce ne le fut que trop...

A l'aube, munie de mon ticket de caisse, je m'étais retrouvée parquée dans une minuscule salle d'attente avec cinq ou six futures ex-mamans, aussi pâles et épuisées que je l'étais.

Livides, elles l'étaient d'autant plus qu'on nous avait interdit de venir maquillées : en principe, pour permettre au chirurgien de suivre, à la couleur de la peau, le progrès de l'anesthésie; en fait, pour nous contraindre à regarder la vérité sans fard...

Quant à la lassitude des patientes – naturellement provoquée par leur état, les démarches, et les interminables hésitations des jours précédents –, elle se trouva vite accrue par la longueur et l'inconfort de l'attente. Le bloc opératoire ne prenait, en effet, les « infanticides » qu'en bouche-trous entre deux interventions « sérieuses » et dûment programmées. Mais, plutôt que de nous convoquer individuellement et à intervalles échelonnés, l'Assistance Publique enfermait toutes les « coupables » ensemble dès la pointe du jour et les laissait mijoter pendant des heures dans leur cagibi, sans un mot, sans un signe et sans un verre d'eau : sans doute désirait-on s'assurer, de la sorte, que chacune aurait tout loisir de contempler la tête des autres et de leur trouver une figure de monstres?

Pourtant, c'était davantage comme des victimes que comme des criminelles que les malheureuses « IVG » réagissaient : les nerfs à vif, les yeux fixés sur la porte du fond, elles sursautaient chaque fois qu'une infirmière, en uniforme de « matonne », entrait en compulsant ses dossiers à la recherche du prochain nom. Car si nous ignorions à quelle heure on nous ferait passer, nous ne savions pas davantage dans quel ordre on nous prendrait nos bébés. « Alors, voyons : c'est à qui le tour? » murmurait la gardienne-chef en feuilletant ses papiers, tandis que, suspendues à ses lèvres, nous éprouvions toutes les affres des condamnés à mort, désirant, à la fois, en finir au plus tôt et obtenir « encore une minute » du bourreau.

Au bout de quatre heures de ce régime, deux femmes pleuraient à gros bouillons; une troisième craqua discrètement – ce qui était, peut-être, le but de la manœuvre : elle fit mine d'aller aux lavabos et en profita pour filer à l'anglaise, en remportant son « paquet »...

Mais, sur moi, cette machination produisit l'effet contraire de celui qu'on escomptait : à mesure que l'attente se prolongeait, et que l'atmosphère de honteuse complicité dans laquelle on nous avait plongées s'alourdissait, je me raidissais. J'ai toujours eu horreur des leçons de morale, et je n'aime pas trop, non plus, à être violentée. Aussi, dès que j'eus compris le système, décidai-je de ne pas y céder : j'irais jusqu'au bout, non plus pour des raisons personnelles discutables, mais par solidarité collective. Au nom des femmes.

En me fournissant ainsi un terrain de lutte et l'argument d'un bon combat, la rigueur pharisienne du corps médical avait fait plus pour m'aider que tous les appels à la raison de Caro; loin de sentir encore « Renaud de Fervacques » comme un être à protéger et de compter mentalement les doigts de ses petites mains, je comprenais maintenant qu'il avait partie liée avec l'ennemi. Plus je suffoquais d'angoisse dans mon antichambre ripolinée, plus je le haïssais. Nul doute que si, à ce moment-là, Béa était passée avec sa pile de tracts du MLF, je lui aurais acheté tous ses « Torchons brûlés » et que j'aurais adhéré pour lui plaire au club des Lysistrata, à la Gauche Prolétarienne, au Front des Homosexuelles Déchaînées ou au PC; n'importe, pourvu qu'il y eût de la révolte à la clé.

A cinq heures du soir, dernière de la liste, j'avortai en militante.

Ce fut une odeur d'eau de javel, de vieux formol et de peinture fraîche qui m'éveilla trois quarts d'heure après, dans la chambre où l'on m'avait déposée. Dans un demi-sommeil, l'esprit encore engourdi par l'anesthésie, j'identifiai aussitôt le parfum caractéristique des hôpitaux, et je cherchai machinalement à me resituer : étais-je à la maternité de Trévennec avec mon Alexandre nouveau-né, ou à Vienne où Charles m'avait amenée, brûlante de fièvre, après la conférence de Dubrovnik? Avec peine, je soulevai les paupières, glissant sur la muraille un regard tâtonnant, à la recherche des azalées roses de l'opérée, des bouquets de fleurs de l'accouchée... Ni fleurs, ni

couronnes, ni berceau. Pas de Charles. Et plus de
« Renaud ».

Il ne me restait que les yeux pour pleurer.

Je pleurai.

Quand, après trois jours de repos – officiellement
un refroidissement –, je retrouvai le bureau, on ne s'y
inquiéta guère de ma santé, et je m'en sentis d'abord
soulagée : une fois mon militantisme retombé, je
n'aurais pas trop aimé me faire plaindre...

Mais aucun collègue du Cabinet ne me demanda
comment j'allais. Ils étaient tous trop occupés à
suivre – avec des mines d'enterrement, car si Fervacques tombait, aucun d'eux n'espérait s'en relever –
les péripéties du dernier combat que Lefort avait
engagé : le directeur de « la Vérité » osait, comme on
me l'avait prédit quelques semaines plus tôt, s'attaquer à la pureté de « l'Archange ».

Non pas, d'ailleurs, sur le chapitre des mœurs,
bien que sur la vie sexuelle de Charles il en sût
probablement aussi long que moi; mais, soit pudibonderie, soit crainte de lui faire auprès des électrices
une publicité involontaire, il n'en parlait pas. Il
préférait l'entraîner sur son terrain d'exécution
favori : la probité financière; car, de même que les
vieilles putains font les meilleures dévotes, personne
n'est plus intransigeant, quant au désintéressement
d'autrui, qu'un pourri.

Profitant donc de ce que le groupement, constitué
quelques années plus tôt par plusieurs de nos entreprises d'armement sous le nom d'Agence Nationale
de l'Espace Aérien, commençait à connaître des
difficultés financières, Lefort affirmait que les comptes étaient au rouge parce que l'ANEA était « une
vache à lait, et que certains avaient forcé sur la
traite... » Pour le prouver, « la Vérité » prenait
l'exemple des contrats irakiens obtenus par l'Agence

en 73 et 74 : commande de missiles antichars, d'avions de chasse, et même d'une centrale nucléaire. « Or n'est-ce pas un comble, interrogeait le journaliste, que pour pouvoir ainsi vendre français l'ANEA ait dû arroser des Français? Si le marché, qui s'est révélé juteux pour deux ou trois entreprises du groupement (dont les usines Mérian, filiale de la Fervacques and Spear), a été catastrophique pour le reste des participants, c'est moins en effet, comme on l'a dit, en raison des retards de paiements de la partie irakienne qu'à cause du montant astronomique des commissions exigées non seulement par les intermédiaires arabes habituels, mais par certains responsables de notre politique étrangère... » La semaine d'après, Lefort, confiant à une plume anonyme le soin de préciser ses accusations, indiquait que, « selon des sources généralement dignes de foi, ce serait au plus haut niveau du ministère des Affaires étrangères qu'on aurait touché un bakchich digne des contes orientaux », et ce, par l'intermédiaire d'une banque suisse, la « Financière SRV ».

Ces informations encore proches du ragot avaient suffi à alarmer le Quai; elles me jetèrent, moi, dans les transes, car elles recoupaient en tous points les allégations du vieux Chérailles deux ans plus tôt.

Il est vrai que ce recoupement cessait d'être alarmant si l'informateur de Lefort était le même que celui du comte Raoul : Max Lérichaud, cette vieille baderne. Quand la calomnie serait tombée dans plusieurs oreilles, si elle n'avait qu'une bouche il serait aisé de la lui fermer.

Pour en juger cependant, il m'aurait fallu en savoir plus long sur « les sources dignes de foi » auxquelles recourait le patron de « la Vérité » et, par voie de conséquence, sur la réalité des faits. Or je ne voyais que deux moyens pour découvrir de quelles munitions Lefort disposait : soit attendre qu'il eût fini de tirer et compter les blessés; soit aborder tout de suite la question avec Fervacques. A ce stade, une simple conversation avec Charles aurait pu, pensais-je, lever mes doutes et m'apaiser; mais il me fut vite clair que je n'oserais pas plus l'interroger sur l'ANEA que je n'avais osé lui parler de l'enfant qu'il m'avait fait.

Il faut dire que depuis quelques semaines, et quel que fût leur sujet, nos conversations se caractérisaient par leur brièveté, l'attitude de Monsieur de Fervacques qui jouait alternativement les mystérieux et les tyrans invitant peu à l'épanchement.

Chaque fois que je pénétrais dans son bureau à l'improviste – comme il m'avait autorisé à le faire peu après ma nomination à la direction de son cabinet –, je le trouvais plongé dans d'énigmatiques conversations téléphoniques qu'il interrompait à ma vue en bredouillant à l'interlocuteur des excuses précipitées du genre : « Un de mes collaborateurs vient d'entrer, je vous rappellerai. »

Cette façon de m'exclure ne m'était guère agréable. Pas plus que ne me plaisait la manière étrange dont il me considérait après ces communications écourtées : mordillant sa lèvre inférieure, il me fixait comme s'il ne me voyait pas; et tandis qu'il faisait semblant de m'écouter, son regard halluciné comme celui d'un hippie qui aurait abusé de « l'herbe » passait à travers moi pour poursuivre, au-delà de mon corps, le rêve commencé... J'avais vu à Alexandre ces mêmes pupilles floues et dilatées lorsqu'il avait la fièvre et délirait : cette similitude (de même que les roseurs coupables qui parfois montaient aux joues de mon ministre après qu'il eut raccroché) aurait dû m'alerter; mais, ne pensant pas que ces coups de fil puissent avoir d'autre objet que la préparation des Législatives ou les attaques de Lefort, je crus seulement que Charles se sentait fautif de m'écarter des tractations auxquelles il se livrait.

Plusieurs fois, pourtant, l'ayant surpris en pleine cachotterie, je tentai de provoquer ses confidences en lui tendant la perche. Pendant que, le feu aux joues, il feuilletait mes dossiers d'un doigt distrait, je l'interrogeais sur ses rapports avec le RPR (le soutien logistique que Chirac allait tirer, dans ses prochaines campagnes, de la mairie de Paris, fraîchement conquise, ne laissait pas de m'alarmer) ou bien je le questionnais sur l'éventualité d'une « Union de la Démocratie Française » dans laquelle Giscard regrouperait de force tous les majoritaires non chiraquiens, à commencer par lui. Je savais que l'hypothèse avait de quoi l'inquiéter; mais je n'en tirai que d'évasifs « tant pis! Mieux vaut être marié que mort! » De même, le jour où je m'enhardis à lui demander ses dernières prévisions sur le score de la gauche aux prochaines élections (le succès du PS aux Municipales faisait augurer le pire pour la majorité en place), il se borna à me demander si j'avais lu Lu Xun. Je ne l'avais pas lu, et lui non plus; ce qui ne l'empêcherait pas, bien sûr, de me le citer : « Eh bien, ma chère amie (je n'étais pas plus sa "chère amie" que "son collaborateur"), si vous tenez vraiment à savoir ce que je pense des états d'âme du peuple français et de l'issue du duel entre cette opposition et cette majorité, je vous dirai ce que le grand Lu Xun écrivait : " La façon la plus simple de décrire l'histoire de la Chine – mettez de la France si vous voulez – serait de distinguer entre deux types de périodes : 1. Celles où le peuple souhaite en vain pouvoir jouir d'une stable condition d'esclave. 2. Celles où le peuple obtient, pour un temps, de jouir d'une stable condition d'esclave... " Je vous laisse appliquer cette importante distinction comme vous l'entendrez. »

C'était tout ce que j'en obtenais. Dans les bons jours. Car, dans les mauvais, j'affrontais comme tout le monde, des colères jupitériennes, des regards glacés, des index pointés, des remarques méprisantes, des insultes, des lubies, des mises en quarantaine.

Peu après notre retour de Vienne, en effet, Charles était brutalement redevenu ce tyran que les « bizuts » de son cabinet m'avaient décrit dès 71, à mon premier « dîner des Rois ». De nouveau, on ne comptait plus les morceaux de cendriers cassés...

Bien entendu, lorsque c'étaient d'autres administrations qui en faisaient les frais, nous, bon peuple de Lu Xun, nous esclaffions avec servilité ; mais les rires s'étranglaient dans les gorges quand, sitôt après, la morgue inemployée de « Monsieur le Ministre » cherchait ses victimes dans nos rangs. Car notre « condition d'esclaves », pour être « stable », n'était guère paisible.

Tantôt Charles de Fervacques lisait imperturbablement son journal pendant que le malheureux fonctionnaire qu'il avait convoqué, incapable d'accrocher son attention, suait sang et eau pour lui faire comprendre l'intérêt de la position qu'il avait dû défendre à la CNUCED ou à l'ONU. Tantôt il transformait en combustible nos exposés les plus brillants et nos synthèses les plus achevées ; cet hiver-là en effet, comme ses huissiers entretenaient dans son bureau un grand feu de cheminée, « l'Archange » en alimentait la flamme des rapports que ses jeunes conseillers lui remettaient – autodafé qu'il effectuait généralement en présence des intéressés et devant des tiers gênés : « Vandamme, j'ai lu la note que vous m'aviez remise hier... Que suis-je supposé en faire, dites-moi ? Des cocottes en papier ? C'est curieux, tout de même, que depuis quelque temps tous vos rapports soient inutilisables, mon cher... Ah non, pardon, je vous calomniais : ils brûlent très bien... Tenez, regardez les étincelles que vous faites, sitôt jeté dans le foyer : vous auriez beau jeu – c'est vrai – de prétendre que peu de vos collègues sauraient, dans les mêmes circonstances, se montrer plus éblouissants... Allons, je sens que votre prose va aider notre ministère à surmonter la crise pétrolière...

Mais est-ce un apport suffisant pour que nous n'envisagions pas de nous passer de vos services? That's the question! Oui, oui, je sais ce que vous pensez : il faudra voir à combien monte le stère de bois... Eh bien, souhaitons qu'il atteigne des sommets, Vandamme. Des sommets... »

Mais c'était surtout au cours de ses déplacements officiels qu'il se surpassait. En voyage, en effet, rien ne lui plaisait autant que de contrarier à tout moment ceux qui l'avaient accompagné : il les obligeait, par exemple, à manger devant lui des nourritures exotiques peu ragoûtantes, sauterelles grillées ou vers blancs bouillis – depuis l'histoire des asperges, il montrait une particulière maestria dans l'art d'amener ses convives à consommer de bon appétit des plats qu'ils n'aimaient pas –, ou il les forçait, dans l'avion du retour, à entonner des chants scouts, « Jeanneton prend sa faucille » et « Ne pleure pas, Jeannette », pour la plus grande joie des militaires du GLAM, qui, devant ces chœurs de « colo », avaient de la peine à garder leur sérieux. Neuf fois sur dix, d'ailleurs, le malheureux accompagnateur, épuisé, ne revenait à Paris que pour trouver son bureau changé : en son absence, Fervacques avait donné ordre de le permuter avec un autre, de le rétrograder dans les étages, ou de lui infliger la promiscuité d'une dactylo. Ces changements de bureau était l'une de ses dernières fantaisies – « il ne faudrait pas, me disait-il pour se disculper, que ces petits messieurs, parce qu'ils ont réussi quelques concours, se croient installés. Accoutumons-les à vivre dans la précarité. C'est le sort commun, après tout! »

Quant à sa dernière invention – inviter les novices du cabinet à « prendre le thé » –, il ne tenta même pas de la justifier devant moi; car ce thé, il s'agissait moins, à la vérité, de le prendre que de le lui servir : l'invité devait passer par le secrétariat – où il y avait toujours un samovar en action –, s'y emparer du plateau que les secrétaires tenaient préparé et entrer dans le bureau du « chef » en jouant les garçons de café; après quoi, si le maître était de bonne humeur, le « débutant » serait prié de s'asseoir, et pourrait, ému, contempler le descendant des Variaguine dégustant son thé à petites gorgées – sans espérer partager autrement ce plaisir de prince, puisqu'il n'y avait qu'une tasse sur le plateau d'argent...

Evidemment, les hommes étant ce qu'ils sont, la plupart de mes jeunes recrues avaient réussi à se persuader que cette brimade était un honneur : ils se disputaient la gloire de « goûter chez le ministre »... Charles avait toujours excellé à exciter la jalousie entre ses futures victimes.

Mais depuis notre retour de Vienne il maintenait au sein du cabinet et dans les équipes de direction de la maison une telle pression que l'atmosphère des réunions de synthèse du lundi – où se retrouvaient, lorsque le ministre était à Paris, tous les chargés de mission de son « staff » et les principaux directeurs du ministère – était devenue irrespirable. Au-dessus de nos têtes l'orage couvait, le tonnerre grondait : « Vandamme, que diriez-vous si je vous démontrais que vous n'êtes qu'un sot? » Vandamme ne disait rien et les autres disaient « ouf », trop heureux que la foudre se fût abattue sur Vandamme comme sur un paratonnerre. Jubilation d'autant plus intense qu'elle serait, ils le savaient, de courte durée, chacun étant appelé tour à tour à se laisser foudroyer.

J'étais assurément la seule qu'en public Charles eût soin de ménager, moins par amour peut-être que par prudence : il devait craindre une repartie trop vive, une réplique acerbe, dont toute ma passion ne m'aurait pas défendue; au contraire, elle m'y eût poussée, car, si l'amour banal s'accommode de la courtoisie, la passion s'excite à la vue du sang versé; et l'on ne saurait aimer comme j'aimais Charles sans vouloir détruire ce qu'on aime.

Cette retenue, que la crainte de ma propre violence imposait à Monsieur de Fervacques, me permettait d'étudier à loisir son blond visage lorsqu'il passait à l'attaque; et il avait beau, au moment où il s'abandonnait ainsi à l'ivresse de la colère, détourner les yeux et baisser pudiquement les paupières comme une vierge que le plaisir intimiderait, je saisissais dans son regard des éclairs de jouissance qui ne trompaient pas.

Bien entendu, quand tout le monde était sorti et qu'il me gardait quelques minutes pour réviser le relevé de décisions, il m'expliquait sa cruauté par l'abnégation : « Ce n'est drôle pour personne, allez! disait-il. Et surtout pas pour moi! Mais je suis obligé de les dresser. Un bon conseiller doit abdiquer toute volonté. Comme les faucons, les chevaux, et les chiens couchants... »

C'était son côté Pygmalion. Peut-être d'ailleurs – indépendamment de la volupté perverse qu'il y trouvait – faisait-il là un utile métier : un homme qui n'est pas prêt à avaler des couleuvres ou des fèves de plastique pour avancer doit préférer la Trappe aux administrations... Au reste, même pendant ces mois de 78 où il se surpassa dans l'odieux, Fervacques ne se montrait pas pour ses collaborateurs tellement plus insupportable qu'un Antonelli ou un Berton, et il était moins ridicule. Il faisait en outre assez souvent de touchants retours sur lui-même, couvrant de fleurs – et de petits cadeaux – le malheureux qu'il avait, la veille, mis plus bas que terre. Par contraste, ces douceurs gagnées entre deux fureurs acquéraient un prix infini : j'en savais quelque chose puisque battre, et s'agenouiller après devant celui qu'il avait meurtri, était l'une des spécialités de Charles de Fervacques, toutes vies publique et privée confondues. Qui sait s'il ne frappait pas d'abord pour pouvoir ensuite demander pardon?

Mais peu importait. Qu'il s'agît pour lui d'un

système de dressage ou d'une compulsion maladive, cette alternance de caresses et de coups obtenait l'effet recherché : jeter son entourage dans l'adoration. « Si je n'étais pas aussi résolument hétéro », me confia un jour un petit attaché de cabinet plus sincère que les autres, « je crois que j'aurais pu tomber amoureux du Patron! Si élégant, si intelligent, si méchant, et si attendrissant... Savez-vous à qui il me fait penser? Au personnage de Stavroguine dans " les Démons "! »

J'avais déjà fait le même rapprochement; mais Fervacques était un Stavroguine sans crime et sans confession.

Pourquoi se confesser, d'ailleurs, quand tous, par avance, lui trouvaient des excuses? Les uns rejetaient la responsabilité des états d'âme du « Chef » sur la récente nomination à ses côtés d'un secrétaire d'Etat aux Affaires étrangères proche du Président – « l'espion », « la tique », « le parasite » comme l'appelait Fervacques, approuvé dans sa résistance par tout le Quai d'Orsay où nul ne semblait remarquer que le prétendu flic et supposé tortionnaire se voyait quotidiennement infliger force avanies par sa « victime ». Les autres soulignaient que « l'Archange » était politiquement coincé parce que Giscard allait le contraindre à passer sous les fourches caudines de sa future coalition : de là, selon eux, la susceptibilité du patron, dont l'excès devait être moins rapporté à un tempérament naturellement bénin qu'aux immondes manœuvres du Président. Puis, il y eut la campagne de Lefort, et tous de convenir, d'un même cœur, que, si Fervacques était plus que jamais d'une humeur de dogue, il tenait enfin là une excellente raison...

Curieusement, quoique cette dernière péripétie ne m'inquiétât pas moins que les autres, je ne croyais pas qu'elle suffît à expliquer la profondeur de l'amertume du Ministre, ni les scènes de fureur qu'il nous infligeait depuis quelque temps. Il me semblait que la cause de sa rage venait de ce que quelque chose lui résistait...

Ce « quelque chose », malheureusement, n'était pas moi. Si je ne lui servais pas le thé, en effet, j'avais dû, dans l'intimité, me résigner comme les autres à voir de temps en temps, au coin de sa cheminée, la flamme de mes notes lui chauffer les doigts, et, en l'absence de témoins, essuyer sans broncher des courroux injustifiés. Il me fit, par exemple, une scène épouvantable parce que, croyant lui faire plaisir, j'avais accepté pour lui, dans le programme de sa visite en Hongrie, une chasse à l'ours. Quand je le vis s'emporter de la sorte, je ne trouvai, affolée, qu'une seule explication, bien trop rationnelle en vérité pour un homme comme lui : « Pardonnez-moi, fis-je en prenant un ton d'apparente contrition, je n'avais pas songé que, si vous aviez abandonné la compétition automobile, ce n'était pas pour vous montrer en costume de chasse! Surtout de chasseur d'ours! Encore, si c'était du garenne... Mais l'ours brun! Sans compter ce qu'une presse malintentionnée » (je m'en voulus aussitôt de la légèreté qui me porte toujours à parler de corde dans la maison des pendus), « ce qu'une presse malintentionnée, dis-je, pourrait faire de cet innocent divertissement. Je vois déjà les titres : " Le présidentiable vend la peau de l'ours avant de l'avoir tué "... »

Fervacques, que mon ironie cueillit à froid, s'ébroua comme au sortir d'une douche inattendue; il me considéra d'abord avec un peu d'étonnement, puis un sourire satisfait monta à ses lèvres : « Vous êtes une garce, ma chère Christine. Mais vous n'en êtes pas moins stupide pour cela! Puisque déjà je chasse au faucon – loisir aristocratique s'il en est! –, il me semble que je peux me permettre de descendre l'un de vos ours mal léchés... Non, vous faites erreur : ce n'est pas la discrétion ni le souci de mon image qui m'incitent à refuser votre divertissement hongrois. C'est la délicatesse, figurez-vous! Je ne veux pas, en poursuivant votre Martin mité, risquer de fouler des terres qui auraient appartenu à des membres de ma famille – les Wurtenberg, les Palfy ou les Rubempré, que vos communistes hongrois ont spoliés... »

Pour un homme qui venait d'assister au couronnement de Bokassa 1er, il avait des pudeurs imprévisibles!

Et, comme chaque fois qu'il me désorientait, je replongeai dans le gouffre sans fond de l'abnégation et du don. Charles dut sentir qu'il m'avait de nouveau subjuguée car, me regardant bien en face, il m'expédia d'une pichenette l'une de ces boulettes de buvard que, depuis qu'il avait cessé de fumer, il roulait du matin au soir entre ses doigts et éparpillait sur son bureau autour du sous-main et du presse-papiers. Le projectile, quoique anodin, m'atteignit au visage comme un soufflet; c'était bien dans cet esprit-là qu'il avait été envoyé.

Je me levai, fâchée, mais, au lieu de marcher dignement vers la porte comme toute femme sensée l'aurait fait, je vins soudain me prosterner devant lui, et, prenant sa main, la portai à mes lèvres. A l'instant où j'abdiquai ainsi toute fierté, je revis notre première nuit, « la Nuit des Rois », où c'était lui qui s'était abaissé devant moi; et, tandis qu'il flattait machinalement ma chevelure et mon cou comme on flatte l'encolure d'un animal, je considérai avec un étonnement douloureux le chemin parcouru en cinq ans, les degrés descendus. Et dire que j'avais parcouru cette route-là en sachant, dès la première minute, où elle me menait! Ne me rappelais-je pas parfaitement le mépris que j'avais ressenti à Sainte-Solène lorsque, sous-préfète, je m'étais trouvée confrontée, lors du dîner de cabinet, à la servilité des conseillers de Fervacques – les Cognard, les Courge-nouille, les Escudier? N'avais-je pas deviné alors, en regardant Elisabeth, et en rapprochant son air défraîchi de la mine fripée, flétrie, de la pauvre Malou Weber, en quel état Fervacques réduisait les femmes qui l'aimaient? Et comment aurais-je oublié ce que, bien des années avant notre rencontre, sa conduite envers sa fille Laurence me laissait augurer?

Mais prévoir dans quel désert Charles me conduirait ne m'avait pas empêchée d'y aller. Peut-être échappe-t-on d'autant moins à son sort qu'on le connaît?

Le visage incliné sur ses genoux, les cheveux défaits, les yeux fermés, je pensais à ces écrivains qui prétendent, comme Saint-Véran, qu'ils ne se servent pas de leurs rencontres, de leurs deuils, de leurs amours pour écrire, mais qu'il leur advient tôt ou tard ce qu'ils avaient peint en espérant le conjurer, et que, si leurs livres ne ressemblent guère à leur vie, leur vie finit par ressembler à leurs livres.

Ma vie aussi ressemblait à ce que j'avais craint, ce que j'avais fui, ce que j'avais haï : à mon tour, ainsi que tous ces familiers du ministre dont je raillais à Sainte-Solène le manque d'épaisseur, je m'étais laissée dissoudre par sa désinvolture acide et sa causticité, et quoique, à l'inverse de ces gens, je n'eusse jamais été dupe de sa sincérité, je m'étais mise à admirer sa malhonnêteté : je cherchais ses défauts, je les trouvais, je les aimais. Prise entre son intelligence et son inculture, ses tristesses lumineuses et ses gaietés noires, son amour et sa cruauté, j'avais été laminée comme entre deux meules. « Réduite à l'arête », je ne me connaissais plus aujourd'hui d'autre ambition que de le servir, d'autre plaisir que de le faire rire, d'autre espérance que de l'applaudir, comme le mois dernier lorsqu'à « Télé-Vérité » il concluait pour le présentateur de l'émission qui lui demandait de définir le solidarisme d'un mot : « Le solidarisme, mon cher Duhamel, c'est la générosité! », tandis que sur le générique qui défilait s'inscrivaient son menton carré de responsable conscient de ses responsabilités et ses yeux étoilés de poète du futur... Du travail d'artiste! Mais le comble était que cet anéantissement devant une fausse supériorité me procurait, dans l'instant, la plus grande jouissance d'amour-propre que je puisse éprouver et qu'il me fallait après ces coups d'éclat plusieurs jours de recul pour me réjouir d'avoir, tout en m'aplatissant, gardé un semblant de double fond : le KGB...

« L'artiste inspiré » me tapota affectueusement la nuque, me releva, et, me serrant une seconde entre ses bras : « Excusez-moi, Christine, dit-il, mais je dois appeler Elisabeth; elle m'attendait ce soir à Fervacques, mais finalement je vais rester avec vous rue de l'Université... Seulement, je préfère que tu sortes : je mens mal devant ceux qui connaissent la vérité. »

J'obtempérai, mais, avant de quitter la pièce, dans un geste ultime de servante – qu'il prit à tort pour une demi-vengeance –, je balayai son bureau de toutes les miettes de buvard qui l'encombraient et les jetai dans la corbeille à papier : « Ah, fit-il avec ce sourire confus et tendre dont il usait pour désarmer l'hostilité, je suis odieux, n'est-ce pas, depuis que je ne fume plus? »

Ce renoncement au tabac était en effet l'une des dernières excuses que les thuriféraires du cabinet donnaient à la mauvaise humeur du Ministre. Au moment pourtant où il me la fournit lui-même sur le ton de la plaisanterie, je pressentis qu'il me trompait et cherchait à m'égarer pour m'empêcher de découvrir ses vrais sujets d'ennui. Mais, une fois de plus, j'écartai cette déplaisante intuition : depuis quelques jours je croyais avoir compris ce qui, outre les attaques de Lefort, pouvait tourmenter mon amant. Le spleen dont il semblait atteint depuis notre retour de Vienne s'expliquait, pensais-je, par le motif même qui l'avait conduit à abandonner la cigarette : les médecins américains venaient de détecter chez son frère Alban un cancer du poumon.

Bien entendu, je ne l'avais pas appris par Charles; il me parlait volontiers de ses maîtresses – parmi lesquelles il fallait maintenant compter la jeune femme que Fabien d'Aulnay avait épousée l'an dernier dans sa chapelle pour Japonais –, mais il ne m'entretenait jamais de sa famille. C'était Carole qui m'avait communiqué la nouvelle en rentrant d'un des nombreux voyages aux Etats-Unis qu'elle effectuait depuis qu'elle avait transféré là-bas le siège de sa société de « bakchichs informatisés » et absorbé à San Francisco la plus grosse affaire de « saunas spéciaux »; chaque fois qu'avec la ponctualité d'un tour-operator elle repassait par Paris, Miss Mauvière m'invitait à prendre le petit déjeuner au Crillon, une habitude acquise autrefois avec ses clients d'Arabie.

– Un cancer du poumon, Alban? Et à quarante-cinq ans! Eh bien, ma pauvre Caro, il n'en a plus pour longtemps! Le pauvre garçon! Il est foutu, tu sais...

A ma grande surprise, mon amie s'était levée d'un bond. Sa petite bouche soigneusement fardée tremblait; sa frimousse enfantine – dont la roseur candide avait poussé Philippe à la baptiser, dix ans plus tôt, sa « poupée de porcelaine », son « minois de fantaisie » – avait blêmi. Debout, elle fouillait rageusement dans son minuscule sac à main d'où elle sortait pêle-mêle son rouge à lèvres, son porte-monnaie, une écharpe, un miroir de poche et des tickets de métro, que, raide comme la justice, elle déposait sur le coin de la nappe; le garçon du Crillon, qui, vu la taille du réticule, devait croire à la répétition d'un tour de prestidigitation, avait suspendu son service et la regardait avec stupéfaction. A la fin, tandis que ce furieux déballage commençait à attirer l'attention de la clientèle et que j'en venais à redouter qu'on ne nous priât d'aller déposer notre bagage ailleurs, elle trouva ce qu'elle cherchait : un vieux porte-cartes, d'où elle tira, vengeresse, une coupure de journal usée qu'elle me tendit. « Tiens, me dit-elle, à propos de vies foutues j'aimerais te donner matière à réflexion! »

La vieille coupure était un article de « France-Soir », daté de février 1956; sous le titre « A Toulon, un drame de l'alcoolisme », on y racontait comment un certain Emile Massin, quarante-deux ans, docker au port, avait la veille – alors qu'il était, comme à l'accoutumée, « fortement pris de boisson » – tué d'un coup de carabine son épouse Renée, âgée de trente-sept ans, avant de se donner la mort sous les yeux de « son unique enfant, la petite Jeanine, âgée de douze ans, qui a été aussitôt confiée au Centre de Protection de l'Enfance de l'Assistance Publique du Var ».

Jeanine Massin... C'est vrai qu'elle s'était appelée Jeanine avant de devenir Carole, Ghislaine, Pauline, puis cette « Marie-Anne Mauvière » dont je contemplai rêveusement la silhouette gracile dans son tailleur Scherrer (elle n'avait même plus besoin maintenant d'avoir recours au « dégriffé » de sa copine de la SFP). Et pendant que, calmée, elle se rasseyait et entreprenait de faire posément ravaler à sa pochette en lézard tout ce qu'elle nous avait craché, je ne pus m'empêcher de murmurer, comme si je poursuivais malgré moi une réflexion commencée quinze ans auparavant : « Tu sais, Jeanine, je suis quand même contente d'avoir compris pourquoi tu préférais le Nord au Midi. Je me demandais toujours comment on pouvait aimer les brouillards de l'Oise quand on avait connu les soleils du Var... »

Elle posa à plat sur la table ses mains aux ongles joliment manucurés : « Oui, tu vois, les soleils du Var pour moi, ils avaient quelque chose de voilé...

Bon, excuse-moi, Mistouflette, j'avoue que je suis un peu soupe au lait... Et puis, je me doute bien que toi, en ce moment, avec tous les soucis de santé que t'a donnés cette histoire de bébé, tu n'es pas au mieux de ta forme... Normal que tu voies tout en noir ! Mais ce que je voulais te dire, en somme, c'est qu'il ne faut pas se retourner » – elle remit la coupure dans ses plis et la reglissa dans le porte-cartes, sous quelques photos de jeunesse – « ce qui est passé est passé. C'est demain qui compte... Le cancer d'Alban, puisqu'il l'a attrapé, ce n'est plus la peine de battre l'air et de jérémier. Ce qui est devant nous maintenant, et qui mérite qu'Alban y réfléchisse, c'est sa guérison... Oui, sa guérison. Et, bagarreuse comme je suis, je te garantis que je vais m'en occuper ! »

Elle était en train de liquider ses affaires parisiennes : Alban avait été admis au Bethesda Hospital près de Washington, et elle avait résolu de s'installer là-bas « le temps qu'il faudrait »; elle venait même de mettre en vente le grand appartement qu'elle avait autrefois décoré pour « Poupougne » et dont le vieux cheik lui avait fait cadeau un an plus tôt en mémoire de leurs défuntes amours. « Oh, les sentiments, tu m'embêtes, toi, avec tes affaires de sentiment ! Remarque, c'est vrai que je garde des bons souvenirs de cet appart'... Et quand mon pauvre Poupougne saura, il ne sera sûrement pas ravi que je l'aie bazardé ! Mais j'ai besoin de fric à Washington... Et puis, il ne faut pas se laisser dévorer par les vieilles histoires ! Moi, Mistouflette, je suis pour aller de l'avant ! Note que, d'un autre côté, je ne suis pas fâchée de quitter Paris en ce moment, parce que, avec toutes les copines de trottoir qui se mettent à militer, les putes qui font du sit-in dans les églises et tout ce raffût politique autour du métier, je ne suis pas tellement à l'aise, moi... Tu comprends, il y en a des tas qui voudraient que je leur serve de porte-parole. Dans le genre d'Ulla. Mais je n'ai jamais eu de mac, moi, Chris, tu le sais! Alors, aujourd'hui, me retrouver embrigadée... Même pour la bonne cause! Elles savent, les filles, que j'ai toujours eu la fibre sociale, vrai. La preuve : mon " Sex-Appel "... Mais de là à rentrer dans leur parti, parler pour les autres et leur rendre des comptes... Très peu pour moi! Non, vaut mieux que je me tire sans bruit. Qu'est-ce que tu veux, il y a des heures dans la vie où c'est chacun pour soi! »

Elle abandonnait même la direction de sa maison de décoration : la Spear, qui en était actionnaire pour moitié, avait accepté de fusionner « Marie Mauvière Associés » avec une petite affaire de prêt-à-porter du Sentier « dans l'idée de faire du coordonné style Laura Ashley, tu vois le topo? Assortissez vos robes à la couleur de votre studio! Ils ont confié la direction de tout ça à une nana que tu dois connaître : la petite Leussac... Non? Pourtant, je me souviens qu'à une époque tu étais très amie avec son père, le bonhomme de la télé : comment que c'était son surnom déjà? » Toujours ces « comment que » contre lesquels j'avais vainement lutté, mais qui, Dieu merci, ne devaient pas trop gêner Alban en anglais. « Enfin quoi, son nom de " plume "? Ah oui, " Fortier "... C'est son vrai nom? Tu es sûre? Bon, enfin si tu ne connais pas la petite, les Fervacques la connaissent, eux. Elle m'a l'air très appuyée, je n'ose pas dire " soutenue ", tu croirais que je suis obsédée! D'ailleurs, elle est douée... En tout cas, l'essentiel pour moi, c'est que l'affaire continue de s'appeler " Mauvière ", qu'elle garde mon nom... Enfin, quand je dis " mon nom "...! »

Elle éclata de rire; et, surprenant sans doute sur mon visage une ombre de réprobation, « c'est vrai, je ne suis pas triste du tout, dit-elle en tartinant généreusement sa brioche de marmelade d'orange, mais c'est parce que mon Fervacques s'en sortira ».

En quinze jours Caro eut tranché toutes ses attaches françaises, y compris le « Sex-Appel », cédé à une « ancienne ». Etait-ce pour autant la preuve qu'elle aimait Alban? Elle s'était complètement identifiée à lui dans la lutte à livrer, mais bien malin qui aurait pu dire si elle le faisait par amour, par intérêt, ou pour satisfaire ses goûts de « battante », qui la portaient souvent vers les combats désespérés.

Charles, de son côté, s'inquiétait-il vraiment pour ce frère malade? Tout sentiment mis à part, si Alban mourait, « l'Archange » serait contraint d'assumer la régence en attendant qu'un des enfants de la génération suivante soit en âge de s'intéresser aux arbitrages boursiers; et pour un dilettante dans son genre, qui ne prétendait à rien qu'à piloter distraitement, entre une chasse et une course, le destin d'une nation en déclin, se voir assigné à résidence dans un immeuble de Wall Street derrière un bureau de P-DG ne devait pas constituer une perspective affriolante!

Quelles que fussent, en tout cas, ses raisons d'appréhender l'avenir immédiat, ses sautes d'humeur commençaient à me déprimer. Du coup, je ne parvins pas à prendre à la légère, la semaine d'après, les articles de « la Lettre » (qui donnait quelques indications supplémentaires sur la fameuse banque suisse et publiait une lettre, relativement anodine, de « Pinsart-dit-de-Fervacques » à Saddam Hussein), ni ceux de « la Vérité » (qui reproduisait en fac-similé plusieurs correspondances de Charles avec Lérichaud rédigées en termes trop vagues pour être retenues contre lui). Ces missives sibyllines m'intriguaient néanmoins par leur provenance. Je pensai aussitôt que Lefort les avait publiées en manière d'avertissement : si Charles avait commis les fautes dont « la Vérité » l'accusait, le coup d'épée dans l'eau que Lefort donnait cette semaine avec ces lettres inoffensives n'était qu'une habile invitation à négocier, une pause dans un chantage bien mené.

C'était maintenant qu'il fallait prendre contact

avec lui et traiter : à ce stade – et puisque par ailleurs il semblait clair que « la Lettre » ne disposait d'aucune information confidentielle et n'entrait dans la danse que pour ne pas laisser à son rival l'avantage de mener le bal –, un gros chèque de la Spear suffirait à arrêter net les investigations du « César de la bourbe ». Les dénonciations de « la Vérité » s'enliseraient, les prétendues révélations tourneraient en eau de boudin; il y aurait encore un ou deux entrefilets confus auxquels personne ne comprendrait rien, puis le silence et la poussière retomberaient sur les contrats irakiens... Mais Charles avait-il enfin engagé cette transaction à laquelle Lefort l'appelait? Etait-il seulement coupable de ce dont on l'accusait? Je n'en avais aucune idée.

Il me semblait parfois revivre ce que j'avais vécu avec Renaud un an plus tôt, à cette différence près que Kahn-Serval n'avait jamais hésité à me dire tout ce qu'il savait, à commenter avec moi chacune des attaques qui l'atteignaient, à m'avouer ses imprudences et me montrer les cartes qui lui restaient. Charles au contraire, comme mon père à l'époque de l'affaire Pellegrini, se taisait.

Lorsque, ayant pris mon courage à deux mains, j'avais cru pouvoir – en profitant de la fausse accalmie que Lefort nous accordait – faire une légère allusion aux « élucubrations de " la Vérité " », tout ce que j'avais tiré de lui, c'était : « A trois mois des Législatives, nos amis du RPR ont l'air résolus à faire le jeu des socialistes. Grand bien leur fasse, à ces cons! », puis, quelques jours après : « Si seulement je pouvais traîner cette fripouille sur le pré! », soupir qui ne m'avait pas appris grand-chose, le duel avec un journaliste étant, depuis Clemenceau, le fantasme le plus répandu dans la classe politique française...

Mais, dans les jours suivants, j'avais encore surpris de mystérieux coups de fil, et un soir, très tard, alors que je supposais le leader solidariste en route pour sa circonscription, et que lui devait se croire seul dans le ministère déserté, je l'avais trouvé affalé sur son bureau, la tête dans les mains.

Il m'avait observée longuement entre ses doigts, sans bouger, puis, me découvrant brusquement, dans un visage ravagé, les mêmes yeux égarés que je lui avais vus ce soir de 75 où, sans me dire ce qui le tourmentait, il m'avait suppliée de lui donner une heure d'oubli : « Ma pauvre Christine, avait-il murmuré, je ne suis pas très heureux en ce moment... Je veux dire : chanceux. » D'un bras fatigué il avait enlacé ma taille pour m'attirer vers lui et, posant son front contre mon ventre, avait poursuivi d'une voix presque inaudible : « Si seulement vous pouviez m'aider !

— Mais je le pourrais ! Pourvu que vous consentiez à me parler... »

Alors, relâchant son étreinte, il s'était enfoncé dans son fauteuil, avait renversé la tête en arrière, et, partant d'un grand rire noir : « Oh non, non ! Actuellement, tu es bien la dernière qui puisse quelque chose pour moi ! »

Je ne me crus pas offensée par cette gaieté factice. Me souvenant du secours que lui apportait l'occultisme dans ses périodes d'abattement, je lui proposai même, avec douceur, de retourner chez sa voyante de Neuilly : chiromancie, yi-king, géomancie ou numérologie, j'étais prête à tout; les tarots, la cire, le cristal, le marc de café, l'encre, la cendre ou le sang, j'aurais lu l'avenir dans n'importe quoi pourvu qu'il y retrouvât l'illusion d'un futur. Mais, à ma proposition, il répondit qu'il avait déjà envoyé quelqu'un aux nouvelles — je m'efforçai de ne pas donner au bref accès de jalousie ressenti plus d'importance qu'à la piqûre d'un moustique. La démarche, de toute façon, n'avait rien donné : « Il paraît qu'il faut attendre », conclut-il, accablé. Puis, de nouveau, ce

714

rire incongru : « Le fâcheux dans mon cas, c'est que je n'ai pas de patience! La vie est trop courte, n'est-ce pas, pour cultiver cette vertu-là... Et même pour cultiver les autres!

— Tout de même, fis-je sans trop savoir jusqu'à quel point ce nouvel accès de gaieté était sincère, je trouve la politique bien rude... »

Il me regarda vaguement interloqué, puis franchement amusé : « La vie politique? Ah oui? Est-ce que c'est dur? Peut-être, mais dur pour tout le monde alors, fit-il en se frottant les mains, parce que j'en connais d'autres qui vont dérouiller! » Et il éclata du rire enfantin d'un vrai caïd de « récré », un de ceux qui aiment « cogner » et ne souffrent jamais bien longtemps d'une lèvre fendue ou d'un nez écrasé.

Je le quittai rassérénée.

Cependant, trois jours après, Lefort, avec lequel nul apparemment n'avait traité, reprenait l'offensive; il le fit de biais car il avait dû essuyer les mêmes remarques sceptiques que le vieux Chérailles lorsqu'il s'était hasardé à me faire part des confidences de Lérichaud : « Fervacques? Vendu pour deux ou trois millions? Vous divaguez, il est milliardaire! »

Aussi le nouveau coup de boutoir de « la Vérité » était-il destiné à détruire l'incrédulité du public avant d'aller plus loin : « La Spear aux abois », titrait le journal. Lefort y expliquait, sous la signature du stipendié de service, qu'au cours des trois derniers mois la holding des Fervacques avait successivement revendu la Compagnie Minière de Fort-Gouraud — un « bien de famille », une affaire entrée dans le patrimoine au temps de Bertrand I et de Jules Ferry, soulignait l'article —, les Usines Mérian (fleuron du groupe en matière d'armement), les filiales de la Spear à Manille et Singapour (celles mêmes dont le vice-président de la Banque Française d'Extrême-Orient m'avait expliqué autrefois qu'il attendait d'excellents rendements du fait des faibles coûts de production sud-asiatiques), enfin d'importantes participations dans Unilever et BSN prises seulement un an auparavant : « Quand on en est à brader à la fois le patrimoine familial le plus ancien et les investissements les plus récents, c'est qu'on ne se porte pas bien », concluait « la Vérité ».

Les faits étaient exacts; je ne croyais pas, en revanche, que l'explication le fût. La manière dont la Fervacques and Spear s'était hâtivement désengagée ces dernières semaines pouvait s'expliquer par la maladie d'Alban – encore ignorée du public et des milieux financiers; mais, à mon avis, elle s'expliquait encore mieux par les conceptions des dirigeants de la holding en matière d'argent : « Un vrai financier ne doit pas s'attacher », avait dit Alban à Caro au commencement de leur liaison, maxime que mon amie, suçant gravement son crayon tandis qu'elle séchait sur ses additions, m'avait répétée avec conviction avant de liquider ses parts de l'agence Cléopâtre.

Bien entendu, quand il se défendait ainsi de céder au sentiment, Fervacques junior, qui n'était pas plus mufle qu'un autre, ne faisait allusion qu'aux affaires de capitaux et d'investissements. Déjà son aïeul, Bertrand I, singulièrement en avance sur son temps, avait opposé le même principe à Poincaré qui le pressait de s'engager davantage en Indochine : « Je suis un banquier, mon cher Président, je dois rester aussi libre, aussi rapide que l'eau qui court : à d'autres les moulins! Moi, voyez-vous, quand le moulin tourne, il faut déjà que je sois plus loin... »

Jamais les Fervacques n'avaient été des entrepreneurs au sens que les Chérailles, les Wendel, ou les Schneider, auraient donné à ce mot : ils ne cherchaient nullement à associer leur image et leur nom à ceux d'un quelconque produit, à imprimer leur marque sur une activité – fût-elle purement bancaire. Le père de Charles et d'Alban, Henri, n'était-il pas allé

716

jusqu'à vendre aux Rockefeller, au début de la crise de 29, les deux tiers de la Banque Française d'Extrême-Orient – son « bijou de famille » – à seule fin de disposer des liquidités nécessaires au rachat d'immeubles de Manhattan que la dépression mettait à bas prix ? Dix ans plus tard, ayant empoché le profit, il avait repris aux Rockefeller la majorité des actions de sa BFEO, non pour apaiser les mânes de ses pères, mais parce que son ex-banque venait d'investir dans une société pétrolière qui, par hasard, l'intéressait; cette Texas Oil, la BFEO revenue sous la tutelle des Fervacques ne la garda d'ailleurs que trois ans, et la revendit sans hésiter à la veille d'une baisse des cours du brut.

Ce comportement de « chat sur un toit brûlant », cette mobilité quasi obsessionnelle, à l'époque fort étonnants, s'étaient encore accentués depuis quelques années lorsque, en Amérique notamment, d'autres requins de la finance avaient commencé, eux aussi, à « investir sans s'investir » pour reprendre une autre heureuse formule du président de la Spear. De moins en moins, en effet, on se souciait de développer et de restructurer : on voulait du rendement instantané, quitte à découper la bête, la dépecer, vendre sa peau et brûler la carcasse. Bref, on abandonnait le patient jardinage des hommes d'affaires du XIXe, leurs prudentes techniques d'élevage, pour en revenir à l'économie de chasse et de cueillette. Plus qu'au comportement des industriels d'autrefois, c'était aux mœurs des corsaires que ces façons d'agir me faisaient penser. Moins armateurs que pirates en effet, nos nouveaux financiers se lançaient à l'abordage des entreprises plus lourdement chargées; ils liquidaient l'équipage, pillaient le navire, puis regagnaient leur goélette avec le butin en laissant le grand vaisseau abandonné dériver seul vers les écueils. A ce jeu, les Fervacques et leurs émules avaient d'ailleurs gagné les manières et le vocabulaire des chefs de gang : ils préparaient leurs OPA comme des hold-up, et « montaient des coups » comme les caïds du milieu.

A n'en pas douter donc, la Spear, pour avoir cherché à s'alléger simultanément sur l'Afrique du Nord, la France et l'Extrême-Orient, devait être « sur un gros coup », aux Etats-Unis probablement. Mais elle ne pouvait pas démentir les affirmations de Lefort sans éventer l'affaire qu'elle avait en vue : la loi du silence, en vigueur dans les cercles financiers aussi bien qu'au sein de la mafia, interdisait aux Fervacques de contre-attaquer; c'est là-dessus précisément que Lefort avait compté.

Comme, par ailleurs, l'information qu'il donnait sur les reventes effectuées ces dernières semaines par la holding était exacte, les journaux sérieux la relayèrent dès le lendemain; tous, certes, ne reprirent pas les explications que donnait « l'Homère de l'ordure » – ou, prudents, ils ne les reproduisirent qu'entre guillemets –, mais l'effet de « boule de neige » que Lefort recherchait était atteint. Désormais, toute la presse allait se trouver impliquée et, d'édition en édition, elle se relancerait Fervacques comme une balle, jouerait au ping-pong avec la réputation de sa maison. En même temps, bien sûr, le détour par la situation comptable du groupe renforçait la crédibilité des informations antérieures de « la Vérité » sur le contrat irakien : pourquoi un milliardaire aux abois ne ferait-il pas flèche de tout bois, et argent de tout contrat? Dès la semaine prochaine, c'était clair, Lefort allait revenir sur ses histoires de concussion avec une efficacité décuplée...

Deux ou trois personnes autour de moi percèrent sa manœuvre et me mirent en garde : mon père, qui, de Moscou, m'envoya par la valise diplomatique une grande lettre pour me demander de réagir sans tarder; et Catherine Darc, qui me téléphona en se plaignant que Charles fût impossible à joindre,

« mais dites-lui de ma part, ma petite Christine, qu'il est temps de bouger. Tout cela sent mauvais. Est-ce qu'il s'en rend compte? Le pauvre chéri est si gentil, mais tellement léger! En tout cas, il ne peut pas ignorer que, depuis le sondage du mois dernier, ses anciens alliés ont décidé de lui faire la peau. Mais, comme ils ne veulent pas courir le risque de se mettre Alban à dos, c'est Lefort qu'on a chargé du boulot... Cela dit, quel que soit l'état de la Spear – à propos de laquelle je ne crois pas une seconde à des " difficultés " –, si Charles veut faire taire " la Vérité " il en a sûrement les moyens! Du reste, l'autre zigoteau lui fait d'indiscutables appels du pied... Alors, dites-moi : qu'est-ce qu'il attend? Que le coup ne soit plus rattrapable? Même rue de Lille, il y a des gens que sa passivité surprend : ils vont finir par croire eux-mêmes à ce qu'ils font raconter!... Vous êtes toujours aussi proche de votre ministre, n'est-ce pas? Il ne vous cache rien, j'en suis certaine... Vous pouvez du moins me confirmer qu'il n'est pas ruiné? » Je compris qu'elle ne cherchait pas seulement à réconforter son ex-ami d'enfance, mais venait aux nouvelles en journaliste confirmée. Je me tus poliment. « Bon... Eh bien, reprit-elle vexée, puisque vous êtes pleinement informée, mon petit, vous devez prendre vos responsabilités. Mais prenez-les vite. Pour vous comme pour lui... »

A défaut de pouvoir prendre des responsabilités qui, malheureusement, ne m'incombaient pas, je pris des précautions.

Pour commencer, je mis en garde les bizuts du Cabinet contre une légèreté dont, malgré le bordereau de l'affaire Dreyfus et les ennuis qui s'ensuivirent pour tous les corps constitués, les fonctionnaires restent déplorablement coutumiers : « A partir de maintenant, mes enfants, vous ne jetez plus un seul papier : vous brûlez ou vous broyez. Comme vous le savez, quelques journalistes efficaces font nos poubelles. On ne voit pas pourquoi ceux de " la Vérité " s'en priveraient! » Mes poussins se récrièrent et, conscients des conséquences de leurs actes les plus anodins, tremblèrent d'un effroi rétrospectif. Bien entendu, je ne leur dis pas que fouiller nos corbeilles à papier n'était pas plus condamnable moralement que photographier des mourants sur leur lit d'agonie, et que certains professionnels du grand tirage accoutumés, pour faire la une, à dérober leur mort aux agonisants et leurs larmes aux affligés devraient être absous quand ils ne volent que du papier...

En même temps, pour préparer la défense de Charles au cas où il jugerait enfin utile de riposter, je fis remonter le dossier des contrats de l'ANEA. C'était Durosier qui l'avait : après la « Grande Conférence », je l'avais fait nommer Directeur des Affaires économiques; dans ce monde de crabes et de bernard-l'ermite, l'apparent désintéressement d'un garçon qui ne cherchait pas systématiquement à occuper la coquille des autres m'avait paru digne d'être récompensé. Aussi Emmanuel, avec son nez retroussé, sa mèche blonde, et sa figure de Tintin des chancelleries, s'était-il retrouvé « le plus jeune directeur » du Quai. Comme il m'en avait de la reconnaissance, et qu'il était en outre assez fin pour deviner qu'un autre ministre n'aurait rien de plus pressé que de le virer, il collabora volontiers.

J'étudiai le dossier avec attention. N'étant encore chargée que des affaires culturelles à l'époque où le contrat d'Irak avait été signé, j'ignorais tout de l'affaire, et ce que je découvris m'effara : la Commission Interministérielle d'Exportation du Matériel de Guerre avait commencé par donner un avis négatif, en raison de la nature de certaines des armes exportées, puis, ce premier obstacle franchi, l'assurance d'Etat avait refusé sa garantie à certains des marchés de l'Agence, qu'elle trouvait, en dépit de leurs mirifiques apparences, financièrement dangereux pour les entreprises françaises concernées; il avait fallu des interventions personnelles de Fervacques – les lettres figuraient au dossier – pour que, l'un après l'autre, les organismes intéressés surmontent leurs réticences, dont l'avenir devait malheureusement prouver qu'elles n'étaient que trop justifiées. Par la suite d'ailleurs, les procédures normales n'avaient été qu'à moitié suivies : chaque fois que les instances compétentes accrochaient sur un avenant ou une extension de garantie, le ministre des Affaires étrangères réintervenait et ses collègues de la Défense et des Finances, se jugeant « couverts », finissaient par désavouer leurs propres services et accorder les avantages sollicités. Evidemment, la sollicitude dont Fervacques avait ainsi entouré le contrat ANEA ne prouvait en aucune façon qu'il eût « touché »; mais les imprudences commises en passant outre à tous les avis autorisés, si elles étaient connues du public, consolideraient les thèses de « la Vérité ». Et quand bien même, dans l'affaire, la conduite de Charles, quoique étourdie, serait demeurée innocente, nous aurions du mal à convaincre les admirateurs de Lefort que le péché était dans le regard, non dans la chose regardée, et que notre Marat avait eu tort de projeter ses vilains fantasmes sur de purs objets...

J'achevai de prendre connaissance de ce dossier « tordu » dans ma voiture, au retour d'une réunion à Matignon. Inquiète, j'appelai Durosier sur le téléphone dont ma R 16 de fonction venait d'être équipée :

– Emmanuel, mettez-moi tout de suite en lieu sûr l'original du dossier que vous m'avez passé. Emportez-le chez vous si besoin est... Et tâchez de récupérer toutes les photocopies qui traînent.

– Ce sera fait. Mais il faut que je vous dise, Christine, qu'il y a autre chose. En fouillant dans nos archives, j'ai retrouvé la trace d'une embrouille bizarre où figurent le même contrat ANEA et la même banque suisse SRV. Il s'agit d'une histoire boursière, ce qu'on appelle dans le jargon de ces gens-là un « délit d'initié » : la réalisation d'opérations de Bourse par une personne susceptible d'avoir eu accès, en raison de ses fonctions, à des informations privilégiées. Vous avez vu dans mon dossier que, le 11 décembre 73, notre assurance-exportation avait refusé sa garantie à l'ANEA pour ses marchés d'Irak? Du coup, tout le « fabuleux contrat » – les missiles, les chars, les Mirages, la centrale – tombait à l'eau... C'est ce que tout le monde a cru et a dit, cette semaine-là, dans les milieux financiers. Vous vous souvenez aussi du nom des entreprises qui étaient associées au sein du groupement? Les Usines Mérian bien sûr – c'était d'ailleurs la seule boîte de la Spear dans le consortium –, l'Internationale de Fonderie, Creusot-Loire, Dassault, mais aussi et surtout la Romley, qui ne se portait pas trop bien à cette époque-là. Or, la Romley devait justement emporter le gros morceau si le marché avait été conclu : vingt-cinq milliards de commandes... Quand on a appris que l'administration française reculait et que les milliards allaient nous passer sous le nez, les actions en Bourse de tous les membres de l'ANEA ont chuté, naturellement. A commencer par celles de la Romley, qui ont carrément fait le plongeon. Puis, notre ministre est intervenu discrètement dans le sens que vous savez, et le 16 décembre – pendant le week-end – on a annoncé, en même temps, que l'Etat avait accordé sa garantie et que le contrat était signé. Le lundi matin, à la Bourse, toutes les actions des gens de l'ANEA remontaient. Jusque-là rien d'anormal. Ce qui a alerté la Commission des Opérations de Bourse, c'est l'activité insolite qui avait agité les titres de la Romley entre le 13 et le 20 : deux cent mille titres échangés, contre trente mille en moyenne hebdomadaire depuis un an; et la plupart avaient été acquis, la veille de la signature de l'accord, par une petite banque suisse, la Financière SRV, à laquelle on ne supposait pas tant de possibilités... Autre curiosité : à la réouverture de la Bourse le lundi, le cours de Romley, pourtant principal bénéficiaire du contrat, n'augmentait que de vingt pour cent. Et s'il montait – relativement! – aussi peu, c'est que quelqu'un vendait déjà massivement. Quelqu'un qui avait stocké les titres Romley la semaine précédente et qui prenait son petit bénéfice sans tarder : vingt pour cent, ce n'est pas le Pérou, mais sur deux cent mille titres... Surtout quand on a fait l'opération à crédit! Quelques agents de change malintentionnés ont prétendu alors qu'il s'agissait, à la veille des Législatives, de financer un parti politique à moindres frais... La COB a lancé une enquête. Bien sûr, les Eliott Ness de la Commission sont venus chez nous. Qui pouvait savoir, en effet, que, contrairement aux apparences, le contrat irakien serait finalement garanti et signé? Qui pouvait le commettre, ce fameux « délit d'initié »? Cinq ou six fonctionnaires tout au plus, et les ministres concernés... Or, dites-moi, Christine : lequel de ces deux ministres animait alors un groupement politique tout neuf et désireux de grandir? Lequel d'entre eux passait aussi – et passe toujours, si l'on en croit la presse de ces jours derniers – pour disposer d'un bout de compte à la Financière SRV? Suivez mon regard, ma chère Christine, suivez mon regard...

— Je le suis, Emmanuel... Mais vous vous trompez : les campagnes du « petit groupement » dont vous parlez ont toujours été financées par la maison mère de New York.

— Et si ce n'était pas le cas? Si le chef du groupement en question était assez malin pour auto-financer ses fantaisies électorales sans entamer le patrimoine familial? Il suffit pour cela d'avoir la tripe financière : bon chien chasse de race...

— Ingénieux, mais je sais que vous faites erreur.

Néanmoins, je vous serais reconnaissante de mettre aussi ce dossier à l'abri.

— Il est déjà dans mon coffre... Inutile, d'ailleurs, de vous alarmer : il y a longtemps que l'affaire est classée. La COB n'a rien trouvé, à part, au ministère de la Défense, un petit chef de bureau qui était au courant par ses fonctions des dernières évolutions de la situation. Remarquez qu'il n'avait passé d'ordres que pour mille Romley – sur les deux cent mille titres échangés – et n'a empoché in fine que soixante mille balles de plus-value... Une misère... Evidemment, le pauvre gars ne s'attendait pas à ce que le titre monte aussi peu la semaine d'après! Peu importe, il a été condamné. Justice est faite, l'âne de la fable a payé. On peut refermer le dossier...

Nous venions de l'ouvrir au contraire, comme la boîte de Pandore : trois jours après, l'affaire Romley-Irak et les circonstances de l'enquête COB s'étalaient en première page de « la Vérité ». Avec tous les détails que Durosier m'avait donnés, plus quelques autres, glanés sans doute dans les parages du Palais Brongniart. Et je sentis mon sang se glacer lorsque je lus, sous la plume de l'anonyme qui avait pondu l'article, que « les collaborateurs de Monsieur Pinsart de Fervacques avaient mis les dossiers à l'abri », quand j'y retrouvai les propres expressions employées par Emmanuel – depuis « suivez mon regard » jusqu'à « bon chien chasse de race » –, et qu'enfin je crus reconnaître dans la conclusion du papier une provocation dirigée contre moi : « Patience! écrivait le Rouletabille de service, même si les dossiers sont au coffre, nous finirons par tout savoir, car on s'agite beaucoup dans l'entourage de " l'Archange ", on s'écrit, on se téléphone, et on parle, on parle trop... »

Ce fut le « on se téléphone » qui m'éclaira : l'allusion était claire, j'avais moi-même mis les limiers de « la Vérité » sur la voie! Tandis que j'appelais Durosier de la voiture, j'avais en effet, songeant au chauffeur devant moi, porté la plus grande attention aux mots que je prononçais, mais je n'avais pas pensé une seconde à arrêter Emmanuel lorsque, ignorant, lui, que je téléphonais de ma R 16, il s'était imprudemment engagé sur la voie des indiscrétions.

Le lièvre que Lefort débusquait cette semaine, je le lui avais livré : toute ma conversation avec Durosier avait été écoutée! Et j'étais inexcusable de ne pas avoir évité le piège puisqu'on commençait à dire partout que les téléphones de voiture n'étaient pas sûrs, qu'il suffisait d'un talkie-walkie pour attraper les propos qui s'y échangeaient; deux ou trois feuilles confidentielles s'étaient même amusées à publier les conversations téléphoniques galantes de quelques P-DG pris dans les embouteillages entre cinq et sept... Déjà, les gens avertis n'usaient plus de l'engin que pour indiquer qu'ils étaient coincés derrière un camion de crémier et qu'ils auraient dix minutes de retard, ou, s'il leur fallait absolument parler dans le combiné, ne s'y exprimaient que par énigmes : « Alors, pour ce que tu sais, mon vieux, c'est ce qu'on avait dit. Donc, tu fais ce que je t'avais demandé. » Mais il y avait encore quantité d'imbéciles dans mon genre que la commodité de l'ustensile grisait, ou qu'une trop longue habitude de la liberté rendait inhabiles à acquérir les réflexes nouveaux qu'exigeait la dictature du scoop. Et dire que j'avais fait deux ans d'espionnage – à la satisfaction générale – pour me faire prendre d'une manière aussi bête! Bien la peine, vraiment, d'avoir mis mes jeunes énarques en garde contre les corbeilles à papier! J'avais toujours su, au fond, que la technique me perdrait...

Une barre dans la poitrine, le ventre noué, j'éprouvais, jusqu'à l'hallucination, une impression de déjà vu, déjà vécu : n'avais-je pas, douze ans plus tôt, déjà lu entre les lignes de « la Vérité » la preuve de ma culpabilité? N'avais-je pas passé des dizaines de nuits sans sommeil à la pensée que ma légèreté pouvait avoir ruiné la carrière et l'honneur de mon père? Et si alors je me méprenais, je savais que, cette fois-ci, je ne me trompais pas. Charles aussi le saurait; il allait faire sa propre enquête, chercher qui le trahissait. Peut-être même ce salaud de Lefort se ferait-il un plaisir de me « donner »? Depuis l'affaire de Renaud et notre déjeuner chez Taillevent, il me haïssait, j'en étais persuadée. A travers le contrat ANEA et ses suites, ce serait un bonheur pour lui que de faire d'une pierre deux coups : atteindre d'un même jet Fervacques et moi, blesser Fervacques deux fois...

Oui, sûrement, « le Bayard de la fange » n'allait pas s'en tenir là : le seul fait qu'il eût jugé utile de montrer le bout de l'oreille en reprenant dans son papier les termes mêmes de Durosier – alors que la discrétion ne lui aurait rien coûté – montrait assez qu'il entendait m'épouvanter, m'affoler, me faire expier, et que rien ne l'arrêterait sur la pente des révélations. D'ailleurs, même si par extraordinaire il ne révélait pas mes imprudences dans sa prochaine livraison, Durosier, lui, s'interrogerait en reconnaissant ses propres mots sous la plume du justicier. Honnête comme je le connaissais, il risquait de s'ouvrir de ses doutes à notre ministre. Et Charles comprendrait...

Du Japon où il effectuait une visite officielle il ne devait rentrer que le mercredi suivant. Un instant, je songeai à courir à Roissy pour le voir la première, lui parler seule à seul... J'y renonçai en songeant que ce serait la meilleure façon d'attirer son attention; mieux valait feindre la décontraction. Par prudence, pendant deux jours, je m'abstins même de croiser Durosier.

Le matin de son retour, Fervacques se rendit

directement au Conseil des ministres et ne me fit appeler dans son bureau qu'à l'heure du déjeuner : « Alors, ça continue? » dit-il en me lançant « la Vérité » sur les genoux.

Je ne répondis pas : pétrifiée, j'attendais ses annonces avant d'abattre mon jeu, de jeter en même temps mes cartes et l'éponge.

« Savez-vous comment mes chers collègues me regardaient ce matin au Conseil? poursuivit-il en arpentant son tapis de la Savonnerie. Comme un grand malade. Oui, exactement comme, voilà cinq ans, ils regardaient Pompidou. Des coups d'œil en biais, tout à la fois anxieux et concupiscents. Un intéressant mélange de compassion, de voyeurisme et d'ambition... Alors, d'après ce torchon, il paraît qu'on s'agite ici? » Il jeta autour de lui, sur les chaises vides du bureau, un sévère regard circulaire. « Et qui s'agite selon vous? J'espère au moins que mes collaborateurs directs contrôlent leurs nerfs! En tout cas, je compte sur vous : le premier qui bouge une oreille, vous me le virez! » La voix grondait; j'espérais une grande scène qui me prouverait qu'il était moins atteint que je ne le redoutais, mais sa fureur tourna court; il s'affala brutalement dans un fauteuil au coin du feu, appuya sa tête contre le dossier, ferma les yeux : « Je suis crevé, ma pauvre Christine, crevé... »

Le téléphone sonna : « C'est sûrement d'Aulnay... Il doit être aux cent coups. Dites-lui que je ne suis pas là... »

Je transmis le message. Charles se massait lentement le visage : « Je suis épuisé... Tokyo-Paris par Anchorage : la mort du petit cheval! Et les gros titres de " la Vérité " qu'on vous sert à l'arrivée! Avec les croissants... Ah, je donnerais cher pour connaître le salopard qui a mis Lefort sur cette histoire de COB! Jusque-là nous naviguions dans la calembredaine, mais maintenant... » Il poussa un soupir à fendre l'âme : « Décidément je n'ai que des emmerdements, moi, en ce moment. Je comprends pourquoi ma voyante ne voit rien : elle préfère ne pas voir! J'aimerais pouvoir faire comme elle! »

Il fit semblant de sourire, prit ma main, l'appuya contre sa joue, et, les yeux fermés, se mit à chantonner en anglais :

> « Susan takes your hand,
> She leads you to the river... »

C'était une vieille complainte de Leonard Cohen, poignante de tristesse :

> « And you want to travel with her,
> You want to travel blind,
> Cause you know you can trust her,
> For you've touched her perfect body with your
> [mind... »

Entendre ainsi parler d'un homme prêt à « voyager-aveugle » pour suivre la femme dont il avait touché le cœur me serra la gorge quand je songeai que je n'avais plus que quatre jours pour profiter de cette confiance illimitée. Jusqu'à la prochaine parution de « la Vérité »... Il me semblait soudain que l'homme de ma vie, si peu bavard sur lui-même, ne m'en avait jamais tant dit. Bouleversée de remords, je me sentis si remuée de désir et de pitié que je me crus prête à mourir ou à tuer pour lui.

— Eh bien, mon petit enfant, reprit Charles qui tâchait de ne jamais s'attarder sur une note sensible, il ne nous reste plus qu'à décommander notre traditionnel « dîner des vœux » de Sainte-Solène. Les « Rois » sont détrônés, prévenez le cabinet. Vous direz que la maison de mes gardiens est tombée à la mer. D'ailleurs, c'est vrai. En plus!... Dites-leur que, cette année, nous fêterons le 1er janvier au 1er avril.

Ce sera plus farce... Et puis, nos vœux auront enfin l'air de ce qu'ils sont : de mauvaises plaisanteries!

C'était la première fois depuis que je connaissais Fervacques qu'il renonçait ainsi à célébrer « les Rois » à Bois-Hardi avec toute son équipe; d'ordinaire, même les dates de ses voyages officiels étaient calculées en fonction de cette impérieuse obligation, à laquelle nul au cabinet n'aurait songé à se dérober. Cette suppression avait l'air d'une révolution; elle me frappa, plus encore que les cernes bleus sous ses yeux, ses rides accentuées, et sa chanson à « Susan ».

Je passai quelques jours affreux.

Mais, comme disaient autrefois les bien-pensants, à la fin Dieu eut pitié : le samedi, les radios annoncèrent la mort de Pierre Lefort, abattu la veille, vers une heure du matin, par un inconnu, alors qu'il rentrait d'une conférence de rédaction et venait de se faire déposer au bout de sa rue. Faute d'indices, la police dut, après plusieurs semaines d'enquête, conclure à un règlement de comptes : on parla de quelques terreurs du « milieu » auxquelles Lefort, égaré par sa propre réputation de justicier, avait fini par aller, très inconsidérément, chercher des poux dans la tête...

Le numéro de « la Vérité » qui parut le surlendemain du crime sortit avec un bandeau noir : il s'agissait d'un numéro spécial, composé en hâte par les collaborateurs du défunt pour rendre au grand homme un ultime hommage. Pas de place pour les ragots : huit jours de gagné! Quant à la livraison suivante, si elle reprit la plupart des thèmes politiques antérieurs à la mort du directeur, elle le fit en mineur, sur un mode amolli, exténué, curieusement privé d'énergie. On aurait cru assister aux ultimes soubresauts d'un corps dont le cerveau est détruit, au sursaut mécanique d'un tronc guillotiné. La tête était dans le panier, avec la salive et les glandes à venin...

Sur le strict plan de la gestion, d'ailleurs, l'affaire partait en quenouille : la veuve et la sœur de Lefort, cohéritières peu soucieuses d'affronter à leur tour les revolvers des maffiosi, n'avaient que la revente en tête; mais elles ne s'entendaient guère sur la qualité des repreneurs auxquels elles acceptaient de céder le titre; bientôt même, elles entrèrent en conflit ouvert. Les serpenteaux que l'« Homère de l'ordure » avait réchauffés dans son sein et que sa mort laissait orphelins tentèrent bien de continuer son œuvre, mais les projets de revente des deux dames les tiraient à hue et à dia et, partagés entre deux allégeances, ils furent vite plus occupés à se mordre entre eux qu'à empoisonner les autres. Un moment, il fut question que ce nœud de vipères se constituât en société et reprît l'affaire : une coopérative ouvrière de production, en quelque sorte... Mais la sœur éplorée fit échouer le montage, qui ne rapportait pas assez. Les tirages de « la Vérité » chutèrent, ceux de « la Lettre » augmentèrent. Et ce ne fut qu'après plusieurs mois de déchirements internes que, la propriété de l'affaire ayant enfin été cédée, un nouveau capitaine put stabiliser les ventes.

A part un petit article, relativement inoffensif et malhabile, dans la semaine qui avait suivi le numéro spécial sur l'assassinat, on n'avait d'ailleurs plus trouvé dans le journal la moindre allusion aux activités financières du ministre des Affaires étrangères – ni avant le changement de propriétaire, ni après. Comme, quelque temps plus tard, je m'en émerveillais devant Charles : « Il n'aurait plus manqué, dit-il, que je me fasse des croche-pieds! », et il m'apprit que le repreneur se trouvait, par le jeu de je ne sais quelles participations croisées, être une filiale d'une filiale de la Spear. « De toute façon, m'expliqua-t-il, les journaux constitués en affaires familiales comme la PME de Lefort sont condamnés à se faire absorber par des groupes plus vastes. Songez qu'une boîte comme " la Vérité " avait sa propre imprimerie! Obsolète, forcément... Jamais Lefort n'aurait pu faire face tout seul à sa modernisation. Les machines atteignent de tels prix aujourd'hui qu'il faut s'associer. Un apport de capitaux frais s'imposait. La restructuration aurait même pu se produire du vivant de notre " Bayard de la fange "... En tout cas, je me réservais de jouer cette carte s'il avait continué à m'embêter. Pauvre Lefort! Au fond, c'était le genre de bonhomme avec lequel, en dépit des apparences, on finit toujours par s'arranger. D'ailleurs, il ne faisait plus trembler personne... Enfin, j'espère qu'avec ses conneries sur l'ANEA il ne vous avait pas inquiétée? Je n'ai guère eu le temps de vous rassurer à ce moment-là, c'est vrai... Mais vous êtes comme moi : il vous en faut davantage pour vous faire perdre votre sang-froid... »

Sur la mort de Pierre Lefort, Christine Valbray ne m'écrivit rien de plus. Je n'imaginais pas d'ailleurs qu'il pût y avoir autre chose à en dire : je me souvenais qu'il s'était produit, dans les dernières années du septennat de Giscard d'Estaing, deux ou trois crimes du même type – des hommes, liés au monde politique, abattus en plein Paris sur un trottoir –, et que la police n'avait pas plus réussi à découvrir les coupables du meurtre de Jean de Broglie ou de Joseph Fontanet que le commanditaire de l'assassinat du patron de « la Vérité » : pour les uns, on avait parlé de « contrat » du milieu, pour les autres, de tragique méprise. Dénicher un assassin, quand on ne connaît pas le mobile, qu'on n'a pas retrouvé l'arme et qu'il n'y a pas de témoin, est aussi facile que de mettre la main sur la fameuse aiguille dans sa botte de foin. La seule chose que je me rappelais à propos du meurtre de Pierre Lefort, c'était de m'être demandé, en apprenant la nouvelle, par quel miracle cet « accident » n'était pas arrivé plus tôt...

Cette réaction, quoique peu charitable, dut être assez répandue, car, si la mort de Fontanet plongea dans la stupéfaction tous ceux qui le connaissaient, je ne me souviens pas d'avoir entendu quiconque — dans les milieux de la justice ou de l'administration — s'étonner qu'une balle eût mis fin à la carrière du fondateur de « la Vérité ». Comme d'ailleurs je n'aime pas remuer la boue, et que tout ce qui touchait à Lefort — y compris mes propres sentiments — me semblait fangeux, je me hâtai d'oublier l'événement.

Je n'y fus ramenée que bien plus tard; et, si j'anticipe ici sur la suite du récit de Christine et de ma propre enquête pour relater les circonstances dans lesquelles j'entendis reparler du meurtre, c'est que, pour rester fidèle à la psychologie des personnes, il m'a paru préférable d'insérer maintenant dans la chronologie des événements ce qui ne m'en fut connu que neuf ans après.

Quand Christine revint devant moi sur les conditions de ce mystérieux assassinat, neuf années avaient passé en effet. Neuf années pendant lesquelles « la Vérité », si elle avait à peu près épargné les solidaristes, n'en avait pas moins persévéré dans la voie douteuse que son créateur lui avait tracée : il y avait un public pour cela, et dans une démocratie libérale toute demande solvable doit être satisfaite... Du reste, on avait tué Lefort pour le faire taire, pas pour épurer la société.

Je crois même que les débordements de la presse à sensation allèrent s'accentuant, et c'est ainsi qu'un jour de 1986, excédée par les indiscrétions d'une bande de paparazzi, je m'étais exclamée, devant Christine, que « des inquisiteurs dans ce genre-là, on voudrait les tuer ! »

« Oui, avait calmement répliqué la Sans Pareille, et c'est pourquoi je ne regrette pas de l'avoir fait. »

Je l'avais regardée, saisie : « D'avoir fait quoi? » lui demandai-je, incertaine d'avoir bien entendu.

Elle avait incliné son visage de telle sorte que je ne puisse voir que le sommet de ses cheveux et, quand elle répondit à ma question, sa voix me parut étrangement lointaine et sans timbre : « Vous m'avez très bien comprise, murmura-t-elle sans relever les yeux, j'ai tué Pierre Lefort. Et je n'en ai aucun remords... Ou des remords, à la rigueur... Mais sûrement pas de regrets! Et, croyez-en mon expérience, on vit mieux avec des remords qu'avec des regrets! Le remords, même violent, n'est qu'intermittent; le regret a quelque chose de lancinant qui empoisonne tous vos instants... » Puis, de cette même voix égale que le chuchotement auquel nous étions contraintes ce soir-là rendait presque inexpressive, elle m'expliqua que – la nuit où Lefort fut assassiné – affolée, épuisée par le manque de sommeil et la peur, elle avait appelé « l'Homère de l'ordure » à son journal; on lui avait appris qu'il était en conférence et que cette réunion se terminerait tard.

Il y avait longtemps qu'elle connaissait l'adresse de Lefort à Puteaux; elle avait décidé de l'attendre sur son trottoir.

A ce moment-là, elle n'avait encore, prétendait-elle, aucune intention de le tuer; elle voulait seulement le voir, le frôler, lui parler peut-être? Pourtant, elle s'était déguisée; elle avait remis cette grande cape grise, ce bonnet de fourrure et ces lunettes sombres, qu'elle portait déjà pour dépister les limiers de « la Vérité » lorsqu'elle allait rejoindre Kahn-Serval chez Carole. « Et, parce qu'en m'habillant de cette manière j'ai repensé à Renaud, me dit-elle, j'ai pris son petit revolver... Pas comme une arme, non. Plutôt... Comme une espèce de grigri, de médaille pieuse... »

Le 6,35 au fond de sa poche, elle avait garé sa

voiture devant l'immeuble de Lefort; puis elle avait attendu. Pendant des heures. Elle ne savait plus combien de temps, mais se souvenait précisément que les réverbères qui restent allumés dans les banlieues jusque vers minuit s'étaient éteints. Toutes les fenêtres de la rue étaient noires : si Madame Lefort n'accompagnait pas son mari, il est probable qu'elle dormait aussi. Si au contraire Lefort, qui ne prenait jamais le volant, s'était fait conduire par sa femme, il serait impossible de l'approcher.

Ce n'était pas grave, au fond, car elle était de moins en moins sûre d'oser sortir de sa voiture quand il apparaîtrait. « C'était un peu, me dit-elle, comme pour le bébé que j'avais porté. Je voyais aussi clairement, et avec un égal soulagement, les deux futurs possibles – une scène d'altercation avec Lefort, un corps à corps violent, quelqu'un qui tombait et se transformait sur-le-champ en mannequin de son, en poupée désarticulée, comme on en voit aujourd'hui dans les vidéo-clips anglais; et une scène plus réaliste, au tempo engourdi, genre cinéma italien : la caméra filmait l'héroïne de dos et ne saisissait qu'à travers les vitres embuées de l'auto les mouvements de l'homme et son geste lent pour refermer la porte de l'immeuble derrière lui sans que rien se soit passé... Ces deux scènes me paraissaient aussi vraisemblables l'une que l'autre, comme si le destin titubait, ratait une marche... »

Mais, à mesure que le temps passait et qu'elle attendait sa propre décision avec la même fébrilité que l'annonce d'un numéro gagnant par le croupier, elle devenait plus « systémière » et se livrait à des calculs de probabilité pour se persuader qu'elle allait laisser passer Lefort sans l'aborder et rentrerait se coucher... Dans sa poche, elle caressait parfois la crosse de l'automatique qui lui tenait compagnie comme un chat familier. Elle n'avait jamais retiré le chargeur et savait donc depuis des mois qu'elle devait manier l'arme avec précaution; l'essentiel était de ne pas faire pivoter le cran de sûreté... A part ce geste – caresser le 6,35 –, pendant toute cette attente elle n'avait rien fait : pas lu, pas bu, pas dormi, et, si elle avait réfléchi, elle ne savait plus à quoi. En tout cas, pas directement aux ennuis de Fervacques, ni à ses propres responsabilités dans la dernière campagne de « la Vérité ».

Elle se souvenait seulement d'avoir noté qu'elle s'habituait à l'obscurité. La nuit était très noire, mais elle y voyait de mieux en mieux. Il est vrai que les verres teintés qu'elle portait étaient de ces verres correcteurs qu'elle refusait ordinairement d'utiliser. Aussi, quoiqu'il fît sombre comme dans un four, distinguait-elle chaque détail du paysage plus précisément qu'elle ne l'avait jamais fait. Elle pouvait compter les poubelles, discerner sur les grands conteneurs orange les adresses de leurs propriétaires, et étudier, à travers les vitres des immeubles, les motifs de chaque voilage.

Puis elle avait entendu, au bout de la rue, le ronflement de diesel caractéristique des taxis : elle s'était rappelé que, lorsqu'on venait de Paris, la rue était en sens interdit et qu'il fallait faire un long détour par la place de la Mairie pour rejoindre l'immeuble des Lefort; elle songea que le directeur de « la Vérité », dont l'avarice était proverbiale, éviterait probablement d'augmenter par ce détour superflu le prix de sa course et qu'il terminerait à pied. Si le passager de ce taxi était bien Pierre Lefort, on pouvait dire que la chance la servait. Ce serait un signe, comme disent les chrétiens... Sinon, ce serait un signe aussi, car, la tête lourde et le corps aussi fourbu que si on l'avait battue, elle rentrerait chez elle sans hésiter.

Pile ou face. Immobile, les nerfs tendus, elle attendit de savoir ce que le hasard choisissait.

Le véhicule s'arrêta au carrefour, à deux cents mètres d'elle, mais elle vit, aussi distinctement que si elle avait usé d'un zoom, le visage du journaliste en gros plan. Le cœur battant, elle ouvrit sans bruit sa *portière et se glissa sur le trottoir. Elle lui faisait face. Mais, à cette distance, Lefort, dont les yeux ne devaient pas encore être accoutumés à l'obscurité, ne la distinguait sans doute pas de la masse de l'auto; et même s'il la voyait, il ne la reconnaîtrait pas sous son bonnet noir et ses lunettes sombres; il la prendrait pour une de ces belles de nuit qui hantent les abords du bois.*

D'un pas tranquille, il avançait. La nuit s'ouvrait devant son visage, énorme et aveuglant comme un phare : une tête qui semblait avoir dévoré le tronc et les jambes, et glissait dans les airs sans support, comme une chimère. Se pouvait-il qu'on parvînt à reconnaître d'aussi loin chaque trait d'une figure et que, cependant, l'ensemble n'eût plus de signification? Que chaque détail, fixé jusqu'au vertige, grossi au microscope d'une attention exacerbée, devînt si obsédant, si envahissant qu'il effaçât le tout? Lefort n'avait plus de corps, Lefort n'avait plus de visage : sa bouche n'était plus une bouche, mais un gouffre sans destination; son nez, posé là telle une colline ravinée, minée par l'érosion, ne cessait de déraper et, tandis qu'il avançait, ses deux yeux creusés dans la glaise, mal sertis dans la pâte à modeler, sautaient de haut en bas, du menton au front, comme deux boules de bilboquet, deux billes qui se croisaient et s'entrechoquaient sans arrêt, ne laissant aucune place au regard.

Christine, fascinée, contemplait ce visage fait de pièces et de morceaux, « déconstruit » comme un Picasso, cette figure éparpillée, pareille au reflet tronqué d'un être entier dans un miroir brisé, et, dans ces éclats de chair, assemblés au hasard, elle ne retrouvait rien qui pût lui rappeler l'esprit sous la matière, rien qui lui permît d'identifier l'un de ses semblables.

On dit que les bébés, dont nous nous flattons qu'ils reconnaissent si vite leur famille, ne distinguent pas en vérité les traits de leur mère, mais seulement la structure immuable du visage humain : ils sourient à un mannequin, à un ballon, pourvu qu'on y ait tracé deux cercles symétriques, au-dessus d'une barre verticale et d'un trait rouge horizontal... Dans ce que fixait Christine, la nuit de l'assassinat, la structure manquait.

Et pourtant ce désordre continuait d'approcher. Sous sa cape, elle fit jouer le cran de sûreté et machinalement, comme son grand-père le lui avait tant de fois montré à vide avec le Lüger ou le Beretta, elle tira sur la culasse pour armer.

En entendant le déclic de l'arme, elle prit conscience de ce qu'elle allait faire. Avec un frisson, elle se souvint qu'elle n'avait jamais utilisé de 6,35, jamais tiré « pour de vrai ». Et, pendant qu'elle se laissait aspirer par la ride creuse qui séparait en deux le front pâle de Pierre Lefort, la vallée sombre qui s'ouvrait au milieu de son visage juste entre ses deux yeux, elle songea que, sûrement, le chargeur était vide, que la balle ne partirait pas, ou qu'elle manquerait son but, et que le « mort-vivant », ressuscité, appellerait au secours, la dénoncerait. Heureusement, elle n'était guère reconnaissable, et dans l'obscurité il ne pourrait pas relever le numéro de sa voiture... Raté, son coup avait de bonnes chances de rester aussi anonyme que les articles de « la Vérité ».

Lentement, de dessous sa cape elle sortit sa main avec le revolver de bois et d'acier, et elle plongea dans la vallée...

Médusée, j'écoutais ce murmure presque inaudible, cette lente confession où le repentir n'avait nulle part.

En entendant la détonation, Christine s'était précipitée dans sa voiture. Elle aimait mieux ne pas voir la tête de sa cible. Non qu'elle appréhendât de reconnaître un homme sous ces traits torturés – elle avait vu le visage de Lefort en bouillie bien avant d'avoir tiré –, mais elle redoutait la couleur vermeille du sang, une couleur pour laquelle les hommes sont programmés à sentir du dégoût et de la compassion, une couleur qui, croyait-elle, l'inciterait à secourir celui qu'elle avait condamné.

Et peut-être, en effet, le directeur de « la Vérité » aurait-il pu survivre au coup qu'elle lui avait porté si, brusquement, elle ne s'était souvenue qu'elle avait mis des lunettes teintées : si par hasard (elle raisonnait encore comme s'il restait autant de chances au rouge qu'au noir, au pair qu'à l'impair), si par hasard la balle avait fait mouche, le sang qui coulerait de la blessure de Lefort lui paraîtrait noir comme de l'encre. Aussitôt enhardie, elle jeta un coup d'œil par la fenêtre de l'auto : le journaliste s'était agenouillé sur le trottoir; et l'encre, en effet, lui sortait de la tête, toute l'encre qu'il avait autrefois répandue dégoulinait sur son front. Elle abaissa la vitre, tira encore deux fois, presque sans viser, et s'enfuit.

En direction de Paris la rue était dans le bon sens. En moins de cinq minutes elle fut à la porte de Saint-Cloud. En arrivant devant son immeuble, elle pensa au pistolet qu'elle avait jeté près d'elle sur la banquette; elle redémarra, s'arrêta près du pont de l'Alma et jeta l'arme dans la Seine.

Tous ses gestes, sans doute, s'étaient enchaînés très vite, mais Christine avait eu, me dit-elle, l'impression d'agir posément, quoique dans un état second, « en pilotage automatique ».

Il est vrai que, dans les situations extrêmes, ceux qui sont pris dans l'action ont toujours le sentiment de procéder avec calme et circonspection tandis que les spectateurs sont frappés par la rapidité de leurs décisions. Pour qui agit, la vie et la mort vont lentement en effet, et c'est ce relâchement du tempo, cette décomposition subjective des mouvements, qui, en évitant l'affolement et la paralysie, rendent possible une réponse appropriée au danger : un temps intérieur décalé est peut-être aux hommes d'action ce que le pouls lent est aux coureurs de fond?

Au moment où Christine me faisait part de cette observation, je me souvins d'avoir moi-même réussi à sauver – de la voiture qui allait le happer – l'un de mes enfants qui venait de s'élancer sur la chaussée. Il était loin de moi déjà quand je m'étais rendu compte qu'il m'échappait; j'avais couru derrière lui, il avait plusieurs mètres d'avance; en silence, sans émotion, j'avais accéléré, certaine encore de pouvoir le rattraper : je voyais la bordure du trottoir, l'asphalte de la route, le capot de la voiture qui approchait, et, comme en gros plan, le fond de culotte qu'il fallait saisir pour tirer en arrière le bébé; avec une sûreté de gestes qui ne m'étonnait même pas, tant ce jour-là il me semblait que le temps, complaisant, s'étirait pour me laisser gagner, j'avais agrippé la barboteuse et stoppé l'élan de l'imprudent. Alors seulement, je m'étais aperçue que tous les témoins hurlaient et que, si j'avais ralenti ma course d'une fraction de seconde en m'avisant de l'imminence du danger, si j'avais douté, le pneu qui venait de frôler le front du bébé l'écrasait.

Les sauveteurs et les assassins avaient-ils une même disposition à ne percevoir du réel qu'une image retardée?

Rentrée chez elle, Christine avait pris une poignée de somnifères pour dormir. Elle n'avait émergé du sommeil que tard dans la matinée, certaine, à la lumière de midi, que le meurtre de Lefort était un songe de la nuit. Mais, en mettant la radio pour connaître les dernières nouvelles de l'affaire COB, elle avait appris que le directeur de « la Vérité » était mort « atteint à la tête par deux projectiles de 6,35 », et qu'il était déjà froid lorsque, à l'aube, les éboueurs l'avaient ramassé.

« La balle que Renaud avait tirée quatre mois plus tôt venait de toucher son but », conclut-elle sobrement.

Son histoire était terminée. Je ne fis aucun commentaire. J'avais besoin de reprendre mes esprits et de démêler le faux du vrai : certes, je ne rejetais pas d'emblée tout ce que je venais d'entendre (même si je commençais, dès cette époque, à savoir que Christine était susceptible de fabuler), mais ce que je venais de découvrir gardait l'apparence du rêve, un peu comme cette scène du « Temps Retrouvé » où le narrateur, égaré pour un soir dans un hôtel de cauchemar, aperçoit par un œil-de-bœuf latéral le baron de Charlus enchaîné et fouetté. Certes, cette vue oblique sur le personnage ne nous révèle rien de lui que nous n'ayons déjà soupçonné; mais il y a – dans la brutale émergence de ce possible, jusqu'alors simplement pressenti, et cette volonté ostentatoire d'aller au bout de sa nuit – quelque chose de si outrancier, si violent, que le voyeur en vient à douter du témoignage de ses sens, et le lecteur de la vraisemblance du livre.

Avant que Christine ne revendiquât de cette façon inopinée, presque saugrenue, la responsabilité d'un crime, j'avais déjà, enfant, éprouvé la même impression d'incrédulité à la lecture d'« Alice au pays des merveilles » lorsque la Reine de Cœur, pourtant présentée dès l'origine comme cruelle et fantasque, s'écriait : « Qu'on leur coupe la tête! » J'avais beau, à force de relectures, m'attendre à sa réplique, je restais chaque fois saisie, hésitant à poursuivre, à franchir avec les héros un seuil aussi radical, à m'envoler avec eux. Charlus et la Reine de Cœur, dont les excès m'avaient d'abord semblé contenus dans les limites de la raison, quittaient la terre, ils décollaient pour une planète inconnue, et l'on sentait qu'il faudrait se résigner à être de leur voyage et entrer dans la folie de ces personnages qu'on avait cru, jusque-là, pouvoir contrôler, comprendre et rapetisser à nos mesures, et qui soudain nous débordaient.

Ainsi demeurai-je, tout le temps que dura le récit de Christine Valbray, plongée dans la perplexité. Je ne mettais pas en doute tous les faits qu'elle rapportait (pourquoi, par exemple, ne serait-elle pas allée guetter

Lefort devant chez lui?); il pouvait y avoir dans son histoire une certaine part de vérité; mais je me demandais ce que j'étais disposée à en croire...

C'est pourquoi il y avait eu après sa dernière phrase un long silence, qu'elle finit par rompre elle-même en lançant : « Oh, et puis, qu'est-ce que cela nous fait? », et, relevant la tête, elle avait planté son regard dans le mien. Aussitôt ses phrases, jusque-là tellement explicites, redevinrent ambiguës, comme si, lorsqu'elle ne dissimulait plus son visage, c'était le langage qu'il lui fallait voiler : « Est-ce que vous trouveriez mauvais, vous, qu'un de ces types paie de temps en temps pour toute la clique? » Elle ne se targuait plus de l'avoir elle-même fait payer. « En tout cas, ce n'est pas moi qui aurais retenu Brasillach au bord du fossé! » Elle ne se vantait pas de l'y avoir poussé...

Peut-être, à cet instant, aurais-je dû l'interroger? Mais devant des confidences, vraies ou fausses, j'ai toujours cette même attitude de retrait, ce même désir de ne pas insister; car, s'il s'agit de mensonges, il ne convient pas d'exciter le fabulateur par des relances étourdies, et, s'il s'agit de vérités, mieux vaut laisser à celui qui s'est imprudemment dépouillé le choix entre s'entêter dans l'indécence ou se cacher. Plus la confidence me semble intime et surprenante, et l'épanchement chargé d'émotion, plus je me rencogne dans la passivité. Le plus souvent, d'ailleurs, ce comportement, qui refroidit les mythomanes, incite les sincères à persévérer, comme s'ils avaient à cœur de forcer ma réserve, de vaincre cette discrétion qu'ils prennent pour un manque d'intérêt....

Cependant je ne retiendrai pas contre Christine le fait que, face à mon silence, elle se soit arrêtée pour changer de sujet : la franchise n'exclut pas la finesse, ni l'envie de déconcerter... De toute façon, j'étais soulagée qu'en revenant sans transition au présent elle nous laissât à toutes deux le temps de « digérer » ce secret : nous aurions, pensais-je, de meilleures occasions de reparler de ces choses à tête reposée.

Mais j'avais tort ; les circonstances des mois suivants ne nous laissèrent guère la possibilité d'évoquer Pierre Lefort, et l'attitude plus qu'évasive de Madame Valbray m'ôta toute chance de revenir sur son étonnante confession.

Plus tard je fis les vérifications qui s'imposaient : Lefort avait bien été tué – comme Christine me l'avait dit – à une heure avancée de la nuit ; mais ce détail, tous les journaux l'avaient imprimé. L'instrument du crime était effectivement un 6,35, ce qui ne prouvait rien non plus : non seulement l'arme est des plus courantes, mais Christine connaissait par la presse le calibre utilisé ; elle pouvait avoir joué d'une coïncidence – la similitude entre cette arme et le revolver de Kahn-Serval – pour me troubler. Elle pouvait surtout n'avoir jamais possédé de 6,35 : qui m'assurerait qu'elle avait bien volé une arme dans le tiroir de Renaud et n'avait pas au contraire pris l'idée du pistolet – et sa marque – dans les comptes rendus parus à la mort de Lefort? C'est de cette manière, en tout cas, qu'un romancier aurait procédé, reconstruisant le passé à partir du présent, déplaçant dans le temps objets et événements pour construire une histoire plus frappante : cette similitude des armes ne rendait-elle pas plus pathétique la chute de son récit? En y repensant, je la trouvais trop jolie...

La secrétaire de RKS, que j'interrogeai, se révéla incapable de me dire si son patron s'était tué avec un 6,35 (dans le cas contraire, je n'aurais du reste pas pu en déduire avec certitude que Christine m'avait menti, puisqu'elle n'avait jamais été formelle sur le fait que le 6,35 dérobé eût été l'arme même du suicide). La vieille dame ne put pas davantage m'apprendre si l'arme avec laquelle Kahn-Serval avait mis fin à ses jours avait été ou non rendue à sa famille, ni s'il en possédait d'autres :

— Peut-être collectionnait-il les pistolets?

— Oh, Madame, fit-elle indignée, vous n'y songez pas! Un homme si doux...

Que savait-elle de la violence des doux, de leur désir secret d'appuyer le canon dans leur bouche ou sur la tempe de l'adversaire?

Comprenant qu'en s'emparant successivement de ce suicide sans explications et de ce crime sans indices Christine jouait sur du velours, j'arrêtai mon enquête sur la matérialité des faits : je n'avais pas les moyens d'aller draguer la Seine sous le pont de l'Alma...

Cependant je ne renonçai pas à approfondir le côté psychologique de l'affaire.

Quand je parlai à Philippe Valbray de cette étrange conversation, il me lança un regard de pitié : « Décidément, ma sœur vous menait par le bout du nez! Comment avez-vous pu croire à ces billevesées? Voyons, Françoise, réfléchissez : si l'on devait supprimer tous ceux qui vous "assassinent", on n'en finirait jamais! » Il me trouvait, me dit-il, d'une délicieuse naïveté... « A moins que vous ne soyez déformée par votre expérience professionnelle : vous avez peut-être — comme tous les juges — la religion de l'aveu? »

Ce fut précisément auprès d'autres magistrats et de quelques avocats que, sans nommer Christine, je cherchai la réponse aux questions que je me posais : Lefort avait-il pu être abattu autrement qu'en exécution d'un « contrat »? Une personne ordinaire, ni plus ni moins déséquilibrée que la plupart, pouvait-elle, tout à coup, et de sang-froid, se transformer en criminelle?

A la quasi-unanimité, les spécialistes répondaient « oui » à la première question, mais « non » à la seconde. Ils ne pensaient pas que nous fussions tous des assassins en puissance et qu'il pût suffire d'un rien pour nous faire basculer, et nous faire basculer — comme me l'avait précisé Madame Valbray — « sans regret ». Personnages rassis, ils soutenaient qu'on ne devient pas criminel si l'on n'est, au préalable, affligé de sérieux désordres mentaux. En outre, prétendaient-ils, un crime réussi en appelle d'autres, l'assassin impuni étant saisi d'une frénésie meurtrière jusqu'au moment où la société peut enfin le faire « payer ».

Ainsi, d'un côté, mes éminents conseillers participaient-ils de cette nouvelle morale qui veut qu'on ne soit jamais responsable de ses actes : bontés et méfaits procédaient d'impulsions également sauvages et génétiquement imposées. Mais, par ailleurs, ils tenaient encore à l'ancienne philosophie et postulaient que tout délinquant court, ne serait-ce qu'inconsciemment, à la poursuite du châtiment.

Or je ne croyais rien de tout cela. Pour ce qui est du trouble mental inhérent au « passage à l'acte », je leur avais opposé l'exemple de Madame Caillaux — une petite bourgeoise ordinaire, calme et bien élevée, qu'une campagne de presse menée contre son mari avait décidée à abattre Calmette, le directeur du « Figaro ». Encore Madame Caillaux était-elle allée plus loin que Christine dans la préméditation puisqu'elle avait acheté elle-même l'arme de son forfait et s'était entraînée la veille chez Gastinne Renette...

Mes juristes finissaient par m'accorder Henriette Caillaux, mais continuaient à nier qu'un criminel pût s'en tenir à un seul crime parfait.

Il est vrai qu'à cette objection j'avais une réponse toute prête : même si, après ce premier succès, Christine avait envisagé de régler tous ses problèmes par l'assassinat, elle n'aurait guère eu le temps de récidiver. A moins qu'il existe, pour détruire quelqu'un, des armes plus subtiles que le plomb...

Restait cependant l'aspect moral. Si dégagée de ces contingences que se voulût Madame Valbray, je ne pensais pas en effet qu'elle se guidât sans règles : l'homme sécrète naturellement de la morale, comme le ver à soie son cocon; la seule différence, c'est que, dans les périodes troubles, la forme du cocon éthique cesse d'être prévisible... Christine changeait donc souvent de principes. Mais, si j'avais osé prolonger sa confession par la discussion qui s'imposait, je devinais ce qu'elle m'aurait dit : « Quel mal y a-t-il à tuer un salaud quand on a supprimé la promesse d'un enfant qu'on aurait pu aimer? De deux choses l'une : ou toute vie est sacrée, ou aucune ne l'est... En tout cas, l'existence d'un Lefort ne pouvait m'être plus précieuse que celle d'un " Renaud de Fervacques " innocent de tout péché... » En assassinant le journaliste, il se pouvait qu'elle tentât encore de se conduire d'après certains critères moraux, d'une morale certes dégradée, mais adaptée à un monde surpeuplé, une terre où l'homme a cessé d'être un bien rare et croît comme l'ivraie.

Tout son comportement de Puteaux, du reste, loin d'être celui d'une déséquilibrée, me paraissait accordé à l'air du temps : jamais son jugement n'avait été plus proche du système de valeurs implicite de ceux qui l'entouraient.

Car qu'est-ce qu'un meurtre dans un monde sans échappée, sinon la victoire définitive de la chair sur l'esprit, ce même triomphe de la matière à quoi tendait, par tous les moyens, notre siècle de consommateurs, de boursicoteurs, et de body-builders? Et quel est le plus grand vice de l'époque, sinon précisément celui auquel, en « exécutant » Lefort, Christine avait succombé : l'impatience?

Elle n'avait pu attendre que Fervacques eût réagi, que Lefort eût « traité », que la campagne fût terminée, l'incident oublié. Mais était-elle si différente en cela des « nouveaux entrepreneurs » qui, tel Alban, appliquaient à l'économie les techniques de la razzia? Différente des hommes politiques affamés qui, comme Berton ou Hoédic, se jetaient sur tous les micros, tous les sondages, toutes les occasions qui passaient? Différente de ces artistes, les Coblentz et les Fortier, qui pondaient leur littérature comme des poules de batterie et n'avaient pas plus le temps de relire leurs livres que le volatile industriel celui de couver ses œufs? Jamais les heures ne nous avaient semblé si chichement comptées : tout notre royaume en ce monde!

Il fallait aller vite, toujours plus vite, et, pour manger ses fruits, couper l'arbre au pied. Pourquoi planter? Nous ne serions plus là pour récolter...

Et je ne pouvais m'empêcher de constater que cette mentalité de profiteurs assiégés s'était développée avec les années. Il me semblait par exemple que, vingt ans plus tôt, le vieux Brassard participait encore, malgré son athéisme déclaré, au monde de la durée; au point que, lorsqu'il s'était su condamné à ne pouvoir moissonner la terre qu'il avait semée, il avait continué à repiquer, à tailler, à greffer – pour les autres... Mais les pousses qu'il avait ainsi protégées des gelées et les jeunes scions amoureusement « traités » avaient tous été arrachés; ses terres, jusqu'à la dernière minute retournées et engraissées, avaient fini bétonnées, stérilisées; il avait perdu son temps : nous n'en avions plus à perdre. Rien, nous le savions, ne nous serait rendu de ce que nous aurions donné. Aussi étaient-ils de plus en plus rares ceux qui acceptaient encore de distraire du présent un instant de bonheur en faveur d'un futur dont ils ne jouiraient pas, exceptionnels les attardés qui sacrifiaient un voyage aux Seychelles à des piles de couches à changer pour l'incertain plaisir de jeter un pont entre la rive qu'ils avaient quittée et celle qu'ils ne verraient jamais, de se faire passage et traversée. Maintenant qu'avait disparu la promesse de découvrir un jour toute la route et d'embrasser d'un seul regard le point de départ et l'arrivée, plus personne ne croyait utile d'ajouter un maillon à une chaîne coupée, une pierre sur ce chemin qui ne menait à rien. A la ligne droite succédait le cercle fermé : condamné à se replier, à refermer sa vie sur lui-même comme un piège, obligé de confondre sa fin avec son commencement et de prononcer simultanément son exorde et sa péroraison, l'homme d'Occident éprouvait la fâcheuse impression de tourner en rond... Pour sortir de cette prison, il fallait se hâter, jeter sa mise sur un seul numéro, tout gagner ou tout perdre en une soirée : parce que sa vie était celle d'un éphémère, Christine Valbray pouvait avoir tué.

« Mais, m'avait objecté un ami, si ce crime impuni était bien un crime de justicier, il aurait été revendiqué. Regarde les attentats terroristes... Pour un redresseur de torts, revendiquer est une nécessité : c'est la revendication qui lui permet d'assumer sa culpabilité. Zorro a besoin de se soumettre au jugement des autres pour être acquitté! »

L'analyse semblait pertinente, mais ce crime, Christine avait justement fini par le revendiquer. Pas en public, certes. Pourtant, elle l'avait fait. Et si elle m'avait choisie pour délivrer son « communiqué », ce n'était pas par hasard; ni même, peut-être, par amitié. Philippe Valbray avait mis le doigt sur la plaie en s'exclamant, agacé, un jour que je revenais sur l'hypothèse de la culpabilité de sa sœur : « Savez-vous, Françoise, pourquoi vous croyez que Christine a tué? Parce que vous auriez bien aimé le faire vous-même! »

Je m'étais montrée aussi choquée que je le devais. Puis j'avais réfléchi : quelles ardeurs, quelles colères dissimulaient ma bonne éducation, mon apparente tolérance? J'ironisais sur la prétendue douceur de Kahn-Serval, mais que n'aurait-on pu dire de la mienne?

Parfois, je posais sur mon visage la marotte blanche que j'avais achetée à Christine avec ses masques, et, debout devant un miroir, cachée derrière cette muraille de carton, je redisais à mi-voix les mots que l'ex-prisonnière de Rennes avait prononcés : la chair d'un autre pareille à de la pâte à modeler, les yeux comme deux boules de bilboquet, le corps bourré de son qui crève comme une poupée, et le sang plus noir que l'encre... N'avais-je pas pensé déjà, à l'instant où

Christine parlait, que j'aurais été capable d'un sang-froid égal au sien, et que ce même déphasage qui rend possible n'importe quelle action extraordinaire, je l'avais aussi éprouvé? Qu'aurais-je fait s'il s'était alors agi de sauver mon enfant non d'une voiture, mais d'une brute qui le menaçait? Y a-t-il si loin, d'ailleurs, du juge au justicier? Combien de fois avais-je été dévorée – à titre bénévole et privé – du désir d'assassiner les diseurs de mensonges, les montreurs de vertu, les faux amis, les oppresseurs, les tortionnaires « à la petite semaine » et les bourreaux « à l'eau de Cologne »? Lorsqu'on a posé que Dieu n'existe pas, n'est-il pas plus charitable de faire justice soi-même que de laisser les faibles supporter une injustice éternelle?

Je me regardais dans la glace : étais-je déjà Christine? Etais-je encore Françoise? Au-dessus de la bordure pâle du masque, on apercevait une touffe de cheveux bruns : Christine était rousse; mais, le soir du crime, sous son bonnet de fourrure noir, elle paraissait brune, elle aussi...

« Et voulez-vous que je vous dise ce qui vous a arrêtée sur la pente fatale du crime, ma très chère? » avait poursuivi Philippe, fâché de me voir engagée dans cette étrange réflexion. « Uniquement la pusillanimité! Le manque d'audace, la lâcheté... Mais souvenez-vous que nul ne mérite d'être loué pour sa bonté s'il n'a la force d'être méchant! »

Il se trompait : je ne craignais pas le châtiment – ni celui des hommes, qu'il est si aisé d'éviter, ni celui de Dieu, auquel dans mes mauvais jours je ne croyais pas plus que le père Brassard. Et je ne craignais pas davantage le remords, persuadée, bien avant que Christine me l'ait expliqué, que, pour ne pas voir la couleur du sang, il suffit de mettre des lunettes noires...

Si pourtant j'avais résisté, c'était par un curieux scrupule d'écrivain – la grâce, qui sait? En tout cas, la certitude que, quand j'aurais détruit ceux qui me gênaient, écrasé les monstres que je condamnais, les mots mêmes me fuiraient. Je ne pourrais pas tuer, puis décrire le sommeil d'un nouveau-né avec ses sourires repliés, parler de la splendeur des châtaigniers au-dessus des vallées que l'ombre gagnait, peindre la douceur de la lumière sur les eaux crépusculaires d'une lagune, je ne pourrais pas tuer et proclamer encore qu'il n'y a d'autre sens à la vie que la vie même, cet entêtement hors de saison... Car un livre est un miroir : il faut pouvoir s'y regarder en face.

Je devais jeter la marotte; ce masque n'était pas, ne serait jamais mon vrai visage. Et je n'étais plus très sûre qu'il eût été celui de Christine Valbray...

Certes, je croyais toujours Christine très capable d'assassiner, mais je ne pensais plus qu'elle l'eût fait. J'étais seulement frappée qu'elle eût trouvé glorieux de s'en vanter, et étonnée d'avoir pu, moi-même, considérer aussi longuement cette éventualité sans en être davantage choquée...

Cependant, si, contrairement à mon ultime conviction, elle avait bien tué Lefort pour délivrer « l'Archange », j'imaginais dans quel abîme de désespoir elle avait dû plonger en découvrant que les inquiétudes de Fervacques, ses humeurs noires, ses mystères opiniâtres et ses coups de téléphone angoissés, qui l'avaient jetée avec un 6,35 dans les rues de Puteaux, devaient être attribués à la seule cause qui aurait pu la dissuader de voler au secours de son amant : l'amour d'une autre! Une fois de plus, on l'avait grugée. Comme si souvent avec son père, elle avait payé d'avance – et au prix fort – une marchandise qui ne lui serait pas livrée...

Au bout du compte, tout le monde trichait. Dans cette foire aux dupes, seules les balles étaient vraies. Par cet « œil-de-bœuf latéral dont on a oublié de tirer le rideau », cette porte biaise, cette fente oblique, qu'est à toute vie sa biographie, je voyais, autour de Christine Valbray, les hommes s'agiter comme ces *ludions colorés qui montent et descendent sans fin au fond des tirs forains, cibles inconsistantes qu'on touche sans laisser d'impact, bulles d'air qu'on crève sans les blesser, faux-semblants perpétuellement renouvelés; et, de nouveau, je craignais de comprendre pourquoi, dans un monde d'imposture, on en venait un jour, fatigué de simulacres, à confondre la vérité avec le sang versé.*

Pour Charles, les élections de mars 78 se passèrent mieux que je ne l'avais redouté. Lefort disparu, personne n'osa s'en prendre à lui. Dans son ensemble, d'ailleurs, la majorité présidentielle s'en tira mieux que les augures ne l'avaient prédit : grâce à un habile découpage des circonscriptions, la droite, qui ne gardait qu'à peine un pour cent d'avance sur la gauche, fit malgré tout cent sièges de plus – le scrutin d'arrondissement n'étant considéré en France que comme une variante légale de la multiplication des pains... Le raz-de-marée socialiste que tous nos hauts fonctionnaires attendaient, et qu'ils avaient anticipé en passant à l'opposition la plupart de nos dossiers, tournait à la vaguelette : les traîtres en avance d'une élection en furent quittes pour tourner casaque et, dans l'espoir de se faire pardonner, se dénoncèrent les uns les autres à qui mieux mieux.

Charles, pour s'amuser, jetait de l'huile sur le feu. Il avait toujours eu un faible pour les palinodies d'autrui; il convoquait ces petits messieurs dans son bureau « pour prendre le thé », et, les serrant affectueusement par les épaules, assurait les transfuges de son entière confiance : « Je sais bien qu'il y a eu quelques fuites chez vous à peu de jours du premier tour... Oh, rien de grave, heureusement!

D'ailleurs je suis sûr que vous connaissez les coupables, que vous avez au moins des soupçons? Allez, dites-moi tout, puisque nous sommes entre nous... » Voir les premiers conseillers moucharder les ministres plénipotentiaires, et les directeurs « donner » leur chef de service pour détourner d'eux la suspicion, le mettait en joie. Mais il ne punissait pas : ayant touché le fond de la bassesse humaine, il s'arrêtait, satisfait. « En politique, la mémoire courte est de rigueur, me disait-il, il faut savoir oublier. » Ainsi, avec toute une brochette de politiciens que Pierre Lefort avait malmenés, avait-il assisté à son enterrement à Saint-Honoré d'Eylau trois mois plus tôt...

Le nouveau ministre de l'Intérieur, qui manquait d'expérience, croyait, lui, nécessaire de se souvenir : à peine arrivé, il fit valser ses préfets – Frédéric Maleville, mon ex-mari, se retrouva placé « hors cadre », autant dire sur la touche. Avec le sens de l'à-propos qui le caractérisait, je suppose qu'il avait joué les socialistes une manche trop tôt... Par chance, je n'eus pas à redouter que, rentrant de la Guyane, il vînt m'ennuyer à Paris : il s'installa à Etampes, confia Alexandre à « Madame Mère », et, condamné par les événements à épouser franchement la cause qu'il ne courtisait qu' « à l'heure du laitier », il se mit à militer au PS à plein temps et à « travailler » une circonscription dans la perspective des prochaines élections. Je regrettai seulement que cette circonscription fût de celles que je venais de gagner au groupe solidariste; le parti de Charles avait en effet – grâce aux efforts conjugués de son plus brillant ministre et de sa vaillante secrétaire générale – emporté deux sièges supplémentaires, ce qui faisait de lui, pour la taille, le second groupe de l'UDF et nous avait valu un sous-ministre de plus : outre Fervacques, d'Aulnay, et ceux – Mercier et Roux – que dans le parti nous surnommions « les ex aequo » car ils avaient été nommés en même temps, les solidaristes comptaient maintenant, en la personne de l'anodin Picaud-Ledouin, un secrétaire d'Etat à l'Agriculture, nomination qui ne serait pas, à l'évidence, sans utiles retombées sur le destin du « broutard » et du « petit feuillu » de la Côte des Fées... Pour parvenir à ce résultat remarquable – et d'autant plus remarqué que le président de la République n'avait abandonné aux solidaristes « non sortants » que des circonscriptions réputées perdues pour la majorité –, je n'avais pas ménagé ma peine, parcourant sans trêve les circonscriptions « en balance », rédigeant les maquettes de journaux électoraux, les tracts, les professions de foi, remontant le moral des candidats, et déplaçant mon grand homme de meeting en meeting comme la pièce maîtresse d'un échiquier. Pour obscur que fût ce travail de nurse et d'intendante, notre victoire lui devait beaucoup et le groupe ne s'y trompa pas puisque, à l'ouverture de la première session de la nouvelle Chambre, il me fit une ovation; Fabien d'Aulnay n'hésita pas à me présenter partout comme « notre Madelon »; et la presse non spécialisée, que j'avais surtout intéressée jusque-là en tant que « première femme directeur d'un cabinet », commença à s'étendre sur mon rôle politique et me désigna à l'admiration des foules comme « la mascotte des solidaristes », « la Marie-France Garaud du Quai d'Orsay », « le porte-bonheur de la nouvelle force centriste ».

Si vraiment je portais bonheur, j'aurais bien dû en garder quelque chose pour moi, car je ne parvenais pas, malgré tous mes succès, à me délivrer d'un sentiment obsédant de fin de partie, celui qui saisit la Carmen de Bizet lorsque, à l'apogée de sa passion, elle lit la mort dans ses cartes – ou, tout simplement, l'impression mélancolique qui, passé le 15 août, s'empare des écoliers... Je me demande si, à sa manière, Fervacques n'éprouvait pas aussi cette prémonition douloureuse; en tout cas, j'aurais pu, me semble-t-il, m'appliquer le souhait qu'il formula lui-même pour son avenir lorsque le 1er avril, me rappelant brusquement sa boutade sur le 1er Janvier, je me présentai avec une boîte de chocolats pour lui offrir mes vœux : « Au seuil de cette nouvelle année décalée, que faut-il vous souhaiter, Monsieur le Ministre? lui avais-je demandé en riant. Vous avez tout!

— Souhaitez-moi, ma chère, ce qu'il y a de plus difficile à réaliser dans une existence comme la mienne : continuer... »

Je ne vis à tort, dans ce désenchantement, qu'une allusion aux difficultés politiques qui l'attendaient : Fervacques savait qu'il n'avait guère d'avenir dans la coalition à laquelle il participait (Giscard avait d'ailleurs veillé à ce qu'il ne fût que l'un des trois ou quatre vice-présidents de l'UDF, soumis, comme les autres, à l'autorité tatillonne de Jean Lecanuet), et il continuait de penser que, en dépit du résultat inespéré qu'elle avait obtenu aux dernières législatives, cette coalition même était condamnée. Cependant, les principes opportunistes qu'il m'avait cent fois rappelés lui interdisaient de rompre avec la majorité avant un an ou deux : « En attendant, me dit-il, il faut trouver le moyen de sortir de la nasse en ayant l'air de rester dedans.

— C'est un exploit que vous avez déjà accompli », lui répondis-je en songeant à la façon dont il s'était progressivement détaché du RPR.

Il semblait surtout fâché que, non content de le rencogner dans une formation partisane, le président de la République l'eût une fois de plus cantonné au Quai d'Orsay : certes, il était en passe d'y battre le record de longévité de Couve de Murville, mais il ne s'en souciait guère; il avait espéré les Finances et, lorsque son retour au Quai fut confirmé, il refusa de s'intéresser aux dossiers de la maison, décrétant à son cabinet qu'il ne voulait plus être « embêté ». « Je ne sais rien, grommela-t-il un soir en me rendant une note qu'il n'avait pas lue, je ne sais rien, mais je comprends tout : cela suffit pour faire un ministre... »

Et, comme quatre ans plus tôt, il décida de redécorer son bureau. Il eut d'interminables conciliabules avec la jeune décoratrice du Quai, seule fonctionnaire de la maison qu'on vît encore franchir le seuil de son bureau, les bras chargés d'épaisses chemises cartonnées qui ne contenaient que des devis et des échantillons. Lorsque tout fut au point, la jeune femme vint me voir pour obtenir du service des immeubles une rallonge de crédits. Elle me montra la maquette du projet, et je restai stupéfaite devant l'ampleur du changement : je m'étais attendue à voir Charles passer du jaune paille au gris perle, du velours au satin, d'une verdure d'Aubusson à une tapisserie des Gobelins, et je me trouvais devant un décor résolument futuriste – chaises en acier bruni, fauteuils à armatures chromées, bureau en métal satiné, lampadaires halogènes, réflecteurs à bras articulés, et appliques à grilles perforées, « pour diffuser une lumière pointilliste » me précisa la décoratrice.

« Avec ces engins-là, nos directeurs auront l'air d'avoir la rougeole, fis-je, amusée.

– Oh, de toute façon, il y a deux mois, la rougeole, ils l'avaient déjà! » répliqua la jeune femme qui avait son franc-parler. Son visage ouvert, ses quatre-vingts kilos, et sa laideur agressive qui excluait toute entreprise de séduction sur mon ministre, me la rendaient plutôt sympathique. Néanmoins, il me semblait que, sur l'aggiornamento des locaux, elle avait un peu « poussé » : relégué dans les greniers, le bureau marqueté du grand Vergennes! Partout, du fer soudé, de la tôle laquée, de l'altuglass, de l'élastomère, du triangulaire, et du noir et blanc, exclusivement du noir et blanc. La commande descendait jusqu'aux détails : même les becs-de-cane seraient changés pour des poignées en laiton de Gae Aulenti qui, sur le prospectus joint au dossier, avaient l'air d'épingles de nourrice torturées par un enfant désœuvré; je vis qu'on avait aussi prévu d'acheter de nouveaux cendriers – des cubes en époxy, certes mieux assortis à ce décor moderniste que le cristal de Saint-Louis, mais que Charles regretterait bientôt de ne pouvoir briser...

Je replongeai dans la maquette, construite comme un décor de théâtre : « Si je comprends bien, plus de rideaux : des stores à lamelles verticales... Mais sur les murs, dites-moi, toutes ces rayures, c'est quoi? Un papier peint?

– Du papier peint pour un ministre? Vous n'y pensez pas! Non, ce sont des cannelures de Stuart Michels. Et comme les boiseries du bureau de Monsieur de Fervacques sont classées, nous serons obligés de faire ce qu'avait fait le président Pompidou à l'Elysée : cacher tous les vieux murs sous des cloisons de protection. Ce sont ces « doublures » qui seront ensuite stuquées et, dans un troisième temps, sculptées par Michels lui-même... Un travail considérable, évidemment, et qui fait le gros du devis... Mais je dois souligner qu'en compensation nous aurons des cannelures démontables.... »

Comme tout le monde, bien sûr, j'avais entendu parler des « cannelures de Stuart Michels » : le jeune sculpteur, que j'avais connu autrefois chez les Chérailles, avait abandonné la reconstitution historique – fausses cariatides et grotte de Lascaux – pour accéder à la création personnelle; aux Parisiens séduits, il proposait maintenant des rayures, des « strips », des bandes, des lignes, des griffures. Ces stries, d'abord alternativement horizontales et verticales, mais uniformément réalisées en adhésif « Tesa », il avait commencé par les coller – au cours de gigantesques happenings que la marque de sparadrap parrainait – sur des monuments publics, le pont Marie, la statue d'Henri IV ou de Victor Hugo, l'Arc de Triomphe, puis le château de Versailles qui offrait de plus intéressantes surfaces planes; ensuite, son style s'épurant avec le succès, il s'était limité aux zébrures verticales, qu'il peignait maintenant sur des demi-fûts de colonnes, produites à la chaîne pour décorer aussi bien les places publiques que les appartements. Coblentz, qui avait méprisé Michels tant qu'il donnait dans la restauration, façon Viollet-le-Duc, et le faux, genre Xanadu, criait aujourd'hui au génie devant cette invention originale qui, écrivait-il, « exprime si profondément, par son noir et blanc répété jusqu'à l'obsession, les contrastes d'une époque divisée, écartelée, antithétique, en même temps que, par sa verticalité toujours recommencée, elle traduit l'aspiration de l'artiste à sa propre élévation ». Personne n'aurait osé faire remarquer au célèbre auteur d'« Ava » que les « cannelures » en question n'étaient rien d'autre que la reproduction du modèle le plus ordinaire de colonne dorique (Michels étant resté, malgré lui, très marqué par sa réfection du Parthénon), dont le sculpteur se bornait à peindre au ripolin noir chaque rainure.

— Et du Stuart Michels, je dois vous dire, reprit la décoratrice-maison, que Monsieur le Ministre a également l'intention d'en mettre dans la cour le long du quai...

— Ecoutez, chère Madame, je connais et j'apprécie vos qualités professionnelles, je n'oublie pas non plus quel appui précieux mon père a trouvé auprès de vous lorsqu'il a entrepris de restaurer notre ambassade à Vienne... Mais, franchement, avec votre Stuart Michels dans les allées, vous exagérez!

— Madame le Directeur, protesta la grosse décoratrice indignée, je vous jure que ce n'est pas moi qui ai donné une idée pareille à Monsieur de Fervacques! Et je suis la première surprise de le voir verser si brusquement dans l'avant-garde. Un homme qui ne sortait pas du Régence et du Napoléon III!

Comme je perçus sous cette exclamation une critique voilée, et qu'en collaboratrice loyale je ne permettais jamais aux subalternes de blâmer Charles devant moi, je me hâtai de remettre les choses au point : « Soyons honnêtes, Madame Hilaire, il a tout de même eu sa période Leonor Fini et son quart d'heure Chagall... »

Je songeais aux fresques qu'il avait fait exécuter à Bois-Hardi peu de temps avant mon arrivée dans sa vie.

« Bon, me dit la décoratrice avec un fin sourire, ça, ce n'était pas encore la pointe de l'art moderne! Et puis Leonor Fini, entre nous, c'était moins le goût de Monsieur de Fervacques que celui de la dame qui m'a précédée à la tête des services de décoration du Quai... Evidemment, vous n'étiez pas encore dans la maison à cette époque-là, vous ne pouvez pas savoir, mais... » et, toujours amusée (parce qu'elle ignorait ce que Fervacques m'était, ou parce qu'au contraire elle le savait fort bien), elle m'apprit à mi-voix qu'au temps où les sténotypistes du ministère avaient été baptisées « Amusette » et « Bagatelle » par les familiers de Charles, la décoratrice était surnommée « Fredaine »...

— Ils étaient très bien ensemble, quoi! Après, elle a longtemps gardé de l'influence sur lui... Tant, du moins, qu'elle a travaillé ici : il ne voulait pas qu'elle l'ennuie, vous comprenez... Mais sitôt que notre « Fredaine » a quitté le Quai, Monsieur le Ministre est revenu à sa vraie nature : le Régence, je vous assure! Coupé par-ci par-là, pour convenances familiales, de quelques touches Second Empire...

Je revis Charles à Sainte-Solène m'assurer gravement, dans son salon Chagall, juste avant notre « Nuit des Rois », qu'il était bien content de « sortir du Napoléon III »; et je me souvins de mon père qui, planté devant les verdures du Farnèse et la reproduction de « la Dame à la Licorne » que son prédécesseur avait accrochée dans la salle des gardes, s'emportait, au nom de l'Art, contre « cette rage du Mobilier National à vouloir nous enlicorner en plein XXᵉ siècle! » Comme l'intérêt subit de Fervacques pour Leonor Fini, la passion de Jean Valbray pour Lurçat n'était alors que le reflet d'une autre passion, plus grande et moins avouable, un effet induit de son coup de foudre pour Lydia Pellegrini... Je souris.

« Bien... Et à qui, selon vous, sommes-nous cette fois redevables du Stuart Michels?

— Pas à moi, en tout cas! » ricana la ronde décoratrice en désignant, avec humour, son menton en galoche et son nez camus; et je la crus volontiers.

Bizarrement, si ce soudain intérêt pour la sculpture et la décoration d'avant-garde m'intriguait (six mois plus tôt, Charles s'obstinait encore à consacrer la totalité du budget culturel de Sainte-Solène à la réédition d'affiches 1900), il ne m'inquiétait pas outre-mesure car je croyais en deviner la cause : Monsieur de Fervacques voulait, sur ce plan-là aussi, se démarquer de Giscard dont les goûts passéistes n'étaient plus un secret depuis qu'il avait remeublé l'Elysée en bois de rose et fait revenir de Versailles le portrait de Louis XV. « L'Archange » tentait, par contraste, de se faire une image d'amateur d'art éclairé, à la Pompidou; il venait sans doute de s'aviser que le conservatisme politique passe mieux enrobé dans le progressisme esthétique. Peut-être sentait-il aussi que, pour mordre sur l'électorat de gauche comme il l'ambitionnait, il ne serait pas mauvais que son image se rapprochât un peu du « look » de ce jeune socialiste que le ministre de la Culture venait de chasser du Palais de Chaillot; maintenant, chaque fois qu'il entendait parler de culture, le PS sortait son Jack Lang, dont le succès auprès des « créatifs » avait de quoi rendre jaloux un séducteur-né comme Fervacques... Aussi pressentais-je qu'on allait bientôt saluer dans tous les magazines et sur tous les écrans l'heureuse initiative culturelle du ministre des Affaires étrangères, qui avait su « rajeunir notre vieux Quai d'Orsay et offrir enfin à nos visiteurs étrangers un reflet de la France qui innove, la France qui crée ».

Et quand la décoratrice – après m'avoir assuré que l'ensemble de l'ameublement choisi par le Ministre, quoique audacieux, serait de bon goût – me fit remarquer qu'il était seulement « ennuyeux » que les trois quarts de la facture fussent à régler à une même agence, la « Marie Mauvière Associés », qui s'était assuré l'exclusivité des interventions de Michels dans la décoration, je crus avoir découvert un complément intéressant à ma première explication : l'aîné des Fervacques, pour lequel il n'y avait pas de petits profits, tenait à ce que, une fois de plus, l'argent de l'Etat finît dans les caisses de sa famille...

Pas une seconde, malgré ce que la pétulante Madame Hilaire venait de m'apprendre de l'affaire « Fredaine » et ce que, pendant tant d'années, j'avais moi-même deviné des liaisons de mon père, je ne songeai à comparer ces minces zébrures noires aux ridules que provoque, en bordure des plages, le passage lointain des grands vaisseaux... Sur le moment, je me bornai à m'étonner du mariage entre les rayures de Stuart Michels et le galbé-doré de « Marie Mauvière ».

– En effet, convint la décoratrice, le style « Marie Mauvière » était jusqu'à présent nettement plus... oriental, dirons-nous. Nous avions d'ailleurs utilisé les services de cette entreprise pour redécorer notre ambassade à Djeddah... Mais ils ont engagé une nouvelle décoratrice, une jeune femme de grand talent, qui vient de créer deux « lignes » très diffé-

rentes de leur ancienne image de marque : la ligne
« Meaulnes » – dentelles, mousseline rose, chintz
glacé, et dégradés pastels – et la ligne « Rigueur » –
très avant-gardiste, très américaine. C'est cette « Rigueur » qu'a choisie notre ministre.
– Cela ne m'étonne pas de lui !

Je ne fus pas davantage surprise de retrouver
Charles quelques semaines plus tard à l'inauguration
d'une exposition « Cannelures, éraillures, lignes brisées et pointillés », que, après un vernissage Wessel-
mann et une rétrospective Marcel Duchamp, Olga
organisait dans sa galerie entièrement rénovée (le
KGB devait être en fonds), en l'honneur de Stuart
Michels et de quelques-uns de ses épigones plus ou
moins doués : je pensais qu'en se montrant chez
Madame Kirchner notre « Archange » continuait de
« gauchir » son image pour amener à son groupe la
frange d'intellectuels qui lui manquait. Rue de Seine,
il faisait de la récupération. Et il avait raison, car
tout ce qui comptait dans l'art et les médias se
pressait ce jour-là sous les cimaises d'Olga.
Depuis que, sortant du milieu intellectuel où elle
s'était longtemps cantonnée, Madame Kirchner avait
– avec le PAPE d'abord, puis avec le changement de
formule des « Rendez-vous » – systématiquement
élargi le cercle de ses relations au monde de la
politique et de l'économie, elle était devenue en
quelques années un personnage si parisien qu'on ne
pouvait plus envisager de monter une opération
humanitaire en direction du Sahel ou de lancer une
nouvelle gamme de savonnettes sans faire appel à
elle : son rayonnement avait peu à peu éclipsé celui
d'Anne, qui, prise comme elle l'était désormais entre
les promesses de rachats et les dépôts de bilans, ne
pouvait continuer à jouer les Madame Du Deffand.
Du reste, le mauvais genre agressif d'Olga, punk

avant la lettre, convenait mieux à l'époque que les flanelles beiges et les tweeds discrets de la comtesse de Chérailles qu'on ne pouvait plus espérer assortir qu'à l'habit vert des académiciens... Sans compter que les résidences secondaires, les maisons de week-end et les roseraies commençaient elles-mêmes à faire très démodées : le dernier « must », c'était le métro.

Comme souvent, cependant, le succès public d'Olga reposait sur un malentendu. Les créateurs confirmés, qui l'avaient snobée du temps où elle passait pour une « Cubaine à gigolos », pensaient maintenant qu'elle tenait les cordons de la bourse des ministres dispensateurs de subventions et des mécènes bâtisseurs de « fondations ». De leur côté, industriels et politiciens voyaient en elle non seulement l'inspiratrice de Vasquez – son unique titre de gloire –, mais la mère de toute la jeune peinture, du pop'art à l'hyperréalisme, de l'« art pauvre » à l'« art conceptuel », bref, une femme qui aurait joué depuis toujours dans le monde des « plasticiens » le même rôle que Régine dans celui des noctambules : directrice de conscience des inconscients, providence des éclopés, confidente de tous ceux qui n'ont plus de secrets, et « mamma » boute-en-train d'une société d'ennuyés... C'était sur ce dernier point d'ailleurs que les naïfs se trompaient le moins : lorsqu'ils disaient d'Olga qu'elle était « haute en couleur », que c'était « un numéro », « une nature », ils disaient vrai; et elle n'hésitait jamais à se colorier davantage pour attirer leur attention.

Je me souviens qu'un soir où je devais l'accompagner à une générale de Pierre Prioux, comme elle hésitait au moment de sortir entre une pelisse de vison blanc et un manteau rouge sang, j'avais timidement, eu égard à ses soixante-douze ans et à la fatigue qu'elle portait sur sa figure, déconseillé la redingote « sang » : « Pourquoi? m'avait-elle demandé sèchement. Est-ce que par hasard vous trouveriez qu'une juive homosexuelle, joueuse, alcoolique et agent secret, si elle mettait du rouge, passerait les bornes de la vraisemblance? » A la réflexion, non. Je ne trouvais pas qu'elle en fît trop : j'avais depuis longtemps compris qu'elle appliquait au monde du renseignement la technique de « la lettre volée » et qu'elle avait de bonnes raisons pour penser qu'on ne voit plus ce qui vous saute aux yeux...

Tandis que, dans un cercle d'éclairages-lasers, elle paradait en violet fluorescent, aux côtés de Michels strictement habillé de noir et blanc comme ses colonnes, je vis Charles lui serrer la main comme s'il l'avait toujours connue (où, Seigneur, avait-il bien pu la rencontrer? Il est vrai que, lorsqu'il était lancé dans l'affabilité pré-électorale programmée, il aurait aussi bien salué une borne et congratulé un palmier), puis il gratifia le jeune Lang d'un shake-hand viril de même durée, et courut donner l'accolade à Zaffini qu'on photographia avec lui devant les « éraillures » de Valade – un tas de chiffons inégalement limés et savamment usés.

Je me dis qu'avec Nicolas le leader des solidaristes ferait tout de même bien de garder ses distances pour ne pas effaroucher ses électeurs les plus traditionalistes. Mais il était vrai que Zaffi lui-même changeait : certes, il venait de rassembler cinquante mille personnes au Larzac et de faire manifester deux mille Verts contre le projet de centrale nucléaire de Flamanville, mais toute cette agitation post-révolutionnaire ne l'avait pas empêché de fonder dans le même temps un « groupe de néo-dandys » avec Georges Coblentz (il devait trouver que son vert ressortirait mieux s'il le barrait de la fameuse écharpe blanche), ni de se fiancer avec une « groupie », héritière d'un riche industriel du Nord, laquelle cherchait à laver dans l'écologie les souillures infligées au paysage français par les hauts fourneaux de sa famille.

Bien sûr, Nicolas avait l'âge de mon frère Philippe et il était temps sans doute qu'il songeât, lui aussi, à faire une fin. Mais, pensant à ma pauvre Laurence, j'étais choquée qu'il la fît si publique : les photos des deux tourtereaux étaient parues dans plusieurs hebdomadaires – ils étaient, nous assurait-on, « le couple romantique de l'année », elle en jean's avec un T-shirt frappé au sigle des Verts de Zaffi, le tout abrité sous une capeline de paille (pour la touche dandy), et lui en costume de velours côtelé, très garde-chasse de Lady Chatterley, un bouquet de violettes à la boutonnière... Bien entendu, par ce mariage, ce n'était pas l'ancien militant de la FER, l'ex-fondateur du Groupe International Prolétarien, la tête de liste des Verts français qui s'embourgeoisait, mais la bourgeoisie qui s'écologisait, reniait son passé, passait par le « chas de l'aiguille » et le trou de l'anneau. Pour que la chose ne fît aucun doute d'ailleurs, la petite fiancée, dûment chapitrée, l'exprima elle-même dans une longue interview : le mariage de Zaffi, c'était une nouvelle victoire de la Révolution...

Peut-être Laurence avait-elle raison lorsqu'autrefois elle me disait qu'il y avait du Rastignac chez Nicolas ? Mais je ne pouvais discuter avec elle de ce prochain mariage ni de ce qu'il m'apprenait sur le compagnon de mes jeunes années : ou bien elle n'était pas au courant de ce projet d'union (elle n'avait plus l'air de suivre l'actualité de très près), ou bien elle avait enfin tourné la page; en tout cas, les dernières fois que je l'avais vue elle ne m'avait parlé de rien. Il y avait d'ailleurs de longs mois qu'elle ne mentionnait plus Zaffini; on aurait dit qu'il n'avait jamais existé. Elle était redevenue la petite fille de Compiègne, fantasque et maladive, et quand, dans ses visites hâtives, elle consentait à évoquer d'autres sujets que ses pressants besoins d'argent, c'était toujours sur ses années de lycée qu'elle revenait – les sujets de dissertation que je lui donnais, le proviseur qui l'avait punie parce qu'elle fumait, les gants que je lui avais achetés pour l'aider à cacher ses mains, la gentillesse de Solange Drouet, les chaussettes de l'intendante et les tulipes des allées...

Quand il m'aperçut derrière une cannelure, le « fiancé romantique » fondit sur moi et m'embrassa sur les deux joues : j'avais cessé – semblait-il – d'être politiquement infréquentable, j'étais même en passe, je le sentais, de redevenir « sa petite copine d'enfance ». En tous cas, ce serait sûrement dans ces termes-là qu'il me présenterait un jour à sa belle-famille; car, j'en étais sûre, avant longtemps il me présenterait : mon côté Valbray – celui-là même qu'à douze ans il voulait supprimer en tuant le père coupable –, mon côté Valbray ferait merveille dans le tableau d'une enfance reconstituée, une enfance dont il reconnaîtrait qu'elle avait été, certes, politiquement révoltée, mais socialement avouable.

Il crut toutefois devoir faire précéder notre réconciliation d'une déclaration liminaire : « Tu comprends, quand je t'ai vue entrer au cabinet de Fervacques après avoir épousé un ancien conseiller de De Gaulle... Bon, c'était trop pour moi, franchement! Mais tu me connais : ça m'a fait une peine folle de ne plus te voir pendant cinq ans... Tu ne peux pas te figurer comme j'ai été content quand j'ai su que tu avais divorcé! Et maintenant je me réjouis du fond du cœur de voir ton ministre se rapprocher de l'opposition. Formidable, cette histoire de " bilan moral du quinquennat "! Il est courageux, ton " Archange "! Remarque, je l'avais toujours pensé... »

Moi, sur le moment, j'avais surtout pensé que « ce bilan moral des cinq premières années du septennat » avait tout l'air d'un faux pas. Dans cette interview, que Charles, sans prévenir personne, avait accordée à « l'Express » au lendemain des élections, il n'hésitait pas à se montrer sévère pour certaines faiblesses passées de la majorité, « dignes parfois, disait-il, d'une République bananière »; il dénonçait « un certain avachissement de la pensée libérale », et, refusant tout manichéisme, y compris dans le jugement qu'il portait sur le PS, fustigeait « l'égoïsme de certains privilégiés auxquels nous n'avons pas su apprendre à partager »; se posant en champion de la grandeur d'âme et de l'abnégation, en héros du « parler-vrai », il appelait enfin à un redressement moral de la droite et à une politique qui fût « à la fois celle de la rigueur spirituelle et de la générosité ».

Cette brutale « montée au créneau » avait eu tout le retentissement qu'on pouvait craindre, ou espérer : « Charles de Fervacques fait entendre sa différence », avaient aussitôt annoncé radios et télévisions en reprenant les termes de l'entretien, « une fois de plus le leader des solidaristes n'hésite pas à irriter ses amis politiques et à dire tout haut ce que d'aucuns osent à peine penser tout bas ». Dans les jours suivants, lesdits « amis politiques » ne s'étaient pas privés de critiquer la démarche, « pour le moins surprenante », disaient-ils, de « l'Archange ». « C'est bien joli, la " différence ", mais on ne construit pas une grande carrière politique en cultivant ce qui vous sépare de ceux qui sont les plus proches de vous », avait déclaré Berton, qui, en tant qu'ancien de la Coopération, se croyait sans doute visé par l'allusion aux « républiques bananières ». « Monsieur de Fervacques est un homme étonnant ! » s'était exclamé le ministre des Finances, qu'un micro avait attrapé au vol sur son perron, « il réussit à faire oublier qu'il y a plus de dix ans qu'il participe à l'action du gouvernement ! » « La Présidentielle rend fou ! » avait lâché un troisième en se frappant le front, tandis que le Premier ministre se bornait à un bref commentaire en forme d'avertissement : « Il ne faudrait pas que le parler-vrai tournât au parlerexcessif... » Enfin, le président de la République avait dû convoquer pour un entretien privé celui qu'on n'appelait plus que « l'enfant terrible de la majorité ».

« Il m'a demandé, m'avait ensuite raconté Fervacques, de respecter à l'avenir le consensus qui fonde son machin, euh... son UDF, ou d'avoir l'honnêteté de démissionner. "Monsieur le Président, lui ai-je répondu, auriez-vous entendu parler du christianisme si les apôtres s'étaient contentés de dire : nous respectons le consensus?" Là-dessus, je n'ai pas démissionné, il ne m'a pas renvoyé, et nous nous sommes quittés résolus à nous aimer plus que jamais. »

C'était l'un de ces marchés de dupes dont les gouvernements faibles sont coutumiers : « Il faut vous taire ou partir », lance le chef de la troupe à la mauvaise tête de service, « je reste et je parle », répond l'insolent interpellé, « je vois que vous m'avez très bien compris », conclut le premier, apaisé. On dirait de ces dialogues de sourds que les « Augustes » entonnent à tue-tête sur les pistes de cirque – « il fait beau, Môssieur Auguste », « non, Môssieur Chocolat, je trouve plutôt qu'il fait beau » –; et, si le cirque a moins de spectateurs aujourd'hui, c'est que les clowns sont ailleurs : ils racontent leurs campagnes électorales au micro de « Rions un coup », exhibent des bretelles de comiques-troupiers sur les plateaux de « télé », vantent les mérites culturels des chanteuses de rock avant de courir voter le Budget, et, à la veille des motions de censure, posent complaisamment entre deux strip-teaseuses de « Nuit Sexy ».

Je doutais cependant que le régime eût déjà atteint un point de déliquescence tel que Fervacques pût encore tirer longtemps sur la corde sans la casser. Je lui avais rappelé le principe qu'il posait lui-même six mois plus tôt : « Ne pas couper les ponts plus d'un an avant la Présidentielle. »

« Oui, mais je suis en train de changer d'avis ! » me répondit-il sans s'expliquer – et la nouvelle ne me parut pas moins ahurissante que sa soudaine conversion à Stuart Michels. « D'ailleurs, ma petite Christine, vous devriez commencer à vous chercher une circonscription pour 81... Pourquoi pas celle de Sylvain Tournier dans les Deux-Sèvres ? Il a soixante-dix-huit ans, il ne se représentera pas, il n'a pas de successeur : vous êtes toute désignée. Il suffirait que je le lui demande...

– N'en faites rien ! Je n'ai pas la moindre envie d'être député », avais-je répondu sans aménité, fâchée qu'il me tînt à l'écart de ses derniers projets et ne se préoccupât que de me « caser » au moins mal, comme un vieil employé.

Il s'était mépris sur le sens de cette résistance : « Au fond, vous avez peut-être raison... Les femmes sont si peu nombreuses en politique qu'elles peuvent faire l'économie de ce marchepied : elles accèdent directement au gouvernement. Comptez sur moi pour songer à vous le moment venu, si j'en ai la possibilité. »

Franchement, je ne me souciais pas de devenir secrétaire d'Etat au Personnel Infirmier ou Déléguée aux Crèches et Maternités, surtout dans un gouvernement qu'il aurait quitté ; mais cette façon de prendre mes refus pour des enchères, et de m'offrir un ministère comme on offre un cadeau de rupture – c'est en effet la seule catégorie de présents sur laquelle on soit contraint de se montrer prodigue –, m'avait laissée sans voix. S'il devait y avoir une rupture, pourtant, c'était bien entre Fervacques et Giscard, non entre Charles et moi : pourquoi, dès lors, s'imaginait-il qu'il me devait une compensation ? S'il lui fallait s'en aller, il était clair que je le suivrais et que j'y sacrifierais ma situation sans l'ombre d'un regret; comme je n'avais consenti à faire carrière qu'à mes moments perdus, cela ne me changerait pas beaucoup...

Je crus donc que le tohu-bohu politique dans lequel Fervacques vivait depuis des mois, les critiques que ses amis ne lui ménageaient pas, avaient fini par lui déranger l'esprit et qu'il sombrait dans cette paranoïa commune aux politiciens menacés qui voient partout des traîtres en puissance et des fidélités à acheter; il me sembla qu'il doutait de moi et avait besoin d'être rassuré : de nouveau, pendant quelques semaines, j'en rajoutai dans l'adoration...

Mais, si l'arbre se juge à ses fruits, j'avais mal choisi mon plant, car les mystérieux coups de fil qui m'avaient tant intriguée du vivant de Lefort reprirent, et, comme je ne supposais pas que « l'Archange », si déchu qu'il fût, disposât d'une ligne directe avec Belzébuth, d'un « Interministériel » avec l'Enfer – où, s'il fallait en croire ce qu'il avait lui-même annoncé, notre « Bayard de la fange » mijotait aujourd'hui dans un baquet –, j'étais obligée de m'interroger...

C'est à tout cela que je songeais tandis que Zaffini me vantait les « sorties » de mon ministre et me suggérait de leur organiser à tous deux un petit déjeuner « pour parler ». Je sortis de ma rêverie pour lui faire remarquer que, tout de même, il ne manquait pas de toupet :

« Nicolas! Après ce que tu as fait à sa fille!

– Eh quoi, sa fille? Ils ne se sont jamais fréquentés! Et puis enfin tu ne vas pas me reprocher de ne pas tomber amoureux sur commande! J'ajoute – il prenait maintenant tous les tics du métier –, j'ajoute que, si " l'Archange " considère qu'en rompant avec sa fille je lui ai manqué de respect, je pourrais me souvenir, moi, qu'il s'est opposé à ma nomination comme attaché quand je le lui ai demandé! Mais on ne va pas jouer à "rends-moi mes billes"... L'intérêt

bien compris du pays appelle d'autres attitudes. »
Très bien, « l'intérêt du pays », il avait déjà beaucoup servi, mais il était inusable. « D'autant, poursuivit-il, que je suis sûr que ton ministre ne raisonne pas comme toi : en politique, il faut pratiquer l'oubli des offenses, tu sais, avoir...

– Avoir la mémoire courte, en effet! Fervacques me l'a déjà dit... »

Combien de fois, moi aussi, avais-je autrefois conseillé à Kahn-Serval d'oublier? Oublier : à l'époque, de ce côté-là, j'avais de vraies facilités. Mais, depuis, ma spontanéité s'était gâtée : je ne regrettais rien, mais parfois – de plus en plus souvent – je me rappelais. J'avais l'impression que, dans ma mécanique, un ressort s'était cassé et que, comme un pianola désaccordé, une boîte à musique fatiguée, j'étais condamnée à rejouer les mêmes vieux airs, répéter les mêmes erreurs, les mêmes fausses notes, inscrites à l'avance sur ma bande perforée. La preuve : chaque fois que je tentais maintenant de m'évader, de reprendre l'initiative, mes inventions tournaient au « couac ».

Un matin par exemple, pour changer de partition, j'étais brusquement entrée chez un coiffeur et je m'étais fait raccourcir les cheveux. Plus de longues mèches à la Barbarella, ni de chignon à la Garraud : une coiffure à mi-nuque, taillée au carré. Désir de me quitter ou espoir de couper, avec mes cheveux, certains souvenirs lourds à porter? Fervacques, en me retrouvant le soir à un cocktail solidariste à l'Assemblée, parut atterré.

– Dis-moi que je rêve...

– Non, pourquoi?

Il avait de la peine à reprendre son souffle : « Mais c'est une catastrophe! Qu'est-ce qui t'a pris?

– Vous n'aimez pas? Pourtant, les cheveux courts... Les cheveux courts rajeunissent les femmes... Tout le monde le dit... »

Il avait continué à secouer la tête, effondré.

– Bon, avais-je fini par murmurer, déçue de ne pas rencontrer plus d'approbation, je les ferai repousser...

En dépit de cette assurance, il gardait l'air d'un hypertendu au bord de l'apoplexie : « Et ça prendra longtemps? » interrogea-t-il comme s'il s'agissait d'un traitement médical et que sa vie en eût dépendu.

Je pris son angoisse à la plaisanterie : « Pourquoi? Vous avez peur d'être mort avant? »

Là-dessus, espérant détendre l'atmosphère, j'avais ri. Lui n'avait pas ri. Il avait étendu les doigts vers mon cou, comme pour caresser les cheveux qui n'y étaient plus. Mais, juste avant de toucher ma peau, il avait retiré sa main, sans que je puisse deviner si c'était la peur du vide qui le faisait reculer, ou la crainte que ce geste trop tendre ne fût surpris par l'un de ses députés; car il prétendait maintenant, de plus en plus fermement, ne plus vouloir s'afficher avec moi... Sur ce plan-là, je faisais la route à l'envers, décidément : nous avions commencé par l'échangisme et l'étalage public des corps et des sentiments, continué par les soirées tziganes (juste indiscrètes), et les escapades dans les vignes (à peine imprudentes), poursuivi par des accolades affectueuses, et – si je n'y mettais bon ordre – nous terminerions par une poignée de main...

« Dans un mois, dans un an... », avait chuchoté Charles avec un long sourire de tristesse en contemplant ma chevelure courte (je pense qu'il ne citait pas Racine, mais Françoise Sagan); puis, sur mon épaule nue, il avait appuyé son regard comme une paume tiède, dans l'une de ces pressions amicales, insistantes, qu'en guise d'encouragement on distribue à la famille éplorée au bord des tombes : « Aidez-moi, Christine, avait-il dit enfin d'une voix voilée, je ne voudrais faire de mal à personne... »

Comme cette sollicitude, ce soudain amour du bien lui ressemblaient en effet! Je ne compris même pas, ce jour-là, où il voulait en venir; et d'Aulnay, en m'entraînant vers le vieux Sylvain Tournier, m'empêcha de l'obliger à préciser. De toute façon, depuis cette amorce de grossesse, j'étais devenue idiote : je ne comprenais rien à rien, je ne pouvais même plus finir les livres que je commençais, tout me tombait des mains, tout me lâchait.

Ce soir chez Olga, parmi les « cannelures » et les « pointillés », il aurait fallu être complètement « bouché » cependant pour ne pas comprendre que Zaffini avait besoin de se pousser un peu vers la droite, tandis que Fervacques avait envie de se décaler d'un cran à gauche : ils finiraient par se rencontrer. Dans ces conditions, autant leur organiser tout de suite ce breakfast discret que mon ex-ami d'enfance tenait tant à partager avec le père de son ancienne maîtresse! Il était amusant, d'ailleurs, de remarquer que Laurence, elle, n'avait jamais pu se faire inviter par son père au petit déjeuner et qu'elle ne savait pas si au réveil il prenait des corn-flakes ou des œufs brouillés. J'aurais pu le lui apprendre, il est vrai : à cette heure, il grignotait des tartines de miel, qui donnaient à ses baisers du matin un goût sucré; mais il venait juste de remplacer le miel par de la bouillie d'avoine, supposée moins riche en calories. La diététique maintenant! Encore un changement...

Je me dirigeai vers Olga pour lui « faire un frais ». Quand je les rencontrais dans le monde, elle et Charles, j'évitais de me donner des airs d'intimité : je les saluais avec cérémonie, un peu d'ostentation même dans la froideur, comme si nous n'avions plus d'autres occasions de rencontres que mondaines ou professionnelles, et pas la moindre chance, en tout cas, de « coucher ensemble »...

Au milieu de ses projecteurs Olga m'accueillit avec un sourire très « high society », mais je notai que ce sourire, comme chez tous les gens âgés, ressemblait à une blessure, impression que la violence du maquillage accentuait. « Alors, ma chère Christine, vous vous intéressez enfin à l'art moderne?

– De l'art, dites-vous? Il me semble, ma chère amie, qu'on pourrait parler de mise en scène », fis-je en enveloppant d'un geste large les lasers et le déguisement de Michels, « et même, à la rigueur, de mise en boîte », ajoutai-je en montrant du doigt les « éraillures » de Valade, « mais parler d'art ici, c'est... Comment dit-on déjà? » Je me tournai vers Moreau-Bailly, qui promenait au côté de l'amie de cœur de sa compagne ses pulls déformés et son triste visage d'Epicure : « Mais si, vous savez bien, ce truc des espions! Voyons, soufflez-moi le mot, François... Ah oui, cela me revient : de la désinformation. C'est cela, traiter d'artistiques ces chiffons fatigués et ces cortèges de points de suspension me semble relever de la désinformation! »

Madame Kirchner croisa les yeux, et je savais que, dans cette fureur, mes jugements sur l'art entraient pour peu... Cependant, elle se reprit aussitôt :

« Vous devriez surveiller davantage votre langage, ma petite Christine », dit-elle en ouvrant bien large sa bouche sanguinolente pour faire croire aux autres qu'elle riait, « et surtout, surveiller vos arrières », et elle lança un regard des plus explicites en direction de Fervacques qui musardait de cannelures en pointillés. Je crus, bien entendu, qu'elle faisait allusion à la fâcheuse interview sur les « républiques bananières » et que, ne croyant pas possible que « l'Archange » restât encore longtemps assis entre deux chaises, elle m'invitait à prendre quelques dispositions pour ma carrière de crainte que je ne me retrouve avec lui les quatre fers en l'air.

C'est ainsi que Moreau-Bailly l'entendit aussi, car, à son tour, il m'interrogea sur les raisons qui avaient pu pousser « l'Archange » à faire ses déclarations intempestives : de l'avis général, c'était un peu tôt; qui le conseillait?

Comme je n'avais pas envie de lui avouer que je n'étais plus très informée des intentions de mon ministre, je m'arrangeai pour lui retourner sa politesse en le mettant sur le sujet, non moins affligeant, de ses propres difficultés : « la Presse », dont le capital avait été constitué après la guerre par d'anciens résistants et éparpillé entre plusieurs familles, venait d'être rachetée par un groupe de moutardiers (sans que je sache si les vieux résistants, fatigués de résister, avaient, comme ces curés que Renaud menaçait de la facilité, cédé après tant d'autres à l'attrait des biens terrestres, ou s'ils s'étaient seulement trouvés, eux aussi, devant la nécessité de moderniser l'imprimerie...) En tout cas, les moutardiers avaient leurs idées sur la presse – en gros, c'étaient celles, assez simples, qui leur avaient réussi dans la moutarde : adapter le produit aux goûts du public, concentrer la production, faire de la publicité, et – à tout hasard – se mettre bien avec le gouvernement. Mais ces idées, d'une mise en œuvre aisée lorsqu'il ne s'agit que de mélanger le vinaigre au sénevé, impliquaient de tels changements dans la conception du journal que les nouveaux actionnaires n'avaient pas tardé à s'opposer à Moreau-Bailly. Ils n'avaient pourtant pas osé s'en débarrasser d'emblée : François restait une grande figure du monde journalistique; même ses erreurs passées prenaient du prestige avec le recul du temps... Les moutardiers s'étaient donc résignés à patienter, se bornant à répandre partout le bruit que « le pauvre cher homme » vieillissait – c'est une rumeur qui avait déjà couru six ans plus tôt, au moment de l'affaire Jones et de la mort d'Escudier – et qu'il devrait bien, de lui-même, songer à se retirer... François se savait désormais en liberté surveillée, et il ne pouvait guère ignorer que le « jeune espoir » sur lequel les moutardiers s'appuieraient pour l'éliminer à la première défaillance était précisément celui qu'il avait couvé : Henri Dormanges, l'ex-Mandrin d'Enghien, l'ancien chantre de Pol Pot et de la « libération de Phnom Penh ». On comptait en effet que, passé de l'armée au journalisme ce polytechnicien saurait obéir, et que, ayant viré du socialisme au radicalo-centrisme, il continuerait à « suivre la flèche » dans le bon sens. Moreau-Bailly, tatillon et torturé, était loin de présenter les mêmes garanties à la veille d'une Présidentielle disputée.

Menacé, le pauvre François avait donc redoublé de vigilance et, comme il arrive toujours quand on se surveille, il s'était piégé lui-même. Voulant rajeunir la présentation du journal pour plaire à ses nouveaux actionnaires, il avait en effet introduit dans ses pages politiques l'une de ces rubriques « tableau d'honneur » comme on commençait d'en voir fleurir dans la presse américaine. Une fois par semaine, il y mettait « en berne » ou décrétait « en forme » tel ou tel de nos politiciens et administrateurs, et s'il se trompait généralement – comme ces revues qui annonçaient autrefois à grands sons de trompe que mon pauvre Maleville avait « le vent en poupe » –, c'est que le genre n'exclut pas l'à-peu-près. Mais personne n'aurait songé à lui faire grief d'erreurs de jugement comme tant d'autres en commettaient, si, toujours poussé par le démon de la rénovation, François, inquiet, n'était allé plus loin : cette rubrique inhabituelle qui exigeait quelque doigté, il l'avait confiée à une journaliste de vingt-deux printemps à peine sortie de Berkeley (le chef des moutardiers passait pour apprécier les frais minois); et voilà comment, par l'effet conjugué de deux rajeunissements – verdeur de la demoiselle et nouveauté de la rubrique –, la classe politique, sidérée, avait pu lire un jour dans « la Presse » : « *En forme :* Renaud Kahn-Serval (43 ans) – le récent rapport d'Amnesty

International sur les atrocités perpétrées au Cambodge conforte le jeune député socialiste dans les positions courageuses prises il y a trois ans. Il ferait sous peu l'objet d'une flatteuse promotion au sein de son parti. C'est l'homme qui monte. »

La surprise passée, l'éclat de rire avait été général : « L'homme qui monte... au Ciel », avait ricané « le Canard Enchaîné », tandis que d'autres confrères – « la confraternité, cette haine vigilante » – s'interrogeaient gravement sur le crédit qu'on pouvait accorder à un journal qui vantait « la forme » d'un homme enterré depuis neuf mois... Cette affaire, fâcheuse pour la réputation de « la Presse » (mais depuis le reportage sur « l'atterrissage de Nungesser et Coli » on en avait vu d'autres!), constituait surtout un excellent prétexte pour les moutardiers. François savait que, cette fois-ci, grande figure du mendésisme ou pas, il aurait de la peine à garder la barre. Il se voyait déjà terminant à la tête de la sinistre « Gazette des Arts », laquelle, depuis les difficultés de la LM, ne paraissait plus qu'une fois par trimestre.

A toutes fins utiles, pourtant, il tentait encore de se justifier : « Cette petite, vous comprenez, Christine, elle était encore en Amérique quand Kahn-Serval s'est tué. Alors elle n'a pas su... » Il caressa pensivement son long nez. « En revanche, au moment où Renaud avait sorti son papier sur l'évacuation de Phnom Penh, elle s'était trouvée en France pour quelques jours. Alors, quand elle a vu le rapport d'Amnesty, elle a fait le rapprochement... Son erreur s'explique. » Pincement de narine avant l'ultime plongée : « Quant à moi, vous pensez bien que si j'avais vu ce papier, je ne l'aurais pas laissé passer! J'ai, mieux que beaucoup, le moyen de savoir que, malheureusement, notre cher Renaud n'est plus... »

Je jugeai un peu agaçant, tout de même, que,

attendri par ses propres difficultés et la trahison imminente de son protégé, Moreau-Bailly eût l'air de pleurer un homme qu'il avait, en son temps, abandonné aux crachats de son Dormanges bien-aimé. Sous couleur de compatir à ses douleurs, je ne pus m'empêcher d'enfoncer un peu le couteau dans sa plaie : « Vous prêchez une convaincue, mon pauvre François. Si le patron d'un journal devait lire tout ce qu'il publie, pensez! Et puis, la faute de cette petite n'est que trop excusable : comme disent les bons auteurs, " ce qu'il y a de terrible avec les morts, c'est qu'ils sont si vivants "! »

Et sur cette méchanceté qui le laissa muet, je le plantai, car j'apercevais Fervacques qui, après avoir posé bras dessus bras dessous avec Michels, cherchait, entre ses deux gardes du corps, à gagner la sortie : il aurait été imprudent que je n'aille pas le saluer, un excès d'indifférence pouvant chez un directeur de cabinet attirer davantage l'attention qu'un abus d'obséquiosité. Puisque, après tant de chansons tziganes et d'escapades dans les vignes viennoises, mon ministre exigeait maintenant de la discrétion, il en aurait! Je me précipitai vers lui en feignant un zèle à la Cognard, un empressement servile d'employé.

« Ah, Madame Valbray, je suis content que vous soyez là! fit Fervacques en me serrant gravement la main. Ces jeunes artistes ont bien du talent, n'est-ce pas? », et, très professionnel, il enchaîna, pour un éventuel public, sur la session extraordinaire des Nations-Unies – dont nous ne nous souciions ni l'un ni l'autre.

Tandis qu'il me racontait ainsi n'importe quoi et que je ne l'écoutais pas, je regardais fixement le devant de sa chemise, et cet endroit précis, entre le deuxième et le troisième bouton, où j'éprouvais soudain une furieuse envie de glisser ma main pour dévoiler la peau chaude, découvrir la longue vallée qui divisait en deux sa poitrine, son corps, et la suivre lentement du doigt jusqu'au triangle blond où ces deux moitiés s'assemblaient, où la rive à la rive s'unissait, où tout son être convergeait; et je laisserais si longtemps mes baisers s'y attarder, si longtemps mes baisers l'appeler, qu'à la fin son âme affleurerait et se ressouderait à la mienne comme nos corps s'unissaient. Deux morceaux d'une carte à jouer déchirée, mi-roi mi-dame, que ma bouche réunirait, deux reflets inversés, deux figures, tête-bêche, d'un unique amour... Rien qu'un bouton à faire sauter et je sentirais sa chair sous ma paume, sa poitrine nue contre ma poitrine, une seule boutonnière à forcer et c'était une muraille qui tomberait, un abîme qui s'ouvrirait, une source qui jaillirait. Et je la boirais tout entière pour oublier, effacer les faux noms que j'avais portés, les faux corps que j'avais habités, les enveloppes à double fond où je m'étais glissée. Dans la galerie qui s'effaçait, la foule qui s'écartait, la clarté qui s'éteignait, je ne voyais plus que cette boutonnière, fendue comme un sourire, et je croyais déjà toucher le fil blanc sous la nacre tiède, la peau douce sous le fil blanc...

L'illusion était si forte, et si violent le désir de commettre l'irréparable, que j'y aurais peut-être cédé si, d'un seul coup, je n'avais compris à quelle circonstance prosaïque je devais ce vertige : Charles venait de changer d'eau de toilette. Jusqu'alors j'avais respiré sur lui des senteurs fleuries qui étouffaient le discret parfum de terre brûlée que son corps exhalait – comme si l'on avait jeté des brassées de chèvrefeuille sur un granit surchauffé, des bottes de lavande sur la mer et les rochers. J'aimais mieux son odeur naturelle de fougère et de genêt, de lande au soleil, son parfum âpre de blond à la peau brune, et j'aurais voulu qu'il n'y mêlât que des after-shave sauvages – odeurs animales, musquées – ou subtils – senteurs légères de plantes à boire, parfums coupés d'eau : menthe, verveine ou vétiver. Mais j'avais eu beau le lui répéter, je n'avais jamais été entendue. Or, voici qu'après cinquante-trois mois de liaison Charles brusquement m'exauçait : il avait changé de parfum, et l'homme qui se tenait devant moi, quoique plus semblable à lui-même, plus authentique qu'il ne l'avait jamais été, m'était en même temps devenu inconnu...

Troublée par ce revirement intempestif qui me le rendait étranger, ce parfum nouveau qui posait sur lui l'odeur d'un autre, je chassai de mon esprit toute idée d'entrouvrir sa chemise : je ne le connaissais plus assez... Comme, cependant, je ne désirais pas moins cet homme neuf que l'ancien, je me surpris à étendre un doigt léger pour frôler sa main, et puisque, en dépit de ce contact qui me bouleversait, il n'interrompait toujours pas son discours – « il faudra rappeler à notre représentant au Conseil de Sécurité... » –, je murmurai « caressez-moi ».

L'étonnement qui se peignit aussitôt sur son visage me réveilla : confuse d'avoir oublié jusqu'au lieu où je me trouvais, mais incapable de donner un mot d'explication et plus incapable encore d'enchaîner sur le Conseil de Sécurité, je restai plantée devant lui, la main collée à sa main, avec la mine désolée d'une petite fille prise en faute. Charles me regarda sévèrement, mais ses yeux souriaient : « Vous, alors ! », puis, ayant constaté d'un coup d'œil rapide que personne autour de nous n'avait entendu, il rit franchement : « Madame Valbray », dit-il en saisissant rapidement mon poignet et en portant ma main à ses lèvres pour un baisemain plus conforme à l'état de rapports officiels, « je crois me souvenir que nous n'avons pas fêté les Rois cette année. Or il y a ce jour-là un anniversaire que je m'en voudrais de ne pas célébrer... J'ai donc l'intention, ajouta-t-il plus bas, de vous emmener réveillonner en Autriche le 1er juillet ! L'année est fort entamée, certes, mais nous nous ferons croire que nous repartons sur de nouveaux frais... Qu'en dites-vous? »

Et sans attendre ma réponse, qu'il connaissait, il s'éloigna à grands pas, en fredonnant – parce que ma confusion l'avait mis en joie – « la Chanson de Lara », un refrain qu'il avait toujours à la bouche ces temps-ci lorsqu'il était de bonne humeur. J'attribuais la persistance de cette scie à l'influence de sa fille Solène, l'aînée de la souche Sévigné, dont les goûts musicaux devaient être des plus communs. N'était-ce pas elle aussi qui, selon toute probabilité, avait convaincu son père de changer ses boxer-shorts américains pour de ridicules caleçons turquoise à fleurettes et petits Mickeys? Sans doute lui avait-elle représenté que cela « ferait plus jeune »...

Malheureusement, le ridicule ne tue que les passions agonisantes : l'amour vivant, il l'augmente. Il est faux que l'amoureux idéalise l'être aimé et s'aveugle sur ses défauts – on voit, au contraire, d'autant plus clairement et douloureusement un travers qu'on est plus épris de celui qu'il affecte. Il n'est pas vrai non plus qu'on finisse par s'attacher aux tares qu'on découvre et par épouser les vices avec l'homme. Simplement, on s'aperçoit un jour qu'on n'est pas plus arrêté par ces imperfections qu'un drogué ne l'est par la certitude de risquer sa vie : on aime quand même, et la passion tient toute dans ce « quand même »... Souvent, considérant Fervacques, je m'étais demandé comment on se saurait amoureux si l'on aimait un être admirable, puisque c'est précisément aux défaillances de l'objet aimé que les vrais amants mesurent l'absolu de leur sentiment... Cessant alors de regretter que mon « Archange » ne fût pas en tous points tel que je l'aurais souhaité, j'adorais en lui des faiblesses qui ne me permettaient jamais d'oublier l'ampleur de ma défaite.

Ainsi, malgré cette stupide « Chanson de Lara », si indigne du Fervacques élégant et cynique qui me séduisait, ne sentis-je pas diminuer mon amour pour lui et, quand la porte de la galerie se fut refermée, je poussai même un profond soupir : cet être imparfait, enveloppé de caleçons turquoise, m'aimait donc encore... A peine m'étais-je informée moi-même de mon soulagement qu'une autre question vint me tarauder : d'où venait qu'une fois de plus j'en aie douté?

« Où allons-nous? » demandai-je à Charles alors que nous montions dans son jet privé.

Je me doutais bien qu'il n'allait pas me répondre « chez ma cousine Rubempré », mais peut-être, pourquoi pas, « dîner dans un Heurigen sympathique »...

– Chez un grand savant, me dit-il, un médecin anglais remarquable qu'on disait proche du Nobel il y a dix ou quinze ans. Mais il a eu des ennuis depuis : il faisait des expériences de génétique, des statistiques, je ne saurais trop vous dire lesquelles... En tout cas, voilà qu'un beau jour un envieux s'est aperçu qu'il peignait les souris de son labo pour donner du corps à ses théories sur l'hérédité. Vous imaginez le tollé!... Indignation peu justifiée, d'ailleurs, car même nos plus honnêtes physiciens conviennent aujourd'hui qu'il n'existe rien dans l'univers qui soit objectivement vérifiable. Je veux dire : sans que leur regard modifie la chose regardée... Au terme de toutes leurs recherches que trouvent-ils, ces messieurs? Eux-mêmes. Rien qu'eux... Convenez que, pour le cas où quelques imbéciles auraient encore des espérances du côté de la science, c'est une évolution diablement amusante! Diablement... Alors, là-dedans, notre bonhomme aux souris barbouillées : péché véniel! Puisqu'il était subjectivement sûr d'avoir raison... N'importe, il faut compter avec l'hypocrisie : Wasp, notre éminent chercheur, a vu sa carrière brisée. Du coup, comme il avait des souris à nourrir, il s'est reconverti : il a acheté ce petit pied-à-terre à Vienne, où maintenant il reçoit des amis... En tant qu'amphitryon, il a d'ailleurs une excellente réputation... Vous n'ignorez pas, poursuivit-il, que, à l'inverse de la bourgeoisie française, les Anglais de la bonne société ne cherchent guère à partager les plaisirs de la conversation et de la courtoisie : outre-Manche, le ciment qui lie entre eux les représentants de l'aristocratie n'est pas l'esprit de salon, mais le goût du secret. Seul le fait de participer à un même mystère, d'être au nombre des initiés, les rassure sur leur qualité; et plus le « club » est fermé, plus ils se jugent élevés. Bien sûr, ce secret si nécessaire à la cohésion de l'élite sociale, ils l'ont longtemps trouvé dans la déviance sexuelle. D'où le rôle que jouait, pour les Britanniques de bonne naissance, un recours mesuré à l'homosexualité... Malheureusement, notre société permissive s'est vite révélée incapable de maintenir les barrières que les baronnets du XIXᵉ avaient si sagement fixées. Démocratisée, l'inversion a cessé d'être un critère de distinction : après la dernière guerre, même les mineurs de Glasgow s'y mettaient! Les plus grands noms se sont alors mis en quête d'un nouveau « club », plus exclusif : l'appartenance à un « service de renseignements » leur a paru le comble du chic! Rappelez-vous cette époque où tout Eton, tout le Foreign Office, s'engouffraient dans l'Intelligence Service... Au point que Lord Seymour, sir Francis Blunt, et le très dandy Kim Philby, n'ont pas tardé à s'y faire marcher sur les pieds par des jeunes gens moins bien nés! En désespoir de cause, ces authentiques gentlemen ont dû chercher refuge au cœur d'un secret plus secret, un secret au carré : la trahison, suprêmement raffinée, dudit service de renseignements... Mais voyez comme dans un monde égalitaire il est difficile d'échapper à la vulgarité : à peine ces élégants avaient-ils fondé pour eux et leurs amis, au sein du MI6, une petite antenne londonienne du KGB que déjà des Burgess et des Mac Lean, rejetons de la middle-class, s'y faufilaient : shocking! C'est à ce moment-là qu'est apparu notre docteur Wasp, avec ses soirées, disons, un peu... spéciales. Un véritable sauveur pour la gentry! D'autant qu'il avait eu l'habileté de s'installer en Autriche, et la upper-upper class a beau se dire émancipée, elle se sent tout de même plus libre à l'étranger... Surtout que, dans les « milieux bien informés », personne n'ignore que, contrairement à leurs apparences, les villes les plus dépravées d'Europe sont Vienne et Zurich. Dans le privé, ces capitales tristes ont des audaces de vieilles filles qui se dévergondent!

Je n'avais, bien sûr, plus besoin de lui demander de quel genre de réceptions ni de quelle sorte d'amis il s'agissait... Et c'est peu de dire que je me sentis désappointée en découvrant à quelle sorte de « réveillon » Charles m'avait conviée : si l'on pouvait sortir d'un avion en vol, je l'aurais fait.

Car, sans doute, j'avais eu raison, deux ans plus tôt dans son château, de ne pas croire à des menaces qu'il n'avait en effet jamais exécutées, mais je savais que cette fois il tiendrait ce qu'il me promettait : tant de choses chez lui avaient changé en peu de mois! J'avais eu beau tenter de m'abuser, je n'étais plus, comme au temps de la réception d'Alban ou de la conférence de Vienne, la favorite qui pouvait seule lui faire oublier ses angoisses et ses folies, celle à qui l'on ne cache rien de ses plans de carrière et de ses maîtresses de rencontre. Après tout ce que j'avais fait pour lui, vécu à cause de lui, j'étais simplement redevenue sa petite compagne de voyeurisme, la « dame de compagnie » dont la complaisance et les talents l'avaient, dans les premiers temps de notre liaison, si agréablement diverti... Retour à la case-départ.

Surtout, je comprenais brusquement qu'en s'efforçant, ces derniers temps, de rendre notre liaison plus discrète, ce n'était pas à des motifs politiques que Charles obéissait : il se moquait des bavardages du milieu politique et des cercles « spécialisés » puisqu'il recommençait à s'exposer en ma compagnie dans des endroits mal fréquentés; les précautions qu'il croyait devoir prendre aujourd'hui quand nous nous trouvions ensemble dans des lieux publics devaient être d'ordre privé...

N'osant pas protester en mon propre nom contre le sort médiocre que, de nouveau, il me faisait – j'avais trop besoin de comprendre contre quelle « ombre », cette fois encore, mon « Archange » se battait –, je lui remontrai tout de même timidement que, beaucoup plus avancé aujourd'hui dans sa carrière que cinq ans auparavant lorsqu'il fréquentait les « parties » parisiennes, il courait aussi, politiquement, de plus grands dangers. J'étais bien placée pour savoir qu'une photo est vite prise, un chantage aisé à amorcer : ne s'était-il tiré des griffes de Lefort que pour tomber entre les pattes d'un autre?

– Avez-vous songé à ce que vous risquez en vous hasardant dans des endroits comme celui-ci?

– Rien, je ne risque rien, me dit-il avec un sourire dont je ne sais s'il était plus empreint de regret ou de condescendance. Ou si peu... Bien moins que ce pauvre Moro quand il traversait Rome pour aller à son bureau!

Aldo Moro... C'était une rengaine que Fervacques reprenait fréquemment ces jours derniers : la tragédie de cet ancien Premier ministre italien que des terroristes venaient d'enlever et d'assassiner l'avait frappé au point qu'il avait souhaité placer, dans un coin de son bureau, parmi ses photos de famille, un portrait de cet homme estimable qu'il avait bien connu. Mais ce n'était pas le visage de Moro dans sa gloire qu'il avait choisi d'exposer, seulement l'un des clichés envoyés par les « brigadistes » eux-mêmes aux journaux du monde entier – une photo où l'homme politique prisonnier, amaigri et la bouche amère, jetait sur l'objectif un dernier regard désespéré... Quand nos journaux avaient publié cette photographie, et les lettres suppliantes extorquées par ses bourreaux à l'homme d'Etat humilié, je me souvenais pourtant que Charles avait jeté la presse du jour au panier en s'exclamant que « notre époque puait la charogne ». Et quand le corps, criblé de balles, du politicien avait été retrouvé, le mois dernier, plié dans le coffre d'une voiture abandonnée, il avait murmuré que nous vivions « un temps si terrible que, si nous le voyions en rêve, nous serions épouvantés » : quand il cessait d'affecter la légèreté des Français, Charles donnait volontiers dans l'outrance slave...

Depuis un mois, il était revenu fréquemment sur cet assassinat, en prétendant, sur le ton de la gaieté, qu'il finirait comme « Aldo » et en cherchant sur son corps, après l'amour, l'impact des balles qui le tueraient – « là, à la pointe du cœur, un trou bleu... Remarque que ce n'est pas ce projectile qui aura entraîné ma mort... Plutôt celui-ci » – il montrait son abdomen ou sa tête – « ici, c'est fatal », disait-il en vrillant son index sur le front ou le nombril. Puis il faisait semblant de rire : « Ma pauvre chérie, tu seras obligée d'aller à la morgue identifier mon grand corps, troué, tordu, cassé, mais tu ne le reconnaîtras pas. De mon vivant déjà, tu avais tant de peine à le reconnaître, n'est-ce pas? Dans le tas, comment être sûr, hein? Dans le tas... »

Ce soir, il avait peut-être voulu réintégrer « le tas » et m'y replonger pour vérifier le bien-fondé de ses théories sur l'interchangeabilité... Pourtant ni la mort d'Aldo Moro, ni ses soucis politiques, ni la maladie d'Alban ne me semblaient pouvoir expliquer tout à fait ce que je sentais maintenant en lui d'inquiétant et d'inquiet.

— Je ne vous parlais pas d'un péril terroriste, Charles... Mais s'il y avait un jour une descente de police chez ce Wasp ou chez un autre, vous auriez l'air fin!

— Une descente de police? Mon Dieu, comme vous y allez!... Et la police interviendrait sur plainte de qui, s'il vous plaît?... Bon, mettons, si vous le voulez, que je coure un certain danger, reprit le ministre des Affaires étrangères, conciliant. Mais un très petit danger : il faudrait non seulement qu'un de nos amis aille me dénoncer — et en agissant de la sorte, reconnaisse implicitement sa complicité –, mais il faudrait en plus qu'il prouve ses calomnies. Or, bien entendu, je crierais au mensonge, à la machination, à la photo truquée, j'assurerais qu'il s'agit d'une nouvelle version de l'affaire Markovic, plus odieuse encore que la première! Bref, la rumeur ne dépassera pas le premier cercle des dîners, on la colportera peut-être, mais personne n'osera l'imprimer : c'est le mouchard que vos journalistes, rendus prudents par ma référence à Pompidou, tiendront pour un partouzard et un « fêlé »... Cessez donc de dramatiser, conclut-il. Take it easy!

Et il était vrai, en effet, qu'autrefois ses premières « parties carrées » et ses polygones irréguliers m'avaient paru compromettants pour un ministre en exercice, alors que, je devais l'admettre aujourd'hui, rien de fâcheux n'en était résulté : le libertinage est la faiblesse pour laquelle, à l'inverse des Anglo-Saxons, les électeurs français ont, toutes opinions confondues, le plus d'indulgence. Craignant par-dessus tout, en politique, l'influence des égéries, ils préfèrent un coureur de jupons avéré, un phallocrate sauteur de filles, à un politicien trop épris de sa compagne... Ce pauvre Louis XVI a payé de sa tête l'apprentissage de cette amère vérité.

— Pour ce qui est de la presse et de l'opinion, vous avez peut-être raison, repris-je. Mais je ne pensais pas nécessairement à une menace de ce genre. Compte tenu de vos fonctions, si un... enfin, un service secret...

— Oh là là! Vous devriez écrire des romans, vous!... Mais tenez, malgré vos extravagances, je serai bon prince : j'admets que j'ai naturellement pour l'imprudence un certain penchant que je ne cherche pas à combattre. Au contraire, je le cultive : c'est la légèreté qui fait le succès médiatique, et si l'on ne s'est pas exercé jour après jour aux actions étourdies, aux initiatives inconsidérées et aux propos impulsifs, on risque, quasi machinalement, d'éviter les faux-pas... Or pas de gaffe, pas de pub; et pas de pub, pas de carrière. Conclusion : pour avancer dans les allées du pouvoir, il faut abandonner la sagesse bourgeoise et apprendre à se dissiper! Un peu de fantaisie, jeune roturière, un peu de fantaisie, que diable!... Bon, je vous ai encore fâchée... L'année prochaine, pour vous contenter, je laisserai tomber Wasp et je m'inscrirai au Paris-Dakar, vous savez, cette nouvelle course, la roulette des sables... Allez, Christine, ne nous brouillons pas, soyez aussi honnête que moi : convenez que reprendre le volant d'une voiture de course sous le feu des projecteurs – en permettant aux imbéciles de dauber une fois de plus sur mon côté play-boy! – serait beaucoup plus aventureux politiquement que de faire retraite avec une poignée d'amis dans un endroit tranquille...

Donc, c'était bien cela : il lui fallait du glissant, du brûlant, du coupant, du hasardé. Et depuis qu'il avait remisé ses Ferrari, ce piment-là lui manquait. Quant à moi, je l'aimais trop maintenant pour lui paraître dangereuse : il avait beau se raccrocher à des souvenirs volontairement déformés, je ne le faisais plus trembler... « Tu te souviens de ce premier dîner à Sainte-Solène? me demandait-il souvent. Tu étais sortie seule sur la terrasse et je t'ai aperçue en train de boire un verre de sang... Tu disais que c'était du jus de tomate... »

C'était bien du jus de tomate, et il le savait...

Mais je ne comprenais toujours pas pourquoi ce désir de se vautrer dans la boue, cette rage de détruire, de salir, dont j'avais un moment espéré l'avoir guéri, l'avait repris. Surtout je me demandais jusqu'où il était redescendu dans cet enfer des « nuits internationales », et depuis combien de temps. Un an plus tôt déjà, un gros journaliste texan rencontré dans un dîner, s'étonnant de l'extraordinaire impunité accordée en France aux débauches privées de nos hommes publics, m'avait assuré que, dans la Cafe-Society souterraine, de Milan à Miami et de Los Angeles à Amsterdam, on tenait mon ministre pour « the best of the worst » : le meilleur dans le pire. Fervacques excellait – prétendait-il – à animer, dans ce monde du plaisir underground, une petite cour d'odalisques mâles et de saint Sébastien femelles que (sans doute comme ses conseillers de cabinet?) il se plaisait tantôt à contrarier, tantôt à pousser dans le sens de leur pente, pourvu qu'elle fût fatale. Mais je n'avais pas cru à ces commérages, ou plutôt j'avais pensé que le Texan me parlait du passé – du début de ces années soixante-dix où Charles avait, en effet, beaucoup sacrifié à la mode nouvelle de la « sexualité libérée », comme j'y sacrifiais moi-même... En tout cas, je m'étais empressée d'oublier le propos; et si depuis cinq ou six mois je sentais mon « Archange » réellement changé, plus insaisissable que jamais, certains enfantillages auxquels il se complaisait encore et qui cadraient mal avec une réelle perversité contribuaient à me rassurer. C'est ainsi que j'avais découvert dernièrement, dans un dossier passé par son bureau (où les cannelures de Stuart Michels et le changement de mobilier introduisaient un certain désordre), un petit poème écrit de sa main, et que, de toute évidence, il ne me destinait pas :

« Nège, la nuit descend, tu es à moi, je t'aime,
Les cyprès ont noirci, le ciel a fait de même,
Les cigales chantaient ta beauté, mon bonheur
De t'aimer pour toujours, ton cœur près de mon
[cœur. »

J'avoue que ce pensum de collégien, tellement dans le goût de mon Yves Le Louarn de triste mémoire, m'avait amusée; peut-être ces lignes qui célébraient quelques heures de bonheur prises avec une autre sous un ciel méditerranéen auraient-elles dû me rendre jalouse? Sur le moment je n'y songeai pas. Il faut dire que, Charles ne m'ayant jamais promis l'exclusivité, j'étais habituée à ses toquades, ces « passades » qui « passaient » en effet. En général, mon amant me détaillait gentiment les mérites de ces dames, parfois il me donnait à lire leurs lettres enflammées, et, nus sur le tapis, nous nous riions ensemble de leurs serments passionnés. Je tenais plus à cette complicité qu'à une trompeuse fidélité.

Aussi n'avais-je pas été autrement alarmée par cette « Nège » dont toutes les cigales « chantaient la beauté »... Je me sentis même soulagée qu'il eût gardé assez de fraîcheur d'âme pour versifier. Bref, quand j'aurais dû trembler et m'écrier : « Il en est donc à écrire des poèmes maintenant! », je me dis que, Dieu merci, il en était encore à écrire des poèmes...

Cependant, le mystère du prénom – Nège –, que je ne parvenais pas à identifier, m'avait piquée. Il ne pouvait s'agir de la jeune Estelle d'Aulnay, femme de Fabien : d'Estelle à « Nège », il y avait trop loin, même pour un amant ingénieux. Quant à la petite Danièle, une secrétaire du ministère qui avait succédé à « Fredaine », « Bagatelle » et « Amusette », je savais qu'il ne l'avait jamais emmenée « sous les cyprès ». Peut-être avait-il rencontré cette « Nège » dans le milieu Rubempré auquel je n'avais plus accès? J'étais sûre en tout cas qu'il ne ferait pas de difficulté pour me livrer l'identité de sa Dulcinée sitôt que je lui en parlerais.

Aussi, quelques jours après, lui tendis-je le papier égaré dans mon dossier, en lui demandant, avec un sourire entendu, d'où sortait ce joli poème, tombé du « ciel noirci des cyprès » jusque sur mon bureau Empire.

— C'est du Baudelaire, m'assura-t-il sans se démonter, un quatrain tiré de sa correspondance...

Sans doute n'avais-je pas lu la correspondance de Baudelaire, et l'on trouve parfois, dans les lettres d'amour des poètes, de singuliers relâchements, mais non pas, j'imagine, des rimes aussi contestables et des rejets si boiteux... Avec un grand rire, je rendis son papier à Monsieur de Fervacques.

— Et pour qui « Baudelaire » s'est-il donné toute cette peine, dites-moi?

Il eut un temps d'hésitation, si bref qu'il dut l'espérer imperceptible : « Bon, j'avoue : c'est une vieille histoire... Un poème de jeunesse que j'ai retrouvé l'autre jour dans des papiers... Je crois qu'à l'époque je l'avais destiné à Catherine Darc... Ou peut-être à ma cousine... »

Je fus fâchée qu'il me mentît; mais, trop heureuse qu'il eût désiré célébrer avec moi cette « Nuit des Rois » d'où je datais ma vraie naissance, je ne cherchai pas alors à tirer l'affaire au clair et passai outre à cette impression de malaise : peut-être sentais-je déjà qu'il était trop tard pour lui faire des scènes?

Cependant, tout le temps que dura le vol de Paris à Vienne, tandis que Charles étudiait un dossier urgent, j'eus le loisir de méditer cet incident et de revenir sur les bavardages du vieux Texan. Mais quand l'avion se posa, je n'avais pas encore trouvé le moyen d'accorder « the best of the worst » avec les poèmes à « Nège ».

A l'instant de quitter l'avion, comme je mettais le pied sur la passerelle, je me sentis brusquement saisie de malaise : abus de somnifères ou manque de sucre (je n'avais pu toucher au petit déjeuner que la jeune hôtesse du Falcon nous avait proposé), je vis le sol de l'aérodrome basculer. La tête me tournait et tout à coup, comme tant de fois déjà, mes jambes se dérobèrent sous moi; mon pied glissa, je manquai la marche; dans un dernier réflexe, je m'accrochai au corps de Charles, comme par peur de tomber on s'agrippe à la main de son partenaire après une valse trop longue, sans savoir si, atteint du même vertige, il ne s'effondrera pas le premier en nous entraînant dans sa chute...

Je n'ai rien gardé des pages qui suivaient. Sans doute les aurais-je conservées s'il s'était agi de la description banale d'une soirée échangiste comme celles que Christine me disait avoir vécues avec Fervacques dans les années 73-74 – même si, lorsqu'elle me contait ses débauches d'alors, la prisonnière de Rennes pouvait déjà avoir abusé de ma naïveté. Mais je ne l'avais jamais sérieusement pensé, et je ne le croyais toujours pas : ni la qualité de ministre, ni même celle de « présidentiable », ne me semblent de nature à détourner certains hommes de suivre leurs instincts. Ni Edward Kennedy ni John Profumo – pour ne citer que ces deux-là dans des démocraties qui nous ont fourni, ces dernières années, des dizaines d'exemples d'« imprudence caractérisée » – n'avaient su s'arrêter sur la pente fatale; c'était même devenu un sport pour la presse locale que de piéger les responsables politiques au petit jeu de la vertu... Quant à Fervacques, bien des années avant que j'aie rencontré Christine Valbray, j'avais moi-même entendu dire, dans les milieux administratifs et judiciaires que j'étais amenée à fréquenter, qu'il ne dédaignait pas certaines « festivités collectives ». Et, si rien chez nous – depuis la fin de la IVᵉ République et l'affaire des « Ballets Bleus » du père Weber – n'avait transpiré des frasques de certains politiciens, j'aurais pu, pour ces trente dernières années, nommer d'autres ministres éminents qui, bien qu'affectés à des secteurs « sensibles », n'avaient pas cessé de mener à leur guise leur vie privée...

Tant que les choses se passaient entre adultes consentants et que la gestion du pays n'avait pas à en souffrir, je voyais d'ailleurs mal pourquoi l'opinion s'en serait mêlée.

Aussi n'était-ce pas vraiment l'indignation ou la pudeur qui m'avaient retenue de publier – et même de garder – « la soirée chez Wasp » telle que Christine l'avait peinte : c'est que la scène avait quelque chose d'irréel qui m'avait gênée.

D'abord, contrairement à ce que j'avais cru en lisant les lignes qui précédaient (et à l'inverse de ce que Christine disait elle-même avoir supposé), il ne s'agissait pas, à proprement parler, d'une « partie », mais d'une sorte de messe noire – une cérémonie qui, pour autant que je m'en souvienne, semblait inspirée du vaudou.

Certes, je n'ignore pas que certaines sectes, qui pullulent maintenant à Londres, New York ou Paris, rassemblent la nuit leurs fidèles dans les égouts, les parkings, les caves de HLM ou les sous-sols déserts des sièges de sociétés – leurs catacombes, en somme ; et je veux bien admettre que quelques druides gaulois, mages mazdéens ou lamas pseudo-tibétains ne sont pas fâchés d'exercer de temps en temps leur art dans des appartements confortables, tous frais payés... J'ai aussi connu quelques hauts fonctionnaires qui, tout énarques ou normaliens qu'ils fussent, s'étaient tardivement découverts animistes ou cathares : il n'y a pas que des *Alain Chaton* pour adorer *Toutakis* et *Krishna*! « Les curés avaient vaincu les sorciers, m'avait un jour déclaré l'un d'eux avec un doux sourire de fou, les psychiatres ont vaincu les curés, et nous sommes en train de vaincre les psychiatres! » J'avais même eu un jour l'occasion de rencontrer un ministre des Finances adepte d'une religion syncrétique qui mêlait les pratiques du vaudou à la philosophie des rose-croix; mais enfin il était brésilien, et l'on sait dans quel état sont les finances de ce pays-là : pour combler un tel déficit, mieux vaut prier « Capitaine Zombi » et « Baron Samedi » que le FMI!

En revanche, je ne me représentais pas du tout un homme comme Fervacques fréquentant ce genre de sabbats. Qu'il eût parfois visité des voyantes, comme tant de ses semblables, la chose me semblait possible; qu'il se fût, à l'occasion, laissé influencer par son « thème astral », le cas était des plus communs... Mais le hurlement des mambos! Les invocations à Lilith et Azraël! Les sacrifices d'animaux! On a beau ne plus savoir quoi inventer pour s'amuser, prétendre aimer le danger pour lui-même, et regretter de n'être jamais aussi vicieux qu'on le voudrait, la participation à ce genre de cérémonies aurait été regardée par « les milieux généralement bien informés » comme un passage du vice aimable à la folie caractérisée. Or, je veux bien croire qu'en politique on peut chez nous passer sans dommage pour un don Juan ou un menteur, et même – à condition de reculer de quelques cases et de perdre un tour ou deux – se relever d'une réputation de corrompu, mais on ne se remet jamais d'être pris pour un demi-fou : l'exemple de Deschanel le prouve. Quant à la sorcellerie, elle a suffi, en d'autres temps, à discréditer Catherine de Médicis et à perdre les Concini, le mysticisme n'étant pas, à beaucoup près, aussi favorablement regardé que le déver-gondage... Du reste, Fervacques, avec tous ses défauts – ce côté « curieux de la mort » et « voyeur du mal » qu'il semblait, au témoignage de Sovorov, avoir révélé dès sa prime enfance –, me paraissait trop intelligent et raffiné pour n'être pas sensible au ridicule de ces ébats sataniques.

J'avais vu moi-même, au cours des années passées, deux ou trois reportages télévisés sur les « sectateurs de l'Atlante » ou « les adorateurs de Belzébuth » : on n'évitait jamais les draps écarlates, les chandeliers à sept branches, les statuettes de cire, les dragons sculptés, le parfum de soufre, les croix renversées, les tambours qui battent – bref, toute une mise en scène grand-guignolesque à laquelle je ne pouvais croire que Fervacques eût pris goût...

Bien entendu, selon Christine, cette célébration s'était accompagnée d'une forte consommation de « boi bandé » (un alcool de canne haïtien particulière-ment corsé) et de quelques moindres drogues. On avait aussi tué plusieurs oiseaux en vue de je ne sais quelle sanglante Eucharistie : deux mille ans plus tôt nous étions passés du sang au vin; retournant à la source pour rajeunir leurs forces, quelques-uns revenaient du vin au sang... J'avoue que je n'aime pas ces exécutions, aussi solennelles qu'inutiles; Fervacques, j'en conviens, n'avait peut-être pas là-dessus les mêmes répugnances que moi, mais il avait gardé, jusqu'à présent, l'alibi de la chasse, du dressage des faucons – en somme des motifs sportifs et quasi écologiques...

Bref, la manière dont chez Wasp on avait, paraît-il, égorgé de malheureux volatiles et battu une chouette à mort, cette façon de faire d'un massacre une fête, m'avaient choquée : le récit de Christine – même si je soupçonnais déjà qu'il s'agissait d'une espèce de fan-tasmagorie, de transposition du réel – avait commencé à me déplaire. Mais je n'étais pas au bout de mon écœurement : il y a dans les messes noires de qualité une autre « figure imposée » ; je le savais depuis que j'avais dépouillé pour une revue d'histoire les archives judiciaires de l'« Affaire des Poisons ». Dans la négation de la vie, il faut aller plus loin que le sacrifice rituel des animaux et la communion dans le sang : il est nécessaire d'inverser les symboles comme on renverse les croix, et de confondre la naissance avec la mort en associant l'acte de la reproduction au défi le plus métaphysique qui soit. Comment le docteur Wasp s'était procuré ce dont il avait besoin pour ce dernier acte de sa célébration, il me répugnerait de le raconter ici. Je me bornerai à dire que Christine elle-même avait dû interrompre sa description du processus, s'arrêtant, si je me souviens bien, au milieu d'un paragraphe, comme si sa phrase l'étouffait ou qu'une pluie de cendres la recouvrait.

Sans doute était-il plus facile de revendiquer un assassinat spontané (celui de Lefort, qui tenait encore du meurtre nécessaire, de l'affrontement de bêtes fauves, qui tuent pour se défendre ou se nourrir) qu'un acte dépourvu de naturel et d'utilité, plus aisé de détruire une vie dans un accès de violence que d'ériger posément la mort en culte et en principe. C'était justement l'impossibilité, devant laquelle « la Sans Pareille » s'était trouvée, d'achever son récit qui m'avait aidée à le classer dans la catégorie des rêveries – fantasmes de prisonnière et cauchemars de malade.

Son silence soudain s'expliquait, pensais-je, par ce trait propre au rêve qu'est l'inachèvement, l'impossibilité d'aboutir – on rate son train, on perd son chemin, on ne trouve plus sa porte, on égare ses vêtements, ses mots, ses clés, son sujet, et l'on n'arrive jamais assez loin dans le couloir pour connaître la fin de sa propre histoire.

A cette époque, en tout cas, je ne soupçonnais pas une seconde que Christine ait pu délibérément inventer cette bacchanale. J'étais persuadée qu'elle avait dû la rêver longtemps auparavant, et croire ensuite, de bonne foi, qu'elle l'avait vécue. Certains rêves ont non seulement la cohérence du réel mais, dès l'origine, la patine du souvenir : on rêve qu'on se rappelle. Et Christine, qui avait participé, plusieurs années plus tôt, avec Fervacques et avec d'autres, à des débauches que l'alcool, la nuit, la fatigue, et l'imagination des hôtes, apparentaient à des délires, pouvait avoir tout mélangé et s'être imaginée qu'en Autriche, ce soir de juillet, elle était allée plus loin : jusqu'au bout du chemin... Une telle confusion de l'imaginaire et du vrai aurait procédé d'une erreur d'optique, somme toute excusable puisque nos rêves ne se bornent pas à prolonger la réalité, mais sont peut-être, à eux seuls, le réel entier : savons-nous « si cette moitié de la vie où nous pensons veiller n'est pas un sommeil un peu différent du premier, dont nous nous éveillons quand nous pensons dormir, comme on rêve souvent qu'on rêve, en entassant songes sur songes » ?

D'ailleurs, comme dans les cauchemars, la plupart des faits qu'elle rapportait, les comparaisons qu'elle faisait, les mots mêmes qu'elle employait m'avaient paru recouper des récits antérieurs ou des obsessions plus anciennes. Ainsi, quand elle me décrivait la collection de tableaux baroques qui ornaient l'appartement viennois du docteur Wasp : le maître de maison avait, paraît-il, réuni dans son salon sept ou huit natures mortes qui représentaient de gros livres dans le goût flamand – antiphonaires médiévaux, bibles latines, dictionnaires monumentaux –, mais tous ces livres peints étaient des livres blessés, des volumes à l'agonie, empilés sans soin, froissés, déchirés, rongés par les rats, dévorés d'humidité ; ici ou là, pour mieux souligner le propos, dans la tradition de ces « vanités » tellement en vogue au XVIIe siècle, c'était un crâne de squelette que le peintre avait négligemment posé sur le recueil entrouvert pour en marquer la page... Comment ne pas penser à cette bibliothèque de Senlis que le vieux Chérailles avait ravagée à seule fin de nous prouver, lui aussi, la frivolité de nos entreprises et la fragilité des civilisations? De même le Capricorne ou le Bélier astrologique peint sur la poitrine bouclée d'un des « grands prêtres » présents me semblait évoquer le satyre frisé de ses premières soirées romaines, et l'improbable docteur Wasp le médecin marron des Suburbi – terreurs et répugnances que venaient de réveiller le suicide de Kahn-Serval, les froideurs inexpliquées de Fervacques, et son dernier avortement.

Ce n'était pas, pensais-je, notre ministre des Affaires étrangères, pas davantage les « mambos » du vaudou ni les satanistes distingués du West End, qu'il fallait aller chercher dans ces feuillets, les plus outrés que Christine m'eût adressés de sa prison, mais c'était Christine elle-même, le versant d'ombre de cette femme brillante, le double de plomb de cet être léger que la maladie commençait d'attirer vers le fond...

Encore, même ainsi, ne convenait-il pas de s'exagérer l'ampleur de sa perversité : hormis l'ultime « intervention » du docteur Wasp, réellement effrayante, je ne la croyais guère capable, à la lire, que d'un diabolisme esthétisant à la Huysmans – la forme sans le fond, le rite sans le dogme, tout dans la décoration, bref un démonisme dandy... C'était dans la même tonalité kitsch et superficielle que je pouvais me représenter son « Archange » en « beau diable », car, pour le surplus, s'il nous fallait vraiment un démon d'allégorie, j'avais de la peine à me figurer Lucifer en candidat aux élections et Belzébuth en complet veston. Et puis je ne parvenais pas à oublier qu'il en va du diable comme du reste et qu'on le cherche plus souvent qu'on ne le trouve...

Je ne pensais donc pas que Fervacques fût Satan soi-même, comme Sovorov avait tenté de nous le faire accroire, et je devais encore produire de grands efforts pour l'imaginer en tentateur de deuxième catégorie, en Méphisto, en Stavroguine. Au mieux, je le tenais pour une imitation complaisante de ces personnages : notre monde est trop vieux, et trop couvert de mots, pour engendrer beaucoup d'originaux...

J'avais, une fois pour toutes, rangé la seconde « Nuit des Rois » au rayon des fantasmagories et accessoires érotiques pour dames seules, et, vaguement dégoûtée, jeté le paquet au panier.

Il ne fallut rien moins qu'une affaire à sensation (survenue en août 85, plus de cinq ans après l'arrestation de Christine et deux ou trois ans après le récit qu'elle m'avait fait) pour me tirer de ce scepticisme. Confrontée tout à coup aux gros titres qui barraient les journaux — « Trois médecins parisiens, grands prêtres des avortements-orgies » —, je me trouvai forcée d'envisager que la lettre de Christine, qui décrivait des scènes si proches, dans leur folie, des pitoyables soirées que la presse dépeignait, ait pu contenir une part de vérité.

Dans l'affaire de mœurs qui défrayait alors la chronique se trouvaient impliqués non seulement des chirurgiens célèbres et des call-girls de bonne renommée, mais des vedettes du spectacle, des financiers internationaux, et des industriels de vieille lignée — pareils à ceux qui, quelques années plus tôt, hantaient, selon Christine, la maison de rendez-vous du docteur anglais. Ces membres éminents de la Jet-Society invitaient leurs amis à assister, dans des appartements bruxellois, à des « opérations » pratiquées par des médecins parisiens sur de jeunes personnes rétribuées pour l'occasion, « spectacles qui, précisaient les reportages, s'apparentaient à des messes noires et se terminaient en orgies ». L'organisateur du réseau — « du Club », disaient ses membres —, un industriel belge de trente-neuf ans, Philippe C., propriétaire de la plus grosse firme pharmaceutique du pays, passait pour le trésorier occulte d'un grand mouvement politique, et il aurait sans doute pu jouir longtemps de l'influence que lui valait sa double réputation d'homme d'affaires émérite et d'hôte de bon ton si, par malchance, l'une des adolescentes invitées n'était morte après avoir été « opérée » par un praticien du Tout-Paris. Comme, toutefois, ni les messes noires ni les avortements – fussent-ils maquillés en fêtes votives – ne sont interdits par la loi, ce fut seulement pour trafic de drogue (on forçait un peu sur la cocaïne au « club ») que la justice poursuivit ces tristes noceurs. Ce qui évita aux enquêteurs de s'enfoncer trop avant dans ce que l'un d'eux qualifia pour la presse de « cloaque abject ». En quelques jours d'ailleurs, l'affaire passa de la première page des magazines à l'entrefilet, soit qu'on eût cherché à l'étouffer, soit que les mots ordinaires eussent manqué aux chroniqueurs pour peindre ces débauches-là.

Après cette lecture, cependant, comment ne pas reconsidérer la portée des confidences que Christine m'avait faites? Si elle n'avait pas été membre de ce club « fermé » ou d'un réseau similaire, elle semblait avoir eu au moins connaissance de ces agissements dans le milieu qu'elle fréquentait. Quant à savoir ce que Fervacques lui-même en connaissait et quel rôle il la poussait à y jouer, je ne pouvais plus maintenant refuser de me poser la question... De même que pour les huit lits hollandais et ses amours coupables avec son frère, ou pour le meurtre de Pierre Lefort, c'était comme si Madame Valbray m'obligeait à décider moi-même – en fonction de ce que j'étais, de ce que j'espérais ou redoutais – l'ampleur des transgressions auxquelles elle s'était livrée. Elle me contraignait à projeter ma vie sur la sienne, et, me forçant à compléter cette existence qu'elle traçait en pointillé, me tendait le miroir où je me reconnaîtrais...

Consciente du piège, j'hésitais à trancher : pour elle, si l'amour ne l'avait pas entraînée, je continuais de la croire plutôt portée à végéter éternellement dans les banlieues du péché. Mais Fervacques était, il est vrai, d'une autre trempe et pouvait avoir agi comme un révélateur en l'astreignant à plus d'exigence, plus de rigueur, plus de danger. Tel qu'il m'apparaissait à travers les récits de sa maîtresse (car, pour l'image publique, c'était autre chose), je le devinais plus profond que Christine, plus radical : certes, nullement porté au mal d'une manière exclusive, et aussi capable qu'un autre de s'attendrir assez pour payer à une petite Autrichienne la transplantation d'organes qui la sauverait ou dédier de mauvais vers à une demoiselle sentimentale; mais si, par hasard, il avait trouvé dans l'occultisme partouzard un dérivatif à son ennui, il était très propre aussi à y aller de l'avant pour en épuiser plus vite tous les charmes.

On pouvait même imaginer que ce sceptique se fût brusquement pris d'envie pour les négateurs, ceux qui gardaient assez de vigueur pour croire au démon en toute innocence. Pourquoi n'aurait-il pas un jour adressé, lui aussi, à une divinité de convention cette prière que le moraliste met dans la bouche d'un incrédule : « Seigneur, aidez-moi à déchoir, à me vautrer dans tous les crimes, inspirez-moi des paroles qui vous brûlent et me dévorent, des actes qui nous réduisent en cendres »?

Bien sûr, c'était un peu mystique pour un politicien de la Ve République...

Au bout du compte, je n'avais que deux ou trois certitudes : il était très improbable que Fervacques ait participé, personnellement, à une soirée du type de celle que Christine m'avait raconté; en revanche, il était presque certain que, à l'occasion de leur pseudo-réveillon, le ministre s'était amusé à ramener sa maîtresse à la « case-départ », comme elle le disait, et sans doute un peu plus bas... Ainsi l'avait-il obligée à s'avouer à elle-même la répulsion qu'il commençait à lui inspirer tandis que, de son côté, il s'étonnait d'avoir pu surestimer la force qu'elle représentait. Une fois de plus, l'attente de chacun avait été déçue et, cette nuit-là, quelque chose s'était brisé, quelque chose – sinon quelqu'un – avait « avorté ».

Rupture peu spectaculaire d'ailleurs : ce n'était pas le désespoir, l'injure, les larmes ou les éclats de voix qui semblaient avoir suivi cette nuit confuse, cette soirée floue, mais simplement, de part et d'autre, la lassitude. J'aurais parié que, ayant vaincu ses nouveaux dégoûts, surmonté sa stupéfaction devant la profondeur de son abjection, Christine n'avait plus, dès le lendemain, senti que la fadeur, la banalité de son péché. Qui sait même si ce n'était pas – plus que ce monde équivoque où Fervacques cherchait à l'entraîner – cette monotonie, cette insipidité de l'Enfer qui l'avait le plus rebutée, l'absence de scandale qui l'avait scandalisée ? Tout s'émousse, et je m'étonnais a posteriori qu'il m'eût fallu les « affaires » bruxelloises pour m'en faire admettre la possibilité : ne m'aurait-il pas suffi de me regarder de près pour savoir avec quelle rapidité s'affaiblit le sens de la faute ? Dans une vie paisible et presque rangée, j'avais souvent transgressé moi-même les bornes que je m'étais fixées, faisant à vingt-cinq ans ce qui m'aurait paru choquant à vingt, et à trente tout ce que je condamnais à vingt-cinq.

Car, si rien n'est sacré, les limites qu'on s'est à soi-même données le sont moins que rien. Non qu'on les déplace, mais on renaît plus loin. Ce n'est pas, comme on le dit, le premier pas qui coûte et les autres qui sont aisés, c'est qu'on meurt à chaque pas qu'on fait sur le chemin de l'interdit, et qu'un autre « moi », fils du premier, prend la relève, un « moi » qui vient au monde déjà programmé pour accepter ce que le précédent refusait, un mutant dont les gènes nouveaux portent la faute future inscrite comme un passé : jamais je n'aurais commis d'acte que ma conscience m'aurait reproché, mais ma conscience évoluait... Aussi n'est-ce pas un double mauvais qui avance à notre place sur la voie du péché, pas une aile noire qui, comme chez le démon de l'église Saint-Michel de Vienne, viendrait brusquement masquer notre aile blanche, c'est toute une famille d'échos déformés, un peuple de copies falsifiées dont, de mue en mue, nous jalonnons nos vies ; à peine si, en nous retournant, nous les reconnaîtrions, si semblables à notre « moi » de l'instant mais déjà si différents, telles ces photographies qu'à toute heure Chaton prenait de son visage et dans lesquelles il ne se retrouvait jamais, car, d'un tirage à l'autre, il avait imperceptiblement changé. Sur la route du pire, nous fuyons d'une fuite éternelle en abandonnant nos dépouilles derrière nous ; et, à chacun des pas que nous faisons, l'oubli du point de départ et le défaut de mémoire, en même temps qu'ils nous consolent, nous perdent plus irrémédiablement.

L'impossibilité où nous sommes désormais d'imaginer un lieu où tous ces présents conflueraient, où toutes nos lignes convergeraient, où l'espace et le temps seraient embrassés d'une seule vue, d'un seul mouvement, nous renforce dans l'amnésie et l'aveuglement. Plus de point de fuite, ni de mémoire centrale. Nous avons cessé de croire que nos « moi » divers, bons et mauvais, généreux ou timorés, résonnent dans le monde comme des sons qui, entendus de loin, saisis d'en haut, se fondraient en une seule musique. Pas plus que nous n'espérons en une intelligence si vaste qu'elle garderait la trace de toutes nos figures et nous délivrerait, à la fin du parcours, la juste résultante de tous nos tâtonnements, la somme fidèle de nos composants. Périphériques déconnectés de leur unité de traitement, terminaux sans mémoire, nous n'avons plus accès à nous-mêmes, faute de code. Moins « possédés » que « dépossédés », pauvres diables plutôt que démons, nous passons de moment en moment et d'acte en acte, toujours plus vils et plus innocents, pourceaux à qui « tout paraît également bon, jusqu'à leur propre destruction », étrangers voués à ne reconnaître que le chemin de la falaise d'où ils tomberont.

Entre le petit garçon blond dont Christine avait volé la photo à Fervacques et l'ami du docteur Wasp, entre l'enfant qu'on avait blessé et celui qui blessait les en-

fants, le jeune poète des « Paroles de Feu » et le suicidaire désabusé, l'oiseau-mouche et l'épervier, il y avait eu autant d'Archanges que de pas franchis, des milliers de Fervacques qui, de tirage en tirage, s'éloignaient chaque fois davantage de leur modèle original. Ce soirlà à Vienne, de quelque manière que ce fût, entre les bras de sa maîtresse l'un d'eux mourut, et celui qui lui succéda, presque semblable mais déjà différent, plus avancé dans la voie de l'anéantissement, plus proche du précipice, Christine ne le connaissait pas...

Par bonheur, la rentrée politique de 1978 me donna assez de fil à retordre pour occuper tout le champ de mes pensées. Entre le désir intempestif de quitter la majorité, que je sentais devenu chez Charles si pressant qu'il m'en semblait presque inconvenant, et l'intention, affirmée bien haut par d'Aulnay, de resserrer les rangs derrière le Président, je devais louvoyer au sein du solidarisme avec toute l'habileté acquise entre Malise et J. V.; de même, à l'extérieur, étais-je contrainte de recourir aux trésors de duplicité emmagasinés au double service de l'Etat russe et de l'Etat français pour persuader alternativement l'opinion de notre indépendance d'action et l'Elysée de notre fidélité.

Certes, je prenais un plaisir de virtuose à cet exercice : le travail qu'Olga exigeait de moi était devenu si routinier, il se révélait au fond si peu risqué, que je craignais de me « rouiller ». Aussi, quand pour la plus grande gloire de Charles j'avais réussi à duper mon monde, me décernais-je de grands sourires dans les glaces de l'ascenseur ou esquissais-je un pas de danse dans mon bureau.

Seule. Car Charles avait désormais peu d'occasions de venir m'y complimenter : « the best of the worst » était débordé. Jamais il n'avait tant voyagé, courant de conférences en chancelleries, et d'accords commerciaux en traités; il passait même si vite d'un fuseau horaire à un autre que, rentrant à Paris, il ne savait plus quel jour on était. Quant à dire si c'était l'Elysée qui, pour s'en débarrasser, l'obligeait ainsi à ne plus défaire sa valise, ou lui qui prenait plaisir à s'étourdir – comme tant de nos diplomates, qui finissent par faire de leurs déplacements forcés une drogue dont il faut sans cesse augmenter les doses pour pallier l'effet d'accoutumance –, je me gardais de trancher. Je voyais bien, cependant, qu'il ne tenait plus en place : sitôt qu'il touchait le sol français, il filait en Bretagne ou se précipitait à Marseille, Grenoble, Toulouse, pour y présider un meeting solidariste, remettre une rosette, inaugurer « des chrysanthèmes », ou tenir une conférence de presse qu'il aurait aussi bien pu donner à Paris.

A peine si, dans ce tourbillon, il trouvait encore, de loin en loin, le temps d'honorer de ses faveurs Estelle d'Aulnay ou, quand il faisait escale à Sainte-Solène, une petite serveuse de l'hôtel d'Angleterre qui le regardait comme un demi-dieu...

Ces incessants déplacements – tandis qu'en bon directeur de cabinet je restais au Quai pour « garder la maison » – désynchronisaient nos appétits, ou ce qu'il nous en restait... S'il m'arrivait encore de désirer Charles à la folie alors qu'il se trouvait aux antipodes, l'envie m'en était passée quand il revenait, ou je l'avais passée sur un autre. A condition de fermer les yeux et de choisir des hommes du même gabarit, j'avais toujours eu la faculté de remplacer mentalement mes amants du moment par de plus désirables, et cette même souplesse d'imagination qui m'avait permis autrefois de faire le tour des notables de Trévennec sans quitter les bras de Frédéric me permit, à l'inverse, de rester fidèle à Fervacques en cédant à deux ou trois occasions qui se présentaient. Même Saint-Véran bénéficia de cette faculté de dédoublement, bien que, avec lui, je me sois gardée cette fois d'aller au-delà des caresses par crainte que de trop tangibles comparaisons ne me contraignissent à remiser mes illusions.

J'eus toutefois le bonheur, sous le corps des uns et les mains des autres, de découvrir un Charles imaginaire enfin tendre, généralement prévenant, et qui ne parlait plus de m'emmener dans des « soirées » pour voir ce dont je serais capable en société : ces pseudo-Fervacques me reposaient du vrai; au point que je cherchai de moins en moins à confronter mon rêve à sa réalité. Lorsqu'un soir, rentrant de Jordanie et repartant trois heures après pour l'Allemagne en compagnie du Premier ministre, il m'avait demandé de venir lui présenter notre projet de budget, je m'étais même arrangée pour lui envoyer l'un de mes adjoints. Après l'entretien, Charles, surpris, avait décroché son téléphone : « Alors, Christine, vous me fuyez? » J'étais restée gênée qu'il s'en fût aperçu, mais sans plus : une semaine plus tôt déjà, comme je devais l'appeler à Sainte-Solène, j'avais été dans l'impossibilité de me rappeler par cœur son numéro particulier, j'avais dû le chercher dans mon carnet...

« Ainsi, pensai-je, ébahie et soulagée, nous en avons trop fait. Le cœur lâche. Fin de l'ascension. » J'étais parvenue à ce stade, en effet, où, si l'on n'a pas encore commencé d'aimer moins, on s'étonne de ne pas aimer plus.

Et qui sait si Fervacques n'éprouvait pas un sentiment similaire? Peut-être nous voyait-il lui aussi, sans regret, gagner des eaux moins troublées et la mer étale d'un amour rasséréné. Peut-être se sentait-il, comme moi, plus épuisé qu'un coureur de fond après la ligne d'arrivée : anéanti, le cœur et l'esprit vides, abruti. Quand ma vie en aurait dépendu, je n'aurais pas pu faire un pas de plus... En tout cas, si l'on m'avait alors prédit que l'amitié allait peu à peu prendre entre nous la place de l'exagération, je n'en aurais pas été fâchée, pourvu seulement qu'on ne me changeât pas mes habitudes d'un coup et qu'on me permît encore quelque temps d'appeler cette fadeur « amour fou ». Déjà, lorsque je songeais à la jalousie que m'avait autrefois inspirée Maud Avenel, ou au désarroi panique qui m'avait saisie un an plus tôt à Vienne, je ne me comprenais plus : j'étais dans les mêmes sentiments que ces suicidés par amour qui, s'ils échappent à la mort, renaissent libérés; si mourir pour quelqu'un est le meilleur moyen qu'on ait trouvé pour survivre à sa perte, j'étais moi aussi allée assez loin avec Charles pour revenir à mon commencement...

A Philippe, que ma pâleur et mes divers « ennuis de santé » avaient alerté, je pus assurer, en toute bonne foi, que nous restions, Fervacques et moi, « de merveilleux complices »; pour la passion, toutefois, j'en étais, lui dis-je, aussi rassasiée que Charles en semblait lui-même fatigué; nous tournerions bientôt au vieux couple, façon Valmont-Merteuil : « Je parie que " l'Archange " se cherche une Tourvel, et que je vais me dénicher un Danceny! Nous en rirons tous les deux pendant les congrès... Peut-être même irons-nous encore jusqu'à en jouir ensemble? Tu vois, mon petit chéri, que tu avais tort, à Vienne, de prendre mes émotions au sérieux! Je suis si inconstante, si étourdie que rien ne m'atteint, rien ne me marque, rien ne me lie! Je flotte, je rebondis, j'échappe, je glisse, je fuis. Et quant à recommencer pour un autre le parcours que je viens d'accomplir pour Charles, sois tranquille : l'idée seule m'en donne la nausée! Je suis décidée à changer de registre, carino : à nous les ambitions, les intrigues, les élections! Bref, les sentiments élevés... Au fait, quand est-ce qu'on te nomme Directeur du Budget? »

Un coup de fil de Carole mit fin à cette trompeuse

accalmie : en cinq minutes, le ciel changea, la tempête se leva.

J'avais cru qu'elle m'appelait pour me donner des nouvelles d'Alban. Elle m'en donna, en effet : il n'allait pas plus mal, ce qui, du point de vue de ma généreuse amie, signifiait déjà qu'il allait mieux; mais c'était surtout pour moi que, de Washington, elle se faisait du souci.

— Moi, baby? Mais je ne me suis jamais mieux portée de ma vie! Everything's all right!

— Et ton Charles?

— Charles va bien, merci. Un peu trop pressé, à mon avis, de prendre ses distances avec la majorité, vaguement gauchiste même ces temps-ci... A part ça, pareil à lui-même : un cœur constamment inégal, un esprit imperturbablement changeant!

— Mais avec toi, Mistoufflette? « Gari-gari », violon, grand amour, et le toutim?

— Oh, oui. Le train-train, quoi... Nous nous tricotons pour l'hiver une petite passion bien chaude : un tête-à-tête à l'endroit, une partouze à l'envers. Tu sais comme il est...

— Ecoute, Chris, je suis contente de te voir prendre les choses comme ça, parce que je serai franche avec toi : il se passe un truc grave du côté de Charles. Je préfère t'en parler pour être sûre que tu es au courant... Voilà : il y a un mois, Alban m'a dit que son frère risquait de faire une connerie. Il avait l'air très embêté; et moi, ça m'ennuyait aussi parce que, dans son état, il vaut mieux lui éviter les contrariétés. D'un autre côté, tu connais Alban : pas bavard, hein? Un mur, dans ses meilleurs moments! Alors, tu penses bien qu'il n'allait pas m'expliquer de quelle « bêtise » il s'agissait! En même temps, comme il est trop malade pour se taire tout à fait, il n'arrêtait pas de me répéter que, après tout ce qu'il avait fait pour son frère, Charles serait dégueulasse de prendre une décision comme celle-là à deux ans des élections.

C'était sa rengaine : « à deux ans des élections! » Du coup, j'étais sûre qu'il voulait parler de combines politiques, et je ne m'en faisais pas... Seulement, à la fin, j'ai compris que je n'y étais pas du tout : ton Charles voulait divorcer, dis donc! Oui, il paraît qu'il en avait déjà parlé à sa nana, Elisabeth, qu'il avait prévenu des notaires, des avocats, je ne sais pas. Si bien que, quand Alban a mis son nez là-dedans, l'affaire était déjà très avancée!

Quand Carole avait parlé de divorce, j'avais reçu un coup au cœur. Mais un coup d'espoir. Aussi absurde et violent que lorsque, écolière, ayant raté une composition mais entendant le professeur, sur le point de rendre les copies, parler d'une « élève dont elle n'attendait pas un si beau résultat », j'arrivais à me convaincre, malgré tout, qu'il s'agissait de moi : par un miracle renouvelé des Noces de Cana, le « chasse-cousin » que je lui avais servi se serait trouvé changé en grand cru... Puis elle posait les copies sur son bureau et mes espérances, pathétiques, redoublaient quand je reconnaissais mon écriture sur le dessus du paquet; je devais me retenir pour ne pas sourire, mes oreilles bourdonnaient, la tête me tournait; et il me fallait produire ensuite un effort surhumain pour comprendre, quand elle me tendait la copie, que, si ma feuille se trouvait sur le sommet de la pile, c'était par un suprême raffinement de cruauté : la garce avait commencé par les derniers... Même à la roulette autrefois, quand j'avais joué le huit et que je voyais la boule s'arrêter sur le trente, j'espérais encore vaguement que le croupier prononcerait « huit » et pousserait vers moi, du bout de son râteau, une pile de jetons aussi haute que les pyramides de macarons de la pâtisserie d'Évreuil. Enfin, j'avais un fond d'incorrigible optimisme sur lequel ma raison n'avait guère de prise et dont il me semblait parfois que le ciel ne m'avait dotée que pour mieux me désespérer.

— Remarque, poursuivait Caro, cette histoire de divorce qui faisait bisquer Alban, moi, pour commencer, elle m'a plutôt réjouie. Tu penses, après ce que j'avais vu Charles faire pour toi au château de Fervacques il y a deux ans, j'étais sûre que s'il divorçait c'était pour ma copine...

Qu'elle mît ses certitudes au passé disait assez qu'il allait falloir déchanter; mais, de même qu'en classe, pour donner libre cours à mes délires, je n'hésitais pas à écarter mon premier jugement et à mettre en doute ma lucidité, j'espérais cette fois que Caro avait mal interprété les propos de son amant mourant.

— Si tu savais! poursuivait-elle, prolixe à vingt francs la minute. Je te voyais déjà sur le perron de son château, moi en grand tralala, accueillant les ténors de la politique venus en foule pour féliciter les nouveaux mariés... Bref, ma pauvre choute, j'ai gambergé!

Plus moyen de reculer; elle allait me rendre ma copie : « Quatre sur vingt. Mademoiselle Brassard, je suis très étonnée. De vous, j'attendais mieux. Qu'est-ce qui vous est arrivé? »

— C'est seulement avant-hier qu'Alban m'a appris, soulagé, que le fameux divorce était repoussé, que d'ailleurs dans leur famille on évitait toujours d'en arriver à ce genre d'extrémité, etc., etc. Ça, Mistou-flette, ne te bile pas, c'était pour moi : pour que je ne me fasse pas d'illusions à propos de mon avenir et de sa chère moitié bostonienne, mais tu penses bien que, des illusions, je ne m'en faisais pas! Je me demande même où il va chercher que je pourrais penser à des folies dans ce genre-là! Enfin, c'est sûrement sa maladie... Bon, fermons la parenthèse : voilà qu'en riant il me dit qu'il s'est provisoirement tiré l'épine du pied en poussant son frère à offrir à la dame de ses pensées un cheval de son haras, un anglo-arabe je crois. Déjà primé. Un machin super-ruineux... Rien que pour la faire patienter! Et le plus beau de l'histoire, c'est qu'en effet, la fille, ça l'a calmée! Il rigolait, mon Alban — et tu sais qu'il ne rit pas souvent. « Mon mariage pour un cheval! », il disait « my marriage for a horse! » Là, je n'ai pas très bien compris, je pense que c'est une citation, non? Mais moi, cet épisode du cheval ne m'a pas du tout amusée. Pas du tout. Je peux même dire que ça m'a tuée! Parce qu'enfin, Chris, tu ne fais pas de cheval, toi?

Quatre sur vingt. « Mademoiselle Brassard, je suis très étonnée... »

— A moins, reprit Caro qui n'avait pas moins de mal que moi à renoncer aux chimères qu'elle s'était forgées, à moins que, depuis que je suis partie, tu aies appris? Tu as appris le cheval, c'est ça?

Elle était gentille, mais j'avais envie de raccrocher : on m'avait dit qu'on se pendait très bien avec un fil de téléphone.

— Non, ma pauvre Caro, je ne monte pas, articulai-je enfin. Et puis où voudrais-tu que je le loge, cet étalon? Dans mon trois-pièces?

Il y eut au bout de la ligne un silence consterné.

— Et l'autre? murmura-t-elle enfin. L'autre, tu sais qui c'est?

— Pas la moindre idée.

Il fallait sauver la face, la rassurer pour qu'elle raccroche. « A mon avis, Alban a dû s'exagérer l'importance d'une passade de son frère. Sa maladie lui fait voir les choses en noir... Tu penses bien qu'on n'arrive pas à quarante-neuf ans, comme Charles, sans connaître en amour sa distance de freinage! N'oublie pas que c'est le roi des rallyes! » Je parvins même à rire. « Qu'il ait fait cadeau d'un cheval à une dame de passage, je le crois volontiers : c'est plus original qu'un bracelet de Cartier. Mais qu'en prime il lui offre son nom à deux ans des élections, il faudrait qu'il soit devenu fou à lier! Or, fou, il se peut que Charles veuille l'être, mais il n'y arrive pas :

il reste désespérément sensé. Désespérément... Allez, Caro, ne t'excite pas : toute cette histoire est un malentendu. Je vais quand même tâcher de la tirer au clair, pour te faire plaisir. Mais d'ici que j'y arrive, fais comme moi : dors sur tes deux oreilles. »

A demi tranquillisée, elle en vint, pour finir, à ce qui constituait maintenant la première de ses préoccupations : le commerce international.

— Au fait, Mistouflette, me demanda-t-elle avant de raccrocher, votre zig, cette espèce de moine, si finalement vous acceptez de le garder, où est-ce que vous l'installerez? Mais si, tu sais bien, ce pape musulman qui vient de débarquer à Paris... Comment qu'il s'appelle, déjà? Ayatollah, c'est ça?

— Khomeiny?

J'étais à cent lieues du sujet! Une fois de plus, d'ailleurs, j'étais surprise par la qualité des informations de Caro, même si désormais, ses renseignements politiques, je savais d'où elle les tenait. Peu de gens, en tout cas, étaient au courant de la récente arrivée en France de ce chiite iranien gâteux dont le gouvernement de Bagdad avait voulu se débarrasser; du reste, le SDECE, qui nous avait présenté le vieux bonhomme comme un fauteur de troubles, nous déconseillait de lui accorder l'asile politique qu'il réclamait. On en était donc encore à discuter entre Franco-Français de l'opportunité d'une telle initiative et à attendre l'avis de Téhéran sur le sujet : « Bouche cousue, m'avait-on conseillé la veille à l'Elysée. C'est une affaire mineure, mais la discrétion s'impose. Il paraît que le Shah est très " touchy " dès qu'il s'agit de ce marabout! »

— Alban voudrait que j'entre en relation avec l'entourage de ce vieux s'il reste en France, reprit Caro. Il a idée que je pourrais faire des affaires avec lui.

— Des affaires? J'en serais bien étonnée! Il est

pauvre comme Job, ton ermite! Et puis je doute qu'une femme puisse être auprès de lui l'émissaire adéquat! A moins que tu ne te voiles de la tête aux pieds, dis-je en m'efforçant de plaisanter. Ce qui, d'un autre côté, te ferait perdre ton meilleur atout, tu ne crois pas?

J'étais pressée de me débarrasser d'elle.

— Bon, ben tant pis, fit-elle apparemment résignée, j'essaierai de me débrouiller autrement... Mais surtout, ajouta-t-elle, n'oublie pas de te renseigner à propos du cheval.

Elle m'envoya par-dessus les mers un baiser léger – petit bruit mouillé contre le récepteur –, comme faisait Alexandre, du bout des lèvres, lorsque les oratoriens du collège où sa grand-mère Maleville l'avait placé lui permettaient de m'appeler.

L'appareil reposé, la vérité me fondit dessus; car si je n'avais pas, comme je l'ai dit, la moindre idée sur l'identité de la cavalière, je savais depuis des mois qu'elle existait. Aveugle, je l'avais pourtant vue imprimer peu à peu sa marque sur Fervacques; j'avais senti, dans l'épaisseur de la nuit où je me blottissais, remuer l'air chaque fois qu'elle bougeait, et passer sur ma peau un frisson léger. Dans l'ombre, j'avais perçu une présence muette mais proche, si forte qu'elle altérait la voix de Charles, ralentissait son souffle, modifiait ses gestes : il était tout imprégné d'elle, imprimé d'elle, avec tant de netteté que je pouvais la déchiffrer sur lui, de même qu'autrefois je retrouvais, dans les conversations et les intérêts de mon père, la trace successive des maîtresses qu'il aimait et, derrière les livres qu'il lisait, les tableaux qu'il regardait, la tache de tous les baisers reçus et donnés. Si longtemps, enfin, que j'aie voulu garder les yeux fermés, je n'avais pas pu ne pas entendre, sous les paroles que Charles prononçait, ce clapotis léger, pareil au contre-courant provoqué sur les rivières par une péniche montante qui reste hors de vue.

Aussi, maintenant qu'on m'avait ouvert les yeux, était-ce avec une clarté trop vive pour n'être pas douloureuse que je voyais se dessiner, dans notre vie des derniers mois, l'empreinte en creux de cette inconnue, si familière déjà. Comme pour ces vides que les archéologues découvrent dans les cendres solidifiées de Pompéi et qu'il leur suffit de remplir de plâtre pour voir apparaître les corps de ceux que leur Vésuve a tués, et faire ainsi, après plus de deux mille années, resurgir du néant leur dernière position, leur dernier mouvement, il me suffisait de relever les marques que l'inconnue avait laissées sur l'âme et le corps de Charles pour posséder d'elle un portrait complet : je savais qu'elle aimait Stuart Michels et les caleçons décorés de petits Mickeys, « la Chanson de Lara » et les eaux de toilette au vétiver, qu'elle écoutait Leonard Cohen, se souciait de diététique, consultait des voyantes, portait les cheveux longs, et pensait à gauche. J'aurais même parié que c'était pour elle qu'il avait écrit le ridicule poème à « Nège » audacieusement présenté comme du Baudelaire...

Ce fut là, du reste, un des traits qui – avec le port de ces caleçons d'un goût douteux – me fit le plus de peine : penser qu'il s'abêtissait de la sorte à cause d'elle! Et le pire, c'est qu'en songeant à ses enfantillages je souffrais moins de le voir ridicule que de savoir qu'il ne l'avait jamais été pour moi! Car nous avions fait bien des choses ensemble, mais jamais bêtifié : il me semblait, aujourd'hui, que ce bonheur m'avait été volé... Pourtant, comment aurais-je pu, avec lui, jouer les écervelées? S'il est aisé de prendre le plaisir à la légère, il est difficile d'affecter la même insouciance quand il s'agit de cette forme extrême de la possession où, loin de s'installer dans l'amour de l'autre aussi bourgeoisement que dans un nouvel appartement, on se sent habité par un démon, investi, pourchassé et, pour finir, expulsé de soi-même.

N'importe, c'était évident : Charles m'avait trouvée trop sérieuse, j'avais cessé de l'amuser... Devant sa femme de cendres, sa femme courant d'air, il retombait enfin en enfance, avec délices et complaisance. L'idée m'effleura qu'elle-même était peut-être encore une enfant : quel âge avait-elle? quel visage, quel nom, quelle famille? Tout compte fait, je ne savais rien de son état civil; pas plus que je ne pouvais répondre à la seule question qui m'importât : l'aimait-elle? Autant que moi, plus que moi? Pouvait-on l'aimer plus que moi?

A la longue liste de renseignements inutiles que je possédais sur elle, je n'aurais rien pu ajouter qui m'éclairât sur ce point-là. Je savais seulement qu'elle devait être excellente cavalière – trait qui, à lui seul, marquait qu'elle n'était pas née dans les banlieues – et que sans doute elle avait traîné du côté de Vienne en octobre dernier; car si ce n'était pas pour Maud Avenel que Charles, alors tellement épris, si apparemment tendre, avait découché, il fallait que ce fût pour quelqu'un d'aussi irrésistible qu'un tremblement de terre ou un raz de marée. « Nège » nous était tombée dessus, un soir d'automne, comme une catastrophe naturelle...

Pourtant, à cause du pur-sang prélevé sur le haras de Fervacques, je m'entêtai pendant quelque temps à prêter à la mystérieuse destinataire du poème les traits nobles de Sibylle de Balmondière, la chasse-resse, que je savais occupée à divorcer de son « bakchicheur » de mari, qu'elle trompait depuis des années. Malheureusement le personnage de Sibylle, franchement réactionnaire, ne s'accordait guère avec l'influence gauchiste que je prêtais à l'inconnue, ni avec son goût prononcé pour les « zébrures » de Michels. Du reste, cette grande dame sèche avait depuis longtemps « passé fleur », et, mis à part l'épisode Malou Weber – le mariage avec « la boiteuse » de tout dostoïevskien qui se respecte –, je ne croyais pas Charles porté vers les femmes plus âgées, ni même vers les femmes de son âge. Aussi, à la réflexion, voyais-je plutôt se profiler, derrière les dernières fantaisies de « l'Archange », l'ombre d'une jeune personne ambitieuse (sa tentative de mariage le prouvait), mais assez habile pour camoufler ses appétits derrière le voile rose du sentiment – chansons sirupeuses, sonnets fondants, et caleçons couleur de dragées...

Ce côté « gemütlich », de même que sa présence à Vienne, aurait pu plaider en faveur d'une Autrichienne. A cause de Leonard Cohen, de la bouillie d'avoine, et de Stuart Michels, je penchais cependant plutôt pour une Américaine, que Diane de Rubempré, ravie de m'éliminer, aurait présentée à Charles au moment où, à Vienne, notre grande conférence commençait à s'enliser : la cousine de Charles ne s'était-elle pas trouvée, en effet, à deux ou trois des festivités organisées par le gouvernement autrichien?

Restait toutefois ce prénom, ou ce diminutif d'apparence si française – « Nège » –, qui ne semblait guère pouvoir désigner une Priscilla ou Marilyn quelconque.

J'aurais pu, bien sûr, supposer que le poème ne s'adressait pas à la passionnée de chevaux (si Charles me cachait l'essentiel, pourquoi pas l'accessoire?), mais il me suffisait de me rappeler son expression au moment où je lui avais rendu le feuillet égaré – la roseur subite qui lui était montée aux joues, et ce regard fuyant qui démentait le sourire ironique et l'aplomb des paroles – pour me persuader que je ne l'avais pas seulement forcé d'admettre, ce jour-là, son manque de talent littéraire. Fervacques n'était pas Saint-Véran : c'était l'amant, non le versificateur, que j'avais confondu avec mon bout de papier...

« Nège »... De quel nom d'Europe ce « Nège » pouvait-il bien être le vestige? Curieusement, je n'arrivais pas à lui trouver d'autre origine possible que Nieves : j'avais si longtemps baptisé « Neige » la maîtresse de mon père que, à une lettre près, je me croyais ramenée dix-huit ans en arrière et craignais de voir mon ancienne rivale ressusciter... Cette « Nège »-ci ressemblait-elle, plus que l'Espagnole, au gracieux diminutif qu'elle portait : avait-elle l'air d'un flocon léger? Habitait-elle, comme la « Reine des neiges » d'Andersen, au bord d'un lac gelé, dans un palais de glace aux pièces vides qu'éclairaient les feux des aurores boréales?

Elle avait, en tout cas, déjà enfoncé dans le cœur de Charles l'éclat de verre qui me le rendait étranger. Mais peut-être, à l'exemple de l'héroïne du conte, parviendrais-je encore, à force de larmes versées sur la poitrine du petit garçon qu'elle avait enchanté, à faire fondre la glace qui entourait son cœur blessé? Peut-être, arrachant l'aiguille de verre, ramènerais-je à moi cet enfant bleu de froid qui tenait dans ses mains raides les morceaux de glace arrachés aux murs du palais et, les plaçant les uns près des autres, s'absorbait dans les combinaisons infinies « du grand jeu de l'intelligence »?

Pour retrouver la description de la cruelle magicienne qui arrachait les petits garçons à leurs premières amours, j'allai chercher dans ma chambre les livres que mon fils Alexandre y avait laissés. A la page 125 de son album de contes, ma rivale était là, née d'un flocon de neige et d'un fragment de miroir : « une jeune fille habillée de gaze blanche et de tulle brodé de flocons, belle et gracieuse, mais toute de glace. Elle vivait cependant, et ses yeux étincelaient comme des étoiles dans le ciel d'hiver. Elle prit le petit garçon entre ses bras, rabattit sur lui les

fourrures de son manteau à la blancheur éclatante :
" As-tu encore froid ? " dit-elle; et elle l'embrassa sur
le front. Le baiser lui pénétra jusqu'au cœur, qui
était déjà à moitié glacé. Il se crut sur le point de
rendre l'âme, mais ce ne fut qu'une brève sensation :
aussitôt après, il se trouva étrangement réconforté.
La Reine des neiges lui donna un second baiser;
alors il n'eut plus aucun souvenir, ni la moindre
pensée pour son autre amie... »

Nège, Neige... A force de me répéter ce nom si
transparent j'avais peu à peu éliminé les détails qui,
dans ce que je devinais de l'inconnue, ne s'accordaient pas à l'élégance immatérielle que le diminutif
suggérait : disparus les ridicules rayures de Michels,
le porridge et les caleçons imprimés... Je n'avais
gardé que la jeunesse, les longs cheveux, le parfum
de vétiver et la ballade triste de Leonard Cohen. A
cette ennemie invisible je prêtais toute la poésie des
elfes, la magie des sylphides, auxquelles s'ajoutait la
mélancolie confuse propre aux souvenirs oubliés :
quand m'avait-on parlé d'une petite fille en utilisant
ces mêmes mots d'« elfe » et de « sylphide »? Où
avait-on comparé devant moi une jeune fille aux
nymphes des fontaines et aux fées des forêts? Dans
un rêve, peut-être... Car l'étrange créature qui
m'avait volé l'âme de Charles ne semblait pas appartenir au monde réel, et l'on ne pouvait pas plus lutter
avec elle que contre un fantôme, une goule, une
ondine.

Après quelques jours de fascination morfondue, je
tentai pourtant de réagir : je me dis que je serais
soulagée si je parvenais à découvrir précisément
l'identité de cette Mélusine; quand j'aurais trouvé
qu'elle n'habitait pas un palais d'aurores boréales
mais une tour du Front de Seine, et constaté que
« de ses mains mal fermées » elle laissait plus souvent
échapper parapluie ou porte-monnaie que « de
blancs bouquets d'étoiles parfumées », je me sentirais

plus apte à l'affronter. D'ailleurs, dans l'enquête qu'il me faudrait mener pour la débusquer, je trouverais un dérivatif utile à ma douleur : les Sherlock Holmes ne s'abandonnent guère au sentiment; leurs yeux et leurs oreilles leur mangent le cœur.

Un soir donc, pleine d'espoir, je remis mon bonnet, mes grosses lunettes, et ma houppelande; Fervacques m'avait donné depuis longtemps les clés de sa garçonnière de la rue de l'Université; avant qu'il n'eût l'idée d'en faire changer les serrures — cette façon de contourner l'obstacle lui aurait tellement ressemblé! — je devais profiter de son absence pour fouiller l'appartement.

Je savais où chercher : j'allais m'attaquer à son placard de Barbe-Bleue; car ce séducteur ne pouvait pas plus se résoudre à jeter les vieilles lettres de ses maîtresses que le héros du conte le corps de ses épouses assassinées. Rue de l'Université, les cadavres des femmes aimées reposaient, soigneusement rangés et étiquetés, dans de grands cartonniers. De temps en temps, Fervacques donnait à sa dernière favorite la permission d'ouvrir le placard et de faire la connaissance de celles qui l'avaient précédée.

Ainsi, avertie du sort qui attendait les lettres que j'enverrais, je m'étais d'abord gardée de lui écrire pour autre chose que le nécessaire... Puis, taraudée par l'illusion que je serais assez aimée pour être mieux traitée que celles auxquelles je succédais, trompée par ce surnom de « Sans Pareille » qu'il m'avait donné, je m'étais, certains soirs, abandonnée à l'ivresse de lancer mes phrases sur le papier; parfois, j'avais eu le courage, au matin, de jeter le tout au panier; mais, le plus souvent, je n'avais pu résister au bonheur de lui envoyer ces missives gonflées d'amour que, grisée par l'expression de ma passion, je considérais avec autant d'indulgence que les écrivains alcooliques jugent leurs pages écrites sous l'empire du whisky. J'avais seulement exigé de

Charles, par un reste de dignité, qu'il n'enfermât pas mes serments d'amour dans son tombeau collectif : je voulais que mes lettres eussent leur propre sépulture, et, pour être certaine qu'elles n'iraient pas se fondre dans la masse, j'avais fini par lui offrir un joli coffret d'acajou trouvé chez un de mes antiquaires romains.

Pourtant la première chose que je vis en ouvrant le cartonnier où les lettres juxtaposées semblaient reproduire les alignements partouzards que Fervacques aimait, c'est que mes petits billets, impudiques et violents, s'y trouvaient – classés à la lettre C entre les messages brûlants de Catherine Darc et ceux de Corazon Panther, une demoiselle de Las Vegas que Charles avait fréquentée vers sa dix-neuvième année. Dominant une réaction de fierté blessée qui n'avait plus guère d'objet, je me contraignis, malgré tout, à dépouiller la correspondance de ces dames, persuadée que je finirais par tomber sur l'inconnue.

A la lettre N, par laquelle j'avais commencé, je ne trouvais toutefois aucune lettre signée « Nège » : il n'y avait qu'une Nathalie de Montbrison – dont une photo oubliée entre deux feuillets montrait les yeux de biche années soixante et la mini-robe de la même époque –, une petite « Noëlle » plus contemporaine, qui signait, disait-elle, ses lettres avec son sang, mais dont toutes les enveloppes, timbrées d'Armezer, ainsi que le style, gentiment paysan, excluaient qu'elle pût avoir initié son grand homme aux rayures de Stuart Michels, enfin une « Nour » dont les lettres parfumées arrivaient de Téhéran, chargées d'un lyrisme oriental qui se serait peut-être accommodé de l'eau de toilette au vétiver, mais sûrement pas des petits Mickeys.

Les autres rubriques, fouillées méthodiquement, ne produisirent rien de plus pertinent. Cependant, je m'attardais à parcourir les lettres de ces femmes, car toutes me parlaient de lui : c'étaient comme ces conversations attendries qu'ont parfois, près du cadavre de l'homme aimé, la maîtresse et l'épouse abandonnées – « vous souvenez-vous de la manière dont il passait sa main dans les cheveux chaque fois qu'il mentait? Et cette manie de ne jamais réserver dans les restaurants? On en faisait quatre avant de trouver une table! Et ses yeux, vous vous rappelez? Des cils si longs... Incroyable pour un garçon! » Bavardages décousus d'après décès, tendre complicité au bord des tombes.

En écoutant ces chuchotis, c'était de Charles en effet que je me souvenais – comme s'il appartenait déjà, lui aussi, à un passé éloigné, assoupi, oublié. Et loin d'en vouloir à ces femmes qui avaient laissé leurs traces sur le papier, je savais gré aux moins sottes de l'avoir connu comme je l'avais aimé, d'avoir chéri les mêmes défauts, les mêmes gestes, les mêmes mots. Ainsi cette Aline qui, dans une lettre de rupture aussi élégiaque qu'une imploration, se rappelait, me rappelait, « ces attentes, Charles, ces attentes interminables. Je ne regardais plus l'heure. Je lisais, j'essayais de lire. Je ne voulais pas te juger. Toujours prête à t'excuser... Enfin, le ronronnement lent de l'ascenseur. Puis, cette minute de silence entre la grille qui se refermait et ton coup de sonnette. Pourquoi t'arrêtais-tu ainsi? Je n'ai jamais pensé à te le demander, mais c'était bien : je savais que ce ne pouvait être que toi. J'écoutais les battements de mon cœur, ils diminuaient très vite : tu étais là. Tes mains sur mes hanches, nos bras liés autour de nos corps. Ton odeur, et la mienne que je cherchais contre ton cou... » A mon tour, je me rappelais : oui, toujours Charles s'arrêtait ainsi sur le palier, comme s'il hésitait à affronter celle qu'il aimait ou, intimidé, rectifiait son nœud de cravate avant de sonner. Il y avait d'abord ce bruit violent de la grille qui claquait, puis rien – un silence qui se prolongeait et qui, au lieu de me persuader, comme Aline, que « c'était lui », me laissait croire chaque fois que j'avais pris pour la visite annoncée le retour tardif d'un voisin de palier. A l'instant enfin où, l'estomac noué, j'allais cesser d'espérer, retentissait son coup de sonnette, si brutal et imprévu qu'il me faisait sursauter... Et, parce que la lettre d'Aline, jaunie par les années, parlait d'une passion morte et enterrée, la mienne prenait du recul, de la patine, et cette douceur soyeuse des mouchoirs que les larmes ont usés.

Résignée d'ailleurs à l'échec de mes investigations – ou rassurée, même, par cet échec qui reculait encore le moment d'affronter cette « Nège » inconnue et redoutée –, j'éprouvais, après avoir surmonté la fébrilité brouillonne qui m'avait jetée sur ces paquets de feuilles bien rangées, un bien-être infini à prolonger leur lecture, tant de plaisir même que, au moment où j'achevai de parcourir les lettres de Yolande – il n'y avait pas de Zoé –, je m'aperçus qu'il était quatre heures du matin.

Je repassai en hâte mon manteau couleur de muraille et refermai le placard, non sans en avoir retiré la liasse de mes propres billets : à l'heure des obsèques, les veuves en titre retrouvent un semblant de dignité... Machinalement, je cherchai des yeux la cassette à l'odeur de santal que j'avais autrefois donnée à Charles pour les garder. Je la découvris aussitôt, posée sur un coin de son bureau : sans doute y rangeait-il ses timbres et ses trombones?

Je soulevai le couvercle. Le coffret était plein jusqu'au bord; et, sur le haut de la pile, l'écriture noire – « Monsieur de Fervacques, rue de l'Université » – n'était évidemment pas la mienne...

Fallait-il aller plus loin? On lit si mal quand on pleure... Mais Sherlock Holmes, qui s'était éclipsé sur la pointe des pieds tandis que je m'abandonnais aux délices du souvenir, reprit brutalement la direction des opérations; je refoulai mes larmes.

M'étant assurée que la première lettre était effectivement signée d'un « N » – un N tout simple, comme Napoléon –, je procédai en historienne à la « critique externe » des documents. Examen du papier d'abord : un beau papier blanc, épais, que la pliure cassait, un vergé de chez Armorial ou Cassegrain que mon ex-belle-famille aurait adoré, un papier chic enfin, assorti au cheval de race que Charles avait donné. Pas d'adresse gravée dans l'angle droit des feuillets : mon Sherlock Holmes, fin limier, en déduisit que nous avions affaire à une jeune fille. Et cette jeune fille pouvait aimer Stuart Michels puisque ses gribouillis à l'encre noire sur la blancheur du papier rappelaient assez les zébrures que le sculpteur traçait sur ses colonnes.

J'examinai ensuite l'ordre des lettres; comme beaucoup avaient gardé leur robe – la demoiselle faisait rarement dans le « petit mot » qu'on glisse directement sous la porte, ou l'aveu amoureux dépouillé qu'on laisse, tel un corps nu et sans fards, entre les draps défaits du matin –, les cachets de la poste m'aidèrent à juger du classement adopté. C'est ainsi qu'au premier coup d'œil je pus constater que les lettres de « N » ne suivaient pas, comme celles du placard, une progression chronologique rigoureuse; je fus obligée d'en conclure qu'elles avaient été plus souvent maniées, plus souvent relues...

Sherlock Holmes accusa le coup et se demanda s'il n'était pas temps de s'accorder une petite pause morphine... Mais, forte de l'entraînement acquis au temps où je triais les lettres du docteur Lacroix dans la cave de Creil, je me montrai inexorable à mon tour et nous obligeai, Sherlock et moi, à passer à la « critique interne » des archives. La première page, prise au hasard, me confirma dans l'idée que la scriptrice était française, jeune, célibataire, et d'excellente famille :

« Charles, écrivait-elle, tu ne peux imaginer combien me manque ta tendresse, parfois si osée (j'aimais tant, jusqu'à toi, être dans le noir...) » Ici, je m'esclaffai bruyamment pour que mon rire me tînt compagnie : avec Fervacques, mieux valait que la demoiselle s'habituât vite à la lumière! « J'aimerais surtout, poursuivait l'innocente quelques lignes plus bas, te faire connaître et partager ma joie de vivre, qui n'est pas cette gaieté factice dont tu t'étourdis, mais un élan qui vous anime et vous pousse vers tout ce qui est beau, cette même ferveur que propose Gide à Nathanaël... »

Seigneur, se pouvait-il qu'elle ne fût même pas majeure? Cette référence aux « Nourritures terrestres » sentait l'école à plein nez... La suite du message permettait de compléter l'esquisse, et c'était bien, en effet, une silhouette de petite fille qui se précisait, d'une de ces petites filles qui posaient en Autriche pour les « Célébrités » – Angelica von Dickesbühl ou Armelle de Mijoret : « Ici, écrivait la petite, j'ai retrouvé la vie de campagne avec les cousins, les amis, le tennis, le cheval (Panache, le nôtre, m'a fait une vraie fête). Il fait un temps radieux, les crapauds chantent dans l'étang, les cerfs brament, Panache est un amour : le tout conjugué fait que je n'ai aucune envie de rentrer à Paris... »

Beaucoup de « fait » et de « faire » dans ce poulet (et point dans le goût de Voltaire, malheureusement!), mais toutes les cavalières ne passent pas brillamment l'obstacle du vocabulaire, j'en savais quelque chose depuis que je connaissais Sibylle de Balmondière. Pour le style, on pouvait regretter aussi que la tendresse un peu mièvre dont la jeune personne semblait envelopper toute la création, serpents et orties compris, baignât uniformément ses descriptions, y compris celles de paysages plus exotiques que le parc de ses cousins; car, à juger par ses autres lettres, elle voyageait beaucoup, mais ses tours du monde ne lui inspiraient que des adjectifs convenus : « Le voyage au Maroc a été merveilleux. Les Berbères sont splendides, les bijoux ravissants, les tissus somptueux, les paysages superbes, et les enfants tous plus beaux les uns que les autres... » Avec ces précisions-là, si le destinataire voyait quelque chose, c'est qu'il avait déjà visité le Maroc! Mais il est vrai qu'il l'avait déjà visité, et bien d'autres lieux encore...

De toute façon, d'où qu'elles vinssent, les lettres de « N » n'abondaient pas en détails concrets – rien sur sa famille ni sur ses occupations : elle ne parlait que d'amour, et toujours en ingénue. Une ingénue un peu conventionnelle, très années trente, droit sortie d'une pièce de Giraudoux : « O Charles, j'aimerais tant être avec toi, lui assurait-elle, pour t'empêcher de dire ces horreurs cyniques auxquelles tu te complais; mais c'est sûrement beaucoup de présomption de ma part : tu me fermerais la bouche en m'embrassant, tu me dirais "ouvre tes yeux, Lioubov", ou "tu ne connais rien de la vie, mon bébé"... Je me tais donc et je t'embrasse, mon cynique adoré, mon satyre sucré, les deux bras autour de ton cou. J'espère que je fais cela mieux qu'avant : tu es mon maître en la matière... »

C'était bien ce que j'avais redouté : la dernière conquête de Fervacques avait quinze ans; et je commençais à me demander avec effarement comment affronter une rivale à peine nubile quand, au tiers du paquet, une lettre me rassura sur son âge et mes capacités. « N » y parlait de cet « ours en peluche indispensable » qu'elle emportait partout dans sa valise, « par un fétichisme de petite fille » : cette complaisance à faire valoir sa jeunesse, cette affectation à jouer les gamines – quand une adolescente se fût bien gardée de mentionner son nounours – me convainquirent qu'en dépit de ses naïvetés d'écriture et de sentiment la demoiselle n'était pas si novice qu'elle voulait le laisser croire. En tout cas, l'affaire de « l'ours en peluche » lui faisait prendre un coup de vieux : sept ou huit ans de mieux, peut-être dix. Vingt-deux à vingt-cinq ans... Bon, le combat serait difficile, mais il n'était pas perdu d'avance.

D'autant que ce grand amour semblait traversé d'orages et qu'à intervalles réguliers les tourtereaux rompaient. Ainsi lisais-je, à la date de janvier dernier, au moment où je croyais Fervacques obsédé par les persécutions de Pierre Lefort, d'assez secs « mon pauvre amour, il va falloir se quitter. J'ai relu tes lettres, tu m'as beaucoup aimée, mais ta conception du bonheur est trop loin de la mienne », suivis de non moins sévères « Charles, tu dois bien te douter que cela ne peut continuer : il y a des concessions que je ne te ferai jamais ».

Bah, nous étions toutes passées par ces mêmes moments de lassitude révoltée, et, tôt ou tard, nous finissions par céder; la chère petite Nège y viendrait.

La suite semblait d'ailleurs me donner raison, car, deux mois après, la correspondance interrompue reprenait, les attendrissements bébêtes (« tu as dû être un petit garçon très malheureux... J'ai ton bouton de manchette, c'est un souvenir de plus »...) alternant toujours avec les fiers sursauts de la dignité offensée (« on ne m'a jamais appris à supporter les caprices d'un autre et encore moins à me faire violer » – sous le coup de l'émotion, la charmante écrivait « violée » – « entre le déjeuner et une séance à l'Assemblée... »). En juin pourtant, nouvelle rupture, sur le mode noble : « Tu devrais avoir compris depuis longtemps que je n'aime pas les demi-mesures » – pour la propriétaire de Panache, il semblait que la mesure ne pût être pleine sans légitimes épousailles –, « et si je cède encore une fois, c'est par pure faiblesse. Tu es trop habitué à des filles légères et frelatées » (est-ce que ces aimables qualificatifs me visaient?) « pour supporter mon idéalisme. Je ne t'en veux pas, car je suis sûre qu'il y a au fond de toi une étincelle sincère, comme la petite lampe rouge qui vacille sans s'éteindre dans les églises... » En tabernacle, Fervacques me parut faire un assez piquant tableau !

Ce n'était pas toutefois dans son style ineffable, ou ses surprenantes connotations religieuses – à croire que l'enfance de la belle avait trempé dans un bénitier ! –, que résidait l'intérêt principal de cette lettre, mais dans le fait qu'elle datait d'avant l'été : Charles, que cette nouvelle rupture avait fâché, s'était vengé en m'invitant chez Wasp pour éteindre, dans une église que la cruelle ne fréquenterait jamais, la petite lampe en question...

Ce constat chronologique, qu'on aurait pu croire insignifiant au point où nous en étions, me toucha plus sensiblement que je ne l'aurais souhaité ; et ce fut d'une main tremblante que je sortis de leur enveloppe les lettres qui restaient et dont la plupart étaient antérieures à celle de juin, car Charles, dans son entêtement à relire les billets pour mieux comprendre cette « reine des neiges » qui lui échappait, avait tout mêlé. Une vieille lettre, de mars je crois, qui faisait le dessous du paquet, me porta le coup de grâce : c'était au milieu d'un fatras d'enfantillages, de « ne compte pas mes fautes d'orthographe », « tu m'as révélée à moi-même », et « je t'embrasse comme tu m'as appris à le faire », un rappel ému des commencements de leur liaison : « Le 12 octobre, l'année dernière, tu me disais pour la première fois " je t'aime ". C'était à Vienne... »

On pourrait penser que je me félicitai d'avoir vu clair et pris, dès ce moment-là, quelques longueurs d'avance sur un désespoir que la suite devait révéler si justifié... Au contraire : je fus atterrée. Si le soir du « Divertimento Baroque », en effet, je m'étais tordu les mains en attendant Fervacques, si, par la suite, j'étais revenue cent fois sur les circonstances de cette nuit pour me désoler, si même, depuis le coup de fil de Caro, je m'étais persuadée que c'était à Vienne que Charles avait connu celle qu'il songeait à épouser, ces transports d'inquiétude et de tristesse relevaient encore de la conjuration plus que de la véritable affliction : je cherchais, avant tout, à exorciser le malheur, avec l'espérance secrète qu'ayant beaucoup souffert par provision la catastrophe me serait épargnée. En somme, je jetais au croupier du destin un pourboire au-dessus de mes moyens pour qu'il fît sortir le bon numéro.

Cette conviction, chevillée au cœur, que j'allais me « refaire », cette capacité à repartir de zéro, que Saint-Véran trouvait tellement admirable dans mon caractère, n'avaient guère servi, au bout du compte, qu'à me rendre mes échecs plus sensibles, et l'adversité toujours neuve. Un dieu malin renouvelait mes facultés d'espérance comme Jupiter le foie de Prométhée enchaîné : pour pouvoir me faire souffrir davantage.

Cette fois pourtant, je crus que j'avais touché le fond, que mes réserves s'épuisaient : la lettre sur Vienne tuait en moi, tout ensemble, l'ivresse des larmes et la curiosité; la suite de ma propre histoire cessa de m'intéresser. Je laissai retomber le couvercle sur le coffret et abandonnai l'appartement, en proie à un calme effrayant.

Dans les jours qui suivirent, je ne fis rien pour préciser l'identité de celle qui occupait ma boîte d'acajou... Quand, « séchant » sur la rédaction d'un décret ou un projet de communiqué, il m'arrivait parfois de repenser à elle, je m'accommodais de l'image superficielle que je m'en étais formée rue de l'Université : une femme ambitieuse, de dix à quinze ans plus jeune que moi, qui couchait avec Charles en jouant les saintes nitouches, et parvenait, en affichant des principes bourgeois démodés, à lui tenir la dragée haute autant qu'il se pouvait. L'idée qu'elle pût l'aimer ne m'effleurait même pas : pour créditer une rivale d'un sentiment si désintéressé, il faut avoir soi-même cessé d'aimer.

Quant à lui, je savais bien que « Nège », telle que je me la représentais, était le contraire de ce qui l'attirait. C'est assez dire combien je le croyais atteint...

Si l'on considérait la chose sous l'angle social, cependant, et non de ce point de vue d'éternité que la prétention nous fait adopter dès qu'il s'agit de nos passions, cette liaison d'une jeune bourgeoise et d'un monsieur arrivé était, jusque dans ses péripéties, d'une grande banalité : quoi de plus commun dans ces milieux qu'un remariage de quinquagénaire ? Au relais, les hommes en vue changent de femme comme les postillons changeaient de chevaux : pour terminer le parcours sur une bête plus fraîche.

Mon père n'en était-il pas, ainsi, à sa cinquième jument ? Il venait d'épouser une dame de Neuilly, sur un coup de folie, disait-il ; en vérité, dans un but des plus raisonnables : donner à un jockey sexagénaire le moyen de finir sa course moscovite sur une petite pouliche énergique... Aussi, avec ses trente-trois printemps, sa nouvelle compagne se trouvait-elle être d'un mois ma cadette. Dans cette triste circonstance, seule la découverte du hobby de sa monture – le raccommodage de porcelaine – m'avait réjouie, car j'y avais trouvé l'explication du goût singulier qu'il avait brusquement pris pour les porcelaines chinoises du « vivant » de cette pauvre Martineau qui n'en pouvait mais...

Je me souvenais aussi que deux ans plus tôt, à Sainte-Solène, un soir d'été, Fervacques m'avait peint lui-même, dans les termes les plus explicites, cette évolution du sentiment chez les hommes vieillissants : « Il vient un âge où l'on a plus envie de donner que de recevoir. » Avec « Nège », cela tombait bien – elle était, à l'évidence, dans cet âge tendre où l'on a grande envie de prendre... La seule difficulté de l'affaire résidait dans l'ambition de ce monsieur qui prétendait courir la poste en relayant de passion en passion. Une opinion publique sourcilleuse contraint, en effet, nos hommes d'Etat – lorsque leur mûrissante épouse n'a pas l'à-propos de décéder – à mener leur poussif attelage jusqu'à l'Elysée. Aussi, pour s'opposer à un remariage, Alban avait-il fait valoir auprès de son frère le seul argument qui pût le toucher : politiquement, il ne retrouverait la liberté de dételer Elisabeth qu'après les Présidentielles. Et encore : s'il les perdait! Car la victoire condamne l'heureux élu, époux infortuné, à sept ans supplémentaires de travaux forcés... La pure jeune fille serait-elle assez patiente pour s'accommoder d'une si longue attente?

Certes, une femme moderne n'aurait guère reculé devant cette absence de perspective matrimoniale. Peut-être s'en fût-elle même félicitée? Plus personne aujourd'hui n'était très chaud pour convoler. Mais « Nège » n'était pas une femme moderne : elle posait à l'héroïne d'Anouilh, l'ennemie des concessions, « la Sauvage » des garden-parties, l'Antigone des rallyes, l'Hermine des dîners... Bref, si elle s'entêtait à jouer la carte de la jeune fille « à l'ancienne », cette liaison cahotante – qui, d'après la correspondance, semblait avoir repris, encore une fois, en septembre – risquait d'achopper sur l'impossibilité définitive de régulariser...

Au moment où j'envisageais machinalement cette hypothèse, je fus frappée par cette expression de « jeune fille à l'ancienne » qui m'était venue à l'esprit pour la caractériser; de même qu'en la comparant à un elfe ou une sylphide à cause de son surnom, j'avais éprouvé l'impression vague d'avoir déjà entendu, près de moi, parler d'une jeune personne dans ces termes-là, j'eus de nouveau la sensation qu'on m'avait un jour décrit une petite fille en usant de la formule que je venais d'employer – « à l'ancienne » : des parents, des grands-parents peut-être, s'étaient en ma présence flattés d'élever ainsi leur enfant à la mode d'autrefois... Mais cette réminiscence restait trop fugace pour m'être d'une grande utilité : ce n'était pas par là que j'allais découvrir l'identité de la demoiselle quand ses lettres elles-mêmes ne me l'avaient pas livrée.

Je ne connaissais que le nom de son cheval, et comme je ne me voyais pas consultant le Stud-Book ni courant les haras... Avec une passivité qui m'étonnait moi-même, une indifférence quasi perverse, je me bornai à observer sur le visage de Charles les reflets de cette flamme qui ne brûlait pas pour moi, l'ombre portée par cette femme immense que je ne voyais pas...

Il me semble plus juste, en tout cas, de parler de « reflet d'une flamme » que de « progrès du mal » car l'amoureux paraissait aller on ne peut mieux : entre deux ruptures, « Nège », à l'évidence, le rendait heureux. Il fleurissait; dans les couloirs il chantonnait, et ce qu'il fredonnait ne ressemblait guère au triste Leonard Cohen des mois passés : l'heure était au Charles Trenet d' « Y a d'la joie », de « Mam'selle Clio », du « Débit de lait » – « Ah qu'il est beau, le débit de lait, qu'il est laid, le débit de l'eau » –, toute sa jeunesse...

Il faut dire que, sur le plan politique aussi, la vie lui souriait : certes, je n'approuvais pas la hâte avec laquelle il prenait son virage à gauche – il connaissait d'ailleurs si bien mes réticences à cet égard que, tout en me confiant au sein du Quai des responsabilités de plus en plus larges (à la mesure de son désintérêt), il m'écartait peu à peu des instances dirigeantes du solidarisme et montait avec d'Aulnay, Picaud-Ledoin et Mercier, des « coups » dont il ne m'informait qu'une fois les décisions prises. Il était loin le temps où il m'assurait que le solidarisme, c'était lui et moi;

le solidarisme aujourd'hui, c'était tout le monde sauf moi. Mais je devais convenir que son « image », qui perçait depuis trois ans, éclatait maintenant sur tous les écrans, toutes les couvertures : « Après les derniers échecs de la majorité » (la coalition UDF-RPR venait de perdre cinq partielles en deux mois), « il saute aux yeux, écrivait Henri Dormanges, que Charles de Fervacques est devenu incontournable. »

« L'Archange », auquel le manque de convictions donnait une merveilleuse agilité, grimpait en effet dans tous les sondages, et j'avais beau, en plaisantant, lui rappeler que ces ascensions d'écureuil, trop rapides, trop voyantes, n'avaient rien valu à Fouquet, il riait. De l'Histoire, plus que jamais, il se moquait : il était au-dessus des péripéties, il planait...

Cette assurance éclatante et ces nouveaux succès de popularité, ses amis en attribuaient le mérite aux « conseils en communication » dont il avait su s'entourer; car les progrès médiatiques que mes critiques, mes conseils et mon amour lui avaient permis de réaliser dans les premières années de notre liaison ne lui suffisaient plus : il avait voulu aborder le problème en scientifique et avoir affaire à des spécialistes. Aussi passait-il tous ses week-ends dans un appartement spécialement aménagé – circuit vidéo intérieur, fausse tribune, faux plateau TV – avec une demi-douzaine d'hommes du show-biz et de la publicité. C'était, disait-on, grâce à cet entraînement intensif que, à l'émission « le Verdict du public », il avait battu tous les records de popularité, ayant, après une heure de conversation à bâtons rompus, laissé soixante-dix pour cent des téléspectateurs satisfaits de ses lieux communs et charmés de son absence de programme. Encore qu'il eût conservé une diction trop rapide pour le QI de l'électeur moyen (un vrai débit de pilote de course :

quinze mille mots à l'heure, nous révélaient les ordinateurs, contre dix mille pour son rival immédiat, Jacques Chirac – la deux-chevaux de l'interview –, et douze mille pour le Premier ministre, Raymond Barre – la moyenne cylindrée du speech), Fervacques avait réussi à simplifier son langage et en éliminer toute aspérité narcissique, toute saveur personnelle : son propos était aussi clair, insipide et rafraîchissant qu'un verre d'eau – le fin du fin !

Or, contrairement à ce que pensaient nos solidaristes, ce n'était pas aux cadres de Publicis, de la SOFRES et d'Infométrie, que « l'Archange » devait cette heureuse évolution, mais bien à l'invisible « Nège », j'en étais persuadée. Si, comme nous l'apprenaient les professionnels qui avaient analysé son émission, Fervacques avait en effet réussi à réduire son vocabulaire à deux mille termes et à faire tomber son « indice de complexité syntaxique » à un pour cent (alors que notre président de la République ne parvenait pas à descendre au-dessous de six), c'est qu'il n'échangeait plus d'idées qu'avec une jeune femme qui, de « merveilleux » en « superbe », et de « divin » en « génial », ne devait pas avoir à sa disposition plus de huit cents mots, qu'elle n'alignait jamais sur plus de deux lignes. De même si, tout au long de l'entretien, il avait su, en utilisant deux fois moins de « je » et de « moi » que Mitterrand ou Giscard d'Estaing, montrer une modestie sympathique (surprenante, en vérité, chez ce grand dédaigneux), une discrétion charmante qui donnait au spectateur l'illusion que Monsieur de Fervacques ne cherchait pas à imposer ses vérités, c'est que tout amoureux, rompu à l'effacement devant l'objet aimé, passe maître dans l'art de s'oublier. Quant au pragmatisme dont son vocabulaire, concret et prudent, l'avait fait créditer, ce n'était jamais que la circonspection d'un homme entraîné à louvoyer entre trois femmes – sa légitime, son égérie, et sa passion cachée...

Mais le ressort secret de ses derniers succès, je le trouvais moins, en vérité, dans ces artifices linguistiques auxquels les techniciens de l'information donnent une importance exagérée, que dans l'évolution profonde de sa personnalité : au contact de « Nège », de ses candeurs et de ses puérilités, Charles se refaisait une virginité; pour la première fois, il collait réellement à son image de gentil scout, de blond cow-boy, honnête et courageux. Jamais plus on ne lui voyait de ces moues méprisantes, de ces revers de mains nerveux qui indisposaient le public; au contraire, la manière qu'il avait maintenant de replier légèrement la main droite vers son cœur quand il s'apprêtait à commencer une démonstration faisait de chaque téléspectateur son confident, son complice : « Y a pas à dire, il est accessible, cet homme-là », m'avait avoué ma grand-mère en m'en faisant compliment. Il avait appris à écouter patiemment l'intervieweur, en gardant le regard intense, la bouche immobile, et les mains sagement posées sur son genou, doigts croisés et pouces entrouverts tournés vers l'écran, en homme prêt à s'avouer, à accueillir, à aimer. Tous ses gestes enfin étaient lents, lisses et larges : « positifs », comme sa chemise bleu pâle, son blazer sport – sans doute une autre initiative de son « Arlésienne » –, sa cravate assortie et sa voix bien timbrée. Son sourire même n'était plus ironique ni condescendant, mais d'une bienveillance constante à déclenchement instantané; bref, la « ferveur » et la « sérénité » irradiaient de toute sa personne. En jouant les fillettes naïves, les vertus effarouchées, en l'obligeant à ramasser des pommes de pin ou des marrons et à bercer son nounours à l'heure du goûter, en l'entraînant dans un Disneyland des goûts et des idées, et en le contraignant à retrouver, par-delà ses amertumes d'homme, sa confiance d'enfant – cette « petite lampe rouge » dont elle ne cessait de parler –, la jeune sotte contribuait plus que je n'y avais jamais réussi à la gloire politique dont il rêvait... Dans ces conditions, il aurait été non seulement vain, mais criminel, de lutter : pendant quelques semaines, ma lassitude et mon désespoir prirent la couleur flatteuse du sacrifice.

Une seule fois, je laissai cette abnégation virer à l'aigre. Assis dans son bureau « Stuart Michels », entre un lampadaire conique et une fausse colonne dorique, Monsieur de Fervacques, peu soucieux apparemment de justifier une révision de la « plate-forme » du solidarisme que je jugeais inopportune, était en train de fuir mes questions en détournant notre conversation sur des futilités, les chasses du Président, les coiffures de Madame Thatcher – « je ne l'aime ni comme femme ni comme homme », disait-il, assez content de sa formule –, la « guerre de la langouste » qui opposait ses pêcheurs bretons aux chalutiers brésiliens, et je ne sais quelle épizootie qui ravageait son troupeau de « south downs » solenais, et sur laquelle il s'attardait aussi complaisamment que s'il s'était agi du « Vendredi noir » de Téhéran; et, chaque fois que je tentais de le ramener à la politique, avec un sourire têtu il revenait à ses moutons. A la fin, excédée : « Bon, fis-je, puisque vous y tenez tant, faisons le tour de vos basses-cours : vos moutons vont mal. Et vos faucons? »

Il avança les lèvres dans une petite moue de suffisance, typique du Fervacques d'avant Nège :

– Les épidémies des ovins se communiquent rarement aux rapaces, vous savez...

– Et aux chevaux? Comment vont vos chevaux?

Il haussa les épaules : « Mes chevaux sont à trois cents kilomètres de mes moutons...

– Tant mieux! Figurez-vous que j'avais des craintes pour Panache... »

Le regard qu'il leva sur moi fut parfait : vide à

souhait, avec juste, en surface, la teinture d'honnêteté qui convenait.

— Panache? Quel Panache?

— Vous n'avez aucun pur-sang de ce nom-là?

Mon apparente hésitation le conforta dans sa
tactique de bonne foi surprise : « Non... je ne vois
pas... " Panache ", dites-vous?

— Dois-je vous l'épeler?

— Non, bien sûr... Je ne comprends d'ailleurs pas
pourquoi vous le prenez comme ça... Quoi qu'il en
soit, je n'ai pas de " Panache " dans mon haras. »

Cette formulation au présent était exactement celle
que j'attendais; emporté par l'élan, un homme sincère m'aurait assurée qu'il « n'avait jamais eu » de
Panache dans son haras. La manière dont, in extremis, Fervacques s'était freiné en disait plus long
qu'un aveu : il recourait à la plus banale des feintes
jésuitiques, lâchant un bout de vérité dans l'espérance que je la prendrais pour le tout – un classique
pour quelqu'un qui a, comme moi, passé les trois
quarts de sa vie dans la trahison et le faux-semblant.
J'eus pitié de son inexpérience et ne poursuivis pas.
Du reste, j'étais partagée entre le mépris et la joie
qu'il m'eût menti, prouvant par là qu'il tenait tout de
même à me ménager...

Le regard inquiet qu'il me lança discrètement, sitôt
que j'eus changé de sujet, me fut un autre motif de
satisfaction : il allait dorénavant m'épier comme je
l'épiais, guetter sur mes traits les lueurs du doute et
de l'intelligence, se demander sans cesse ce que je
savais et comment j'allais « prendre » ce qu'il finirait
par devoir me révéler.

Quant à cela, du reste, il se trompait : je n'aurais
rien à « prendre », ni en bien ni en mal. Le coup qu'il
me préparait, je n'attendrais pas de le recevoir : je le
donnerais. C'est moi qui partirais. Dès que je serais
sûre qu'il n'y avait plus de miracle à attendre, et que
je me sentirais assez forte, assez remise des tribula-

tions des derniers mois, je lui signifierais moi-même son congé; et s'il était en humeur d'épouser sa belle, je profiterais de mon propre divorce – obtenu autrefois à sa demande – pour convoler avant lui avec Saint-Véran, Courgenouille ou Durosier. Oui, je le ferais; mais dans quelque temps, un mois ou deux, un an peut-être, quand la situation me serait devenue intolérable.

Car pour l'instant, si désespérée qu'elle fût, elle me paraissait encore presque supportable : si j'avais continué à ignorer l'importance qu'avait prise « Nège » dans la vie de Charles, si Caro ne m'avait pas téléphoné, n'aurais-je pas persisté à me féliciter que nos relations eussent pris un tour si serein, et que cette arrière-saison de la passion revêtît l'apparence d'un sursaut de tendresse?

J'avais tant aspiré à me mettre en vacances de cet amour dévastateur que j'aurais presque pris pour une pause bienvenue le repos éternel que Fervacques m'offrait. Plus de fureurs : des égards; plus de reproches : des éloges; plus de boulettes de papier : des baisers, un peu tièdes certes, un peu mollets, mais des baisers. Même l'amour, quand Charles venait encore chez moi, il me le faisait gentiment, avec une galanterie à laquelle il ne m'avait guère accoutumée et toute la générosité d'un grand seigneur bien élevé. Bien sûr, de ses prévenances, si surprenantes après les orages endurés au début de l'année, je connaissais la cause : maintenant que Nège avait renoué, Charles rayonnait de mansuétude, et, rassasié, laissait descendre sur tous ceux qui l'entouraient le surplus d'effusion dont il était comblé; avidement, je ramassais les miettes de ce festin qu'une autre lui donnait.

L'espèce humaine est un prodige d'adaptabilité : il me semblait que je commençais déjà à m'habituer à ma souffrance et je me trouvais presque contente d'accepter ce que mon amant consentait encore à m'abandonner. Sans doute avais-je perdu le contrôle de ses week-ends comme de ses lectures, de ses opinions comme de ses parfums, mais je « m'adaptais » : n'étais-je pas encore son directeur de cabinet? Sa maîtresse in partibus? Ne demeurais-je pas, de l'avis de ce petit monde politique aussi ignorant de ses propres acteurs que de l'évolution du pays, l'éminence grise du grand homme?

Tant bien que mal, je m'efforçais de trouver dans des apparences flatteuses quelques contreparties aux tristes réalités et, sous les projecteurs de la vie publique, une compensation aux ombres accumulées sur ma vie privée. Ainsi, peut-être, faisaient les juifs sous la botte nazie : on leur interdisait d'exercer leur métier, ils croyaient voir le monde s'écrouler, mais ils s'adaptaient; on leur confisquait leur maison, ils pensaient mourir – ils s'adaptaient; on leur ôtait leur nationalité, leur droit de vote, leur famille, leur nom même – ils s'adaptaient; et leur exemple prouve aux bourreaux de tout acabit que, pour nous retirer l'espoir, il faut nous retirer la vie.

Qui sait donc si l'existence que Charles me faisait mener ne me serait pas longtemps parue acceptable à condition que, sur « Nège », je n'apprenne rien d'autre que ce que je savais?

Mais, quelques semaines après, un jeune chauffeur du ministère m'apporta, en toute innocence, le surcroît d'informations dont j'espérais me passer.

Ce garçon de mérite venait d'être affecté au service du ministre, et, quand Charles se trouvait à l'étranger, on le mettait à ma disposition. Un jour qu'il me ramenait ainsi du Centre de Conférences de l'avenue Kléber aux bureaux du ministère, il me demanda, comme nous passions à la Concorde, si je ne verrais pas d'objection à ce qu'il fît un crochet par la rue Royale. On l'avait prié de prendre chez Lachaume un gros bouquet qu'il devait porter dans l'après-midi : « Et comme, après le ministère, je dois vous emmener au cocktail de l'Ecole Militaire, Madame le Directeur, je me suis dit que je ferai d'une pierre deux coups : l'adresse où je dois déposer le bouquet, c'est juste sur votre chemin...

— Mademoiselle Deroche (c'était la directrice du secrétariat de Fervacques) ne sait donc pas qu'on peut faire livrer les bouquets?

— Oh, Mademoiselle Deroche ne s'occupe pas de ces fleurs-là, pensez! C'est Monsieur le Ministre lui-même qui les commande, tantôt à mon nom, tantôt à celui de Porcher quand c'est lui qui est de service. On les règle en liquide et on les porte nous-mêmes : toute une histoire, comme vous voyez! Enfin, bon, c'est sûr qu'un homme dans sa situation doit prendre des précautions quand il fait porter tous les jours un bouquet à la même adresse », ajouta-t-il avec un clin d'œil de malice à mon intention. De toute évidence, le brave garçon ne savait pas qu'il parlait à une maîtresse de son patron : il était depuis peu dans la maison; d'ailleurs, le petit personnel, mieux au fait de ces choses-là que le milieu politique, conjuguait peut-être déjà ma liaison au passé...

Donc, après les poèmes, les fleurs : la jeune fille à l'ancienne se faisait faire une cour à l'ancienne.

La gerbe que j'aidai le chauffeur à placer dans le coffre — une trentaine d'iris violets, panachés de strelitzias orangés — était somptueuse; Charles avait en effet le goût naturellement bon, même si, pour ce qui est des fleurs, il m'en avait peu fait profiter.

Deux heures plus tard nous déposâmes le bouquet. Le chauffeur, excessivement stylé — il venait du privé —, avait bien, pris de remords, proposé de me conduire à mon cocktail d'abord, puis de revenir sur ses pas pour remettre les iris à leur destinataire, mais, avec une urbanité qui allait encore augmenter la réputation de simplicité dont je jouissais auprès des huissiers — « elle est sociale », disait-on —, j'avais insisté pour qu'il n'en fît rien : « Surtout, Monsieur

Paul, ne vous dérangez pas pour moi, faites comme si je n'étais pas là... »

La voiture s'arrêta place Vauban, face au dôme des Invalides : n'avais-je pas eu raison d'établir un rapprochement entre le « N » de la signature de « Nège » et celui de Napoléon? Je voulus aider le chauffeur à porter le bouquet, mais, choqué par tant d'humilité, il s'y refusa avec énergie et j'en fus quitte pour l'attendre en notant le numéro de l'immeuble où il entrait.

— Alors, fis-je, égrillarde à mon tour, lorsque nous eûmes repris la route, la dame était-elle contente?

— Vous ne croyez quand même pas que je vois la dame! Je laisse tout à la concierge...

— Hé, hé, dites-moi : c'est peut-être la concierge que notre ministre courtise?

— Vous voulez rire : un homme comme lui! Non, et puis je sais le nom de la personne : c'est une « de »... De la grande noblesse, fit-il avec admiration (il était originaire de Vendée), mais motus sur tout ça, Madame le Directeur! Il faut que ça reste entre nous...

Jusque-là tout se tenait : le bel immeuble du VIIe et la particule; seul le bouquet quotidien avait du mal à passer; mais à cela aussi je finirais peut-être par m'habituer.

Le soir même, j'étais de retour place Vauban, espérant qu'il n'y aurait pas trop de vraie ni de fausse noblesse dans ce bâtiment-là... Le cœur battant, je consultai la liste des locataires : trois « de » malheureusement; c'était le quartier des débris – les couvents et l'aristocratie –; mais aucun nom qui m'accrochât. Je relus plus lentement, presque rassurée déjà d'avoir fait « chou blanc » une nouvelle fois; et ce fut alors que les sept lettres me frappèrent comme une volée de flèches : Leussac. « N. de Leussac », Nadège de Leussac. Nadège. « Nège »...

Aussitôt tout se mit en place, souvenirs et pressentiments : « C'est une enfant exquise, immatérielle. Un elfe, une sylphide, une vraie fille de poète », disait Anne de la petite fille de dix ans, au temps déjà lointain où je « débutais » à Senlis, « si elle tient ce qu'elle promet, je prends le pari qu'aucun homme ne pourra la voir sans l'aimer... » « La plus ravissante jeune fille qu'on puisse imaginer, une grâce proprement giralducienne, un charme éthéré – quand elle se promenait dans mon parc à la tombée de la nuit, on aurait cru un personnage du " Grand Meaulnes " », avait assuré dix ans plus tard le président de la Banque Panaméenne, tout émoustillé, aux hôtes des « Rendez-vous » encore mal réveillés, avant de s'écrier, entre les deux croissants du petit déjeuner : « Nadège de Leussac, c'est Yvonne de Galais... », « Nadège n'est pas vraiment une enfant de son temps, expliquait Fortier avec orgueil, nous l'avons éduquée à l'ancienne... », « Une petite fée », avait confirmé Catherine Darc, et même cet imbécile de Cognard y était allé de son couplet : « Un être tout de mystère, l'harmonie faite femme, la modestie incarnée, une violette sous la mousse... »

Derrière la violette, c'était Senlis tout entier qui s'était caché pour conspirer, Senlis qui avait inventé cette petite fille, l'avait nourrie, formée, lancée, Senlis qui l'avait glissée dans le lit de Charles pour m'éliminer. Non pas certes le Senlis de Philippe et du vieux Raoul, mais celui des « nouveaux Rendez-vous », qu'avaient infiltré au fil des années tous les puissants que j'avais défiés, ceux que je n'estimais guère et qui me méprisaient – les Catherine Darc et les Fortier, les Berton, les Frétillon, les Cognard. C'était le Senlis noir, la toile d'araignée d'Olga et du KGB – car comment croire, en vérité, qu'Olga n'était pas informée de ce qui se préparait quand, à son exposition de « haillons », prise de scrupules, elle m'avait en termes sibyllins mise en garde contre ce qui se tramait ? Dans ce Senlis de tous les complots, de tous les tripotages, de toutes les trahisons, cette maison où l'honorable famille des Chérailles ne faisait plus que de la figuration, l'intrigue s'était nouée. Le plan, habile, avait dû être ourdi de longue date : un esprit délié – Olga? Berton? – avait parié que, tôt ou tard, Méphisto succomberait aux charmes naïfs de Marguerite. Puis on avait trouvé en Catherine Darc l'instrument idéal du projet : ne m'avait-elle pas promis dix ans plus tôt, lorsqu'elle avait trouvé Philippe et Caro enlacés sur mon tapis, qu'elle me rendrait un jour ma gracieuse « invitation à dîner »? A Vienne, le soir du « Misanthrope », Madame Darc et son époux avaient, en un tourne-main, entraîné « l'Archange » pour lui présenter la talentueuse styliste qui venait de remporter, par personne interposée, un succès si mérité. Je voyais la scène; Catherine, forte de leur ancienne intimité, s'appuyant affectueusement sur le bras de Charles : « Charles chéri, pourquoi ne viendriez-vous pas souper avec nous? Pour une fois... Faites-moi ce plaisir. J'ai réservé une table dans une auberge charmante, très cymbalum, violons, vieille Autriche... » puis, minaudière : « Même notre petite Nadège a bien voulu sortir de sa retraite pour nous accompagner... Comment, vous ne connaissez pas Nadège de Leussac? Il est vrai qu'elle réussit ce prodige d'être célèbre sans être connue! Une vraie sauvage. Regardez comme elle rougit! D'habitude elle s'enfuit comme Cendrillon : avant minuit. Mais ce soir, elle n'a pas osé fâcher son parrain. Car Hugues est son parrain, vous savez? Allez, venez, mon petit Charles, vous nous aiderez à apprivoiser cette filleule trop farouche... Oh, la voilà qui rougit encore, n'est-ce pas adorable? Ah, la jeunesse... »

De rage, j'appuyai sur le bouton de l'interphone qui correspondait à l'étiquette « de Leussac » – de la grande noblesse, vraiment! Chevalerie de décorateur, armoiries de costumier, majesté de maquilleur!

Il était près de minuit et la voix féminine qui, au quatrième coup de sonnette, finit par me répondre semblait passablement embrumée. « Mademoiselle de Leussac? » demandai-je sèchement. Aucun risque qu'elle m'identifiât : nous ne nous étions jamais rencontrées. « Oui, c'est moi, murmura-t-elle d'un timbre beige, couleur que, depuis son " Misanthrope " de Vienne, elle semblait affectionner. Qui êtes-vous? Que voulez-vous? »

La réponse s'imposait : « C'est le fleuriste! » fis-je, vengeresse; puis, lentement, je m'éloignai, tandis que, depuis sa petite grille chuintante, elle continuait d'interroger anxieusement le silence : « Le fleuriste? A cette heure-ci? Mais quel fleuriste? »

La lourde porte de verre aux enjolivures de laiton doré retomba sur la voix pâle de Nadège Fortier.

Je m'étais toujours crue vaincue, mais, une fois tirée cette médiocre vengeance, j'abandonnai jusqu'au ressentiment. Plus de hargne, d'envie, de mépris, plus même de jalousie : rabattant, tel César, un pan de mon vêtement sur mes yeux pour me soustraire au spectacle de mon propre assassinat, je me livrai sans résistance au coup qui me frappait; car j'étais écrasée, non plus comme au commencement par la désertion de Charles, mais par l'évidente supériorité de Nadège.

N'était-elle pas – on me l'avait assez répété – d'une exceptionnelle beauté? Ce détail, que ses lettres ne m'avaient pas donné, m'obsédait. Maintenant que je connaissais le nom de la signataire des billets du coffret, je devais convenir aussi que, si elle manquait de vocabulaire, elle ne manquait pas de talent : à Vienne, j'avais pu en juger par moi-même. Pis, ce talent était celui d'une artiste, d'une créatrice; cette femme si jeune, presque une enfant, appartenait à une race que Charles n'avait guère approchée jusqu'alors; c'était la pièce rare dont tout amateur veut enrichir sa collection, l'animal en voie de disparition qu'un prince des chasseurs se doit d'ajouter à son tableau...

Cependant, ni ce génie particulier qu'elle avait pour arranger les chiffons, ni sa précocité dans la réussite (n'était-elle pas, à vingt-deux ans, à la tête d'un « Marie Mauvière » en pleine expansion, et n'avait-elle pas réussi à s'assurer, avant toutes les firmes américaines, l'exclusivité mondiale de Stuart Michels et de Vasquez, le roi de la surface blanche, l'inventeur universellement encensé du « Non-Art »?) ne m'impressionnaient autant que sa réputation de beauté, ce qu'on disait de son élégance impalpable, de son teint diaphane, de sa démarche aérienne. Car si je pouvais me représenter Nadège dans l'exercice de son art – et savoir de quelle manière, par là, elle me surpassait –, son physique continuait de m'échapper.

Qu'elle fût depuis toujours désirable et propre à inspirer les poètes, je m'en doutais, mais de quelle manière l'était-elle? Voilà ce que j'aurais voulu savoir. Devais-je l'imaginer petite ou grande? Brune ou blonde?

Je ne l'avais jamais rencontrée, jamais je n'avais vu d'elle la moindre photographie. Nadège de Leussac, en effet, avait fait de sa disparition un moyen supplémentaire de séduction, un argument de vente, un instrument de promotion : dans un siècle saturé d'images elle pratiquait l'effacement ostentatoire. Certes, la presse commençait à consacrer quelques « portraits » à cette styliste en vogue; malheureusement, les clichés dont on agrémentait ces rares descriptions n'étaient jamais ceux du photographe, mais ceux du rédacteur. Ainsi en allait-il de cet article que « la Presse » avait fait paraître quelques semaines avant ma découverte de la place Vauban : « Nadège de Leussac ne ressemble à personne », commençait le journaliste, qui semblait opter d'emblée pour le genre brumeux. « Fille d'un père poète, née à New York et élevée en Suisse, Nadège, qui à dix-sept ans faisait ses classes chez Yves Saint Laurent, dessine aujourd'hui pour les théâtres parisiens des décors étourdissants et chez " Marie Mauvière " des collections à couper le souffle. En passe de devenir un mythe, cette sibylline sylphide toute en pudeur et en retenue, cette surdouée perfectionniste affolante d'imagination et de maîtrise » (que de mérites en cinq mots!), « surprend, intrigue et subjugue comme si elle avait cousu un charme dans la doublure de ses robes, surgies du clair-obscur d'un sous-bois de conte de fées » (trop de génitifs, mais cette idée de sortilège et d'envoûtement était peut-être à creuser). « Teintées de végétal, bourrelées comme des racines, nervurées comme des écorces, ridées comme des étangs, entrelacées comme des feuillages, tressées comme des tiges » (décidément, le contact de Nadège portait au lyrisme), « les étoffes de Nadège de Leussac sont travaillées en relief, surpiquées, découpées, drapées, tordues, brodées en surimpressions, armées de fils de fer : des vêtements surréalistes, d'une fraîcheur incomparable. Sans bruit, sans éclats, cette graine de star, sortie d'un rêve, est en train de se tailler une renommée mondiale... » Il y avait bien une photo, à gauche de l'article, mais c'était celle d'un des modèles de Nadège. D'elle, aucun visage. Des mots, toujours les mêmes : « nymphe », « elfe », « sibylle », « rêve »...

Pour en savoir plus long, j'aurais pu, certes, retourner place Vauban, garer ma voiture sur le trottoir d'en face et attendre. Mais à quoi, sans la connaître, l'aurais-je reconnue? Elle n'était sûrement pas la seule jeune fille à habiter l'immeuble... Quant à lui rendre visite, déguisée en enquêtrice de la SOFRES ou en placière d'assurances, il n'y fallait pas penser : elle savait quelle place je tenais dans la vie de Charles, elle connaissait mon visage par les journaux, et m'aurait immédiatement identifiée; elle n'aurait plus eu ensuite qu'à régaler Fervacques d'une peinture piquante de mon accès de jalousie pour me perdre définitivement à ses yeux! Sans doute, je songeai bien un moment à recourir aux services d'un détective privé : quelle maîtresse n'en a pas, un jour ou l'autre, caressé l'idée? Mais il y avait dans une démarche comme celle-là, venant d'une femme connue comme je commençais à l'être, quelque chose d'humiliant, à quoi je ne me résignai pas.

J'en fus donc réduite à inventer, à la seule lumière de mon cœur, cette enchanteresse qui rendait mon amant heureux. Non plus désormais pour tenter de la combattre, de la cerner, de découvrir ses failles, mais pour m'associer une dernière fois à ce que Charles aimait, épouser sa volonté, et faire mien son désir au-delà même de la douleur qu'il me causait; partager avec lui quelque chose encore, fût-ce ce qui me détruisait, joindre son âme par où elle m'échappait.

Alors commença une traque discrète, furtive et interminable. A travers les souvenirs arrachés aux rares confidences que les hôtes des « Rendez-vous » m'avaient faites au cours des années, j'entrepris de pourchasser l'image fuyante de « la Reine des neiges » en y amalgamant des bribes de sourires, des lambeaux de conversations, des ébauches de robes, empruntés jour après jour aux beautés que je croisais. Avec minutie et générosité, je tentai de dessiner l'invisible « Nège » en lui donnant l'éclat d'une chevelure enviée, la souplesse d'une taille admirée, toujours enfin de ce que, chez chacune, je découvrais de plus délicieux. Or ce que je trouvais beau, c'était précisément ce qui me manquait : il fallait que « Nège » fût petite puisque j'étais grande, brune parce que j'étais rousse, qu'elle eût les cheveux longs dès lors que j'avais coupé les miens, et les yeux bleus car les miens tiraient sur le gris. Quant à ses jambes, elles devaient être fines, lisses, ambrées, et ses cuisses, fermes – des cuisses de cavalière –, mais soyeuses au toucher : deux « colonnes de marbre blanc », deux fuseaux de lumière dorée; et, sans doute, mettait-elle à les montrer autant de soin que j'en mettais à cacher les miennes...

Cette première esquisse, déjà accablante par la perfection qu'elle laissait soupçonner, je l'enrichis peu à peu de photos d'actrices et de cover-girls. Pendant des semaines, je ne pus feuilleter un magazine sans y rencontrer vingt fois, dans les pages mode ou publicité, la silhouette possible de Nadège Fortier, lui prêtant tantôt l'impudeur tranquille des mannequins voués aux marques de lingerie, tantôt la grâce fluide des réclames de parfums. Ces yeux levés au ciel façon madone, ce rouge à lèvres si léger qu'il ressemblait à une confiture de roses, ces épaules transparentes qu'un grand photographe avait mises en scène pour vanter la dernière eau de toilette de Cacharel, n'étaient-ce pas les siens? Et, sur cette autre publicité – où, s'offrant au baiser d'un homme caché, une femme, les yeux fermés, abandonnait son visage renversé à la caresse d'une fourrure –, cette longue chevelure brune crénelée qui descendait jusqu'au bas de la page, mêlée aux vagues sombres du vison, n'était-ce pas précisément celle que je lui avais imaginée?

Cependant, je ne parvenais jamais à posséder plus que d'infimes détails de cette Nadège reconstituée, détails d'ailleurs infiniment changeants : peut-être son teint avait-il la pâleur distinguée que nous recommandait en images une gamme de produits « basses calories », mais rien ne semblait moins s'accorder à la carnation éthérée dont je venais ainsi de la créditer que le nez mutin dont la même publicité parait le visage de sa dame diététique; de même, bien que je me sois sentie touchée jusqu'à la douleur en croyant reconnaître dans « Marie-Claire » les jambes de « Nège » au milieu d'une double page consacrée aux chaussures Marval sous le titre, ô combien approprié, de « J'ai mis un homme à mes pieds » – cadrage à mi-corps, une taille minuscule serrée entre deux bras masculins, une jupe courte que rattrapait le flot mousseux d'une chevelure de jais, et de longues jambes gainées de noir au-dessus de talons vernis –, je ne pus me convaincre que la maîtresse de Charles aurait, comme le modèle du chausseur, plié le genou et levé une jambe en arrière avec cette désinvolture vulgaire.

Alors même, d'ailleurs, que je croyais tenir enfin un élément du personnage, que j'avais ciselé un regard, léché un teint, fignolé une coiffure, il m'arrivait souvent, en découvrant une nouvelle affiche, une autre annonce, le portrait d'un « top-modèle » plus récent, ou le dernier reportage sur l'intimité d'une jeune vedette, d'éprouver un doute : dans la panique j'échangeais un regard voilé contre un regard limpide, un cheveu bouclé pour un cheveu lisse; mais c'était alors toute la silhouette qui se désagrégeait, perdant l'apparence d'unité que je commençais à lui donner. Pour une oreille redessinée, une fossette rajoutée, il me fallait recomposer toute la personne : la moindre retouche gâtait le portrait.

Et lorsque enfin j'étais arrivée, pièce à pièce, à rebâtir comme un puzzle cette Nadège rêvée, j'éprouvais la plus grande difficulté à doter cette femme-sandwich de la garde-robe adéquate : devais-je lui donner ce fourreau-bustier, très 1880, aperçu dans le « Vogue » de novembre, et laisser ses épaules virginales émerger timidement d'un bouillonné de taffetas changeant? Mais les longs gants noirs dont le couturier accompagnait la robe avaient un côté Rita Hayworth mal assorti aux lèvres pâles et à la coiffure de pensionnaire que j'avais décidé, quelques jours plus tôt, d'attribuer à Nadège de Leussac. Et si, par réaction, j'optais, pendant quelques jours, pour le romantisme discret des catalogues Laura Ashley – jupe de coton fleuri, chemisier de batiste, et manches bouffantes serrées aux poignets –, très vite je jugeais ces velours trop communs et ces cols de dentelle bien bourgeois pour une artiste qui savait, nous disait-on, dessiner des vêtements végétaux aussi « surréalistes » que les traînes de feuillage que se font à l'automne les enfants des campagnes... Revenant à l'originalité, je poussais alors la jeune styliste vers la franche excentricité : pourquoi ne pas la vêtir d'acier à la Paco Rabanne, l'habiller d'un smoking de lamé? Mais que faire, en ce cas, de l'ours en peluche, des ferveurs gidiennes, des caprices de « Panache », et de « l'amour dans le noir »? De nouveau j'hésitais... D'ailleurs, les modes changent si vite, et avec elles les couvertures des journaux, que la semaine d'après m'apportait déjà, avec la nouvelle longueur des manteaux, une Nadège nouvelle.

Un soir à la télévision, au fond d'un spot publicitaire pour une marque de chemises d'hommes, je crus pourtant, l'espace d'une seconde, la posséder tout entière. Derrière le vêtement masculin une femme apparaissait en second plan; un flou artistique estompait sa silhouette, ne révélant de sa beauté qu'une ombre bleutée : heure tardive de la prise de vue? éclairage défectueux? ou chevelure si sombre qu'elle nimbait le corps d'un reflet violet? Peu m'importait : cette couleur crépusculaire, ce nuage de mousseline froissée, cette trace de mauve fané, c'était, j'en eus la certitude, l'image la plus concrète que Nadège pût me donner d'elle-même. Et tant pis si, sur l'écran, cette figure s'enfuyait déjà, pressée par le générique du journal télévisé ou l'indicatif de la « série » qui suivait : j'avais eu, un instant, l'impression de la toucher...

Mais, pas plus que le soleil ne peut se regarder en face, la beauté d'une rivale ne peut s'envisager de biais : dès le lendemain, cette esquisse pour myopes avait cessé de me contenter. Plantée devant mon poste, je guettai le passage du spot, les lunettes à portée de la main pour pouvoir scruter jusqu'au fond ce bleu trop fugitif, en distinguer les formes, les traits, comprendre ce qu'il cachait d'irrésistible... Peine perdue : la campagne pour les chemises « Oxford » venait de se terminer et l'annonce ne repassa jamais.

Alors, reprise de vertige, poussée par la nécessité de fixer le portrait tremblé de cette « ombre mauve » qui, de nouveau, m'échappait, je revins aux journaux, aux vitrines, aux trottoirs... Bientôt, à force de rencontrer – sous chaque robe lilas, dans l'éclat de toutes les améthystes et le parfum de toutes les lavandes –, une Nadège que ses métamorphoses rendaient sans cesse plus désirable, à force de suivre dans la rue toutes les brunes qui lui ressemblaient en créditant chaque dos d'un visage exquis et chaque pelisse d'un corps parfait, j'en vins à trouver du charme à tout ce qui respirait, du chagrin dans tout ce qui m'entourait; je souffris aussi follement que si Fervacques m'avait trompée avec la terre entière, s'il avait aimé toutes les femmes sauf moi.

Savoir qu'en vérité il n'en aimait qu'une et qu'il n'y avait qu'un seul regard, un seul sourire, qui auraient dû me crucifier, m'apparut comme un moindre mal : je crus qu'entendre Charles ramener lui-même cette séduction universelle dans des limites humaines et réduire cette beauté protéiforme aux dimensions ordinaires d'un squelette d'un mètre soixante me soulagerait. Il fallait qu'il m'en parlât, je devais lui en parler.

C'était aussi devenu une question de dignité. Car si pour lui, au fil des années, j'étais descendue assez bas dans la veulerie, j'avais eu jusqu'alors l'excuse d'en être aimée : son sentiment me rendait, à chaque instant, l'honneur que je perdais. Quand, au début de notre liaison, ou chez Wasp la dernière fois, j'avais accepté, pour lui obéir, de me donner à des inconnus, c'était encore son amour qui me relevait : on ne voit plus, quand on aime, qu'à travers les yeux d'un autre, et l'âme de celui que l'amour domine vit dans le corps de l'être aimé. Quand j'acceptais d'être celle que des hommes de passage pouvaient désirer, j'étais en même temps le regard de Charles absent sur ces caresses étrangères, et surmontant pour le séduire mes dernières répugnances, tout habitée par lui, je m'abandonnais à la volupté d'une étreinte dont l'émotion s'augmentait du plaisir qu'il y aurait pris... Mais la jalousie d'une femme bafouée, cet avilissement sans objet d'un être rejeté, me semblait ce que le cancer est à la vie – une prolifération anarchique de cellules folles, un envahissement de l'être entier par un tissu parasite, une croissance déprogrammée. Aussi, dès le début de ma passion, avais-je résolu que si le soupçon et le chagrin en venaient un jour à me donner des obsessions de névrosée, j'arrêterais « les frais » : je ne ferais pas deux fois les poches d'un homme que j'avais aimé, je n'écrirais pas les lettres incendiaires de la pauvre Madame Lacroix, je ne supplierais pas, et je ne demanderais jamais pourquoi, pour qui, l'on m'abandonnait, puisque, depuis trente-quatre ans que je vivais, je savais qu'on n'obtenait aucune réponse à ces questions-là : je romprais comme on se noie; je briserais, non pour survivre, mais pour tuer mon mal avec moi...

A l'entrée de l'hiver, après une dernière sortie à deux, je trouvai enfin le courage qui, jusque-là, m'avait manqué. Bien sûr, j'aurais autant aimé pouvoir faire mes adieux sur fond de Monteverdi ou dans un décor de tragédie, mais ce fut en sortant du théâtre, et d'un vaudeville, qui pis est...

Car, par un reste d'hérédité Pinsart, Fervacques allait volontiers au théâtre, même quand Maud Avenel n'y triomphait pas. Malgré l'agitation que sa présence suscitait dans les rangs du public chaque fois qu'il ne prenait pas la précaution d'entrer dans sa loge après l'extinction des lumières et d'en ressortir avant la dernière réplique, il n'avait jamais renoncé à fréquenter « le Rond-Point », « l'Athénée », ou les « subventionnés ». Justement, ce soir-là à la Comédie-Française, on reprenait en lever de rideau une petite pièce de son arrière-grand-père, écrite en collaboration avec Halévy : « Le sieur Boudegras ne rentrera pas »; ce sinistre « sieur » aurait pu disparaître en effet, personne ne l'aurait regretté. Mais Charles jugeait qu'il se devait d'être présent pour honorer la mémoire de l'aïeul, et il m'avait proposé de l'accompagner, faute, peut-être, que son prosaïque « Boudegras » fût dans le goût, nettement plus éthéré, de Nadège Fortier... Il est vrai que je n'étais pas, moi non plus, très en humeur d'apprécier les épais calembours de « Boudegras »; j'étais déjà plongée dans la suite de la soirée et, retournant dans ma tête les phrases que j'allais prononcer, je tentais d'inventer les répliques de Charles afin d'imaginer la meilleure manière d'y parer : le ministre ayant renvoyé chauffeur et garde du corps, je savais qu'après la pièce il me raccompagnerait.

Quand nous fûmes arrivés au bas de mon immeuble, la force de l'habitude lui fit, comme je m'y attendais, proposer de monter. « Je suis désolée, Charles, fis-je faussement confuse, quelqu'un m'attend là-haut... Ne pensez-vous pas, à ce propos, que nous devrions cesser de fuir la vérité et saisir l'occasion pour nous parler ? »

Ma voix restait ferme : j'avais confié le pilotage de la scène à l'agent des services secrets. « Là-haut », au fond du lit doré, l'autre Christine, solitaire et glacée, attendait en tremblant que son double eût exécuté la mission qu'elle lui avait confiée...

Quand j'avais suggéré que nous « parlions », Fervacques avait pris l'air ennuyé, éteint son sourire, et avancé vers ma joue une main caressante, comme s'il regrettait par avance le mal qu'il allait me causer et tâchait d'adoucir par un ultime rapprochement physique l'éloignement définitif qu'il se disposait à me signifier. Je pris sa main et la reposai gentiment sur son volant : « Ne me rendez pas trop pénibles les choses que j'ai à vous apprendre », lui dis-je.

A ce « vous apprendre », il me sembla qu'il blêmissait; il fixa sur moi un regard intense, et mordilla sa lèvre inférieure comme il faisait lorsqu'au tennis il se concentrait sur une balle.

« Je sais que je vais vous faire un peu de peine, repris-je en m'efforçant à un sourire de politesse, mais je sais aussi que cette peine ne sera pas insurmontable... Il y a quelque temps déjà, n'est-ce pas, que nous avons recommencé, vous et moi, à chercher ailleurs – et par anticipation, disons – quelques consolations. Ainsi va la vie... Voilà : j'ai décidé de me remarier. Ou, plus exactement, de me remettre en ménage, comme on dit. Avec un garçon de grand talent. Un artiste. Qui m'aime plus, sans doute, que je ne suis digne d'être aimée... Oh, je ne vous dirais pas que, de mon côté, ce que j'éprouve pour lui relève de la passion! Non... Mais des passions, j'en ai déjà beaucoup vécu – un jeune Italien quand j'avais dix-huit ans, puis mon ex-mari dans les commencements » (l'autre Christine, là-haut, devait être éblouie par le toupet de sa jumelle), « peut-être même », ajoutai-je avec le mouvement attendri d'une dame qui tient à faire preuve d'un tact exquis,

« peut-être devrais-je vous ranger aussi dans cette catégorie?... Mais je sais, nous savons tous deux, qu'on ne peut rien alimenter de durable à ces feux-là... Bien sûr, je pourrais vous proposer que, tout remariage mis à part, nous continuions de sortir ensemble de temps en temps... Vous avez des adresses si " exclusives " que, seule, je ne serais sûrement pas capable de me les procurer! Malheureusement, je crois que ces sorties, quand même elles n'engageraient guère mes sentiments, ne seraient pas du goût de mon nouvel amant. Quoique charmant, il manque un peu d'assurance. Et vous savez ce que c'est : ce sont les grands timides qui font les Othello. Or, je n'ai nulle envie, mon pauvre ami » (très bien, « mon pauvre ami »), « de périr étranglée... Sans compter qu'il faut ménager la sensibilité d'un créateur. Par respect pour son art. Votre dernière maîtresse – un très bon choix, d'ailleurs – a bien dû vous enseigner cette vérité? »

Il continuait à me dévisager, les mains posées sur son volant, sans un mouvement ni un battement de cils; seuls les phares des autos qui nous croisaient, en déplaçant rapidement les lumières et les ombres sur ses traits, jetaient sur ce visage de bois l'illusion brève d'une émotion.

La manière dont nous étions assis côte à côte dans cette voiture, en tenue de soirée, le silence qui pesait sur cette capsule immergée au cœur de la nuit, et le va-et-vient des lumières sur le pare-brise, me reportèrent quinze ans en arrière, au soir où, sortant du bal masqué des Fornari, Philippe avait arrêté sa Triumph devant le temple de la Fortune Virile pour me reprocher mes candeurs et ma virginité. Lucrèce Borgia de fantaisie, je n'aspirais alors qu'à me blottir entre ses bras, mais, dans un éclat de rire, il m'avait rejetée vers le monde des indifférents, poussée dans la ronde des grandes personnes et des faux-semblants : on peut détourner une vie sans bouger d'une voiture arrêtée... Grâce à lui toutefois, et à ceux qui l'avaient suivi, j'avais fait assez de progrès dans le mensonge pour n'être plus un objet de moquerie. Dans le concert des trompeurs je tenais admirablement ma partie; et, depuis quelques mois, il me semblait même que, pour la perversité, j'en aurais remontré à Lilith elle-même : la stupeur de Fervacques devant mes « révélations » m'en donnait aujourd'hui la meilleure preuve.

J'hésitai pourtant encore à interpréter son impassibilité : était-il si surpris de me voir informée de ses nouvelles amours qu'il en restait sans voix, ou craignait-il de trahir trop vite la joie qu'il sentait à se trouver libéré? En tout cas, pas une seconde alors, je ne songeai que la révélation de ma propre liaison – Saint-Véran, enrichi et corrigé – avait pu non seulement le froisser, mais lui causer une peine sincère. Encore moins me figurai-je qu'il lui restait assez d'amour pour éprouver, devant ce gâchis délibéré, un immense élan de pitié. Pourtant, je ne jurerais pas qu'en durcissant le ton de mes propos je n'espérais pas, au-delà de toute raison, une ultime protestation de passion, un réveil du cœur, une larme : qui sait, un retournement de la situation?

« Donc, conclus-je sabrant l'ennemi avec l'énergie d'un général de cavalerie, comme pour l'heure je tiens beaucoup à ce garçon » (excellent, ce mot de « garçon » qui soulignait, comme sans y songer, la différence de génération entre mon nouvel amant et l'ancien), « je préfère que nous jouions franchement, vous et moi, la carte de l'amitié. Nous nous connaissons assez pour que je vous dise tout et que vous ne me cachiez rien. J'aurai toujours le même plaisir à travailler avec vous, et je réclame même » (ton mutin – celui-là même qu'employait Anne de Chérailles avec les « vol-au-vent » qu'elle espérait transformer en « fond de sauce »), « je réclame le privilège de devenir votre conseillère sentimentale... Vous ne le

regretterez pas : je suis aussi douée pour la camara-
derie que pour les plaisirs du lit, tout le monde vous
le dira. Enfin, ne nous calomnions pas : la moitié du
monde, seulement! Et je crains malheureusement,
ajoutai-je avec un petit rire complice, que Thierry,
qui n'a pas votre compréhension, ne me laisse guère
allonger la liste de ces admirateurs distingués... »

Il y eut un profond silence. J'étais au bout de mes
forces, et, s'il ne me relayait pas bientôt en se jetant à
mes pieds ou en me claquant la porte au nez, ma
scène de rupture allait tourner court. Déjà, ma gorge
se nouait : dans un sursaut désespéré, Christine
Brassard tentait d'étrangler Christine Valbray.

Fervacques prit une profonde inspiration : « Eh
bien, fit-il d'une voix blanche, je vous avoue que je
ne m'attendais pas à ce que vous me dites là... Ou,
du moins, pas si tôt... »

Tant mieux! Je crus néanmoins de bonne politique
de rajouter une pincée de tendresse dans cette séparation un peu sèche, moins dans l'espoir de lui faire
reconnaître, tant qu'il y était, qu'il tenait encore à
moi – sa dernière phrase venait d'éloigner à jamais
cette chimère-là –, que pour donner de la vraisemblance à mon personnage de femme légère, bonne
fille au fond, mais si changeante... Avec une fausse
spontanéité, je me glissai dans ses bras; il m'y serra
violemment. Je voulus, pour parfaire mon rôle, poser
sur ses lèvres un baiser de surface; ce fut avidement
qu'il m'embrassa. Mais il ne fallait pas céder, ni
prendre le faux pour le vrai. Il ne fallait pas non plus
fuir sur-le-champ comme l'envie m'en prenait, car je
n'avais pas encore abordé vraiment le vif du sujet :
ce que je voulais, c'était obtenir une définition de
Nadège, la connaître sans m'abaisser jusqu'à la filer.
Je voulais que Charles me la peignît lui-même, qu'il
me la livrât, comme on aimerait que, dans un dernier
acte d'amour, ceux qui vous ont trahi vous tendent
le poison qui vous permettra de les quitter...

« Mon chéri », dis-je avec une inflexion affectueuse d'autant plus marquée qu'une telle tiédeur semblait exclure l'idée de passion, « vous n'ignorez pas ce que vous avez représenté pour moi. Ne craignez pas que je vous oublie jamais...

– Non, non, murmura-t-il en tapotant mon épaule. N'ayez pas peur, Christine : je ne vous en veux pas... » Puis, à son tour, il eut un petit rire, un peu rêche, un peu froissé : « A dire vrai, je crois même que je suis soulagé... »

Je ne sais comment je parvins à enchaîner : « Je comprends ce que vous voulez dire. Depuis des mois, exactement depuis qu'à Vienne je suis devenue la maîtresse de celui qui compte aujourd'hui tellement pour moi » (excellente précision chronologique : le hasard avait bien fait les choses pour une fois), « je souffrais, moi aussi, de voir le mensonge s'installer entre nous... Nous sommes au-dessus de cela, n'est-ce pas? Croyez-moi, c'est avec un vrai soulagement que je peux vous dire aujourd'hui combien je suis heureuse que vous ayez choisi Nadège Fortier... »

Dehors la nuit, et la nuit dans la voiture. Les derniers couche-tard étaient rentrés, plus de phares pour dévoiler son visage ni trahir le mien. Il commençait à faire froid. Sans me laisser quitter ses bras, Charles ralluma le chauffage.

– Elle est tout à fait mignonne, cette petite, fis-je en me pelotonnant, un rien puérile, contre son corps. Je l'ai connue chez les Chérailles autrefois, je crois... Mais il y a quelque temps déjà que je ne l'ai plus vue... Est-elle toujours aussi jolie? Il me semble me souvenir que, la dernière fois, elle avait éclairci ses cheveux, non?

Soit qu'il pensât en cet instant à tout autre chose qu'à Nadège de Leussac, soit qu'il se laissât engourdir par le froid qui nous gagnait, Fervacques prit assez longtemps pour me répondre :

« Eclairci ses cheveux? Non, je ne crois pas... »

Puis l'homme à femmes, que chez lui on ne sollicitait jamais en vain, reprit le dessus : « En tout cas, dit-il en s'écartant légèrement, moi qui la connais de la tête aux pieds...

– Je n'en doute pas! »

Fameux, le petit rire dont j'avais accompagné ce bref aparté. Dommage que la suite de sa phrase ne me permît pas de m'en féliciter davantage :

– Oui, vraiment, pour ce que j'en sais, il me semble que, de tout temps, elle a dû être blonde!

Le ciel me tombait sur la tête : une blonde!

Enfuies, les Isabelle Adjani, les chaussures Marval, les parfums Lancôme. Evanouis, le fourreau-bustier, les bas Le Bourget, et l'ombre bleue dont je m'étais énamourée. Une blonde! Je me retrouvai tout à coup devant un vide sidéral. Charles, par chance, ne remarqua pas mon effroi.

En le poussant à évoquer la chevelure de celle qu'il aimait, je venais de le rendre à lui-même. Déjà, heureux de pouvoir parler de Nadège en toute liberté, il poursuivait d'une voix que chaque mot réchauffait : « Et puis, jolie...? Je ne sais pas si elle est jolie. Elle est surtout, comment dire, si fragile, émouvante, presque poignante. La grâce ténue d'un enfant, plus qu'une vraie beauté. D'ailleurs, si vous la connaissez, vous savez ce qu'il en est... Mais peut-être une femme ne voit-elle pas ces choses-là comme un homme les voit? Chaque fois que je regarde Nège, je pense à... à un Greuze... Non, Greuze est trop mièvre! Nadège est délicate, sans doute, mais c'est sans mièvrerie... Peut-être un Watteau, un Fragonard? Non plus... Au fond, à part les grands manteaux à traîne qu'elle invente et les rubans de velours qu'elle aime porter au cou, elle n'est pas du tout XVIIIe!... Elle me rappelle plutôt certains portraits italiens. Tenez, vous qui connaissez Rome, il y a une petite peinture au Vatican... Enfin, quand je dis "une petite peinture" je devrais dire

" une grande fresque ", mais un seul détail m'intéresse... Il s'agit d'un Pinturicchio, " la Dispute de
sainte Catherine ". On dit que pour peindre sa
Catherine, le peintre a fait poser la petite Borgia
adolescente – un ange de pureté d'ailleurs, cette
Lucrèce, et tout le contraire de ce que la calomnie en
a fait... La prochaine fois que vous irez en Italie,
regardez : cette beauté encore incertaine, un peu
tremblée, cette tournure mal dégagée des timidités de
l'enfance et des superpositions de vêtements brodés;
mais aussi, ce visage qui s'éclaire déjà de l'assurance
des grandes princesses, ce corps qui rayonne d'une
blondeur solaire si vive qu'elle éclaire le fond du
tableau... Et des cheveux, des cheveux sauvages,
souples comme une fourrure, et libres, d'une liberté
qui dément toute cette solennité engoncée. Des cheveux aussi chauds, aussi fous que la crinière d'un
cheval emballé. Oui, regardez ce portrait, Christine :
ce que j'aime chez Nadège de Leussac, c'est cette
petite fille-là... »

Lentement, je hochai la tête, incapable de prononcer une parole. Ainsi il n'était pas vrai que, comme
l'assurait imprudemment « la Presse », Nadège « ne
ressemblât à personne » : elle ressemblait à ce que
j'avais été quinze ans plus tôt, cette Christine innocente et pathétique qu'on avait déguisée en jeune
Borgia, cette enfant triste et sensuelle que Fervacques n'avait jamais rencontrée...

Nadège ressemblait à Lucrèce, je ressemblais à
Nadège : la « Sans Pareille » avait un double, et je ne
m'en étais pas doutée.

Troubles à nos propres yeux, interchangeables au
regard des autres, nous ne sommes uniques que pour

Dieu. Qu'il vienne à s'aveugler ou que nous le fuyions, et nos images glissent les unes sur les autres, les unes dans les autres, comme une procession de fantômes sur une photo bougée.

Les figures se superposent, les destins s'échangent ou s'enchevêtrent, et ce n'est plus seulement Nadège qui double Christine, mais Lise Brassard qui prend, un instant, dans les bras de Jean Valbray la place d'Arlette fusillée, Diane de Rubempré qui se substitue à sa jumelle dans le cœur d'un amoureux égaré, Frédéric Maleville qui succède à Frédéric Lacroix ; Antonelli commence sa carrière par un remplacement et l'achève en mourant de la mort d'un autre, « d'Aulnay le Con » vole son rôle à « d'Aulnay le Crack », Alban de Fervacques accepte l'avenir tracé pour Bertrand Junior, Evelyne Martineau remplace Maud Avenel auprès de Renaud humilié, et Peter Pan trouve son berceau occupé par un enfant si semblable à ce qu'il était que sa mère, inconsolable, s'est consolée... Des milliards de cellules, faites à l'image du rien, disparaissent sans avoir été connues de personne – aussi difficiles à identifier, suivre et séparer, pour nos regards grossiers, que ces gouttes pressées sur une vitre qui se poursuivent et se chevauchent, s'unissent et s'engrossent l'une l'autre avant de s'évanouir ensemble dans un dérapage perpétuellement recommencé.

Seul « l'Archange » avait tenté d'échapper à ce glissement universel des visages et des destinées. Avec quel acharnement il s'était refusé, enfant, à endosser l'habit glorieux de son aîné ! Avec quelle obstination il fuyait maintenant cet amour-fusion auquel aspiraient toutes les Christine qu'il rencontrait ! Comme si ce rebelle pressentait que, dût-il payer cher son désir de singularité, il finirait, à sa manière violente, éperdue, par découvrir dans la transcendance la cause unique qui le fondait : à défaut que le bien eût encore une source et un projet, ne pouvait-on supposer que le mal demeurait indivisible et qu'en s'y attachant solidement on ne se perdrait pas tout à fait? Ainsi peut-être en vint-il, dans un monde sans Dieu, à se prendre pour le reflet du Diable...

Mais le bien et le mal avaient à leur tour cessé d'être séparables : imbriqués au sein d'un monde gigogne, décalqués sur un univers instable dont, faute de points de repère, les relevés successifs ne coïncident jamais, ils se recouvrent et s'embrouillent. Ce ne sont plus nos vies qu'on interchange, nos visages qu'on confond : nos personnes mêmes, sans cesse, se fracturent autour de ces lignes de démarcation en perpétuel mouvement et se recomposent comme ces fragments de verre colorés qui, en se réfléchissant dans des miroirs angulaires disposés au long d'un cylindre de carton, y produisent d'infinies combinaisons d'images : les mêmes liens de secrète connivence, qui unissent en nous le Dr Jekyll à Mr Hyde, nous rattachent aux autres dans une suite ininterrompue de figures où chaque forme blanche appelle une forme noire, et chaque ange d'ivoire la présence d'un ange d'ébène dont il semble être, à la fois, l'origine et le complément, l'époux et l'enfant.

En relisant les récits de Christine Valbray, je voyais bien par exemple que chacun, prêt à basculer, était non seulement le contraire de lui-même – le Berton sauveur l'inverse du Berton fossoyeur, l'Yves Le Louarn gauchiste une antithèse du Le Louarn gaulliste, ou le Frétillon conciliateur l'opposé du Frétillon dénonciateur –, mais aussi l'envers d'un autre ou son endroit. Comme si, pour mieux nous démontrer la vanité de nos prétentions à l'individualité, on nous obligeait d'aller par paires, tels des bagnards numérotés : Olga, faussement maternelle, n'apparaissait-elle pas comme une autre figure de « Malise » Valbray? Raoul de Chérailles agonisant, comme un visage assombri d'Henri Brassard? Laurence abandonnée, une version expurgée de Christine? Et qui sait si Philippe Valbray, qui m'avait souvent attendrie, était autre chose que le bon côté de Fervacques auquel, socialement, il ressemblait par tant de traits? Christine elle-même y avait pensé, puisque, à quinze ans de distance, elle rapprochait ses deux scènes de rupture – avec Philippe à Rome, avec Charles à Paris – et reprochait à son frère de l'avoir entraînée dans le cycle de débauches que Fervacques avait clôturé : Fervacques et Valbray formaient l'avers et le revers d'une unique médaille, et si j'avais éprouvé pour le second d'aussi tendres sentiments c'est que j'étais, moi aussi – quoique d'une tout autre manière que Laurence ou Nadège –, la face cachée de la « Sans Pareille »; elle était mon aile noire.

Copie parmi les duplicata, fragment au milieu des créatures mutilées, j'allais à la recherche de mon original, de mes sources cachées, non moins convaincue, pourtant, de l'inanité de ma démarche que peuvent l'être ces romanciers qu'on somme d'avouer à quels modèles ils ont emprunté leurs héros, et qui ont tant de peine à nous persuader que dix personnes réelles ont pu par agglutination ne former qu'un personnage ou dix caractères de fiction naître par scissiparité d'un seul individu. Il n'y avait pas de patron à mes métamorphoses, ou bien il en existait mille, pas de prolongement à mes incarnations, ou des millions. Je ne saurais jamais qui je reproduisais ni à combien d'exemplaires on m'avait tirée, et je n'aurais même pas, comme les exégètes de la chose littéraire, la ressource d'aller interviewer mon créateur pour découvrir le secret des parentés qui m'intriguaient et d'où venait – de quelle matrice commune, de quel moule premier, de quel souvenir estompé – qu'à lire Christine Valbray je me sentisse parfois si proche d'une conscience dont tout m'éloignait : notre roman n'avait plus de romancier, nul auteur ne renouerait les fils coupés, aucun ne nous livrerait nos clés. « L'Un », disaient en parlant de leur Dieu les peuples juifs de l'Ancien Testament : « L'Un » s'était défait, le Tout se désagrégeait ; et, depuis cette décomposition, la désunion de soi semblait le reflet du désordre d'un monde où les étoiles s'éparpillaient au hasard, dans un vide en continuelle expansion.

Même morts, immobiles, figés, nous continuions de nous dérober à l'identification, nous échappions encore à la définition. Il y avait ceux qui, tels Solange Drouet, « Bertrand Junior », ou, plus tard, ce pauvre Durosier, n'avaient pas laissé de corps derrière eux – soufflés, volatilisés, insaisissables à jamais. Il y avait aussi ces parents, ces amis qu'on avait bien mis en terre mais dont, plus tard, on cherchait en vain la tombe au long des allées : jamais Christine n'avait retrouvé la sépulture des enfants Lacroix, et j'avais inutilement fouillé le grand cimetière de Vienne pour découvrir celle de Nieves Valbray. Puis, il y avait tous les autres, dont le tombeau, quoique connu et répertorié, ne semblait pas à sa place, dans un lieu qui fût cher à celui qui l'occupait, un lieu inscrit dans sa lignée ou sensible au cœur de ceux qui se souviendraient, un lieu assez singulier enfin pour interdire les substitutions de cadavres et les glissements de personnalité : n'en avais-je pas moi-même été réduite, bien des années après « l'affaire Valbray », à honorer sur une pierre inconnue, dans une île qu'il n'avait jamais abordée et sous un nom qu'il n'avait pas porté, la mémoire du seul protagoniste de cette histoire que j'eusse presque compris, presque cerné, presque aimé ? Plus personne aujourd'hui ne se souciait que « chacun pût, sur le bois noir, voir si le mort était jeune ou non, et, avec de vrais regrets, l'appeler par son nom » : les tombes se faisaient aussi nomades que les sentiments et les identités ; un jour on jetterait nos corps à la voirie et tout serait dit.

Tant de fuites, de disparitions pareilles à des escamotages, m'obsédaient, au moment où pour la troisième fois je me rendais à Vienne sur les traces incertaines de la famille Valbray. Dans ce cas, pourtant, ce n'était plus la vaine recherche du caveau de Marie-Neige au Cimetière Central qui servait de support à mes réflexions funèbres, mais la quête d'une tombe où poser la fleur que le plus jeune de mes enfants m'avait chargée de remettre à Mozart : au moment où, à l'aéroport, j'allais rejoindre la salle d'embarquement, il m'avait tendu une rose chipée au bouquet de la salle à manger et abîmée déjà par un long séjour dans sa poche. J'ignore d'où ce farfadet tenait que Mozart eût vécu et fût mort à Vienne, et le temps me manqua pour lui expliquer que nul ne savait précisément dans quel quartier de l'ancienne nécropole il reposait; ce ne fut, d'ailleurs, que quelques heures avant de regagner Paris que je me souvins de la rose fanée, enfouie dans mon sac à main entre la « carte de famille nombreuse » et le poudrier. Hâtivement, je me mis en quête du vieux cimetière, celui de Saint-Marc, où, un soir d'hiver, on avait jeté dans une fosse commune la dépouille du musicien.

J'aurais pu, c'est évident, déposer ma pauvre offrande sur l'une de ces « tombes d'honneur » dont les Autrichiens sont friands. Il n'en manque pas à Vienne, dédiées à tous les poètes et compositeurs en renom; mais, monumentaux et standardisés, ces cénotaphes me semblent être aux morts ce que les halls de gares sont aux vivants : un moyen sûr de rater le rendez-vous... Du reste, par égard pour l'enfant, je n'étais pas mécontente d'expier ma négligence et de combattre ma propre incrédulité en traçant péniblement mon chemin, de bus en tramways, à travers les banlieues sordides qui mènent jusqu'à ce vieux cimetière désaffecté que les touristes ignorent et que les Viennois ont oublié. Amnésie justifiée, car l'endroit, cerné de tous côtés par la « civilisation », tient moins de l'attraction que du châtiment : quelques arpents de bois surplombés par un nœud autoroutier; au fond, une cheminée de haut fourneau; à gauche, la tour de l'émetteur local de télévision; et tout autour – dessus, dessous et à côté –

le roulement incessant des camions qui, s'il ne dérange guère les morts, gêne les vivants auxquels, pour autant qu'on sache, les cimetières sont d'abord destinés...

Si le voisinage n'était pas des plus riants, l'enceinte ne me parut pas, cependant, dépourvue d'une certaine beauté, bien que son charme fût celui, grave et désordonné, des jardins abandonnés, des vergers rendus à la sauvagerie des prunelliers, terrains vagues aux allures de chevelure clairsemée, petits bois à demi asphyxiés qui, tels des bouquets fanés, restent en lisière des villes dont on a rasé les forêts : pas d'allées, mais des sentiers boueux, tordus, qui se perdaient dans des taillis embroussaillés; pas d'arbres d'ornement – buis ou cyprès –, mais de maigres acacias, des bouleaux que l'hiver avait dépouillés; et de la neige, rarement foulée, qui recouvrait les chemins, les clairières, et le sommet des stèles où perchaient ces grandes corneilles qu'attirent jusqu'au cœur de nos villes les dépôts d'ordures. Pas une gerbe, ni une couronne : on n'enterrait plus à Saint-Marc depuis un siècle, et tous ceux que ces morts avaient engendrés étaient morts à leur tour...

A défaut de pouvoir trouver la tombe de Mozart, j'avais projeté de poser « le spectre de ma rose » sur un tombeau vraisemblable – une dalle du XVIIIe siècle, de préférence anonyme; au pire, la sépulture d'un jeune enfant ferait mon affaire.

Mais je me trouvai vite dans l'impossibilité de suivre cette résolution, car toutes les tombes de Saint-Marc étaient également anciennes et pareillement anonymes : il n'y avait pas de plaques de marbre, pas de croix, mais tout juste quelques pierres dressées, des colonnes moussues, couvertes de lierre, presque effritées, aux inscriptions illisibles, et qui semblaient avoir été jetées au hasard, tantôt alignées, tantôt éparses entre les bosquets, semées à la diable dans les clairières et au pied des calvaires, telles des fleurs sauvages qui auraient poussé à l'écart des sentiers. Déjà, dans certains cantons du cimetière, vastes comme des potagers, toute trace minérale avait disparu; ne restaient que de vagues tumulus herbus dont on n'était pas très sûr qu'ils eussent jamais été autre chose que des talus.

Pendant quelques minutes encore, je piétinai dans la boue et la neige fondue, entre l'échangeur autoroutier et les poutrelles d'acier de l'émetteur TV. Puis je me rendis à l'évidence : avec leurs « tombes d'honneur » vides et impersonnelles, les Viennois voyaient juste; on pouvait accrocher ses regrets à n'importe quel mausolée, comme on peut pendre ses amours à la première lanterne. Une tombe en valait une autre, parce que tous les corps, tous les cœurs, tous les esprits se valent lorsque aucun ne reflète plus l'infini, ne recèle cette paillette d'éternité dérobée aux sables d'un rêve plus grand que lui, aux franges d'une espérance sans durée : de Mozart aujourd'hui nulle trace physique ne subsistait – ni squelette, ni cercueil, ni vêtement –; comme ces marins morts en mer que chante Fauré, il avait roulé à l'abîme, « inconnu, tout nu, et les yeux grands ouverts », et si nous conservions encore, pour quelques siècles, la mémoire de son génie, un jour viendrait où sa musique, son nom même s'effaceraient... Quant à nous, pauvres humains incapables d'aligner trois notes et de fournir à nos semblables les nobles divertissements dont ils s'étourdissent, c'était de notre vivant déjà que nous disparaissions, pareils aux épitaphes indéchiffrables du cimetière Saint-Marc, à ces cicatrices imperceptibles que la terre recouvre peu à peu et qu'une nouvelle chute de neige ou quelques heures de pluie aboliront à jamais. Un peu plus tôt, un peu plus tard, la fosse commune dévorait tout, le souvenir du musicien et les vestiges de l'assassin; dans les tristes faubourgs de Vienne la même fange submergeait « l'honneur de l'art » et les restes des enfants mort-nés...

A la croisée des chemins, en sortant du cimetière, je

jetai ma rose effeuillée dans la boue : elle avait rejoint ce grand Mozart auquel mon fils la destinait.

Chaque matin, en ouvrant les yeux, j'apprenais la nouvelle de ma rupture avec Charles.

Puis, au fil des heures, lentement, je recommençais à m'habituer; le soir, je me trouvais presque résignée; déjà j'entrevoyais la sortie, l'échappée, quand, la nuit effaçant tout, une aurore neuve me rendait vierge à mon chagrin.

L'aube était l'instant qui, jour après jour, me semblait le plus difficile à passer. Mais je m'exagère peut-être le relatif apaisement que m'apportaient les autres moments : dans le sommeil, la douleur continuait à tomber goutte à goutte sur mon cœur; malgré les somnifères, mes rêves se souvenaient, et, au bord du réveil, mon corps, ignorant de mon malheur, anticipait sur des plaisirs qui ne lui seraient plus donnés. Quant aux heures ouvrables, la nécessité de les consacrer à Charles dans leur totalité, de le voir sans le toucher, me torturait : je m'enivrais de sa silhouette comme j'avais autrefois respiré le parfum de ses cheveux, et, lorsqu'il me parlait, j'écoutais le grain de sa voix comme on caresse le grain d'une peau; je le frôlais du regard, je le goûtais des yeux...

J'avais conservé le médaillon où était enfermée la mèche blonde confiée autrefois à sa voyante; je portais ce bijou sous mes pulls, à même la chair, tel un cilice. Un soir, rentrée chez moi, je crus trouver la force de briser le sortilège : j'arrachai la chaîne et jetai le tout dans le vide-ordures. La minute d'après, j'étais au premier sous-sol en train de fouiller les poubelles de l'immeuble...

Bientôt, j'en vins à penser qu'il aurait mieux valu rompre d'un coup : ne plus jamais rencontrer Fervacques, déserter son cabinet comme j'avais quitté son lit. Certes, en restant la plus proche de ses collaboratrices, en me maintenant dans son champ de vision, je gardais une chance que Malou Weber et ses précédentes maîtresses n'avaient pas eue : celle de me faire inviter de temps à autre à déjeuner, de m'habiller encore avec la secrète pensée de lui plaire, d'échanger avec lui des plaisanteries, des idées, sans compter le droit, inestimable, d'attendre comme autrefois les appels téléphoniques qu'il me donnait depuis l'autre bout du monde, même si ces longs coups de fil nocturnes n'avaient plus désormais d'autre objet qu'amical ou professionnel. Mais il me fallut peu de temps pour me rendre compte qu'avoir moins, c'était n'avoir rien.

Encore, si j'avais pu me labourer les joues, m'arracher les cheveux, hurler, compenser l'absence par l'excès! Mais s'il existe des douleurs dionysiaques, des chagrins wagnériens, colorés, étourdissants, grisants, qui trouvent leur récompense en eux-mêmes – comme le désespoir que j'avais entretenu à la mort de Kahn-Serval –, mon deuil gradué, trop ménager de mes vanités, avait cette fois des platitudes de comptable, des modesties de gagne-petit, et de si ternes, si prévisibles péripéties que je m'en sentais accablée. J'avançais dans ma douleur à pas comptés, sans bruit, comme dans une maison démeublée, un couloir d'hôpital, un service de grands brûlés, si prudemment que je ne savais plus ce qui me déchirait davantage – notre rupture, ou sa médiocrité?

N'ayant même pas pu prétendre à vingt-quatre heures de congé-cœur brisé, j'étais chaque matin derrière mon bureau prête à dicter sobrement mon courrier, à sourire avec modération, présider avec componction, signer, négocier, accueillir, trancher, et donner en prime à Monsieur de Fervacques, si d'aventure il m'interrogeait sur Thierry, la comédie de l'amour satisfait :

« Au fait, Saint-Véran », me demanda-t-il un jour, l'œil sous cape et le sourire narquois, anticipant joyeusement sur ma possible confusion, « il n'est pas un peu...? Enfin, on m'a dit... Non?

– On dit tant de choses, vous savez! Mais puisque vous me mettez sur le sujet, laissez-moi vous confier que je n'ai jamais connu d'homme aussi doué que Thierry dans le privé... Que ceux qui, comme lui, ont beaucoup reçu soient portés à beaucoup donner, serais-je assez sotte pour le lui reprocher?

– Non, probablement... En somme, une vraie bête de sensualité, ce Saint-Véran?

– Vous l'avez dit. » C'était là, bien sûr, qu'il ne fallait pas rire...

Plus les jours passaient, plus ce pauvre simulacre me pesait. Mon amour pour Charles méritait mieux. J'aurais voulu maintenant pouvoir abandonner cette comédie, donner un semblant de grandeur à cette piètre fin : me jeter, par exemple, du haut de la tour Eiffel ou abattre Fervacques à sa sortie de l'Elysée...

D'ailleurs, pour la vraisemblance, je regrettais de ne pas avoir appelé à la succession de « l'Archange » Vanier ou Durosier, plutôt que Thierry; même Philippe aurait mieux fait l'affaire... Mais il m'avait bêtement semblé qu'il fallait répondre à l'art par l'art, et, jugeant d'après moi – car j'avais élu mon amour de rechange avant l'épisode de la seconde Lucrèce Borgia –, j'avais pensé que Charles serait plus humilié de se savoir quitté pour un homme avec lequel il n'avait rien en commun que pour l'un de ces godelureaux qu'il faisait danser comme des marionnettes au bout de leur fil.

C'était, en tout cas, avec cet argument-là qu'a posteriori je justifiais mon choix. Mais je me demandais déjà si la vérité n'était pas plus simple : à tant faire que de prendre un dernier amant, j'avais pris le plus désespérant... Ou peut-être, moins folle qu'il n'y paraissait, avais-je élu le seul qui fût, à sa manière, capable de comprendre quelque chose à ma défaite? Seuls les homosexuels ont la même hantise du vieillissement que les femmes abandonnées; à l'inverse des hommes à femmes qui, grâce à l'indulgence de leur clientèle, se jugent dans leur primeur à quarante ans, en pleine forme à cinquante, franchement gaillards à soixante, avant de proclamer – toujours verts à soixante-dix – que « l'amour n'a pas d'âge », les Saint-Véran ont des atteintes du temps une conscience aussi aiguë que les femmes esseulées qui savent que, passé trente-cinq ans, elles n'ont plus cours sur le marché. A cet égard donc, nous étions assez heureusement assortis, Thierry et moi, pour pouvoir marier nos « restes »...

C'était ce que je m'avouais alors; aujourd'hui que je passe la quarantaine, je mesure bien, évidemment, ce que ce sentiment de la vieillesse pouvait avoir d'excessif chez une femme de trente-quatre ans. En principe, nous n'en sommes plus aux préjugés du XIXᵉ siècle ni aux constats cruels d'un Balzac ou d'un Stendhal – « aux lumières Madame Catalani, malgré ses trente-cinq ans, est encore fort belle... »; rien qu'en lisant les petites annonces du « Nouvel Observateur » ou de « Libération », on rencontre suffisamment de « J.F., 48 ans, mignonne, sport. et gaie », et même de « Tte jeune soix., jolie, blonde et sensuelle », pour inciter à l'euphorie... Mais l'optimisme de ces prétendues « J.F. » ne m'a jamais semblé largement partagé : j'ai même connu dans ma génération des filles que le souci de leur âge a obsédées plus tôt que moi, cette amie, par exemple, qui m'avait félicitée sur mon courage quand j'avais eu le cran – c'étaient ses propres mots – d'organiser une fête pour l'anniversaire de mes trente ans. A l'époque, j'avais ri de ses terreurs; sans m'inquiéter des dizaines, j'étais encore ravie, dans ce temps-là, de ramener à zéro le compteur de mes unités...

Cette façon de sentir venait de changer : sans doute parce que, pour la première fois depuis que j'étais sortie de l'enfance, un homme me rejetait. Un amant qui part, c'est un vêtement qu'on arrache : celle qu'on dépouille ainsi ne souffre pas seulement du froid, elle se voit nue dans la glace sans rien qui voile son corps flétri... Il est possible aussi que, dans mon cas, cette crainte de l'âge ait eu d'autres causes, plus personnelles, plus obscures, de l'ordre du pressentiment; lorsque je m'étonnais de me sentir aussi usée quand tant de mes « contemporaines » se trouvaient jeunes, je me disais déjà que je ne ferais pas de vieux os : pour vieillir il faut aimer vieillir, ou, à tout le moins, y consentir. Qui sait si cette impression que j'étais au bout du rouleau ne venait pas de ce que le « rouleau » qu'on m'avait imparti était plus mince, en effet, que celui des autres?

Quoi qu'il en fût, j'étais parvenue, cet hiver-là, à me persuader que non seulement Fervacques avait trouvé – à juste titre – que je vieillissais, mais que le KGB partageait cet honnête point de vue. Me souvenant du rôle qu'avait joué Fortier au moment de la création du PAPE, et de mon ancienne conviction que le « grand poète » était complice des intrigues que son patronage dissimulait, je me demandais en effet si sa fille n'était pas, elle aussi, un pion sur l'échiquier de « la Veuve » : Moscou avait craint que je ne fusse plus assez fraîche et que Fervacques, fatigué, ne se détournât vers quelque beauté plus neuve qu'on aurait échoué à contrôler. Puisqu'il importait de le tenir, on avait pris les devants en me remplaçant : un pion chasse l'autre – la pure Nadège continuerait le travail que j'avais commencé... Ainsi l'abandon de Charles, qui me rendait encore plus haïssable cette bourgeoisie triomphante à laquelle « l'Archange » et sa nouvelle maîtresse appartenaient, me faisait aussi détester l'ultime remède que j'eusse jusqu'alors trouvé à mes humiliations : Olga.

De quelque côté que je me tourne désormais – droite ou gauche, Service Public ou services secrets, passion ou trahison –, j'étoufferais.

Brusquement, je pris la décision de démissionner : à défaut de gêner Fervacques, la mesure atteindrait Madame Kirchner et ses mécènes cachés. Mais, trop faible encore pour affronter un nouveau tête-à-tête, je remis à la fin décembre le soin d'annoncer à Charles cette seconde rupture.

Les événements m'en dispensèrent. Un samedi en effet, alors que je me trouvais au siège national des solidaristes boulevard Saint-Germain – un appartement de trois cents mètres carrés, loué aux frais de je ne sais quelle association de francophones ou de handicapés (pour la combine, Picaud-Ledoin était aussi rodé qu'un fonctionnaire des DOM-TOM ou un Arménien libanais) –, j'entendis d'Aulnay rentrer dans le bureau d'à côté et se jeter sur le téléphone. Il se trouve que je ne m'amusais guère dans nos locaux de Saint-Germain où l'on ne croisait que la faune habituelle des partis de droite – d'un côté, les dames chic en jupes plissées et bas blancs qui venaient coller des enveloppes bénévolement, de l'autre, les piliers des « comités de réflexion » et les génies des « sous-commissions », qui, tous gens de médiocre extraction, n'avaient d'autre occupation que de se faire des relations utiles parmi les « BCBG » de la première catégorie et trayaient le parti comme une vache à lait, m'infligeant en prime, chaque fois qu'ils me rencontraient, le menu récit de leurs menues idées, assorti d'un tutoiement amical que je jugeais déplacé – bref, une promiscuité petite-bourgeoise qui ne m'était guère moins pénible qu'autrefois les bains de haine de Compiègne. Comme, en outre, ce soir-là, j'avais achevé de signer les circulaires aux militants qu'on m'avait priée de réviser et que, désœuvrée, j'attendais le retour du chauffeur en feuilletant le « Bulletin de Liaison des Clubs de Solidarité », je prêtai l'oreille aux propos qui s'échangeaient derrière la cloison. Il s'agissait d'ailleurs moins d'une conversation que d'aboiements plaintifs : le secrétaire d'Etat aux Anciens Combattants jappait dans l'appareil comme un chien blessé.

Je n'eus guère de peine à comprendre qu'il parlait à sa vieille mère, car, tel un enfant, il ponctuait ses phrases de « oui, Maman », « non, Maman ». Il faut dire que Madame d'Aulnay mère était célèbre dans les milieux politiques; outre Fabien – « d'Aulnay le Con » –, devenu secrétaire d'Etat, et Guillaume – « d'Aulnay le Crack », grand patron du CNRS –, elle avait eu deux autres fils, également bien placés, l'un comme permanent au Conseil National du Patronat Français, l'autre comme vice-président de la SNIAS. A cause de ses quatre garçons, qu'elle n'avait jamais cessé de pousser et de houspiller, de son veuvage aussi précoce que triomphalement assumé, et de son passé historique – elle avait été, disait-on, l'égérie d'Albert Lebrun –, les initiés l'avaient surnommée « Ma' Dalton » : Fabien, le plus malingre de ses quatre fils et le moins doué, alternativement son souffre-douleur et son protégé, était l'Averell de cette Ma' là.

J'avais collé l'oreille à la porte qui me séparait du malheureux cadet – on a de ces impudeurs dans les services secrets –, et, comme « Ma'Dalton » avait la voix forte et virile qu'exigeait son caractère et usait du téléphone à la manière d'un porte-voix de marine dans le branle-bas d'un combat, je ne perdis pas une miette de l'échange :

– Ne me dis pas que tu n'as plus rien, hein? Ne me dis pas ça, Fabien!

– Euh si, Maman...

– Mais enfin, comment se fait-il qu'on te renvoie?

Tu as fait quelque chose que tu n'aurais pas dû faire? Je parie que tu as bavardé! C'est ça : tu as bavardé?

– Mais non, Maman, je vous jure... Rien qu'une « petite phrase ». Ça se fait en politique, les petites phrases...

– Taratata!... Tu n'as jamais su te débrouiller, mon pauvre Fabien! Tu as encore fait des bêtises, allez, ne mens pas!

– Mais je vous assure, Maman...

– Bon, alors, si tu n'as pas fait de bêtises, c'est que les autres te font punir à leur place! D'ailleurs, qui tire encore les marrons du feu dans cette affaire-là? Ton grand frère, comme par hasard! Une fois de plus! Hein, Fabien? Quand apprendras-tu à te défendre, mon garçon?

– Ecoutez, Maman... Il faut que je vous explique : le Président a dit que c'était chacun son tour et qu'on ne peut pas avoir deux frères au gouvernement en même temps. Si bien que, comme on était obligé de donner les Anciens Combattants à un radical et que, dans le mouvement qui va se faire, c'est la Recherche Scientifique qui allait se libérer, le Premier ministre a pensé que ce serait mieux de...

– Sornettes! Billevesées, mon fils! Propos de nigaud! Et pourquoi, d'après toi, est-ce toujours ton frère qui réussit?... Fabien, mon petit, il vaudrait mieux que tu m'avoues tout : qu'est-ce que tu as fait? Je te préviens que de toute façon je le saurai!

– Maman, je vous en prie! Je vous en supplie, Maman, croyez-moi... J'avais fait de mon mieux, je m'étais appliqué... Peut-être qu'après ce gouvernement-ci mon tour reviendra... Guillaume sortira, et moi je rentrerai...

C'était poignant. Voyant approcher la fin du dialogue, je regagnai en hâte mon fauteuil et mes dossiers. Quand Fabien d'Aulnay, le visage chaviré, ouvrit la porte de communication qui nous séparait et murmura d'un ton tragique : « Je suis débarqué... Lundi, il y aura un remaniement technique... C'est Guillaume qu'ils prennent... », j'avais déjà compris.

– Qu'en dit Fervacques?

Je savais que Charles considérait d'Aulnay comme sa chose. La faiblesse de Fabien l'avait conquis dès leur première entrevue quarante ans plus tôt, à l'époque où l'héritier des Variaguine roulait encore en Normandie dans des Ferrari modèle réduit : « J'avais quoi? six ou sept ans? Fabien, neuf ou dix. Il était venu avec une de ses tantes passer deux jours à la maison. Je lui ai proposé de faire un tour. Tout le temps que j'ai roulé – à soixante à l'heure tout de même, il fallait bien épater ce grand dadais! –, mon pauvre d'Aulnay n'a pas arrêté de trembler. Il est sorti de ma promenade vert de trouille et sa tante l'a puni parce qu'il avait pissé dans sa culotte, mais, le lendemain, quand j'ai repris mon petit volant, il n'a pas refusé de m'accompagner. » Preuve de confiance ou de docilité que « l'Archange » n'avait jamais oubliée...

– J'ai appelé Charles dès que je suis sorti de Matignon, reprit le limogé en mouchant bruyamment son chagrin dans une batiste brodée à son chiffre, il m'a promis d'aller voir le Président... Il sait, votre Ministre, combien je suis dévoué à Giscard et tout ce que j'aurais fait pour aider l'Elysée. Il va tâcher de lui expliquer. Peut-être qu'il pourra encore rattraper... Il m'a promis...

– Mais lui, Fervacques, on ne touche pas à son poste?

– Non... Moi, c'est à cause de ce que j'ai dit au Congrès de Nancy qu'ils me renvoient. Vous savez : « Mieux vaut perdre les élections que de les gagner en pratiquant une politique économique socialement injuste. » Il paraît que le Premier ministre ne veut pas qu'on envisage, même a contrario, l'hypothèse d'une défaite... Il n'empêche que je ne comprends toujours pas pourquoi c'est moi qui écope! D'abord, elle n'était pas contre Giscard, cette phrase-là! Et puis Charles avait dit des choses bien pires, n'est-ce pas?

C'était certain : Fervacques, à mesure que l'influence « artiste » de Nadège s'accroissait, multipliait les propos incendiaires, que Mitterrand lui-même n'aurait pas désavoués. Depuis l'exclamation faussement spontanée et réellement rosse qui faisait la joie des échotiers – « la vie chère a la vie dure! », lâchée d'un ton léger à la face, blême, du ministre des Finances – jusqu'à l'envolée lyrique antibarriste qui secouait Matignon jusqu'au tréfonds – « ce n'est pas à une grande pénitence qu'il faut convier la nation, mais à une grande espérance » –, on aurait dit que Charles essayait toute la gamme des positions intermédiaires entre la fidélité et la trahison et tirait chaque jour davantage sur l'élastique pour en tester la résistance...

Aussi, sous couvert de remaniement technique, le limogeage de d'Aulnay, son homme lige, ressemblait-il beaucoup à un avertissement sans frais : on voulait que « l'Archange » sentît le vent du boulet.

L'élection récente de Picaud-Ledoin à la tête du groupe solidariste, en privant Fabien de sa couverture officielle, avait rendu la manœuvre possible : le ministre limogé n'étant plus le chef officiel du mouvement, la susceptibilité de Fervacques paraîtrait suffisamment ménagée. D'autant qu'on aurait soin d'assortir la mesure de considérations familiales objectives... Quand il concevait ce plan, j'imaginais le président de la République exultant – à sa manière tout auvergnate, économique, circonspecte, avec le rire en dedans, caché comme une doublure de vison sous une pelisse en rayonne. En tout cas, il gagnait sur toute la ligne, il envoyait au tapis d'Aulnay le Con, qu'il avait si difficilement supporté pendant ces quatre années, il faisait entrer au Conseil d'Aulnay le

Crack, ce charmant camarade de l'X qui avait eu l'esprit de le laisser passer devant lui au classement de sortie, et il mettait Fervacques dans la nécessité de choisir entre rester sans perdre la face – mais avec un crédit que les initiés jugeraient « entamé » – et partir en prenant l'initiative d'une rupture dont l'opinion publique ne saisirait pas le bien-fondé.

Aussi devait-il penser, comme je le croyais moi-même, que, cette fois encore, Fervacques se soumet-trait : choisir son champ de bataille est le b a ba de la stratégie politique, et quitter la majorité pour défendre le secrétariat aux Anciens Combattants de Fabien, dont la popularité n'avait jamais débordé les cercles – chaque jour plus réduits – d'anciens « poi-lus », n'était pas, à l'évidence, le meilleur terrain de manœuvres que « l'Archange » pût trouver. Comme l'auraient dit mes vieux députés, dans leur langage radicalo-troupier, le chef était « dans un sifflet ». Il céderait, non, bien sûr, sans avoir négocié : il exigerait, par exemple, qu'on respectât la parité entre son mouvement et les autres groupes de la majorité; comme d'Aulnay le Crack appartenait au Parti Républicain, le départ de d'Aulnay le Con devrait, dirait-il, s'accompagner de l'entrée au gouvernement d'un autre solidariste. Giscard, qui, prévoyant cette montée au créneau, avait dû se garder quelque menue monnaie, lâcherait alors à « l'Archange » un secrétariat d'Etat aux Sourds-Muets ou une Déléga-tion aux Prostituées; on se quitterait réconciliés, le Président convaincu d'avoir obligé Charles à se tenir coi le temps d'une campagne – celle des élections européennes qui approchait –, et Charles heureux d'avoir quelques mois de plus pour trouver le sujet qui lui donnerait l'occasion de sa vraie sortie; cahin-caha, tout cela nous mènerait jusqu'à l'été...

Eh bien, je l'avoue, Giscard et moi nous étions trompés. Je le compris en entrant dans le bureau de Fervacques : il rangeait ses dossiers. A ma vue, il renvoya Mademoiselle Deroche, dont la mine affligée confirmait, jusqu'au pléonasme, l'issue fatale de l'entrevue élyséenne.

– Alors, d'Aulnay vous a dit...? interrogea gaiement « l'Archange ». Mais je peux vous assurer que j'ai plaidé sa cause avec la maestria d'un grand avocat! Si, si! D'abord, j'ai exposé au Président tout ce que sa sollicitude représentait pour d'Aulnay, je lui ai montré qu'être limogé par lui, c'était, pour Fabien, le monde qui s'écroulait... Il s'est toujours cru protégé de VGE, Fabien, vous savez? En vérité, c'est davantage à ce « petit marquis » qu'à moi que d'Aulnay était personnellement dévoué ces temps derniers. Mais si, ne protestez pas : s'il avait dû choisir entre Giscard et moi, Fabien aurait choisi Giscard. Le crétin! C'est, d'ailleurs, pour cette raison que je l'ai remplacé par Picaud-Ledoin à la présidence du mouvement. Mais je n'avais pas pensé qu'en faisant cela je le découvrais; mon brave d'Aulnay devenait « vulnérable », comme on dit des pions. Pour tout vous avouer, je crois que j'avais fini par me persuader que Giscard rendait à Fabien les sentiments qu'il lui inspirait... Erreur sur toute la ligne! Sans compter que le discours de Nancy qui sert aujourd'hui de prétexte à le renvoyer, c'est moi qui l'avais rédigé... Bref, je suis responsable de tous ses malheurs. Ce qui fait que j'ai été très émouvant : j'ai supplié le Président de ne pas désespérer mon d'Aulnay, de lui laisser son jouet. Franchement, qu'est-ce que ça lui coûtait? Les Anciens Combattants, vous pensez! J'ai promis qu'il ne ferait plus aucune déclaration, qu'il démissionnerait même de notre organisation s'il le fallait... Rien. Visage de marbre. Plus je l'implorais, plus le « petit-fils de Louis XV » se drapait dans sa dignité républicaine. Très aimable, remarquez, charmant avec moi, mais ferme sur Fabien. Alors, je lui ai dit que, s'il tenait absolument à « vider » d'Aulnay, il fallait au moins qu'il ne le remplace pas tout de suite par son frère. Entre la chute de l'un et l'ascension de l'autre, on pouvait laisser un petit délai... Parce que, dans cette histoire de remaniement, le plus terrible pour Fabien, ce n'est pas son départ, c'est la nomination du Crack : il y a quarante-cinq ans que Guillaume lui fait de l'ombre... Et je ne vous parle pas de ce que Ma d'Aulnay va lui passer! Non seulement il perd son job, on le renvoie à ses cars de Japonais, mais en plus il va se faire engueuler! Evidemment, je n'ai pas développé ce genre de considérations devant « Louis XV » : j'ai parlé du sérieux de Fabien dans son travail ministériel, de la modernisation qu'il avait accomplie dans son département en mettant ses petites pensions sur ordinateur... Et toujours, toujours, de son attachement à la personne du Président : j'étais bouleversant. En face, mon bonhomme commençait à être troublé, je le sentais. Pourtant, sur Fabien, il continuait de se montrer inflexible : c'était pour moi qu'il redoublait de prévenances, comme s'il était trop heureux de me savoir embêté ou s'il se méprenait sur la nature profonde de mes intentions... Si bien que, pour éclairer la partie, j'ai joué mon va-tout : j'ai pris sur moi la responsabilité des propos qu'il incriminait, et j'ai proposé qu'il me renvoie en gardant d'Aulnay. En prime, je lui assurais que, tant que Fabien resterait au gouvernement, les solidaristes ne ménageraient pas leur appui à la politique économique de son Premier ministre. Je suis allé jusque-là, rendez-vous compte!... Mais oui!... Pourquoi faites-vous cette tête-là, dites-moi? On croirait que vous en doutez!

— Un peu... Je vois mal où pouvait être votre intérêt dans une proposition de ce genre...

— Mon intérêt? Mais aucun intérêt! Fabien est mon ami, c'est tout.

— Ah, j'oubliais... Tellement votre ami que vous le faites cocu!

— Et alors? Ça crée des liens de plus...

Il avait l'air aussi sincèrement indigné que mon frère lorsque nous abordions ce type de sujet.

— Mais enfin pour qui me prenez-vous, Christine Valbray? Je ne suis pas fou tout de même! Croyez-vous que je ne sache pas que l'idéal, c'était de partir dans un an? Remarquez que, d'un autre côté, embarqué dans la polémique comme je l'étais, je ne crois pas que j'aurais tenu longtemps... Six mois, peut-être? Dans six mois, c'était parfait. Quoique, avec l'accident de Chirac...

Quatre jours plus tôt, en effet, la voiture du chef RPR avait percuté un arbre et l'on prétendait que, gravement atteint, il souffrait d'une fracture de la colonne vertébrale : « Ce qu'il y a de sûr en tout cas, avait dit Charles, c'est qu'on ne fait pas campagne sur des cannes anglaises! », et, comme on parlait devant lui des graves tiraillements qui existaient entre les multiples conseillers de l'ex-Premier ministre, « il y a un bout de temps qu'ils le tirent à hue et à dia, avait-il précisé, mais tirer à hue et à dia un paraplégique, ça va être une autre paire de manches! »

— Oui, reprit-il, songeur, l'accident de Chirac ouvre peut-être une brèche pour moi... Qui sait, au fond, si le moment n'est pas bien venu pour reprendre ma liberté? Mais d'un autre côté, deux ans de campagne, je vous accorde que c'est un peu trop, je risque de m'essouffler... Ajoutez que je n'avais pas envie de prendre l'initiative de la rupture : j'aurais préféré qu'elle vienne des autres, et sur un terrain choisi par moi...

Voilà une confidence à laquelle, pour le coup, il m'était facile de croire : j'étais bien placée pour savoir que Charles était de ces hommes qui ne savent pas rompre — ils préparent le terrain, puis ils traînent; mais Giscard, tel que je l'imaginais, ne devait pas être très expéditif non plus dans ces circonstances-là, et si, de phrase en phrase et de malentendu en malentendu, tous deux ne s'étaient acheminés, à la faveur de l'affaire d'Aulnay, vers une rupture de dupes, ils seraient sans doute restés mariés...

– N'importe, reprit Fervacques, ce n'est pas parce que j'ai proposé à Giscard de prendre sur moi tous les péchés de Fabien que j'ai été obligé de démissionner. Du tout! Au contraire! Au moment où je lui ai fait cette drôle de proposition – qui ne me rendait même pas ma liberté puisque l'UDF aurait gardé d'Aulnay en otage –, la « tête d'œuf » a subodoré un plan tordu, le polytechnicien a flairé l'amorce d'une négociation : il s'est figuré que l'insistance que je mettais à sauver mon secrétaire d'État n'était qu'une manière comme une autre d'entrer en pourparlers, et, tout en continuant à m'assurer qu'il ne pouvait pas reprendre Fabien, il m'a proposé un ou deux sous-ministères de rechange pour des amis à moi. Ma parole, il me prenait pour un radical! Bien entendu, j'ai refusé, et j'ai remis la gomme sur d'Aulnay. Alors, il a cru que je faisais monter les enchères : après m'avoir redit combien mon concours lui était précieux – « mon cher Fervacques » (Charles, qui avait toujours eu de vrais dons pour l'imitation, prenait l'accent chuintant du Président, se rengorgeait à la façon des pintades, et plissait les yeux pour se donner le regard incisif d'un major des Grandes Écoles), « mon cher Fervacques, je cherai franc avec vous, il n'y a que deux hommes dans ce gouvernement qui puichent prétendre un jour à un destin national... Quand je n'y cherai plus, naturellement! Je songe à Raymond Barre et à vous-même... » –, il m'a félicité sur les qualités que je déployais dans le cadre de mon ministère, puis, tout à trac, il m'a proposé les Finances. Eh bien, voyez comme c'est curieux : ce portefeuille, dont j'avais rêvé, ne m'a plus fait aucun effet! Maintenant, pour moi, c'était d'Aulnay ou rien – question d'honneur :

à croire que mon hérédité Variaguine me montait à la tête, Michel Strogoff, grands boyards, et tout!... Mais en enregistrant ce second refus, le Président m'a seulement cru très gourmand puisque, comme au poker, il a « suivi ». Et devinez ce qu'il a mis sur la table? Matignon! Mais si! Pas pour tout de suite, bien sûr, mais dans deux ans, après les Présidentielles... En somme il me proposait le même genre d'accord qu'il avait passé cinq ans plus tôt avec Chirac contre Chaban, mais cette fois c'était nous deux contre Chirac : la roue tourne!... Eh bien, ma chère, félicitez-moi, fit-il en ouvrant ses grands bras et en haussant les sourcils à la manière du général De Gaulle dans sa campagne de 65, « oui, félicitez-moi, Françaises, Français, car j'ai refusé ces manigances, ces micmacs subalternes indignes de notre cher vieux pays! »

— Sur ce point-là, vous m'étonnez moins : je trouve fâcheux, certes, que vous tombiez sur l'affaire d'Aulnay, mais de là à penser que, pour les deux ans à venir, vous auriez dû lier votre sort à celui d'un président menacé...! Dans trois mois, aux cantonales, la majorité va encore perdre une dizaine de Conseils généraux, c'est comme si c'était fait... Et ce n'est pas fini! Alors, puisqu'en mettant à profit votre soudain intérêt pour les thèses de la gauche vous pouvez vous rapprocher des futurs vainqueurs, pourquoi ne pas le tenter? Les actions de l'UDF sont à la baisse : vendez!

Comme chaque fois que je le plaisantais avec méchanceté, Charles eut l'air d'abord surpris, puis satisfait. Le sourire aux lèvres, il vint nonchalamment s'asseoir sur l'accoudoir de mon fauteuil – une position « jeune », qu'il adoptait volontiers – et, se penchant sur moi pour mieux me persuader de ce qu'il voulait démontrer, posa familièrement sa main sur la mienne. Je sentis aussitôt monter en moi le désir de m'accrocher à cette main-là, de coller ma

paume à sa paume, de resserrer mes doigts... Aussi
retirai-je mon bras; comme Fervacques avec Giscard, je me trouvais encore dans cette première phase
des séparations où l'on doit résolument s'en tenir au
tout ou rien.

— Bon, dit Charles en haussant les épaules, comme
vous voudrez... Sur le fond, deux mots d'explication
tout de même : d'abord, un boursier compétent ne
vend jamais à la baisse pour se dégager. Ce serait
inintelligent, ma chère enfant. Car, enfin, cela revient
à concrétiser sa perte. Et de la perte, avec Giscard,
Dieu sait si j'en ai! A commencer par le Conseil
général de Mercier qui va passer de l'autre côté, et
ma présidence à moi que je ne suis pas certain de
garder! De plus, dans le cas qui nous occupe, je ne
peux pas, contrairement à ce que pense votre ami
Zaffini, investir dans les valeurs en hausse, le Rocard
ou le Mitterrand : franchement, vous me voyez
défiler avec Georges Marchais? J'arrive bien à faire
passer l'image d'un milliardaire généreux, mais un
milliardaire suicidaire, personne n'y croirait!...
Donc, si je vends, ma petite Christine, c'est pour
racheter la même valeur, mais plus bas : à ce
moment-là, en faisant ce que les agents de change
appellent une « moyenne à la baisse », l'un dans
l'autre j'aurai gagné. J'attends donc le creux de la
vague pour réinvestir à droite, et, dans l'intervalle, je
me fais « liquide », comme disent les boursiers. Pour
profiter des opportunités...

Belle leçon de finances. Lefort avait raison : pour
la Bourse, Fervacques s'y entendait... Content de lui,
« l'Archange » sauta sur ses pieds et recommença à
arpenter la pièce :

— Mais n'allez pas vous imaginer que j'aie pensé à
tout cela en refusant les avances de Giscard! Oh,
non! D'autant que cette petite analyse, pertinente à
moyen terme, est inopérante dans l'immédiat : sur le
plan électoral, je n'ai toujours pas le moindre intérêt

à rompre en visière avec la majorité à propos de d'Aulnay! J'aurais donc parfaitement pu accepter ses propositions de marchand de tapis. A titre provisoire... Mais, que voulez-vous, avec ses afféteries de grand seigneur et son entêtement à mépriser Fabien – dont les ancêtres ont tout de même fait les Croisades, eux! –, il m'a agacé. Et puis son obstination à mettre tout de suite Guillaume en place, alors qu'il était si facile d'attendre un prochain remaniement, m'exaspérait : on ne devrait pas faire de caprice quand on est président de la République! Et c'est au moment où ce mot de « caprice », associé à l'idée de République, me venait à l'esprit, que j'ai repensé à cette pièce, « les Caprices de Marianne », vous savez... De qui est-ce déjà? Marivaux? Musset? Peu importe : je parie que vous la connaissez... Sovorov me l'avait fait lire dans le temps, je me souvenais vaguement de la trame : si je ne m'abuse, l'héroïne, Marianne, y est aimée d'un certain Célio, un timide, qu'elle dédaigne; par contre, elle est toujours prête à tomber dans les bras du copain de Célio, Octave, qui vient plaider la cause de son ami. C'est bien ça, je ne me trompe pas? Ah, tant mieux! Parce que vous allez voir... Depuis quelques minutes donc, le parallélisme des situations me frappait : plus je défendais d'Aulnay, plus c'était moi qu'on couvrait de fleurs, de sourires, de petits cadeaux... Peut-être, comme Marianne, le président de la République se figurait-il que, quand je lui vantais l'attachement de Fabien, c'était de mon propre cœur que je l'entretenais? Je n'en sais rien, mais quand, après m'avoir répété qu'il était soulagé d'avoir viré d'Aulnay – « qui, entre nous, mon cher Fervacques, n'est pas précisément le génie du chiècle » –, il m'a brusquement offert Matignon, mon sang n'a fait qu'un tour : je me suis levé, je l'ai regardé au fond des yeux – comme notre « Bien-Aimé » regarde la France –, et je lui ai dit (j'espère que c'est bien la dernière réplique de la pièce ?) –, je lui ai dit : « Je ne vous aime pas, Marianne, c'était Célio qui vous aimait », puis, comme Octave, je suis sorti...

La chute était sublime. Fausse aussi, probablement. Leurs entretiens, harangues ou interviews, les hommes politiques ne vous les redonnent généralement pas tels qu'ils furent, mais comme ils auraient voulu qu'ils soient. S'ils ont, le plus souvent, l'esprit de l'escalier et trouvent leurs meilleures répliques après coup, ils savent se donner le beau rôle dès le premier récit; ils recomposent leurs discours avec le même talent formel, et la même désinvolture de fond, que les historiens antiques lorsqu'ils refaisaient ceux d'Alexandre ou de Jules César; empruntant sa vivacité d'imagination au romancier, sa sincérité à l'acteur, et son enjouement au Marseillais amateur de galéjades, ils reconstruisent leurs grandes scènes et se persuadent que c'est ainsi qu'ils les ont vécues. Aussi, pour garder une chance de connaître la vérité, convient-il de leur couper leur effet dès la « première » : à ce stade, plus cabots que mythomanes, ils savent encore à peu près ce qu'ils ont ajouté au dialogue original; après, il est trop tard... Mais du reste, arrêtés à temps, ils sont charmants et ne s'entêtent nullement dans un mensonge qui n'est encore, à leurs yeux, qu'une bonne blague. Combien de fois, aux jeunes Mercier et Picaud-Ledoin, qui me racontaient leurs combats homériques et leurs prouesses chevaleresques, ou à Fervacques lui-même, du temps où nous étions plus intimes, avais-je lancé en applaudissant une trop belle narration : « Somptueux ! Mais dites-moi – sous le sceau du secret – vous n'avez pas parlé exactement comme ça, n'est-ce pas ? C'est seulement ce que vous pensez que vous auriez dû dire ? » Loin de se formaliser de mon incrédulité, ils riaient comme des enfants pris la main dans le sac, pas plus affectés, sans doute, que le vieux Pinsart lorsqu'on le surprenait à essayer sur son entourage les scènes de ses prochaines comédies...

Je n'étais plus la maîtresse de « l'Archange », mais j'étais encore son public : il venait d'essayer sur moi un mot qui pourrait faire demain le tour de Paris. Comme son « je ne vous aime pas, Marianne, c'était Célio qui vous aimait » me paraissait bon, je crus inopportun de lui gâcher son effet. Non seulement je m'abstins de mettre en doute la fidélité de son récit, mais, songeant qu'il était important qu'il pût trouver dans la fortune de sa réplique une compensation à ses blessures d'amour-propre, avec une fausse ingénuité – « oh, la tête qu'il devait faire, VGE, dites donc! Reracontez-moi ça! » – je l'obligeai à bisser : ainsi ne lâcherait-il son histoire à l'extérieur qu'après l'avoir bien rodée.

– Donc, conclus-je après ce rappel enthousiaste, il va falloir quitter tout cela...

Je contemplais les cartonniers béants, la batterie de téléphones en désordre, l'agenda ouvert, et les dossiers qui s'empilaient sur le tapis.

– Je quitte en effet ces tristes attributs du pouvoir, précisa Fervacques, mais vous ne les quittez pas.

Etonnée, je me rebiffai :

– Vous ne vous imaginez tout de même pas que je vais rester avec les meubles! Surtout ces meubles-là..., ajoutai-je en balayant d'un regard dédaigneux le Stuart Michels de Nadège Fortier.

Ce fut alors que « l'Archange » m'exposa la seconde partie de son plan et les accords qu'il venait de passer avec le Président.

Car, comme je l'avais si justement deviné dès le commencement de son rapport, il n'était pas sorti sur le « je ne vous aime pas, Marianne » qu'il prétendait avoir lancé. Il était resté, et avait posément mis au point avec Giscard les conditions de son départ : résolu à suivre d'Aulnay, il emmenait avec lui Picaud-Ledoin, Roux et Mercier. Mais cette démission collective des ministres solidaristes n'entraînerait pas, pour l'instant, un remaniement de la majorité présidentielle proprement dite; le groupe solidariste, en tant que tel, gardait sa confiance au gouvernement et observerait au Parlement la même discipline de vote que le Parti Républicain ou le CDS : en somme, il s'agissait de ce « soutien sans participation » que les partis de la IVe République pratiquaient en virtuoses et qui valait sûrement, en termes d'efficacité gouvernementale, la participation sans soutien que Fervacques expérimentait depuis deux ans...

« L'Archange », ce champion de la brouille élastique, était même allé plus loin dans l'art du va-et-vient politique; pour rajouter quelques mesures à sa valse-hésitation et convaincre le Président que, si sa conception de l'amitié le forçait à reprendre sa liberté, il n'entendait pas faire un mauvais usage de cette indépendance recouvrée, il avait donné un gage : l'un de ses proches continuerait d'« assurer la liaison » en entrant au gouvernement; mais à titre personnel, et sans pouvoir prétendre à représenter au sein de l'exécutif le solidarisme en tant que mouvement. « En somme, m'exposa-t-il, même si à partir de lundi mon groupe cesse de participer au gouvernement issu du remaniement, il y laisse une " carte de visite " : c'est ce qu'on dit dans les " tours de table " bancaires lorsqu'un banquier, peu désireux de s'engager dans une affaire, y apporte tout de même, par politesse ou par prudence, une participation symbolique... Et devinez quelle est ma " carte de visite " dans la maison Giscard? »

Facile : c'était moi... Le roi de la rupture graduée avait déjà tout arrangé; certes, j'appartenais encore au mouvement solidariste, mais on me mettrait en congé des instances dirigeantes du parti comme Chirac l'avait déjà fait pour les dix ministres RPR. Quant au Président, il s'était, paraît-il, montré ravi à l'idée de me nommer : son gouvernement manquait encore de femmes, et il était capital de le féminiser davantage d'ici 81 pour récupérer quelques suffrages sensibles. « Si j'avais proposé un homme, m'assura Fervacques, je ne suis pas certain que ma manœuvre aurait été couronnée de succès. Mais vous!... »

Bien sûr, moi : Giscard devait être convaincu que j'étais toujours la maîtresse de Fervacques. C'était donc avec une surprise émerveillée qu'il avait vu le fuyard lui tendre la corde par où, pensait-il, il le tiendrait : « en politique il vaut mieux garder ses ennemis chez soi »... Mais Fervacques savait, lui, que la « carte de visite » qu'il venait de poser portait une fausse adresse : je ne représentais plus rien à ses yeux, et il n'y avait aucun risque que je puisse jamais devenir un instrument de chantage. « Je te tiens, tu me tiens par la barbichette, le premier qui rira... »

Je comprenais d'autant mieux la joie de Charles à la perspective de mon entrée au gouvernement qu'en l'espèce il faisait coup double : non seulement il leurrait l'adversaire, mais il se débarrassait de son égérie.

Il est vrai qu'il aurait pu se débarrasser de moi à moindres frais : dès lors qu'il n'était plus ministre, il n'avait plus de cabinet, et, partant, plus de directeur. J'étais condamnée soit à m'embaucher dans une autre équipe ministérielle, soit à disparaître dans la trappe de l'Education nationale; professeur d'histoire au lycée de Colmar ou de Sisteron, je n'aurais pu conserver longtemps les fonctions que j'exerçais à Paris au sein du Bureau du parti; en six mois, tout aurait été consommé, et – à l'exception peut-être d'un ou deux meetings régionaux de « Progrès et Solidarité » où la force d'une ancienne habitude m'aurait poussée et dont la vedette (après avoir hésité à me reconnaître tant j'aurais changé) m'aurait présentée à son nouveau « staff » comme une « collaboratrice des temps héroïques » avant de m'offrir à la sortie, sur le zinc du Café des Sports, le « pot de l'amitié » — je ne me serais plus jamais trouvée sur le chemin de Charles de Fervacques...

Bien sûr, si, à l'inverse, il avait tenu à me garder près de lui, il lui aurait été aisé de me faire affecter au Rectorat ou appointer par l'une de ces associations bidon dédiées à la promotion de la langue française ou au bien-être des paralysés, lesquelles mettaient déjà leurs confortables locaux à la disposition des adhérents canadiens de « Progrès et Solidarité » ou de la « cellule Santé » du mouvement solidariste... Rien n'était impossible à un Fervacques épris, mais, dès lors qu'il ne m'aimait plus, il lui suffisait en effet de laisser faire la nature : elle me rejetait sur le sable comme une coquille vide.

C'était, à dire vrai, ce que je souhaitais moi-même quinze jours plus tôt quand je rêvais de fuir au fond des provinces et de ne plus devoir contempler à distance respectueuse un homme que j'avais connu de si près. Mais cet éloignement définitif, je le souhaitais à la manière du bûcheron de La Fontaine quand il appelle la mort : par dépit, et sans prendre la moindre initiative pour que ce vœu suicidaire fût exaucé. Et maintenant que l'heure de la séparation avait sonné, j'aurais fait n'importe quoi, au contraire, pour rester à proximité de celui dont on me séparait : je serais devenue mouton à Sainte-Solène si l'on m'avait promis que je l'apercevrais de temps en temps au bout du pré...

Or, en fait de bergerie, il faut convenir que Charles m'offrait mieux : ce poste de secrétaire d'Etat, s'il n'avait pas tous les avantages affectifs d'un maintien au Bureau politique du Mouvement avec rémunération directe par la Spear, ou d'un emploi de femme de ménage à plein temps dans sa garçonnière de la rue de l'Université, était, malgré tout, plus qu'honorable. A défaut de sauver ce qui nous restait de complicité, il sauvait les apparences; et peut-être me permettrait-il, en effet, de garder le contact avec les instances dirigeantes du boulevard Saint-Germain et d'aller, à intervalles réguliers, solliciter des instructions du « Chef » en particulier...

Comme s'il suivait le cours de mes pensées, « l'Archange » m'assura alors, d'un petit air guilleret, que je serais son « espionne au gouvernement »!

La référence à un métier que j'avais déjà pratiqué ne m'impressionna pas, mais cet excès de bonne humeur me glaça : la mariée était trop belle... Certes, je venais d'admettre qu'en me recasant au gouvernement il ne cherchait pas simplement à se débarrasser de moi puisque, s'il l'avait voulu, il disposait de moyens plus radicaux pour cela; mais sa jubilation présente n'était pas, non plus, uniquement celle d'un ministre ravi d'avoir « roulé » son Président. Il s'y mêlait cette intime satisfaction de soi qu'on ne tire que des belles actions : il se sentait enchanté d'avoir prouvé à d'Aulnay sa fidélité, mais plus content encore de m'avoir traitée avec générosité – pouvait-on imaginer cadeau de rupture plus fastueux qu'un portefeuille ministériel?

Justement, c'était là que le bât blessait : Charles n'avait aucune raison de me faire un cadeau puisqu'il ne m'avait pas « plaquée ». En principe, c'était moi qui l'avais laissé... Qu'il se crût obligé de me consoler d'une peine que j'étais censée lui avoir infligée me foudroya : avec ma prétendue rupture, mon Saint-Véran prétexte, je n'avais abusé que moi... Fervacques, lui, savait depuis des semaines à quoi s'en tenir puisqu'il manœuvrait pour m'y amener. Je me souvins brusquement qu'il m'avait déjà, plusieurs mois auparavant, parlé de cette histoire de gouvernement quand j'avais refusé la circonscription qu'il m'offrait... En définitive, que ce fût dans ses rapports avec Giscard ou dans ses relations avec moi, Charles avait obtenu ce qu'il voulait et planifiait de longue date : le Président et la maîtresse s'étaient donné l'illusion, gratifiante pour leur orgueil blessé, qu'ils le congédiaient, alors que c'était lui qui les quittait...

Aucune humiliation ne me serait donc épargnée : telle fut, je l'avoue, ma première pensée. Pour le cas, d'ailleurs, où l'on prétendrait que, dans cette affaire, j'ai trop sacrifié à la fierté et montré moins d'amour que d'amour-propre, je demande qu'on considère que cet orgueil était celui des bâtards, des enfants rejetés – gloriole tout affective, si mêlée de tendresse et de sentiments inachevés qu'elle est, plus que chez les autres, proche du don de soi. De l'extérieur, bien sûr, on s'y méprend, parce que cet orgueil est le seul versant que les bannis peuvent supporter d'éclairer dans une sensibilité toute vouée à l'ombre, au désaveu, à l'échec... Mortifiée jusqu'au fond du cœur, je n'étais donc pas moins affligée qu'une amoureuse plus « fleur-bleue ».

De cet accablement, il dut paraître quelque chose sur mon visage car Fervacques s'étonna :

– On dirait qu'entrer au gouvernement ne vous amuse pas... Vous ne m'avez même pas demandé quel secrétariat d'Etat on vous destinait?

– Ah, si... Quoi, au fait?

– La Défense.

C'était le bouquet! Il m'expliquait maintenant qu'en créant ce secrétariat d'Etat auprès du ministre en titre et en le confiant à une femme, le Président tenait à frapper un grand coup pour sortir mes consœurs des gynécées où leurs collègues masculins les confinaient. Et tandis qu'il s'évertuait à me convaincre que les premiers mois risquaient, certes, d'être difficiles en raison des réticences de l'Armée, mais que, compte tenu de mon autorité naturelle et de la bienveillance du ministre dont j'allais dépendre, l'expérience pourrait se révéler positive, je ne pensais qu'à Olga : tout ce que je vivais avec Charles – bonheurs, malheurs – lui profitait, à celle-là.

Comme un vampire, elle s'engraissait alternativement de mes plaisirs et de mes larmes.

Je ne me trompais donc pas en imaginant que, pour Nadège, elle avait tout manigancé! Qui sait même si ce n'était pas la chère « Nège », sa créature, qui avait, sur son ordre, soufflé à « l'Archange » l'idée de me « déplacer en avancement », comme on le fait dans l'Administration pour les fonctionnaires encombrants? En tout cas, Madame Kirchner ne perdait pas au change : moi qui avais espéré pouvoir lui annoncer, sur le ton de la revanche, mon retour dans les rangs du personnel enseignant, j'allais être habilitée au « Secret-Défense »!

Fervacques, inconscient d'en avoir trop fait et d'avoir détruit, par un excès de prévenances, la bonne opinion que j'avais jusqu'alors réussi à garder de moi, me donnait maintenant les paternels conseils sur la façon de m'y prendre avec les militaires. Il organisait mon emploi du temps – « d'abord, ne conservez pas les horaires du Quai : obligez-vous à être au bureau tous les matins dès huit heures, vous ferez la sieste l'après-midi si nécessaire. Donnez des rendez-vous aux aurores, ou après vingt-deux heures : cela pose un ministre, dans les Armées... Et si un général vous propose un petit déjeuner de travail sur le coup de sept heures, assurez-le que vous êtes enchantée, que cela coupera un peu votre matinée... Mais surtout, Christine, croyez-en un vieux routier de la politique : ne voyez pas tous ceux qui voudront vous voir, sinon vous êtes foutue! » Puis il aménagea mon cabinet : pourquoi n'emmènerais-je pas son chauffeur, Albert Paul? Il pourrait s'arranger aussi pour me repasser son propre personnel de sécurité, qui ne le suivrait pas dans sa retraite dorée. L'une de sès secrétaires ne pourrait-elle pas, aussi, faire mon affaire? Il demanderait à son successeur de me la détacher... Et les locaux, y avais-je songé? Puisqu'il s'agissait d'un nouveau département, j'allais devoir me trouver un point de chute : il y avait encore quelques hôtels XVIIIᵉ agréables au fond du faubourg Saint-Germain, « tenez, j'en connais un, rue de Varenne, dont les dimensions seraient parfaites pour vous. Et l'emplacement est idéal : à mi-chemin de Matignon et de la rue Saint-Dominique dont vous dépendrez... Une cour ravissante, des arbres, des salons de belles proportions, un joli perron... Il est occupé pour l'heure par un vague Comité du Travail féminin que vous n'aurez guère de peine à déloger... »

Il prenait le même plaisir à m'installer qu'une mère à monter le « petit ménage » de sa fille aînée, un père à choisir pour son fils une première auto. Et l'agrément qu'il tirait, comme eux, du spectacle de sa propre bienveillance se doublait aussi du bonheur de revenir, par personne interposée, à ses propres débuts, difficiles et peu glorieux : après neuf ans de Quai d'Orsay, de pompe et de grandeurs, il devait être amusant pour l'ex-« baron du gaullisme » de monter un ministère sans moyens, d'agencer un petit Cabinet. Quelle femme de cinquante ans, pourvue d'un sept-pièces, de vingt nappes de damas, cinq services de table et quatre ménagères, n'est pas ravie d'acheter pour le « studio-kitchenette » de sa fille un bout de toile cirée, une batterie de casseroles, et six couverts en inox? Avec l'assurance d'une maîtresse de maison confirmée, Charles défaisait mes malles, disposait mon campement, installait ma dînette, et m'étourdissait de ses recommandations... Je l'écoutais à peine; je n'avais plus qu'une envie : me jeter dans ses bras, pleurer, perdre la face, et renoncer à tout lendemain pour avoir au moins avec lui un dernier jour vrai, un jour plein...

Faute de quoi, j'aurais autant aimé le chasser tout de suite : l'amour est un sentiment si égoïste que l'autre y dérange. Maintenant que ma seule consolation serait de n'être plus distraite, j'aurais voulu pouvoir me livrer, sans attendre, au plaisir de cet amour libéré des contingences, épuré par la séparation jusqu'à n'avoir plus d'objet, si proche enfin de cet idéal de toute passion qu'est la suppression de l'être aimé : invisible, inaccessible, muet, Charles serait mon dieu; je ne demandais plus qu'il m'aime, je voulais qu'il me laisse l'adorer... Mais sa présence, à la fois trop réelle et trop distante, son discours, prosaïque à l'excès, m'en empêchaient. Et voici que, imperturbable, il m'obligeait aussi à sélectionner mon futur directeur de cabinet, parmi une brochette de prétendants bon marché qu'il étalait devant moi telle une série de vieilles « croûtes » qu'il aurait tirées de ses greniers afin d'orner, au moindre coût, les murs nus de mon premier meublé :

— Pourquoi pas Courgenouille?

— Rien que le nom, déjà...

— Froment?

— Une planche pourrie.

— Vanier?

— Un esprit binaire...

— Et Jacquemart, Christine, que diriez-vous de Jacquemart? Il est intelligent...

— Comme un train, oui...

— Blaise alors? C'est un conseiller-de-première...

— Et un abruti de classe exceptionnelle.

J'avais l'impression d'être revenue quatre ans en arrière, à l'époque où, m'ayant chargée de constituer son cabinet, c'était lui qui repoussait, dans ces mêmes termes, toutes mes propositions. A quelques détails près, ma vie tournait en rond; j'étais condamnée, par je ne sais quel sortilège, à reprendre éternellement des scènes déjà jouées, et les rapports des personnages, les répliques, les situations, restaient identiques, même quand parfois le décor avait changé.

La toile de fond du dernier acte, ce serait donc ce vieil hôtel de cocotte du Faubourg Saint-Honoré. J'en avais testé les matelas dix ans plus tôt dans l'appartement du permanencier, commençant par où sa célèbre propriétaire, la marquise de Pompadour, avait elle-même commencé... Maintenant j'allais découvrir les parties nobles du bâtiment – salons des Portraits, des Ambassadeurs, des Aides de Camp, et ce salon Murat que les clichés de presse ont rendu familier à tous ceux qui n'y ont jamais mis les pieds – : moins d'une semaine après le départ de Fervacques, j'y assistai à mon premier Conseil des ministres.

Avec mon maroquin tout neuf, j'étais presque aussi intimidée que le premier jour où l'on vient d'entrer, avec un vrai cartable, à la « grande école » : est-ce qu'on allait me permettre d'écrire à l'encre? Et le surveillant de la « cour des grands », est-ce qu'il serait gentil avec moi?

Parce qu'il se souvenait d'avoir pris à Vienne deux ou trois petits déjeuners avec moi et qu'il était soulagé de pouvoir me situer sur le plan familial et mondain, le « surgé » fut charmant. Tout le monde, d'ailleurs, avait été gentil pour moi dans les jours précédents : les journalistes, les fonctionnaires, mes futurs collègues... Ma jeunesse, surtout, attendrissait; ce qui me valut de découvrir que, trop vieille pour le lit de Fervacques, je n'étais encore qu'une petite fille pour l'Elysée. Si ma tristesse n'avait été si profonde, je m'en serais sentie réconfortée : la participation à un gouvernement de vieillards est le meilleur des bains de jouvence, et il est bien fâcheux pour les femmes qu'elles s'en trouvent si souvent privées. Ici s'arrête mon féminisme : je n'ai pas appris les autres couplets...

Enfin, ces patriarches m'avaient fait tant de compliments, y compris sur ma beauté, que je n'étais pas loin de me prendre, ce matin-là, pour la tendre

« Suzanne », et, tandis que commençait, à l'autre bout de la table, l'ennuyeuse « grand-messe » que Charles m'avait si souvent décrite, je m'efforçais de trouver dans cette assimilation à l'héroïne biblique de quoi m'amuser un brin : voyons, auquel de ces messieurs pourrais-je bien accorder mes faveurs? Je les fixai avec attention; ils devaient croire que je les écoutais; mais je venais de décider que je serais une très mauvaise élève : pour ce que j'avais gagné à m'appliquer!... Le nouveau ministre des Affaires étrangères, Jean François-Poncet, me parut, à première vue, assez élégant; il était même plutôt jeune. Et le président lui-même était encore très comestible : moins fringant, certes, qu'à l'époque où il piaffait dans ses beaux salons jaune et noir de la Rue de Rivoli, ou pendant sa période du « oui, mais » quand, ancien ministre disgracié pressé de réenfourcher sa Fortune, il venait à Senlis nous conter ses chasses au tigre pour se désennuyer; mais, de ces temps lointains, il gardait quelques restes émouvants – un certain sourire, des yeux caressants –; et puis, maintenant, il était Président. Mon père, lorsqu'il s'était tardivement occupé de mon éducation, ne m'avait-il pas enseigné qu'on doit toujours exiger le meilleur, viser aussi haut qu'on peut? « Il faut vouloir trop pour avoir assez » : c'était l'une de ses antiennes, la même à peu près que celle de Madame Hollier, mon professeur de latin lorsque j'étais au lycée; mais « vouloir trop », c'était seulement, pour elle, prétendre à l'agrégation, qu'elle avait ratée...

Hugues de Chérailles, que le Premier ministre, dans son infinie bonté, avait maintenu à la Consommation où il ne montrait aucune qualité, m'adressa du fond du salon un petit signe amical. Puis il me bombarda successivement de deux billets affectueux que ses collègues me firent passer : seul le Président ne « passait » rien, mais il ne confisquait pas non plus les petits papiers qui ne cessaient de circuler autour de la grande table; ce n'est pas la maîtresse du cours préparatoire qui nous aurait permis ces jeux-là!

Dans son second « poulet », « Banzaï » me demandait de l'attendre à la sortie : il avait une question professionnelle à traiter avec moi. Je ne voyais pas bien de quoi la Consommation et la Défense pourraient débattre ensemble; on m'avait toujours appris, au contraire, que les gouvernements conséquents devaient choisir entre le beurre et les canons... Mais, maintenant que j'étais passée, comme Alice, de l'autre côté de la glace de cheminée, Chérailles fils allait peut-être m'apprendre que, dans le « pays du Miroir » où tout est inversé, tout est trompeur, les canons sont en beurre?

En attendant, il avait bien de la chance, le « Banzaï », placé où il était, de pouvoir profiter de la vue sur le parc : j'aime assez moi aussi regarder les arbres lorsque je n'ai rien à faire. Malheureusement, aussi longtemps que durerait ce gouvernement – trois ans, probablement –, je tournerais le dos au jardin anglais de l'Elysée et devrais me contenter de cette grande fresque bleue, sur le côté, qui représentait quoi, au fait? Une rivière, un lac peut-être, avec, au fond, un château à toit d'ardoises et, au premier plan, sous les arbres, une calèche et des jockeys...

Et tout à coup, en scrutant attentivement la peinture, je reconnus le paysage que m'avait décrit la voyante de Charles lorsque, à ma deuxième visite, elle avait prétendu nous voir assis devant un étang, dans un cercle d'hommes graves qui regardaient passer des cavaliers... Bien entendu, puisqu'alors j'étais sûre qu'elle m'avait identifiée et avait reconnu par déduction le ministre qui m'envoyait, je savais qu'elle devait cette surprenante « vision » du salon Murat à l'une des brochures sur le palais qu'éditent les Monuments Historiques et que n'importe qui peut se procurer. Mais – alors que, devant le lac, elle aurait dû, en bonne logique, ne placer que Charles – emportée par l'élan, désireuse de me flatter, ou ignorant que les membres des cabinets n'ont pas accès à la salle du Conseil, elle m'y avait mise aussi; au prix de cette grossière invraisemblance, elle devait être certaine de m'avoir épatée et considérer qu'elle n'avait pas volé son enveloppe. Or il est vrai qu'elle m'éblouissait; mais parce que, en me bluffant de la sorte, elle m'avait, à son insu, annoncé la vérité...

La surprise surmontée, je fus d'ailleurs assez contente d'assister à ce triomphe posthume de l'erreur : n'avais-je pas bien fait de considérer depuis longtemps le vrai comme un détour du mensonge, un méandre de la fable?

La grand-messe du mercredi matin, résolument préconciliaire, était interminable. Quand enfin le Président eut prononcé cet « ite, missa est » que ses fidèles attendaient depuis l'Introït, je me précipitai sur le perron pour rejoindre Hugues de Chérailles; mais je le vis s'engouffrer dans sa voiture, dont le chauffeur démarra en trombe. En rentrant rue de Varenne, dans mes nouveaux bureaux, je trouvai, dans un message de mon frère, l'explication de l'étrange comportement du secrétaire d'Etat à la Consommation : son père, le vieux Raoul, venait de mourir.

A Senlis, le lendemain, tout le monde semblait dans l'affliction : Anne bien sûr, changée en fontaine; mais aussi Catherine Darc, dont le noble museau de lévrier afghan offrait au regard une truffe humide et des babines tombantes; quant à Hugues, qui avait toujours eu la tête d'un « Automne » peint par Arcimboldo – le nez en patate, les joues rebondies comme des pommes, et les oreilles en choux-fleurs, le tout dans ces tons chauds qui semblent appeler une coiffure de pampres et de grappes –, il venait de prendre brusquement ses couleurs d'« Hiver » : la face grise, ridée, il avait l'air d'une vieille racine.

Tant d'accablement me parut excessif. En dehors d'Anne qui aimait assez son père pour se moquer qu'il ne fût plus en état de lui rendre ses sentiments, Anne qui s'était battue pour défendre ce corps sans âme comme on lutte pour garder un cœur qui vous échappe, je pensais que les autres auraient suffisamment de bon sens pour avouer que la mort d'un comateux de quatre-vingt-dix ans était une délivrance. Le défunt lui-même ne s'était-il pas exclamé un jour que, dans les derniers temps de sa vie consciente, nous philosophions de concert : « La vie? Mon Dieu, oui, c'est intéressant... Mais, vous verrez, il y a des longueurs! » Et, après m'avoir rappelé ce qu'il disait, quelques années plus tôt, des livres qu'il se plaisait à réduire, il avait ajouté que « curieusement, plus c'est court, moins ces longueurs semblent supportables ». Par chance, son roman personnel avait atteint une dimension respectable; on pouvait regretter, néanmoins, que la fin n'eût pas été aussi enlevée que le début; le tempo se ralentissait, et je voyais bien par où, s'il avait fallu couper, le vieux Chérailles l'aurait raccourci.

Philippe, pris à part, convint lui aussi que l'arrêt de cette « machine » qu'était devenu son grand-père le soulageait plutôt, « quoique, me dit-il, même une machine qu'on déconnecte, ce soit triste à regarder, tu sais. Rappelle-toi l'agonie de l'ordinateur dans " l'Odyssée de l'Espace "... Dans les dernières heures, Bon-Papa avait une fièvre épouvantable. Je ne sais pas ce qui s'était déréglé chez lui, mais il brûlait à distance : on sentait sa chaleur, rien qu'en approchant de son lit. Il n'avait plus de perfusion : rien que les petits cotons imbibés d'eau que maman passait sur ses lèvres; et pourtant son corps continuait à lutter, tout seul. Il luttait contre l'incendie, comme cette maison perfectionnée, dans une nouvelle de Bradbury, cette villa entièrement automatisée qui reste l'unique témoignage du génie humain après la catastrophe atomique qui a détruit l'espèce : chaque matin, dans un univers dévasté, cette maison vide ouvre ses fenêtres, met en marche la bouilloire et le grille-toasts; chaque soir, elle allume ses lumières, branche sa télévision muette, et passe des berceuses dans la nursery abandonnée... Puis un jour, ses circuits électriques se détraquent et le feu prend dans la cuisine; alors, la maison se bat comme elle a été programmée pour le faire : elle fait sonner ses sirènes d'alarme, appelle au secours, utilise ses extincteurs, mobilise ses pompes à eau... Jusqu'à sa dernière cendre, elle se bat, pour protéger un occupant depuis longtemps disparu... » Philippe essuya une larme : « Bien sûr, Christine, le combat de Bon-Papa n'avait plus de sens... Mais y a-t-il un sens? »

Je l'embrassai; sur le bout des lèvres pour le consoler. Il me demanda s'il était vrai que, comme on le disait dans sa famille, j'allais épouser Saint-Véran : « Non, lui assurai-je, c'est plutôt avec toi que je me marierais si tu n'étais pas si conventionnel! Et si ta nouvelle tante ne veillait au grain d'aussi près!... A propos de grain : par Hugues interposé elle va hériter, je suppose? Cette intéressante perspective ne devrait-elle pas diminuer un peu sa douleur?

– Tu as raison, reconnut mon frère, et c'est bien pourquoi elle et Hugues ont beaucoup moins de chagrin pour mon grand-père qu'à cause de lui. Mais oui, reprit-il pour éclaircir ce que le propos pouvait avoir d'énigmatique, tu n'as pas lu " le Figaro " de ce matin, je parie? »

Il prit le journal sur son bureau et me tendit la page du Carnet : on y trouvait l'annonce du décès, successivement par la famille éplorée, le Conseil d'administration de la LM, celui de l'Union Interalliée, et la Société du Golf de Compiègne dont le vieux comte était encore Président d'Honneur – rien, en somme, que de prévisible, et convenable au rang social qu'il avait occupé; c'était le cinquième encadré qui faisait sursauter :

« Le Ven ∴, les OFF ∴, les FF ∴ de la L ∴ Union et Liberté, les Atel ∴ du Gr ∴ Coll ∴ des Rites ont la grande douleur de faire part du passage à l'Orient Eternel de leur B ∴ A ∴ F ∴
Raoul de Chérailles
40ᵉVen ∴ d'Honneur de la L ∴ Union et Liberté, Très-Sage d'Honneur du chapitre
PAX HOMINIBUS.
GEM ∴, GEM ∴, GEM ∴, ESPER ∴ »

Cette lecture ne me laissa pas moins médusée que la famille : personne ne s'était jamais douté que le vieux comte fût franc-maçon, et encore moins qu'il pût, post mortem, souhaiter porter le fait à la connaissance de la bonne société. Mais, s'il ne se trouvait plus en situation de jouir, en humoriste qu'il était, de la consternation de sa bien-pensante famille, il avait dû savourer la scène par anticipation, à l'époque où il préparait sa bombe à retardement avec quelques « frères » de la Loge « Union et Liberté » – de ceux dont, lorsque nous venions, par hasard, à citer devant lui tel ou tel, leader de la FEN ou membre du Parlement, il ne parlait jamais, avec dédain, que comme des « Frères Bisous » ou des « Messieurs Soupe »...

« Je n'ai pas besoin de t'expliquer », reprit Philippe que ce bon tour portait lui-même, en dépit des circonstances, à une certaine gaieté, « quelle catastrophe représente cette " nécro " pour mon oncle! Ce sont toutes les voix des couvents de Senlis et de la région qui lui passent sous le nez... Pense que la messe était déjà prévue à la cathédrale, que l'évêque devait prononcer l'homélie... Un scandale, quoi! Sans compter qu'en plus, maintenant, on est obligé de l'incinérer! On ne peut même pas espérer se rattraper sur la cérémonie au cimetière, les condoléances émues, les petites fleurs jetées dans le trou... Nous ne pourrons pas dire comme dans la chanson : " son corps près des amis est mis dans l'herbe et dans les champs, tous ceux qu'il a connus, venus, lui font de longs adieux ", ni encore moins, tu t'en doutes, suggérer qu' " à sa croix les parents restent agenouillés "! Quelques esquilles d'os concassés, mêlées à des bouts de cartilages cramés, le tout dans une boîte à cigares scellée dans le mur collectif d'un columbarium – autant dire le trou d'un pigeonnier : voilà qui ne se prête guère à l'expression publique des regrets, aux discours et aux couronnes! Or si jamais, à cause de ce coup tordu, Hugues perd sa circonscription, c'est son secrétariat d'Etat qui lui file entre les mains. Il est atterré, tu penses bien, et Catherine est furieuse... Sacré Bon-Papa, il n'a pas fini de nous amuser! La seule chose que je me demande, c'est comment il a pu devenir franc-maçon en dépit des trucs que son torchon, " l'Européen ", avait écrit sur le Grand-Orient pendant la guerre... Et puis je ne vois pas par quel moyen il pouvait garder le contact avec sa loge depuis qu'il était paralysé... »

Sur le premier point, j'avais ma petite idée, que quatre années d'espionnage et trente ans de double jeu me suggéraient : Chérailles n'était pas devenu franc-maçon après la guerre; il l'était avant, sous la IIIe République, quand c'était bon pour les affaires. Et si, au moment où il avait fait « ami-ami » avec Pétain et les Allemands, il avait dû laisser son « Européen » imprimer quelques propos antimaçonniques dans le goût de l'époque, ce n'était peut-être

900

pas sans rendre, dans le même temps, d'éminents services de l'autre côté : n'étais-je pas moi-même entrée dans mon premier cabinet de droite sur le conseil de quelques amis socialistes? Et n'appartenais-je pas maintenant à un gouvernement giscardien sur intervention probable du KGB? On ne devrait jamais oublier que, dans les miroirs (et qu'est-ce que l'opinion des autres, sinon un miroir biseauté?), on voit son visage droit du côté gauche, et la gauche à sa droite. De ce principe d'optique, je ne déduisis pas que Chérailles aurait pu appartenir à la Résistance – d'idées comme de tempérament, il en était trop loin –, mais de là à avoir refusé un coup de main à quelques « frères » en difficulté... D'où sans doute sa réintégration dans le « mouvement », malgré les condamnations encourues à la Libération.

Quant au second point, qui m'intriguait davantage, j'eus une brutale illumination : entre la loge « Union et Liberté » et le « Vénérable » paralysé, l'agent de liaison, c'était Max Lérichaud... Le général avait été autrefois Grand Maître de je ne sais quoi, et il n'avait jamais cessé de rendre au vieil homme, cloué dans son fauteuil, des visites aussi régulières que celles des Petites Sœurs des Pauvres. Un jour même, comme je confiais à « mon malade » que je trouvais à ce militaire le regard fuyant d'un faux prêtre, le vieux m'avait dit en riant que je ne me trompais guère car Lérichaud venait aussi « lui apporter la communion »! J'avais encore dans les oreilles l'éclat de rire de ce grand mécréant, qui ne croyait pas plus au « Grand Collectif des Rites » qu'à la « présence réelle », mais se servait des uns pour embêter les autres...

Ce n'était pas pourtant notre commun penchant à l'ironie qui me fit tout à coup sentir pour lui un regain de tendresse, mais cette référence – si explicite à la lumière des derniers événements – qu'il avait faite à une « communion » : on aurait dit qu'il m'avait tendu le mot comme un passe-partout pour comprendre un jour la raison d'une affiliation dont il ne pourrait plus s'expliquer. Avoir, grâce à cette petite clé dissimulée dans les replis du passé, brusquement saisi ce qu'il en était, et savoir que Chérailles avait voulu que je le découvrisse, me donnait une joie semblable à celle que m'avait procurée, quelques années plus tôt, la lecture d'une certaine page de Marcel Proust. En lisant pour la première fois le passage où le duc de Guermantes, pressé de se rendre à quelque « redoute » masquée, assure aux cousines venues lui apprendre la mort d'un de ses parents qu'« on exagère, on exagère! », j'avais eu l'impression d'avoir déjà rencontré l'anecdote quelque part; il me semblait même que c'était dans les Mémoires de la comtesse de Boigne et que, dans la version d'origine, l'auteur du mot – ce grand seigneur soucieux de faire passer ses plaisirs avant ses deuils – était le duc de Berry. Que Proust eût emprunté le propos et la situation à la mémorialiste n'aurait rien eu d'invraisemblable après tout, puisqu'il l'avait lue et en faisait dans son roman la talentueuse Madame de Beausergent. Mais, pour en être sûre, il aurait fallu relire les Mémoires de la fausse « Beausergent », et dans mes déménagements successifs, je les avais égarés; le point ne m'avait d'ailleurs pas paru, en ce temps-là, présenter assez d'intérêt pour mériter une recherche approfondie. Aussi ne fut-ce que bien des années après, en relisant ce même chapitre de « Sodome et Gomorrhe », que je trouvai, dans l'éclair d'une subite inspiration, la preuve que j'avais vu juste : ce cousin Guermantes qui mourait si mal à propos, le romancier l'avait appelé « Amanien d'Osmond »; or « d'Osmond » était précisément le nom de jeune fille de la comtesse de Boigne...

Ainsi, c'était dans le texte lui-même qu'était caché le code qui nous permettrait de le déchiffrer : dans ma chambre, j'avais sauté de joie, aussi transportée par cette découverte que si le romancier m'avait adressé un clin d'œil par-dessus les années et cherchait, au-delà de sa mort, à m'associer à un secret que nous aurions été les seuls à partager. Que dans nos oublieuses mémoires les disparus eussent laissé assez de petits présents cachés, et de solutions aux charades qu'ils nous avaient posées, pour nous permettre, si nous le voulions, de les retrouver plus vrais, plus complets, plus vivants qu'ils ne l'étaient à nos yeux pendant leur vie même, que le passé ne fût pas moins riche en coups de théâtre et décodages prospectifs que l'avenir le plus éloigné, me parut enfin – à moi qui faisais profession de mépriser l'Histoire – étrangement réconfortant. Ce « d'Osmond » et cette « communion », glissés à la manière d'un détail anodin et qui, longtemps après nous avoir été confiés, ressurgissaient enrichis d'une signification neuve, tels des cadeaux immérités, me procuraient le même bonheur qu'à Pâques, autrefois, quand – mon grand-père ayant caché sous les buissons du jardin quelques paquets de bonbons pour nous persuader, conformément à la tradition, que « les cloches » venaient de passer – nous retrouvions, plusieurs jours après avoir ramassé cette manne, un sac de caramels oublié sur la fourche d'un poirier : mieux que toutes les malicieuses assurances que notre Pépé nous donnait, cette trouvaille décalée nous persuadait soudain, au moment où notre foi vacillait, que notre famille n'avait nulle part à cette généreuse distribution, et que ces cloches, si mystérieuses, existaient...

Les cloches existaient, Proust aussi, et le vieux Chérailles m'avait vraiment aimée.

Reconnaissante, je demandai à Philippe si je pourrais voir le corps. « Tu es sûre que tu veux? me demanda-t-il inquiet. Tu ne seras pas trop impressionnée?

« – Non, pourquoi? J'ai déjà vu plusieurs morts, tu sais...

– Ah bon... Eh bien, moi, à près de quarante ans, c'était le premier. Et encore, je n'y tenais pas tellement... Il a fallu que Maman insiste », dit-il en m'entraînant vers le premier étage et la bibliothèque qu'on avait transformée en chapelle ardente. « J'ai cru d'abord qu'elle assimilait cette contemplation funèbre à un devoir de politesse. Mais pas du tout : dans sa pensée ce serait plutôt un droit que les vivants ont sur les cadavres. Elle m'a dit que la mort, c'était la dernière chose qu'au-delà de leur disparition ceux qui nous aimaient pouvaient nous enseigner, la dernière leçon qu'ils nous devaient, et la plus difficile. "Et de qui mieux que d'eux, Philippe, pourrions-nous supporter de la recevoir? Pourtant si tu préfères " – oui, c'est ce qu'elle a ajouté –, " si tu préfères, mon pauvre enfant, tu peux attendre encore quelques années, et ce chemin-là, c'est moi qui te le montrerai. " Tu penses bien que, tant qu'à faire, j'aimais mieux commencer par mon grand-père! Ah là là, elle n'est pas toujours rigolote, la comtesse de Chérailles! » Il essayait de rire comme chaque fois qu'il craignait de pleurer.

Olga, qui sortait à ce moment-là de la bibliothèque à l'autre bout de la galerie, lui fit signe de parler plus bas : elle aussi était toute vêtue de noir, encore que, n'ayant plus trouvé dans sa garde-robe, en fait de teintes sombres, qu'une robe en « Lycra » à la surface brillante et à la découpe audacieuse, elle eût moins l'air de s'être apprêtée pour un deuil que préparée pour un dîner. Elle rattrapait, pourtant, ce que sa jupe pouvait avoir de trop moulant, et le « zip » du corsage rejeté sur l'épaule d'excessivement « design », et rendait au noir de son vêtement toute sa signification funéraire en arborant sur son visage les stigmates d'une nuit de souffrance – à moins que ce ne fussent ceux des premiers whiskies, car j'imaginais qu'une femme qui avait vu mourir tant de jeunes êtres dans les camps ne devait pas regarder la mort d'un nonagénaire paralysé comme le comble de la désolation. D'autant qu'elle ne l'avait jamais estimé au point de le regretter... Seulement elle s'était mise au diapason de la douleur de son amie et, par égard pour Anne, assortissait la couleur de ses regards au chagrin ambiant.

« Mon petit Philippe », fit-elle, l'œil sombre et réprobateur, mais en pinçant avec affection la joue du potache qu'elle s'apprêtait à gourmander, « je sais bien que tu adorais ton grand-père. Malheureusement tout le monde ne le sait pas aussi bien que moi, et tes éclats de rire pourraient sembler déplacés. Apprends à feindre, mon chérrri, par respect pour ceux dont la douleur ne serait pas synchronisée à la tienne... »

Sortant à son tour de la chapelle mortuaire avec dix kilos en moins et un visage ravagé – dévastations que j'attribuais moins au décès de son faux beau-père qu'à son récent renvoi de « la Presse » –, François Moreau-Bailly nous rejoignit, et, tout en m'embrassant, demanda à Philippe s'il avait vu la première édition du « Monde », qu'il venait d'envoyer chercher : « C'est une catastrophe! Non seulement les Maçons y ont fait passer la même petite annonce, mais, en prime, le journal a ajouté un encadré nécrologique où, après avoir rappelé le brillant passé d'ingénieur de ton grand-père et ses succès dans les affaires, il trouve moyen de reparler des difficultés de l'entreprise. C'est d'un goût, franchement! Heureusement qu'à propos de la guerre, ils ont été très bien : quelques mots seulement, et discrets... Mais glisser dans une nécrologie une allusion à cette malheureuse traite que les Hollandais viennent de nous protester, c'est odieux, et je suis bien décidé à en dire deux mots à Fauvet! Ah! les charognards, les charognards! », et il entraîna Philippe dans l'embrasure d'une fenêtre pour discuter de la marche à suivre si l'on voulait redresser le tir avant que ce nouvel écho n'eût aggravé les difficultés de « La Ménagère » avec ses créanciers.

Olga profita de cet aparté pour me féliciter de ma récente nomination, dont je n'avais pas jugé nécessaire de l'informer : « Bravo, ma chèrrre Christine! J'ai été si agréablement surprise en apprenant la nouvelle de votre promotion! Mais je suis tranquille quant à l'avenir : comme le disait votre cardinal de Retz, "avec la grande qualité et les grands desseins, on n'est jamais compté pour rien". Faites-nous confiance, querida : vous irez loin! »

Je fus sur le point de lui dire que la seule question était de savoir si je désirais y aller... Mais je n'avais pas envie de discuter. Pour détourner la conversation, je lui demandai quel était cet ami que j'apercevais, assis sur une banquette, près de l'entrée de la bibliothèque : habillé de noir de la tête aux pieds, il se tenait prostré, le dos courbé, les bras ballants, le regard vague derrière des lunettes que je devinais embuées de larmes; par moments, dans un geste d'impuissance pathétique, il serrait ses mains à les briser, en poussant de profonds soupirs; tel quel, humblement pénétré de l'immensité de la perte qu'il faisait, il semblait plus digne, moins agité que le reste de la famille; sa chevelure blanche, son attitude résignée, et cette allure un peu compassée qu'il gardait jusque dans l'expression du désespoir, tout paraissait indiquer un ami de longue date (comme Gaya) ou peut-être un vieil employé; mais, à cette distance-là, ma myopie m'empêchait de l'identifier.

« Est-ce qu'il attend aussi pour saluer le corps? » demandai-je à Madame Kirchner qui venait de m'expliquer qu'on ne laissait entrer dans la chapelle ardente que peu de personnes en même temps afin d'éviter les brassages d'air nuisibles à la bonne tenue du travail effectué par les embaumeurs.

« La Veuve » posa sur la sombre silhouette tassée sur la banquette l'un de ses regards acérés d'oiseau de proie : « Lui, mein schatz? Mais c'est le bonhomme des Pompes Funèbres! Il attend pour savoir à quelle heure on procédera à l'incinération. Anne n'arrive pas à se décider... »

J'ai vu bien des comédiens dans ma vie, professionnels et amateurs, mais aucun qui, dans l'expression noble du chagrin, arrivât à la cheville de ce croque-mort-là; il est vrai qu'à longueur d'année il jouait le même rôle, mais, quand on sait que, à partir de la centième, bien des acteurs relâchent leur attention et bâclent leurs jeux de scène, on devait l'en admirer davantage... Tout au plus avouerai-je, pour diminuer son mérite, qu'Anne, par ses tergiversations, lui facilitait le travail et, en lui infligeant ses propres atermoiements, l'aidait à ressentir cette même sorte d'anxiété désarmée, de bonne volonté inopérante, d'impatience impuissante, qu'éprouvent les proches devant la mort d'un parent.

Pendant que nous attendions dans la galerie que la princesse de Guéménée-Worsley, qui était venue faire une visite en voisine, prît congé d'Anne et du cadavre, François me demanda si j'accepterais de rester un moment auprès du corps afin de permettre à la mère de mon frère de prendre un peu de repos : « Vous comprenez, elle ne veut pas que nous laissions son père seul » (je ne pus m'empêcher de me demander s'il ne se mêlait pas à son affection la crainte que, livré à lui-même, le plaisantin n'en profitât pour leur jouer un nouveau tour de sa façon). « Olga a passé la moitié de la nuit à le veiller, elle est épuisée, et Hugues est trop accablé pour qu'on l'oblige à un tête-à-tête de cette nature » (en effet : si son père n'était pas déjà mort, il est probable qu'après le coup des francs-maçons « Banzaï » l'aurait assassiné!). « Catherine doit retourner chercher un manteau noir à Paris, et, quant à moi, j'emmène Philippe au " Courrier de Senlis " pour voir comment nous pourrions présenter les choses dans la presse locale pour réduire l'ampleur du scandale... Si tant est que ce soit possible ! »

La princesse sortit, le bras gentiment appuyé sur l'épaule d'Anne. Elle aussi me parut changée : ses gros yeux de génisse avaient pris l'expression pathétique et égarée des bœufs qu'on mène à l'abattoir. Mais là non plus, ce n'était pas le décès du vieux comte qui causait son trouble : les « Parfums Worsley » étaient aux abois. Entre ses coûteux gigolos et ses initiatives financières malheureuses – ne s'était-il pas mis en tête de lancer un mensuel de luxe qui n'avait tenu que quatre numéros ? –, le mari de Florence de Guéménée avait réussi à ruiner une maison qui fournissait autrefois la Cour d'Angleterre et celle de Russie. Les anciens flacons de la Maison Worsley, dessinés par Fabergé, atteignaient des prix fous dans les salles des ventes, mais c'était vides qu'on les achetait. Le vieux président avait bien tenté, en profitant de cet engouement pour son passé, de lancer in extremis une « ligne historique » – le parfum de Cléopâtre, celui de Marie-Antoinette et de la Reine de Saba –, mais le goût des femmes avait changé, le patchouli leur semblait vulgaire, et la violette dont s'inondait « l'Autrichienne » leur rappelait moins les fastes de Versailles que les samedis soir dans les dancings bon marché ; comme, du reste, l'Histoire ne primait plus sur le marché, cette initiative de la dernière chance avait fait un bide, non sans avoir creusé dans les comptes un trou de plus... Il courait aujourd'hui dans les salles de rédaction un mot cruel qu'on prêtait à Fervacques, qui ne l'avait sans doute jamais prononcé : « L'argent n'avait pas d'odeur. Voilà que l'odeur n'a plus d'argent ! » On parlait d'un dépôt de bilan avant la fin de l'année, et la LM faisait presque figure d'entreprise saine auprès de cette affaire en coma dépassé. Dans la grande galerie, l'air éperdu, les épaules voûtées, Madame de Guéménée passa, comme avait passé le « Rêve » de Worsley...

Anne revint vers moi : elle ne voulait laisser à personne le soin de me présenter son père mort.

Les volets de la bibliothèque étaient fermés, ses vitrines faiblement éclairées. Aux quatre coins du lit, quatre cierges allumés. « Il est beau, n'est-ce pas ? » me demanda la comtesse de Chérailles, dont le visage creusé était de nouveau baigné de larmes. Au fond de son cercueil ouvert, le vieux comte me parut rajeuni, en effet : c'était le lifting de la mort, ce froid qui retend les traits. Pourtant, s'il n'avait plus l'air d'un vieillard, il n'avait pas non plus l'air d'un jeune homme : il avait l'air d'un mort. Anne se pencha sur le cadavre, embrassa sa joue, sa main. « Vous voyez : il est pareil à ce qu'il a toujours été. C'est lui. Peut-être qu'il nous aime encore ? Vous pouvez l'embrasser si vous voulez... » Elle me proposait ce baiser de glace comme elle m'aurait offert un chocolat : à cette femme, si naturellement mondaine et bien-séante, le chagrin ôtait toute retenue...

De la tête je fis signe que je ne tenais pas trop à m'approcher : je n'embrassais pas les statues non plus. Mes lèvres aimaient les peaux vivantes, les peaux chaudes... A cette pensée, je fus brusquement envahie par le souvenir d'une peau ambrée, souple et tiède, une peau blonde sous laquelle le sang courait ; ma douleur, ranimée, m'élança comme un vieux rhumatisme qu'un faux mouvement réveille ; et mes yeux se mouillèrent avec tant de sincérité qu'Anne crut me devoir de la reconnaissance. Des lèvres mêmes qui avaient touché le cadavre, elle voulut baiser mon front.

Quand elle m'approcha, j'eus un mouvement de recul, mais je la vis de près et ses rides me firent pitié. En dehors de mon frère, qu'ils considéraient comme leur bébé bien qu'il eût trente-huit ans passés, tous les occupants de l'hôtel de Chérailles étaient âgés maintenant; Anne, la plus jeune de la bande, allait sur ses soixante-trois ans, et c'étaient des vieillards qui s'apprêtaient à ensevelir un vieillard plus vieux qu'eux. Le veiller plusieurs nuits de suite était au-dessus de leurs forces en effet : Moreau-Bailly avait bien fait de me l'avouer.

— Allez prendre un café, je vais le garder, dis-je à Anne en désignant le corps de son père.

Hormis les vitrines, qui ne diffusaient qu'une lumière pauvre et blafarde, la bibliothèque était aussi sombre qu'une caverne; elle semblait avoir emprunté à la dépouille sa pâleur bistre, son teint terreux. Aussi, après deux minutes passées dans cette demi-obscurité, commençai-je à m'ennuyer; il était plus de cinq heures, et, dehors, la nuit d'hiver tombait; j'aurais volontiers lu quelque chose en attendant, mais s'il y avait un endroit où l'on ne pût rien trouver à lire, c'était bien la bibliothèque de Raoul de Chérailles!

Machinalement, je marchai vers ces rayonnages autrefois surchargés, lourds comme des fruits mûrs, des seins pleins de lait, et qui n'offraient plus au regard que des étendues dévastées, désespérantes comme des trognons rongés et les mamelles desséchées d'une vieille femme. Mises bout à bout, ces reliures vides n'auraient plus occupé que deux ou trois étagères; laissés – comme on l'avait fait – à leur ancienne place, les basanes, les chagrins, les veaux, les maroquins, béants, dépenaillés, composaient, avec leurs « plats » écartés à angle droit comme des jambes de squelettes, ou leurs « dos » ridés, plissés en accordéon, qu'aucune chair ne soutenait et que des vides infinis séparaient, un étrange décor de catacombes. Je me demandais pourquoi, d'ailleurs, lorsqu'il avait arraché toutes les pages d'un livre, Chérailles en gardait le dos, mais ces dos, très ornés, à nerfs et décors dorés, étaient, il faut l'avouer, généralement beaux : c'était la « librairie » d'un bibliophile, l'œuvre de plusieurs générations de collectionneurs que le vieux Raoul était parvenu à anéantir.

Parce qu'à propos de l'appartenance du défunt à la Grande Loge ou au Grand-Orient j'avais repensé, un moment plus tôt, à la mort d'Amanien d'Osmond, je me dirigeai, presque sans y songer, vers le rayon où j'apercevais les reliures brun et or du Proust de la Pléiade : ce trop jeune ouvrage – en matière de survie littéraire, tout est relatif –, le maître de maison n'avait pas pu le trouver relié à l'ancienne chez les antiquaires, et sans doute ne l'appréciait-il pas assez pour lui donner lui-même un autre emballage que celui, courant, du commerce.

Avec une surprise amusée je m'aperçus qu'il restait, dans le troisième volume, quelques pages qui avaient échappé à la critique dévastatrice du comte. Le cœur battant, je me dis, sans trop l'espérer, qu'il s'agissait peut-être du passage où Amanien mourait... J'aurais assez aimé, en effet, recevoir du destin un autre signe, quand bien même j'aurais été embarrassée pour l'interpréter.

Heureusement, mon imagination ne fut pas sollicitée. Vérification faite, le vieux « libricide » n'avait gardé de l'œuvre que deux courts extraits : l'un, une brève variante, peu connue, que l'éditeur ne donnait qu'en note, l'autre, le célèbre morceau du « petit pan de mur jaune ». Quoique bien différents, ces deux passages, je le devinais, n'avaient été conservés que par un même esprit de contradiction : la variante, parce qu'il suffisait que l'éditeur l'eût jugée inférieure pour que Chérailles la jugeât meilleure que la version retenue – en quoi il ne procédait pas autrement que ces intellectuels de salon qui, pour se rajeunir et se donner des émotions, placent « la Vie de Rancé » au-dessus des « Mémoires d'outre-tombe » et « l'Education sentimentale » plus haut que « Madame Bovary »; quant à l'autre fragment, bien qu'il fût, à l'inverse, universellement admiré, il n'avait été retenu que pour humilier ses trop confiants admirateurs. Le vieux comte prétendait en effet connaître mieux que beaucoup (et que Proust, en tout cas, qui n'avait pas dû, selon lui, la voir plus d'une fois!) la célèbre « Vue de Delft » qu'il admirait au Mauritshuis à chacun de ses séjours hollandais. Or, m'assurait-il, malgré de patientes tentatives, il n'y avait jamais découvert le moindre bout de « mur jaune avec auvent » – « seulement voilà : chaque fois qu'on parle de Vermeer maintenant, il y a un crétin pour vous ressortir le " pan de mur " ! Mais qu'ils aillent y voir eux-mêmes, ces perroquets, au lieu de répéter bêtement ce que des génies à la vue courte leur ont raconté! Voyez-vous, j'aime encore mieux un imbécile qui regarde tout seul qu'un bel esprit qui se fie aux autres!

– Ah, avais-je rétorqué, c'est que vous, vous êtes un véritable apôtre de la démocratie, un ennemi juré de toutes les tyrannies... »

Il avait souri, en grognant qu'à force mes éloges le gâteraient!

Au souvenir de cette scène, je levai les yeux vers son visage de marbre, guettant de nouveau sur ses traits le rictus grimacier dont il honorait mes boutades; j'espérais que la flamme vacillante des bougies me donnerait, une seconde, l'illusion qu'il n'était pas mort tout à fait... Mais les cierges brûlaient bien droit et il ne fit même pas semblant de me savoir là.

Je repris donc, dans sa couverture brune assez vaste désormais pour lui tenir lieu de liseuse ou de coffret, le lambeau du Proust déchiqueté, et, faute de mieux, je relus le récit de la visite de l'écrivain Bergotte à l'exposition Vermeer. Quand j'en fus à la mort brutale du personnage, je me retournai brusquement pour voir, encore une fois, si, frappé de la coïncidence, Chérailles n'aurait pas battu de la paupière, bougé un doigt. Mais rien...

Je revins au texte : « Il était mort. Mort à jamais? Qui peut le dire?... Tout se passe dans notre vie comme si nous y entrions avec le faix d'obligations contractées dans une vie antérieure; il n'y a aucune raison sur cette terre pour que nous nous croyions obligés à faire le bien, à être délicats, même à être polis, ni pour l'artiste athée à ce qu'il se croie obligé de recommencer vingt fois un morceau dont l'admiration qu'il excitera importera peu à son corps rongé par les vers... Toutes ces obligations, qui n'ont pas leurs sanctions dans la vie présente, semblent appartenir à un monde différent, fondé sur la bonté, le scrupule, le sacrifice, un monde dont nous sortons pour naître à cette terre, avant peut-être d'y retourner vivre sous l'empire de ces lois inconnues auxquelles nous avons obéi parce que nous en portions l'enseignement en nous, sans savoir qui les y avait tracées... De sorte que l'idée que Bergotte n'était pas mort à jamais est sans invraisemblance. On l'enterra, mais toute la nuit funèbre, aux vitrines éclairées, ses livres, disposés trois par trois, veillaient comme des anges aux ailes éployées et semblaient, pour celui qui n'était plus, le symbole de sa résurrection. »

J'avais lu les dernières phrases de Proust à voix haute, comme le vieil hémiplégique m'avait si souvent demandé de le faire lorsqu'il voulait juger, en appel, du bien-fondé de son indulgence de première instance à l'égard d'un chapitre, d'une page épargnés; et, sans plus remuer, retenant mon souffle, j'attendis son verdict. Le plus léger bruit sur ce fond de silence absolu, le moindre craquement, d'où qu'ils vinssent, je les aurais interprétés comme une dernière manifestation de notre ancienne complicité, un ultime témoignage d'intérêt : au bénéfice du doute, j'aurais gracié le romancier...

Mais quand je fus certaine que Raoul de Chérailles ne se prononcerait plus, m'érigeant en juge suppléant j'arrachai les derniers feuillets : la variante de « la Fugitive » était médiocre, et la trop belle page de « la Prisonnière » sur la mort de Bergotte, non moins menteuse que la description du mur jaune qui la précédait... Il m'aurait fallu des illusions sans bornes, « qui s'éloignent pour me tromper toujours » : on touchait trop aisément du doigt la vanité de celle-là.

Je jetai les trois papiers dans la corbeille, puis remis à sa place la couverture évidée; tout était en ordre désormais, et l'œuvre d'extermination que la maladie avait interrompue, enfin achevée.

Pour soulager la famille je demeurai encore auprès du cercueil jusqu'au matin, attendant que ces messieurs des Pompes Funèbres vinssent refermer la bière du fondateur des usines Chérailles-Lauter et, comme ses entreprises, le réduire en fumée.

Fatiguée, je me laissai aller par instants à somnoler : qu'importait, puisque, aux vitrines éclairées, ses « anges » le veillaient – livres vides qui continuaient d'exercer sur cet esprit, mort longtemps avant l'acte de décès, une trompeuse vigilance, illusoire rempart d'ossements autour d'un cerveau sans vie.

A Senlis, qui se trompait? Le vieux Raoul, qui ne croyait à rien ni à personne, mais avait tout de même sauvé de « la Recherche » la seule page optimiste, celle où l'écrivain tentait de nous convaincre que la mort n'a pas nécessairement le dernier mot? Ou bien Christine, qui ne voulait voir dans cette page que le moment de faiblesse d'un esprit acharné pourtant à détruire toute illusion, Christine pour qui Proust – et Chérailles après lui – avait cédé ce jour-là au faux espoir dont se bercent tous les hommes?

Repensant par la suite au récit de Madame Valbray et à cette ultime page vivante de la bibliothèque dévastée, je ne sais pourquoi ce fut l'image du Neusiedlersee qui s'imposa à moi : au centre de l'Europe, à quelques kilomètres de Vienne, s'étend un lac salé, assez vaste pour se prolonger jusqu'à la frontière du pays et déborder de l'autre côté, sur la Hongrie; « Neusiedlersee » pour les Autrichiens, il s'appelle « Fertö » chez les Hongrois.

Il a la forme d'un violoncelle, mais, sous la caresse du vent, ne fredonne que des comptines indistinctes qui se perdent, avant d'être achevées, dans le frémissement des roseaux. C'est qu'il ne dispose pas de cette caisse de résonance que les montagnes offrent aux autres étendues d'eau; rien, autour de lui, n'éveille l'écho, rien n'y opprime ni n'élève l'âme : c'est un lac de plaines, un lac de steppe, si herbu que, de loin, on dirait un champ. Il faut avancer tout près pour voir que les charrues renversées le long des clôtures ont d'étranges socs et des voiles, plus surprenantes encore... Mais convient-il de se reprocher cette méprise, quand les filets de ces barques légères prennent effectivement moins de poissons que d'oiseaux?

Le lac, si large qu'on n'en aperçoit pas la fin, manque de profondeur, en effet : un ou deux mètres peut-être, rarement plus; les routes s'aventurent jusqu'en son milieu sur de minces pilotis, et le ferry qui fait la navette d'une rive à l'autre a le fond plat des pinasses. Chaque hiver, les glaces le prennent; et le moindre vent du nord, s'il est un peu violent, balaye ces eaux basses, qu'aucune colline, aucune forêt ne défend, et, les poussant vers le sud, retrousse le lac comme un jupon : dénudée, la berge autrichienne révèle ses vases, ses algues, ses fonds, tandis que, sur le rivage hongrois, de frêles vaguelettes envahissent les blés. Qu'un jour il pleuve trop ou pas assez, et voilà encore une fois les limites du lac changées, son assiette modifiée : il glisse brutalement vers l'est ou s'échoue à l'ouest, sans cesse jeté par les éléments à travers cette plaine rase et désolée, comme un vulgaire transhumant. Devant leurs parcelles amputées ou les nouvelles étendues offertes à leur convoitise, les riverains s'agitent ; des disputes éclatent, des procès s'engagent, jusqu'au jour où un autre vent, une autre pluie ramènent d'un coup le lac migrateur dans ses bornes antérieures.

A peine moins vaste que le Léman, l'instable Neusiedlersee n'est en vérité qu'un lac précaire, que ne suffisent pas à alimenter les trois ruisseaux qui s'y jettent : ce sont des nappes souterraines, invisibles, mystérieuses, incertaines, qui le nourrissent au hasard des intempéries. Fragilité qui n'empêche pas que, tantôt ici, tantôt là, parfois plus ouvert que la mer, parfois aussi resserré qu'une mare, ce lac existe au cœur du continent depuis des temps immémoriaux – halte sur la route du Sud pour les hérons, les cigognes, les martins-pêcheurs, réserve de vie pour les troupeaux, miroir des jeunes filles aux robes rouges, oasis de bonheur dans le gris désert des steppes.

Un jour, pourtant, on a cru cette fontaine de vie tarie. C'était à la fin du siècle dernier ; depuis quelques années déjà, le Fertö rétrécissait, le marécage gagnait sans arrêt sur l'eau profonde. Des joncs envahissaient les fonds, d'abord en bandes étroites qui s'éloignaient de plus en plus du rivage, puis en larges bancs qui se rejoignaient entre eux, isolant des étangs minuscules qu'un par un la terre grignotait ; des saules émergeaient du milieu des eaux et, au matin, on trouvait dans les sables violets des poissons asphyxiés qu'une nouvelle décrue avait surpris. L'une après l'autre, les petites stations balnéaires que la bonne société viennoise avait implantées sur ses rives fermèrent ; on vendit les guinguettes et les canots ; on fit du bois de chauffe avec les pontons. Bientôt, le lac ne fut plus qu'une flaque boueuse, une fondrière, qu'un dernier été, plus chaud que les précédents, finit d'assécher : les pêcheurs, impuissants, virent s'évanouir l'ultime filet d'eau comme si, sous la terre, un géant assoiffé l'avait aspiré.

Ils eurent beau, pour se rassurer, se répéter la légende qui veut que le Neusiedlersee disparaisse une fois par siècle, les savants ne s'en laissèrent pas conter : le mal était irrémédiable; en dérivant, pour l'irrigation de leurs propriétés, les rares cours d'eau qui s'y déversaient, les princes Esterhazy et leurs amis avaient privé le lac de cet appoint médiocre mais régulier, et, en multipliant les puisages intempestifs dans la nappe phréatique, les villes et les villages créés sur ses bords avaient épuisé sa source. La civilisation venait de mettre un terme définitif aux fantaisies lacustres de l'Europe Centrale; l'Autriche-Hongrie avait perdu sa mer intérieure, son centre, cet étrange point de convergence qu'un poète, amoureux de ses grèves sauvages, appelait « le nombril de l'Europe ».

Sans mesurer tout de suite le manque à gagner que représenterait la disparition de cette forêt de roseaux dont ils faisaient des nattes et des paniers, des toits et des maisons, les paysans commencèrent par se réjouir de la situation : un lac mort, c'était des terres en plus; ils lâchèrent leurs chevaux dans les friches, et reportèrent en avant la lisière de leurs champs. N'était-ce pas ainsi qu'avaient procédé leurs ancêtres depuis l'origine des temps, conquérant leur glèbe sur le marécage? Le nom même du Neusiedlersee – « le lac des Pionniers » – rappelait cette patiente colonisation.

Après deux ou trois ans, quelques audacieux entreprirent même de labourer ces sols abandonnés et d'y planter vigne et maïs. Mais cette initiative suscita de telles contestations entre voisins, de si âpres querelles de frontières sur les nouveaux polders, que le gouvernement se vit obligé d'intervenir : réunies, des commissions décrétèrent que le fond du lac, trop salé, n'était guère adapté à la culture; en revanche, du fait de la proximité de la capitale, le Fertö offrait d'intéressantes perspectives à la promotion immobilière... On rassembla des notaires, on convoqua des arpenteurs, on dessina des chemins, on posa des drains, on établit des relevés, on planta des piquets : déjà, on traçait sur le papier les plans d'une ville moderne exemplaire, déjà on lotissait... Pourtant, quelques paysans têtus du bourg de Podersdorf résistaient encore : au milieu de la grande cuvette libérée par les eaux, ils avaient établi leur tête de pont – un village de huttes comme en construisent les chasseurs –, et, à tour de rôle, s'abritant dans ces pauvres cabanes si éloignées de leurs bases, ils gardaient les troupeaux qu'en dépit du gouvernement ils s'obstinaient à faire paître sur les plaines desséchées que le lac leur rendait. L'affrontement entre ces bergers, derniers pionniers du Fertö, et les urbanistes menaçait d'être rude.

Un soir cependant, un enfant qui avait joué à quelques centaines de mètres du campement revint à la hutte, les mains boueuses, en disant qu'il avait construit toute la journée « des moulins sur un ruisseau » : là-bas depuis le matin, expliqua-t-il, sous les herbes, de petites rigoles apparaissaient, qui convergeaient en silence vers un large fossé; au début de l'après-midi, ce fossé avait débordé, et maintenant, sous les branchages, c'était un étang qui se formait – de toute part la plaine faisait eau.

Ce fut ce que raconta l'enfant, mais nul n'y prêta attention. Il fallut, au milieu de la nuit, le cri d'un vieux berger cerné par les eaux pour que tout le monde comprît, et que chacun, réveillé en sursaut, perçut à son tour le clapotis qui battait le pied des cahutes... En quelques minutes, dans la ronde des lanternes, des mugissements, des appels, les balluchons furent faits, les troupeaux rassemblés, et les chevaux attelés aux carrioles.

Etrange cortège que celui qui traversa, cette nuit-là,

le bassin du Neusiedlersee pour regagner ses berges escarpées : les roues des charrettes s'enfonçaient dans un sol à chaque pas plus spongieux, les sabots des chevaux glissaient sur le limon; la boue montait au-dessus des bottes, happait les mollets, avec un bruit de déglutition de plus en plus marqué, tandis qu'entre les saules, ici et là, on distinguait à la lueur des torches d'inquiétants reflets argentés; de tous côtés, la terre, gorgée, refoulait l'eau; et l'on dut abandonner dans le marais quelques bêtes égarées qui s'étaient enlisées...

A l'aube, quand les ténèbres se furent retirées « comme un livre qu'on roule », du Burgenland à la Hongrie le Fertö s'étendait sur la plus vaste surface que, de mémoire d'homme, il eût occupée. Le lac vide avait retrouvé sa pleine eau, ses vagues, ses poissons, ses oiseaux. Si bombé, si brillant que, tel un mirage, il paraissait posé en relief sur la plaine.

Miroir infini d'un ciel étale, il semblait illustrer cette parole de l'Apocalypse : « Je suis celui qui est, qui était, et qui sera. »

DU MÊME AUTEUR

Françoise Chandernagor

La Sans Pareille

Leçons de ténèbres, I

Premier volume de la trilogie romanesque « Leçons de ténèbres », *La Sans Pareille* nous conte les débuts de Christine Valbray.

De celle qui fut l'une des plus célèbres égéries de la vie politique française, que sait le public ? Que sa vie fut courte et tragique. Qu'on lui avait donné le surnom de « Sans Pareille » parce qu'elle avait la beauté altière et triomphante d'une fameuse courtisane florentine. Que tout Paris – le Tout-Paris des arts, du journalisme et de la finance – croyait bien connaître cette carriériste désinvolte et dut avouer qu'il s'était trompé. Qu'aujourd'hui, enfin, sept ans après un scandale et un procès qui firent trembler la classe politique, elle est retournée à l'oubli sans avoir livré son secret.

Des banlieues populaires aux palais romains, des cercles de jeux aux soirées échangistes et des amphis gauchistes aux alcôves ministérielles, nous assistons ici aux premiers pas d'une ascension dont la rapidité surprit les observateurs. Premiers pas, ou premiers faux pas ?

Grâce à Françoise, sa biographe, qui a recueilli et commenté les confidences de la Sans Pareille, nous cernons enfin de plus près la vérité de cette aventurière hors du commun...

A travers le regard de ces deux femmes, l'auteur de *L'Allée du Roi* nous offre une peinture des splendeurs et des misères de notre temps. Dans ce portrait d'un personnage d'exception, c'est le visage ordinaire de cette fin de siècle – notre visage – qu'elle nous propose de découvrir.

Les femmes
au Livre de Poche

Autobiographies, biographies, études...
(Extrait du catalogue)

Arnothy Christine
J'ai 15 ans et je ne veux pas mourir.

Badinter Elisabeth
L'Amour en plus.
Emilie, Emilie. L'ambition féminine
au XVIIIe siècle (*vies de Mme du Châtelet, compagne de Voltaire, et de Mme d'Epinay, amie de Grimm*).
L'un est l'autre.

Baez Joan
Et une voix pour chanter...

Bodard Lucien
Anne Marie (*vie de la mère de l'auteur*).

Boissard Janine
Vous verrez... vous m'aimerez.

Boudard Alphonse
La Fermeture – 13 avril 1946 : La fin des maisons closes.

Bourin Jeanne
La Dame de Beauté (*vie d'Agnès Sorel*).
Très sage Héloïse.

Brossard-Le Grand Monique
Chienne de vie, je t'aime!
Vive l'hôpital!
A nous deux, la vie!

Buffet Annabel
D'amour et d'eau fraîche.

Carles Emilie
Une soupe aux herbes sauvages.

Černá Jana
Vie de Milena *(L'Amante) (vie de la femme aimée par Kafka)*.

Champion Jeanne
Suzanne Valadon ou la recherche de la vérité.
La Hurlevent *(vie d'Emily Brontë)*.

Charles-Roux Edmonde
L'Irrégulière *(vie de Coco Chanel)*.
Un désir d'Orient *(jeunesse d'Isabelle Eberhardt, 1877-1899)*.

Chase-Riboud Barbara
La Virginienne *(vie de la maîtresse de Jefferson)*.

Darmon Pierre
Gabrielle Perreau, femme adultère *(la plus célèbre affaire d'adultère du siècle de Louis XIV)*.

Delbée Anne
Une femme *(vie de Camille Claudel)*.

Desroches Noblecourt Christiane
La Femme au temps des pharaons.

Dietrich Marlène
Marlène D.

Dolto Françoise
Sexualité féminine. Libido, érotisme, frigidité.

Dormann Geneviève
Le Roman de Sophie Trébuchet *(vie de la mère de Victor Hugo)*.
Amoureuse Colette.

Elisseeff Danielle
La Femme au temps des empereurs de Chine.

Girardot Annie
Vivre d'aimer.

Giroud Françoise
Une femme honorable *(vie de Marie Curie)*.

Hanska Evane
La Romance de la Goulue.

Higham Charles
La scandaleuse duchesse de Windsor.

Jamis Rauda
Frida Kahlo.

Lever Maurice
Isadora (*vie d'Isadora Duncan*).

Maillet Antonine
La Gribouille.

Mallet Francine
George Sand.

Mehta Gita
La Maharani (*vie de la princesse indienne Djaya*).

Martin-Fugier Anne
La Place des bonnes (*la domesticité féminine en 1900*).
La Bourgeoise.

Nin Anaïs
Journal, t. 1 (*1931-1934*), t. 2 (*1934-1939*), t. 3 (*1939-1944*), t. 4 (*1944-1947*).

Pernoud Régine
Héloïse et Abélard.
La Femme au temps des cathédrales.
Aliénor d'Aquitaine.
La Reine Blanche (*vie de Blanche de Castille*).
Christine de Pisan.

Régine
Appelle-moi par mon prénom.

Rihoit Catherine
Brigitte Bardot, un mythe français.

Rousseau Marie
A l'ombre de Claire.

Sadate Jehane
Une femme d'Egypte (*vie de l'épouse du président Anouar El-Sadate*).

Sibony Daniel
Le Féminin et la séduction.

Simiot Bernard
Moi Zénobie, reine de Palmyre.

Spada James
Grace. Les vies secrètes d'une princesse (*vie de Grace Kelly*).

Stéphanie
Des cornichons au chocolat.

Suyin Han
Multiple Splendeur.
...Et la pluie pour ma soif.
S'il ne reste que l'amour.

Thurman Judith
Karen Blixen.

Verneuil Henri
Mayrig (*vie de la mère de l'auteur*).

Vichnevskaïa Galina
Galina.

Vlady Marina
Vladimir ou le vol arrêté.

Yourcenar Marguerite
Les Yeux ouverts (*entretiens avec Matthieu Galey*).

Et des œuvres de :

Isabel Allende, Béatrix Beck, Charlotte et Emily Brontë, Pearl Buck, Marie Cardinal, Hélène Carrère d'Encausse, Madeleine Chapsal, Agatha Christie, Colette, Christiane Collange, Jeanne Cordelier, Régine Deforges, Daphné Du Maurier, Françoise Giroud, Benoîte Groult, Mary Higgins Clark, Patricia Highsmith, Xaviera Hollander, P.D. James, Mme de La Fayette, Doris Lessing, Carson McCullers, Françoise Mallet-Joris, Silvia Monfort, Anaïs Nin, Joyce Carol Oates, Anne Philipe, Ruth Rendell, Christine de Rivoyre, Marthe Robert, Christiane Rochefort, Françoise Sagan, George Sand, Albertine Sarrazin, Mme de Sévigné, Simone Signoret, Christiane Singer, Han Suyin, Valérie Valère, Virginia Woolf...

IMPRIMÉ EN FRANCE PAR BRODARD ET TAUPIN
Usine de La Flèche (Sarthe).
LIBRAIRIE GÉNÉRALE FRANÇAISE - 6, rue Pierre-Sarrazin - 75006 Paris.

ISBN : 2 - 253 - 05716 - 9   ✠ 30/6984/6